ADOLF HITLER
Eine politische Biographie

Kurt Pätzold
Manfred Weißbecker

ADOLF HITLER

Eine politische Biographie

Militzke Verlag

Die Deutsche Bibliothek – CIP-Einheitsaufnahme
Pätzold, Kurt:
Adolf Hitler : eine politische Biographie / Kurt Pätzold ; Manfred Weißbecker. – Leipzig : Militzke-Verl., 1999
ISBN 3-86189-162-X

Lektorat: Siegfried Kätzel
Satz und Layout: Dietmar Senf
Einbandgestaltung: satzzeichen, Leipzig
Gesamtherstellung: Steidl, Göttingen

Inhaltsverzeichnis

Vorwort

»Den Mann gibt es gar nicht; er ist nur der Lärm, den er verursacht.« Dieser Satz findet sich in einem Manuskript des Antifaschisten Kurt Tucholsky. Seine Feststellung galt Adolf Hitler, der in Deutschland an der Spitze der einflußreichsten Partei stand, lautstark die Staatsmacht forderte, 1933 deutscher Reichskanzler wurde, ein Jahr darauf sich zum Staatsoberhaupt, später zum Oberbefehlshaber der Wehrmacht erhob und kultisch »Der Führer« nennen ließ.

Hitler war mehr, als der Publizist – von der Erscheinung geistig, politisch und moralisch herausgefordert – an ihm wahrzunehmen vorgab. Dieser Mann wollte und erlangte Macht und immer mehr Macht, um sie für Eroberung und Vorherrschaft einzusetzen. Sein Entschluß, »zu schlagen« und Krieg zu führen, trieb ihn unerbittlich voran, seit er sich entschlossen hatte, eine Karriere als Politiker anzutreten, und deutsche Zustände den Aufstieg ermöglichten. Ein halbes Jahrhundert, nachdem Hitler sich der Verantwortung für Krieg und Völkermord mittels einer Giftampulle entzog, hält der »Lärm« um ihn an. Journalisten, Politiker und Geschichtsschreiber erzeugen davon mehr als seine Epigonen und späten Gefolgsleute. Zuweilen will es scheinen, als würde es um ihn um so lauter, je weiter er und seine Zeit in die Vergangenheit entrücken. Jüngst hat der Untergang des Gesellschaftssystems, das Hitler samt Ideen und Trägern vernichten wollte, manchem den Eindruck erweckt, dieser »Führer« sei ein Sieger post mortem. Andere hoffen sogar, dem angeblichen Vorkämpfer nationaler Interessen in naher Zukunft Denkmäler setzen zu können.

Konrad Heiden schrieb 1936, Hitler sei eine der »wohl umstrittensten Persönlichkeiten des Erdballs«. Diese Feststellung behielt ihre Berechtigung über Hitlers Tod hinaus. Das spiegelt sich nicht zuletzt in der ansehnlich langen Reihe wissenschaftlicher Biographien, die seiner Person gelten. Viele Winkel seines Lebens wurden erforscht und ausgeleuchtet. Nur in einem mehrbändigen Werk könnte noch die Fülle der Tatsachen zusammengefaßt werden, die über ihn und sein Wirken angehäuft worden sind. Auch ein solches Unternehmen würde jedoch den Streit um Hitler nicht beenden. Er setzt unumgänglich ein, sobald nicht allein Taten aufgezählt werden, sondern der Blick sich auf deren vielfältige Ursprünge, Voraussetzungen, Zuordnungen und Folgen richtet.

Zahlreiche Bemühungen, »Hitler zu erklären« und seinen Platz in der deutschen Gesellschaft zu fixieren, haben häufig dazu verleitet, ihn in geschichtstheoretische Modelle, Raster oder Schemata einzuordnen und diesen mehr Aufmerksamkeit zuzuwenden als der eigentlichen Spur des Mannes. Während Fachleute Theorie um Theorie entwickeln, vermindern sich in der deutschen Gesellschaft die konkreten Kenntnisse über Hitler. Es scheint daher nicht unzeitgemäß zu sein, zur Person des Diktators, zu seinen Vorstellungen und Plänen, seinen Taten und Unterlassungen gleichsam zurückzukehren. Die Rekonstruktion der Lebensfährte Hitlers kann ein Denkangebot über die Jahre deutscher Geschichte unterbreiten, die unauflöslich mit seinem Namen und seinem Wirken verbunden sind. Denn auch am Ende dieses Jahrhunderts bleiben die Fragen, auf die nach dem Mai 1945 immer mehr Deutsche Antworten zu suchen begannen: Wie und auf welchem Wege konnte ein Politiker dieses Typs an die Spitze des Deutschen Reiches gelangen? Und: Ist Hitler wiederholbar?

Berlin und Jena, Januar 1995

Kurt Pätzold Manfred Weißbecker

Kapitel 1

Braunau – Linz – Wien
1889 bis 1913

Es ist kaum etwas mehr als ein halbes Jahrhundert her, als die Kinder in deutschen Schulen wissen mußten, wo auf einer Landkarte die österreichische Kleinstadt Braunau zu finden war. Denn: Dort wurde der »Führer« geboren. Wenig später und dann für Generationen hatten Schüler die Bezeichnung von Orten zu lernen, die auf ganz andere Weise mit dem Leben des Mannes verbunden waren, der aus der Kleinstadt kam, wo der Fluß Inn die Grenze zwischen den Monarchien der Habsburger und der Hohenzollern bildete. Die Namen, die nun zu behalten waren, lauteten Coventry und Stalingrad, Buchenwald und Auschwitz, Ardennen und Seelower Höhen.

Die Rede ist von Klara Hitlers am 20. April 1889 geborenem Sohn, den sie und ihr Ehemann Alois einige Tage später auf den Namen Adolf katholisch taufen ließen. Sie hofften sehr, daß der Neugeborene das Kindesalter überleben werde, da die drei Erstgeborenen der Familie früh gestorben waren. Adolf indessen gedieh und wuchs mit zwei Halbgeschwistern auf. Diese, eine Schwester und ein Bruder, entstammten der zweiten Ehe des Alois Hitler, der sich im österreichischen Zolldienst bis zur Stufe eines Oberoffizials emporgedient hatte und mit staatlichen Medaillen dekoriert worden war.

Hitlers Vorfahren[1] lebten im nördlichen Teil Niederösterreichs, dem Waldviertel, das sich zwischen der Donau und der böhmisch-mährischen Grenze erstreckt. In seinen vorwiegend ländlichen, von den Hauptverkehrswegen weit entlegenen Landstrichen ging es meist ärmlich zu. Adolfs Vater war, nachdem er seiner Schulpflicht genügt hatte, nach Wien gegangen. Dort erlernte er das Handwerk eines Schuhmachers, übte es jedoch nach Abschluß der Lehrzeit nicht mehr aus. Er strebte den sozialen Aufstieg an und fand einen Weg dafür. Daß ihm das gelang, zeugt von Ausdauer, Fleiß, Energie und Zielstrebigkleit eines Mannes, der sich als treuer und schließlich wohlangesehener Diener der Monarchie über Jahrzehnte bewährte. Diese Eigenschaften wünschte er auch seinem Sohn Adolf anzuerziehen.

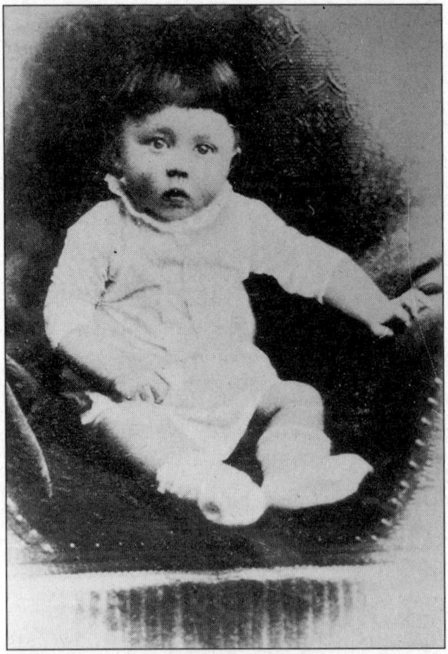

Hitler als Kleinkind

Ungleiche Eltern: Die Mutter war 23 Jahre jünger als der sich autoritär und militärisch-diszipliniert gebende Vater, der sich voller Stolz in seiner Uniform als österreichischer Zollbeamter zeigte

Der Zollbeamte Hitler trug übrigens bis zu seinem vierzigsten Lebensjahr den Nachnamen Schicklgruber; so hieß seine Mutter, die ihn unehelich zur Welt gebracht hatte. Wer der Vater war, läßt sich nicht sicher sagen. So blieb Raum für Spekulationen: Die Vaterschaft wurde unter anderem einem Juden zugeschrieben. Hohe Wahrscheinlichkeit besitzt aber einzig die Version, die einen der beiden Brüder Hitler als Erzeuger des Alois annimmt. Dokumente bezeugen, daß der Überlebende der beiden Anfang 1877 mit einem Aufgebot von drei schreibunkundigen Zeugen beim Pfarrer der Gemeinde Döllersheim erschien, seinen toten Bruder als den Kindesvater angab und so Alois, dessen Einverständnis vorlag, verspätet zu einem beurkundeten Vater und einer Namensänderung verhalf. Das Ereignis lag zwanzig Jahre vor Adolfs Geburt. Als der Sohn zu einer Figur politischen Kults geworden war, ist dennoch darüber gewitzelt worden, wie sich als »deutscher Gruß« der Ruf »Heil Schicklgruber« ausgenommen und angehört hätte.
Die Tätigkeit des Alois Hitler brachte es mit sich, daß die Familie in den neunziger Jahren mehrmals ihren Wohnsitz wechselte. Sie lebte 1895, als der Sohn eingeschult wurde, in Hafeld, einer kleinen Gemeinde bei Lambach an der Traun. Dort hatte sich der im gleichen Jahre wegen seiner angegriffenen Gesundheit frühzeitig und ehrenhaft aus dem Staatsdienst ausgeschiedene Vater zunächst niedergelassen. Er gab jedoch alsbald den Versuch auf, ein kleines Gut zu bewirtschaften, und verzog mit der Familie in das Städtchen Lambach. Hier lernte sein Sohn weiter gut, wie dessen Zeugnisse auswiesen. Zudem nahm man ihn aufgrund seiner angenehmen Stimme in den Sängerchor des dortigen Stiftes auf, eine Tatsache, die allen zu glauben schwerfallen dürfte, die später den Agitator je reden hörten.
Schon 1899 aber zog der Pensionär mit seiner Familie abermals weiter. Er kaufte ein Haus in Leonding, einer Ortschaft im Weichbild von Linz, wo er mit seiner Familie lebte, die sich inzwischen durch eine Tochter, Adolfs sechs Jahre jüngere Schwester Paula, vergrößert hatte. Hier absolvierte der Sohn die vierte Klasse der Volksschule und ging danach zur Realschule in Linz über. Mit diesem Schritt verband sich für den Vater die Absicht, den Sohn in seine eigenen Bahnen zu lenken und ihm durch eine bessere schulische Ausbildung, als er sie selbst erhalten hatte, einen Zugang zur höheren Beamtenlaufbahn zu eröffnen.
Später schilderte Adolf Hitler diesen väterlichen Plan als die Ursache seines ersten Lebenskonflikts.[2] Manches deutet darauf hin, daß zwischen Sohn und Vater in dessen letzten Lebensjahren weitere, über die Wahl des

Berufsweges hinausgehende Meinungsverschiedenheiten bestanden. Sie nahmen jedoch keine dramatischen Formen an, obwohl der kaisertreue Staatsdiener nicht verhindern konnte, daß sich sein Filius der großdeutschen Schwärmerei hingab.

Daß Hitler, wie er rückblickend versicherte, diesen Vater verehrt, ja geliebt hat, will man ihm nicht recht glauben. Der Mann, der an Jahren sein Großvater hätte sein können, besaß ein herrisches Wesen. Seine Lebensgrundsätze waren patriarchalisch und autoritär. Was in der Familie zu geschehen, was zu unterbleiben hatte, bestimmte selbstredend allein er. Alois, der Halbbruder Adolfs, floh das Vaterhaus bereits als Vierzehnjähriger. Unschwer läßt sich vorstellen, daß dieser Vater den später in Wien herumlungernden Sohn mit keinem Groschen unterstützt hätte. Doch wurde ihr Verhältnis auf diese Probe nicht gestellt, weil der kränkelnde Pensionär im Jahre 1903 während eines Wirtshausbesuches starb. Er hinterließ dem Sohn ein Erbteil, das dieser, sobald er mit Genehmigung des ihm bestellten Vormundes darauf einen Zugriff hatte, in einer Weise vertat, die den Absichten des Verstorbenen geradezu entgegengesetzt waren.

In einer Hinsicht stimmten indessen Vater und Sohn überein: Wie jener in jungen Jahren vom Grunde der Gesellschaft nach oben gestrebt hatte, so auch dieser – freilich mit zwei erheblichen Abweichungen vom väterlichen Wege. Adolf hatte nicht die Absicht, zunächst einen praktisch-handwerklichen Beruf zu erlernen. Jedwede Tätigkeit, die ihn ähnlich der des Vaters zu einem regelmäßigen Tages- und Arbeitsrhythmus gezwungen hätte, schien ihm – nach eigenem späterem Geständnis – nicht erstrebenswert. Dem Verlangen des Vaters, ihn zu einem Staatsbeamten zu machen, setzte der Sohn den Plan entgegen, sich zum Kunstmaler auszubilden. Daß es dazu mehr brauchen würde als ein bloßes Zeichentalent, das ihm Schulzeugnisse wiederholt bescheinigten, hat sich der Knabe jedoch nicht klarzumachen vermocht.

Während der Volksschuljahre konnte Hitler den offenbar bescheidenen Anforderungen dank einer raschen Auffassungsgabe ohne irgendwelche Anstrengungen leicht genügen. Doch änderte sich die Situation sofort, als er in die Realschule eintrat. Er scheiterte bereits in der ersten Klasse, die er wiederholen mußte. Von Jahr zu Jahr war er gezwungen, um seine Versetzung zu bangen, erreichte sie zweimal auch nur, nachdem er sich einer Wiederholungsprüfung unterzogen hatte. Für diesen unrühmlichen Gang seiner Schulausbildung gab Hitler später drei Ursachen an: Er verwies erstens auf die geringe Fähigkeit seiner Lehrer, das Interesse ihrer Schüler für den jeweiligen Stoff zu wecken; zweitens gestand er ein, daß seine Aufmerksamkeit für die Mehrzahl der Unterrichtsfächer besonders schwer zu erregen gewesen sei, weil er deren Angebot für einen künftigen Kunstmaler für absolut überflüssig hielt; drittens aber erklärte er den eigenen Lernunwillen samt dessen Folgen als gewollt, da sein schlechtes Fortkommen in der Schule doch als Argument gegen die Pläne dienen konnte, die der Vater mit ihm hegte.

Vom Wahrheitsgehalt dieser Darstellung, die Hitler niederschrieb, als er bereits ein Mann in der Mitte der Dreißiger war, mag man halten, was immer man will. Die letzte der Begründungen büßte ihre Stichhaltigkeit mit dem Tode des Vaters ohnehin ein.

Nach dem Tode des Vaters besuchte Hitler die Realschule noch mehr als zwei Jahre, wechselte allerdings die Anstalt. Das Schuljahr 1905/1906 absolvierte er in Steyr. Es sollte sein letztes sein. Irgendein Reifeschub wurde in seinem Verhalten nach der frühen Witwenschaft der Mutter nicht erkennbar. Das bezeugte sein abschließendes Schulzeugnis,[3] in dem ihm Leistungen zwischen »befriedigend« und »genügend« attestiert wurden, wobei die schwächere der beiden Noten überwog. In Fächern, die ohne permanenten Fleiß nicht zu bewältigen waren, hatte der Schulabgänger durchweg nur mit genügenden Ergebnissen abgeschnitten, wobei berücksichtigt werden muß, daß sich in Abgangszeugnissen schon damals oft die Erleichterung von Lehrern ausdrückte, einen Lernunwilligen los zu sein, so daß sie zu wohlwollenden Beurteilungen neigten.

In Geometrie und im geometrischen Zeichnen konnte dem vorzeitigen Schulabgänger erst nach einer Wiederholungsprüfung das Prädikat »genügend« zugestanden werden. Auch in keinem naturwissenschaftlichen Fach war er darüber hinausgelangt. Sein Lehrer für die deutsche Sprache, der ihm für den ersten Abschnitt des Schuljahres noch »nicht genügend« bescheinigen mußte, stufte dieses Urteil nun einen Rang nach oben. Die Ausbildung in Stenographie, die mit dem gleichen negativen Ergebnis verlaufen war, schien Hitler inzwischen aufgegeben zu haben. Befriedigend nannten seine Lehrer die Leistungen des Absolventen in der Religionslehre, im Gesang und sein »sittliches Betragen«. Das Lob »vorzüglich« hatte er hingegen im Freihandzeichnen und im Turnen erreicht.

Wenn sich Hitler fragte, was er, der inzwischen Sechzehnjährige, mit einem derartigen Zeugnis wohl anfangen konnte, dann mochte in einer Zeit, da sich turnerische Fähigkeiten für eine Karriere außerhalb von Zirkus, Varieté und Armee kaum verwerten ließen, die Antwort naheliegen. Er konnte versuchen, etwas aus seinem Zeichentalent zu machen. Ob ihm die Erleuchtung, »Kunstmaler« sei der ihm bestimmte Lebensweg[4], bereits im Alter von zwölf Jahren gekommen war, wie der Autobiograph Jahrzehnte später behauptete, mag dahingestellt sein. Möglich ist auch, daß das Resümee der zehnjährigen Schulzeit entscheidend war. Mit Sicherheit läßt sich dagegen feststellen, daß der Jüngling die Schule verließ, weil er nicht länger systematisch lernen wollte, wohl auch, weil ihm das Sitzenbleiben wieder drohte. Jedenfalls gibt es keinen Beleg, der dafür spräche, daß Hitler die Schule wegen der sozialen Lage der Familie hätte beenden und zum Unterhalt von Mutter und Schwester beitragen müssen.

Dreieinhalb Jahrzehnte später, als die Soldaten der Wehrmacht vor Moskau und Leningrad froren und erfroren, hat der inzwischen zum Feldherrn Aufgestiegene in abendlicher Runde in seinem Hauptquartier immer wieder über seine Schulzeit schwadroniert. Wie schon im 1924 niedergeschriebenen Text legte er Wert darauf, den Zuhörern vor allem sein frühes Interesse an einem Fach zu beteuern, der Geschichte. In seinen »Lieblingsfächern«, der Geographie und »mehr noch der Weltgeschichte«, habe er die weitaus besten Leistungen erzielt. Da sei er der Klasse »vorgeschossen«, und schon damals habe er die Weltgeschichte »ihrem Sinn nach verstehen und begreifen« gelernt.[5] Den Lehrern in Steyr müssen die Früchte dieser Geschichtsstudien entgangen sein. Sie bewerteten Hitlers Leistungen in Geographie und Geschichte, für die seinerzeit eine gemeinsame Note erteilt wurde, im ersten der beiden Semester, die zu den letzten ihres Schülers werden sollten, noch mit »genügend« und konnten sich bei der endgültigen Verabschiedung auch nur zu einem »befriedigend« aufraffen.

In der Öffentlichkeit hat sich Hitler in späterer Zeit mit Äußerungen über seine Schulzeit zurückgehalten. Sein Leben schien, von dunklen Erwähnungen einer Tätigkeit »auf dem Bau« abgesehen, erst als Frontsoldat des Ersten Weltkriegs begonnen zu haben. So verfuhr er wohl mit Rücksicht darauf, daß er auch um die Stimmen der Lehrer warb und deren Einfluß seiner Partei nutzbar zu machen trachtete. Intern aber sprach er nur abfällig über die »Professoren«, die ihn um die Jahrhundertwende unterrichtet hatten. Er charakterisierte sie als dumm, tölpelhaft und völlig ungeeignet, sich auf die Gedanken- und Gefühlswelt von Kindern und Jugendlichen einzustellen. Lehrer dieses Typs waren gewiß in allen Ländern anzutreffen, insbesondere seit die allgemeinbildende Schule existierte und ein Massenaufgebot von Unterrichtenden verlangte. Für Hitler blieb aber der Maßstab kennzeichnend, nach dem er Lehrer beurteilte. Sie sollten Führernaturen entwickeln und sich entwickeln lassen. Ihre Aufgabe sah er vollends als erfüllt an, wenn sie an der Spitze ihrer Klassen in Kriege zögen.

Von den generalisierenden Anklagen nahm Hitler einzig einen seiner Geschichtslehrer aus. Ihn rühmte er nicht wegen herausragenden Wissens, sondern aufgrund der Fähigkeit, in seinen Schülern Emotionen zu wekken, die bis zum Tränenausbruch geführt hätten. Diesem Manne sagte Hitler auch einen nachhaltigen Einfluß auf seine erste politische Orientierung nach. Zwar verriet er nicht, welche Tagesprobleme ihn und seine Mitschüler »damals in Atem hielten«[6], wohl aber berichtete er, daß jener Lehrer ihn zu einem großdeutschen Nationalisten erzogen habe, der »heiße Liebe« für seine »deutsch-österreichische Heimat« empfand und zugleich »tiefen Haß gegen den österreichischen Staat«.[7] Nach Hitler waren die Habsburger und die ihnen hörigen Politiker dafür verantwortlich, daß Österreich nicht zu dem von Bismarck geschaffenen großen deutschen Reich gehörte, welches er bewunderte. In dessen Geschichte allein, namentlich im Kriege von 1870/1871, fand er Erbauliches, Ruhm und Glanz.[8] Demgegenüber sei ihm die österreichisch-ungarische Doppelmonarchie wie ein verwesender Leichnam vorgekommen.

Man mag im Zweifel sein, ob dieses Urteil wirklich das des heranwachsenden Knaben war oder sich erst in späteren Jahren bildete. Doch kann man diesem Selbstzeugnis wohl glaubhaft entnehmen, daß Hitler frühzeitig zu den Kritikern der mürben Großmacht gehörte. Seine Abneigung erregte freilich nicht, daß sie für viele, vorwiegend slawische Völker ein Gefängnis war, sondern vielmehr das angebliche Versagen der Regierungen bei der Verfechtung der deutsch-österreichischen Interessen.

Wien erschien Hitler schon aus der Ferne als eine »undeutsche Stadt«. Diese Ansicht stützte er auf die Tatsache, daß im Zentrum der Monarchie die Deutschsprechenden nicht unter sich waren. In den Mauern der Hauptstadt lebten und arbeiteten auch Angehörige anderer Nationen, obgleich sie einen vergleichsweise geringen Prozentsatz der Einwohnerschaft bildeten. In ganz Niederösterreich, wozu damals Wien gehörte, machten im Jahre 1900 die Tschechen etwas mehr als viereinhalb Prozent der Bewohner aus, Bruchteile nur entfielen auf Polen, Ruthenen, Slowenen, Kroaten und Italiener. 95 Prozent der Einwohnerschaft verstanden sich als Deutsche.

Eine Überfremdung oder gar die Gefährdung des Deutsch-Österreichertums waren mithin reine Phantasieprodukte. Sie geisterten jedoch im Kopfe des jungen Hitler herum, der die nationalchauvinistischen Losungen der militanten Großdeutschen aufgeschnappt und verinnerlicht so-

wie die demagogische Kampfparole gegen die »Slawisierung Österreichs« sich zu eigen gemacht hatte. Es war in Mode, die gegen Wiener Politiker gerichtete Beschuldigung nachzuplappern, sie betrieben die »langsame Ausrottung des Deutschtums« oder duldeten sie zumindest tatenlos. Dem lernunlustigen Adolf galt – anders als seinem Vater – nicht das dem hochbetagten Kaiser Franz Joseph geltende »Gott erhalte, Gott beschütze« als staatspolitisches Glaubensbekenntnis, sondern das jenseits von Inn und Donau gesungene »Deutschland über alles«.
Im »Nationalitätenkampf«, wollte sich Hitler später erinnern, habe er fest auf seiten der Deutschen gestanden und dafür früh Geldsummen gespendet. Sie wären auch dem »Sprachenkampf« zugute gekommen.[9] Den verstand der jugendliche Eiferer allerdings nicht auch so, daß er sich die Sprache seiner Vorfahren mit anspruchsvollem Ziel angeeignet hätte. Zeitlebens blieb er, von seinem unsäglichen Stil ganz abgesehen, mit ihr auf Kriegsfuß.
Gegen Ende seiner Schulzeit war Hitler ein Parteigänger des Georg Ritter von Schönerer und nannte sich auch selbst »Schönerianer«. In diesem Begriff drückte sich nicht nur das Bekenntnis zum Anschluß Österreichs an Deutschland aus. Die Zielsetzung »Großdeutschland« schloß den Anspruch ein, ein Europa dominierendes Reich zu schaffen. Hitler nannte seine Haltung rückblickend die eines »jungen Revolutionärs« und bezeichnete sich wegen seiner antihabsburgischen, für das deutsche Kaisertum parteinehmenden Einstellung auch als einen politischen Revolutionär.[10] Jedoch setzte er das Wort Revolutionär, dem er in diesem Zusammenhang offenkundig einen positiven Gehalt zuerkannte, in Anführungszeichen. Tatsächlich benutzte er den Begriff, mit dem er als Politiker immer wieder wie ein Equilibrist hantierte, ohne daß er ihm einen sozialen Sinn beimaß. Im Rückblick auf seine frühe Jugend ging er mit dem Begriff Revolutionär wie mit einer Feder um, mit der er seinen Hut schmückte.
Im Sommer 1905 verließ Hitler die Realschule. Nach diesem Datum hat er sich keiner systematischen Ausbildung mehr unterzogen, wenn man von einer kurzen und folgenlosen Unterweisung im Klavierspiel absieht. Er kehrte von Steyr nach Linz zurück. Die Mutter verkaufte das Leondinger Anwesen und kam mit dem Sohn und der Tochter im Ortsteil Ufahr in einer Mietwohnung unter. Hitler nutzte die veränderte Situation weidlich aus. Ihn zur Aufnahme einer Lehre oder auch nur einer nutzbringenden Tätigkeit zu veranlassen, dazu reichte die Kraft der Mutter schon nicht mehr aus. Dessen ungeachtet erreichte der Sohn, daß ihm eine zwei-

wöchige Reise nach Wien finanziert wurde. In Linz konnte er Theater- und Opernaufführungen besuchen und begann, sich für die Musik Richard Wagners zu begeistern. Auch die schwere Krebsoperation, der sich die Mutter 1906 unterziehen mußte, veranlaßte ihn so wenig wie Jahre zuvor der Tod des Vaters, seine Lebensweise zu ändern. Er träumte in den Tag, schmiedete Pläne, verfolgte jedoch keinen einzigen wirklich. Schließlich überzeugte er Mutter und Vormund, die sich eine Zeitlang als Willensvollstrecker des verstorbenen Vaters gesehen haben mochten, ihm Geld für eine erneute Reise nach Wien zu überantworten. Diesmal sollte sie dem Zweck dienen, sich einer Aufnahmeprüfung an der Malklasse der Kunstakademie zu unterziehen.
Hitler reiste an einem Septembertag des Jahres 1907 – seit seinem Ausscheiden aus der Realschule waren zwei Jahre vergangen – mit »einem Koffer mit Kleidern und Wäsche in den Händen« in die Hauptstadt. Die chronologische Abfolge der Ereignisse, die dem vorausgingen und folgten, läßt der Lebensbericht in Grauzonen. Er schweigt darüber, ob mit der Mutter und dem Vormund je darüber gesprochen worden war, wovon er in Wien leben und seine Studien finanzieren könnte. Er sei in die Hauptstadt gereist, um »mir irgendwie mein Brot selber zu verdienen«.[11] In Wahrheit galt seine Fahrt ausschließlich dem Versuch, die Aufnahmeprüfung an der Akademie zu bestehen. Der Zwang, sich als ein arbeitender Student durchzuschlagen, existierte für ihn damals nicht. Immerhin erhielt der Beamtensohn eine staatliche Pension als Halbwaise, die zusammen mit dem Erbteil, das ihm der Vater hinterlassen hatte, vorerst ausreichte, Wohnungsmiete und Ernährungskosten sowie die Ausgaben eines Malschülers zu bestreiten.
Die Geschichte dieser Wienreise ist die Geschichte eines Scheiterns. Hitler erzählte sie aber später als Geschichte eines Irrtums. Demnach habe er sich, im Wissen, der »beste Zeichner« seiner Schulklasse gewesen zu sein, glücklich und zufrieden nach Wien aufgemacht. Er hoffte, »die Prüfung spielend leicht bestehen zu können«, zumal zwischen dem Verlassen der Realschule und seinem Erscheinen vor der Kommission seine »Fähigkeit noch ganz außerordentlich weiterentwickelt worden« wäre.[12] Wie und mit wessen Hilfe das geschah, wird nicht aufgeklärt. Kein Wort auch darüber, ob der junge Kunstmaler-Aspirant unter den Meistern »deutscher« Feder und »deutschen« Pinsels, denen allein er bei seiner Gesinnung wohl hätte nachstreben wollen, sich irgendein Vorbild auserkoren hatte. Einzig von einem früheren Besuch der überreichen Gemäldegalerie des Hofmuseums ist in diesem Zusammenhang später die Rede.[13] Und so mag

man sich an das Brecht-Wort erinnert fühlen, wonach, solange kein Name gefallen sei, auch nichts passiert wäre ...
Eines Tages also, »ausgerüstet mit einem dicken Pack von Zeichnungen«, von deren Thema ebensowenig etwas zu erfahren ist wie von der bevorzugten Zeichen- und Maltechnik, machte sich Hitler auf den Weg in den »Hansenschen Prachtbau am Schillerplatz« im Zentrum der Metropole. Mit »stolzer Zuversicht« hatte er auf die Begegnung mit seinen künftigen Lehrern gewartet.[14] Der Verlauf der Aufnahmeprüfung ist in den überlieferten Akademie-Akten zweifelsfrei dokumentiert. Hitler war beim Probezeichnen am ersten Prüfungstag vor die »Compositionsaufgabe« zu dem Thema »Austreibung aus dem Paradiese« gestellt worden, am zweiten hatte er eine Episode aus der »Sündflut« zeichnerisch auf das Papier zu bringen. In der Liste derer, die »mit ungenügendem Erfolg« aus der Bewerbergruppe ausgesondert wurden, befand sich auch Hitlers Name. Von seinen Zeichnungen wurde einzig vermerkt: »Wenig Köpfe«.
Da Hitler von seinem Erfolg ganz und gar überzeugt war, traf ihn die Ablehnung seines Ersuchens wie ein jäher Schlag »aus heiterem Himmel«.[15] Dieses Erlebnis war vor allem seiner grenzenlosen Selbstüberschätzung geschuldet. Es hat den Betroffenen jedoch nicht kuriert.
Nachdem dem Maleleven das negative Urteil mitgeteilt worden war, habe er sich dem Rektor der Anstalt »vorstellen« lassen, um sich von höchster autoritativer Seite die Gründe der Ablehnung auseinandersetzen zu lassen. Dort sei ihm das Gutachten zwar bestätigt worden, doch wurde er mit dem Bemerken entlassen, seine Fähigkeit liege »doch ersichtlich auf dem Gebiet der Architektur«, weshalb für seine Bewerbung nur die Architekturschule in Frage käme.[16]
Es ist nicht einsehbar, warum diese Botschaft, wenn sie denn mit dem ermutigenden Zusatz wirklich versehen war, Hitler so »geschlagen« machte. Denn wie ihm Jahre zuvor als Zwölfjährigem die Erleuchtung gekommen war, »Kunstmaler« zu werden, schien ihm nun die Idee auf, daß er »einst Baumeister werden würde«. Auf diesem neuen Wege zu hohem Ziel türmten sich allerdings Barrieren. Vor kurzem hatte Hitler noch selbst die erste Vorbedingung, die eines bestandenen Abiturs, als unübersteigbar angesehen. Selbst wenn er sich jetzt an dieser Aufgabe versucht hätte, wozu er keinerlei Neigung erkennen ließ, hätte er erst ein Technikum absolvieren müssen, um sich mit den Gesetzen des Bauens vertraut zu machen. Der Gedanke an die dort zu erwartenden Anforderungen mochte sich für Hitler mit der Erinnerung an seine schulischen Leistungen in den Naturwissenschaften und der Mathematik verbinden.

Hitler erkannte oder fühlte zumindest, daß sein »Künstlertraum« nach »menschlichem Ermessen« nicht zu verwirklichen war.[17] Die offenbar rasch vollzogene Kapitulation paßte selbstredend nicht in das Bild, das der nach dem ganz großen Erfolg Strebende später von sich zu entwerfen wünschte. So behauptete er, daß er sich – angespornt durch die Erinnerung an die Energie des Vaters sowie dessen ungleich schlechtere Ausgangsbedingungen für einen gesellschaftlichen Aufstieg – alsbald trotzig, das veränderte Ziel unbeirrbar vor Augen, zum Kampf gegen alle Widerstände entschlossen habe. Doch verzichtete Hitler darauf, dem noch irgendeine konkrete Angabe darüber hinzuzufügen, wie er dabei zu Werke ging. Wie in ähnlichen Fällen wechselte er in seinem Lebensbericht kurzerhand das Thema.

Nach der Ablehnung fuhr Hitler zunächst zurück nach Linz, wo seine Mutter auf den Tod darniederlag. Mit der Mitteilung über sein Scheitern, falls er es sich überhaupt eingestand, hat er die Todkranke wahrscheinlich verschont. Während der letzten Lebenswochen der Mutter blieb der Sohn bei ihr in Linz. Klara Hitler starb am 21. Dezember 1907 und wurde in Leonding an der Seite ihres Mannes beigesetzt.

Erst bei Erwähnung des Todes der Mutter nahm Hitler in seinem autobiographischen Bericht eine verallgemeinernde Bewertung der sozialen Verhältnisse vor, in denen er aufgewachsen war. Er vermerkte, daß er aus »Kreisen kleinen Bürgertums« stamme, die zu den »reinen Handwerkern«, die er auch »Arbeiter der Faust« nannte, »nur sehr wenig Beziehungen« besaßen. Er bezeugte ferner, daß dieses Kleinbürgertum, obwohl es sich selbst hinsichtlich seiner materiellen Lage nur wenig über dem »Niveau der Handarbeiter« befand, seinerseits dennoch die Abgrenzung von den auf der sozialen Stufenleiter weiter unten stehenden Menschen wollte und herzustellen suchte. Er sah diese »Emporkömmlinge« seelisch durch die unausgesetzte Furcht geprägt, in ihre früheren, elenden Zustände zurückgestoßen zu werden. Sie galten ihm als Menschen ohne Mitleid mit denen, die sie bei ihrem sehr begrenzten sozialen Aufstieg hinter sich lassen konnten.

Dem Zollbeamten Alois Hitler und seiner Familie hatte der Abstieg nie gedroht. Mochte sich das Leben im väterlichen Hause, wie Hitler urteilte, »von dem all der anderen« Kleinbürger materiell und kulturell auch nicht unterschieden haben, die Beamtenfamilie konnte im Unterschied zu den von den Regeln und Zufällen der kapitalistischen Wirtschaft gefährdeten Händlern und Handwerkern »sorgenlos ... den neuen Tag erwarten«. Hitler erinnerte sich dementsprechend: »Ein soziales Problem gab es für

mich nicht.« Rückblickend nannte er sich gar ein »Muttersöhnchen«, das in »weichen Daunen« gehalten wurde.[18]
Ob Hitler während seiner Jugendzeit in Linz und in Steyr die sozialen Probleme der Stadtbewohner beschäftigten, ist unbekannt. Obwohl sie in beiden Städten greifbar zutage traten, schlug sich das in seinen Erinnerungen nicht nieder. In der Hauptstadt Oberösterreichs gab es immerhin eine Tabakfabrik, eine Eisengießerei, Schiffswerften, Fabriken des Maschinenbaus und weiterer verarbeitender Industrien. Steyr war sogar einer der bedeutendsten Industriestandorte Österreichs, in dem sich die wichtigste Waffenfabrik des Kaiserreichs befand und viele hochspezialisierte metallverarbeitende Betriebe ansässig waren.
Hitlers materielle Lage nahm nach dem Tode der Mutter keine dramatische Wendung. Er verfügte über das Erbteil seines Vaters[19], und bis zum 31. Mai 1911 stand ihm eine Waisenpension zu. So besaß er die finanziellen Mittel, um im Februar 1908 nach Wien zurückzukehren, ohne sich dort um eine Arbeitsstelle kümmern zu müssen. Seine jüngere Schwester kam in die Obhut ihrer verheirateten Halbschwester. Verpflichtungen hatte ihm das Ableben der Mutter mithin nicht aufgebürdet.
In Wien bezog Hitler abermals das Zimmer in der Stümpergasse, in dem er sich schon zuvor eingemietet hatte. Ungeduldig erwartete er seinen Linzer Freund August Kubizek. Gustl, wie er ihn nannte, traf – wie erhofft – bald ein und teilte mit Adolf das Zimmer. Indessen gestaltete sich beider Leben ganz unterschiedlich. Während der Zimmergenosse die Aufnahmeprüfung für ein Musikstudium bestand und es mit Eifer und Erfolg begann, lebte Hitler in den Tag hinein, durchstreifte die Stadt, amüsierte sich in Theatern, schmiedete Pläne, von denen er keinen einzigen ernsthaft in Angriff nahm, und brachte das Geld durch, über das er zunächst noch ausreichend verfügte.
Im Frühjahr 1908 unternahm er den zweiten Anlauf, um doch noch als Malschüler in die Akademie zu gelangen. Diese Tatsache allein widerlegt die Behauptung, er habe sich nach seiner ersten Zurückweisung auf ein Studium der Architektur orientiert, und deshalb fand dieser erneute Versuch auch in Hitlers schriftlichem Selbstbildnis keine Erwähnung. Zudem scheiterte die Vorstellung noch kläglicher als im Jahr zuvor. Hitler gehörte diesmal zu den Bewerbern, die nicht einmal zum Probezeichnen zugelassen wurden. Die Arbeiten, die er nach eigener Wahl mitbrachte und zur Prüfung vorlegte, machten eine weitere Teilnahme an der Konkurrenz überflüssig.[20]
Hitler hat diese zweifache Niederlage, die halbherzig eingestandene und

die verschwiegene, nie verwunden und sich gleichsam wortreich über sie hinweggeschwatzt. Während er aber den Gymnasialprofessoren in Linz und Steyr ungehemmt vorwarf, er wäre eines ihrer Opfer gewesen, hielt er sich gegenüber den Akademieprofessoren äußerst zurück und zweifelte deren Urteil nicht einmal in einem Nebensatz an. Allerdings bastelte er noch während der Jahre des Zweiten Weltkriegs an der Legende, daß er sich die Tore der Wiener Kunstakademie doch hätte öffnen können. Er habe nämlich auf die Reise nach Wien die Empfehlung eines damals sehr einflußreichen Malers mitnehmen können, doch von ihr keinen Gebrauch gemacht, da ihm schon in frühesten Jahren jedwede Protektionswirtschaft zuwider gewesen sei. So konnte Bedauern darüber, daß des »Führers« Begabung sich nicht entfalten konnte, sich mit Bewunderung paaren: Woran es ihm auch gemangelt haben mochte, befriedigend war stets das ihm bereits von seinen Steyrer Lehrern bescheinigte »sittliche Betragen«.

Wieder erfolglos, ertrug Hitler offenbar das Zusammenleben mit dem Freunde nicht länger. Er verließ die Stümpergasse, ohne August Kubizek eine Nachricht zu hinterlassen oder sich je wieder bei ihm zu melden. Für einige Monate mietete er sich zunächst in der Felbergasse, dann für Wochen nur in einem Zimmer in der Simon-Denk-Gasse ein. Im November 1909 waren seine finanziellen Mittel offenbar weitgehend erschöpft. Die Waisenrente reichte allein nicht mehr aus, in Wien ein noch so bescheidenes Quartier zu bezahlen und sich zu ernähren.

Erst jetzt und nicht bereits als Folge des Verlustes der Mutter bekam der Zwanzigjährige mit dem Boden der Gesellschaft Berührung – oder sollte man sagen: mit ihrem Keller. Er hatte, gerechnet vom Ende seiner Schulzeit, wieder zwei Jahre vertan. Diesmal blieb das nicht ohne Folgen. Im November und Dezember mußte er für einige Wochen Unterschlupf in einem Obdachenlosen-Asyl im Wiener Arbeiterbezirk Meidling suchen. Noch vor Weihnachten wechselte er in das Männerheim in der Wiener Meldemannstraße, in dem er ein einfaches Zimmer bezog und sich in Gemeinschaftsräumen aufhalten konnte. Der Bau des Heimes war neueren Datums und, wie unter anderem anläßlich eines Besuches des Kaisers überliefert, so etwas wie ein Prunkstück der Armenfürsorge jener Zeit. Man kann sich leicht vorstellen, was es für den sorglos aufgewachsenen Beamtensohn bedeutet haben mag, da angekommen zu sein. Zugleich tat sich ihm damit eine unbekannte Welt auf.

Über die folgenden drei Jahre seines Lebens hat Hitler kaum konkrete Angaben gemacht. So nannte er keine Wohnadressen und keine Arbeitsstellen, erwähnte weder einen Bekannten noch einen Freund. Allerdings charakterisierte er diese Jahre in der Metropole an der Donau als die »traurigste Zeit meines Lebens«.[21] In allgemeinen, aber mitleidheischenden Wortwendungen schilderte er sich als Opfer einer von Grund auf reformbedürftigen gesellschaftlichen und staatlichen Ordnung. Damals habe er die Rückgewinnung des seinem Volke angeblich entfremdeten Arbeiters als das Wesen eines zu erstrebenden Wandels begriffen. Diese Erkenntnis sei ihm während seiner wiederholten Arbeit auf Baustellen gekommen, auf denen er sich als Hilfsarbeiter seinen Unterhalt verdient habe. Daß Hitler tatsächlich »am Bau« tätig war, ist jedoch nicht belegt. Er nannte weder eine Firma noch den Namen eines Arbeitskameraden, und auch nach Jahrzehnten meldete sich niemand, der sich als früher Bekannter des inzwischen Berühmtgewordenen vorgestellt hätte. Doch kann als sicher gelten, daß Hitler in jenen letzten Wiener Jahren mit Menschen in engen Kontakt kam, die proletarische und lumpenproletarische Lebensverhältnisse kannten und durchleben mußten. Er erlebte jetzt selbst, worüber seine Saalgenossen im Obdachenlosen-Asyl und seine Mitbewohner im Männerheim sprachen und worauf sie überhaupt ansprechbar waren. In seiner Formel von der »Rückgewinnung des Arbeiters« widerspiegelt sich offensichtlich die Erfahrung, daß die in der Gesellschaft ganz unten Angekommenen für die Phrasen der Politik, seien sie habsburgisch oder großdeutsch geprägt, nicht empfänglich waren. In dieser Umgebung fühlte Hitler sich mit seiner Gedankenwelt als ein Fremder. Er bezeichnete sich selbst als einen politischen Sonderling.

Die Konflikte, in die er nun geriet, stellte er später folgendermaßen dar: Die meist sozialdemokratisch und gewerkschaftlich organisierten Arbeiter hätten ihn auf den Baustellen nicht angenommen und sogar feindselig behandelt. Dies sei deren Reaktion auf seine Weigerung gewesen, Gewerkschaftsmitglied zu werden. Wiederholt habe man ihm gedroht und ihn vor die Frage gestellt, den Bau zu verlassen oder von einem Gerüst geworfen zu werden. Da hätte er sich lieber davongemacht.

In den Diskussionen sei er zuerst der Unterlegene gewesen, dann aber zum Überlegenen geworden, denn er habe, durch die von ihm provozierten Streitgespräche angeregt, begonnen, sich in die marxistische Theorie und sozialdemokratische Literatur zu vertiefen, und sich »Buch um Buch, Broschüre um Broschüre« vorgenommen.[22]

Hitler bleibt allerdings auch für diese Jahre seines Lebens mit einer Kette unüberprüfbarer Behauptungen ein verdächtiger Zeuge: Er beschreibt sich als einen unermüdlich studierenden Autodidakten, der von Erkenntnis zu

Erkenntnis fortschreitet und sich aus eigenen Kräften ein »Weltbild« schafft. Letzteres sei von Anbeginn so fest gegründet gewesen, daß – wie er mehrfach betont – es allenfalls noch ergänzt, aber nicht mehr geändert werden mußte. Kein Zettel mit einer Notiz über Gelesenes oder sonst Wahrgenommenes ist indessen überliefert. Ebensowenig existiert auch nur ein Brief, der seine Tage schildert oder von der Entwicklung seiner Gedanken zeugt.

Auch seine Verwandten in Oberösterreich erhielten offenbar keine Auskünfte über sein damaliges Leben. Jedoch kann die Verbindung zu ihnen nicht völlig abgerissen sein. So erfuhr der Neffe vom Tode seiner Tante, die Anfang 1911 in Spital verstarb und ihm ein in seiner Lage hochwillkommenes Erbteil hinterließ.

Hitlers Behauptung, daß er während seiner Jahre im Männerheim einen ständigen »inneren Kampf« ausgetragen hätte, um sein Verhältnis zu den sozialen und politischen Zuständen und Entwicklungen zu bestimmen, überhöht und verklärt wohl jene Gedanken, die ihn in den damaligen ungeliebten Verhältnissen tatsächlich quälten. Er lernte jedoch ohne Zweifel die Gesellschaft von unten kennen. Seine Perspektive unterschied sich dennoch von der des Proletariers. Anders als seine Arbeitskameraden und Heimgenossen wollte er die vorgefundene Umwelt nicht »kapitalistisch« nennen, brachte sie aber auch auf keinen anderen Begriff. Zudem gab er, wo Lohnarbeiter schufteten, allenfalls eine Gastrolle. Schon »in den Jahren 1909 auf 1910« sei er nicht mehr Hilfsarbeiter gewesen, sondern habe »selbständig als kleiner Zeichner und Aquarellist« gearbeitet.[23] Daran erinnerten sich auch seine Mitbewohner im Männerheim, die ihn häufig an einem Fensterplatz im Schreibzimmer des Hauses sitzen sahen, wo er Postkarten zeichnete oder malte. Fotografien und andere Abbildungen mit Ansichten Wiens dienten ihm dabei als Vorlage. Mitunter fertigte er auch Zeichnungen für Reklamezwecke an. Reinhold Hanisch, ein Bekannter aus dem Asyl, der inzwischen ebenfalls in das Männerheim übergesiedelt war, brachte sie an Käufer. Nach einem Zerwürfnis der beiden übernahm der Zeichner den Verkauf selbst.

Hitlers materielle Lage verbesserte sich allmählich. Er konnte seine Zeichen- und Malprodukte bei Weiterverkäufern absetzen. Seine Barschaft hatte sich außerdem durch die Mittel aus der Spitaler Erbschaft vergrößert. Indessen blieb Hitler im Heim in der Meldemannstraße, seiner letzten Wiener Adresse. Ob ihm das Geld für die Entrichtung des Mietzinses in einem Wohnhaus weiterhin fehlte oder ob er die Gemeinschaft nicht missen wollte, bleibt unentscheidbar. Im Heim hatte er mit Rudolf

Häusler mindestens einen ihm näherstehenden Mann gefunden, der ihm auch nach München folgte.
Manche Mitbewohner des Heims erinnerten sich in späteren Jahren an ihre Begegnung mit Hitler. Ihre Aussagen bestätigen in anderer Weise ebenfalls das Bild des Sonderlings. Hitler habe es verstanden, zwischen sich und seinesgleichen eine gewisse Distanz zu legen. Er habe seinen Fensterplatz und seine Mal-Utensilien jedoch häufig verlassen und sich immer dann unter seine Mitbewohner gemischt, wenn sie über politische Fragen zu debattieren begannen. Damit aber erschöpft sich bereits die Zeugenschaft, die auf Hitlers Interesse für Politik hinweist. Versammlungen hat er offenbar nicht besucht, Parteien und Vereinen sich nicht angeschlossen.
Nach seinen eigenen Angaben beschäftigte sich Hitler in seiner Wiener Zeit vor allem mit zwei Erscheinungen: mit dem Marxismus, der Sozialdemokratie und der Arbeiterbewegung sowie mit dem Judentum. Jedoch fällt kein Wort darüber, was er vom Werk des Karl Marx, von den Schriften seiner Mitkämpfer und Nachfolger las. Endlos reihen sich statt dessen über viele Seiten seines »Kampf«-Buches Schmähungen und Beschimpfungen aneinander. Die Sozialdemokratie sei die Partei des »unerhörtesten Völkerbetrugs«, des »infamen geistigen Terrors«, die »wandelnde Pestilenz«. Die »Wiener Arbeiterzeitung«, die er gelegentlich zur Hand nahm, nannte er das »elende Blatt«, das »Vergiftungsarbeit« leiste. Die revolutionäre Arbeiterbewegung mit der ihr zugrunde liegenden Lehre stelle eine Bedrohung für die Menschheit dar.[24]
Dennoch hatte Hitler, seinem eigenen Eingeständnis zufolge, sich mit der Tatsache auseinanderzusetzen, daß die Sozialdemokratie wuchs. Dafür machte er nicht allein das angebliche demagogische Geschick ihrer Führer verantwortlich. Die Schuld trugen nach seinem Urteil einerseits die tatsächliche Notlage vieler Menschen und andererseits die Gefühl-, Gedanken- und Tatenlosigkeit des Bürgertums, das gegenüber den von ihm verursachten Gefahren geradezu blind wäre.[25] Hitler erschienen die von ihm beklagten Zustände als Ergebnis freier Willensentscheidungen des »Bürgertums« und des verfehlten Handelns von einzelnen Personen oder Personengruppen. Die alltägliche Beobachtung des Agierens der Mächtigen in Staat und Wirtschaft, deren objektive Interessenlagen ihm verborgen blieben, führten ihn zu der naiven Ansicht, aller Wandel werde aus der Erziehung zum Besseren, was immer er darunter verstand, hervorwachsen. Jedoch hätte er sich, wieder der eigenen Darstellung zufolge, während der Wiener Jahre noch nicht mit Abhilfen gegen die Mißstände

befaßt. Erst später sei er zu dem Schluß gelangt, daß die Herrschenden erzogen und vor allem dahin gebracht werden müßten, die Arbeitermassen besserzustellen. Nur so könne man der Sozialdemokratie das Wasser abgraben, das ihre Mühlen antreibe. Solche Politik würde darüber hinaus auch die Gewerkschaften überflüssig machen, denen er vorerst allein als Instrument eines reformerischen Drucks die Existenzberechtigung nicht absprach.

Was immer man vom Wahrheitsgehalt dieses Rückblicks auf die Herausbildung seines Weltbildes halten mag, ein aufbrausender Protest, ein Gedanke an revolutionäre Umstülpung der Gesellschaft ist in ihm nicht erkennbar. Statt dessen enthüllt sich der Reformer, dem nichts ferner lag als ein grundlegender Umsturz durch die Aktion der Massen.

Als die »schwerste Wandlung überhaupt« bezeichnete Hitler mit dem Abstand von etwa eineinhalb Jahrzehnten seine Entwicklung zum Antisemiten.[26] Schon als er seine Haltung zur Sozialdemokratie schilderte, beteuerte er, ursprünglich – gemeint war seine Linzer Zeit – ihren Bestrebungen gegenüber ganz unvoreingenommen gewesen zu sein. Diese Partei sei ihm wegen ihres antihabsburgischen und vermeintlich sozialen Wirkens eher sympathisch gewesen. Nicht anders stellte Hitler jetzt die Entwicklung seines Verhältnisses zum Judentum dar. Die religiösen Verfolgungen, die es in der Vergangenheit erleiden mußte, hätten in ihm geradezu eine Barriere gegen antisemitische Gedanken errichtet. Er habe sich stets wieder gefragt, ob er Juden nicht Unrecht tue, wenn er schlecht über sie denke. Erst nach der Überwindung vieler Zweifel und nach inneren Auseinandersetzungen habe er schließlich seinen philosemitischen Standpunkt aus Erkenntnisgründen aufgeben müssen. So sei er ein haßerfüllter Antisemit geworden.[27]

Diese Darstellung, die das Mitgefühl gleichsam auf den so schwer Ringenden hin- und von den Gehaßten weglenken soll, besitzt wenig Originalität. Sie wurde sowohl vor Hitler als auch nach ihm immer wieder erzählt und wird mit wenigen individuellen Einfärbungen bis zum heutigen Tage in dieser Weise dargeboten. Auch der Antisemit Hitler wollte offenbar anderen nicht eingestehen, daß sein Judenhaß das Produkt von Vorurteilen war.

Es seien drei Einflüsse gewesen, die ihn zum Judenfeind gemacht hätten: die Eindrücke auf der »Wiener Straße«, die antisemitische Agitation der Christlich-Sozialen Partei unter der Führerschaft Karl Luegers, des langjährigen Bürgermeisters von Wien, und dann wieder die Studien, durch die er das Aufgenommene überprüfte.[28] So wäre er Schritt für Schritt zu der Erkenntnis gelangt, daß die Juden ausnahmslos keine Deutschen seien und gerade die ihnen nicht zugezählt werden dürften, die das von sich behaupteten. Sie wären allesamt Zionisten, die sich als Deutsche nur tarnten.[29] Sie seien ohne Ausnahme moralisch und körperlich »unsauber«, Urheber allen »Unrats« im kulturellen Leben und obendrein die »Dirigenten« der Prostitution. Gleichsam als Krönung seines Erkenntnisgewinns habe er herausgefunden, daß die Arbeiterbewegung fast ausnahmlos von Juden geführt und also verführt werde. Jüdisch sei auch der Marxismus, der nichts anderes darstelle als das Instrument, mit dem die Juden um ihren Sieg »über die Völker dieser Welt« kämpften. Hitler postulierte es als die Aufgabe der »Menschheit«, sich »des Juden« zu erwehren.[30]

Was Hitler hier als die Frucht eigener geistiger Anstrengungen und eines »Seelenkampfes« deklarierte, war nichts anderes als eine Ansammlung jener landläufigen Tiraden gegen das Judentum, die er auf den Straßen Wiens hören konnte. In ihnen äußerten sich Gefühle der Überheblichkeit und der Minderwertigkeit, der heimlichen Bewunderung und der unverhohlenen Verachtung, des Neides und der Mißgunst. Der von Agitatoren verschiedenster Gruppen angestachelte Judenhaß befriedigte das tiefverwurzelte Bedürfnis, die Verantwortung für kritikwürdige gesellschaftliche und menschliche Tatbestände einem Sündenbock aufzubürden.

Es ist darüber spekuliert worden, ob Hitlers ahumane Denkweise über die Juden wie die anderer Antisemiten auch eine ihrer Wurzeln im Sexualpathologischen besitzt. Mag sein, daß dieser Aspekt eine Rolle spielt. Gewiß ist nur, daß sich Hitlers antijüdische Stereotype in den seinerzeit vielgelesenen Broschüren eines Judenfeindes finden, der sich den vornehmpseudogermanischen Namen Jörg Lanz von Liebenfels zugelegt hatte. Sicher ist darüber hinaus, daß Hitler alles verdrängte und verschwieg, was er und seine Familie Menschen zu verdanken hatten, die jüdischen Glaubens und jüdischer Herkunft waren. Das galt für den Arzt, der seine kranke Mutter versorgt hatte ebenso wie für einen seiner Mitbewohner aus dem Männerheim. Niemand und nichts sollte ihm das Schreckensbild vom Juden als dem »Menschheitsfeind« überhaupt fragwürdig machen.

Man kann nicht sagen, wann Hitler sich mit dem Gedanken trug, Wien und Österreich zu verlassen. Er war inzwischen das fünfte Jahr in der Hauptstadt, länger als die Lehre in einem praktischen Beruf gedauert, und nahezu so lange, wie ein Studium an einer Universität, Akademie oder Hochschule in Anspruch genommen hätte. Er jedoch vermochte seinem Leben weder eine feste Grundlage noch eine Richtung zu geben. Wien, so

mag es ihm vorgekommen sein, hatte ihn nicht angenommen. Dies konnte er als zusätzlichen Beweis jenem Bild zuordnen, welches ihm das Zentrum des Habsburgerreiches als von Juden und Slawen überfremdet erscheinen ließ, in dem ein Deutscher keine Chance besaß.
Hitler hatte ein wenig Geld zurücklegen können, das ihm die Reise nach Deutschland ermöglichte. Außerdem konnte er sich dort eine Wohnung leisten und war nicht gezwungen, abermals in einem Obdachlosenheim Zuflucht zu suchen. Letzteres hätte möglicherweise zur Abschiebung über die deutsch-österreichische Grenze geführt. So verließ er die »Phäakenstadt«, die in ihm noch ein Jahrzehnt später »nur trübe Gedanken« zu erwecken vermochte.[31]
Selbst mit dem Abstand von nahezu dreißig Jahren – die Dynastie war längst gestürzt, Wien eine »deutsche Stadt«, die Juden von den deutschen und österreichischen Faschisten außer Landes getrieben oder in Vernichtungslagern umgebracht – konnte Hitler nicht vergessen, was ihm in jener Stadt widerfahren war, in die er einst mit seinem Traum von Glück und Berühmtheit reiste. Kam die Rede auf die inzwischen zur Gauhauptstadt herabgestufte Metropole an der Donau, beteuerte er zwar, daß ihn nichts gegen Wien einnehme. Politische Berechnung sagte ihm, daß er sich die ehemaligen Hauptstädter, die ihn 1938 wie einen Erlöser empfangen hatten, als Gefolgschaft erhalten mußte. Dennoch erfüllte ihn tiefes Rachegefühl, das er nur schlecht verbergen konnte. In seiner Sicht hatte die Stadt den Aufstieg im Zeichen des Hakenkreuzes eigentlich nicht verdient. Hitler wies deshalb jeden Gedanken von sich, ihr hinter der Reichshauptstadt Berlin den zweiten Rang einzuräumen. Unter allen Städten der »Ostmark« bevorzugte er dagegen Linz. Dort hatte er einen behüteten und unbeschwerten Schüleralltag erlebt. Linz zählte er – nach Berlin, München, Hamburg und Nürnberg – zu den fünf wichtigsten Städten des Reiches. Es sollte die »schönste Stadt an der Donau« werden und damit Wien und Budapest übertreffen.
Aus diesem Grunde ernannte Hitler im Herbst 1940 für die Stadt eigens einen »Reichsbaurat«, an dessen gigantischen Planungen er sich selbst beteiligte. Ein Turm, höher als der des Stephansdomes in Wien, wurde geplant. Ein neuer Bahnhof, ein Opernhaus, ein vielräumiges Museum sollten gebaut werden. Linz sollte außerdem durch den Reichtum an Kunstschätzen glänzen – und tatsächlich wurden für diesen Zweck im Kriege Gemälde in vielen eroberten Ländern geraubt. Schließlich war eine »Nibelungen-Brücke« über die Donau – bestückt mit riesenhaften Plastiken nach Gestalten der Siegfried-Sage – vorgesehen. Ein Operetten-Theater

wollte Hitler aus privaten Mitteln stiften. In vertrautem Kreise erkärte er, daß er in dieser Stadt seinen Lebensabend verbringen werde.[32]
Auf diese Weise bewältigte Hitler die in Wien erlittenen Niederlagen. Nie gab er zu, daß sie zu einem erheblichen Teil von ihm selbst verschuldet worden waren. Den Einwohnern von Linz indessen kam Hitlers Vorliebe teuer zu stehen. Im Zweiten Weltkrieg richteten sich etwa eineinhalb Dutzend Luftangriffe gegen die Stadt, in die erst am 5. Mai 1945 amerikanische Truppen gelangten. Gönner Hitler hatte sich da schon aus dem Leben gestohlen ...

Kapitel 2

Über München an die Westfront 1913 bis 1918

Am 24. Mai 1913 verließ Hitler Wien. Tags darauf traf er in München ein, das er sich als neues Domizil auserwählt hatte. Seine Ersparnisse reichten für den Augenblick so weit, daß er sich in der nach dem Stadtteil Schwabing führenden Schleißheimer Straße ein Zimmer als Untermieter leisten konnte. Zeitweilig teilte er es mit seinem Bekannten aus dem Wiener Männerheim, Rudolf Häusler, der Hitler nachgereist war, 1914 jedoch nach Österreich zurückkehrte. Die Wirtsleute der beiden waren der Schneidermeister Joseph Popp und dessen Ehefrau. Hitler wohnte bei ihnen, bis er sich freiwillig in den Krieg meldete und am 16. August 1914 sein erstes Soldatenquartier bezog. Schon von seinen Stationen auf dem Wege zur Front und dann von dort mit der Feldpost ließ er den Popps gelegentlich eine Nachricht zukommen.[1]

Den Wechsel von der Donau an die Isar, den Hitler in seinem »Kampf«-Buch und an anderer Stelle fälschlich ein Jahr vordatierte[2], begründete er später – von Architektur ist nicht mehr die Rede – mit seinem unveränderten Vorsatz, sich zum Kunstmaler auszubilden, der ihn in diese »Metropole der deutschen Kunst« gezogen und geführt habe. Demgegenüber ist vermutet worden, Hitler sei nach Deutschland übergewechselt, um der Einberufung zum Militärdienst zu entgehen, die ihm in Österreich bevorgestanden habe. Zweifelsfreie Quellen geben darüber Auskunft, daß er sich tatsächlich 1909 – zwanzigjährig – und auch auf die Aufrufe der folgenden Jahre bei den Wiener Militärbehörden nicht gemeldet hatte. Doch wurde erst 1913 von Linz aus, wo die einschlägige Bürokratie seine Spur offenbar verloren hatte und nun erneut suchte, ernsthaft nach ihm geforscht. Sie ließ sich dann in Wien leicht aufnehmen, denn Hitler hatte sich bei der dortigen Polizeibehörde ordnungsgemäß nach München abgemeldet. So konnte ihn ein Beamter der Münchner Polizei am 18. Januar 1914, es war der Jahrestag der Kaiserproklamation in Versailles und der Reichsgründung, leicht auffinden und festsetzen.

Tags darauf wurde er dem österreichischen Generalkonsulat zugeführt. Dort glaubte man ihm, daß er kein Wehrdienstverweigerer sei. Dazu aufgefordert, setzte sich Hitler auch sogleich mit der fahndenden Behörde in Linz brieflich in Verbindung und schilderte vor allem seine materielle Lage, die ihn daran hindere, die Kosten für die weite Reise nach Österreich aufzubringen, um sich den Militärbehörden zu stellen. Daraufhin erhielt er das Geld für eine Eisenbahnfahrt zu der München am nächsten gelegenen Musterungsstelle in Österreich. Hitler machte sich nach Salzburg auf den Weg. Die ärztliche Untersuchungskommission musterte ihn dort ohne weiteres aus. Er sei zum »Waffen- und Hilfsdienst untauglich«, weil »zu schwach«.[3] Nahezu überflüssig, hier anzumerken, daß Hitler diese Episode später mit keinem Wort erwähnte.

Sein körperlicher Zustand, der das Urteil der Kommission verursachte, war offenkundig das Ergebnis seiner mehrjährigen unsteten Lebensweise und vor allem einer unregelmäßigen, oft nicht ausreichenden und ungesunden Ernährung. Sie hatten aus einem Knaben, dem einmal im Turnen die Note »vorzüglich« erteilt worden war, einen in Friedenszeiten dauernd vom Militärdienst freigestellten jungen Mann werden lassen. Hitler mochte an seiner Verfassung obendrein eine Teilschuld tragen. Vermutlich hatte er schon damals kein Vergnügen an irgendeiner Form körperlicher Anstregungen. Nichts deutet darauf hin, daß er sich auf einem Sport- oder Turnplatz bewegt, sich in einem Schwimmbecken oder See getummelt, einen Berg bestiegen oder auch nur einen Hügel erwandert hätte.

In seiner ersten Eintragung nach seiner Ankunft in München und später bei anderer Gelegenheit, so auch in dem an die Linzer Behörde gerichteten Brief, bezeichnete sich Hitler als »Architektur Maler«[4] und fügte dem hinzu, daß er sich noch in der Ausbildung befinde und vor allem dafür seine Einkünfte verwende. Hitler hatte sich also auf eine Materie festgelegt, bei der es auf »Köpfe« nicht ankam. Indessen sind systematische Studien, die ihn weiter voranbringen konnten, auch für seinen Aufenthalt in der bayerischen Metropole nicht belegt, wenngleich ihm die Erkenntnis, auch das Genie müsse »eisern arbeiten und lernen« sowie »ohne eine genaue Kenntnis des Farbmischens und Grundierens und ohne fleißige Übung im Zeichnen nach der Anatomie« sei nicht auszukommen, kaum erst in späteren Jahren geworden sein dürfte.[5] Für Hitler blieb die Malerei, abgesehen von den wenigen Zeichnungen und Aquarellen, die er im Ersten Weltkrieg anfertigte, ein Broterwerb. Nicht einmal zu seinem eigenen Vergnügen griff er später noch zu Stift und Pinsel, wie das beispielsweise der Mann tat, mit dessen Rolle und Entschlüssen es Hitler nach Jahrzehnten zu tun bekam – Winston Churchill.

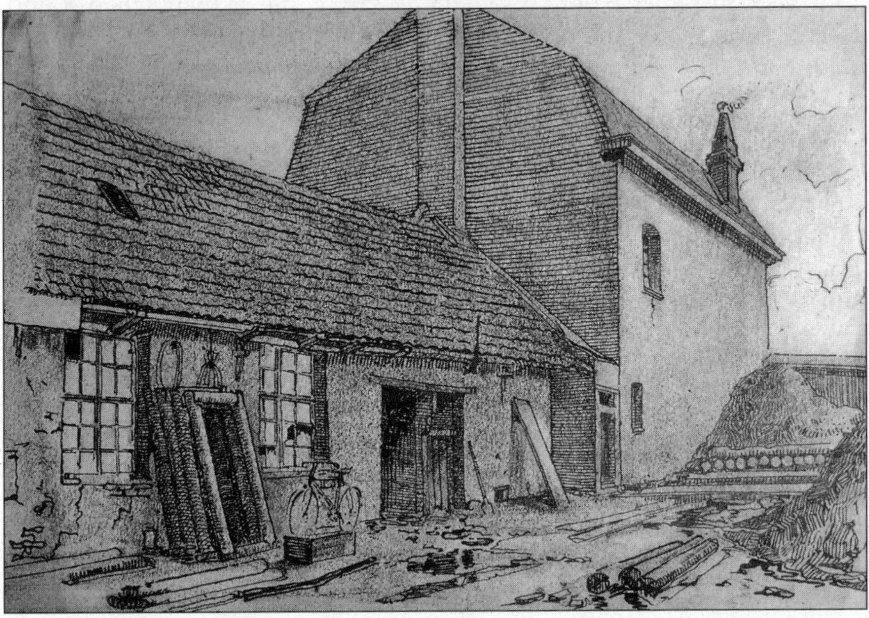

Die Zeichnung Hitlers »Unterstand in Fournes« aus dem Ersten Weltkrieg. In einer später von Heinrich Hoffmann, dem Leibfotografen Hitlers, herausgegebenen Sammlung der Zeichnungen und Aquarelle des jungen Hitler erschien auch diese in »geschönter« Weise

Die Objekte, die Hitler für seine künstlerischen Bemühungen auswählte, und ebenso die Methode, nach der sie entstanden, blieben dieselben wie in seiner Wiener Zeit. Er malte in seinem Zimmer nach Ansichtskarten Gebäude Münchens wie das »Alte Rathaus« und seltener – aufgrund von Aufträgen und nach Vorlagen – auch Häuser in der Umgebung, so etwa in Kochel und am Schliersee. Anfänglich verkaufte er sie selbst an Orten, an denen er Interessenten zu finden hoffte, unter anderem auch im Hofbräuhaus. Dann knüpfte er Beziehungen zu Schreibwaren- oder Kunstartikel-Geschäften, die ihm Gezeichnetes oder Gemaltes abnahmen oder auch Bestellungen erteilten. Zu seinen Käufern zählten unter anderem ein Arzt, ein Goldschmied, ein Kaufmann, ein Lehrer, ein Lebensmittelhändler, ein Chemiker, der gleichzeitig Ladeninhaber und Fabrikant war, und auch der Bäckermeister, bei dem Hitler seine bescheidenen Einkäufe erledigte. Zu einem der Auftraggeber entwickelte sich eine engere Beziehung; Hitler schrieb noch von der Front aus Frankreich an den Juristen und Gerichtsassessor Ernst Hepp, der ihm mehrere Bilder abgenommen hatte.[6]

Hitler konnte von seiner Arbeit in München besser leben als in Wien. Beim Verkauf seiner Produkte erzielte er Preise, die sich zwischen 5 und 20 Reichsmark je Stück bewegten. Er kam so, freilich nicht regelmäßig, auf monatliche Einkünfte in Höhe von 100 Reichsmark. Diese Angabe akzeptierte auch das Finanzamt, bei dem er steuerpflichtig war, und veranschlagte sein Jahreseinkommen mit insgesamt 1200 Reichsmark. Sie setzten Hitler in die Lage, regelmäßig die geringe Miete zu bezahlen und bescheidene Lebensansprüche zu befriedigen. In dem anläßlich der Fahndung nach seinem Verbleib an die Linzer Behörde gerichteten Brief vom Januar 1914 bemerkte er, daß er »über das Ärgste empor sei«. Gelegentlich ging er in Kaffeehäuser oder Gaststätten, wobei er jene bevorzugte, in denen er Leute traf, die wie er einen Partner für ein Gespräch suchten.

Hitlers Tage waren in München mit der Anfertigung seiner Zeichnungen und Aquarelle und deren Verkauf nicht ausgefüllt. Wie seine Wirtin berichtete, traf sie ihn des öfteren über geliehenen Büchern und wäre sogar besorgt gewesen, daß er zu viel Zeit mit ihnen verbringe. Hitler selbst schilderte sich für jene Jahre wiederum als einen Autodidakten, der sich lesend und studierend über die Welt Klarheit hätte verschaffen wollen. Noch rückblickend bezeichnete er seinen Eintritt in das Militär auch als eine Trennung von den Büchern. Dabei ist angesichts seines späteren Lebens im Regimentsstab an der deutsch-französischen Front nicht recht einsehbar, daß ihm dort Muße zum Lesen nicht geblieben sein soll.

Für die knapp fünfzehn Monate, die Hitler 1913/1914 in München zubrachte, machte er keinerlei überprüfbare Angabe über seine Lektüre. Wieder nennt er weder einen Verfasser noch einen Buchtitel. Viel später, 1942, erwähnte er, daß es 1912 in München schwer gewesen sei, »ein Buch über die Marine und die Kolonien zu erhalten«.[7] Seine Vorliebe für Literatur, die von Kriegen und Eroberungen handelte, hatte sich demnach aus früher Jugend erhalten.

Nach seinem eigenen Zeugnis kehrte Hitler wieder zu jenen beiden Gegenständen zurück, die ihn bereits in Wien vor allen anderen beschäftigt hätten, dem Marxismus und dem Judentum. Er »bohrte« sich, wie er schrieb, nun zum zweiten Mal »in diese Lehre der Zerstörung hinein« und vertiefte sich in die »theoretische Literatur«. Jedoch gelangte er auch an dieser Stelle seines Berichts zu keinem einzigen Gedankengang, mit dem er dieser »Weltpest« ein Argument entgegengehalten hätte. Als neue Erkenntnis sei ihm aber geworden, daß auch im Deutschen Reich der Kampf gegen den Marxismus nicht richtig geführt werde. Das habe ihn dahin gebracht, daß er sich nun – anders als angeblich in Wien – der praktischen Seite der Auseinandersetzung zuwandte, denn »die Frage der Zukunft der deutschen Nation« sei »die Frage der Vernichtung des Marxismus«.[8] Hitler behauptete, er habe sich 1913 und 1914 »zum ersten Mal in verschiedenen Kreisen«, von denen er keinen auch nur mit einer Andeutung näher bezeichnet, in diesem Sinne politisch geäußert.[9] Was von alledem Wahrheit, was Legende ist, darüber läßt sich abschließend nicht urteilen, denn es fehlt an jedem unvoreingenommenen Zeugen, der geschildert hätte, wie die Geisteswelt des Fünfundzwanzigjährigen am Vorabend des Weltkriegs wirklich beschaffen war.

Hitler berichtete darüber hinaus, daß ihn in München »wieder das Studium der politischen Tagesereignisse« am meisten anzog.[10] Doch schweigt er sich über die politischen Kräfte, die seinerzeit in der bayerischen Metropole wirkten und gegeneinanderstanden, ebenso aus wie über die Lebensverhältnisse ihrer Bewohner. Viel später erst will er sich daran erinnern, daß die »sozialen Unterschiede« vielleicht in kaum einer anderen deutschen Stadt so gering waren wie in München. Jedoch konnte er, da er keine zweite deutsche Stadt kannte, nicht vergleichen. Obendrein war sein Maßstab das »Verhältnis der großen Herrschaften zu ihren Kutschern«.[11]

Wann immer Hitler auf München zu sprechen kam oder sich schriftlich über die Stadt äußerte, pries er sie. Man habe Deutschland nicht gesehen, schwärmte er, wenn man München nicht gesehen habe.[12] Die hymnischen Töne mag man ihm als ehrlich gemeint abnehmen, denn mit der Übersiedlung von der Donau an die Isar verband sich ihm doch unauslöschlich der Ausbruch aus dem Männerheim und die allmähliche, wenn auch bescheidene Verbesserung seiner materiellen Verhältnisse. Freilich waren seine Auslassungen über München im Jahre 1924 auch durch den Umstand mitbestimmt, daß er nach dem Ende seiner Festungshaft in die Stadt zurückkehren und dort seine inzwischen begonnene politische Karriere wieder aufnehmen wollte. Hitler nennt die Metropole Bayerns eine »deutsche Stadt« und stellt sie dem »undeutschen« Wien, dem »Rassebabylon«, gegenüber. Er heißt München »die wunderbare Wittelsbacherresidenz«, in der ihn die »wunderbare Vermählung von urwüchsiger Kraft und feiner künstlerischer Stimmung« beeindruckte. Hofbräuhaus und Odeon, Oktoberfest und Pinakothek – in dieser Reihenfolge – findet er besonders erwähnenswert. Hier habe er vor dem Kriege »die glücklichste und weitaus zufriedenste« Zeit seines Lebens verbracht, »das Glück einer wahrhaft inneren Zufriedenheit« empfunden. Ganz nebenbei zählte sich Hitler aufgrund seiner Beziehung zu dieser Stadt zu den »mit gefühlvollem Gemüt gesegneten Menschen«.[13]

Ob und wie lange er sein im Grunde eintöniges Dasein in München fortgesetzt hätte, kann ebensowenig gesagt werden, wie sich über die Dauerhaftigkeit seiner Begeisterung für die Münchner urteilen läßt. Ihr Dialekt war ihm zwar viel vertrauter als jener der Wiener, doch Freunde, ja nicht einmal dauerhafte Bekanntschaften gewann er an der Isar so wenig wie vorher an der Donau. Erst während der Kriegsjahre stellte sich eine engere Beziehung zu Ernst Schmidt her, mit dem er im Hause in der Schleißheimer Straße gewohnt hatte und der mit ihm über Jahre dem gleichen Truppenteil angehörte. Viel später und nicht für die Öffentlichkeit bestimmt, äußerte sich Hitler über die Bayern auch höchst kritisch, ihnen sei »die Kunst durch das Wirken der Herrscherdynastie doch nur aufoktroyiert worden«.[14] Denkt man daran, daß er für seine Zeichnungen und Aquarelle in München drei Jahrzehnte zuvor Käufer gefunden hatte, zeugt diese Äußerung zumindest von wenig Dankbarkeit.

In Hitlers Leben, ihn so auf Jahre jeder weiteren eigenen Entschlüsse entheben, griff die Weltgeschichte ein. Am 4. August 1914 begann der Krieg, der später der Erste Weltkrieg genannt wurde. Deutschland und Österreich-Ungarn, die Mittelmächte, führten ihn mit schwachen Verbündeten gegen Rußland und die Westmächte, Frankreich und Großbritannien, die sich zur Entente zusammenschlossen, an deren Seite 1915 Italien und 1917 die Vereinigten Staaten traten. Mehr als vier Jahre tobte ein massenmörderischer Kampf um Erweiterung oder Verteidigung der eigenen Besitztümer und Machtsphären. Das Deutsche Kaiserreich wollte sich zur

beherrschenden Großmacht des Kontinents durchsiegen und eine unangefochtene Weltmachtstellung erobern. Hitler gehörte nicht zu jener Minderheit in Deutschland, die den imperialistischen Krieg ablehnte oder gar bekämpfte. Er beurteilte ihn vielmehr vom nationalchauvinistischen Standpunkt, der nach den Lebensrechten anderer nicht fragte, die eigenen dagegen absolut setzte. Obendrein galt er ihm in einer Art von gespaltenem Bewußtsein als ein Kampf zur Verteidigung des Vaterlandes.
Bis in die Augusttage 1914 ist Hitlers Äußeres nur auf Fotografien überliefert, die ihn in ganz privater Umgebung zeigen. Sie entstanden aus Anlässen, die damals schon anregten, einen Lebensmoment im Bilde festzuhalten: das Kleinkind Adolf, angetan mit einer Art Strampelanzug, der Sohn auf dem Schoße des Vaters, der Sänger im Chor des Lambacher Stifts, der Schüler, aufgereiht mit seinen Klassenkameraden. Aus der Wiener Zeit wie für die längste Zeit seines Aufenthalts in München fehlen Bildzeugnisse ganz. Bis der Zufall ihn während der aufgeregten ersten Kriegstage auf eine fotografische Platte geraten ließ. Inmitten einer Kopf an Kopf gedrängten Menschenmenge, die sich auf dem Odeonsplatz vor der Feld-

Hitler bejubelt den Ersten Weltkrieg und meldet sich als Kriegsfreiwilliger

herrnhalle versammelt hatte, läßt sich Hitler erkennen. Seinem Gesicht ist die begeisterte Stimmung anzusehen, in die er durch die Nachricht vom Kriegsbeginn wie viele neben, vor und hinter ihm versetzt worden war. Dieses Bilddokument mag mit Verwunderung betrachten, wer Hitlers späteren Bericht über Gedanken und Stimmungen kennt, von denen er seinerzeit angeblich beherrscht wurde. Demnach müßte auf jener Fotografie ein eher skeptisch dreinschauender Mann auszumachen sein. Er habe, gab er rückblickend preis, mit der deutschen Außenpolitik damals auf kriegerischem Fuß gestanden und habe das Bündnis des Reiches mit der »verluderten Dynastie« Österreich-Ungarn, mit einer »staatlichen Mumie«, mit einem »Staatskadaver« abgelehnt.[15] Deutschland hätte demnach vielmehr mit Rückendeckung Großbritanniens zu einem Krieg gegen Rußland antreten müssen. Nimmt man diese Äußerungen für bare Münze, dann müßte ihm der nun ausgebrochene Krieg, um eine viel später geprägte Formel zu zitieren, als Krieg gegen die falschen Gegner, mit den falschen Verbündeten und für die falschen Ziele vorgekommen sein. Hitlers Urteil über das Habsburgerreich wäre zudem geeignet gewesen, ihm die Kriegsaussichten der Mittelmächte in zumindest düsterem Licht erscheinen zu lassen.

Nichts davon ist jedoch in seiner Reaktion auf den Kriegsbeginn erkennbar. Jetzt hatte sich seine angeblich seit den Knabenjahren gehegte Befürchtung erledigt, daß er in eine Zeit ohne Kriege hineingeboren worden sein könnte. Hatten ihm schon der Burenkrieg, der russisch-japanische Konflikt und dann die Kriege auf dem Balkan Erleichterung verschafft, so kamen ihm nun die Augusttage »wie eine Erlösung aus den ärgerlichen Empfindungen« seiner Jugend vor.[16] Endlich sei er mit seiner Zeit wieder ausgesöhnt gewesen.

Sich eben noch zu einer deutschen Eroberungspolitik bekennend und lediglich einschränkend, die Führung des Reiches hätte sie nicht zur rechten Zeit begonnen, den günstigsten Zeitpunkt dafür vielmehr 1904/1905 verpaßt, erklärte Hitler nun plötzlich – immer aus dem Rückblick – Deutschland zum »Opfer einer Weltkoalition« und die Nation sich im Kampf um »Sein oder Nichtsein« befindend. Dem Volke bescheinigte er, daß es sich in dieser Situation »hellseherisch« verhalten und den Kampf »selbst begehrt« habe, freilich in der trügerischen Hoffnung, die Soldaten würden im »Winter wieder zu Hause« sein. Diese Illusion hatte er jedoch uneingeschränkt geteilt.[17]

Noch mit dem Abstand von einem Jahrzehnt und mit dem Wissen um die Millionen Toten und die Hunderttausende von Krüppeln des Krieges

konnte Hitler nicht genug Worte der Begeisterung finden, um seinen inneren Zustand in den ersten Augusttagen 1914 zu beschreiben. Es quoll ihm »das Herz über vor stolzem Glück«, er jubelte und war dankbar, daß er, ein österreichischer Staatsbürger, in die deutsche Armee aufgenommen wurde. Es begann nach der »glücklichsten« nun die »unvergeßlichste und größte Zeit meines irdischen Lebens«[18], schreibt der Überlebende eines Regiments, das binnen Tagen mehr als ein Drittel seines Bestands durch Tod und Verwundung verlor und immer wieder durch Heranschaffen von Rekruten aufgefüllt werden mußte, um erneut kampffähig zu sein.
Hitler meldete sich unverzüglich freiwillig zum Kriegsdienst, um »nun im Gottesdienst des ewigen Richters als Zeuge antreten zu dürfen zur Bekundung der Wahrhaftigkeit« seiner großdeutschen Gesinnung.[19] So und aus den gleichen Motiven handelten in jenen Tagen der Massenhysterie Tausende und Abertausende Deutsche in allen Landesteilen, unter ihnen auch viele Juden, die Deutschland nicht anders als die Christen beider großen Kirchen als ihr Vaterland betrachteten und glaubten, es schützen zu müssen.
Niemand unterzog nun Hitler einer militärmedizinischen Untersuchung wie noch am Jahresanfang in Salzburg. Am 16. August 1914 rückte er zur Armee ein. Die Kaserne, die er zu beziehen hatte und in der er eingekleidet wurde, war provisorisch in der Münchner Elisabethenschule eingerichtet worden. Hitler wurde dem bayerischen Reserve-Infanterie-Regiment 16 zugeteilt, nach seinem ersten Kommandeur, der bereits während der ersten Schlacht umkam, auch Regiment List genannt. Es bestand aus drei Bataillonen zu je drei Kompanien und umfaßte insgesamt etwa 3000 Soldaten. Die meisten von ihnen waren wie Hitler »ungedient«, d. h., sie hatten nicht einen einzigen Tag Ausbildung in einer militärischen Einheit erhalten. Obendrein war das Armeekommando auf ihre Rekrutierung denkbar schlecht vorbereitet. Weder konnten sie mit der damals im Heere noch gebräuchlichen, erst im Kriegsverlauf gegen Stahlhelme ausgewechselten Pickelhaube ausgerüstet werden, die gegen Verwundungen ohnehin einen ganz unvollkommenen Schutz bot, noch waren in den Magazinen ausreichend Tornister verfügbar. Hitler erhielt wie seine »lieben Kameraden« als Kopfbedeckung eine Wachstuchmütze, die einen Tarnüberzug besaß, und für sein Gepäck einen Rucksack. In diesem fremdartigen Aufzug wurden die Bayern während ihres ersten Einsatzes an der Front von benachbarten Regimentern für Engländer gehalten und sogleich beschossen, was ihre Verluste zusätzlich erhöhte.
Kriegserfahrungen besaßen selbst die Offiziere und die Minderheit der als

Wehrpflichtige ausgebildeten Soldaten des Regiments List so wenig wie die Masse der Angehörigen des deutschen Heeres. Die letzten Schlachten, an denen eine bayerische Armee beteiligt gewesen war, hatten im deutsch-französischen Krieg 1870/1871 stattgefunden und lagen dreiundvierzig Jahre zurück. Ihre überlebenden Teilnehmer standen an den Straßenrändern, als die Truppen der Weltkriegsarmee ihre Garnisonen verließen, oder beobachteten deren Übungen, die wie auch in Hitlers Kompanie hastig auf Plätzen in den Städten abgehalten wurden, um den Eingezogenen und Freiwilligen eine Grundausbildung zu geben. Sie dauerte für Hitler und viele andere Angehörige des Regiments List ganze sieben Wochen. Dann marschierten sie aus ihren Stadtquartieren zu einer nur Tage dauernden Gefechtsausbildung auf das Lechfeld. Zuvor, am 8. Oktober 1914, war ihre Vereidigung erfolgt. Bayerns König Ludwig III. erschien und hielt eine anfeuernde Ansprache.

Hitlers Befürchtung, er werde zu spät an die Front kommen, um den Krieg noch mitgewinnen zu können – auch sie teilte er mit vielen mordspatriotisch Gesinnten –, erwies sich als völlig unbegründet, mehr noch: Sie war ein Zeichen seiner Ahnungslosigkeit. Denn während er in München und dann auf dem Lechfeld eine ganz oberflächliche Instruktion erhielt, war auf den Schlachtfeldern Frankreichs, von denen die Siegesmeldungen kamen, der auf General Alfred Graf von Schlieffen zurückgehende und aus dem Jahre 1905 stammende deutsche Kriegsplan bereits gescheitert. Er sah die Niederwerfung Frankreichs in einem Blitzkrieg und durch eine riesige Umfassungsschlacht vor, bevor dessen Verbündeter Rußland überhaupt in der Lage wäre, an Deutschlands Ostgrenze kriegerisch auf den Plan zu treten. Hitler vermochte so wenig wie seine Kameraden die Entwicklung der Kriegslage zu verstehen, als er am 21. Oktober in einem Eisenbahnwaggon westwärts fuhr, der Front entgegen.

Vier Tage lang rollten die Züge mit den Angehörigen und den Waffen des Regiments List, bis sie in der nordfranzösischen Stadt Lille anlangten. Sie waren zum Rhein und dann den »deutschen Strom« entlang gefahren, hatten Köln und Aachen passiert und sich über belgisches Gebiet ihrem Ziel genähert. Als sie das Niederwald-Denkmal oberhalb des Weinortes Rüdesheim passierten, erinnerte sich Hitler, hätten sie alle begeistert das Lied »Die Wacht am Rhein« gesungen. Das ist eines der wenigen Details, die er im späteren autobiographischen Text über seinen Weg an die Westfront und seine dortigen Erlebnisse mitteilt. Er beschrieb – wie in diesem Falle – lediglich seine und seiner Kameraden Stimmungen, schwieg sich aber über das Kampfgeschehen und seine Rolle in ihm aus. Allerdings

betonte er stets, daß er »Frontsoldat« gewesen sei, der im Kampf »Mann gegen Mann« gestanden habe.
Hitler geriet nach einem Gewaltmarsch mit der 1. Kompanie des 1. Bataillons am 29. Oktober 1914 in eine der vielen mörderischen Schlachten der Westfront. Der befohlene Ansturm richtete sich auf die westbelgische Stadt Ypern, über die der Weg zur Kanalküste führte, deren Inbesitznahme den Nachschub für die britische Armee erschweren oder unterbrechen sollte. Vor dem Aufbruch aus Bayern hatte Hitler noch seinen Wirtsleuten in die Schleißheimer Straße geschrieben: »Ich hoffe wir kommen nach England.«[20] Nun stieß er auf britische Truppen, die gut ausgebildet waren und in deren Feuer während der folgenden vier Tage, in denen das deutsche Armee-Oberkommando das Regiment List wieder und wieder gegen die Verteidigung anrennen ließ, die Angriffe zusammenbrachen.
Am 1. November lagen Tote und Verwundete in Massen auf dem Schlachtfeld und den Verbandsplätzen. Rat- und Rücksichtslosigkeit zeichneten die Befehle der militärischen Führer aus, die beispielsweise das Bataillon, dem Hitler angehörte, am dritten Angriffstage wieder gegen den »Feind« trieben, obwohl es nahezu zwei Drittel seines Bestands durch Verluste bereits eingebüßt hatte.[21] Schließlich mußten die Angriffe aufgegeben werden. Der Plan, Ypern zu nehmen, der beitragen sollte, doch noch auf breiter Front zum Meer vorzustoßen, war gescheitert.
Hitler kam also noch rechtzeitig an die Front, aber schon nicht mehr zum Siegen. Als die Verluste gezählt wurden, stellte sich heraus, daß von den mehr als 3000 Soldaten, mit denen das Regiment am 29. Oktober eingetroffen war, etwa 70 Prozent gefallen oder verwundet waren. Übernächtigt und total erschöpft wurden seine Reste aus der vordersten Linie zurückgezogen. Hitler schrieb seinen Wirtsleuten, er sei »wie durch ein Wunder gesund« geblieben.[22] Da war er als Belohnung für seinen Einsatz während der viertägigen Schlacht soeben zum Gefreiten befördert worden. In den folgenden vier Jahren seiner Zugehörigkeit zum Reserve-Infanterie-Regiment 16 erfuhr er keine weitere Beförderung. Er sei, so lautete das Urteil eines Vorgesetzten, zwar ein ergebener und stets zuverlässiger Soldat gewesen, doch hätten ihm die Eigenschaften gefehlt, die ihn zu einem Unteroffizier und zu einem Vorgesetzten von Soldaten befähigten.
Während sich das Regiment nach einer Kampfpause von nur acht Tagen auf dem Marsch in vordere Stellungen befand, wo es ein anderes ablösen sollte, wurde Hitler aus seiner Kompanie in den Regimentsstab befohlen und der Gruppe der Ordonnanzen zugeteilt. Sein ständiger Auftrag blieb von da an, als Meldegänger zu fungieren. Vom Stabsquartier, das sich ge-

wöhnlich einige Kilometer hinter der Frontlinie befand, oder von der näher an sie herangerückten Gefechtsstelle aus mußte er insbesondere während der Kämpfe, in denen die technischen Verbindungsmittel zu den Bataillonen versagten oder zerstört waren, Befehle und Nachrichten »nach vorn« bringen.

Hitlers Versetzung besaß den Vorteil, daß er aus dem Dreck und dem Schlamm und häufig auch dem stehenden Wasser der Schützengräben und Unterstände herauskam. Er konnte sich jetzt zumeist in besseren Quartieren aufhalten, ruhen und schlafen. Doch war er deshalb auf keinen gefahrlosen Posten gelangt. Die Melder mußten sich mit ihren Nachrichten auch dann auf den Weg machen, wenn sich ihre Kameraden in der vorderen Linie während des Artilleriefeuers ducken und Schutz suchen konnten. Hitler hat sich vor keinem dieser Einsätze gedrückt. Er strebte an, daß seine Vorgesetzten mit ihm zufrieden waren, und das bezeugten sie ihm mehrfach. Gemeinsam mit 60 Mann des Regiments wurde Hitler am 2. Dezember 1914 der Orden »Eisernes Kreuz« in der 2. (untersten) Klasse verliehen. Es sei dies, schrieb er nach München, »der glücklichste Tag meines Lebens« gewesen.[23] Hitler hatte ihn ungeduldig erwartet, wie seine Bemerkung »endlich« anläßlich der Dekoration belegt.

Hitler beobachtete in jenen Wochen an der Front nahe der französisch-belgischen Grenze, daß sich unter den Soldaten ein Wandel in ihrer Haltung zum Kriege anzubahnen begann. Ernüchterung trat ein. Der Trieb zur Selbsterhaltung habe sich geltend gemacht, erinnerte er sich. Für ihn selber aber hätte gegolten, daß er nach den Erschütterungen zu ruhiger Verfassung gefunden habe, zur Erfüllung seiner Pflicht entschlossen blieb und weiter kampf- und sterbensbereit gewesen sei.[24]

In Messines verbrachte Hitler das erste Weihnachten im Kriege. Wie andere Soldaten auch erhielt er von seinen Bekannten Päckchen mit Geschenken. Später aber brach der Kontakt zwischen ihm und seinen Münchner Vermietern wie mit der Familie Hepp, die er vom Verkauf seiner Bilder her kannte, ganz ab, ohne daß dafür eine Ursache erkennbar wäre. In der relativen Ruhe des Quartiers griff Hitler auch zum Zeichenstift. Auf den wenigen Bildern, die er anfertigte – in größerer Zahl wurden später Fälschungen verbreitet –, sind Häuser, in denen er mit dem Stab oder mit seinen Kameraden einquartiert war, oder auch Eindrücke aus Messines, »ein ungeheuerer Brand und Schutthaufen«[25], festgehalten. Später bannte der »Architektur Maler« auch manchen seiner Kameraden aus der Gruppe der Ordonnanzen auf das Zeichenpapier. Davon sind nur zwei 1915 angefertigte Bilder erhalten geblieben.[26]

An der Front

Über Hitlers Verhältnis zu seinen Kameraden, mit denen er Pflichten, Freizeit und Quartiere teilte, ist ein sicheres Urteil schwer zu gewinnen. Er pflegte eine engere Beziehung zu seinem Münchner Bekannten Ernst Schmidt. Ein anderer seiner Kameraden schlug ihm vor, einen Urlaub bei seinen in Berlin wohnenden Eltern zu verbringen, und Hitler nahm dieses Angebot dankbar an. Manchen erschien dieser »Adi«, wie er auch genannt wurde, dennoch als Sonderling. Dazu mochte nicht nur beitragen, daß er einen zugelaufenen Hund durch viele Quartiere und bis in die Etappe mitnahm, wo er ihm dann entlief, oder, wie Hitler später erzählte, gestohlen wurde. Sonderbar mochten seinen Kameraden auch die Ansichten dieses Kunstmalers vorkommen. Es waren und blieben über alle Jahre des Krieges die eines Chauvins. Allein die Tatsache, daß Hitler weder an Alkohol noch an Tabak Gefallen fand und mitunter Zeitung las, hob ihn womöglich von anderen ab, die das Lesen mit dem Verlassen der Schule eingestellt hatten.
Doch waren unter den Ordonnanzen des Regimentsstabes, zu denen außer den Meldegängern die Telefonisten, ein Radfahrer und weitere Hilfskräfte gehörten, Angehörige ganz verschiedener Berufe. Auf einer Fotografie, die 1915 aufgenommen wurde, sind ein Maler, zwei Kaufleute, ein Vergolder, ein Maurer, ein Kontorist, ein Hilfsarbeiter, ein Kellner, ein Techniker, ein Steindrucker, ein Ökonomie-Praktikant, ein Dekorateur und ein Bauführer versammelt.[27] Hitler gehörte in diesem Kreis, in dem über den Krieg wieder und wieder gesprochen und wohl auch räsoniert worden sein dürfte, mit seinen 26 Jahren bereits zu den Älteren.
Hitler berichtete später, er habe sich als Frontsoldat eigentlich jeder Äußerung über Politik unter seinen Kameraden enthalten wollen. Doch wäre dieser Vorsatz nicht durchzuhalten gewesen. Er hätte nicht schweigen können, als die Stimmung unter der Mannschaft zusehends schlechter wurde. Hatte er eben noch zugegeben, daß dies die natürliche Reaktion auf die entsetzlichen Kriegserlebnisse war, sah er den beklagten Wandel nun durch den Einfluß sozialdemokratischer und pazifistischer Agitatoren oder auch durch Berichterstatter verursacht, welche die Kriegsbegeisterung nicht nach seinen Vorstellungen anfeuerten. Ohne zu erwähnen, daß die Führer der deutschen Sozialdemokratie im August 1914 ihre Gefolgschaft unter der Losung der Vaterlandsverteidigung zur Parteinahme für den Krieg mißleiteten, kritisierte Hitler die damalige Regierung rückwirkend, weil sie es angeblich versäumt habe, diese Politiker unbarmherzig »auszurotten«, sie als »Ungeziefer« zu vertilgen und die Arbeiterpartei am Beginn des Krieges zu verbieten.[28] An ihrer Stelle hätte ein »prakti-

scher Ersatz« geschaffen werden müssen[29], womit Hitler eine bedingungslos auf den Siegfrieden orientierte Organisation meinte. Deren Fehlen sei der Grund gewesen, weshalb er sich vor 1914 nicht habe entschließen können, einer der bestehenden Parteien beizutreten.[30]

Auch in dieser Darstellung dürften sich Erinnerung, Wunschbiographie und das politische Interesse des Mannes mischen, der inzwischen zum Parteiführer geworden war. Erwiesen ist, daß Hitler Ereignisse, wenn auch nur gelegentlich, politisch kommentierte. In einem Brief vom Februar 1915 schrieb er nach München, er hoffe, die Heimat nach dem Kriege »reiner und von Fremdländerei gereinigter« vorzufinden. Nicht nur die äußeren Feinde müßten geschlagen sein, sondern auch »unser innerer Internationalismuß«.[31] Einer von Hitlers Kameraden schilderte später die ersten Eindrücke, die er nach seiner Kommandierung zu den Ordonnanzen gewonnen hatte. Von Hitler berichtete er, dieser hätte sich mitunter von einer Zeitungslektüre in die fröhliche Unterhaltung der Kameraden mit einem »Einwurf« gemischt, »mit dem wir meist nichts anzufangen wußten«.[32] Nach seinem eigenen Zeugnis gab Hitler im kleinen Kreis seiner Freunde, die wie die Bekannten in München ungenannt bleiben, sogar seine Absicht zu erkennen, »nach dem Kriege als Redner neben meinem Beruf wirken zu wollen«.[33]

Jahre später unterhielt der inzwischen zum »Führer« Avancierte zu manchen seiner Bekannten aus Kriegszeiten wieder Verbindung, denn selbstredend meldeten sich seine alten Kameraden, als ihr ehemaliger Kampf- und Leidensgenosse staats- und dann weltbekannt geworden war. Einigen begegnete Hitler wieder. Er ließ sie in die Reichskanzlei einladen oder traf sich mit ihnen in Bayern. Anderen, die in materielle Not geraten waren, ließ er auf deren Bitte Schenkungen zukommen. Darin mochten sich sowohl der ideologisch und auch sentimental verklärte Bund gemeinsamer Kriegsjahre als auch Berechnung ausdrücken. Denn was konnte stärker beweisen, daß der »Führer« geblieben sei, der er immer war, als derartige Treffen und Zuwendungen.

Zudem war Hitlers Rolle im Kriege bereits vor dem 30. Januar 1933 ein Thema von politischen Auseinandersetzungen, die auch vor Gerichtsschranken ausgefochten wurden. Daß die einstigen Kameraden dem ehemaligen Gefreiten in diesem Zusammenhang Einsatzbereitschaft und Tapferkeit bestätigten, konnte ihm in einer von den deutschen Nationalisten inszenierten hysterischen Auseinandersetzung nur willkommen sein, die in der im Reichstag gestellten provokatorischen Frage gipfelte: »Wo waren Sie im Kriege?« Frontsoldatentum galt diesen Kriegern auf Lebenszeit für eine bestimmte Altersgruppe von Männern als allein akzeptabler Beweis wahren Deutschseins. Nach diesem Maßstab war Hitler zweifelsfrei ein Deutscher.

Die wichtigste Bekanntschaft, die Hitler während des Krieges in Flandern machte, war die des Unteroffiziers und späteren Vizefeldwebels Max Amann. Er war bereits als Regimentsschreiber im Stab tätig, als Hitler dahin kommandiert wurde. Amann, von Beruf Buchhalter, hatte als Wehrpflichtiger gedient, machte sich aber als Leiter der Stabsverwaltung so unentbehrlich, daß er trotz des sich verschärfenden Mangels an Offizieren nicht weiter aufstieg. Auch Hitler hatte die bürokratische Versiertheit seines damaligen Vorgesetzten wohl schätzen gelernt. Er holte ihn deshalb schon 1921 als Leiter in die Geschäftsstelle der NSDAP und beauftragte ihn im Jahr darauf mit der Führung des Eher-Verlages, der der Partei gehörte und in dem Hitlers »Kampf«-Buch erschien. Später ernannte Hitler seinen Kriegskameraden zu einem der Reichsleiter der NSDAP.[34]

Mitte März 1915 wurde das Regiment List nach einem Einbruch englischer Truppen wieder in den Kampf geworfen und erlitt binnen drei Tagen erneut so schwere Verluste, daß es aus der Frontlinie gezogen werden mußte. Ohne längere Ruhepause erfolgte danach die Verlegung in einen Frontabschnitt in der Nähe von Fromelles, in dem es bis Ende September 1916 verblieb. Dort hatte es ein Stellungssystem zu verteidigen, das weder die eine noch die andere Seite aufbrechen konnte, obwohl das wiederholt und immer verlustreich versucht wurde.

Kaum war das Regiment aus den Stellungen abkommandiert, die es für etwa eineinhalb Jahre bezogen hatte, und nach einem Eisenbahntransport und einem Fußmarsch über Cambrai an seinen neuen Einsatzort gelangt, geriet es bei Le Barque in die Sommeschlacht des Oktober 1916. In ihr wurde Hitler, als ein Artilleriegeschoß im Unterstand der Meldegänger einschlug, am linken Oberschenkel verwundet. Nach einem Transport über ein Feldlazarett traf der Gefreite Hitler am 9. Oktober im Vereinslazarett des Roten Kreuzes in Beelitz ein. Seine Verwundung ließ sich relativ rasch ausheilen. Schon am 4. November hielt er sich besuchsweise im nahen Berlin auf, wo er unter anderem die Nationalgalerie besuchte. Einen Monat später war er so weit wieder hergestellt, daß er zunächst nach München entlassen werden konnte. Dort hatte er sich am 3. Dezember 1916 beim Ersatzregiment seines Truppenteils zu melden.

Schon im Beelitzer Krankenhaus und bei seinem Abstecher nach Berlin gewann Hitler ernüchternde Eindrücke von der Stimmung unter Soldaten wie Zivilisten. Unumwunden erklärten Zimmergenossen und andere Gesprächspartner, daß sie den Krieg satt hätten und nicht wieder an die Front zurückwollten. Noch ärger erschien Hitler die Wende in der Kriegsstimmung, die er in München feststellte. Er sah »mit Entsetzen ein Verhängnis herannahen«, so seine Worte, freilich erst nach Kriegsniederlage und Revolution niedergeschrieben.[35] Den genesenden Hitler band in jenen Tagen nichts an die Stadt an der Isar: weder Frau noch Kind, weder Braut noch Geliebte. Kein Freundes- oder Bekanntenkreis, in dem er warm aufgenommen worden wäre, hielt ihn hier zurück. Er begegnete mehreren seiner Regimentskameraden, die wie er Verwundungen ausgeheilt hatten und vor ihm an die Front zurückbeordert wurden. Hitler richtete deshalb an seine Vorgesetzten die »gehorsamste« Bitte, wieder zu seinem Regiment kommandiert zu werden, nachdem er zuvor beim Stab darum gebeten hatte, ihn an seinen alten Platz zurückzubeordern. Das geschah, so daß sich Hitler am 5. März 1917 erneut in der ihm vertrauten Umgebung befand, die ihm zur eigentlichen Heimat geworden war. Er war wieder dort, wo befohlen wurde, und er gehorchte.

Inzwischen hatte das Reserve-Infanterie-Regiment 16 eine Stellung bei La Basse bezogen. Doch schon bald gelangte Hitler mit seinen Kameraden nach wechselnden Einsätzen zum zweiten Mal in jene Gegend, in der sie im Oktober 1914 in Flandern zuerst eingesetzt worden waren. Dort wurde inzwischen unter dem Einsatz von Gas, Tanks und bombenwerfenden Flugzeugen gekämpft, ohne daß es zu einem Frontdurchbruch gekommen wäre.

Anfang August 1917 wurde das Regiment in das südliche Elsaß an einen Frontabschnitt bei Muhlhouse verlegt. Von da trat Hitler am 30. September nach nahezu dreijähriger Kriegsdienstzeit seinen ersten Urlaub an. Zwei Wochen blieb er in Berlin, wo er bei den Eltern eines seiner Kameraden wohnte. Da fehlte ihm nichts, die Tage vergingen ihm rasch. Jetzt habe er, wie er aus der Reichshauptstadt mitteilte, »endlich Gelegenheit, die Museen etwas besser zu studieren«.[36]

Als er zu seinem Regiment zurückkehrte, war dieses inzwischen aus dem Elsaß in die Champagne verlegt worden. Kurze Zeit später muß auch Hitler die Nachricht erreicht haben, daß in Rußland nach dem Sturz des Zaren eine Revolution gesiegt hatte, zu deren Losungen »Krieg dem Kriege« und die Forderung nach einem unverzüglichen und allseitigen Frieden gehörte. Doch er sah in den Ereignissen im fernen Osten Europas nur den »russischen Zusammenbruch« und schöpfte aus dem Ende des Zweifrontenkriegs lediglich Hoffnungen für einen Sieg Deutschlands. Außerdem erwartete er den entscheidenden Angriff der deutschen Truppen im Westen: »Man fürchtete ihn und bangte um den Sieg.«[37] Zu Zweifeln gaben ihm vor allem die Nachrichten aus der Heimat Anlaß, und Haß erfüllte ihn »gegen das ganze politische Parteipack« derjenigen, die nicht weitermachen wollten, in den Rüstungsbetrieben streikten und politische Forderungen nach dem Umbau des Regimes erhoben. In seinen Augen waren sie allesamt »reif für den Strick«.[38]

Im letzten Kriegsjahr wechselte Hitlers Regiment noch mehrfach Stellungen und Quartiere. Im April 1918 hatte es an den Angriffen teilzunehmen, mit denen die oberste militärische Führung nacheinander die gegnerischen Stellungen berennen ließ, ohne daß eine ernsthafte Aussicht auf eine kriegsentscheidende Wirkung existierte. Der Feind sollte in verlustreichen Schlachten ermattet und zur Aufgabe gezwungen werden. Für das Reserve-Infanterie-Regiment 16 bedeuteten diese Befehle noch einmal die Dezimierung seines Bestands. In Kämpfe geworfen und – erschöpft – für kurze Zeit nur wieder in ruhigere Stellungen zurückgezogen, so verrannen die Tage auch für Hitler.

Während einer der Ruhephasen aber wurde der Alltag des Gefreiten im Stabe unterbrochen. Hitler erhielt am 4. August 1918 das »Eiserne Kreuz« der ersten Klasse, das ihm der Kommandeur des Regiments persönlich übergab. Es handelte sich um die Auszeichnung eines Soldaten, der nie »murrte« und in seiner Umgebung mit den Jahren so etwas wie ein »weißer Raabe« geworden war.[39] Hitler zählte zu jenem Typ des absolut gehorsamen Untergebenen, der später lobend und verherrlichend »der deutsche Frontsoldat«, an deutschen Biertischen kürzer und ruhmredig »das Frontschwein« genannt wurde.

Im vierten Kriegsjahr, als die Unlust weiterzukämpfen im deutschen Heere immer mehr um sich griff, wurden Orden gewiß nicht mehr nach den Maßstäben der ersten Kriegsmonate vergeben. Dennoch stellte die Verleihung an Hitler eine Ausnahmeerscheinung dar. Allerdings hatte der Empfänger den Orden nicht für jenes Verdienst erhalten, das er sich später erfinderisch zuschrieb. Die sich entwickelnde Legende fiel wohl vor allem deshalb auf fruchtbaren Boden, weil Hitler in seinem »Kampf«-Buch nie erwähnte, daß er Meldegänger im Regimentsstab gewesen war. Er wollte den Eindruck erwecken, über all die Jahre in vorderster Linie gestanden zu haben. Nur dort, so schien es ihm offenbar, war es ehrenhaft, die Meriten für den begehrten Orden zu sammeln. Der Handstreich, bei dem Hitler eine ganze Gruppe von französischen Soldaten allein gefangengenommen haben will, existierte allein in seiner Phantasie. Die Regimentsgeschichte, die von vergleichbaren Taten exakt und ohne Ansehen des

Dienstrangs der Beteiligten berichtet, enthält davon keinerlei Andeutung. Auch in dem Antrag, mit dem sich der stellvertretende Regimentskommandeur für die Verleihung der Auszeichnung einsetzte, ist mit keinem Wort von einer einzelnen Tat Hitlers die Rede. Indessen wurde darin seine beständige Tapferkeit als Meldegänger gerühmt.[40] Später lasen die Kinder die Episode von der Heldentat des »Führers« in Schulbüchern.

Mitte September 1918 kehrte das Regiment List zum zweiten Mal an jenen Frontstreifen zurück, an dem es 1914 eingesetzt worden war. Doch nur ganz wenige der überlebenden Soldaten wußten noch davon. Sie konnten sehen, daß keine der beiden Seiten seitdem bemerkenswerte Vorteile hatte gewinnen können. Während dieser letzten Verlegung seines Truppenteils befand sich Hitler im zweiten Kriegsurlaub, den er wieder in Berlin verbrachte. An die »Südfront vor Ypern« zurückgekehrt, geriet er in der Nacht vom 13. auf den 14. Oktober in einen Angriff britischer Truppen, die Gasgranaten mit dem sogenannten Gelbkreuz verschossen.[41] Dieses Gift erzeugte Reizungen und Schwellungen der Lider und Bindehäute. Die Augen schwollen zu, so daß Hitler und seine Kameraden zunehmend sehunfähig wurden, obwohl Netzhaut und Sehnerv nicht beeinträchtigt waren.[42] Zur selbständigen Orientierung unfähig und in der Furcht, erblindet zu sein, brachte man sie aus der Gefahrenzone. Zunächst in einem Feldlazarett bei Wervick versorgt, gelangte Hitler mit einem Verwundetentransport westwärts. Sein Ziel, das er am 21. Oktober 1918 erreichte, war das Reserve-Lazarett Pasewalk.

Der verwundete Gefreite hatte einen Teil seines Sehvermögens bereits wiedergewonnen, als das für ihn »Ungeheuerliche« geschah. Als die Nachrichten aus Kiel eintrafen, glaubte er zunächst noch an »einen Putsch der Marine«, der niedergeschlagen werden könne. Kurze Zeit nur erwartete er dann, daß es sich bei der revolutionären Erhebung um ein lokal begrenztes Ereignis handele. Augenblicklich begann er, namentlich bayerische Kameraden, denen er die »Treue zum ehrwürdigen Hause Wittelsbach« zutraute, gegen die »elenden und verkommenen Verbrecher« aufzuwiegeln. Doch so handlungsbereit und kampfentschlossen stellte er sich erst später dar; eher trifft schon zu, daß er in tiefer Niedergeschlagenheit »stumpf und stumm«[43] sein Los trug. Seine Lebenswende begann mit dem erneuten Zusammenbruch einer Welt von Vorstellungen und Hoffnungen.

Kapitel 3

Lebenswende: Aufbruch in die Politik 1918 bis 1921

Der Krieg endete für den kriegswilligen und immer noch sieggläubigen Gefreiten bereits Mitte Oktober 1918, keine vier Wochen vor der Kapitulation der deutschen Obersten Heeresleitung. In Pasewalk erreichten ihn die ersten Nachrichten vom Ausbruch der Revolution, vom Sturz der Monarchie und vom Ende des Krieges. Als er vom für ihn ungeheuerlichen »Landesverrat«[1] erfuhr, verstärkte sich der erlittene Schock. Die unmittelbare Sorge um seine Sehkraft verknüpfte sich mit der generellen Frage nach der eigenen Zukunft; beides war durchaus in das Bangen um Deutschlands weiteres Schicksal eingebettet. Ohne Familie und Freunde stand er im Grunde vor einem Nichts. Reine Existenzangst und Unentschlossenheit bestimmten weitgehend sein Verhalten.[2]

Erst später äußerte Hitler in seinem »Kampf«-Buch, er habe bereits in Pasewalk den »Entschluß« gefaßt, Politiker zu werden.[3] Die Absicht einer verklärenden Legendenbildung ist unverkennbar. Dennoch steckt, wie bei den meisten seiner autobiographischen Angaben, auch in dieser Aussage ein Körnchen Wahrheit. Tatsächlich befand er sich in einer Situation, die zum Nachdenken zwang und die dafür zugleich – anders als die Hektik eines Lebens in den Schützengräben – genügend Zeit bot. In seinem Kopf mischte sich Enttäuschung über den Kriegsausgang mit rasch aufkeimendem Haß auf die kenntnislos benannten »roten« Urheber der Niederlage, auf Juden und Marxisten. Wie die von ihm verehrten deutschen Feldherren Paul von Hindenburg und von Beneckendorff sowie Erich Ludendorff ganz unheroisch ihre eigene Verantwortung auf andere abwälzten, wie sie das neue parlamentarisch-demokratische System noch vor dessen Inthronisierung mit dem Makel der Kriegsniederlage zu diskreditieren verstanden hatten, konnte ihm kaum bekannt sein. Wahrscheinlich hätte er es auch gar nicht wahrnehmen wollen, selbst wenn dazu Gelegenheit gewesen wäre. Statt dessen setzte sich in ihm der Gedanke fest, Deutschland habe den Krieg keineswegs als Unterlegener verloren, sondern es sei um den Sieg betrogen worden. Sein Blick auf die neuen internationalen Machtverhältnisse zeugte von gleicher Simplizität; die Bedingungen des

»Ich aber beschloß, Politiker zu werden.« Aus dem Zyklus »Mein Kampf« von Clément Moreau (Carl Meffert)

Waffenstillstandes vom 11. November 1918 und die des wenige Monate danach unterzeichneten Friedensvertrages von Versailles erschienen ihm als himmelschreiende Ungerechtigkeit und schnöder Betrug. Weder die von den Westmächten behauptete deutsche Alleinschuld am Ausbruch des Ersten Weltkrieges noch die Anerkennung von deutscher Mitschuld, wie sie verantwortliche Politiker aussprachen, glaubte er akzeptieren zu können. Sein bis ins Mark erschütterter Nationalismus, zu dessen Stützung er begierig alle entsprechenden Behauptungen konservativ-deutschnationaler und völkischer Politiker aufgriff, paarte sich zugleich mit einer ernüchternden Ungewißheit über den eigenen weiteren Lebensweg. Nichts hatte der fast Dreißigjährige bisher erreicht. Nichts hatte er von den hochfliegenden Plänen eines Maler- oder Architekten-Daseins verwirklichen können. Seine berufliche Zukunft lag in noch größerer Dunkelheit als 1914. So mag verständlich sein, daß er sich in traumatischen Halluzinationen erging und in ihnen einen Ausweg zu suchen begann.

Das große Desaster war auch sein persönliches geworden. Jene verhängnisvollen großdeutsch-chauvinistischen Ideale, die ihn und so viele andere Deutsche zu kriegsbegeisterten, illusionserfüllten Abenteurern hatten werden lassen, lagen in Scherben. Für ihn wie für Millionen Soldaten und Offiziere, die sich im feldgrauen Rock sozial geborgen fühlten, war es mit der Sicherheit aus und vorbei. Statt dessen stand Hitler die Unsicherheit eines bereits durchlebten bedeutungslosen Zivildaseins bevor. Für ein Leben in der durch die Novemberrevolution veränderten deutschen Gesellschaft sah er auch auf sich alle möglichen Gefahren zukommen. Ein »privates Verlorenheitsgefühl« erfüllte ihn.[4] Falls ihm jedoch tatsächlich der Politiker-Beruf damals – und nicht erst im September 1919, was wahrscheinlicher ist – in den Sinn gekommen sein sollte, folgte dem keine konkrete Orientierung, keine Entscheidung zugunsten einer Richtung oder Partei. Unsicherheit, opportunistisches Zögern und inaktives, wenngleich auch sprungbereites Warten charakterisierten Hitlers Haltung – sie kamen hier erneut und nicht zum letzten Male zum Vorschein.

Am 19. November 1918 wurde Hitler geheilt[5] aus dem Lazarett entlassen. Er kehrte nach München zurück und kam in eine gegenüber 1914 völlig veränderte Stadt. Die Novemberrevolution hatte die Wittelsbacher Dynastie hinweggefegt, ein Arbeiter- und Soldatenrat stand an der Spitze der neuen »Bayerischen Republik«, und als Ministerpräsident regierte mit Kurt Eisner (USPD) ein Repräsentant pazifistisch-radikaldemokratischer Kräfte. Wie in allen Teilen Deutschlands tobte auch hier der Kampf zwischen jenen, die die Revolution in das Fahrwasser eines bürgerlich-parlamentarischen Systems münden lassen wollten, und jenen, die mit dem Spartakusbund, aus dem um die Jahreswende die Kommunistische Partei hervorging, der USPD und großen Teilen der Sozialdemokratie für weiterreichende Veränderungen, beispielsweise für eine »Sozialisierung« in lebenswichtigen Industriezweigen eintraten.[6] Neue Parteien formierten sich überall, die häufig genug ihre alten Ziele mit klangvollen Namen zu überdecken versuchten. Konservative Kräfte trachteten danach, so viel wie nur irgend möglich aus den monarchistischen Zeiten und den militaristischen Traditionen in die »ungeliebte«, aber unvermeidlich zu akzeptierende Weimarer Republik hinüberzuretten.

Hitler meldete sich zwei Tage nach seiner Rückkehr beim zuständigen Ersatzbataillon des 2. Infanterieregiments, das sich inzwischen weitgehend in der Hand von Soldatenräten befand. Den behaupteten Schritt zum Politiker belegt auch in den folgenden Monaten nichts. Hitler hielt sich hinter den Toren der Kaserne bedeckt. Er leistete brav seinen Dienst, u. a. für sieben Wochen in einer Wachmannschaft eines Lagers für Kriegsgefangene in Traunstein. Seit Ende Januar 1919 hielt er sich wieder in München auf und erlebte hier unmittelbar alle Höhepunkte in den weiteren Auseinandersetzungen der Revolutionszeit: die Ermordung Kurt Eisners am 21. Februar und das Attentat auf Erhard Auer, den bayerischen SPD-Vorsitzenden, ebenso die Bildung des Zentralrats der bayerischen Republik, der sich aus Vertretern der drei Arbeiterparteien und der Bauernräte zusammensetzte. Er erlebte die turbulenten, sich überstürzenden Ereignisse nach der Ausrufung der Räterepublik am 8. April und die Flucht der Regierung nach Bamberg sowie die zeitweilige Durchsetzung kommunistischer Kräfte in der Münchner Räterepublik und deren brutale Zerschlagung.

Offensichtlich erwog Hitler nicht einmal, sich einem der zahlreichen paramilitärischen Freikorps, einer Grenzschutztruppe oder Volkswehr anzuschließen, die in Bayern mit allergrößter Unterstützung der Reichswehr vielfache Aktivitäten entfalteten. Allein in den Einwohnerwehren hatten sich 300 000 Bayern (bei einer Bevölkerungszahl von etwa 7,3 Millionen) organisiert. Er bemühte sich weder um seine Entlassung noch um eine Arbeitsstelle. Hitler wollte beim Heer bleiben, obwohl die Löhnung mit 40 Mark pro Monat recht gering ausfiel. Selbst in den Tagen der von ihm später immer wieder beschimpften Münchner Räterepublik beschränkte Hitler seine Rolle auf die eines Zuschauers, dem es nichts ausmachte, die angeblich verhaßte rote Armbinde zu tragen. Im nachhinein tauchte die Behauptung auf, er habe sogar mit dem Gedanken geliebäugelt, der Sozialdemokratischen Partei beizutreten.[7] Sie läßt sich jedoch weder belegen noch widerlegen, charakterisiert aber Hitlers Persönlichkeitsbild durchaus treffend. Einer seiner Vorgesetzten schilderte ihn später als einen Menschen, dem es keineswegs um Deutschland oder das deutsche Volk gegangen sei, der eher einem streunenden Hunde geglichen habe, bereit, jedem Herrn zu gehorchen.[8]

Wie dem auch sei: Erst als Ende April und Anfang Mai 1919 die militärische Entscheidung gegen die Räterepublik gefallen war, wurde Hitler aktiv. Zwar nahmen ihn die siegreichen Truppen erst einmal in Haft, doch Offiziere, die ihn noch aus der Kriegszeit kannten, veranlaßten nicht nur seine Befreiung, sondern vor allem die sofortige Kommandierung zu einer eiligst einberufenen »Untersuchungskommission über die Revolutionsvorgänge beim 2. Infanterieregiment«. Dies nutzte er als Chance. Mit Feuereifer stürzte er sich auf den Kommissionsauftrag, Soldaten und Unteroffiziere ausfindig zu machen, die auf der Seite der Räteherrschaft gestanden hatten. Seine »Anklageschriften« brachten – so formulierte sein damaliger Bewunderer und späterer Kritiker Victor von Koerber – »rücksichtslose Klarheit in die unsagbare Schändlichkeit militärischer Verrätereien der Judendiktatur ...«[9] Hitler spürte fast instinktiv die tiefe Beunruhigung, die alle herrschenden Kreise angesichts der Möglichkeit einer proletarischen Macht erfaßt hatte, und stellte sich nun voll und ganz auf die Seite jener, die ihr eigenes Machtstreben durchzusetzen sowie mit dem Argument zu legitimieren trachteten, »weißer Terror« sei als eine Antwort auf die Novemberrevolution notwendig. Es gelte, den »roten Terror« für alle Zukunft zu verhindern. Verwiesen wurde zu diesem Zweck immer wieder auf die Erschießung von zehn Gefangenen durch die Rote Armee am 30. April im Münchner Luitpoldgymnasium sowie auf den »Schock«, den das Bürgertum dadurch erlitten habe. Häufig wird sogar erklärt, daß dadurch die militanteste Form des Antikommunismus bedingt gewesen sei,[10] obgleich bei den folgenden Wahlen in Bayern wenig davon zu spüren war – die Arbeiterparteien konnten ihren Stimmenanteil halten und sogar erhöhen, sieht man von den hohen Verlusten der SPD ab.

Obwohl die Revolution vom November 1918 in Deutschland friedlich verlaufen war, taten vor allem die militaristisch-gegenrevolutionären Kräfte – später auch die faschistische Bewegung und Hitler – alles, um ihre eigene, unvergleichbar größere Brutalität in den politischen und sozialen Konflikten der Gesellschaft als Verteidigungsaktion gegen »linke« Gewalt auszugeben, sich in diesem Sinne als »Retter« der angeblich von Marxi-

sten und Juden bedrohten Gesellschaft anzubieten und den angestrebten radikalen Wandel des parlamentarisch-demokratischen Systems der Weimarer Republik zu einer diktatorischen Herrschaft zu rechtfertigen.
Manche seiner Vorgesetzten erkannten rasch, daß mehr in Hitler steckte und er für die in bayerischen Reichswehrkreisen diskutierten Absichten von Nutzen sein konnte. Das Gruppenkommando wollte alle negativen Folgen der massenhaften Demobilisierung revolutionärer Soldaten verhindern und eine Stabilisierung gegenrevolutionärer Machtverhältnisse erreichen. Hier spielte Hauptmann Ernst Röhm eine zentrale, nicht vollständig durchschaubare Rolle. Als Stabsoffizier war er für alle Waffenangelegenheiten des Wehrkreises zuständig, ebenso auch für die Bewaffnung der zahllosen Freikorps, der Grenzschutztruppen und der Einwohnerwehren. Die neu eingerichtete Nachrichten- und Aufklärungsabteilung im Stab des Reichswehr-Gruppenkommandos – sie stand lange Zeit unter der Leitung von Hauptmann Karl Mayr, der für die unmittelbaren Schritte Hitlers in die Politik eine ausschlaggebende Rolle spielen sollte – nahm sowohl nachrichtendienstliche als auch polizeiliche Funktionen wahr. Sie hatte zugleich möglichst viele Reichswehrangehörige in politischen Bildungskursen zu schulen. Deren Teilnehmer sollten unter den als national unzuverlässig eingeschätzten Teilen der Bevölkerung, in den verschiedensten Parteien »aufklärend« wirken und den Einfluß der vom Sozialdemokraten Johannes Hoffmann geleiteten Landesregierung eindämmen helfen.
Auch Hitler erhielt eine Berufung zur Teilnahme an zwei »Aufklärungs«-Lehrgängen. Sie fanden im Juni 1919 in den Räumen der Münchner Universität statt und verfolgten das Ziel, die Teilnehmer gegen marxistische, aber auch gegen liberale und parlamentarisch-demokratische Ideen zu immunisieren. Hitler »lernte« hier viel. Sein Weltbild wurde ergänzt und erhärtete sich. Dazu trugen die Vorträge stockkonservativer Hochschullehrer und zahlreicher Agitatoren aus dem völkischen Lager bei: Der Historiker Karl Alexander von Müller referierte über deutsche Geschichte seit der Reformation sowie über die politische Geschichte des Ersten Weltkrieges; Karl Graf von Bothmer erläuterte Zusammenhänge von innerer und äußerer Politik, außerdem behandelte er aus seiner Sicht die Theorie und Praxis des Sozialismus; das Mitglied der Deutschen Demokratischen Partei Pius Pirr äußerte sich über Rußland und die Herrschaft der Bolschewiki; Hauptmann Mayr sprach über die Aufgaben der Reichswehr und der als Verfasser finanzpolitischer Schriften agierende Bauingenieur Gottfried Feder aus dem Dunstkreis der Thule-Gesellschaft[11] über seine

Vorstellungen von der herrschenden jüdischen »Zinsknechtschaft«, die es zu brechen gelte.

Hitler steuerte der Diskussion Ausführungen zum Judenproblem bei, mit denen er Aufmerksamkeit und Anerkennung der Zuhörer gewann. Zwar gab er durchweg nur die Klischees des zeitgenössischen völkischen Nationalismus wieder, doch verstand er es, alle Gedankengänge schematisierend zu vereinfachen und seine Argumente demagogisch zu überhöhen, so daß ihnen eine enorme Überzeugungskraft anzuhaften schien. Nur wenige spürten, wie er bis hin zu physischer Erschöpfung seine eigene Unsicherheit überspielte und seinem Munde lediglich Schlagworte und Haßtiraden entströmen ließ. Der Historiker von Müller, später das erste NSDAP-Mitglied unter den deutschen Ordinarien und ein wesentlicher Förderer Hitlers, beschrieb in seinen nach 1945 veröffentlichten Erinnerungen eine Szene: »Nach dem Schluß meines Vortrages und der folgenden lebhaften Erörterung stieß ich in dem sich leerenden Saal auf eine kleine Gruppe, die mich aufhielt. Sie schien festgebannt um einen Mann in ihrer Mitte, der mit einer seltsam gutturalen Stimme unaufhaltsam und mit wachsender Leidenschaft auf sie einsprach: Ich hatte das sonderbare Gefühl, als ob ihre Erregung sein Werk wäre und zugleich wieder ihm selbst die Stimme gäbe. Ich sah ein bleiches, mageres Gesicht unter einer unsoldatisch hereinhängenden Haarsträhne, mit kurzgeschnittenem Schnurrbart und auffällig großen, hellblauen, fanatisch kalt aufglänzenden Augen.«[12]

In diesen Lehrgängen vollzog Hitler den Schritt von seiner eigenen verwirrend-einseitigen Sicht auf Geschichte und Gegenwart zu einem vervollständigten, nunmehr geordneten und systematisierten Weltbild. Für ihn erhielten solche »Werte« wie Krieg und Daseinskampf, Rücksichtslosigkeit und unerbittliche Härte, Machtbesessenheit und Siegeswillen endgültig den alles andere überwölbenden und bestimmenden Platz in seinem Denken. Was er bis dahin »gefühlt« und »erahnt« habe, so erklärte er später, sei ihm hier »wissenschaftlich einwandfrei« bewiesen worden.[13]

Die »Aufklärung« führte den begierig lernenden Hitler wohl vor allem zu jener Erkenntnis, die für sein ganzes weiteres Wirken entscheidend wurde: Wer politischen Erfolg erringen will, muß uneingeschränkt Gewalt ausüben und darf grundsätzlich nichts mit Humanität gemein haben, denn nur der Stärkste könne sich durchsetzen.

Gleichzeitig politisierte und radikalisierte sich Hitlers Wollen. Die engen, vorrangig auf Gefühlen und Stereotypen beruhenden Denkschemata nahmen die Konturen eines deutschvölkisch-rassenideologischen und natio-

nalistisch-expansiven Konzepts an, das zu einer totalen Überwindung der das deutsche Volk angeblich bedrückenden internationalen Judenherrschaft führen sollte. Seine abschätzige Meinung über die »Parteien des Novemberverbrechens« festigte sich, was vor allem eine ihn stets bewegende Frage einschloß: Welche Parteien können denn überhaupt als geeignet betrachtet werden, politische Macht im Sinne der Veranstalter und im Interesse seines Konzepts auszuüben?
Nach dem Abschluß dieser »Aufklärungs«-Lehrgänge sah sich Hitler in den Dienst der zunächst von Hauptmann Hermann Passavant, bald aber von Hauptmann Mayr geleiteten Aufklärungsabteilung des Reichswehr-Gruppenkommandos in Bayern gestellt. Als »Vertrauensmann« – er erhöhte sich rückblickend zu einem »Bildungsoffizier« – durfte er nun selbst Vorträge halten. So wurde er in das Lager Lechfeld geschickt, um die aus der Kriegsgefangenschaft zurückkehrenden, als unzuverlässig betrachteten Soldaten des deutschen Heeres nationalistisch zu beeinflussen. Auch dabei imponierte er seinen Vorgesetzten als »hervorragender und temperamentvoller Redner«. Am 23. August 1919 urteilte ein anderer V-Mann: »Herr Hitler ist ein geborener Volksredner, der durch seinen Fanatismus und sein populäres Auftreten ... die Zuhörer unbedingt zur Aufmerksamkeit und zum Mitdenken zwingt.«[14]
Erst im September 1919 nahm der angeblich schon lange zuvor gefaßte Entschluß, »Politiker« zu werden, konkrete Formen an. Dem Zuge der Zeit folgend, wandten sich die um politische »Aufklärung« bemühten Reichswehroffiziere dem Parteienwesen zu, das sie zwar in seiner durch die Novemberrevolution gewandelten Struktur und Bedeutung ablehnten, aber als unumgänglich betrachteten und für ihre Pläne nutzen wollten. Folgerichtig machte Hitler aus sich einen »Partei«-Politiker. Er schloß sich – am 12. September mit der Observierung einer Versammlung der Deutschen Arbeiterpartei beauftragt – nach kurzer Bedenkzeit als 55. Mitglied dieser kleinen, bereits im Januar 1919 entstandenen und etwas obskuren Partei an. Rückschauend erklärte er: »Es war gerade damals die Zeit, in der sich jeder berufen fühlte, eine neue Partei aufzumachen, der mit der bisherigen Entwicklung nicht zufrieden war und zu den gegebenen Parteien kein Vertrauen mehr besaß.«[15] Eigentlich habe er selbst eine Partei gründen wollen, glaubte aber den Vorzug der DAP darin erblicken zu können, daß sie noch nicht zu einer »Organisation« erstarrt sei, sondern jedem Mitglied »die Möglichkeit einer wirklichen persönlichen Tätigkeit« freistelle: »Hier konnte man noch arbeiten, und je kleiner die Bewegung war, um so eher war sie noch in die richtige Form zu bringen ... Je länger ich

nachzudenken versuchte, um so mehr wuchs in mir die Überzeugung, daß gerade aus einer solchen kleinen Bewegung heraus dereinst die Erhebung der Nation vorbereitet werden konnte – niemals aber mehr aus den viel zu sehr an alten Vorstellungen hängenden oder gar am Nutzen des neuen Regiments teilnehmenden politischen Parlamentsparteien.«[16]
Wiederum weckt die Selbstdarstellung seiner Motive arge Zweifel. Was er an dem Abend im »Sterneckerbräu« über diese Partei, deren Mitglieder bequem in der Hinterstube einer Gaststätte Platz fanden, und deren radikalistische Offerten erfuhr, konnte ihm dank seiner Bekanntschaft mit dem Hauptreferenten Feder und dank des Wissens seiner Vorgesetzten über die Intentionen der völkischen Organisationen in München, vor allem der hinter der DAP stehenden Thule-Gesellschaft sowie des Alldeutschen Verbandes und der früheren Deutschen Vaterlandspartei[17] keinesfalls unbekannt sein. Sein rhetorisch auffälliger Ausbruch gegen einen separatistischen Diskussionsredner betraf außerdem ein Feld, das weniger sein antimarxistisches und antisemitisches Selbstverständnis und schon gar nicht das der DAP berührte. Hitler nutzte schlicht und einfach die sich bietende Gelegenheit, auf sich aufmerksam zu machen. Schließlich fühlte er sich wohl auch durch das Angebot geehrt, im Verein zugleich als siebentes Mitglied des sogenannten Ausschusses neben Anton Drexler, der im Sommer 1918 in den Reichsausschuß des mehrere hunderttausend Mitglieder erfassenden »Freien Arbeiterausschusses für einen guten Frieden« gewählt worden war und in einer Münchner Eisenbahnwerkstatt als Werkzeugschlosser arbeitete, sowie neben Karl Harrer, einem führenden Thule-Mann, dem Matrosen Michael Lotter u. a. mitwirken zu sollen. In Drexlers Bekenntnisschrift »Mein politisches Erwachen«, die Hitler an jenem Abend in die Hand gedrückt worden war, fand er sich durchaus wieder, hieß es doch hier, daß in der »kommenden Weltordnung« ein neues geeinigtes Deutschland erstehen solle: »Parteihader, Klassenkampf und Bruderhaß müssen einem festen Nationalismus weichen. Aus den politisch Obdachlosen, die zu Hunderttausenden unter den Beamten, Kleinbürgern und Arbeitern aus Unzufriedenheit mit ihren alten Parteien entstanden sind, soll ein neuer 'nationaler Bürgerbund' (oder wie man es sonst nennen will) entstehen.«[18] Mit Feders Vorstellungen war er ohnehin weitgehend einverstanden. Nun zeichnete sich ihm ein neues, seinen Ehrgeiz anstachelndes Betätigungsfeld ab, das für ihn nicht nur wie geschaffen, sondern auch noch erfolgversprechend und aussichtsreich zu sein schien.
Erneut hatte Hitler eine Entscheidung getroffen, die von anderen vorge-

zeichnet und zu der ihm der Weg geebnet worden war. Hitler kam nun zur Politik, noch mehr aber kam diese zu ihm. Es sollte diesmal jedoch eine Lebensentscheidung sein, bei der es sich nicht allein um ein »Ja« zur Mitgliedschaft in irgendeiner Partei handelte. Mit der Entscheidung für eine Organisation ging es ihm im Grunde von Anfang an um die Durchsetzung seines politischen Ehrgeizes und seines Konzepts. Von letzterem wissen wir hinreichend[19], daß es das seiner Vorgesetzten und Förderer in der bayerischen Reichswehrführung war, das er völlig zu verinnerlichen verstand und mit dem er sich total zu identifizieren vermochte. Er konnte auch der konzeptionellen, materiellen und personellen Hilfe durch bayerische Militärs sicher sein, wenn es um den Aufbau einer »nationalen, wehrfreudigen Arbeiterpartei« ging, zumal ihn diese als ihr »Werkzeug« und »Geschöpf« betrachteten.[20] Sie stärkten ihm in dieser Zeit mit allen Mitteln den Rücken. Im Grunde unterstützten sie auch das bald spürbare Bestreben Hitlers, selbst an der Spitze dieser Partei stehen zu können.[21] Hauptmann Röhm, dessen Einfluß dank seiner Stellung und seines Aufgabenbereiches als Stabsoffizier weit über das hinausreichte, was sein militärischer Rang vermuten ließ, erwies sich dabei als Schlüsselfigur; trotz einiger Tiefpunkte in den wechselvollen Beziehungen blieb er bis zu seiner Ermordung am 1. Juli 1934 einer der wenigen Duzfreunde Hitlers.
In unmittelbarem Zusammenhang mit seinem Beitritt zur DAP entstand das erste Schriftstück aus der politischen Laufbahn Hitlers. Am 10. September hatte er von Mayr den Auftrag erhalten, die Anfrage eines Kursteilnehmers zu beantworten, ob denn der Einfluß der Juden in Deutschland überschätzt werde oder ob die Regierung die Gefahr unterschätze: »Gehören zur 'Gleichberechtigung' der Völker auch die Juden mit in das sozialistische Programm, auch wenn man sie als eine Gefahr für das Volkstum betrachten muß?«[22] Umgehend kam Hitler der Aufforderung nach, mit seiner eigenen »Unterschrift und Briefadresse«, aber über seinen Vorgesetzten[23] an Adolf Gemlich zu schreiben. Seine Argumentation besagte, daß der Antisemitismus als politische Bewegung keine bloße Gefühlserscheinung sein dürfe, da das Judentum keine Religionsgemeinschaft, sondern eine Rasse darstelle. Juden lebten als Fremde in vielen Völkern, ohne sich zu assimilieren, und besäßen »dennoch politisch alle Rechte ... wie wir selber«. Die Folgen ihres Wirkens glichen einer »Rassentuberkulose der Völker«. Daraus ergäbe sich als politische Schlußfolgerung: »Der Antisemitismus aus rein gefühlsmäßigen Gründen wird seinen letzten Ausdruck finden in der Form von Pogromen. Der Antisemitismus der Vernunft jedoch muß führen zur planmäßigen gesetzlichen Bekämp-

fung und Beseitigung der Vorrechte des Juden, die er nur zum Unterschied der anderen zwischen uns lebenden Fremden besitzt (Fremdengesetzgebung). Sein letztes Ziel aber muß unverrückbar die Entfernung der Juden überhaupt sein. Zu beidem ist nur fähig eine Regierung nationaler Kraft und niemals eine Regierung nationaler Ohnmacht.«[24] Mayr pflichtete den »sehr klaren Ausführungen« völlig bei und verwies seinerseits in einem Begleitschreiben an den Fragenden darauf, daß die deutsche »Regierungssozialdemokratie ... vollständig an der Kette der Judenheit« liege. Wie »Krankheitserreger« müßten auch die jüdischen »schädlichen Elemente ... ausgestoßen und 'verkapselt' werden«.[25]

Mit einer von ihm bislang nicht aufgebrachten Energie beackerte Hitler von nun an als Werbe- und Propaganda-Obmann der DAP das rechtsradikale und völkisch-antisemitische Feld, das in der bayerischen Metropole – im Unterschied zu anderen Regionen Deutschlands – besonders ausgedehnt und fruchtbar war. Hitler konnte hier wie viele andere Redner auch mit gutem Zuspruch rechnen. Zahlreiche Menschen aus unterschiedlichsten sozialen Schichten zog es zu politischem Protest in die großen Bierhallen. Ja, diese erwiesen sich oft als zu klein für den Andrang von Entwurzelten, Enttäuschten und Hoffnungsuchenden, von Mittellosen oder um ihre spärlichen Mittel Bangenden. Je mehr es zu »Gaudi«, zu Radau, Tumulten und Krawallen kam, desto eifriger drängten sich Hunderte und Tausende hinzu. Zuspruch erfolgte bald auch aus anderen deutschen Ländern. Der bayerische Freistaat entwickelte sich in dem Maße zu einem Magneten für Rechtsradikale aller Art, wie Politiker der großbürgerlich-katholischen Bayerischen Volkspartei, die seit dem Frühjahr 1920 alle Kabinette der Landesregierung führte, und die vieler anderer Organisationen ebenso das Land als eine nationale »Ordnungszelle« des Reiches profilierten.

Erstmalig trat Hitler am 16. Oktober 1919 in einer DAP-Veranstaltung vor etwa 100 Leuten als zweiter Redner des Abends auf. Bei den folgenden Veranstaltungen durfte er bereits an erster Stelle sprechen. Mehrmals erschien er auch in Versammlungen anderer Organisationen, so z. B. am 7. Januar 1920 in einer des Deutschvölkischen Schutz- und Trutzbundes, wo er den Beifall von ca. 7 000 Teilnehmern erhielt und diesen regelrecht genoß. Nicht nur inhaltlich, auch in Stil und Ton traf er bald die Stimmungslage seiner Zuhörer. Er lernte, sie zu packen und mitzureißen. Und im zunehmenden Applaus begann er sich wohl und geschmeichelt zu fühlen. Es tat ihm gut, seine Talente entfalten zu können, nicht nur im Reden, bald auch im Schreiben, beim Verhandeln wie beim Taktieren, in der Demagogie ebenso wie als schillernder Lügner und Verleumder. In seinen Auftritten agierte er oft mit Schlagfertigkeit und einem gewissen Charme, auch konnte er durchaus witzig und von gewinnender Höflichkeit sein, doch zumeist dominierten platte Ironie und unbändiger Zynismus.

Seine erste große Stunde schlug am 24. Februar 1920, nachdem er im Leitungsgremium der DAP den umstrittenen Plan einer Massenveranstaltung hatte durchsetzen können. Gegen Anton Drexlers bedächtig-behäbiges Verständnis für eine Politik, die eher den Traditionen früherer Honoratiorenparteien zu entsprechen schien, und vor allem gegen Karl Harrers Bestreben, im Umfeld der Thule-Gesellschaft mehr auf Geheimbündelei als auf Propaganda und Massenorganisation zu setzen, verfolgte Hitler das Konzept seiner unmittelbaren Reichswehr-Vorgesetzten, das er durch einen organisierten Beitritt zahlreicher Soldaten zur Partei und zu deren leitendem Ausschuß geschickt abstützte. Aktionismus stand generell auf seinem Panier; im Februar 1920 zusätzlich motiviert durch das ahnungsvolle Hoffen auf den bevorstehenden Militärputsch in Berlin. Das Kapp-Lüttwitz-Unternehmen gegen die Weimarer Republik – es begann am 13. März und endete wenige Tage später unter dem Druck eines in der deutschen Geschichte einmaligen Generalstreiks – sollte nicht durch einen »nationalen Bürgerbund«, wie er Drexler vorschwebte, sondern durch eine »schneidige deutsche Nationalpartei« – so die zupackendere, konsequentere und zielorientiertere Forderung von Hauptmann Mayr – unterstützt werden. Anstelle der zahlreichen völkischen Zirkel, der Geheimgesellschaften und der Debattierklubs vorwiegend bürgerlicher Provenienz, deren Wirksamkeit unter den neuen Bedingungen eines Parteienstaates begrenzt bleiben mußte, wurde nach einer parteipolitischen Form und einer schlagkräftigen Organisation gesucht. Nur eine solche schien auch Hitler geeignet zu sein, bei betonter Antibürgerlichkeit und antikapitalistisch firmierter Judenfeindschaft einen größeren Einfluß unter den Arbeitern zu gewinnen. Eine »nationale Diktatur« mit proletarischer Basis – so lautete das Konzept, für das auch das überall umhergeisternde und nicht nur Arbeiter anziehende Wort »Sozialismus« in Dienst genommen wurde.

Hitler drängte die DAP in die Öffentlichkeit. Den diesen Weg befördernden Propaganda-Aktionen vermochte er auch bald seinen persönlichen Stempel aufzudrücken. Im Dezember 1919 gelang es ihm, den Entwurf einer Geschäftsordnung der DAP durchzusetzen, der die autoritären Intentionen der Reichswehr-Hintermänner, aber auch sein eigenes Geltungsbedürfnis deutlich werden ließ: Der leitende Ausschuß der Partei könne »nur dann mit Aussicht auf Erfolg arbeiten, wenn ihm eine gewisse Autorität verliehen« ist. In etwas verquastem Stil hieß es, daß diese Autorität einerseits auf einem zustimmenden Vertrauen »von seiten der großen Menge der Parteiangehörigen« fußen müsse, sie aber andererseits vom Vertrauen der Ausschußmitglieder untereinander abhänge: »Das Erste bedingt die Wahl sämtlicher Mitglieder des Ausschusses einschließlich seiner Vorsitzenden durch die Parteiangehörigen in öffentlicher Versammlung. Das Zweite schließt jede Form einer Bevormundung einer Über- oder Nebenregierung, sei es als Zirkel, sei es als Loge ein für allemal aus. Maßgebend für die Tätigkeit des Ausschusses kann nur sein das Programm der Partei. In seiner strikten Befolgung muß jedes Ausschußmitglied das Gefühl seines Wertes und seiner Notwendigkeit für die Bewegung erhalten.«[26] Von demokratischen Elementen in den Führungsstrukturen konnte keine Rede sein, allenfalls von der Bereitschaft, sich in formaler Hinsicht an das Parteienwesen der Weimarer Zeit anzupassen. Grundsätzlich orientierte sich die Satzung am Ziel, die in der Revolutionszeit durchgesetzten parlamentarisch-demokratischen Verhältnisse effektiv bekämpfen zu können.

Es ging Hitler zu diesem Zeitpunkt offensichtlich nicht darum, die Führung der Partei allein zu übernehmen. Noch begnügte er sich damit, seinen Platz innerhalb des Ausschusses zu festigen, wozu auch das Ausscheiden Harrers beitrug. Auf jeden Fall führten seine intensiven Bemühungen zu jener ersten Massenveranstaltung im Münchner Hofbräuhaus am Abend des 24. Februar 1920, der später als Gründungstag der NSDAP im Feiertagskalender ihres Herrschaftssystems erschien. »Was uns not tut« – so lautete das Thema, zu dem der völkische Arzt und Wanderredner Johannes Dingfelder vor etwa 2000 erwartungsvollen, aber auch widerspruchsbereiten Zuhörern sprach. Hitler, dessen Name auf den grellroten Einladungsplakaten nicht erwähnt worden war, leitete wegen einer Unpäßlichkeit Drexlers die Versammlung. Im Anschluß an den Hauptredner verkündete er das neue, im Vorstand vor allem von Drexler und Feder formulierte 25-Punkte-Programm. Seine Erläuterungen fanden großen Beifall. Sie lösten auch Unruhe und selbst Morddrohungen aus; mehrfach schallte die Forderung »Aufhängen!« durch den Saal, als Hitler die Juden »Verbrecher«, »Schieber«, »Wucherer« und »Blutegelbande« schimpfte.[27] Am Ende, als manche Teilnehmer widersprachen und wagten, mit ihm nicht einverstanden zu sein, brach sogar Tumult aus.

Das konnte angesichts der Tragweite fast aller Punkte des Parteiprogramms auch kaum anders sein, waren doch in ihnen mit wenigen Worten die größten Gebietsansprüche deutscher Nationalisten fixiert und mit der apodiktischen Forderung nach einer schleunigen Revision der Ergebnisse des Ersten Weltkrieges verknüpft worden. Ziel seien der »Zusammenschluß aller Deutschen ... zu einem Großdeutschland« und der »Erwerb von Land und Boden (Kolonien)«. Das richtete sich keineswegs allein gegen den Frieden von Versailles und die in ihm fixierten Gebietsabtretungen Deutschlands. Zusammenschluß »aller« Deutschen – das konnte sich auch auf jene Minderheiten deutscher Nationalität beziehen, die in vielen Teilen der Erde lebten. Landerwerb – das schloß die Wiedergewinnung der Kolonien in Afrika und Asien ein. Unverkennbar handelte es sich um ein Programm extremistischer und gewaltbereiter Antisemiten, die ihre Forderungen im Tone einer allgemeinen Ausländerfeindlichkeit formulierten. »Nicht-Deutschen« sollten die Existenzgrundlagen entzogen werden: »Staatsbürger kann nur sein, wer Volksgenosse ist. Volksgenosse kann nur sein, wer deutschen Blutes ist, ohne Rücksichtnahme auf Konfession. Kein Jude kann daher Volksgenosse sein.« Brutal und offenherzig wurde angekündigt: »Wenn es nicht möglich ist, die Gesamtbevölkerung des Staates zu ernähren, so sind die Angehörigen fremder Nationen (Nicht-Staatsbürger) aus dem Reiche auszuweisen ... Jede weitere Einwanderung Nicht-Deutscher ist zu verhindern. Wir fordern, daß alle Nicht-Deutschen, die seit dem 2. August 1914 in Deutschland eingewandert sind, sofort zum Verlassen des Reiches gezwungen werden.« Das schillernde gesellschafts- und wirtschaftspolitische Konzept gipfelte in antikapitalistischen Parolen, die sich dann vor allem in der Zeit der großen Weltwirtschaftskrise als besonders werbewirksam erweisen sollten. Sie lauteten schlicht: »Gemeinnutz geht vor Eigennutz« sowie »Brechung der Zinsknechtschaft«, »Abschaffung des arbeits- und mühelosen Einkommens« und »Restlose Einbeziehung aller Kriegsgewinne«, »Rücksichtsloser Kampf gegen diejenigen, die durch ihre Tätigkeit das Gemeininteresse schädigen«, »Gewinnbeteiligung an Großbetrieben« usw.[28]

In solchen plakativ-programmatischen Sätzen spiegelte sich vieles wider – der expansive Geschäftssinn kapitalträchtiger Firmenchefs ebenso wie die Macht- und Revancheansprüche geschlagener Militärs, die konservativ-nationalistische Orientierung von Parteien und Verbänden ebenso wie die Bereitschaft vieler Deutscher, in einem neuerlichen Anlauf endlich den ersehnten internationalen »Platz an der Sonne« zu ergattern, koste es, was es wolle. In ihnen kamen aber auch Hitlers eigene Vorstellungen von einer deutschen Vorherrschaft in der Welt zum Vorschein, die zu erreichen ihm nur durch Krieg und nach einer generellen Lösung der »Judenfrage«

möglich schien. Obgleich er an der Ausarbeitung des 25-Punkte-Programms kaum Anteil genommen hatte, versuchte er in seinen späteren Selbstdarstellungen stets, die Entstehungsgeschichte mit diesem Datum, mit dem bald als »unabänderlich« erklärten Programm und natürlich mit seiner Person zu verknüpfen. So las man schließlich am Ende des ersten Bandes seines »Kampf«-Buches als Fazit des 24. Februar 1920: »Das Feuer war entzündet, aus dessen Glut dereinst das Schwert kommen muß, das dem germanischen Siegfried die Freiheit, der deutschen Nation das Leben wiedergewinnen soll. Und neben der kommenden Erhebung fühlte ich die Göttin der unerbittlichen Rache schreiten für die Meineidstat des 9. November 1918. So leerte sich langsam der Saal. Die Bewegung nahm ihren Lauf.«[29]

Wenige Tage nach dieser ersten Massenveranstaltung erfolgte die Umbenennung der DAP in Nationalsozialistische Deutsche Arbeiterpartei. Auch darin kam die eng mit Hitlers Wirksamkeit verbundene Umwandlung der DAP zum Ausdruck; sie wandelte sich aus einem dem traditionellen rechten Denken verhafteten Verein in eine neuartige, aktionistische Partei der äußersten Rechten. Für deren Typus bürgerten sich bald der Name und der Begriff »faschistisch« ein, orientiert am Beispiel der italienischen Schwarzhemden-Organisation Benito Mussolinis und angewandt auf eine Vielzahl von Parteien ähnlichen Zuschnitts. Dieser neue Typus von Partei, der nicht nur in der Gesellschaft autoritäre Strukturen durchsetzen wollte, sondern sie ihrer innerparteilichen Hierarchie als ein dem Militärischen entlehnten Führer-Gefolgschafts-Prinzip zugrunde legte, tauchte in vielen europäischen Ländern der Nachkriegszeit auf und rief Gegenbewegungen hervor, die sich selbst als »antifaschistisch« bezeichneten.

Ende Februar mußte dennoch die Wahl des neuen Namens durch die DAP etwas überraschen. Im soeben verkündeten Parteiprogramm war kein einziges Mal vom »Nationalsozialismus« die Rede gewesen, nicht einmal das Wort »Sozialismus« war aufgetaucht. Auch der Kampf gegen das bolschewistische Rußland hatte keinerlei Erwähnung gefunden, weder in den außenpolitischen noch in den innenpolitischen Forderungen. Andererseits entsprach die neue Bezeichnung sehr wohl dem Selbstverständnis zahlreicher extrem rechter Nationalisten, die in Österreich, in der Tschechoslowakei und in Deutschland unter dem gleichen Namen auftraten. Nationalismus und Sozialismus sollten unter einen Hut gebracht werden. Es ging ihnen, wie sie es selbst formulierten, um eine »Nationalisierung« des Proletariats. Darin bestand das hauptsächliche Anliegen Drexlers und vieler anderer. Für sie bedeutete dies lediglich, den sozialistischen Gedanken für nationalistische Zwecke zu mißbrauchen. Ideen und politische Zielsetzungen dieser Art tauchten 1919 vielfach auf, so in der Schrift »Preußentum und Sozialismus« von Oswald Spengler – hier sollte ein wahrer, deutscher Sozialismus von Karl Marx befreit werden – sowie im Buch Rudolf Jungs »Der nationale Sozialismus. Eine Erläuterung seiner Grundlagen und Ziele«, das in der Tschechoslowakei erschien, oder etwas später auch bei dem bekannten konservativen Denker Arthur Moeller van den Bruck.[30]

Als, wie erwartet, die Putschisten Wolfgang Kapp, Walther Freiherr von Lüttwitz, Korvettenkapitän Hermann Ehrhardt u. a. schließlich am 13. März 1920 in Berlin gegen die Weimarer Republik losschlugen, bestieg Hitler erstmalig ein Flugzeug. Er flog in die Hauptstadt – gemeinsam mit Dietrich Eckart, einem völkischen Dichter und von der Thule-Gesellschaft unterstützten Herausgeber des Blattes »Auf gut deutsch«[31], der in den sogenannten besseren Kreisen Berlins über respektable Beziehungen verfügte. Halb zivil, halb militärisch gekleidet, getarnt als Buchhalter des »Papierhändlers« Eckart und versehen mit einem falschen Bart, wollte er im Auftrag bayerischer Reichswehroffiziere, die sicher auch für das schnelle Transportmittel gesorgt hatten, Verbindung mit den Putschisten aufnehmen. Mit einem Schreiben Röhms, das ihn als erfolgreichen Redner vor Soldaten und Arbeitern empfahl, wandte sich Hitler an Hauptmann Waldemar Pabst, der für die Ermordung Rosa Luxemburgs und Karl Liebknechts verantwortlich gewesen war. Doch man kam zu spät. Mit dem raschen Scheitern des Putsches zerschlug sich das Unternehmen. Es vermittelte ihm aber die Bekanntschaft mit Ludendorff, dem rangzweiten General des Weltkrieges, mit Ernst Graf zu Reventlow und dem Freikorpsführer Walter Stennes sowie mit anderen bekannten Rechtsextremisten. Ihnen gegenüber gab sich Hitler sehr ehrerbietig, gehemmt und linkisch. Sogar von Servilität im Verhalten des Gefreiten, der nun die Hand eines Generals drücken durfte, berichten Zeugen. Eckart stellte seinen Schützling auch einigen Großindustriellen vor, u. a. dem Lokomotivfabrikanten Ernst von Borsig. Er führte ihn ebenso in den Salon des Klavierherstellers Carl Bechstein und seiner Frau Helene ein. Bis heute ist wenig über diese Reise bekannt geworden, und allein diese Tatsache mutet angesichts eines bis in die kleinsten Winkel ausgeleuchteten Lebens merkwürdig an. Offensichtlich galt Hitler in den Augen seiner Vorgesetzten als ein befähigter und für diffizile Aufgaben geeigneter Mann. Außerdem schien der über München hinaus völlig unbekannte NSDAP-Werbeobmann hervorragend in die politischen Absichten jener Reichswehrkreise zu passen, die eine

»zivile«, auf den Weimarer Parteienstaat zugeschnittene Unterstützung des Putsches anstrebten.
Klammheimlich kehrte Hitler nach München zurück. Hier war inzwischen der sozialdemokratische Ministerpräsident Hoffmann staatsstreichartig durch den konservativ-monarchistischen Politiker Gustav Ritter von Kahr ersetzt worden, was zu den größten Erfolgen der deutschen Rechtskräfte zählte. Kahr konnte sich nicht nur auf die Bayerische Volkspartei stützen, sondern auch auf die 300 000 Mitglieder umfassenden bayerischen Einwohnerwehren und anderen paramilitärischen Organisationen.
Hitler schied am 31. März 1920 aus der Reichswehr aus. Auch darüber schwieg er sich entgegen seinem sonstigen Redefluß aus. Wollte er sich nicht allzu sehr mit der eklatanten Niederlage der Putschisten identifizieren lassen? Gab es Widerstand in seiner Partei, auf den er noch Rücksicht nehmen mußte? Sicher läßt sich das Ausscheiden aus dem Heer vor allem mit der allgemeinen Reduzierung der Reichswehr auf ein Hunderttausend-Mann-Heer erklären, die auf nachdrückliche Forderung der Siegermächte zu erfolgen hatte, sich aber bis zum Sommer des folgenden Jahres hinzog. Unklar bleibt dennoch, weshalb die Reichswehr gerade auf Hitler zu »verzichten« bereit gewesen sein soll. Möglicherweise wollte sich dieser auf die Tätigkeit in der NSDAP konzentrieren, zumal er stets mit der weiteren Unterstützung durch seine militärischen Gönner und Förderer rechnen durfte. Natürlich änderte sich mit dem Ausscheiden aus der Reichswehr manches in seinem Leben: Er mietete ein möbliertes Zimmer in der Thierschstraße 41, das relativ verkehrsgünstig in einem typischen Münchner Kleinbürgerviertel lag. Seinen Mietzins entrichtete er zur Zufriedenheit der Wirtin stets pünktlich, weshalb diese sogar zu vergessen bereit war, daß Hitler »gelegentlich seine Launen«[32] hatte. Einer geregelten Tätigkeit ging er nicht nach; wie noch zu zeigen sein wird, verfügte er dennoch stets über genügend Geld ...
Das Scheitern des Kapp-Putsches beantworteten Hitler und die NSDAP mit einer weiteren Erprobung und Durchsetzung ihrer am 24. Februar fixierten Propaganda- und Organisationstaktik sowie mit einer Verstärkung ihres aggressiven Kampfstils, dessen Werbewirksamkeit sich von Tag zu Tag erweisen sollte. Unstetigkeit, hektisches Hetzen von Veranstaltung zu Veranstaltung prägten Hitlers weiteren Weg. Bis Ende 1920 führte die NSDAP allein in München 36 große Versammlungen durch, bei denen er in Erscheinung trat. Hinzu kamen wöchentlich sogenannte Sprechabende für die Mitglieder. Hitler tauchte bei etwa einem Dutzend Veranstaltungen

außerhalb Münchens auf, mehrfach in Rosenheim, wo am 21. April 1920 die zweite NSDAP-Ortsgruppe entstand. Hitler redete und redete. Er »redete« sich unermüdlich seinen politischen und persönlichen Frust vom Leibe, mit wachsendem Geschick und zunehmender begeisterter Aufnahme in stets gefüllten Biersälen. Er »redete« sich selbst in den Vordergrund und damit bald an die Spitze der Partei, wurde unentbehrlich und zugkräftiger Star einer mehr und mehr auf diese Attraktion angewiesenen Truppe. In den Reden entwickelte er sein innen- und außenpolitisches Selbstverständnis, das sich hauptsächlich auf die Erfahrung des Krieges bezog und zunehmend aggressiv-nationalistisch ausprägte.

Sein Denken bewegte sich nahezu ausschließlich in den Kategorien von Macht und Herrschaft in Deutschland und in der Welt. Dieses Grundanliegen traf sich mit dem weiter Kreise der deutschen Eliten in Wirtschaft, Militär und Staatsbeamtenschaft. Ihm ordnete sich alles andere zu und verquickte sich wiederum mit seinem maßlos-fanatischen Haß auf die Juden. Sein öffentliches Auftreten glich mitunter und in mancher Hinsicht einer »Flucht vor sich selbst«[33], widerspiegelt aber mehr und mehr seine weitere und vollständige Anpassung an vorherrschende gesellschaftliche Ressentiments und Einstellungen. So darf er einerseits als ein Produkt damaliger Verhältnisse in Deutschland gelten, andererseits als ein Politiker mit großen Fähigkeiten, die er in erstaunlicher Virtuosität zu entfalten und einzusetzen vermochte.

Die Themen von Hitlers Auftritten ließen wenig Variabilität erkennen: Stets galt das strikteste Verdikt dem Versailler Vertrag. Häufig stellte er diesem »Schandfrieden« und den erheblichen Reparationsforderungen der Siegermächte die aus seiner Sicht hochedlen deutschen Absichten des Friedens von Brest-Litowsk, den Deutschland im März 1918 mit dem besiegten Rußland geschlossen hatte, gegenüber. Hitler rieb sich am früheren amerikanischen Präsidenten Woodrow Wilson, dessen markige Versprechungen von einem Versöhnungsfrieden nicht eingehalten worden seien: »Anstatt Versöhnung – Betrug, anstatt Verständigung – Gewalt.«[34]

In seinen sich ausformenden außenpolitischen Vorstellungen attackierte er Frankreich am heftigsten. Frankreich habe sich immer gegen Deutschland gewandt, um »seine Weltpolitik rückenfrei zu halten«, und in 300 Jahren 29mal an Deutschland den Krieg erklärt. Es sei stets von »blindem Haß und von Revanchedenken erfüllt«. Überhaupt erblickte Hitler in den Westmächten die »Macher am Weltkrieg«, wobei sich seine Aussagen zu England etwas differenzierter ausnahmen. Ihn bewegte vor allem die Frage, wie dieses Land »mit seinen paar Millionen« Einwohnern als größte

Kolonialmacht praktisch ein Fünftel der Erde beherrschen und den Weltverkehr kontrollieren könne. Seine Antwort gab er in drei Punkten: »1. durch das britische Nationalgefühl, das unserem Volk so sehr fehlt; 2. durch Rassenreinheit in den Kolonien. Der Engländer hat es immer verstanden, nur Herr und nicht Bruder zu sein. 3. durch seine außerordentliche Genialität. Er konnte immer sofort die wirtschaftliche Macht an sich reißen. Der Engländer versteht es meisterhaft, seine Feinde, die er besiegt hat, zu Verbündeten zu machen und mit ihnen dann wieder neue Länder zu erobern.«[35]

Besonders scharf geriet sein Ton, wenn er in den Veranstaltungen jene deutschen Politiker geißelte, die den Entente-Forderungen einen zu geringen oder gar keinen Widerstand leisten würden: »Wir protestieren gegen eine Regierung, die das eigene Volk schlecht macht, gegen eine Diktatur derjenigen Rasse, die all das Elend über uns gebracht hat.«[36] Geradezu unerschöpflich war sein Reservoir an antisemitischen Ausfällen, deren politische Stoßrichtung unverkennbar blieb. Gegen die Proklamationen der Revolutionsregierungen gewandt, hieß es z. B. am 6. April 1920: »Ja, wo sind und bleiben denn diese schönen Versprechungen? Wir sind heute viel schlechter daran als je. Unsere Regierungen zogen und ziehen noch immer Korruption, Schwindel und Betrug hoch, anstatt daß sie dagegen kämpfen. Was hatten wir für eine hervorragende Verwaltung und wie pflichttreu war unser Beamtentum? Und wie steht es heute? Wo ist die in der ganzen Welt sprichwörtlich gewesene unbestechliche, pflichttreue deutsche Beamtenschaft? Ist es zu verwundern, daß der Beamte nicht mehr so ist wie früher, wenn er neben sich einen schmierigen dahergelaufenen Ostjuden sieht, der sich in schamloser Weise die Taschen füllt, wenn seine Vorgesetzten selbst die größten Schieber sind?« In diesem Zusammenhang erklärte er auch: »Wir wollen keine Gefühlsantisemiten sein, die Pogromstimmung erzeugen wollen, sondern es beseelt uns die unerbittliche Entschlossenheit, das Übel an der Wurzel zu packen und mit Stumpf und Stiel auszurotten. Um unser Ziel zu erreichen, muß uns jedes Mittel recht sein, selbst wenn wir uns mit dem Teufel verbinden müßten.«[37]

Mehrfach referierte er – vor allem in Fortbildungskursen der Reichswehr – über die politischen Parteien und deren Bedeutung. Gegenüber den allgemein gehaltenen außenpolitischen und weltgeschichtlichen Ergüssen waren die Aussagen hierzu allerdings mehr als verschwommen und unkonkret. Die heutigen Parteien seien unfruchtbar, weil sie das Volk nicht in genügendem Maße »aufklären«, sondern immer wieder nur Ver-

sprechungen machen würden.[38] Die »nationalen« Parteien würden mit ihrer Harmlosigkeit dazu beitragen, »das Instrument einer nationalen Erhebung unschädlich zu machen« – so kritisierte er die bestehenden rechten Parteien und das »an geistiger Altersschwäche krankende Bürgertum«[39]. Die Parteiwirtschaft habe »unser Volk zerrüttet« und müsse beseitigt werden. Dabei gehe es weder um die Monarchie noch um die Republik. Er forderte: »Wir brauchen einen Diktator, der ein Genie ist, wenn wir wieder emporkommen wollen.«[40] Keine Partei dürfe sich »auf den Boden der Tatsachen stellen« – so umschrieb er seine strikte Ablehnung jeglicher Bereitschaft, die Reparationsforderungen der Siegermächte zu erfüllen. Parteien hätten sich auch nicht an den sozialen Schichtungen zu orientieren. Es dürfe keine Parteien geben, die »hier Bürger und dort Arbeiter sammeln, sondern nur solche, die hier Deutsche und dort Nichtdeutsche sammeln«. Es gelte nur eine Parole: »Hie Deutschtum, hie seine Feinde, hie die Schaffenden und Wollenden, hie die Verzehrenden!«[41]
Nach der Reichstagswahl vom 6. Juni 1920, die den Parteien der Weimarer Koalition eine erdrutschartige Niederlage brachte und die Rechtsentwicklung der Republik auch auf parlamentarischer Ebene einleitete, erklärte Hitler: »Unsere Partei kennt keinen Parteikampf gegen andere Parteien, sondern erkennt ihr hohes Ziel einzig und allein im Wohl des ganzen Vaterlandes. Bei den nächsten Wahlen wird aber unsere Partei im Wahlkampf sich beteiligen. Wenn doch endlich das deutsche Volk so viel Erkenntnis und politisches Verständnis allmählich habe, daß der Parteikampf deutscher Volksgenossen, mögen sie rechts oder links stehen, in dieser ungeheueren Lage Deutschlands, wo es damit auf Leben und Tod geht, eine sinnlose, wahnsinnige Tat ist, da hierdurch unser Volk von unseren Feinden noch mehr und leichter ausgebeutet werden kann.«[42] Trotz der allgemeinen Ablehnung des Parteienwesens im Lager der völkischen Organisationen, die Parteien mit Eigensinn, Bonzentum, Spaltung usw. gleichsetzten, sprach sich Hitler dafür aus, daß sich der »völkische Gedanke« parteipolitisch festlegen müsse, weil er allein »auf dem Parteiwege zu politischer Macht gebracht werden könne«.[43] Offensichtlich schwebte ihm eine »Partei über den Parteien« vor.[44]
Hitler betrieb daher keineswegs nur Propaganda. Mit gleicher Intensität bemühte er sich um die Schaffung einer stabilen nationalsozialistischen Parteiorganisation. Aufmerksam beobachtete und beeinflußte er deren Aufbau und Zusammenhalt. Mit sicherem Gespür nutzte er die damals gewonnenen Einsichten in massenpsychologische Phänomene, die auf vielen Gebieten zutage traten: in der wachsenden Urbanität ebenso wie

im beginnenden Massensport, in der Massenkultur und den Massenorganisationen. Nicht zuletzt hatte Hitler den Ersten Weltkrieg als einen Krieg der Massen erlebt, in dem zugleich neue Erfahrungen in der Führung großer Verbände und Gruppen sowie in deren propagandistischer Beeinflussung gesammelt worden waren. Von einer Einführung und Anwendung wirksamer politischer Symbole in der NSDAP konnte er sich Erfolg versprechen. In deren Ritualisierung und massenhafter Verwendung innerhalb des Waffenarsenals der nationalsozialistischen Propaganda vermutete er magische Kräfte und Mittel. So bestimmte er frühzeitig die Symbole der neuen Bewegung, vor allem das Hakenkreuz im weißen Kreis und die mit diesem Zeichen kombinierte rote Fahne. Hitler wurde nicht müde, immer wieder zu erläutern, daß die rote Farbe das soziale Anliegen, die weiße das nationale Grundverständnis und das Hakenkreuz den Antisemitismus seiner Partei verkörpern würden.[45] Vor allem das Hakenkreuz, das ursprünglich als ein durchaus positives Sinnbild Sonne, Frühling, Wiedergeburt, Leben und auch die Überwindung des Todes symbolisierte, entwickelte sich – von Hitler graphisch vereinfacht und vereinheitlicht – zum politischen Markenzeichen des deutschen Faschismus, zu einem Sinnbild des Kampfes »gegen alles Volksverderbliche, Undeutsche, gegen die Überhandnahme des zersetzenden jüdischen Einflusses«, das seitdem hauptsächlich nur noch Furcht, Schrecken und Schauder auszulösen vermag.
Großen Wert legte Hitler auf die Ausformung und Entfaltung von massensuggestiven, am Beispiel militärischer Verhältnisse orientierten Ritualen auch in den Versammlungen, Appellen und Aufmärschen der Mitglieder seiner Partei. Solche äußerlichen Kennzeichen von Zusammengehörigkeit und die kollektiv-provokative Selbstdarstellung gegenüber der Öffentlichkeit wie »Flagge zeigen«, Tragen der Parteiabzeichen, Vorführung der Standarten usw. hielt er für unverzichtbar. Er hoffte – wie wir wissen, nicht vergeblich – auf ihre sozialisierende, emotionalisierende und mobilisierende Funktion. Absichtsvoll griff er gewisse Kommunikationsformen der deutschen Arbeiterbewegung auf, veränderte ihre Inhalte und führte mit ihrer Hilfe auch einen »symbolpublizistischen Bürgerkrieg«[46]. Die Palette der nationalsozialistischen Symbolik wurde im Laufe der Zeit immer vielfältiger, differenzierter und wirkungsvoller.
Die Absicht, seine Partei zu stärken, führte ihn während des Jahres 1920 auch mehrmals nach Österreich. Am 7./8. August vertrat er gemeinsam mit Drexler die NSDAP bei der ersten von Walther Riehl und Rudolf Jung organisierten zwischenstaatlichen Tagung aller deutschsprachigen natio-

nalsozialistischen Parteien in Salzburg. Hier sollte über einen Zusammenschluß zu einer nationalsozialistischen Partei Großdeutschlands beraten werden, wobei aus Deutschland auch die Deutschsozialistische Partei (DSP) des Ingenieurs Alfred Brunner und aus den anderen Ländern drei weitere Organisationen vertreten waren. Mehr als die Bildung einer zwischenstaatlichen Kanzlei gelang jedoch nicht. Zahlreiche Probleme, etwa die territoriale Abstimmung von NSDAP und DSP – ebenfalls eine Gründung der Thule-Gesellschaft –, blieben ungelöst. Ihr Verhältnis sollte noch für manchen Streit sorgen und bestimmte in der NSDAP Mitte 1921 sogar deren erste Führungskrise. Beide Parteien sprachen sich zwar für eine Überwindung der »völkischen Zerrissenheit« aus, suchten aber zuvor ihre jeweilige Position so zu stärken, daß sie bei einem Zusammenschluß die dominierende sein konnte. Mit diesem Konzept trat Hitler Ende September und Anfang Oktober auch in Innsbruck, Salzburg, Braunau, Wien und anderen österreichischen Orten auf.

Nachdrücklich unterstützte und forcierte Hitler den Erwerb einer Zeitung für die NSDAP. Am 17. Dezember ging der »Völkische Beobachter« – ein in finanzielle Schwierigkeiten geratenes Blatt, das faktisch der Thule-Gesellschaft gehörte – in den Besitz der Partei über. Eckart fungierte als Chefredakteur, der 1918 ins Reich geflüchtete Deutschbalte Alfred Rosenberg als dessen Stellvertreter und Max Amann, ehemaliger Feldwebel und Frontkamerad Hitlers, als Geschäftsführer der Partei. Damit besetzten Thule-Mitglieder wichtige Positionen in der NSDAP. Das Geld für den Ankauf der Zeitung, die zunächst nur wöchentlich erscheinen konnte, stammte zur Hälfte (60 000 Mark) von General Franz Ritter von Epp, einem in den deutschen Kolonialkämpfen und im Weltkrieg als Kommandierender des bayerischen Infanterie-Leibregiments hervorgetretenen Militaristen, und war durch Eckart vermittelt worden. Hitler hatte bei dem Augsburger Unternehmer Gottfried Grandel erreicht, daß dieser für den Restbetrag eine notariell beglaubigte Bürgschaftserklärung hinterlegte. Die Schulden wurden auch durch 1921 in der Partei vertriebene Schuldscheine zu decken versucht.[47] Am 16. November 1921 sprach Hitler beim Registergericht in München vor und erklärte, sämtliche Anteile am »Völkischen Beobachter« sowie an jenem Verlag zu besitzen, in dem dieser erschien und aus dem 1923 unter dem Namen Eher-Verlag der Zentralverlag der NSDAP hervorging. Hitler war nicht allein ein Politiker , sondern auch ein Zeitungsverleger geworden.

Er, der sich zumeist als Maler ausgab, wenn eine Berufsangabe verlangt wurde, offenbarte sich nun auch als »Schriftsteller«. Sein erster Aufsatz erschien unter dem Titel »Der völkische Gedanke und die Partei« am 1. Januar 1921 im »Völkischen Beobachter«. Sicher war es kein Zufall, daß er sich gerade in diesem Beitrag mit dem Problem völkischer Organisiertheit befaßte. Ohnmächtiges Wollen genüge nicht, Energie sei nur aus »der lebendigen Kraft der Organisation« zu gewinnen. Alle Erkenntnisse des Antisemitismus seien »umzugießen in politische Macht, die duldsame wissenschaftliche Forschung zu vertauschen mit der Bereitwilligkeit der Anwendung der Organisation der Kraft«. Intensiv setzte er sich mit dem Argument auseinander, es gäbe doch schon viele Parteien, die nützlich für Deutschland sein könnten, wenn sie nur einig wären. Dazu erklärte er: »Armer dummer Michel. Sie sind alle einig, was sie trennt, ist nur die Taktik, was sie aber eint, ist, ob bewußt oder unbewußt, das Ziel Deutschlands Untergang ... Sie alle hängen irgendwo an einer jüdischen Schnur, und wenn es auf der einen Seite eine rote Peitsche ist, die sie vorwärts treibt, dann ist es auf der anderen ein goldener Zügel, der sie lähmt. Mögen sie sich bürgerlich, demokratisch oder proletarisch, diktatorisch heißen, jüdisch sind sie ausnahmslos, keine davon ist deutsch, noch viel weniger national. Sie alle haben gleiche Schuld an unserem Untergang.«[48]

In der ersten Hälfte des Jahres 1921 vollzog sich eine spürbare Neuakzentuierung in Hitlers Aktivitäten. Mehr und mehr wählte er den »Völkischen Beobachter«, um seine Gedanken zu verbreiten. Allein die Titel einiger seiner haßerfüllten, von Beschimpfungen und Beleidigungen anderer Politiker strotzenden Beiträge sind aufschlußreich: »Dummheit oder Verbrechen« (3. Januar), »Ist die Errichtung einer die breiten Massen erfassenden völkischen Zeitung eine nationale Notwendigkeit?« (27. Januar), »Irrtum oder Verbrechen?« (13. Februar), »Nationalkokarde und Pleitegeier« (20. Februar), »Deutschlands letzte Hoffnung« (6. März), »Rathenau und Sancho Pansa« (13. März), »Staatsmänner oder Nationalverbrecher?« (15. März), »Die Reichsmatratze und Ebert als Fachmann« (24. April), »Dümmer wie Katzen und schlecht wie ein Jude« (28. April), »Der Daitsche Staatsmann« (28. April), »Der 'milde' Simons« (5. Mai), »Gelogen wie gedruckt« (8. Mai), »Allerweltstrottelregierung« (15. Mai), »Deutschlands Auslieferung an das jüdisch-internationale Börsenkapital« (22. Mai), »Lumpenrepublik« (26. Mai), »Ebert der Siegreiche« (29. Mai), »Beginn der Judendiktatur« (5. Juni). So intensiv, wie er für seine Zeitung schrieb, so abrupt hörte er damit Anfang Juni 1921 auf. Bis zum Erscheinen seines nächsten Artikels im »Völkischen Beobachter« sollten siebeneinhalb Monate vergehen.[49]

Das unermüdliche Trommeln des Werbeobmanns der NSDAP blieb nicht ohne Resonanz: Deren Mitgliederzahl stieg auf ca. 3000 an. Die Münchner Ortsgruppe gliederte sich Anfang 1921 in fünf Sektionen auf. Außerhalb Münchens entstanden mehrere Ortsgruppen, wobei bald auch von sogenannten Landesverbänden innerhalb Bayerns die Rede war. In der Öffentlichkeit wurde die NSDAP mehr und mehr mit Hitler identifiziert. Der erfolgreiche »Trommler« fand sogar indirekt eine regierungsoffizielle Anerkennung, als beispielsweise der bayerische Ministerpräsident Kahr am 14. Mai 1921 eine Delegation der NSDAP empfing und anschließend wohlwollend durchblicken ließ, mit Hitler »vielleicht nochmals gelegentlich in kleinerem Kreise sprechen zu wollen«.[50]

Derweil schwelten in der NSDAP-Spitze alte Zwistigkeiten weiter. Zur offenen Krise kam es, als Drexler und einige andere Ausschußmitglieder die Absicht verfolgten, die Partei mit der programmatisch recht nahestehenden DSP zu verschmelzen, obwohl die zahlreichen taktischen Differenzpunkte keineswegs ausgeräumt waren.[51] Drexler nahm Ende März sogar am Zeitzer Parteitag der DSP teil, obwohl es auf Hitlers Drängen hin vorher eine offizielle Absage gegeben hatte. Mitte April begannen Verhandlungen zwischen den Führungen beider Parteien. Sie scheiterten nach einem Wutausbruch Hitlers, endeten aber nicht mit einem endgültigen Abbruch der Kontakte. Hitler hatte offensichtlich im Führungskreis der Partei bereits eine Sonderstellung errungen, dennoch konnte er noch nicht verhindern, daß mitunter auch gegen ihn und ohne ihn entschieden wurde. Dies verunsicherte ihn, ließ ihn ratlos werden und die Dinge über mehrere Monate hinweg ihren Lauf nehmen. Es ist nicht erkennbar, ob er in dieser Zeit überhaupt ein Konzept besaß, die aus seiner Sicht notwendige strikte Beendigung aller Fusionsgespräche durchzusetzen. Er wußte ebensowenig, wie eine Unterwerfung der DSP erreicht werden konnte, beharrte aber darauf: Nicht einmal ein korporativer Beitritt schien ihm möglich zu sein; andere Verbände sollten sich auflösen und deren Mitglieder einzeln der NSDAP beitreten.

Hitler war keineswegs Herr der Lage. Als er und Eckart Anfang Juni 1921 für eine unbestimmte Zeit wieder einmal gemeinsam nach Berlin fuhren – bis heute liegt weitgehend im dunkeln, was sie dazu veranlaßte[52] –, nutzten Hitlers Opponenten seine zeitweilige Abwesenheit, um in der Münchner Ortsgruppe die eigenen Auffassungen durchzusetzen. Sie luden Otto Dickel von der Augsburger »Werkgemeinschaft« zu einem Vortrag am 24. Juni ein. In dessen werkgemeinschaftlichen und abendländischen Ideen spielten weder der Antisemitismus noch der Gedanke einer eigenständigen Organisiertheit eine größere Rolle. Zur DSP hatte er erst kurze Zeit zuvor Verbindung geknüpft, sollte aber in neuen Fusionsgesprächen vermitteln helfen. Seinen Vortrag im überfüllten Saal des Münchner Hofbräuhauses stellte er unter die Überschrift »Soll die Arbeit Knecht des Kapitals oder das Kapital Diener der Arbeit sein?« Ein Rundschreiben des Ausschusses kündigte am 5. Juli weitere Veranstaltungen mit dem »volkstümlichen u. ausgezeichneten Redner« Dickel an.[53]

Am 11. Juli 1921 reagierte Hitler auf neuerliche Einigungsversuche mit der DSP sowie auf die Forderung des Ausschusses, er solle sich vor ihm rechtfertigen – gewünscht war u. a. auch eine »ehrliche« Auskunft über seine finanziellen Verhältnisse –, mit einer überraschenden, dramatischen Geste. Er erklärte seinen Austritt aus der NSDAP. Wut und Enttäuschung trieben ihn zu diesem ungewöhnlichen Schritt, noch mehr aber die nüchterne Berechnung, als »Trommler« für diese Partei bereits unentbehrlich geworden zu sein. Ernsthaft spielte er gleichzeitig mit dem Gedanken, eine eigene Partei zu gründen. Die offene Krise war da. Während einige Mitglieder des Ausschusses Hitler in einer Flugblatt-Aktion weiterhin als »Verräter« bezeichneten, signalisierten andere ein Einlenken und völlige Kapitulation. Daraufhin witterte Hitler seine Chance, und ermutigt zögerte er nun nicht mehr, sie beherzt zu ergreifen, Willensstärke und Entschlossenheit zu demonstrieren. Am 14. Juli begründete er noch einmal seinen Austritt, verband dies aber mit der Formulierung von sechs Bedingungen, von deren strikter Erfüllung er einen Wiedereintritt in die NSDAP abhängig machen wollte.

In den Vordergrund seiner Begründung rückte Hitler Dickels Buch »Auferstehung des Abendlandes«, das dieser als eine Replik auf Spenglers Werk vom »Untergang des Abendlandes« geschrieben hatte. Seine Argumente wirken wie an den Haaren herbeigezogen. Sie lassen sich nur teilweise rational nachvollziehen. Als Beleg für seine Kritik führte er drei Zitate an, zu denen er bemerkte, sie seien noch die »harmlosesten«. Eine nach der Krise angekündigte »ausführliche Schrift zur Begründung« des Ausschlusses von Dickel aus der Partei[54] wurde nie vorgelegt. Offensichtlich spielten andere Gründe eine ausschlaggebende Rolle. Eine »letzte untrüglichste Begründung dafür, daß der Verfasser dieses Machwerks auf jedem anderen Boden eher steht als auf dem unseren«, sah Hitler darin, daß Dickel das nationalsozialistische Programm »durch ein nichtssagendes, schwammig dehnbares Gebilde« ersetzen und die Organisation verwässern wolle. Hitlers Argumentation gipfelte jedoch in der Behauptung, daß »auf Grund eines vorher vermutlich bis ins kleinste abgekarteten Planes

die letzte Leitung der Bewegung in seine persönliche Hand (d. h. in Dickels Hand, K. P./M. W.) gelegt werden sollte«.[55]
Interessanter und aufschlußreicher (auch in sprachlicher Hinsicht!) sind daher die ganz und gar auf seine Person zugeschnittenen, teilweise kleinlich anmutenden und ultimativ gestellten Bedingungen, von »deren strikter Erfüllung« er den eigentlich schon ins Auge gefaßten Wiedereintritt abhängig machte:
»1. Sofortige Einberufung einer außerordentlichen Mitgliederversammlung binnen acht Tagen, gerechnet von heute ab, mit folgender Tagesordnung: Der derzeitige Ausschuß der Partei legt seine Ämter nieder, bei der Neuwahl desselben fordere ich den Posten des 1. Vorsitzenden mit diktatorischer Machtbefugnis zu sofortiger Zusammenstellung eines Aktionsausschusses, der die rücksichtslose Reinigung der Partei von den in sie heute eingedrungenen fremden Elementen durchzuführen hat. Der Ausschuß besteht aus drei Köpfen. 2. Unverrückbare Festlegung des Grundsatzes, daß der Sitz der Bewegung München ist und für immer bleibt. Daß endlich, solange die Bewegung nicht derartige Dimensionen erreicht hat, daß von den Mitteln der Gesamtbewegung aus eine eigene Parteileitung bestritten werden kann, diese von der Ortsgruppe München aus zu erfolgen hat. 3. Jede weitere Veränderung des Namens oder des Programms wird ein für alle Mal zunächst auf die Dauer von sechs Jahren vermieden. Mitglieder, die dennoch in dieser Richtung und zu diesem Zwecke tätig sind, werden aus der Bewegung ausgeschlossen.«
Erst an vierter Stelle äußerte sich Hitler zu der Frage eines Zusammenschlusses von NSDAP und DSP, obwohl diese in der Führungskrise einen zentralen Rang einnahm. Offensichtlich ging es ihm nun doch nicht nur um die unterschiedlichen Konzepte des völkisch-faschistischen Kampfes, sondern primär um die Entscheidung der Frage, wer in diesem die führende und organisierende Kraft sein solle. Tatsächlich dominierte in der DSP eine organisatorische Konzeptionslosigkeit. Sie verstand sich als eine dezentralisierte Gesamtpartei, in der die Ortsgruppen einen relativ großen Handlungsspielraum besaßen. Hitler forderte, daß jegliche Verhandlungen mit dieser Partei »künftighin zu unterbleiben« hätten. Apodiktisch hieß es: »Für die Partei kann es niemals einen Zusammenschluß mit denjenigen geben, die mit uns in Verbindung treten wollen, sondern nur deren Anschluß. Kompensationen unsererseits sind vollständig ausgeschlossen.« Bereits im nächsten Punkt beleuchtete er wiederum seinen eigenen Führungsanspruch in der NSDAP: »5. Verhandlungen dieser Art dürfen nur mit meiner persönlichen Einwilligung stattfinden, die Wahl

der Teilnehmer solcher Verhandlungen auf unserer Seite bleibt ausschließlich mir vorbehalten.« Schließlich sollte der geplante Parteitag in Linz »als zwecklos nicht besucht« werden.

Hitler fügte diesen sechs Punkten noch hinzu, er stelle sie nicht, weil er »machtlüstern« sei. Wenig überzeugend verwies er darauf, daß ihn statt dessen »die letzten Ereignisse mehr denn je davon überzeugt« hätten, daß ohne »eiserne Führung die Partei auch ohne äußerliche Namensänderung innerlich in kürzester Zeit aufhören würde, das zu sein, was sie sein sollte: Eine Nationalsozialistische Deutsche Arbeiterpartei und kein Abendländischer Bund.«[56]

Hitler ging als Sieger aus den innerparteilichen Kämpfen hervor. Obwohl er der Partei gar nicht mehr angehörte, berief er eine außerordentliche Mitgliederversammlung ein, wovon der offizielle Parteivorsitzende erst aus dem »Völkischen Beobachter« erfuhr. Noch einmal bäumte sich Drexler auf. Er beschwerte sich am 25. Juli bei der für politische Angelegenheiten zuständigen Abteilung der Münchner Polizeibehörde über das Vorgehen Hitlers. Dieser, so gab er verärgert zu Protokoll, beabsichtige Gewalt und Revolution, während er die Ziele der Partei auf gesetzlichem und parlamentarischem Wege verwirklichen wolle. Der Beamte winkte jedoch ab, mit solchem internen Parteienstreit habe seine Behörde nichts zu schaffen. Damit war der letzte Widerstand des Ausschusses gebrochen. Er trug Hitler die Funktion des 1. Vorsitzenden an. Am 26. Juli trat Hitler wieder in die NSDAP ein, wobei er nun die Mitgliedsnummer 3680 erhielt. Drei Tage danach wählte ihn die von 554 Mitgliedern besuchte außerordentliche Mitgliederversammlung, bei einer Gegenstimme, zum 1. Vorsitzenden. Man akzeptierte den diktatorischen Anspruch des 32jährigen Hitler ebenso wie das von ihm vertretene politische Konzept, von dem er nur wenig abrückte, um seinerseits die Wogen der Erregung etwas zu glätten.[57] Die neue Satzung schaffte den Ausschuß als leitendes Organ der Partei ab und verhinderte künftige »majorisierende Beschlüsse«. Sie war letztlich auf Hitlers Arbeits- und Lebensstil zugeschnitten. Drexler wurde als lebenslanger Ehrenvorsitzender ausgeschaltet; er bemühte sich aber nach außen stets, seine Übereinstimmung mit Hitler zu demonstrieren, wovon offensichtlich auch ein 1921 unter dem Titel »Genosse Levi« veröffentlichter Roman des antisemitischen Trivialschriftstellers Fritz Halbach zeugt. Erstmalig tauchte Hitler, allerdings noch in trauter Gemeinsamkeit mit Drexler, in der Literatur auf.[58]

Hermann Esser – ein äußerst zwielichtiger Intrigant, rhetorisch begabter antisemitischer Propagandaredner und Inhaber des Mitgliedsbuches Nr. 2

der NSDAP – stellte am gleichen Abend im Zirkus Krone Hitler als »unseren Führer« vor. Ein wichtiger Schritt war getan. Dieser Weg führte die NSDAP hin zu einer absolut hierarchisch aufgebauten faschistischen »Führer«-Partei. Auf einem solchen Boden wuchs der »Trommler« Schritt für Schritt in die Rolle eines Partei-»Führers«, unabhängig davon, wie Hitler sich selbst und seine Rolle in der NSDAP sah oder zu sehen vorgab. Innerhalb der sich immer rascher formierenden faschistischen Bewegung des Deutschlands der Nachkriegszeit nahm Hitler jedenfalls bereits einen bedeutsamen und ihm kaum noch streitig zu machenden Platz ein.

Kapitel 4

»Trommler« einer Putsch-Partei 1921 bis 1924

Die Sommertage des Jahres 1921 zeigten sich für Hitler von ihrer besten Seite. Nach fast zwei Jahren Zugehörigkeit zur NSDAP hatte der Ehrgeizling den Sprung an deren Spitze gewagt und gewonnen: Aus dem »Politiker«, der er mit recht verschwommenen Vorstellungen in der Revolutionszeit hatte werden wollen, und aus dem »Werbeobmann« an der Seite der eigentlichen Parteigründer war nunmehr ein offizieller Parteivorsitzender geworden. Zugleich erlebte er, daß sich die Taktik des überraschenden und erpresserischen Coups, die er noch so häufig in und außerhalb der NSDAP anwenden sollte, erstmals in großem Stile bewährte. Es prägte sich ihm tief ein, daß sich nicht nur sein persönlicher Einfluß, sondern auch ein neuer, autoritärer und skrupelloser Führungsstil erfolgreich in der nach größerem Einfluß strebenden Partei durchsetzen ließ. Mit Leichtigkeit wischte er vom Tisch, was die anonymen Verfasser der Flugblätter »Adolf Hitler – Verräter?« und »Hitler, König von München« über ihn zu berichten wußten: Er sei voller »Machtdünkel«, bringe im »Auftrag seiner dunklen Hintermänner Uneinigkeit und Zersplitterung« in die eigenen Reihen«, betreibe die »Geschäfte des Judentums« und wolle die NSDAP »nur als Sprungbrett für unsaubere Zwecke« benutzen. Ebensowenig beeindruckte ihn die Frage, wovon er »eigentlich lebe und welchen Beruf er früher gehabt habe«. Vorwürfe, sein Gewissen könne einfach nicht rein sein, zumal »sein übermäßiger Damenverkehr ... sehr viel Geld« koste[1], ließen ihn kalt.

Doch alle Kritiken nutzten nichts. Die Forderungen seiner bereits geschlagenen Konkurrenten, Hitler zu entmachten, verhallten in der Partei ungehört. Damit waren neue Grundlagen für sein persönliches Machtstreben gegeben. Rigoros nutzte er nun auch das Amt, das im Weimarer Parteienstaat selbst den kleinsten Organisationen beträchtliche Möglichkeiten für die Entfaltung individueller Fähigkeiten, aber auch für egozentrische Bemühungen von Spitzenpolitikern bot. Hitler verfolgte hartnäckig sein Konzept, er »trommelte« weiter und redete, wo immer sich dazu Gelegenheit bot. Tatsächlich wurde aus dem propagandaversessenen »Sammler«

der nationalsozialistischen Bewegung binnen kurzer Zeit der diktatorische Chef einer Partei, der sich zunächst im lokalen und regionalen Rahmen weit über andere zu erheben vermochte. Diesem Entfaltungsprozeß lag kein absichtsvoll verwirklichter Plan zugrunde, wohl aber die Fähigkeit zu intensiver und geschickter Nutzung alles dessen, was in eine solche Richtung wies, und aller Chancen, die sich ihm dazu boten. Zweifellos war er sich damals durchaus noch seiner eigenen Grenzen bewußt und wohl auch der Möglichkeiten, die sich ergaben. Dennoch trieb es ihn sehr bald dazu, über die NSDAP hinaus nach den Sternen der politischen Macht in Bayern und im Deutschen Reich zu greifen. Nichts anderes als das Mittel gewaltsamer Aktionen nach dem Beispiel des Kapp-Putsches kam ihm dabei in den Sinn.

Hitlers Weg an die Spitze der NSDAP und sein Wirken in der Partei führten direkt zum 9. November 1923. Dies läßt sich ebenso eindeutig verfolgen wie die Wandlungen in seinen Denk- und Verhaltensweisen, die in der Literatur allzu häufig als von Anfang an festgefügt und unveränderlich bezeichnet werden. Die Stationen dieses Weges sind hauptsächlich durch den konsequenten Ausbau der NSDAP zu einer schlagkräftigen terroristischen Organisation markiert, ferner durch deren schrittweise Einfügung in das umfangreiche rechtsradikale völkisch-vaterländische Lager Bayerns sowie durch die wachsende Fähigkeit Hitlers, als eine erfolgversprechende Integrationsfigur unterschiedlichster konservativer und anderer rechter Feinde der Weimarer Republik zu wirken.

Der frischgebackene Parteichef stürzte sich sofort in den Aufbau der SA. Die »Sturm-Abteilung« der NSDAP ging aus einer bereits existierenden »Turn- und Sportabteilung« hervor. Der harmlosere Name wurde aufgegeben; eine straff organisierte, disziplinierte Versammlungs- und Saalschutztruppe sollte mehr leisten. Die am 29. Juli geänderte Satzung sah die »Zusammenfassung und körperliche Ertüchtigung der sich in der Bewegung befindlichen männlichen Jugend« vor. Der Gründungsaufruf vom 3. August verlangte von ihr, »als eiserne Organisation« und als »Sturmbock« zur Verfügung zu stehen. Sie sollte »Trägerin des Wehrgedankens eines freien Volkes sein«.[2] Im Grunde war nichts anderes gefragt als ein willenloser, lenkbarer und bramarbasierender Landsknechtstyp. In seinen ersten Rundschreiben als Parteivorsitzender, die auch die Schaffung einer eigenen Nachrichtenabteilung ankündigten, hob Hitler den hohen Rang dieser Aufgabe hervor und forderte zu diesem Zweck auch eine einheitliche Verwendung der Symbole – Sturmbinde, Parteiflagge, Parteikokarde – sowie den stärkeren Ausbau der Rituale bei Versammlungen, Aufmärschen und Fahnenweihen.[3] Am 17. September ging er noch weiter: Die SA-Männer sollten jederzeit in der Lage sein, »selber offensiv vorzugehen«. Drei Tage zuvor war er selbst in einer Versammlung des Bayernbundes gegen dessen Leiter Otto Ballerstedt handgreiflich geworden, was zu einem ersten juristischen Nachspiel für den neuen Politiker führte.

Trotz der Rolle, die Hitler nunmehr als Partei-«Führer« einnahm, befand sich die SA in dieser Zeit noch nicht in seiner Hand – das erstrebte und erreichte er erst Mitte der 20er Jahre. Sie stand zunächst faktisch unter dem Befehl Röhms, der sie allseitig, wenngleich nicht legal, mit den Mitteln des bayerischen Reichswehrkommandos förderte und darüber hinaus regelrecht militärisch auszubilden half. Als eine der zahlreichen Wehrorganisationen in Bayern sollte sie nicht zuletzt ein Auffangbecken für jene Vielzahl paramilitärischer Kräfte sein, die im Sommer 1921 aus den Einwohnerwehren auszuscheiden hatten, nachdem diese auf nachhaltigen Druck der Entente in Deutschland verboten werden mußten. Neben dem agilen Röhm bemühte sich auch Kapitän Hermann Ehrhardt um die SA. Als Chef einer Marine-Brigade war Ehrhardt während des Kapp-Putsches und in den anschließenden Kämpfen gegen die Rote Ruhrarmee unrühmlich hervorgetreten. Danach hatte er sich wie viele andere gescheiterte Putschisten in Bayern angesiedelt. Die von ihm geschaffene »Organisation Consul« machte sich damals schlimmster Kapitalverbrechen schuldig; unter anderem gingen die Ermordung des Reichsfinanzministers Matthias Erzberger und des Reichaußenministers Walther Rathenau sowie zahlreiche Fememorde auf ihr Konto. Aus deren Reihen und bei fortdauernder Besoldung aus den eigenen Kassen stellte Ehrhardt der SA das NSDAP-Mitglied Leutnant Ulrich Klintzsch zur Verfügung. Emil Maurice, der vorher die Nationalsozialistische Turn- und Sportabteilung geleitet hatte, vertrat Klintzsch drei Monate lang, als dieser wegen des Verdachts der Beteiligung am Erzberger-Mord inhaftiert war.

Von Anfang an achtete Hitler darauf, die SA zu disziplinieren und lediglich auf Befehl handeln zu lassen. Ende Oktober 1921 drohte er sogar mit seinem Rücktritt, als einige ihrer Mitglieder gegen seine ausdrückliche Warnung einen Zusammenstoß mit der Polizei herbeigeführt hatten. Beschwörend trat er in Veranstaltungen der SA auf: »Mit der Polizei dürfen wir es nicht verderben ... Sonst kommt es noch so weit, daß die Sturmabteilung durch die Polizei verboten wird. Geschieht dies, so wäre unsere ganze Arbeit umsonst.«[4] Am 4. November 1921 sah er jedoch den Zeitpunkt einer »Feuertaufe« für die aufgeputschten, einsatzbereiten SA-Leute gekommen – es fand die erste größere und offensichtlich provozierte

Saalschlacht statt. Unmittelbar vor der Veranstaltung wies er die Saalordner an: »Ihr werdet heute zum ersten Male auf Biegen oder Brechen der Bewegung Treue halten müssen. Keiner verläßt von uns den Saal, außer sie tragen uns als Tote hinaus. Wer feige zurückweicht, dem reiße ich persönlich die Armbinde herunter und nehme ihm das Abzeichen. Denkt daran, daß der Angriff beim geringsten Versuch zur Sprengung die beste Verteidigung ist.« Trotz des Erfolges – nach ca. 20 Minuten waren protestierende Teilnehmer aus dem Saal geprügelt, übte Hitler Kritik: »Die ganze Sache am Freitag hat viel zu lange gedauert. In 5 Minuten hätte dieselbe erledigt sein können. Ihr müßt in geschlossenen Trupps, Tisch für Tisch vorgehen und einen nach dem andern rausbefördern. Ihr müßt nicht verzweifeln, wenn ihr auch mal ein paar Hiebe bekommt. Wer in den Kampf geht, muß damit rechnen.«[5]

In der Öffentlichkeit erschien die SA erstmals im August 1922 auf dem Münchner Königsplatz als geschlossener Kampfverband mit den Hakenkreuzfahnen. Hitler trat gleichberechtigt neben den Führern anderer Verbände auf. Er nutzte diese Gelegenheit wie viele andere, die noch folgen sollten, auf seine Weise. Was er hier äußerte, war bemerkenswerterweise frei von antisemitischen Ausfällen und galt ausschließlich dem kurz zuvor vom Reichstag verabschiedeten Gesetz zum Schutz der Republik, das angeblich »einzig und allein gegen rechts, insbesondere gegen das deutscheste Land – Bayern – gerichtet« sei.[6] Die unterschiedlichsten Mittel anwendend, erreichte er, daß die SA in die Rolle eines bald unentbehrlichen Partners der bestehenden Militärverbände hineinwachsen konnte. Mit dem »Bund Oberland«, der von Friedrich Weber, einem Schwiegersohn des alldeutsch-antisemitischen Verlegers Julius F. Lehmann, geleitet wurde und dem Ludendorff sehr nahestand, sowie mit der »Reichsflagge« des Hauptmanns Adolf Heiß bestanden enge Verbindungen. Auch zu den »Vereinigten Vaterländischen Verbänden Bayerns« ergaben sich vielgestaltige Beziehungen. Wie in keinem anderen Teil Deutschlands besaßen die »vaterländischen« Organisationen in Bayern einen erheblichen Einfluß, der von den konservativen Landesregierungen gern genutzt wurde. In ihrem Protest begegnete sich die Enttäuschung zahlreicher Angehöriger der Kriegsgeneration mit einer vielfältig motivierten Politik-, Parteien- und Reichsverdrossenheit. Auf dem rechtsextremen Flügel dieser Verbände siedelte sich die SA an, wobei Hitler zunächst versuchte, auch mit den weniger radikalen, konservativ-nationalen und ausgesprochen föderalistisch-monarchistisch gesinnten Kräften – besonders organisiert im »Bund Bayern und Reich« und unter der Leitung des Regensburger Sanitätsrates Otto Pittinger stehend – zusammenzuarbeiten. Umgekehrt durfte sich Hitler mehr und mehr als ein gehätscheltes enfant terrible dieser Kreise verstehen. Für deren Kampf gegen die sozialdemokratische und kommunistische Arbeiterbewegung, gegen die als »marxistisch« verunglimpfte Reichsregierung sowie um ihrer eigenen nationalistisch-bajuwarischen Ziele willen kam ihnen jeder Bundesgenosse recht.[7]

Der einmal eingeschlagene Weg entfaltete in der NSDAP wie auch bei Hitler, gleichsam einer inneren Logik folgend, eine eigengesetzliche und zugleich persönlichkeitsprägende Kraft. Er forderte eine stetige Verstärkung der terroristischen Mittel, ihrer Organisiertheit und ihres Einsatzes. Das kam bei den brutalen Überfällen auf Mitglieder und Anhänger anderer Organisationen zum Ausdruck, worauf Polizei und Justiz in der Regel unzureichend und inkonsequent reagierten. Allzu gern ließen sie sich von oberflächlichen Erklärungen und Versprechungen blenden, »alles zu tun, um Ausschreitungen von vornherein hintanzuhalten«.[8] Der neuartige politische Terrorismus trat auch bei den militärischen Übungen in Erscheinung, die alleweil auf der Tagesordnung der Wehrverbände standen. Sie fanden bei Regenwetter in den Exerzierhallen der Reichswehr statt. Aus deren Beständen sowie aus anderen, teilweise dubiosen Quellen wurden eigene Waffenarsenale angelegt. Sogenannte Deutsche Tage dienten dazu, in der Öffentlichkeit ihre wachsende Kampfstärke zu demonstrieren.

Von all dem profitierten die NSDAP und ihr Führer. Ihr Einfluß erstreckte sich bald über München hinaus. Im Oktober 1922 veranlaßte Hitler, einen Sonderzug zu mieten, um mit 800 SA-Männern an dem vom »Deutschvölkischen Schutz- und Trutzbund« organisierten »Deutschen Tag« im nordbayerischen Coburg teilzunehmen. Hier provozierten sie Krawalle und regelrechte Straßenschlachten. Diese verursachten einerseits Empörung und Abscheu unter großen Teilen der Bevölkerung, andererseits jedoch ein Aufsehen, das viele völkisch und alldeutsch Gesinnte im fränkischen Raum veranlaßte, zur NSDAP überzuwechseln. Auch Julius Streicher trat am 20. Oktober 1922 mit den meisten Mitgliedern seiner antisemitischen Nürnberger »Deutschen Werkgemeinschaft« der Partei Hitlers bei. Gerade dieser Schritt stärkte dessen persönliche Stellung im Lager der Völkischen enorm; Hitler bewies seinerseits dem stiernackigen Radau-Antisemiten und Herausgeber des schmierigen »Stürmers« bis in die Jahre des Zweiten Weltkrieges hinein besondere Dankbarkeit und Rücksicht. Binnen weniger Monate wuchs auch die SA stark an. Als am 25. März 1923 im Forstenrieder Park bei München 3000 Mann eine von den Wehrverbänden gemeinsam organisierte militärische Übung absolvierten, befanden sich unter ihnen bereits 1300 SA-Leute. Insgesamt hatten sich der SA zu dieser Zeit 6000 Mitglieder angeschlossen. Bald entstand mit dem »Stoßtrupp Adolf Hitler« eine weitere faschistisch-terroristische Organisation, die als Vorläufer der berüchtigten SS gelten darf.

Reichswehr, Wehrverbände und die meisten der »vaterländischen« Organisationen förderten Hitler in den Jahren 1922/23, wo und wie es nur anging. Es war auch der in ihren Reihen herrschende Geist, aus dem sich Hitlers wachsendes Selbstverständnis als eines vom Bild anderer Parteipolitiker demonstrativ abgehobenen »Führers« nährte. Der ehemalige Freikorpsführer Gerhard Rossbach, der 1923 gemeinsam mit Hitler putschte, sich aber später mit ihm überwarf, beurteilte ihn treffend als einen »Intelligenten, Weichen, aber Besessenen«, dem Röhm die hohen Stiefel der SA angezogen hätte und der von diesem in Marsch gesetzt worden sei. Nach seinen Worten ließen Hitlers ursprünglich fehlende innere Festigkeit und mangelnde Bildung ihn dann die »Schaftstiefel immer höher ziehen bis zu einem Panzer, in dem er zum Roboter wurde«. Hitler habe schließlich selbst »alle Rattenfänger, deren er habhaft werden konnte, in hypnotischem Zwang vor, neben und hinter sich hermarschieren« lassen.[9]

Neben den Militärs begünstigten zahlreiche »Zivilisten«, Politiker aus anderen Parteien und staatlichen Institutionen ebenfalls den Nationalsozialismus und Hitler. Vor dem bayerischen Landtag fanden manche Abgeordnete sehr warmherzige Worte, um die neuen rechtsradikalen Kräfte als das »Morgenrot einer besseren Zukunft« zu begrüßen. Solch notdürftig verbrämter Antiparlamentarismus äußerte sich auch in dem Wunsch eines Vertreters der deutschnationalen Mittelpartei, die »Vaterländischen« sollten sich nicht in das Parteigetriebe »hineinzerren oder vom Geist der Entzweiung ergreifen lassen«.[10] Die bayerische Regierung beließ es ebenso wie die im Lande dominierende großbürgerlich-katholische Bayerische Volkspartei in der Regel bei ermahnenden Worten – wie konnte dies auch anders sein bei einer Position, die allein die »Auswüchse« des völkischen Antisemitismus, nicht aber diesen selbst zu bekämpfen für richtig hielt. Sie nahm die offenkundige Verletzung ihrer Anordnungen mehr oder weniger schweigend hin.[11]

Hitler verstand es seinerseits immer besser, sich im Gewirr der zahlreichen völkischen Gruppen und Grüppchen, der einander widerstreitenden Parteien und staatlichen Institutionen zu bewegen und dabei ein eigenständiges Profil, ja sogar eine gewollte Andersartigkeit deutlich hervortreten zu lassen. Als eine unter vielen war seine Partei noch lange nicht die stärkste

Organisation. Sie konnte allerdings von der Zerstrittenheit der anderen sowie von einem allgemeinen Abscheu gegenüber der Cliquen- und Parteienwirtschaft profitieren. Nach dem Urteil des amerikanischen Historikers Harold J. Gordon wirkte sie als eine Art verbindender Katalysator[12], was sie bereits bedeutsam sein ließ, als noch auf jedes NSDAP-Mitglied und jeden SA-Mann Hunderte von Angehörigen anderer Organisationen kamen. In den damaligen wirren Zeiten suchten viele Menschen noch ihren eigenen politischen Platz in der Gesellschaft. Sie wechselten häufig von einer Partei zur anderen, von einem Verband zum anderen und fühlten sich schließlich von denen angezogen, die am lautstärksten und konsequentesten eigene Empfindungen und Gefühle artikulierten oder zu artikulieren schienen. Vor allem wuchs offenbar besonders dort Vertrauen für Hitlers Partei, wo alltägliches Mißtrauen und Empörung gegen die herkömmlichen Parteien herrschten, wo unmutig alle Versuche von Parteipolitikern beobachtet wurden, selbst mit skandalträchtigen Mitteln die eigene Position auf Kosten der anderen auszubauen, wobei sie vorgaben, die allgemeinen Interessen der Menschen zu vertreten.

So sehr sich Hitler bereits in den Problemzonen des bürgerlichen Parteienwesens und des Weimarer Parteienstaates auszukennen schien, so wenig lag es ihm, selbst organisatorisch tätig zu sein. Die alltägliche innerparteiliche Organisationsarbeit bedeutete ihm eine ungeliebte, wenngleich unentbehrliche Nebensache seiner eigentlichen politisch-konzeptionellen und propagandistischen Tätigkeit. Dieses Verhalten entsprach seiner Absicht, alles zu vermeiden, was auch nur im entferntesten als eine Form von demokratischer Willensbildung in seiner Partei und unter deren Führungskräften hätte gedeutet werden können. Mehr und mehr entzog er sich den täglichen Notwendigkeiten einer systematischen Tätigkeit. Lieber saß er an Münchner Stammtischen im Kreise seiner engeren Mitarbeiter, unter denen sich die Zahl der Duzfreunde im Laufe der Zeit erheblich verringerte, und berauschte sich am kritiklosen und ehrfuchtsvollen Zuhören der lauschenden Parteigenossen. Manches konnte hier als Beratung verstanden werden, geriet aber auch zu Instruktion und Arbeitsanweisung. Ausgesprochen gern besuchte er Kinos, die die damaligen Stummfilme zeigten, von denen er sich mitunter drei oder vier nacheinander ansah.

Lediglich unmittelbar nach seiner Wahl zum Parteivorsitzenden kümmerte er sich um Rundschreiben und Mitteilungsblätter, die er teilweise selbst verfaßte und unterzeichnete.[13] Doch schon 1922 überließ er auch das den Gehilfen seines Vertrauens, die sich um ihn scharten und in deren Auswahl er durchaus eine glückliche Hand hatte. Insbesondere Max Amann kannte als Geschäftsführer und Verlagsleiter keinerlei eigene politische Ambitionen. Er erledigte, nicht zuletzt dank seiner engen Verbindungen zur Thule-Gesellschaft, viele Probleme – darunter auch Hitlers Geldgeschäfte – relativ lautlos. Während der »inneren Reorganisation« der Partei, die sein Chef bei der Generalmitgliederversammlung vom 30. Januar 1922 als vollendet und als die große Leistung des vergangenen Jahres pries[14], war er diesem unentbehrlich geworden. Verlassen konnte sich Hitler ebenso auf Oskar Körner, einen Spielwarenhändler, der sich auch finanziell aktiv für die NSDAP einsetzte, seit Mitte 1921 als deren stellvertretender Vorsitzender fungierte und beim Putsch vom 9. November 1923 ums Leben kam. In besonderem Maße setzte sich Rudolf Heß, der während seines Volkswirtschafts-Studiums in München in die Thule-Gesellschaft geraten war und schon sehr früh der NSDAP beitrat, für den von ihm nahezu abgöttisch verehrten Hitler ein. Auch Alfred Rosenberg gehörte bereits seit dem Herbst 1919 zu dem engeren Kreis, auf den sich Hitler nahezu blind verlassen konnte. Demgegenüber traten kritische Stimmen mehr und mehr in den Hintergrund. Nur wenige erlaubten sich noch krittelnde oder gar belehrende Worte. Feder warf Hitler gelegentlich »Anarchie« in der Zeiteinteilung und die Tatsache vor, daß man ihn zu wenig in entscheidenden Beratungen und Besprechungen sähe, obwohl es doch von großer Bedeutung sei, »sofort das Wichtige vom Unwichtigen zu scheiden ...«[15] Manche spürten damals, daß auch Eckart vor seinem Tod Ende 1923 etwas auf Distanz zu Hitler ging.

Wonach es Hitler mehr als nach einer systematischen, geregelten Arbeit trieb, offenbarte er in seinen veränderten Lebensformen. Er begann sich in sein neues Umfeld einzupassen und darin wohlzufühlen. So kleidete er sich anders als bisher, trug statt des gewohnten dunkelblauen Anzugs und des breitrandigen schwarzen Schlapphutes gelegentlich auch einen alten Cutaway und gelbe Lackschuhe. Wollte er um jeden Preis auffallen? Trug er deshalb zum schlichten Anzug mitunter ein violettes Hemd, eine braune Weste und eine knallrote Krawatte, zeigte er aus diesem Grunde unverhohlen und bei jeder Gelegenheit auch seinen Revolver und eine Reitpeitsche? Dieser etwas bizarre Geschmack ließ ihn in den Augen mancher Münchner als deklassierten, herrschsüchtigen Schwabinger Künstler erscheinen. Viele bürgerliche Lebensgewohnheiten ahmte er einfach nach. Es dauerte eine ganze Weile, bevor er auf wohlmeinende Hinweise aus seiner Umgebung reagierte, daß auf solche Art wohl keine größere Anziehungskraft auf proletarische Massen zu erreichen, dies aber doch das eigentliche Ziel sei. Grundsätzlich besaß er ein zwiespältiges Verhältnis zum vielfach gegliederten Bürgertum, in das er hineinwuchs, ohne die Attacken gegen jene Teile dieser Gesellschaftsschicht aufzugeben, die er als unzureichend radikal betrachtete und die er beschuldigte, am Aufkommen des Marxismus und an der Liberalität gegenüber den Juden schuldig zu sein. Seine selektive Antibürgerlichkeit richtete sich insbesondere gegen das Bildungsbürgertum und die Intellektuellen – eine Haltung, die er bis zu seinem Tode nicht zu korrigieren bereit war.

Dankbar und bereits maßlos von sich überzeugt nahm Hitler an, wie seine linkisch und unsicher anmutenden Gehversuche als politisierender Bohemien in den »feinen« Kreisen der Münchner Gesellschaft honoriert wurden. In einer ganzen Reihe der bekannten Salons empfing man ihn mit offenen Armen, anfänglich noch aus Neugier, später mehr und mehr in geistiger und politischer Übereinstimmung. Hier verlor er zunehmend seine Hemmungen gegenüber den für ihn fremden Sitten und Gebräuchen, hier erprobte und verfeinerte der bereits als »Virtuose auf der Klaviatur der Massenseele« anerkannte Gast mehr als nur seine Tischsitten ...

Häufig verkehrte Hitler im Hause des völkischen Verlegers Julius Lehmann, der für die Herstellung und Verbreitung antisemitischer Literatur eine geradezu herausragende Rolle spielte. Bei der Familie des Verlegers Hugo Bruckmann, der auch die Werke des englischen Wahl-Germanen Houston Stewart Chamberlain herausgab, genoß er eine hohe, von anderen Gastgebern sogar als »überspannt« bezeichnete Wertschätzung.[16] Besonders Frau Elsa Bruckmann, eine geborene rumänische Prinzessin Cantacuzene, fand lebhaftes Gefallen an ihm, wozu die gemeinsame Vorliebe für die Musik Richard Wagners beitrug. Von den Bechsteins, die ihre bekannten Flügel zwar in Berlin produzierten, sich aber häufig in Bayern aufhielten, wurde Hitler regelmäßig zum Essen in ihrem Appartement des Nobelhotels »Bayerischer Hof« oder in ihr Berchtesgadener Landhaus eingeladen. Offen bekundete Frau Helene Bechstein ihr mütterliches Wohlwollen für Hitler. Während ihr Mann der NSDAP regelmäßig finanzielle Unterstützung gewährte, überließ sie dem Gast diverse Kunstgegenstände von höherem Wert. Als er einige davon zur Sicherheit für ein Darlehen von 60 000 Schweizer Franken im Münchner Bankhaus Heinrich Eckert hinterlegte, kam folgende stattliche Liste zustande: ein Smaragdanhänger in Platin mit Brillanten und Platinkettchen, ein Rubinring in Platin mit Brillanten, ein Saphirring in Platin mit Brillanten, ein Brillantring (Solitär), Brillanten in Silber gefaßt, ein Ring 14 Karat Gold, eine venezianische Reliefspitze, sechseinhalb Meter lang, elfeinhalb

Zentimeter breit (17. Jahrhundert), eine rotseidene spanische Flügeldecke mit Goldstickerei.[17]

Zu den reichen Fürsprechern und Gönnern in der Inflationszeit gehörten viele Frauen. Neben den Damen Bechstein und Bruckmann wetteiferte unter anderem Winifred Wagner, gebürtige Engländerin und Ehefrau des Wagnersohnes Siegfried, um Hitlers Gunst. Gertrud von Seydlitz, eine baltische Adlige, sicherte mit ihren Mitteln den Erwerb neuer Druckmaschinen durch die NSDAP. Ebenso zeigten sich Frauen aus unteren und mittleren Schichten bereit, von ihrem Wenigen zu spenden, was sie nur irgendwie erübrigen konnten, und begeisterten sich für Hitler. Dieser wiederum verhielt sich bei seinen Auftritten so, wie es jeweils erwartet wurde – galant und zuvorkommend in den Salons, voller Mitgefühl für die Sorgen notleidender Hausfrauen in den öffentlichen Veranstaltungen, stets auf die emotionale Wirkung seiner Redeweise unter weiblichen Wesen bedacht, immer bemüht, an den Versammlungen teilnehmende Frauen in den Bann seiner emotionalen Ekstase zu ziehen, jedoch ausweichend gegenüber allen Versuchen, eine engere Beziehung zu knüpfen.

Auch im Hause Ernst Hanfstaengls ging Hitler ein und aus, nachdem er den reichen Deutsch-Amerikaner im November 1922 kennengelernt und dieser sich ihm als eine Art »Gesellschaftssekretär« zur Verfügung gestellt hatte. Hier traf er auch wieder auf den Historiker Karl-Alexander von Müller sowie auf den Benediktinerabt Alban Schachleitner, der sich danach an öffentlichen Weiheveranstaltungen für SA-Standarten beteiligte. Gegenüber der aus den USA stammenden Helen Hanfstaengl erging sich Hitler in ehrerbietiger Schwärmerei, was deren Ehemann jedoch kaum beunruhigte, hielt er doch Hitler für impotent, alle weiblichen Wesen, die sich um dessen männliche Anerkennung bemühten, von Herzen bedauernd. Übereinstimmend wird übrigens berichtet, daß Hitler bei solchen Gelegenheiten in »unbegreiflicher Naschsucht« Unmengen an Süßigkeiten in sich hineinschlingen und an Wiener Bäckereien mit Schlagcreme nie genug bekommen konnte. Pikiert vermerkte man ferner, daß er mit einem Löffel Zucker seinen Wein versüßte ...

Die aus solchen Begegnungen rührenden Kontakte bedeuteten für Hitlers Aufstieg viel. Sie waren auch in finanzieller Hinsicht durchaus ergiebig. Als der »Völkische Beobachter« in eine Tageszeitung umgewandelt werden sollte, gewährte beispielsweise Hanfstaengl ein zinsloses Darlehen in Höhe von eintausend Dollar – ein für die Inflationszeit unvorstellbar hoher Betrag, der für diesen Zweck völlig ausreichte. Der reiche Gönner warf auch seine ausgedehnten Beziehungen und seinen Charme in die Waagschale, wenn es darum ging, Hitler auf den zahlreichen Fahrten zu echten oder vermeintlichen Gesinnungsfreunden zu begleiten, um Spenden für den sich rapide vergrößernden Geldbedarf der NSDAP und ihres Führers aufzutreiben. Bis 1925 trat Hitler übrigens nie als Steuerzahler in Erscheinung, was der Fiskus erstaunlicherweise unbeanstandet ließ. Die stets ausgeschöpften Kassen der Partei wurden immer mehr auch die ihres »Chefs«. Es gelang ihm allerdings, sein Finanzgebaren in und außerhalb der Partei zu verheimlichen, sei es beim Kauf von Autos – das erste schaffte er sich bereits 1920 an –, sei es bei der Bezahlung der zahlreichen Reisen, die er unternahm. Seine persönlichen Lebensbedürfnisse – Nahrung, Kleidung, Unterkunft – nahmen sich demgegenüber eher bescheiden aus.

Hitlers Geld floß keineswegs allein aus den Münchner Salons, aus den Kassen von Reichswehroffizieren oder den vor allem von Ludendorff dirigierten Spenden diverser völkisch-antisemitischer Gesellschaften. Eine große Rolle spielte der beträchtliche Summen vermittelnde Fabrikant Emil Gansser, der offensichtlich über gute Beziehungen unter den rechten Organisationen in der deutschen Hauptstadt verfügte. Hier öffnete er Hitler so manche Tür, darunter die des »Nationalen Klubs von 1919«, in dem dieser erstmals am 8. Dezember 1921 und bei zwei weiteren Auftritten im Sommer 1922 sprechen durfte. Offensichtlich hatte es Hitler auch diesem Förderer zu verdanken, daß er bei seinen Aufenthalten in Berlin mit Justizrat Heinrich Claß und Leopold von Vietinghoff-Scheel, den entscheidenden Führungskräften des berüchtigten Alldeutschen Verbandes, sprechen konnte. Gansser transferierte außerdem Mittel aus der Schweiz und organisierte mehrere Reisen Hitlers in das Land der Eidgenossen. Devisen waren in der Zeit der immer stärker galoppierenden Inflation natürlich besonders willkommen. Seit Sommer 1922 trat Kurt Luedecke, ein windiger Abenteurer, mit finanziell ergiebigen Beziehungen für die NSDAP, insbesondere für die SA, in Erscheinung. Von großem Erfolg waren die umfangreichen Bemühungen des stets undurchsichtig agierenden Max Erwin von Scheubner-Richter gekrönt, einem der zahlreichen früh zur NSDAP gestoßenen Deutschbalten. Hitler betrachtete ihn als seinen künftigen Finanzminister. Nach seinem Putsch vom November 1923 beklagte er dessen Tod mit den nicht gerade feinfühligen Worten: »Alle sind ersetzbar, nur einer nicht ...«[18] Scheubner-Richter hatte immerhin Quellen des bayerischen Industriellenverbandes, russischer Emigranten und des Ölmagnaten Sir Henri Deterding erschließen können. Unter den von ihm vermittelten Spendern fanden sich auch die Namen bedeutender Industrieller.

Natürlich spürte Hitler, daß er an der nationalen Börse in München zu einem ansehnlichen und wachsenden Kurswert gehandelt wurde. Sein Selbstverständnis als »Führer« wuchs stetig. Wie sehr er von sich selbst überzeugt war, wurde selbst dann erkennbar, wenn er gegenteilige oder einschränkende Bemerkungen über sich äußerte. In der Regel verband er dies mit wohlüberlegten Zwecken, besonders gegenüber jenen Gesprächspartnern, die für Spenden aller Art gewonnen werden sollten. So betonte er im Mai 1921 gegenüber dem Hauptschriftleiter der im alldeutschen Lager weit verbreiteten »Deutschen Zeitung«, Max Maurenbrecher, er sei nicht der Führer und Staatsmann, der das im Chaos versinkende Vaterland zu retten vermöge. Wohl sei er ein Agitator, der die Massen zu versammeln verstehe. Aber er sei kein Baumeister, der Plan und Aufriß des neuen Gebäudes bildhaft klar vor seinen Augen sieht und mit ruhiger Festigkeit in schöpferischer Arbeit einen Stein auf den anderen zu legen vermag: »Er brauche den Größeren hinter sich, an dessen Befehl er sich anlehnen dürfe.«[19] Gegenüber Arthur Moeller van den Bruck äußerte er sich 1922 ähnlich: »Ich bin nichts als ein Trommler und Sammler.«[20] Im Mai 1923 erklärte er: »Unsere Aufgabe ist, dem Diktator, wenn er kommt, ein Volk zu geben, das reif ist für ihn.« Auch im Prozeß vor dem Münchner Volksgericht gegen die Putschisten vom November 1923 stellte er sich so dar. Als ihm jedoch Eduard Stadtler, langjähriger Chef der Antibolschewistischen Liga, in einer Veranstaltung[21] des »Nationalen Klubs von 1919« den Begriff des Trommlers etwas kritisch entgegenhielt, wurde Hitler wütend: »Herr Doktor, darauf können Sie sich verlassen: Wenn die Nationale Front so groß ist, daß sie nach der Macht greifen kann, dann ist auch der Führer da!«[22]

Hitlers Bild von sich selbst, von seiner Rolle als »Führer« wuchs nicht zuletzt in dem Maße, wie er in der eigenen Partei als ein solcher herausgestellt wurde. Zum geistigen Bestand dieser Partei – und darin deckte sie sich mit weiten Teilen der deutschen Gesellschaft und ihrer monarchistisch-obrigkeitsstaatlichen Traditionen – gehörte es auch, sich eine andere Zukunft lediglich als Ergebnis der diktatorischen Herrschaft eines neuen herausragenden Mannes vorstellen zu können. Es war Eckart, der Hitler erstmals am 4. August 1921 im »Völkischen Beobachter« als »Führer« pries. Von ihm stammt auch der viel zitierte, in jeder Hinsicht aufschlußreiche Anforderungskatalog an den Chef einer Partei, wie sie ihm und den deutschen Faschisten jener Zeit vorschwebte: »Ein Kerl muß sie führen, der ein Maschinengewehr hören kann. Das Pack muß Angst in die Hosen kriegen! Kein Offizier! Vor dem hat das Volk keinen Respekt mehr! Am besten ein Arbeiter, mit dem Maul auf dem rechten Fleck! Bloß kein gelehrter Professor, der zitternd mit vollgeschissenen Hosen dasitzt, wenn die Roten die Stuhlbeine schwingen! ... Verstand braucht er nicht viel, die Politik ist das dümmste Geschäft auf der Welt.« Dem fügte er noch hinzu, ein Junggeselle müsse es sein: »Dann kriegen wir die Weiber!«[23]

Zum öffentlichen »Führer«-Bild, aber auch zu Hitlers Selbstverständnis als »Führer«, trug von Anfang an Heß in besonderem Maße bei. Dieser hatte ihn schon im Mai 1921 in einem Brief an Kahr als den Mann charakterisiert, der »ein seltenes Gefühl für das Volksempfinden, politischen Instinkt und eine gewaltige Willenskraft« in sich vereine und dem man »unbedingt vertrauen« könne.[24] 1922 reichte er eine erweiterte Fassung zu einem von der Münchner Universität unterstützten Preisausschreiben ein, das sinnigerweise der Frage galt: »Wie wird der Mann beschaffen sein, der Deutschland wieder zur Höhe führt?« Der Text griff alle in den nationalen Kreisen gängigen Heilserwartungen auf und übertrug sie auf sein persönliches Idol: »Tiefes Wissen auf allen Gebieten des staatlichen Lebens und der Geschichte, ... der tiefe Glaube an die Reinheit der eigenen Sache, ... eine unbändige Willenskraft geben ihm die Macht der hinreißenden Rede, die die Massen ihm zujubeln läßt. Um der Rettung der Nation willen verabscheut er nicht die Waffen des Gegners, Demagogie, Schlagworte, Straßenumzüge usw. zu benutzen. Wo alle Autorität geschwunden, schafft Volkstümlichkeit allein Autorität. Das hat sich bei Mussolini gezeigt ...«[25]

Auch in dieser Hinsicht ging also vom italienischen Beispiel belebende Wirkung aus. Nach dem »Marsch auf Rom«, mit dem Benito Mussolini an der Spitze der faschistischen Schwarzhemden-Organisation Ende Oktober 1922 ein diktatorisches Machtregime errichtete, pries Esser in Hitler den »deutschen Mussolini«, was Publizisten und Satiriker dazu veranlaßte, von einem »Mussolinchen« oder vom »Faszistolini in Weiß-Blau« zu sprechen.[26] Hitler hatte nichts einzuwenden, wenn er und seine Partei als deutsche Faschisten bezeichnet wurden. Im Gegenteil: Als Punkte der völligen Übereinstimmung stellte er am 8./9. November die »unbedingte Vaterlandsliebe, den unbändigen Willen, die Arbeiterschaft aus den Klauen der Internationale zu reißen, und den frischen kameradschaftlichen Frontgeist« heraus. Auch in Deutschland werde der Tag kommen, der »mit blutigen Lettern in die Geschichte des Marxismus eingezeichnet wird«, so wie Mussolini gezeigt habe, »was eine Minderheit zu leisten vermag, wenn ihr der heilige nationale Wille innewohne«.[27] Erst später sollten sich beide kennenlernen und »Freunde« werden, doch die Grundlage ihrer Beziehung entstand bereits in den frühen zwanziger Jahren.

Im Oktober 1922 verfaßte Hitler eine Denkschrift zum Ausbau der NSDAP. Er ging davon aus, daß Deutschland »in rasender Schnelligkeit« der »gigantischen Propaganda der marxistischen Maschinerie« erliegen werde und die damit verbundene Bolschewisierung Deutschlands eine »Vernichtung der gesamten christlich-abendländischen Kultur überhaupt« bedeute. Dieser Gefahr könne nur begegnet werden durch »1.) eine unvergleichliche, genial aufgezogene Propaganda- und Aufklärungsorganisation, alle Möglichkeiten menschlicher Beeinflussung erfassend, 2.) eine Organisation rücksichtslosester Kraft und brutalster Entschlossenheit, bereit, jedem Terror des Marxismus einen noch zehnfach größeren entgegenzusetzen.« Es gelte daher, »mit allen Mitteln und um jeden Preis« die NSDAP auszubauen, da sie »als einzige stoßkräftige Organisation führend in diesen Kampf einzugreifen gezwungen sein wird«. Mehrfach verwies er auf die Rettung des italienischen Staates durch Mussolini. Seine Partei benötige für ihren in 16 Punkten detailliert dargelegten Ausbau nur den lächerlich geringen Betrag von 53,24 Millionen Mark, was etwa 95 000 Mark in Friedenswährung entspräche.[28] Mit dem finanziellen Bedarf war nunmehr auch der Führungsanspruch seiner Partei offiziell im Lager der Rechten angemeldet ...
In jenem aufgeheizten Klima der Weimarer Republik, das in einem solchen Maße von Krisenstimmungen aller Art und zugleich von den Erwartungen an einen neuen »Führer« geprägt war, aber auch eine ganze Reihe ernsthafter Bemühungen antifaschistischer Kreise kannte, wirkten sich die zumeist nur kurzzeitigen Verbote der völkisch-faschistischen Presse, einzelne Behinderungen von Veranstaltungen und Aufmärschen und selbst die wenigen Inhaftierungen einzelner Nationalsozialisten, die offen gegen bestehende Gesetze verstießen, fast immer zugunsten Hitlers aus. Die bayerische Justiz fand in der Öffentlichkeit nur wenig Zustimmung, als sie am 12. Januar 1922 Hitler wegen handgreiflicher Attacken gegen Ballerstedt zu drei Monaten Gefängnis verurteilte. Tatsächlich saß er seine Strafe nur vom 24. Juni bis zum 27. Juli 1922 in der Strafanstalt München-Stadelheim ab. Parteiverbote wurden in Baden, Thüringen, Preußen, Mecklenburg-Schwerin, Hamburg und Bremen ausgesprochen. Sie fanden durch das Urteil des Ersten Staatsgerichtshofsenates vom 15. März 1923 sogar eine Bestätigung[29], doch sie behinderten die sofort aus dem Boden schießenden Ersatzorganisationen in keiner Weise. Die Handhabung des Verbots ließ ebenso zu wünschen übrig. Und in Bayern gingen die Uhren ohnehin ganz anders: Hier erkannten die Landesbehörden das Urteil wie auch Verbote des »Völkischen Beobachters« nicht einmal an, so daß Hitler

seine Tätigkeit im Freistaat völlig ungehindert fortsetzen konnte. Recht erfolgreich praktizierte er am 30. November 1922 und 13. Dezember 1922 die Methode, an einem Abend zehn Massenveranstaltungen gleichzeitig durchzuführen und in allen eine Rede zu halten.

Als sich zu Beginn des Jahres 1923 die innenpolitischen Auseinandersetzungen in Deutschland enorm verstärkten, erfuhr Hitlers Stellung innerhalb der Rechtskräfte eine weitere Aufwertung. Nicht zuletzt war dies eine Folge der militärischen Besetzung des Ruhrgebietes durch französische und belgische Truppen als Sanktionsmaßnahme gegenüber einer unzureichenden Erfüllung der Reparationsforderungen. Die NSDAP ging Ende Januar 1923 daran, unter bislang nicht gewagten anmaßenden und provozierenden Gesten ihren ersten Parteitag abzuhalten. Trotz gegenteiliger Bemühungen bayerischer Beamter gelang es ihr, das vorbereitete Programm in seinen wesentlichen Teilen durchzuführen. Der Regierung hatte allein Hitlers Ehrenwort genügt, nicht zu putschen. Zwar wußte sie um die »sehr reale Bedrohung für die Ruhe und Ordnung und für den gegenwärtigen Zustand«, wie bereits in der Sitzung des Kabinetts vom 3. Januar 1923 erklärt worden war[30], doch ließ sie sich von einflußreichen Reichswehroffizieren unter Druck setzen und schaute schließlich tatenlos zu, wie ihre Festlegung, daß im Rahmen des verhängten Ausnahmezustandes Veranstaltungen nur in geschlossenen Räumen und unbewaffnet stattzufinden hätten, umgangen bzw. einfach nicht befolgt wurde. In den Augen der Öffentlichkeit erschien Hitler als Sieger über die Staatsgewalt. Er selbst fühlte sich in seiner Unnachgiebigkeit bestärkt. Am 4. Februar entstand unter Röhms Regie eine »Arbeitsgemeinschaft der vaterländischen Kampfverbände«, in der sich neben der SA alle jene Organisationen sammelten, die um die Jahreswende die als zu zögerlich eingeschätzten Vereinigten Vaterländischen Verbände Bayerns verlassen und damit ihren Mißmut über die dominierende Stellung des Pittinger-Bundes »Bayern und Reich« zum Ausdruck gebracht hatten.

Ganz im Sinne seines bisherigen Vorgehens nutzte Hitler die Ruhrbesetzung für die weitere Durchsetzung der Linie, daß erst in Deutschland mit den »Novemberverbrechern« abzurechnen sei, bevor an eine ernsthafte Auseinandersetzung mit Frankreich gedacht werden könne. Der Regierung warf er vor, mit ihrem Ruf nach »nationaler Einigkeit« im proklamierten passiven Widerstand gegen Frankreich wolle sie »nur verhüten, daß das Volk aufstehe gegen die Verräter und Verderber im eigenen Lande«.[31] Dennoch spürte er, wie die vor allem in der deutschen Arbeiterschaft zunehmenden Aktivitäten gegen die Ruhrbesetzung an der Glaubwürdigkeit seiner Auffassungen über die Voraussetzungen eines nationalen Kampfes gegen die französischen Besatzer rüttelte. Immer stärker setzte sich daher in seinem Kopf der Gedanke an einen Putsch fest. 1923 galt all sein Sinnen und Trachten diesem Ziel. In einer Denkschrift über die Aufgaben der Arbeitsgemeinschaft vom April hieß es unverblümt, sie habe die »politische Macht« zu erringen und Deutschland von seinen inneren Feinden »brutal« zu säubern. Es sei der Tag vorzubereiten, »an dem Deutschland von Königsberg bis Straßburg und von Hamburg bis Wien reichen wird«.[32] Die Leitung der SA, die sich aus einer Parteitruppe in einen Wehrverband umwandelte, übertrug er Hermann Göring, einem aus großbürgerlichen Verhältnissen stammenden und erfolgreichen Jagdflieger des Weltkrieges, der mit dem Orden Pour le mérite ausgezeichnet worden war und für viele den Typ eines unerschrockenen Draufgängers verkörperte. Göring löste die SA weitgehend von ihrer Bindung an Ehrhardt und schuf nach generalstabsmäßigem Vorbild ein neues SA-Oberkommando. Für Hitlers weitere Bemühungen um seinen Platz in der deutschen Gesellschaft, für den Weg an die Macht und in den Zweiten Weltkrieg bedeutete die Unterstützung durch Göring bereits 1923 sehr viel.

Am 1. Mai wagte Hitler eine Art Generalprobe des Putsches. Auf seine Initiative hin sollte die Arbeitsgemeinschaft in »Waffenbrüderschaft« auf dem Münchner Oberwiesenfeld marschieren und die Arbeiterschaft zielgerichtet provozieren. Dies mißlang. Die Regierung des Ministerpräsidenten Knilling konnte größere Zusammenstöße verhindern. Voller Enttäuschung zog sich Hitler für mehrere Wochen nach Berchtesgaden zu Eckart zurück. Aber die fieberhafte Stimmung des Spätsommers und des Herbstes 1923 trug ihn doch wieder, ja sogar noch weiter empor. Der »Deutsche Tag« in Nürnberg, zu dem sich am 2. September über 100 000 Gegner der Republik versammelten, galt vielen als erneuter Ausgangspunkt für einen bevorstehenden Putsch. Überall zirkulierten Gerüchte, denen zufolge die Inthronisierung eines nationalen Direktoriums bevorstehen sollte. Manche wollten sogar wissen, daß Hitler zum Diktator Deutschlands ausgerufen werde. Hitler stand in der Stadt der künftigen »Reichsparteitage« beim stundenlangen Vorbeimarsch der Wehrverbände unmittelbar neben Prinz Ludwig Ferdinand von Bayern und Ludendorff, der in aller Öffentlichkeit seine Unterstützung für ihn kundtat. Daß dies nicht bloß einen enormen moralischen Vorteil für ihn bedeutete, geht auch aus der Tatsache hervor, daß Ludendorff im Herbst 1923 vom Großindustriellen Fritz Thyssen 100 000 Goldmark zur Verfügung gestellt wurden.

Hitlers SA-Verbände fanden auch Aufnahme in den »Deutschen Kampf-

bund«, der beim »Deutschen Tag« in Nürnberg gegründet und dessen Führung Oberstleutnant a. D. Hermann Kriebel übertragen wurde. Zum Geschäftsführer des neuen Bundes avancierte Scheubner-Richter, neben Hitler einer der treibenden Kräfte in der unmittelbaren Vorbereitung des Putsches. Röhm erreichte schließlich am 25. September, nach hartnäckigen Bemühungen, bei den Führungen der anderen am Kampfbund beteiligten Verbände, daß Kriebel lediglich als militärischer Chef angesehen wurde. Hitler durfte in die Rolle eines politischen Leiters des Deutschen Kampfbundes schlüpfen. Nunmehr galt Hitler in Bayern nicht länger allein als geduldeter und geförderter Partner, sondern schon als Kopf der meisten Rechtsradikalen. Er blieb zwar keineswegs unangefochten. Bestimmte Kreise forderten, Hitler solle seine Partei aufgeben und mit ihr in der gesamten Freiheitsbewegung aufgehen. Bevor Röhm Hitler hatte erfolgreich an die Spitze des Kampfbundes hieven können, mußte er sogar eine Spaltung seines eigenen Bundes »Reichsflagge« in Kauf nehmen und als neuen Bund die »Reichskriegsflagge« gründen.
Dennoch verzeichnete die NSDAP gerade in diesen Wochen und Monaten, in denen die Inflation ihrem unvorstellbaren Höhepunkt entgegenging und die Vielzahl der wirtschaftlichen, politischen und geistig-moralischen Konflikte nach einer Lösung drängten, einen überaus großen Zulauf. 50 000 Mitglieder strömten ihr bis zum November-Putsch zu. Dies steigerte Hitlers Selbstbewußtsein, ebenso aber seine stets von verhängnisvollen Folgen begleitete Selbstgefälligkeit und Selbstüberschätzung. Er zeigte sich bestrebt, koste es was es wolle, die günstigen Bedingungen zur Stärkung der faschistischen Partei und seiner eigenen Position zu nutzen. Immer offener und nachdrücklicher drängte er zum Losschlagen. Den eigenen Aktionismus wollte er dem gesamten völkisch-vaterländischen Lager um jeden Preis aufzwingen. Dabei trieb ihn auch die Furcht, irgendwann von diesem überspielt zu werden. Er wollte auf keinen Fall zu spät kommen und benachteiligt sein, zumal er spürte, wie die allgemeine Rechtsentwicklung im Deutschen Reich und erst recht in Bayern ihm den Wind aus den Segeln zu nehmen begann.
Unmittelbar nach seiner Ernennung zum politischen Leiter des »Deutschen Kampfbundes« versuchte er, die Stimmung weiter anzuheizen. Bereits zwei Tage später sollten 14 Massenversammlungen gleichzeitig stattfinden. Er machte die SA-Garden mobil und appellierte an die Kampfbereitschaft der nationalen Verbände. Putschgerüchte aller Art schwirrten durch München. In dieser Situation erklärte Reichskanzler Gustav Stresemann am 26. September die Politik des sogenannten passiven Widerstan-

des Deutschlands gegen die Ruhrbesetzung für beendet. Gleichzeitig verhängte er den Ausnahmezustand. In Bayern rief die Regierung ebenfalls den Ausnahmezustand aus und ernannte Kahr zum Generalstaatskommissar. Alle wichtigen Befugnisse der Landespolitik wurden auf ihn als den »Inhaber der gesamten vollziehenden Gewalt« übertragen. Gemeinsam mit Otto Hermann von Lossow, dem Befehlshaber der in Bayern stationierten Reichswehrtruppen, und Hans Ritter von Seißer, dem Chef des Landespolizeiamtes im Staatsministerium des Innern, bildete er ein Triumvirat, das die Annahme von Anweisungen und Befehlen der Reichsbehörden verweigerte, jedoch versuchte, die völkisch-faschistische Bewegung ihren eigenen Zielen nutzbar zu machen.
Mit der Einsetzung Kahrs verbanden zahlreiche Rechtskräfte Bayerns die Hoffnung, ihre Ziele – Unabhängigkeit Bayerns vom Reich, Wiedereinsetzung der Wittelsbacher Dynastie usw. – erreicht zu haben bzw. erreichen zu können. Andere erwarteten nun aber erst recht ein Eingreifen Bayerns in die deutsche Politik. Kahr erklärte seine grundsätzliche Bereitschaft, mit diesen nationalistisch-aktionistischen Kreisen und dem Deutschen Kampfbund zusammenzuarbeiten. Er war sich mit Hitler ferner darin einig, daß die Lösung der Probleme nur durch eine nationale Diktatur auch im Reich erfolgen könne und – wenn diese dort nicht aus eigener Kraft zu erreichen sei – Bayern vorangehen, gegebenenfalls sogar den Marsch auf Berlin antreten müsse. Differenzen blieben jedoch nicht aus. Kahr konnte und wollte nicht alle von Hitler für einen solchen Fall erhobenen Forderungen akzeptieren. Er orientierte sich eher auf den Kurs des Reichswehr-Chefs General Hans von Seeckt, der jedoch damals nicht viel vom Führer der NSDAP hielt, nachdem er im Sommer einmal mit diesem gesprochen hatte. Kahr verhielt sich abwartend und zögerlicher, je mehr er sich davon überzeugen mußte, daß Seeckt einen bayerischen »Marsch auf Berlin« nicht unterstützen würde. Bereits zu den Besprechungen des von Kahr autorisierten bayerischen Landeskommandanten von Lossow über die Beteiligung der Wehrverbände und ihre Eingliederung in die bayerische Reichswehr im Falle eines Marsches auf Berlin – sie fanden am 24. Oktober statt – wurden die Nationalsozialisten nicht mehr eingeladen.
Hitler beschimpfte Kahr, kein »Politiker« und nicht der »richtige Mann« für eine nationale Revolution zu sein. Kahr hätte das Volk aufpeitschen sollen, die gesamte Linkspresse nicht nur verbieten, sondern vernichten müssen. Außerdem hätte er den Landtag auseinanderjagen, Abgeordnete als Verantwortliche am Unglück festnehmen und den »Marsch nach Berlin antreten« müssen.[33] Hitler drohte, der Kampfbund werde selbständig

Vor dem Putsch. Hitler, Alfred Rosenberg und Friedrich Weber während der Parade des Deutschen Kampfbundes vom 4. November 1923 nach der Grundsteinlegung eines Kriegerdenkmals in München

vorgehen. Dessen Führung beschloß in den ersten Novembertagen, die nächste sich bietende Gelegenheit zu nutzen, um den Stein ins Rollen zu bringen und Kahr zur Aktion zu veranlassen. Diese Gelegenheit bot sich am 8. November, als Kahr bei einer Kundgebung im Bürgerbräukeller eine programmatische Rede halten wollte. Hitler erklärte mit dem ihm eigenen Pathos: »Der morgige Tag findet uns entweder als Sieger oder tot!«[34] So begann in den Abendstunden des 8. November 1923 das, was Theodor Heuß als eine »Groteske von den betrogenen Betrügern«[35] bezeichnet hat. Es begann ein Stück aus dem politischen Panoptikum, welches eine geschichtliche Randerscheinung und Absurdität genannt zu werden verdiente, wäre nicht ausgerechnet seinem Hauptdarsteller zehn Jahre später in Deutschland die Regierungsgewalt übertragen worden.
Nachdem 600 Mann den Bürgerbräukeller umstellt hatten, drang Hitler an der Spitze von 25 bewaffneten SA-Männern eine halbe Stunde nach 20 Uhr in Kahrs Versammlung ein. Mit sicherem Gespür für theatralische Effekte feuerte er eine Kugel in die Decke und verkündete den Beginn der

»nationalen Revolution«. Kahr, Lossow und Seißer dirigierte er in ein Nebenzimmer, wo es ihm erst nach dem Eintreffen Ludendorffs gelang, sie zur Beteiligung am Putsch zu überreden. Triumphierend kehrte er mit ihrer Zusage in den Saal zurück. In einer kurzen, in jeder Hinsicht aufschlußreichen Proklamation erklärte er die »Regierung der Novemberverbrecher« in Berlin für abgesetzt. Die neue provisorische deutsche National-Regierung bestehe aus Ludendorff, Lossow und Seißer. Für sich hatte er »die Leitung der Politik der provisorischen nationalen Regierung«[36] reserviert, was er später als »Leitung des politischen Kampfes« interpretiert wissen wollte.[37] Binnen drei Stunden sollten alle für die Revolution von 1918 verantwortlichen Politiker vor ein Gericht gestellt, zum Tode verurteilt und hingerichtet werden. Detaillierter war das in einem Verfassungsentwurf niedergelegt, den der am Putsch beteiligte Theodor von der Pfordten – seines Zeichens Oberlandesgerichtsrat – ausgearbeitet hatte. Von den 31 Artikeln sah jeder dritte Straftatbestände vor, für die die Todesstrafe gelten sollte. Alle parlamentarischen Körperschaften seien aufzulösen, alle Beamten zu entlassen, die ihre Stellung einer Partei verdankten, Juden vom Dienst zu entheben. Jüdisches Vermögen könne

Während des Putsches: Mit Reichskriegsflagge und Hakenkreuz

beschlagnahmt werden, alle »sicherheitsgefährlichen Personen und unnützen Esser« sollten »entfernt« bzw. in Sammellager gebracht werden.[38]
Durch den Bürgerbräukeller schallte nach Augenzeugenberichten »tumultarisches begeistertes Geschrei«. Die versammelten Rechten zollten den Rechtsextremen Beifall, obgleich mehr aus dem Herzen als aus politischem Kalkül. In der Stadt lieferten einzelne faschistische Trupps derweil eine Probe ihres Könnens. Aus einer Buchdruckerei und einer Bank requirierten sie »Sold« für die SA. Der von Göring geführte »Stoßtrupp Hitler« stürmte und verwüstete das Verlagsgebäude der sozialdemokratischen »Münchner Morgenpost«. Heß organisierte die Geiselnahme hoher Staatsbeamter, eine Gruppe unter Röhms Leitung besetzte das Wehrkreiskommando. Wahllos wurden jüdische Bürger inhaftiert. Hitlers konservative Partner – seit Tagen und Wochen bereits auf einen anderen Kurs fixiert – lösten allerdings noch in der Nacht den unsanft erzwungenen Kontrakt. Sie widerriefen ihre im Bürgerbräukeller gegebenen Zusagen und organisierten die bewaffnete Niederschlagung des »selbständigen« Schlages. Kahr erklärte die NSDAP für aufgelöst. Als am Vormittag des nächsten Tages Hitler und seine Anhänger mit einem recht dilettantisch vorbereiteten »Erkundungs- und Demonstrationsmarsch« durch die Innenstadt doch noch im Gerangel eine Wende zu ihren Gunsten erzwingen wollten, stoppten diesen ein paar gezielte Salven der bei der Feldherrnhalle stationierten Landespolizei. Nach dem Feuerwechsel blieben sechzehn Tote auf dem Pflaster liegen, darunter vier Polizisten.
Erstmalig war Hitler als Politiker gescheitert. Erneut stand für ihn viel auf dem Spiel, eigentlich sogar alles, was er seit seinem Aufbruch in die Politik an Ansehen und Anhängern hatte gewinnen können. Nach dem Motto »Rette sich, wer kann« zerstoben seine Anhänger in alle Winde. Göring floh verwundet nach Innsbruck, obwohl er in Garmisch verhaftet und lediglich auf sein Ehrenwort hin freigelassen worden war. Hanfstaengl, Rosenberg, Esser und Rossbach entwichen ebenfalls nach Österreich. Auch Kriebel und Heß verschwanden ins Ausland, stellten sich allerdings im Januar 1924 der bayerischen Landespolizei. Die NSDAP wurde am 23. November in ganz Deutschland verboten; Rosenberg versuchte zwar, sie im Auftrag und im Namen Hitlers illegal zusammenzuhalten, doch die weitere Entwicklung ging darüber hinweg. Aus ihr entstanden mehrere lokale Organisationen, die einander bald erbittert bekämpften. Mit dem Ende der Inflationszeit und der beginnenden Stabilisierungsphase festigte sich der Weimarer Staat, gegen den man vergeblich zu Felde gezogen war. Auch das Oberhaupt der Putschisten ließ sich vom genannten Motto lei-

ten. Mit einer schmerzhaft verrenkten Schulter wurde Hitler von Walther Schultze, dem sogenannten Chefarzt der SA, unmittelbar nach den Schüssen vor der Münchner Feldherrnhalle in ein bereitstehendes Auto verfrachtet. Auf Umwegen gelang es ihnen, den Polizeistreifen zu entkommen und die Stadt zu verlassen. Niedergeschlagen und nicht frei von Selbstmordabsichten floh Hitler zunächst nach Uffing am Staffelsee. Hier stand ihm das Haus der Ehefrau seines engen Vertrauten Hanfstaengl offen. Als zwei Tage später ein neues, diesmal von den Bechsteins zur Verfügung gestelltes Auto für eine weitere Flucht eintraf, war es bereits zu spät. Es nützte ihm auch nichts, den Polizeioffizier mit Handschlag zu begrüßen. Er wurde am späten Nachmittag des 11. November verhaftet und zunächst nach München, dann ins Landsberger Gefängnis gebracht.

Der Vorgang vollzog sich ohne jede Dramatik. Später wollten die Umstände der Verhaftung nicht mehr so recht ins Heldenbild passen, das für die Öffentlichkeit gezeichnet wurde. Daher wucherten bald die nationalsozialistischen Legenden. Zwei Lastautos mit grüner Polizei seien vorgefahren, feige sei das ganze Dorf umzingelt worden. Schließlich habe man den mit Wundfieber darniederliegenden, halb bewußtlosen Mann förmlich vom Krankenlager gezerrt.[39] Wie vor der Feldherrnhalle, wo er von einem anderen zu Boden gerissen worden sei, hätte sich Hitler aber auch hier als tapfer und unerschrocken, ja als ein Heros erwiesen, der den Schergen mit Verachtung begegnet sei. Dies sollten nicht die einzigen Legenden bleiben. Im Grunde ist die Biographie Hitlers kaum noch von ihnen zu trennen; möglicherweise lebte er sich selbst in ihnen aus, die vergangene Realität mehr und mehr mit den eigenen Wunschbildern vom Geschehenen vertauschend.

Gegenüber den Polizisten und den Vernehmern hüllte sich Hitler zunächst in ein deprimiertes, ja regelrecht verstocktes Schweigen. Er protestierte lediglich gegen die Untersuchungshaft. Allerdings verweigerte er nicht für lange Zeit jede Aussage. Bald gewann er seine Selbstsicherheit zurück. Er erfuhr von Demonstrationen Münchner Professoren und Studenten gegen Kahr, dessen Feigheit und Verrat sie beschimpften. In großen Anzeigen wurden die Opfer des Putsches als Gefallene fürs Vaterland gefeiert. Um den von Kahr verhängten Ausnahmezustand mit abendlicher Straßensperre und die verschärften Beleidigungsparagraphen kümmerte sich in der Stadt kaum einer. Die Auslagen vieler Münchner Geschäfte zeigten unverhohlen Bilder von Hitler und Ludendorff, »in jeder gewünschten Größe und Ausstattung zwischen Porträtformat und Postkartengröße, von 10 Pfennig aufwärts«.[40] In der Zeit, in der der Prozeß

gegen die Führer des Putsches vorbereitet wurde, begann Hitler in gewohnter Weise zu reden. Selbst in den Gesprächen mit dem Staatsanwalt machte er oft den Eindruck, als stünde er wieder vor einer großen Zuhörerschar.
Zu Hitlers verändertem Verhalten trug vor allem die naheliegende Erkenntnis bei, wie wenig die bayerischen Behörden an einer wirklichen Aufklärung der Ursachen des Putsches interessiert sein konnten. Sie zeigten dies auch mehr als deutlich. Obwohl der gescheiterte Putsch und der geplante Marsch auf Berlin, deren hochverräterische Ziele ja in der Ersetzung der parlamentarisch-demokratischen Republik durch eine »nationale Diktatur« bestanden hatten, nicht ohne gerichtliches Nachspiel bleiben durften, bestand für Hitler jedoch so gut wie keine persönliche Gefahr. Im Gegenteil: Die bayerische Variante einer justiziellen »Aufarbeitung« des Hochverrats sollte bald zu den aufschlußreichsten Merkwürdigkeiten der an solchen Kapiteln nicht gerade armen deutschen Justizgeschichte gehören. Wieder einmal erwies sich, wie rechtsäugige Blindheit deutsche Staatsanwälte und Richter harmlos, ja regelrecht hilflos machte. Die Suche nach der geschichtlichen Wahrheit, nach den Ursachen und Verantwortlichen des Putsches geriet zu einer Farce, die das Bild Hitlers in weiten Teilen der Öffentlichkeit erheblich zu seinen Gunsten veränderte. Dank dieser Justiz erfuhren der Putschistenführer und die gesamte nationalsozialistische Bewegung eher Förderung und Unterstützung als Verurteilung und Strafe. Darüber hinaus wurde die ausschlaggebende Mitverantwortung konservativer bayerischer Rechtskräfte für den Putsch kräftig verschleiert.
Am 26. Februar 1924 begann der spektakuläre Prozeß gegen Hitler. Wäre es verfassungsgemäß und nach Artikel 13 des Republikschutzgesetzes vom 21. Juli 1922 zugegangen, hätte das Verfahren am Staatsgerichtshof zum Schutz der Republik beim Reichsgericht in Leipzig durchgeführt werden müssen. Tatsächlich fand es vor dem Volksgericht für den Landgerichtsbezirk München I statt, was die Reichsanwaltschaft sogar dankbar begrüßte.[41] Die bayerische Landesregierung hatte sich wieder einmal gegen das kompromißbereite Reich durchsetzen können. So umging sie, in Leipzig möglicherweise selbst angeklagt zu werden. Hitler profitierte erheblich davon, daß das Ganze als eine Art bayerische »Familienangelegenheit« in eigener Regie erledigt werden sollte. Er zog gehörigen Nutzen daraus, daß man den Bären waschen wollte, ohne den Pelz naß zu machen: Wenn schon dem Gesetz zu entsprechen unumgänglich war, doch dann wenigstens ohne Schwächung der »vaterländischen« Rechtskräfte ...
Anklage, Verfahren, Strafmaß und später der Strafvollzug spotteten aller

Beschreibung. Obwohl es 216 Verhaftungen gegeben hatte und vier Prozesse vorbereitet wurden, kamen im wichtigsten Verfahren neben Hitler lediglich Ludendorff, Ernst Pöhner (Rat am Oberlandesgericht München), Wilhelm Frick (Oberamtmann der Polizeidirektion München), Friedrich Weber (Führer des Bundes Oberland), Ernst Röhm, Wilhelm Brückner (Führer eines SA-Regiments), Oberleutnant a. D. Robert Wagner, Hermann Kriebel und Ernst Pernet (ein Stiefsohn Ludendorffs) vor Gericht. Die meisten Teilnehmer der Aktion standen außerhalb jeder Verfolgung. Im Gegenteil: Das bayerische Staatsministerium für Finanzen hatte bereits am 5. Januar 1924 die für damalige Verhältnisse erkleckliche Summe von 3000 Goldmark für eine »Abfindung« von 20 (!) hauptamtlichen Angestellten der NSDAP mit der Begründung zur Verfügung gestellt, diese seien ja durch das Verbot ihrer Partei »arbeitslos« geworden.[42]

Der gleiche Geist kam in den Verhandlungen so offensichtlich zum Vorschein, daß sich Zeitgenossen nach Kräften über den Münchner »politischen Karneval« mokierten, der da im ehemaligen Speisesaal der Kriegsschule an der Blutenbergstraße über die Bühne ging. Tatsächlich bot das Gericht den Angeklagten, vor allem Hitler, vielfältige Gelegenheit zu stundenlangen Propagandareden und zur Rechtfertigung des hochverräterischen Unternehmens. Ein Regierungsvertreter stellte kritisch fest, die Angeklagten könnten »vorbringen, was sie wollen ...«, und es habe einen peinlichen Eindruck hinterlassen, daß Hitler so lange habe reden dürfen. Verwundert und befremdet informierten Mitglieder des bayerischen Ministerrats auf dessen Sitzung am 4. März 1924, das Gericht habe »noch nie merken lassen, daß es anderer Ansicht sei als die Angeklagten«. Es hätte von diesen sogar verlangt, stets darauf aufmerksam gemacht zu werden, wenn nach ihrer Meinung die Öffentlichkeit ausgeschlossen werden müsse.[43]

Die gebotenen Vorteile nutzend, machte Hitler das Gericht zu einer Plattform der nationalsozialistischen Propaganda und seiner Selbstdarstellung. Er sei, so gab er am ersten Verhandlungstag zu Protokoll, »in den Gerichtssaal getreten, nicht um irgendetwas abzuleugnen oder die Verantwortung wegzuleugnen ...« Er protestierte sogar dagegen, daß Kriebel die Verantwortung übernehmen wollte: »Er hat keine Verantwortung. Ich trage sie allein.«[44] Als Held wollte er erscheinen, nicht als Verbrecher. Er gab den Ton an, fast unwidersprochen. Hitler durfte vier Stunden lang reden, weitschweifig und jeden Schritt des Putschversuches rechtfertigend: Wäre es zu einem Marsch gegen die »pazifistisch-defätistische, vollständig unmoralische Regierung in Berlin« gekommen, so wäre in Deutschland eine

ungeheure Begeisterung ausgebrochen. Wichtig sei dabei nicht, ob er sich berechtigt fühlen durfte, eine Erhebung zu organisieren, hinter der die Majorität des Volkes stehe. Er argumentierte geschichtlich und mit Bezug auf Bismarck, ohne diesen jedoch zu nennen: Das »deutsche Vaterland ist nicht gegründet worden durch Majoritäten, sondern durch die Entschlußkraft einzelner Persönlichkeiten, häufig genug in Widerspruch zu den Majoritäten, vor allem Deutschland selbst ist nicht das Produkt der Majorität, sondern das Produkt eines Helden, der, gestützt auf reine Machtmittel, sein Werk den Majoritäten in unerhörtem Kampfe abgetrotzt hat.« Die Darstellung des Putsches war eine einzige neuerliche Kampfansage an die Weimarer Demokratie. Im Protokoll wurde die Bezeichnung Hochverrat für die Novemberrevolution von 1918 nicht einmal in Anführungszeichen gesetzt; die Majorität der Prozeßbeteiligten nickte zu alledem voller innerer Zustimmung.
Landgerichtsdirektor Georg Neithardt übte in seiner Verhandlungsführung eine selbst für damalige Verhältnisse erstaunlich große Nachsicht. Seine Fragen formulierte er häufig in folgender Art: »Nicht wahr, an Gewaltanwendung haben Sie nicht gedacht?« Niemals wurde die Tötung der vier Polizisten vor der Feldherrnhalle Gegenstand des Verfahrens. Statt dessen war von einem »unglücklich verlaufenen Propagandazug« die Rede. Die eigentlich interessanten Fragen wurden nur in wenigen Sitzungen behandelt, von denen die Öffentlichkeit ausgeschlossen war: Die Zusammenarbeit von Reichswehr und Polizei sowie die offizielle Unterstützung, die die putschvorbereitenden Verbände durch die nicht auf der Anklagebank sitzenden Kahr, den inzwischen zurückgetretenen bayerischen Generalstaatskommissar, sowie durch Lossow und Seißer erhalten hatten. Sowohl das Gericht als auch die Angeklagten waren sorgsam bedacht, sich auf die Novembervorgänge zu beschränken, während doch – wie ein kritischer Beobachter schrieb – »zum Verständnis der Sache die Kenntnis der bayerischen Staatskunst seit Herbst 1920, ja eigentlich seit Eisner ganz unerläßlich« sei.[45] Als Hitler gelegentlich – mehr zaghaft als in seiner sonstigen Forschheit – wider den Stachel löckte und erklärte, daß der Putsch überhaupt erst habe durchgeführt werden können, als dazu ein entsprechendes Instrument geschaffen worden sei, und zwar als »Produkt der hochverräterischen Tätigkeit der Herren Lossow, Kahr und Seißer«, konterte der aufmerksame Vorsitzende: »Sie haben kein Recht, in dieser Weise zu kritisieren. Ich habe bereits den Standpunkt des Gerichts gesagt, daß den Angeklagten konzediert werden kann, daß sie an die Ernstlichkeit einer Mittätigkeit dieser Herren geglaubt haben. Ob mit

Recht oder Unrecht, wird das Gericht in seinem Urteil bereits zu entscheiden haben. Darf ich bitten, weiterzufahren.«[46]

In dem am 1. April 1924 verkündeten Urteil und der später nachgereichten schriftlichen Begründung war zu den Hintergründen des Putsches nichts enthalten. Ludendorff wurde freigesprochen, was dieser als eine Schande empfand. Vier der Angeklagten, unter ihnen Hitler, wurden zu je fünf Jahren Festungshaft verurteilt, die anderen zu je einem Jahr und drei Monaten Festungshaft. Drei von ihnen wurden sofort auf freien Fuß gesetzt, da ihnen eine Bewährungsfrist zugestanden worden war. Auch Hitler kam in den Genuß einer solchen Frist. Die Bewährung wurde ihm in Aussicht gestellt, obwohl sie eindeutig gesetzwidrig war; die verhandelte Straftat hätte im Zusammenhang mit der Verurteilung von 1922 als Rückfall behandelt werden müssen. Die Zubilligung »mildernder Umstände« stand sogar im Widerspruch zum Urteilstext, in dem von »gewichtigen Straferschwerungsgründen« geredet wurde. Natürlich befanden sich die Richter in völligem Gegensatz zur sonstigen Praxis bayerischer Volksgerichte: Gegen »Linke« hatten sie in den Jahren 1918 bis 1924 immerhin 20 Todesurteile verhängt. Ausdrücklich lehnte das Gericht die durch § 9 Absatz II des Republikschutzgesetzes gebotene Ausweisung Hitlers ab. Dieser sei zwar österreichischer Staatsbürger, aber er betrachte sich als Deutscher und habe sich im deutschen Heere Verdienste erworben. Logische Folgerung des Volksgerichtshofes: Ein »Mann, der so deutsch denkt und fühlt«, könne nicht ausgewiesen werden.

Das Urteil löste allerorts Verwunderung, teilweise auch helle Empörung aus. Der »Bayerische Kurier«, eine der katholischen Bayerischen Volkspartei nahestehende Zeitung, schrieb sarkastisch: »Man mag über das Urteil ... denken, wie man will, das eine wird ihm auch der schärfste Kritiker nicht abstreiten können, daß es der bisherigen Prozeßführung völlig und durchaus angemessen ist, ein Prozeß, der von einer Gerichtsverhandlung oft nur den Namen trug und im Inhaltlichen einer völkischen Agitationsversammlung glich; ein Prozeß, bei dem es kein Verhör der Angeklagten gab und bei dem die rechtlichen Gesichtspunkte gänzlich von parteipolitischen Erörterungen überwuchert wurden; ein Prozeß, bei dem die eigentliche Leitung oft ganz in den Händen der Angeklagten und der Verteidiger lag und Zeugen, Vertreter der Staatsautorität und fremde Souveräne schutzlos allen möglichen Schmähungen ausgesetzt waren; ein Prozeß, bei dem so 'unwesentliche' Gesichtspunkte wie die Frage der außen- und innenpolitischen Folgen oder der Finanzierung der Straftat mit kaum einem Worte berührt wurden; ein Prozeß, bei dem der Staatsanwalt den Saal verließ, weil er keinen Schutz gegen persönliche Beleidigungen fand, und am nächsten Tage wieder reumütig zurückkehrte, ohne den Vorsitzenden wegen Befangenheit abzulehnen; ein Prozeß, bei dem über tausend Dinge gesprochen wurde, niemals aber über den öffentlich erhobenen Vorwurf, daß einer der Verteidiger mit einem Abgeordneten und mit dem Vorsitzenden über ein Vergleichsangebot gesprochen hat, wonach die Angeklagten den Prozeß nur dann ohne Schädigung des Vaterlandes zu führen bereit seien, wenn volle Begnadigung zugesagt werden würde; ein solcher Prozeß konnte fürwahr nicht anders beendet werden als durch das verkündete Urteil.«[47]

Während seines abschließenden Plädoyers hatte der Staatsanwalt erklärt, es sei selbstverständlich, wenn die begeisterungsfähige deutsche Jugend ungeduldig und mit einem Gewaltstreich das alte deutsche Reich in seiner strahlenden Herrlichkeit wieder aufrichten wolle. Aber, so setzte er orientierend hinzu, sie müsse »gezügelt und in die rechte Bahn gelenkt werden. An die Stelle von Ungeduld muß harte eiserne Geduld treten, die in der Stille arbeitet, aber tatenfreudig und der Zukunft sicher, die Geduld, die mit zusammengebissenen Zähnen wartet, bis die Saat reif zum Gelingen ist.«[48] Darauf reagierte Hitler in seinem Schlußwort, das er wieder ausführlich zur Selbstdarstellung und Rechtfertigung nutzte, mit dem Hinweis, er habe sich erst in dem Moment für den Putsch zur Verfügung gestellt, als die Saat reif gewesen und der »Mann« – gemeint war Ludendorff – gekommen sei. Ihm selbst wäre es unwichtig gewesen, einen Ministerposten zu erringen: »Ich wollte der Zerbrecher des Marxismus werden.« Hitler setzte hinzu: »Ich werde diese Aufgabe lösen, und wenn ich sie löse, dann wäre der Titel eines Ministers für mich eine Lächerlichkeit.«[49]

Erst zehn Jahre später war die Saat wirklich aufgegangen, hatte sich das Blatt gewendet. Dazu gehörte dann auch, daß Kahr am 30. Juni 1934 umgebracht wurde; Hitlers Rache war in dieser Hinsicht von schnödem Undank begleitet. Andererseits erfuhr Richter Neithardt im September 1933 eine besondere Ehrung: Er wurde Präsident des Münchner Oberlandesgerichts und zugleich rückwirkend in die NSDAP aufgenommen. Als er 1941 starb, ließ Hitler einen Kranz am Grab des »alten Kämpfers« niederlegen ...

Kapitel 5

Privilegierter Häftling und ehrgeiziger Autor 1924 bis 1925

Dank der durchsichtigen Bemühungen bayerischer Richter und Justizbeamter verwandelte sich Hitlers bittere Niederlage vom November 1923 nachträglich in einen politisch-moralischen Erfolg. Er konnte sich in mancherlei Hinsicht ermuntert fühlen, sein »Politiker«-Dasein fortzusetzen und auch künftig das zu tun, was er in den fünf Jahren zuvor gelernt hatte. Natürlich wußte er, daß er vor einem noch größeren Nichts als am Kriegsende gestanden hätte, wäre sein Putsch tatsächlich als das behandelt worden, was er war: ein Hochverrat, den eigentlich jeder Staat konsequent ahndet, ein Vergehen, das auch die Weimarer Republik hätte konsequent bekämpfen müssen, wäre sie nicht eine »Demokratie ohne Demokraten« gewesen. So aber konnte Hitler sich bereits in seinem Schlußwort – wieder sehr theatralisch, hoffnungserfüllt und mit unverhohlenem Triumph in der Stimme – gegen die Aussage wenden, sein Putsch sei mißlungen: »Die Armee, die wir herausgebildet haben, die wächst von Tag zu Tag, von Stunde zu Stunde schneller. Gerade in diesen Tagen habe ich die stolze Hoffnung, daß einmal die Stunde kommt, daß diese wilden Scharen zu Bataillonen, die Bataillone zu Regimentern, die Regimenter zu Divisionen werden, daß die alte Kokarde aus dem Schmutz herausgeholt wird, daß die alten Fahnen wieder voranflattern, daß dann die Versöhnung kommt beim ewigen letzten Gottesgericht, zu dem anzutreten wir willens sind.« Mit dem auf Höheres gerichteten Stichwort öffnete Hitler noch weitere Rede-Schleusen: »Dann wird aus unseren Knochen und aus unseren Gräbern die Stimme des Gerichtshofes sprechen, der allein berufen ist, über uns zu Gericht zu sitzen. Denn nicht Sie, meine Herren, sprechen das Urteil über uns, das Urteil spricht das ewige Gericht der Geschichte, das sich aussprechen wird über die Anklage, die gegen uns erhoben worden ist. Ihr Urteil, das Sie fällen werden, kenne ich. Aber jenes Gericht wird uns nicht fragen: Habt Ihr Hochverrat getrieben oder nicht? Jenes Gericht wird über uns richten, über den Generalquartiermeister der alten Armee, über seine Offiziere und Soldaten, die als Deutsche das Beste gewollt haben für ihr Volk und Vaterland, die kämpfen und sterben wollten. Mögen

Sie uns tausendmal schuldig sprechen, die Göttin des ewigen Gerichts der Geschichte wird lächelnd den Antrag des Staatsanwaltes und das Urteil des Gerichtes zerreißen; denn sie spricht uns frei.«[1]
Der so maßvoll Verurteilte brauchte nicht auf die Ewigkeit zu warten. Selbst ohne den erwarteten völligen Freispruch blieben neue »Erfolge« nicht aus. Als Hitler die Festungshaft – nach dem deutschen Strafgesetzbuch von 1871 eine Art Ehrenhaft – in Landsberg am Lech antrat, zählte Hanfstaengl zu seinen ersten Besuchern und überreichte ihm ein Exemplar der Ausgabe des »Simplicissimus« vom 1. April mit den Worten: »Es wäre nicht das erstemal, daß eine Karikatur eine historische Entwicklung prophezeit.« Das satirische Blatt hatte Hitler dargestellt, wie er hoch zu Roß in Berlin einreitet und triumphierend Reichspräsident Friedrich Ebert in Ketten führt. Hitler reagierte optimistisch: »Das kann alles noch passieren, wenn wir nur zäh genug bleiben.«[2]
Ja, Hitler blieb zäh, und allzu viele waren in Bayern wie in Deutschland bereit, solche Zähigkeit zu belohnen und erneut zu fördern. Nationalistisch gesinnte Kreise der Bevölkerung priesen ihn lautstark als Helden. Ihnen galten Kahr, Lossow und Seißer als die eigentlichen finsteren Verräter und Wortbrüchigen. Als am 6. April 1924 Landtagswahlen stattfanden, wurde in München der »Völkische Block«, in dem die von Rosenberg geleitete »Großdeutsche Volksgemeinschaft« als NSDAP-Nachfolgeorganisation eine zentrale Rolle spielte, mit fast 35 Prozent aller Stimmen zur stärksten Partei. Auf die beiden Arbeiterparteien entfielen demgegenüber nur 17 Prozent bzw. 16 Prozent, auf die Bayerische Volkspartei 20 Prozent, die Deutschnationale Volkspartei und die Deutsche Volkspartei kamen zusammen lediglich auf 5,5 Prozent. Bei den Reichstagswahlen vom 4. Mai 1924 gaben fast 29 Prozent der Münchner Wähler ihre Stimme für den »Völkischen Block«. Zu den faschistischen Mandatsträgern gehörten u. a. die zwar gering bestraften, aber immerhin rechtskräftig verurteilten Putschisten Röhm und Frick. Als Hitler seinen 35. Geburtstag beging, veranstalteten über 3000 Anhänger sinnigerweise im Münchner Bürgerbräukeller eine »glänzende« Ehrenkundgebung, bei der sie stürmisch seine Entlassung sowie die Wiederzulassung des »Völkischen Beobachters« forderten.
In Landsberg am Lech konnte Hitler komfortabelste Haftbedingungen in Anspruch nehmen. Für ihn glich die Festung eher einer erholsamen Klause und einem Kasino, zunächst auch einem Parteibüro. Er durfte zu jeder Zeit und kaum kontrolliert Post, Zeitungen und Besuch empfangen. Eine offizielle Liste verzeichnet für die Zeit vom 3. April bis zum 20. Oktober

Stuttgart München 1. April 1924 — Preis 30 Pfennig — 29. Jahrgang Nr. 1

SIMPLICISSIMUS

Bezugspreis monatlich 1.20 Goldmark
Alle Rechte vorbehalten

Begründet von Albert Langen und Th. Th. Heine

Bezugspreis monatlich 1.20 Goldmark
Copyright 1924 by Simplicissimus-Verlag G. m. b. H. & Co., München

Der erste April

(Th. Th. Heine)

Hitlers Einzug in Berlin

(K)ein Aprilscherz. Karikatur aus dem »Simplicissimus« vom 1. April 1924

1924 insgesamt 439 Besucher, für den 20. April allein 21.[3] Die Vielzahl von Geschenken aller Art sowie Blumen, Schokolade und Kuchen riefen bei den Geburtstagsgratulanten den Eindruck hervor, sie befänden sich in einem gut bestückten Delikatessengeschäft. Ungehindert konnte Hitler die Bibliothek nutzen. Vor den Mitgefangenen redete er in den gemeinsamen Räumen wie früher in den Bierhallen. Er durfte Briefe schreiben und noch mehr Karten mit Sinnsprüchen wie »Was an Waffen der Freiheit fehlt, muß immer der Willen ersetzen« oder »Immer wenn die Freiheit geschändet wird, treffen sich die besten im Gefängnis«[4] versenden lassen. Beschränkungen, denen andere Häftlinge selbstverständlich unterworfen wurden, galten für ihn kaum. Seine »Hochschule auf Staatskosten« oder den »kleinen Feldherrnhügel« nannte er später das Ganze. Tatsächlich ermöglichte ihm sein zweifenstriges Zimmer, in dem sich neben dem üblichen Mobiliar auch ein breiter Arbeitstisch befand, einen weiten Blick über das Land. Der »Völkische Beobachter« wird am 22. Juni 1935 schreiben, daß dieser Raum zu einem »Heiligtum des deutschen Volkes« geworden sei, »ehrwürdiger als manche Kirche« ...

»Ehrenhaft« auf der Festung Landsberg: Hitler, Maurice, Kriebel, Heß und Weber

Während Hitler nun seine Tage auf der Landsberger Feste verbrachte, brach die NSDAP auseinander und verstrickte sich in wirre Kämpfe innerhalb des rechtsradikalen Lagers. Ihm fiel es zunehmend schwerer, diese zu beeinflussen. Er vermochte sich kaum in den Auseinandersetzungen zwischen Rosenberg und Streicher, Esser und Röhm, Drexler und Gregor Straßer, die in den verschiedenen Nachfolge- und Ersatzorganisationen der NSDAP wirkten, aber auch zwischen diesen und den Anhängern der vor allem in Norddeutschland agierenden Deutschvölkischen Freiheitspartei zurechtzufinden. Ohne die Möglichkeiten eines direkten, persönlichen Eingreifens in diese Konflikte entwickelte sich eine Situation, in der auch er den drohenden Zerfall der NSDAP nicht aufhalten konnte. Außerdem blieb ihm nicht verborgen, wie sehr die völkischen Streitereien selbst seine Position betrafen. Zu Ludendorff tat sich eine breite Kluft auf, die auf einer unterschiedlichen Einschätzung ihres Verhaltens im November 1923 und ihres weiteren Weges beruhte. Neue Kräfte drängten in die freien Führungspositionen. Sie kamen vor allem aus der Deutschvölkischen Freiheitspartei, die als Völkisch-Sozialer Block im Namen Hitlers neue Anhängerscharen für sich erschließen wollte, dabei aber mehr an die eigenen, spezifisch norddeutschen Interessen als an eine tatsächliche Einigung des völkischen Lagers und an die des gefangenen »Führers« dachte. Bei den Reichstagswahlen vom 4. Mai 1924 erreichte der Völkisch-Soziale Block, der sich auch als Nationalsozialistische Freiheitsbewegung Großdeutschlands bezeichnete, immerhin 32 Mandate, von denen nur wenige Hitlers unmittelbaren Anhängern zugefallen waren.
Hitler reagierte wieder einmal mit einem überraschenden Schachzug. Er trat als Parteiführer am 7. Juli 1924 zurück und überließ die Bewegung sich selbst. Während der Haftzeit wolle er sich jeder politischen Tätigkeit enthalten, ließ er offiziell verlauten. Auch Briefe politischen Inhalts nähme er nicht mehr an. Alle Vollmachten, die er erteilt hatte, zog er zurück. Die Vorteile seines Schrittes lagen auf der Hand: Er brach mit keinem und bewahrte sich für die Zukunft Handlungsfreiheit. Niemand konnte sein »Erbe« antreten, sich auf ihn berufen. Geschickt hielt er sich sowohl aus den heftigen Streitereien als auch aus den Einigungsbestrebungen innerhalb des völkischen Lagers heraus. Als ein Parteitag der Nationalsozialistischen Freiheitsbewegung Großdeutschlands am 16. und 17. August in Weimar eine neue, die Einigung verkörpernde »Reichsführerschaft« wählte – zu ihr gehörten Ludendorff, Albrecht von Graefe-Goldebee, ein mecklenburgischer Großgrundbesitzer und Chef der Deutschvölkischen Freiheitspartei, sowie Gregor Straßer, der 1921 der NSDAP beigetreten war

und die SA in Niederbayern geleitet hatte –, konnte Hitler darauf spekulieren, daß die Gegensätze zwischen den einzelnen Richtungen unweigerlich immer schärfere Formen annehmen würden.
Aus der Not machte Hitler nun eine programmatische Tugend. Er begann seine Autobiographie zu schreiben.[5] Sie sollte zunächst den Titel »Viereinhalb Jahre Kampf gegen Lüge, Dummheit und Feigheit« tragen. Widerspruchslos folgte er später dem Vorschlag Amanns, einfacher und werbewirksamer »Mein Kampf« zu formulieren. Den ersten Band nannte er »Eine Abrechnung«; er erschien am 18. Juli des folgenden Jahres. Den zweiten Band, betitelt »Die nationalsozialistische Bewegung«, verfaßte er erst nach seiner Entlassung, mitten in den noch darzustellenden neuen innerparteilichen Auseinandersetzungen. Dieser erschien am 11. Dezember 1926. Später erschienen beide Teile in einer 782 Seiten umfassenden einbändigen, bibelformatigen Ausgabe, die in 16 Sprachen übersetzt worden ist und von der bis zu seinem Tode etwa zehn Millionen Exemplare verbreitet wurden. Sein Honorar hatte er mit 15 Prozent Umsatzbeteiligung ungewöhnlich hoch fixieren lassen.
So wie Hitler früher geredet hatte, so schrieb er seit Juli 1924: intensiv und fast besessen, oft bis tief in die Nacht hinein. Auf einer vom Gefängnisdirektor entliehenen Schreibmaschine tippte er anfänglich selbst. Bald diktierte er, wobei er sich seit dieser Zeit selbst in persönlichen Belangen kaum noch handschriftlich äußerte. Zum Diktat standen ihm Emil Maurice, den er sich als eine Art ergebener Kammerdiener leisten konnte, und noch öfter sein Mitgefangener Heß zur Verfügung. Heß mühte sich auch darum, etwas Ordnung in die teilweise verworrenen, sprachlich unausgewogenen und im Stile von Leitartikeln geäußerten Gedanken Hitlers zu bringen. Manche sahen in ihm sogar einen Ko-Autor. Keiner von beiden hat sich jemals dazu erklärt; ganz sicher aber erreichte Heß mit seinen Hinweisen und Vorschlägen sowie mit der redigierenden Hand Verbesserungen eines Textes, der sonst noch weniger lesbar geblieben wäre.
Im Prozeß des Schreibens zerrann Hitler die ursprünglich geäußerte Absicht einer Autobiographie. Es entstand eine Darstellung, die tatsächliche oder vermeintliche Bestandteile seines Lebensweges durchweg instrumentalisierend für die Abfassung eines politisch-weltanschaulichen Traktates einschließlich zahlreicher taktisch-pragmatischer Handlungsanweisungen nutzte. Sein Verfasser erhob den Anspruch, nicht nur ein »Politiker«, sondern ebenso ein »Programmatiker« zu sein und gleich den Begründern von Weltreligionen eine innige, geniale Verschmelzung beider zu verkörpern.[6] Dem entsprach die rigoros angewandte Methode, keine Autoren anderer Bücher, aus de-

Mit Heß und Streicher

nen er Anregungen entnommen oder wohl sogar die meisten seiner Ansichten geschöpft hatte, anzuführen oder gar zu zitieren; von Feder und Eckart abgesehen. Alles sollte Originalität suggerieren. Nicht nur in dieser Hinsicht liegt über dem gesamten Text, auch wenn er sich auf konkrete Ereignisse bezieht, eine merkwürdige Unbestimmtheit: Alles versinkt in Anonymität und Gegenstandslosigkeit, alles entzieht sich der Überprüfbarkeit. Vergeblich sucht der Leser nach den Namen von Jugendfreunden, Lehrern, Kriegsgefährten und Gesinnungsgenossen, nach den Namen der Verfechter von Theorien und Hypothesen, mit denen sich Hitler auseinandersetzt oder die er schlichtweg übernimmt. Stets dominiert der regelrecht manisch bekundete Wunsch, auf allen Gebieten der Größte zu sein bzw. werden zu wollen.[7]

Weit über die allgemeinen Schwächen und Tücken menschlichen Erinnerungsvermögens hinaus geriet ihm alles, was er über seinen bisherigen Lebensweg zu berichten wußte, zu Selbststilisierung und berechnendem Eigenlob, zu falschen Angaben und augenfälligen Lücken des Verschweigens. Er zimmerte in penetranter Ich-Besessenheit am Idealtypus eines »Führers«, dem schließlich auch die eigene Vergangenheit zu entsprechen hatte. Anhand seiner Erlebnisse und Erfahrungen flossen Hitler allgemeine geschichtliche und ideologisch-moralisierende Betrachtungen aus der Feder. Im Vordergrund dieser Teile seiner Erinnerungen standen die »Wiener Lehr- und Leidensjahre« (Kapitel 2 und 3), der Weltkrieg und die Revolution (Kapitel 5 bis 7) sowie die »erste Entwicklungszeit« der NSDAP (Kapitel 12). Mehr und mehr dominierte der Versuch, sein politisches Weltbild an den Erfahrungen der Niederlage vom November 1923 zu überprüfen, um die Ausgangspositionen für den beabsichtigten weiteren Kampf bestimmen und dem Ganzen zugleich einen systematisierenden, gleichsam wissenschaftlichen Anstrich verleihen zu können. Daraus erwuchsen Kapitel wie »Kriegspropaganda«, »Ursachen des Zusammenbruchs«, »Volk und Rasse« sowie die meisten Abschnitte des zweiten Bandes.[8]

Die Darstellung seines Lebensweges eröffnet Hitler, unmittelbar nach der Nennung seines österreichischen Geburtsortes und in direkter Analogie zum Aufbau des 25-Punkte-Programms der NSDAP, mit einem in Sperrdruck gesetzten Satz: »Gleiches Blut gehört in ein gemeinsames Reich.« Gemeint ist keineswegs allein die Rückkehr Österreichs zum »großen deutschen Mutterlande«. Unmißverständlich heißt es weiter: »Erst wenn des Reiches Grenze auch den letzten Deutschen umschließt«, erstehe aus der Not des eigenen Volkes das moralische Recht zu »kolonialpolitischer Tätigkeit« und zum Erwerb »fremden Grund und Bodens«. Der Pflug werde dann zum Schwert, und »aus den Tränen des Krieges erwächst für die Nachwelt das tägliche Brot.«[9] Auf diesen Gedanken baut alles andere auf, durchaus in innerer Logik und mit erbarmungslos-brutaler Konsequenz: Sein Bekenntnis, in früher Jugend bereits ein »Nationalist« geworden zu sein[10], bildet den zwar irrationalen, aber dennoch axiomatischen Ausgangspunkt für die Darstellung aller weiteren weltanschaulichen und politisch-ideologischen Positionen des Verfassers; für seine sozialpolitischen und antimarxistischen Ergüsse ebenso wie für die unsäglich gehässigen Auslassungen gegen die Juden, den Parlamentarismus und die Demokratie, für seine propagandatheoretischen und organisationspolitischen Schlußfolgerungen ebenso wie für die menschenverachtende Rechtfertigung von Gewalt, Terror und Krieg.

Bereits in seiner Wiener Zeit will der ums Deutschtum kämpfende Hitler den entscheidenden Zugang zur »sozialen Frage« gefunden haben. Weil es ihm selbst schlecht gegangen sei, könne er zum Kern des Problems vordringen. Dies verlange, frei von oberflächlichem Geschwätz und im Bürgertum üblicher Nichtbeachtung der sozialen Not oder von verlogener, taktlos-herablassender Sentimentalität zu sein: »Wer nicht selber in den Klammern dieser würgenden Natter sich befindet, lernt ihre Giftzähne niemals kennen«[11], heißt es an dieser Stelle in besonders inhaltsleerer, unzutreffender Bildsprache. Hitler lehnt die soziale Verantwortungslosigkeit der Begüterten wie deren »Wohlfahrtsduseleien« ab. Er postuliert sogar ein Recht, das die Notleidenden auf Besserung der sozialen Zustände besäßen. Was Zeitgenossen und leichtfertige Historiker an den »Sozialisten« und »Revolutionär« Hitler glauben ließ, bedeutet ihm jedoch nicht mehr als taktisches Ziel und als Mittel zum Zweck: Die »Schaffung gesunder sozialer Verhältnisse« gilt ihm lediglich als ein unumgängliches Fundament für nationale Begeisterung und Vaterlandsliebe, deren Fehlen unter der Arbeiterschaft er immer wieder beklagt und für die Niederlage Deutschlands im Ersten Weltkrieg verantwortlich macht. Der Arbeiter solle durch die Sicherheit des »täglichen Brotverdienstes« zu seinem deutschen »Volkstum« finden können, und er müsse darüber hinaus die kulturelle, wirtschaftliche, vor allem aber die politische Größe des eigenen Vaterlandes kennenzulernen vermögen. Nur dann werde er »auch jenen inneren Stolz gewinnen, Angehöriger eines solchen Volkes sein zu dürfen«. Denn: »... kämpfen kann ich nur für etwas, das ich liebe, lieben nur, was ich achte, was ich mindestens kenne.«[12]
Sozialismus gilt Hitler lediglich als Synonym für Nationalismus. Um die Masse der Arbeiter für eine nationale Erhebung gewinnen zu können, dürfe den Besitzenden »kein soziales Opfer zu schwer« sein. Was an wirtschaftlichen Konzessionen zu machen sei, stehe in keinem Verhältnis zum Gewinn, wenn »sie mithelfen, die breiten Schichten wieder ihrem Volkstume zu schenken«. Es gäbe ohnehin auf die Dauer keinen wirtschaftlichen Nutzen, wenn »die innere völkische Solidarität unserer Nation nicht wiederhergestellt wird«. Die nationale Erziehung der breiten Masse könne nun einmal nur »über den Umweg einer sozialen Hebung stattfinden ...«[13]
Weil er Nationalismus und Antisemitismus bei der Sozialdemokratie und den Gewerkschaften vermißt, glaubt er sie bekämpfen zu müssen. Weil die jüdische Demokratie und das parlamentarische Mehrheitsprinzip, eine Sünde »wider den aristokratischen Grundgedanken der Natur«[14], zu

keiner nationalen Einheit führen würden, lehnt er auch diese ab. Wie ein roter Faden zieht sich die Darstellung der »schrecklichen« Gegenwart durch das Buch. In jeder Hinsicht befürchtet Hitler Verderbnis und Untergang. Gegen wen auch immer gerichtet, gleich ob gegen Juden, Marxisten, Pazifisten, Liberale, Parlamentarier: Hitler malt stets regelrechte Schrekkensvisionen vom »Zusammenbruch der menschlichen Kultur«, von einer »Verödung der Welt«, von »Völkerkrankheiten«, deren Urheber »wahre Teufel« und »Ungeheuer« gewesen seien. Ein nahezu pathologisches Wahnbild scheint ihn zu verfolgen: »Siegt der Jude mit Hilfe seines marxistischen Glaubensbekenntnisses über die Völker dieser Welt, dann wird seine Krone der Totentanz der Menschheit sein, dann wird dieser Planet wieder wie einst vor Jahrmillionen menschenleer durch den Äther ziehen.« An anderer Stelle spricht er sogar vom Untergang der Menschheit »im ewigen Frieden«.[15]
Für alle Wurzeln solchen Ungemachs und der postulierten Menschheitsbedrohungen präsentiert der Antisemit Hitler einen alleinschuldigen Universalfeind: den Juden. Kommt er auf ihn zu sprechen, fehlt seinem Sprachschatz kein Schimpfwort, ist ihm kein Vergleich zu schäbig. Die Juden seien eine »sich blutig bekämpfende Rotte von Ratten«, ein Volk ohne jede wahre Kultur und »immer nur Parasit im Körper anderer Völker«. Wie schädliche Bazillen und Schmarotzer wirkend, sterbe, wo sie auftreten, »das Wirtsvolk nach kürzerer oder längerer Zeit ab«. Das Judentum strebe nicht allein nach einer »wirtschaftlichen Eroberung der Welt, sondern auch deren politische Unterjochung« an. Überall lauere die Gefahr einer jüdischen Weltverschwörung. Dazu bemüht er die gefälschten »Protokolle der Weisen von Zion«, die »mit geradezu grauenerregender Sicherheit das Wesen und die Tätigkeit des Judenvolkes aufdecken und in ihren inneren Zusammenhängen sowie den letzten Schlußzielen darlegen« würden. Niemand brauche sich zu wundern, »wenn in unserem Volke die Personifikation des Teufels als Sinnbild alles Bösen die leibhaftige Gestalt des Juden annimmt«.[16]
Demgegenüber sucht Hitler nach »letzter Rettung« und dem »Kampf mit allen Waffen, die menschlicher Geist, Verstand und Wille zu erfassen vermögen, ganz gleich, wem das Schicksal dann seinen Segen in die Waagschale senkt«. Für ihn existiert daher lediglich »das eherne Gesetz der Notwendigkeit und des Rechtes des Sieges des Besten und Stärkeren«.[17] Es tobe in der gesamten Weltgeschichte ein unerbittlicher »Kampf ums Dasein«, in dem stets der Sieger das Recht auf Gewalt über andere besitze. Solche sozialdarwinistischen, biologistischen Formeln verknüpft er apo-

diktisch mit seiner Rassenideologie, ohne auf Widersprüchlichkeiten und Gedankenfehler zu achten, unsäglich menschen- und menschenrechtsfeindlich. Aus der Negierung der »kulturzerstörerischen« jüdischen Rasse und anderer bloß »kulturtragender« Rassen leitet er alle Rechte für den »kulturschöpferischen« Arier ab. Diesem allein stehe aus Gründen seiner Rasse, seines Blutes und seiner Geschichte das Recht zur absoluten Herrschaft über andere Rassen und Völker zu.

Machtorientiertes, machtgieriges Denken bildet durchgehend das eigentliche Gerüst des Buches. Für seinen Verfasser ist Macht ohne Krieg undenkbar, ja sogar völlig sinnlos. Hitlers Gedanken kreisen immer und immer wieder um die Frage, weshalb Deutschland den Krieg verloren habe und wie dies am besten zu revidieren sei. Einen neuen Krieg um die deutsche Vorherrschaft in der Welt hält er für unvermeidlich, und dieser könne nur dank besserer Vorbereitung gewonnen werden. Mehrere Kapitel befassen sich ausschließlich mit den Ursachen und Folgen der Niederlage Deutschlands von 1918. Eines der umfangreichsten erhält direkt den Titel »Ursachen des Zusammenbruchs« und findet seine unmittelbare Fortsetzung in den Betrachtungen zu »Volk und Rasse«. Besonders die letzten drei Kapitel des zweiten Teils (»Deutsche Bündnispolitik nach dem Kriege«, »Ostorientierung oder Ostpolitik«, »Notwehr als Recht«) zielen schließlich programmatisch in die zukünftige Außenpoltik eines mächtigen Deutschen Reiches.

Hitlers ausschließliches Denken in den Kategorien von Gewalt, Terror und Krieg muß sich zwangsläufig gegen den Pazifismus wenden. In ihm sieht er nicht mehr als ein pejoratives Synonym für die allgemeine Friedensliebe. Eine solche verurteilt er zwar nicht ausdrücklich, sie läßt sich ja auch ins Nationalistische wenden: Friedensliebe sei nur gut für den, der sich »zum alleinigen Herren dieser Erde macht«. Demagogisch identifiziert er die Deutschen schlechthin mit dem Pazifismus: »Wer ... den Sieg des pazifistischen Gedankens in dieser Welt wirklich von Herzen wünschen wollte, müßte sich mit allen Mitteln für die Eroberung der Welt durch die Deutschen einsetzen; denn wenn es umgekehrt kommen sollte, würde sehr leicht mit dem letzten Deutschen auch der letzte Pazifist aussterben, da die andere Welt auf diesen *natur- und vernunftwidrigen Unsinn* kaum je so tief hereingefallen ist als leider unser eigenes Volk.«[18]

Als ebensolchen »Unsinn« wertet er, das Ziel mit Hilfe einer »wirtschaftsfriedlichen Eroberung« der Welt erreichen zu wollen. Seine These lautet statt dessen, daß nur die Politik und das Schwert erfolgreich dafür sorgen könnten. Der deutschen Vorkriegspolitik unterstellt er, sie habe »der bisherigen Gewaltpolitik ein für allemal das Genick brechen« wollen und nicht genügend die Flottenrüstung gegen England unterstützt: »Das Gerede der 'wirtschaftlichen' Eroberung der Welt war wohl der größte Unsinn, der jemals zum leitenden Prinzip der Staatspolitik erhoben wurde.« Dem stellt er das gegenüber, was er als »britische Staatskunst« preist. Diese habe mit größter »Brutalität« die wirtschaftlichen Eroberungen Englands »mit dem Schwerte ... vorbereitet und später verteidigt«. Am Beispiel verdeutlicht Hitler die für ihn einzig erfolgversprechende Methode: »England besaß immer die Rüstung, die es eben nötig hatte. Es kämpfte immer mit den Waffen, die der Erfolg verlangte. Es schlug sich mit Söldnern, solange Söldner genügten; es griff aber auch tief hinein in das wertvolle Blut der ganzen Nation, wenn nur mehr ein solches Opfer den Sieg bringen konnte; immer aber blieb die Entschlossenheit zum Kampf und die Zähigkeit wie rücksichtslose Führung desselben die gleiche.«[19]

Wortreich und die gleichen Gedanken mehrfach wiederholend, sammelt Hitler in seiner Haftzeit alle Argumente, die beweisen sollen, daß demgegenüber das deutsche Bürgertum vor dem ersten Weltkrieg, aber auch in dessen Verlauf ein zu hohes Maß an »Ziellosigkeit in der deutschen Innen- und Außenpolitik«, an »Plan- und Gedankenlosigkeit« zu erkennen gegeben habe. Für die siegversprechende Leitung des Reiches habe »die nötige Unterlage einer bestimmten Weltanschauung sowie die notwendige Klarheit über die inneren Entwicklungsgesetze des politischen Lebens überhaupt« gefehlt.[20] Die einzig richtige Lösung der deutschen Probleme sei durch den »Verzicht auf die Gewinnung neuen Bodens« verpaßt worden.[21] Die Zukunft der Nation könne jedoch ohne neuen Grund und Boden »zur Ansiedlung der überlaufenden Volkszahl« nicht sichergestellt werden und besitze »unendlich viele Vorzüge, besonders wenn man nicht die Gegenwart, sondern die Zukunft ins Auge faßt«.[22]

Hier schlug sich vor allem das Gedankengut eines der zahlreichen Besucher in Landsberg nieder: Vermittelt durch seinen früheren Assistenten Heß war Professor Karl Haushofer häufig bei Hitler. Dessen geopolitischen Auffassungen über die angeblich lebensbedrohende Diskrepanz zwischen der großen Zahl der deutschen Bevölkerung und dem nur geringfügig vorhandenen Boden greift Hitler begierig auf. Das deutsche Volk sei ein »Volk ohne Raum«, es benötige dringend einen größeren »Lebensraum« und müsse den »Raum ohne Volk« suchen. Da er weiß, daß es einen solchen nicht gibt, zeichnen sich genozidale Absichten ab: Der Boden sei zu »germanisieren«, nicht die Völker, so daß »nach kaum hundert Jahren« der europäische Kontinent durch 250 Millionen Deutsche (sic!)

besiedelt und beherrscht werden könnte.[23] Im Interesse des deutschen Strebens nach »Weltmacht«-Positionen betont er immer wieder, daß die völkische Bewegung »nicht der Anwalt anderer Völker« sein und sich selbstverständlich im Falle eines »Bodenerwerbs« im Osten keineswegs irgendeiner »Verletzung heiliger Menschenrechte« schuldig machen dürfe. Es gelte allein, der »Vorkämpfer des eigenen Volkes zu sein«.[24] Alles, aber auch alles zielt eindeutig auf künftige kriegerische Auseinandersetzungen, selbst die Diplomatie sei dem unterzuordnen: »Ein Bündnis, dessen Ziel nicht die Absicht zu einem Krieg umfaßt, ist sinn- und wertlos.«[25]

Das auf der Hand liegende Argument, jede Politik mit einer solchen Zielsetzung könne nur zu einem Krieg von noch größerem Ausmaß als 1914/18 führen, umgeht Hitler. Ohne Rücksicht auf die geschichtliche Entwicklung der Grenzen und des Völkerrechts sowie auf das Existenz- und Selbstbestimmungsrecht anderer Völker begründet er den Expansionismus herrschender Kreise Deutschlands zunächst mit der Behauptung, es gäbe »Grenzen des ewigen Rechtes«. Ein Staat, in dem pro Quadratkilometer die meisten, noch dazu »die besten, wertvollsten und reinblütigsten Menschen« leben, habe einfach einen rechtlich begründeten Anspruch auf mehr Raum und dürfe sich von dessen Eroberung nicht »abbringen lassen«. An beschönigenden Umschreibungen mangelt es ihm nicht: Da ist die Rede von der »Faust«, die sich zu nehmen habe, was »der Güte verweigert wird«[26], da wird in der »ewig gleichmäßigen Anwendung der Gewalt« das allerwichtigste Mittel des Erfolges gesehen und »die Waffe der brutalen Gewalt« propagiert[27], da ernten die völkischen Konkurrenten der NSDAP beißenden Spott, sie würden nur mit »vorsorglich nachgemachten Blechschwertern in den Lüften herumfuchteln« und lediglich den »Kampf mit geistigen Waffen« predigen.[28]

Hitler richtet den Blick unverkennbar auf den nächsten Krieg. Alle Überlegungen betreffen die eng miteinander verflochtenen Fragen nach den Zielstellungen eines neuen Krieges und dessen politisch-moralische Rechtfertigung, nach den geeigneten Bündnispartnern unter den europäischen Mächten, nach den effektivsten Methoden zur Herstellung und Sicherung aller innenpolitischen Voraussetzungen aggressiver Außenpolitik. Sie betreffen das Problem der eigenen Initiative in der zielorientierten Kriegsvorbereitung sowie die Wahl des richtigen Zeitpunktes zur Auslösung eines Krieges. Die entscheidende Voraussetzung für das Kriegsergebnis liege im Angriff, nicht in der Verteidigung.[29] Die angeblich auf Erhaltung des Weltfriedens bzw. auf das Hinausschieben des Krieges bedachte Politik Deutschlands und Österreichs sei 1914 ein »Fluch« gewesen, da man dadurch sowie durch das zufällige Attentat von Sarajewo »gezwungen war, zu der ungünstigsten Stunde« loszuschlagen.[30]

Obwohl Probleme einer »optischen Regie des Kriegsausbruches«[31] erst ab Mitte der dreißiger Jahre evident wurden, benennt Hitler bereits zehn Jahre früher die Grundlinien einer solchen Regie. Er will in der Krieg-Frieden-Frage das Heft in die eigene Hand bekommen, Initiative und offensiven Geist pflegen sowie die Bereitschaft zum militärischen Abenteuer in jeder günstig erscheinenden Situation – bei militärischer Überlegenheit und erfolgversprechender politischer Konstellation – entfalten. Als Hitler 1928 sein »Zweites Buch« verfaßt – es wurde erst 1961 veröffentlicht –, polemisiert er sogar ausführlich gegen die »Anti-Präventivkriegs-Friedensphilosophen«.[32] Unverfroren behauptet er, »ein Präventivkrieg, der im Jahre 1904, als Rußland in Ostasien gefesselt schien, Frankreich niedergeworfen hätte«, wäre leichter vor der Geschichte zu verantworten gewesen als der Erste Weltkrieg. Mehr oder weniger logisch ergab sich daraus die Kritik an Teilen der Reichswehrführung, denen angeblich als »schönstes Ideal« das unmilitärische Dasein als einer »republikanisch-demokratischen Parlamentswache« vorschwebe und die das Militär zur »Wach- und Schließgesellschaft international-pazifistischer Börseninteressen« geraten ließen. Statt dessen müsse die Reichswehr aber »ein Instrument des Krieges« sein: Man könne keine Armee »ausbilden, von hohem Eigenwert, wenn das Ziel ihrer Existenz nicht die Vorbereitung zum Kriege ist. Armeen zur Erhaltung des Friedens gibt es nicht, sondern nur zum siegreichen Durchfechten des Krieges.«[33] Wen wundert es, daß für den Krieg bis zum Sieg der »totale« Einsatz aller Mittel, »planmäßige Vorbereitung des Krieges« und »schärfste Kampfesweise«[34] gefordert wurden, was mit Fug und Recht von dem kommunistischen Publizisten Hans Günther als Konstituierung von »Bestialität zum Aktionsprinzip« charakterisiert worden ist.[35]

Hitlers permanenten Kriegserklärungen an Frankreich, Polen, Rußland und andere Länder geht in »Mein Kampf« die des Bürgerkrieges an alle jene Deutschen voraus, die solchen Auffassungen kritisch gegenüberstehen. Aus seinem Vorwurf an die innenpolitischen »Halbheiten« des Kaiserreiches leitet Hitler einerseits die Notwendigkeit eines brutalen, terroristischen Kampfes gegen alle Gegner im eigenen Staat ab, andererseits auch die als entscheidend betrachtete Frage: »Wie erzeugen wir den Geist, der ein Volk befähigt, Waffen zu tragen?« Daran knüpfte er folgenden Gedanken an: »Wenn dieser Geist ein Volk beherrscht, findet der Wille tausend Wege, von denen jeder bei einer Waffe endet ... Begreift man aber,

daß die Wiedererhebung der deutschen Nation eine Frage der Wiedergewinnung unseres politischen Selbsterhaltungswillens darstellt, so ist es auch klar, daß dem nicht genügt wird durch eine Gewinnung von an sich schon wenigstens dem Willen nach nationalen Elementen, sondern *nur durch die Nationalisierung der bewußt antinationalen Masse.*«[36] Ihm steht vor Augen, mit welcher Begeisterung große Teile der Massen im August 1914 in den Krieg gezogen waren, was nicht allein die nationalsozialistische Propaganda stets als »Deutsche Revolution« pries.
Ferner sucht Hitler in seinem »Kampf«-Buch nach den geeignetsten Mitteln und Methoden einer in diesem Sinne erfolgreichen nationalistischen Propaganda. Er findet sie in den Konstruktionen des jüdischen »Sündenbocks« und in der antisemitischen Definition des Feindes, aber auch in einer ganzen Reihe angewandter alltagspsychologischer Erfahrungen. Dazu gehören z. B. die in unzähligen Wendungen zu beobachtende Stereotypenbildung im nationalen Selbstbild und im Feindbild, die häufigen Vereinfachungen und Schematisierungen in der Darstellung geschichtlicher Sachverhalte, dazu gehören die sich ständig wiederholenden Eigenschaftszusprechungen, Mängelzuordnungen und die personifizierenden Schuldzuweisungen. Die Wahrnehmung der widersprüchlichen sozialen Wirklichkeit wird willkürlich eliminiert, die solidarisch-demokratische Identität durch eine nationale Herrenmensch-Identität zu ersetzen versucht, was hierarchische Strukturen und den bedingungslosen Gehorsam von Untergebenen einschließt. Seine Vorstellungen von Propaganda knüpfen stets an Emotionen, Stimmungen und Befindlichkeiten der Massen an. Diese vergleicht er mit »... dem Weibe, dessen seelisches Empfinden weniger durch Gründe abstrakter Vernunft bestimmt wird als durch solche einer undefinierbaren, gefühlsmäßigen Sehnsucht nach ergänzender Kraft«.[37] Das geistige Niveau von Propaganda habe sich zu orientieren an »der Aufnahmefähigkeit der Beschränktesten unter denen, an die sie sich zu richten gedenkt. Damit wird ihre rein geistige Höhe um so tiefer sein, je größer die zu erfassende Masse der Menschen sein soll.« Eine seiner bekanntesten und erschreckenden Schlußfolgerungen lautet, daß die »Vorsicht bei der Vermeidung zu hoher geistiger Voraussetzungen gar nicht groß genug sein« könne.
Aus alltagspsychischen Erscheinungen leitet Hitler auch ab, was er »die Kunst aller wahrhaft großen Volksführer zu allen Zeiten« nennt: Man dürfe die Aufmerksamkeit eines Volkes nicht »zersplittern« und müsse sich immer nur auf einen »einzigen Gegner« konzentrieren. Nur auf diese Weise ließen sich die »magnetische Anziehungskraft einer Bewegung« und

eine gewaltige Wucht ihres Stoßes erzielen. Wieder schreibt er dem Bild eines genialen Führers ein Verhalten zu, das er selbst an den Tag legt und das tatsächlich viele seiner Erfolge bewirkt: Gegner sollen immer »als nur zu einer Kategorie gehörend erscheinen«, weil sonst das Wissen um verschiedene Feinde bei schwächlichen und unsicheren Charakteren nur zu leicht zum Anfang des Zweifels am eigenen Recht führe und sich ein überflüssiger deutscher »Objektivitätsfimmel« breit mache.[38] Alles liest sich wie ein Spiegel unheilvoller Manipulation, wie eine durch und durch skrupellose Gebrauchsanweisung zur Überführung menschenverachtender und antiintellektueller Weltanschauungen in die Wirkungsmechanismen der Beeinflussung von Menschenmassen. Wie kapitalistische Reklame-Fachleute – auf fatale Weise modern – orientiert sich Hitler ausschließlich auf den Erfolg.

Vor allem im zweiten Teil von »Mein Kampf«, der noch stärker programmatischen Charakter trägt und zahlreiche Wiederholungen enthält, faßt Hitler die Mittel, Etappen und Ziele deutscher Außenpolitik ins Auge. Sorgfältig sucht er nach geeigneten Partnern unter den europäischen Mächten. In der Manier eines Biertischstrategen, umständlich und langatmig, breitet er sich darüber aus, wie wenig zweckmäßig und wie falsch die Bündnispolitik des Deutschen Reiches vor dem Weltkrieg gewesen sei. Das Zusammengehen mit Österreich gilt ihm als »ein wahrer Wahnsinn«.[39] Das »mögliche Bündnis mit England« sei einer Kolonial- und Handelspolitik geopfert worden, ohne sich dabei auf Rußland zu stützen.[40] Für die Nachkriegszeit hält er ein Bündnis mit England zur »Hemmung des maßlosen französischen Hegemonietriebes« für unumgänglich. Da Frankreich »der unerbittliche Todfeind des deutschen Volkes ist und bleibt«, müsse man sich mit England, selbst wenn es gegen »Deutschland als Weltmacht« eingestellt sei, sowie mit Italien verbünden.[41] Zugunsten eines Paktierens mit dem von Mussolini beherrschten Lande begibt sich Hitler sogar in nationalistische Fallstricke: Er verzichtet auf die Forderung nach einer Rückgabe Südtirols an Österreich und damit an das erstrebte Großdeutsche Reich. Obwohl er dies besonders vehement und selbstverständlich auch antisemitisch zu begründen versucht[42] – eine ganze Reihe konservativer Nationalisten und ausgesprochen revanchistischer Kräfte wollten ihm das bis in den Zweiten Weltkrieg hinein nicht verzeihen.

Von besonderer Tragweite sollten sich Hitlers Leitideen von Rasse und Lebensraum, von Daseinskampf und Krieg in seinem Rußlandbild erweisen. Wie stark ihn dies bereits vor der Niederschrift seines »Kampf«-Buches beschäftigte, geht aus den Erinnerungen Hanfstaengls hervor. Berichtet wird da von einem an und für sich belanglosen Gespräch, das im April 1923 während einer Autofahrt von Berlin nach München stattfand und dem Leipziger Völkerschlachtdenkmal galt. Völlig unvermittelt und ohne erkennbaren Zusammenhang mit den vorausgegangenen Aussagen habe sein Gegenüber plötzlich und apodiktisch erklärt: »Im nächsten Krieg wird es die wichtigste Aufgabe sein, sich der Getreidegebiete Polens und der Ukraine zu bemächtigen.«[43] Jede militärische und militärgeschichtliche Argumentation über die endlosen Weiten im Osten, aber auch über die positiven Erfahrungen Bismarckscher Rußlandpolitik sei wirkungslos abgeprallt. Tatsächlich stellte die aggressive Gier nach deutschem »Lebensraum im Osten« von Anfang an ein zentrales und sich kaum veränderndes Moment in Hitlers Denken dar. Mit Recht bescheinigt der amerikanische Historiker Arno J. Mayer dem Führer der NSDAP, die Forderung nach dem Erwerb von Lebensraum im Osten habe »ganz oben auf seiner Liste« der langfristigen und unverrückbaren Ziele gestanden. Diese als Auftrag begriffene Fixierung auf die Verdrängung und Unterjochung anderer Völker sei für Hitler sogar »wichtiger als das Ziel gewesen, das 'Dritte Reich judenfrei' zu machen«.[44]

Vor 1923 hatten sich Hitlers ostpolitische Vorstellungen primär aus den revisionistischen Erwägungen zum Versailler Vertrag und damit insbesondere aus der dominierenden Feindschaft zu Frankreich abgeleitet. Noch nahm er eher eine abwartende und vorsichtig-zurückhaltende Haltung ein, ohne je »nationalbolschewistischen« Anti-Versailles-Tendenzen angehangen zu haben, wie sie bei zahlreichen deutschnationalen, rechtskonservativen und auch in nationalsozialistischen Kreisen jener Zeit verbreitet waren. Innenpolitisch bedingte Wertungen und Zielvorstellungen standen für ihn im Vordergrund, weil sie als die ausschlaggebenden Voraussetzungen für die Realisierung des zunächst nur allgemein umrissenen außenpolitischen Programms der NSDAP angesehen wurden. Der in der Äußerung vom April 1923 ablesbare Wandel vollzog sich offensichtlich im Zusammenhang mit dem Abschluß des Rapallo-Vertrages, der zwar in seiner Motivation, nicht aber in seinem Wesen antiwestlich angelegt war und ein friedliches Nebeneinander statt des kriegerischen Gegeneinanders ermöglichte.

In Hitlers Bild von Land und Volk der Russen offenbart sich darüber hinaus ein ganz allgemeines Fremden- und Feindbildkonglomerat, ein großmachtbesessenes Mixtum compositum, das sich erbarmungslos gleichermaßen gegen »slawische Untermenschen« und »asiatische Horden« wie gegen den »jüdischen Bolschewismus« richtete.[45] In ihm kam vor

allem ein aufgeblasenes und nationalistisch-überhebliches Bild von den Deutschen, von »deutscher Größe« und von einem angeblich natürlichen Herrschaftsanspruch des Deutschen Reiches zum Ausdruck: ein menschenfeindliches und friedensgefährdendes Bild, dessen Folgen in jeder Hinsicht – materiell und geistig – verheerend sein sollten.
Hitler Auffassungen über Rußland und die deutsche Ostpolitik spiegeln den Einfluß der ausgesprochen slawenfeindlichen Positionen Rosenbergs wider, dessen 1922 veröffentlichte Broschüre »Pest in Rußland!« und 1923 erschienene Schmähschrift »Die Protokolle der Weisen von Zion und die jüdische Weltpolitik« auf eine enge Verknüpfung des völkisch-rassistischen Antisemitismus mit einem äußerst militanten Antibolschewismus zielten. Alles richtete sich gegen den damals in Deutschland weit verbreiteten Gedanken einer solidarischen Rußland-Hilfe sowie gegen jene Politiker der Weimarer Republik, die von der Notwendigkeit eines politischen Bündnisses oder zumindest eines einträglichen Handelsabkommens mit Rußland zu sprechen wagten. Rosenbergs »Pest«-Schrift schloß mit Worten, die völlig dem Hitlerschen Denken entsprachen und jegliche Chance einer Verständigungs- und Friedenspolitik ausschlossen: »Es gibt auch hier nur die eine Wahl: Vernichtung oder – *Sieg*.«[46] Gerade diese Schlußfolgerung traf sich völlig mit Hitlers eigenen Vorstellungen, die er – als Quintessenz seines Buches – staatsmännisch für eine künftige deutsche Außenpolitik zu formulieren trachtete.
Weil Hitler eine Eroberung und Kolonialisierung des Landes der Russen anstrebte, hielt er es stets für notwendig, gegen die nachhaltigen Wirkungen Bismarckscher Diplomatie-Traditionen zu polemisieren und allen Gedanken an ein antiwestliches Bündnis zwischen Deutschland und Rußland schärfste Absagen zu erteilen. Er sah zwar im Verhältnis Deutschlands zu Rußland die »vielleicht entscheidendste Angelegenheit der deutschen Außenpolitik überhaupt«[47], verneinte aber strikt jede Möglichkeit irgendeines Zusammengehens mit Rußland: Mit einer »Koalition von Krüppeln« sei nichts zu erreichen. »Das derzeitige, seiner germanischen Oberschicht entkleidete Rußland ist, ganz abgesehen von den inneren Absichten seiner neuen Herren, kein Verbündeter für einen Freiheitskampf der deutschen Nation.«[48] Daran schloß seine wohl bekannteste Erklärung über die außenpolitische Stoßrichtung an: Die Nationalsozialisten hätten bewußt einen Strich unter die außenpolitische Richtung der Vorkriegszeit zu ziehen: »Wir setzen dort an, wo man vor sechs Jahrhunderten endete. Wir stoppen den ewigen Germanenzug nach dem Süden und Westen Europas und weisen den Blick nach dem Land im Osten. Wir

schließen endlich ab die Kolonial- und Handelspolitik der Vorkriegszeit und gehen über zur Bodenpolitik der Zukunft. Wenn wir aber heute in Europa von neuem Grund und Boden reden, können wir in erster Linie nur an Rußland und die ihm untertanen Randstaaten denken.«[49]

Unverkennbar ordnete sich die politisch-ideologische Sicht auf den Bolschewismus und die UdSSR seinem »Lebensraum«-Konzept unter: »Das Schicksal selbst scheint uns hier einen Fingerzeig geben zu wollen. Indem es Rußland dem Bolschewismus überantwortete, raubte es dem russischen Volke jene Intelligenz, die bisher dessen staatlichen Bestand herbeiführte und garantierte.« Diese Aussage über die zu nutzende Chance verband Hitler mit generalisierenden rassistisch-antislawischen Attacken: Russische Staatsgebilde wären nie das Ergebnis staatspolitischer Fähigkeiten des Slawentums, sondern stets »nur ein wundervolles Beispiel für die staatenbildende Wirksamkeit des germanischen Elements in einer minderwertigen Rasse«. Den Blick ausweitend heißt es weiter: »Niedere Völker mit germanischen Organisatoren und Herren als Leiter derselben sind öfter als einmal zu gewaltigen Staatengebilden angeschwollen und blieben bestehen, solange der rassische Kern der bildenden Staatsrasse sich erhielt.« Seit Jahrhunderten habe Rußland vom germanischen Kern seiner oberen leitenden Schichten gezehrt. Dieser könne »heute als fast restlos ausgerottet und ausgelöscht angesehen werden. An seine Stelle ist der Jude getreten. So unmöglich es dem Russen an sich ist, aus eigener Kraft das Joch der Juden abzuschütteln, so unmöglich ist es dem Juden, das mächtige Reich auf Dauer zu erhalten. Er selbst ist kein Element der Organisation, sondern ein Ferment der Dekomposition. Das Riesenreich im Osten ist reif zum Zusammenbruch. Und das Ende der Judenherrschaft in Rußland wird auch das Ende Rußlands als Staat sein. Wir sind vom Schicksal ausersehen, Zeugen einer Katastrophe zu werden, die die gewaltigste Bestätigung für die Richtigkeit der völkischen Rassentheorie sein wird.«[50]

Unmittelbar erzielte Hitlers »Mein Kampf« kaum Wirkung. In den zwanziger Jahren konnte der Eher-Verlag lediglich 23 000 Exemplare des ersten Bandes sowie 13 000 des zweiten verkaufen, so daß nicht einmal jedes NSDAP-Mitglied darüber verfügte. Bis zum 30. Januar 1933, als Hitlers Partei bereits eine Millionen-Organisation geworden war, hatte er 287 000 Exemplare absetzen können. Erst danach geriet das Buch zur verordneten Offenbarung. Hitler schrieb es offensichtlich vor allem als eine Orientierung für seine Anhänger, denen es schwerfallen mußte, sich in den lebhaften und verworrenen Auseinandersetzungen innerhalb des völkisch-antisemitischen Lagers zurechtzufinden. Daraus erklären sich wohl auch die geradezu unverschämte Offenheit und die Radikalität vor allem der rassistischen und außenpolitischen Aussagen; von mancher machten Hitler und andere Propagandisten des Dritten Reiches bis zum Beginn des Krieges in der Öffentlichkeit auch kaum Gebrauch.

Zeitgenossen und Nachgeborene charakterisierten Hitlers »Kampf«-Buch verächtlich als »Unbuch« und »Kannibalenbibel«, als einen »Gegenentwurf zur Aufklärung« und ein Werk aus der Feder des politischen Fanatismus oder auch als das »deutsche Schicksalsbuch« schlechthin. Mit Recht ist immer wieder das »Unschöpferische, Nachgesprochene, mit Wut Vermengte, Posierende ...«[51] in Hitlers haßerfüllten Tiraden hervorgehoben, ist das Ganze als unerträglicher, monströser und barbarischer Erguß eines hypertrophen Selbstbewußtseins bezeichnet worden. Kaum einer bescheinigt dem Verfasser originäre Gedanken, allenfalls Originalität in der Zusammenfassung des Angelesenen und Übernommenen. Ein Lehrbuch des »Priestertrugs«, des Betruges zur Fanatisierung einer Gemeinschaft und zur Ausbeutung der Fanatisierten – so nannte es Victor Klemperer in seiner immer noch unübertroffenen Analyse des faschistischen Sprachgebrauchs.[52]

Ebenso findet sich fast überall die Feststellung, der »ungelesene Bestseller« sei eigentlich wenig beachtet worden; man habe das Buch wie den Nationalsozialismus insgesamt völlig unterschätzt und nicht ernst genommen, so daß keiner richtig wissen konnte, was eigentlich eine Herrschaft dieses Mannes mit sich bringen würde. Diese These ist griffig, obgleich nicht unbedingt einleuchtend. Ihr steht die Tatsache gegenüber, daß Hitler unverblümt und völlig offen nicht nur seine weitgespannten Ziele, sondern auch die anzuwendenden Mittel und Methoden beschrieb.

Daß »Mein Kampf« wenig gelesen wurde, stimmt sicher – nur: Seine Grundaussagen sind durch eine außerordentlich rege faschistische Propagandamaschinerie verbreitet worden. Sie konnten in weiten Kreisen verantwortlicher, nein: *un*verantwortlich handelnder Politiker der Weimarer Republik, in den Mitgliedschaften anderer Parteien und ebensowenig unter den antifaschistischen Deutschen nicht unbekannt bleiben. Der weitere politische Weg Hitlers vollzog sich auf der Grundlage und im Sinne des Gedankengebäudes, das der NSDAP-Führer Mitte der zwanziger Jahre zusammenfaßte, und nicht dank einer entschuldigungswürdigen Unkenntnis oder gar einer Täuschung über wahre Absichten und Ziele.

Kapitel 6

Mit der neuformierten NSDAP im Hinterhalt 1925 bis 1928

Hitlers Haft auf der Festung Landsberg endete bereits gegen 12.15 Uhr des 20. Dezember 1924. Statt bis zum 17. November 1928 seine Strafe absitzen zu müssen – drei Jahre, 333 Tage, 21 Stunden und 50 Minuten–, brauchte er kaum ein Jahr auf seine Freilassung zu warten. Nicht einmal das Manuskript seines Buches hatte er abschließen können. Abgeholt wurde er von Hoffmann, seinem Leibfotografen, mit einem neuen Auto der Firma Benz, das er sich bereits am 14. September 1924 (!) bestellt hatte.[1] Am Weihnachtstag saß der Putschist friedlich feiernd im Hause Hanfstaengl und spielte mit dem Sohn der Familie. Danach zog es ihn nach Berchtesgaden. Hier nahm er in verschiedenen Pensionen Quartier, hauptsächlich im »Platterhof«, bevor er schließlich ein Jahr später das geräumige Haus »Wachenfeld« am Nordhang des Obersalzberges mietete. Seine verwitwete Halbschwester Angela Raubal führte ihm bis 1936, als der Umbau zum pompösen »Berghof« abgeschlossen war, den Haushalt; ihre siebzehnjährige Tochter Angelika, genannt »Geli«, entbrannte in jugendlich-schwärmerischer Zuneigung für ihren Onkel, was dessen männlicher Eitelkeit sehr behagte.

Die Vorteile des zurückgezogenen Lebens lagen auf der Hand: Hitler konnte sich in der Nähe vermögender und einflußreicher Familien aufhalten, die hier ihr Sommerrefugium besaßen, die österreichische Grenze war nicht weit, falls es doch zu unerwarteten Zwischenfällen kommen sollte, er konnte in Muße an seinem »Kampf«-Manuskript arbeiten, und der beabsichtigte Wiedereintritt in seine Karriere ließ sich gleichsam von »oben herab« vorbereiten, ungestört von den nach wie vor tobenden Auseinandersetzungen zwischen den Repräsentanten der unterschiedlichen Strömungen innerhalb der völkisch-faschistischen Bewegung, bei denen Hitler keine »Partei in der Partei« sein wollte.[2]

Es ging Hitler blendend. Auch in finanzieller Hinsicht hatte er keinen Grund zu klagen. Entgegen seiner Aussage, er sei aus Landsberg »bettelarm« entlassen worden und habe sogar die ihm gerade noch zur Verfügung stehenden 234 Mark den Mitgefangenen überlassen, begann er

Hitler verläßt am 20. Dezember 1924 als freier Mann die Festung Landsberg

seinen neuen Lebensabschnitt immerhin mit dem stattlichen Betrag von 45 000 Mark. In dieser erstaunlichen Höhe war ihm vom Fabrikanten Bechstein ein Personalkredit gewährt worden. Später mußte dieser das Geld als Spende deklarieren, weil er keinen Pfennig zurückerstattet bekam. Dies hielt Hitler jedoch nicht davon ab, die fälligen, aber nicht gezahlten Zinsen beim Steueramt abschreiben zu lassen. Von einer Entlassung in die Armut konnte überhaupt keine Rede sein. Immerhin beschäftigte Hitler drei Privatangestellte: Heß als Privatsekretär für ein Monatsgehalt von 300 Mark, Julius Schaub als Leibwächter für 200 Mark sowie Julius Schreck als Chauffeur für 100 Mark Salär. Außerdem leistete er sich sofort ein neues Auto, einen Mercedes-Kompressorwagen, der trotz freundschaftlicher Beziehungen zum Münchner Vertreter der Daimler-Werke horrende 20 000 Mark kostete.[3] Schritt für Schritt baute er sich eine gutbürgerliche Existenz auf, in der weder das »Eigenheim«, der Landsitz, noch andere honorige Statussymbole fehlen sollten. Und es bereitete ihm auch keinerlei Schwierigkeiten, in Deutschland zu bleiben. Es genügte, am 27. April 1925 beim Magistrat der Stadt Linz seine Entlassung aus dem österreichischen Staatsverband zu beantragen, was ihm bereits drei Tage später eine Auswanderungsgenehmigung eintrug; bis zum 25. Februar 1932 lebte er nun unangefochten als ein Staatenloser im Deutschen Reich.

Der gescheiterte und dennoch nicht erfolglose Hitler wurde von seinen verbliebenen Anhängern jubelnd begrüßt. Die »feine« Münchner Gesellschaft nahm ihn wieder mit offenen Armen auf, bereit zur Vermittlung neuer Bekanntschaften und einträglicher Verbindungen. Viele freuten sich darüber, daß und wie er die Niederlage vom 9. November 1923 in einen persönlichen Sieg hatte umwandeln können. Anders als 1919 oder 1921 befand er sich nicht mehr in einer Entscheidungssituation. Seine Rückkehr in die Politik und an die Spitze der rechtesten unter den rechten Parteien der Republik stand fest; es gab für ihn nur diesen einen Weg und keinen anderen. Alles andere hätte nicht dem Politikertypus entsprochen, den er verkörperte und dessen Bild bereits mit seiner Art des Auftretens und dem lautstarken Wirbel um ihn geschaffen worden war. Ein anderer Weg wäre für ihn lediglich der ins politische Nichts gewesen.

Auch die Situation derjenigen, die noch über Hitler und dessen Platz im politischen Leben entscheiden konnten, hatte sich im Verhältnis zu den ersten Nachkriegsjahren wesentlich geändert. Sie durften mit ihm nicht mehr so ohne weiteres verfahren, wie sie wollten; ganz abgesehen davon, daß dies die meisten Verantwortlichen auch gar nicht beabsichtigten. Sein Anhang galt ihnen als Teil und Mittel eigener politischer Ambitionen, sein Name als verwertbares politisches Kapital. Man mag vielleicht jenen, die damals so leichtfertig die vorzeitige Entlassung Hitlers verfügten, zugute halten, daß sie das programmatische Werk des schreibwütigen Häftlings noch nicht kannten. Allerdings bleibt zu fragen, ob sie – Lektüre hin oder her – dennoch anders gedacht und gehandelt hätten. Für die Sicht auf ihre geschichtliche Verantwortung bleibt entscheidend: Sie hätten wissen können, mit wem sie es zu tun hatten. Wer mit offenen Augen sehen wollte, konnte die Gefahren durchaus erkennen. Wer sich jedoch vorwiegend auf dem linken Auge blind zeigte, wollte in einem Politiker wie Hitler nichts anderes als ein förderliches Mittel für die eigenen nationalistischen und konservativen Zwecke sehen. Der Landsberger Festungsdirektor hatte solche Hoffnungen bereits am 15. September 1924 formuliert, als er den Antrag auf eine vorzeitige Entlassung unterstützte: »Hitler wird die nationale Bewegung in seinen Sinnen neu zu entfachen suchen, aber nicht mehr wie früher mit gewalttätigen gegen die Regierung gerichteten Mitteln, sondern in Fühlung mit den berufenen Regierungsstellen.«[4]

Hitler kam dem entgegen. Er suchte die erwartete »Fühlung«. Zu deren Beförderung schaltete er noch rigoroser, als in der Haft angekündigt, von der ergebnislosen Putschtaktik auf einen neuen Kurs um. Obwohl er nicht einem einzigen der bis zum Marsch vor die Münchner Feldherrnhalle verfolgten Ziele abschwor, genügte seine verbale Beteuerung, nunmehr »legal« vorgehen zu wollen, um rasch das ersehnte erste Gespräch mit einem Repräsentanten der bestehenden Macht herbeizuführen. Den Weg zu Heinrich Held, dem neuen bayerischen Ministerpräsidenten und führenden BVP-Mitglied, ebnete ihm mit Ernst Pöhner ein anderer Putschist, der sich seit und trotz seiner Verurteilung auf freiem Fuße befand, jedoch zu Hitlers größtem Bedauern wenige Monate später tödlich verunglückte. Ebenso besaß Hitler im bayerischen Justizminister Franz Gürtner einen für ihn unermüdlich tätigen Fürsprecher; dieser wurde 1933 wohl keineswegs zufällig »sein« Justizminister ...

Dreimal trafen sich Held und Hitler zu Gesprächen unter vier Augen. Bereits am 4. Januar 1925 sicherte Hitler dem bayerischen Regierungschef »legale« Absichten zu. Diese sollten nicht allein gegenüber der Staatsmacht, sondern auch gegenüber der katholischen Kirche gelten. Er bekannte, daß der Putsch ein Fehler gewesen sei. Nunmehr verfolge er als sein höchstes Ziel, der Regierung im Kampf gegen den Marxismus beizustehen, und er versprach, sich in seiner Agitation zu beschränken und diese »ordnungsgemäß« betreiben zu wollen. Die ungewohnten Töne galten dem obersten bayerischen Beamten als bare Münze. Er lieh Hitler willig ein offenes Ohr, wähnend, die Zeiten hätten sich geändert und die Bestie sei gezähmt. Vieldeutig ließ er verkünden, es sei »eine vollkommene Verkennung der ganzen Lage«, wenn jemand unter den neuen Verhältnissen glaube, die »loyale Zusammenarbeit der verfassungsmäßigen Staatsregierung mit den Revolutionären von gestern« erhebe diese zu »einem gleichberechtigten Partner«.[5] Prompt erging Mitte Februar 1925 in Bayern die Aufhebung des NSDAP-Verbots.

Das weitere Betätigungsfeld war für Hitler damit gleichsam auch regierungsamtlich gesichert worden. Wie kaum anders zu erwarten, galt sein erster und wichtigster Schritt einer Neugründung der NSDAP. Ohne eine solche Organisation im Rücken wäre er im Parteienstaat in die Bedeutungslosigkeit gefallen. Er brauchte durchaus »seine« und nicht irgendeine Partei, um nicht völlig von vorn anfangen zu müssen. Ein Eintritt in die von den Deutschvölkischen geführte Nationalsozialistische Freiheitsbewegung wäre ein Schritt an die Seite Graefes oder Ludendorffs gewesen. Ihm ging es in jeder Hinsicht um mehr. So ließ er es darauf ankommen, den Gegensatz zum Generalquartiermeister und den von diesem favorisierten völkischen Organisationen zu vertiefen. Mit ihnen befand er sich ohnehin in heftigem Streit. Zu den Differenzen um die Bestimmung der weiteren Taktik in einer Zeit, die eine allgemeine Stabilisierung der Verhältnisse im Weimarer Staat erkennen ließ, sowie zu den Querelen um jeweilige Führungspositionen kamen Religionsstreitigkeiten hinzu. In Hitlers taktischem Schwenk witterten die hauptsächlich in den protestantischen Gebieten agierenden Deutschvölkischen eine unverzeihliche Kapitulation vor Katholizismus und Ultramontanismus, sahen sie doch in diesen eine noch schlimmere Gefahr als die jüdische. Für Hitler zählte jedoch in dieser Situation nur das Ansehen bei der Obrigkeit. Seine Hoffnung, mit geschicktem Taktieren diese und andere Streitereien zu seinen Gunsten entscheiden zu können, sobald er wieder als ein »Führer« an der Spitze der NSDAP agieren konnte, sollte ihn nicht trügen.

Am 26. Februar durfte der »Völkische Beobachter« wieder erscheinen. In mehreren Beiträgen appellierte Hitler eindringlich an die »ehemaligen Angehörigen der NSDAP«, sich ihm erneut anzuschließen. Es klang wie eine werbende Forderung, »ihre gesamte Kampfkraft nach außen« zu konzentrieren und sich nicht »im gegenseitigen Bruderkampf schwächen« zu lassen. Er versprach, bei den »wiedereintretenden Parteigenossen nicht nach der Vergangenheit« zu fragen. Sorgen wolle er lediglich dafür, »daß in der Zukunft die Vergangenheit sich nicht wiederhole«. Doch ohne einen drohenden Unterton kam er nicht aus: »Wer Vergangenes nicht vergessen kann, ist nicht wert, einer besseren Zukunft zu dienen.«[6]

Bereits einen Tag später vollzog sich die Wiedergründung der NSDAP. Demonstrativ ließ Hitler in der Versammlung, zu der sich mehr als 3000 Anhänger eingefunden hatten, zunächst den abwesenden Ehrenvorsitzenden Drexler demütigen. Der von diesem beantragte Parteiausschluß Essers verfiel der Ablehnung.[7] Im Rahmen seines großspurig formulierten Themas »Deutschlands Zukunft und unsere Bewegung« erläuterte Hitler die bereits am Vortag veröffentlichten »Grundsätzlichen Richtlinien für die Neuaufstellung« der NSDAP. In allem knüpfte er an alte Zielsetzungen an, orientierte lediglich auf eine geänderte Taktik, um sie zu erreichen. Wieder ging er von dem aus, was ihm als »Schicksalsfrage der deutschen Nation« galt: »Wird es in Deutschland noch möglich sein, die Masse derjenigen, die nicht mehr an ihr Volkstum glauben, sondern in jedem Feinde mehr den Bruder sehen als den eigenen Volksgenossen, der partei- und weltanschauungsmäßig von ihnen getrennt ist, wird es gelingen, diese große Masse zurückzuführen zu einer einheitlichen Volksgemeinschaft? Ja oder Nein?«[8]

Ohne größere Schwierigkeiten und ohne formelle Abstimmung der Versammelten gelang es Hitler, wieder an die Spitze der NSDAP zu treten. Nachdem bereits am 12. Februar die sogenannte Reichsführerschaft der Nationalsozialistischen Freiheitsbewegung resigniert und ihr Amt niedergelegt hatte, traten auch aus den Reihen der DVFP mehrere Gruppen an seine Seite. Unmißverständlich meldete er seinen persönlichen Führungsanspruch an: »Wenn jemand kommt und mir Bedingungen stellen will, dann sage ich ihm: Freundchen warte erst einmal ab, welche Bedingungen ich dir stelle.« Demagogisch und mit einem Seitenhieb auf parlamentarisch orientierte Völkische hieß es, er »buhle ja nicht um die große Masse«. Dennoch tat er dies gegenüber den Mitgliedern der NSDAP, denen er sogar ein zukünftig wahrzunehmendes Recht auf die Wahl des Parteichefs einräumte: »Nach einem Jahr sollen sie urteilen, meine Parteigenossen; habe ich recht gehandelt, dann ist es gut; habe ich nicht recht gehandelt, dann lege ich mein Amt in ihre Hände zurück. Bis dahin aber gilt: Ich führe die Bewegung allein, und die Bedingungen stellt mir niemand, solange ich persönlich die Verantwortung trage. Und ich trage die Verantwortung wieder restlos für alles, was in der Bewegung vorfällt.«[9]

Hauptsächlich seine Bemerkung, daß es im Ringen der nationalsozialistischen Bewegung beim »nächsten Mal« nur zwei Möglichkeiten gebe, daß entweder der Feind über seine Leiche oder er über die des Feindes gehen werde, trug ihm am 9. März 1925 ein Redeverbot in Bayern ein. Auch in anderen Ländern des Deutschen Reiches war es ihm für fast zwei Jahre verwehrt, in öffentlichen Veranstaltungen aufzutreten. Von einem Auftrittsverbot in geschlossenen Versammlungen hielten die Politiker der Weimarer Republik jedoch nicht viel. So blieb die Maßnahme, die durchaus richtig auf eine der wichtigsten Werbemöglichkeiten Hitlers zielte, letztlich harmlos. Was sie jedoch hätte bewirken können, läßt sich an der verworrenen, labilen Situation der NSDAP erkennen, mit der Hitler stehen oder fallen mußte.

Dem Redeverbot folgte am 11. März 1925 eine Aktion, die den inneren Zustand der Partei widerspiegelte: Hitler übertrug Gregor Straßer den Aufbau und die Leitung der norddeutschen Parteiorganisationen. Faktisch ernannte er damit den bisherigen SA-Führer und Gauleiter von Niederbayern zu seinem Stellvertreter. Damit schränkte er, wie auch die folgenden innerparteilichen Auseinandersetzungen zeigten, seine Wirkung als integrative Spitzenfigur ein. Doch ihm blieb keine Wahl. Auf dem Weg nach oben konnte ihm nur eine geschlossen auftretende und sich erheblich vergrößernde Partei dienlich sein. Dafür benötigte er jede Form der Unterstützung seiner Person, war ihm jedes Mittel recht. Später zu lösende Konflikte sollten ihn von den als entscheidend erkannten ersten Schritten in und außerhalb der NSDAP nicht abhalten.

Obwohl Hitler nun wieder an der Spitze der NSDAP stand, fiel es ihm nicht leicht, in dieser die als unabdingbar betrachtete taktische Wendung durchzusetzen. Seinem vordergründigen Taktieren begegnete keineswegs nur Zustimmung, sondern auch Enttäuschung und Opposition. Unverständnis herrschte vor allem bei zahlreichen parlamentarisch tätigen Mitgliedern des völkisch-faschistischen Blocks. Von den 25 Landtagsabgeordneten schlossen sich ihm zunächst lediglich 14 an, von den 14 am 7. Dezember 1924 errungenen Reichstagsmandaten fielen ihm sogar nur vier zu. Regelrechter Widerstand begegnete ihm aus den Reihen der SA. Für sie war in seinen »Richtlinien« vorgesehen, nunmehr demonstrativ waffenlos aufzutreten und die Vereinsgesetze strikt einzuhalten. Dagegen wollte Röhm nach wie vor den »Frontbann«, den er als Ersatz für die verbotene SA geschaffen hatte und leitete, offen als einen paramilitärischen Verband aufmarschieren lassen. Die Führerbesprechung des Frontbanns vom 1. und 2. März 1925 in Wolmirstedt bei Magdeburg gelobte erneut ihrem »Schirmherrn« Ludendorff die Treue und anerkannte Hitler lediglich als Kopf der nationalsozialistischen Parteiorganisation. Allerdings kapitulierte Röhm rasch. Er legte am 1. Mai sein Amt nieder und zog sich zurück. Hitler beließ die Dinge in der Schwebe, da er offensichtlich fürchten mußte, sich nicht völlig durchsetzen zu können: Erst nach längerer Zeit, im September 1926, ernannte er einen neuen Führer der SA.

Auseinandersetzungen gab es im Frühjahr 1925 ebenso bei den Reichspräsidentenwahlen. Diese waren nach dem frühen Tode Friedrich Eberts erforderlich geworden, trafen aber auf ein ungeordnetes rechtes Lager, das sich mitten in der Umstellung auf die Verhältnisse der beginnenden ökonomischen und politischen Stabilisierung der Weimarer Republik befand. Hitler glaubte zunächst allen Ernstes, das »Zünglein an der Waage«[10] spielen und mehrere Fliegen mit einer Klappe schlagen zu können. Obwohl er die Deutschvölkischen vergeblich für eine Kandidatur Ludendorffs zu gewinnen suchte, ließ er diesen zum »Kandidaten der nationalen Opposition« küren. Beim ersten Wahlgang stimmten lediglich 285 793 Wähler (1,1 Prozent) für Ludendorff, was für diesen wie für Hitler einer politischen Katastrophe gleichkam. Daraufhin forderte der »Völkische Beobachter« eine Unterstützung für Hindenburg, der im zweiten Wahlgang als

Einheitsfront-Kandidat aller Rechten aufgestellt wurde und gewann. Zwischen Ludendorff und Hitler kam es zu einem totalen Bruch ihrer persönlichen Beziehungen.

Trotz aller Auseinandersetzungen gelang es Hitler bis zum Sommer 1925 im wesentlichen, an der Spitze der Partei erneut festen Fuß zu fassen und seine unmittelbaren Widersacher zu besiegen. Auf einer »Antibolschewistischen Kundgebung«, die als Gegenstück zu den offiziellen Verfassungsveranstaltungen gedacht war, bilanzierte er am 11. August triumphierend: »Die kritischsten Monate sind überwunden.« Und er zählte im einzelnen auf: »In Sachsen haben wir heute den weitaus besten Landesverband. Es gibt dort keine Stänkerer mehr. Die Parteiputschisten sind erledigt. In Württemberg ist ebenfalls der Kampf gegen diese Stänkerer aufgenommen, und er steht für uns ausgezeichnet. Ebenso gehört uns heute Thüringen.« Jetzt, nachdem er lange genug zugesehen habe, müsse die notwendige »reinliche Scheidung« erfolgen. Und wieder hieß es drohend: »Wir können nur *nationalsozialistische* Bekenner brauchen, wer das nicht ist, kann gehen.«[11] Wie er mit denen umzugehen gedachte, die sich immer noch nicht fügen wollten, verriet sein »Aufruf an alle Nationalsozialisten« vom 21. September. Allen »infamen Parteiquerulanten«, »Störenfrieden« und »Ränkeschmieden« wurde ein rücksichtsloser Kampf angesagt: »Wir werden dafür sorgen, daß diesen Herren das Lachen ... aus dem Gesicht getreten wird. Von jetzt ab gilt diesen Provokateuren und Unfriedenstiftern in der völkischen Bewegung gegenüber wieder unser alter nationalsozialistischer Grundsatz: Für jeden Hieb auf der Stelle zwei zurück.«[12]

Im Sommer und Herbst des Jahres 1925 verkündete Hitler, wo immer es ging, seine Positionen zu allen wichtigen programmatisch-taktischen Punkten. Teilweise ließ er Vorabdrucke des noch nicht erschienenen Werkes »Mein Kampf« publizieren, oder er hielt thematisch orientierte Reden. Immer wieder hob er dabei die Unabänderlichkeit des Parteiprogramms sowie seine Sicht auf den Zusammenhang nationaler und sozialer Belange hervor: »Der Nationalist und der Sozialist müssen sich verstehen.« In diesem Sinne orakelte er, daß dann, wenn der Sozialismus »Liebe zum Volkstum« sei, der Sozialismus als »Nationalismus im höchsten Sinne« betrachtet werden müsse. Nationalismus sei höchster Sozialismus. Es gebe nun einmal kein »Nationalgefühl ohne ein fanatisches soziales Gerechtigkeitsgefühl«. Daraus schlußfolgerte er: »Wir brauchen ein Vaterland für alle, nicht nur für eine Klasse. Deutschland wird am größten sein, wenn sein ärmster Sohn sein glühendster Patriot ist.«[13]

Eine seiner umfangreichsten Reden widmete er am 16. Dezember 1925 der »sozialen Sendung« des Nationalsozialismus.[14] Der »Völkische Beobachter« veröffentlichte den langen Text als »Abrechnung Adolf Hitlers mit Pseudosozialisten und Scheinnationalisten«. Er beklagte das Fehlen eines deutschen Nationalstolzes unter der Mehrheit der Bevölkerung sowie die »Unfruchtbarkeit des Nationalgedankens bürgerlicher Einstellung und ... des Sozialgedankens marxistischer Prägung«. Aus Deutschland könne nur wieder ein »Machtstaat« werden, wenn sich »mit der nationalen Geistigkeit der brutale Wille der Millionen-Armee unserer Proletarier verbindet, die heute unserem Volkstum fremd gegenüberstehen«. Die bürgerlichen Parteien seien nicht in der Lage, die breite Masse des Volkes zu gewinnen. Bisher hätten sie niemanden »aus der linken Seite herausgezogen« und diese nicht »erschüttert«.

Diese Auffassungen Hitlers blieben allerdings in den eigenen Reihen nicht unwidersprochen. Ende 1925 und Anfang 1926 standen neue Auseinandersetzungen ins Haus. Sie gingen von der durch Gregor Straßer ins Leben gerufenen »Arbeitsgemeinschaft der nord- und westdeutschen Gauleiter der NSDAP« aus. Mit ihr war neben München, nicht zuletzt gestützt durch den offiziellen Auftrag Hitlers, ein zweites Parteizentrum entstanden. Solches aber hatte dieser immer verhindern wollen. Nun kam er nicht umhin zu akzeptieren, daß sich die Gauleiter des Rhein-Ruhr-Reviers, Berlins, Hamburgs und der übrigen norddeutschen Gebiete regelmäßig zu Beratungen trafen, eine eigenständige politische Linie zu vertreten begannen und in ihrem neu geschaffenen Organ, »Nationalsozialistische Briefe« genannt, Auffassungen äußerten, die sich mehr und mehr von seinen unterschieden.

Mit der Gründung der Arbeitsgemeinschaft beabsichtigten diejenigen, die bald als die »Linken« in der NSDAP bezeichnet wurden, ihre organisatorische und propagandistische Tätigkeit so abzustimmen, daß ihr Erfolg trotz anderer und häufig widersprüchlicher Weisungen aus München gesichert werden konnte. Die taktischen Differenzen weiteten sich rasch zu programmatischen Streitigkeiten aus. Mehr und mehr empfand man sich im Gegensatz zu den Münchner »Nationalsozialisten« als »nationale Sozialisten«. Rasch war sich die Arbeitsgemeinschaft in der Ablehnung des Parteiprogramms einig, dessen 25 Punkte sie als verschwommen und unzureichend beurteilte. Aus der Notwendigkeit, vor Ort – und noch dazu in solchen Gegenden mit einer völlig anderen Sozialstruktur, als sie in Bayern anzutreffen war – klare politische Stellungnahmen zu aktuellen Fragen der deutschen Innen- und Außenpolitik abgeben zu müssen, leiteten sich wachsende Differenzen zu Hitler ab. Das zeigte sich beispielsweise in der positiveren Stellung zur Schaffung eigener Gewerkschaften und der Ablehnung der sogenannten gelben, weithin als Streikbrecherorgane angesehenen Arbeitervereine. In einem Entwurf für das neue Programm plädierte Gregor Straßer in direktem Gegensatz zu Hitler für einen Staat, in dem es ein Parlament – beschickt von den Berufsständen – geben sollte. Der Programmentwurf sah auch vor, alle Betriebe mit mehr als 20 Beschäftigten in eine Aktiengesellschaft umzuwandeln. Je nach Bedeutung der Betriebe sollten 49 oder 51 Prozent der Aktien in die Hände der »Allgemeinheit« – was das war, wurde nicht erklärt – überführt werden, davon 10 Prozent an die jeweilige Belegschaft. Ferner unterschied sich die Forderung nach der Schaffung eines Bundes der »Vereinigten Staaten von Europa« erheblich von Hitlers außenpolitischer Orientierung.

Selbst da, wo es Übereinstimmung mit den offiziellen 25 Punkten gab, machte der neue Entwurf in seiner Ausführlichkeit und Konkretheit mehr als nur die Ungereimtheiten und Diskrepanzen im NSDAP-Programm deutlich. Die Differenzen waren nicht sonderlich groß, jedoch wäre jede noch so feine programmatische Modifikation einer Minderung von Hitlers Autorität gleichgekommen. So stand Hitler den Dingen recht argwöhnisch gegenüber. Aufmerksam verfolgte er die wohl entscheidendste Tagung der Arbeitsgemeinschaft, die am 24. Januar 1926 in Hannover stattfand. Hier berieten die ihr angehörenden Gauleiter über die Taktik, die nach ihrer Auffassung die NSDAP gegenüber den Aktionen von KPD und SPD für eine entschädigungslose Enteignung der Fürsten einschlagen sollte. Da vom eingeleiteten Volksbegehren eine starke Anziehungskraft auf große Teile der von ihnen besonders umworbenen Arbeiterschaft und auch auf die Mittelschichten ausging, erschien der Gruppe um Straßer die strikt ablehnende Haltung der Münchner als falsch. Während letztere das heiligste bürgerliche Prinzip, das Privateigentum, offen verteidigten, sahen sich die vorwiegend »sozialistisch« argumentierenden nord- und westdeutschen Gauleiter in einem Dilemma. Nur durch Unterstützung der Enteignungskampagne gegen die Fürsten glaubten sie, Stimmen und Mitglieder für die NSDAP gewinnen zu können. Sie wollten ihrem antikapitalistischen Sozialismusverständnis Glaubwürdigkeit verleihen. Andererseits liefen Hitler und seine Partei Gefahr, sich durch eine zu starke Herausstellung der »sozialistischen« Momente ihres Programms die Hände zu binden. In Hitlers Vorstellung dominierte das Streben nach wachsender Unterstützung durch die Mächtigen der deutschen Gesellschaft.

Die Münchner Parteizentrale nahm daher ganz entschieden gegen das Volksbegehren zur Enteignung der Fürsten Stellung. Da die nord- und

westdeutschen Gauleiter dem nicht folgen wollten, kam als Ergebnis der Arbeitsgemeinschaftstagung eine widersprüchliche und letztlich für die eigenen Anhänger sehr unklare Entscheidung heraus. Einerseits wurde die ungeheure Notlage beschworen, die es nicht zulasse, daß »unter Berufung auf ein formales Recht Hunderte von Millionen den ehemaligen Fürsten, die in ihrer übergroßen Mehrheit die völkischen Aufgaben Deutschlands nicht erkannten, bewilligt werden«. Andererseits forderte man eine verdoppelte Propaganda gegen »die freche Verlogenheit der Linksparteien«. Außerdem sollte parallel zur Fürstenenteignung »auch die entschädigungslose Enteignung aller seit dem 1. August 1914 in Deutschland eingewanderten Ostjuden sowie die Einziehung sämtlicher seit dem 1. August 1914 eingetretenen Vermögensvergrößerungen unter besonderer Berücksichtigung der Bank- und Börsengewinne« durchgesetzt werden.[15]
Bei den parteiinternen Debatten um Hitlers oder Straßers Konzept spielten darüber hinaus außenpolitische Aspekte eine wesentliche Rolle, insbesondere die Stellung zu Rußland. Gregor Straßer empfahl eine auf der Linie des Rapallo-Vertrages liegende, zeitweilige Zusammenarbeit mit der UdSSR und behauptete, der Völkerbund, in den Deutschland 1926 aufgenommen worden war, diene allein dazu, den Versailler Vertrag »zu verewigen«. Im Kampf gegen Versailles und um eine deutsche Vormachtstellung in Mitteleuropa sei »Rußland selbstverständlich der natürliche Bundesgenosse«. Ein »nationalsozialistisches Deutschland« könne sich, wenn es um das politische Nahziel gehe, den Versailler Vertrag zu annullieren, »selbst mit dem Teufel verbinden, ohne Schaden an seiner Seele zu nehmen«.[16] Goebbels notierte euphorisch: »Lieber mit dem Bolschewismus den Untergang, als mit dem Kapitalismus ewige Sklaverei.«[17]
Was Hitler jedoch besonders mißtrauisch machte, waren jene Punkte der Auseinandersetzungen um die programmatisch-politische Orientierung der NSDAP, die ihn persönlich und seine Rolle als Parteiführer betrafen. Während er »im engeren Kreis« unumstritten als »Chef« angesehen und so auch angesprochen wurde,[18] standen ihm die in der Arbeitsgemeinschaft agierenden Gauleiter durchaus nicht fasziniert und in zustimmender Begeisterung gegenüber, wie späteren Darstellungen zu entnehmen ist. Hitler sei zwar ein begabter Agitator und »Trommler« der Partei, hieß es damals vielfach, aber kein »Politiker«, der wirklich strategisch und taktisch zu führen verstünde. Viele lehnten die Art und Weise seiner Führungstätigkeit ab und bemängelten an ihm eine hinhaltende Unentschlossenheit, das Desinteresse an der alltäglichen Parteiarbeit, seine als unausgewogen betrachtete Taktik gegenüber parlamentarischer Arbeit, aber auch den

persönlichen Lebensstil, den sich Hitler in der »feinen« Gesellschaft Münchens zugelegt hatte, schließlich sein enges Verhältnis zu umstrittenen Nationalsozialisten wie den als »Maulhelden« titulierten Esser und Streicher. Franz Pfeffer von Salomon – ein ehemaliger Freikorpsführer, der an der Spitze des westfälischen NSDAP-Gaues stand – nahm darüber hinaus Anstoß daran, daß Hitler im Kampf vom November 1923 nicht als Offizier Verantwortung getragen und bei der ersten Probe kläglich versagt habe.[19] Die Mißstimmung kulminierte in der vielzitierten, vermutlich aber falsch überlieferten, abschätzigen Äußerung des achtundzwanzigjährigen Sekretärs von Gregor Straßer und Herausgebers der »Nationalsozialistischen Briefe«, Joseph Goebbels, über die »verkalkten Bonzen in München« sowie über die Notwendigkeit, den »kleinen Bourgeois Adolf Hitler« aus der Partei auszuschließen.[20]

Dem »Chef« der NSDAP kam zu Hilfe, daß sich die Mitglieder der Arbeitsgemeinschaft nicht generell zu einem Bruch mit ihm und zur Spaltung der Partei bereitfanden. Am Ende ihrer Januar-Tagung gingen sie getreu dem Motto auseinander: »Lieber einen Führer mit Mängeln als gar keinen«.[21] Es wurde lediglich beschlossen, ihren Einfluß in der Leitung der gesamten Partei zu verstärken und die SA Hitlers Kommando zu entziehen. Doch damit war für Hitler der Rubikon bereits überschritten. Wieder einmal begann er schlagartig zu handeln und berief für den 14. Februar 1926 eine Führertagung der NSDAP nach Bamberg ein. Dank sorgfältig ausgewählter Teilnehmer – etwa 50 der rund 60 kamen aus süddeutschen Landen – blieb die Arbeitsgemeinschaft von vornherein in der Minderheit; der Programmentwurf Straßers wurde gar nicht erst zur Diskussion zugelassen.

Statt dessen beschwor Hitler in einer nahezu fünfstündigen Rede das 25-Punkte-Programm. Nur dank einer »fanatisch-nationalen Außenpolitik« könne Deutschland wieder auferstehen und ausreichend Boden erwerben. Im Interesse dieses aggressiv-expansiven Konzepts hielt er ein »Bündnis« mit der UdSSR für undenkbar. Dieses diene nicht der »Zertrümmerung des Bolschewismus« und könne außerdem zu einer »Bolschewisierung Deutschlands« führen. Im Grunde betrachtete er die Frage der Fürstenabfindung ebenfalls unter seinen außenpolitischen Orientierungen. Der »Völkische Beobachter« veröffentlichte einen relativ kurzen Auszug aus Hitlers Rede, in dem seine Auffassung, daß es für ihn »keine Fürsten, sondern nur Deutsche« gebe, zum Tragen kam. Hitler spielte die Meinungsverschiedenheiten zu Straßer noch weiter herunter, indem er der »Frage der Fürstenabfindung« eine untergeordnete Bedeutung beimaß und sie mit der Frage nach der »Farbe einer Armeebekleidung« verglich. Etwas sibyllinisch hieß es weiter: »Wir verlangen, daß den Fürsten nichts gegeben wird, was ihnen nicht gehört ... Wir dulden nicht, daß ihnen genommen wird, was ihnen gehört ...« Da, wo Straßer eine parallele Aufgabenstellung von Fürsten- und Judenenteignung sah, forderte Hitler eine direkte Unterordnung aller Probleme unter den Antisemitismus und den Antidemokratismus der Partei: »Erst mögen die nichtdeutschen 'Fürsten' des Geldes, der Börse, des Handels und der Wirtschaft enteignet werden. Nur dann, wenn eine Gewähr gegeben ist, daß die Opfer an eingezogenen Gütern dem deutschen Volke zukommen, fallen unsere Bedenken. Aber das alles ist nie in einer Novemberdemokratie denkbar.«[22]

Insbesondere Goebbels zeigte sich davon regelrecht abgestoßen. Seinem Tagebuch vertraute er an: »Ich bin wie geschlagen. Welch ein Hitler? Ein Reaktionär? Fabelhaft ungeschickt und unsicher. Russische Frage: vollkommen daneben. Italien und England naturgegebene Bundesgenossen. Grauenhaft! Unsere Aufgabe ist die Zertrümmerung des Bolschewismus. Bolschewismus ist jüdische Mache! Wir müssen Rußland beerben!!! Fürstenabfindung! Recht muß Recht bleiben. Auch den Fürsten. Frage des Privateigentums nicht erschüttern! (sic!; so im Original, K. P./M. W.) Grauenvoll! Programm genügt. Zufrieden damit. Feder nickt. Streicher nickt. Esser nickt. Es tut mir in der Seele weh, wenn ich Dich in der Gesellschaft seh!!! Kurze Diskussion. Straßer spricht. Stockend, zitternd, ungeschickt, der Gute, ehrliche Straßer, ach Gott, wie wenig sind wir diesen Schweinen da unten gewachsen! Eine halbe Stunde Diskussion nach einer vierstündigen Rede! Unsinn, du siegst! Ich kann kein Wort sagen! Ich bin wie vor den Kopf geschlagen.«[23]

In der nur eine halbe Stunde währenden Debatte wandte sich außer Feder auch Ley gegen Straßer. Dieser kapitulierte. Er verpflichtete sich, seinen Entwurf für ein neues Parteiprogramm zurückzuziehen. Dennoch wurden die Streitpunkte lediglich zugedeckt; die Fronten blieben bestehen oder formierten sich neu, bis 1930 alles wieder ans Tageslicht trat. Doch da hatte sich die Situation schon grundsätzlich zugunsten Hitlers geändert. Mit der Bamberger Tagung gelang es Hitler, der befürchteten Verselbständigung der nord- und westdeutschen NSDAP-Organisationen vorzubeugen und die Programmdiskussion offiziell zu beenden. Als sich die Leiter der Arbeitsgemeinschaft eine Woche später noch einmal ohne Münchner Vertreter trafen, nahmen sie die Niederlage hin, beschlossen aber, weiter am Ausbau ihrer Positionen zu arbeiten.[24] Daß sie dafür auch weiterhin über nicht unerhebliche und vielfach sogar aus München stammende

finanzielle Mittel verfügten, zeigte die Gründung des sogenannten Kampf-Verlages, der ab 1. März 1926 begann, in einigen nord- und westdeutschen Gauen eigene Zeitungen unter dem Hitler provozierenden Titel »Der Nationale Sozialist« herauszugeben. Für diese neuen Blätter, die zeitweilig den »Völkischen Beobachter« überflügelten, wie auch für die immer umfangreicher erscheinenden »Nationalsozialistischen Briefe« wurde intensiv und durchaus erfolgreich geworben.
Hitler entschied sich in dieser Situation für einige Arrangements zwischen den innerparteilichen Flügeln. Geschickt belohnte er einige der Widerspenstigen mit Beförderungen, die zugleich Bewährungsproben darstellten, andere hob er uneingeschränkt empor, und wieder andere verfielen seinem Unmut. Er setzte im September 1926 Pfeffer von Salomon zum neuen Führer der SA ein. Gregor Straßer avancierte zum Propagandaleiter der NSDAP, im Januar 1927 sogar zum »Reichsorganisationsleiter«. Später enthob Hitler den vielfach angefeindeten Esser seines Postens als Bezirksführer von Oberbayern und Schwaben. Kein Wunder, daß die Front der nord- und nordwestdeutschen Gauleiter weiter auseinanderbrach. Dazu trug vor allem der spektakuläre Schritt von Goebbels bei, mit dem dieser wenige Wochen nach der Bamberger Tagung in derselben Radikalität, mit der er vorher im internen Kreise der Arbeitsgemeinschaft seine Positionen gegen Hitler vertreten hatte, nun auf die Linie der Münchner Parteizentrale einschwenkte. Hitler empfing ihn im April zu einem vertraulichen Gespräch, umwarb ihn erfolgreich und ernannte ihn am 26. Oktober 1926 zum Gauleiter der NSDAP in Berlin, wo seine Partei bisher kaum Fuß gefaßt hatte und durch erhebliche Querelen geschwächt war. Die Einrichtung eines eigenen Parteigerichts, des sogenannten Untersuchungs- und Schlichtungsausschusses (Uschla), und dessen umfangreiche Tätigkeit halfen ebenfalls, die Nazipartei zu stabilisieren. Dafür fixierte die Generalmitgliederversammlung der Partei vom 22. Mai 1926 – ohne jeden Einspruch der »Linken« – noch einmal das Prinzip der Unabänderlichkeit des 25-Punkte-Programms. Wichtiger noch: Sie stärkte die Stellung Hitlers durch eine Reihe von Veränderungen in den Vereinssatzungen. Hitler bestätigte – gleichsam als Dank und noch mehr als Ausdruck seines taktischen Geschicks – den 657 Teilnehmern, die etwa 30 000 Mitglieder vertraten, daß er durchaus eine »lokale Färbung« des Nationalsozialismus in den einzelnen Ländern akzeptiere, wenn alle »im Prinzip« auf das gleiche Ziel losmarschieren würden.
Wieder einmal hatte Hitler unter Beweis gestellt, wie geschickt er zu taktieren verstand, wenn es darum ging, die Schwachpunkte seiner

Mit Pfeffer von Salomon und Rosenberg

Vormachtstellung in der Partei zu beseitigen. Sich bietende Gelegenheiten nutzte er mit sicherem Gespür. Wer ihm bei der Befestigung seiner »Führer«-Position hilfreich zur Seite stand, konnte seiner Gunst auch dann sicher sein, wenn er früher andere konzeptionelle Auffassungen als er selbst vertreten hatte oder vertrat. Er kannte zwar kaum ein Gefühl von Dankbarkeit, wohl aber prägte ein klar abwägendes Kalkül mehr und mehr auch seine persönlichen Beziehungen zu den anderen nationalsozialistischen Parteifunktionären.

Mit dem Weimarer Parteitag vom 3. und 4. Juli 1926 demonstrierte Hitler in aller Öffentlichkeit den Stand, den seine faschistische Organisation und er in ihr erreichte hatte. In der Stadt der deutschen Klassik und dem Geburtsort der geltenden Verfassung ließ er vorführen, was unter der »Legalitätstaktik« zu verstehen war. Zu den Ehrengästen zählten der Kaisersohn Prinz August Wilhelm von Preußen (»Auwi«) und der Stahlhelm-Führer Theodor Duesterberg. Um jede Diskussion und kontroverse Meinungsäußerung zu vermeiden – Anträge und Meldungen dazu lagen vor, wurden aber an Sonderkommissionen verwiesen -, gestaltete man den Parteitag als eine Kundgebung, umrahmt von Aufmärschen, Appellen, Standarten- und Fahnenweihen mit etwa 7000 Teilnehmern, wobei erstmals die an den November 1923 erinnernde »Blutfahne« in die vielgestaltigen Rituale einbezogen wurde und Hitler den aus Italien importierten »Gruß« mit dem erhobenen rechten Arm praktizierte.

Hitlers Parteitagsrede, vom »Völkischen Beobachter« apostrophiert als eine mit »ganz große(n) Gedanken, aus einem naturhaft-mystischen Urgrund quellend«, galt bezeichnenderweise dem Thema »Politik, Idee und Organisation«. Sie enthielt allerdings nichts, was einer solchen Charakteristik entsprochen hätte, sondern lediglich den emphatisch vorgetragenen Appell, über der notwendigen »Kleinarbeit« das große Ziel nicht zu vergessen. Politik habe der Durchsetzung des deutschen Volkstums in der Welt, vor allem im Osten zu gelten. Zum Thema Organisation äußerte er eigentlich nichts anderes als den an sich banalen Gedanken, daß es einer Führung bedürfe, wenn man getrennt marschieren und zu einem gegebenen Zeitpunkt vereint schlagen wolle.[25] In Hitlers Konzept, das er in seiner Gesamtheit nur angedeutet, aber nicht detailliert ausgeführt hatte, spielte dennoch der Ausbau der NSDAP zu einer umfassenden, klar strukturierten und breit gefächerten »Kader«-Organisation eine ausschlaggebende Rolle. In dieser sah er das wichtigste Mittel, sein Konzept »legal« zu realisieren und damit auch sich selbst den immer lautstärker beanspruchten Platz innerhalb der bestehenden Ordnung sichern zu können.

Vor dem Beginn der SA-Parade während des Parteitages 1926 in Weimar

Wie ernst es Hitler in diesen Jahren mit der Durchsetzung seines Organisationskonzepts war, geht auch aus der Tatsache hervor, daß sich der NSDAP-Parteitag von 1927 erneut damit befaßte. Erstmalig fand in dessen Rahmen eine Sondertagung zu Organisationsfragen statt. Einen Antrag zur Umbenennung der Partei in »Bewegung« schmetterte er regelrecht ab, indem er schlicht und einfach empfahl, die entsprechenden Passagen seines Buches zu lesen. Außerdem hob er wieder einmal den Zentralismus als entscheidendes, wenngleich nur langsam durchsetzbares Prinzip hervor. Seine Warnung vor zu vielen Mitgliederversammlungen hing sicher mit der These zusammen, daß es »kein deutsches Volk« mehr gebe, sondern nur noch »marxistische Menschenmassen«.[26] In seiner Rede vom 9. November 1927 sah er sich veranlaßt, einen Pflock zurückzustecken: »Ideen brauchen, um zu bestehen, Organisationen, genauso, wie religiöse Gefühle stets durch Kirchen erhalten werden, religiöse Überzeugungen in Konfessionen sich verankern. Allein wehe, wenn der Inhalt eines Tages zur Nebensache wird und die Organisation, die Form zur Hauptsache. Wehe, wenn bei irgendeiner Idee die Organisation, sei es eine Partei oder

Kirche oder ein Staat, Selbstzweck wird, und der Inhalt, der lebendige Inhalt, hinuntersinkt von einem Zweck zu einem ganz kleinen Mittelchen.«[27]

Obwohl Ende 1926 die Zahl der NSDAP-Mitglieder von Anfang November 1923 noch nicht wieder erreicht worden war, setzte Hitler dennoch durch, einen parteieigenen Apparat wie für eine Millionenorganisation aufzubauen. Die Räume der Münchner Parteizentrale wurden schon 1926 beträchtlich erweitert. Hitler, der sich sonst kaum um verwaltungstechnische Fragen kümmerte, ließ eine zentrale Kartei einrichten, die alle Mitglieder nach mehreren Registraturprinzipien erfaßte. Das Netz der Abteilungen und Unterabteilungen geriet immer feinmaschiger. Auf allen Ebenen setzte er hierarchisch-bürokratische Prinzipien durch, insbesondere in den Beziehungen der Zentrale zu den Gauleitungen und den Ortsgruppen. Die Zentralisierung aller Entscheidungsbefugnisse war auch mit Hitlers konsequenter Ablehnung aller Versuche verbunden, in der Partei kollektive Führungsorgane – z. B. nach dem Modell des »Senats« der italienischen Faschisten – zu schaffen.

Ab 1926 veranlaßte Hitler, daß neben der Parteiorganisation und den relativ selbständigen SA-Standarten weitere nationalsozialistische Verbände gegründet wurden. Diese bekamen spezielle Aufträge übertragen und sollten helfen, gezielt unter bestimmten Bevölkerungsgruppen Einfluß zu gewinnen. Den Auftakt bildete die Gründung des Nationalsozialistischen Studentenbundes am 14. Februar 1926, der bereits 1928 bei den Wahlen zu den studentischen Ausschüssen an den Universitäten und Hochschulen beachtliche Stimmengewinne für sich verbuchen konnte. Am 4. Juli 1926 entstand die Hitlerjugend (HJ), die aus der 1925 zunächst in Sachsen geschaffenen »Großdeutschen Jugendbewegung« hervorging. Wie die SS, die nach seinen Vorstellungen die »Elite« der Nationalsozialisten erfassen sollte, agierte sie zunächst im Rahmen der SA. 1927 beschloß der erstmals in Nürnberg durchgeführte Parteitag die Bildung einer »Nationalsozialistischen Wissenschaftlichen Gesellschaft«. Ihr wies Hitler die Aufgabe zu, die eigene Ideologie »in Kreise zu tragen, die durch Massenversammlungen im allgemeinen nicht erfaßt werden« konnten. Diese Organisation trat seit 1928 unter dem Namen »Kampfbund für deutsche Kultur« und unter Rosenbergs Leitung an die Öffentlichkeit. Es wurde auch damit begonnen, Anhänger unter den im Ausland lebenden Deutschen zusammenzufassen.

In den Jahren 1928/29 formierten sich außerdem noch der Nationalsozialistische Lehrerbund, der Bund Nationalsozialistischer Deutscher Juristen, der Nationalsozialistische Deutsche Ärztebund und der Nationalsozialistische Schülerbund. Als »Deutscher Frauenorden Rotes Hakenkreuz« wurden die von Elsbeth Zander geführten Frauengruppen der Nazis 1928 eine Gliederung der Partei, wobei dieser wie auch die spätere Nationalsozialistische Frauenschaft eine eher untergeordnete Rolle spielte.

Hitler hielt es nicht für notwendig, eine eigenständige nationalsozialistische Bauernorganisation aufzubauen, obwohl gerade mit der 1927/28 in Deutschland einsetzenden Agrarkrise der Anteil von Bauern unter den Mitgliedern der Nazipartei rapide zunahm; erst 1930 beauftragte er Walther Darré, einen eigenständigen »Agrarpolitischen Apparat« in der Reichsleitung der NSDAP zu schaffen. Vehement wehrte sich Hitler gegen eine organisationsspezifische Bindung von Arbeitern an die Nazipartei und gegen die Bildung eines eigenen Betriebszellenverbandes, obwohl es schon seit 1927 einige nationalsozialistische Betriebszellen, z. B. in Berlin, gab. Erst im Rahmen des »Reichsparteitages« von 1929 kam es zu einer Sondertagung für Gewerkschaftsfragen, die eine Zusammenfassung der Betriebszellen beschloß.

Im wesentlichen entstand bereits 1928/29 ein eigenständiges Verbändesystem innerhalb und neben der NSDAP; auf seinem Strukturschema – bewußt als Spiegelbild des damaligen bürgerlichen Verbändewesens in Deutschland geschaffen – bauten auch alle späteren Veränderungen auf. Hitler gab offen zu erkennen, daß er die NSDAP auch mit Hilfe zahlreicher Teilorganisationen »immer deutlicher zu einem *werdenden Staate* (zu) entwickeln« trachtete[28] und so auf ihre parteipolitische und organisatorische Rolle in einer kommenden Diktatur vorbereiten wollte. Solange die Partei eine Minorität darstelle, müsse sie über eine straffere Organisation als die Majorität verfügen und dafür sorgen, *»daß ihre Parteigrundsätze einst Staatsgrundsätze werden«*.[29]

Ebenso ging es ihm um ein höheres Maß an innerer Geschlossenheit und Stabilität der NSDAP, als es anderen Parteien der Weimarer Republik, die eher alles an den Ergebnissen parlamentarischer Wahlen und Tätigkeit maßen, möglich sein konnte. Von diesen wurde Hitlers Organisation unterschätzt; man nahm sie weder als gegnerische noch als konkurrierende Partei ernst und bespöttelte sie allenfalls. Dies sollte sich jedoch bitter rächen ...

Der systematisch betriebene Auf- und Ausbau der NSDAP führte bereits ab Mitte der 20er Jahre zu einem stetigen Ansteigen der Mitgliederzahl. Jedoch blieb diese noch relativ weit hinter der anderer Parteien zurück, wobei die DNVP über ca. 700 000, die DVP über ca. 400 000 und die DDP über ca. 120 000 Mitglieder verfügten. Die NSDAP gab bekannt, am 1. Oktober 1928 das Mitgliedsbuch mit der Nummer 100 000 und im September 1929 das mit der Ziffer 150 000 ausgestellt zu haben. Die tatsächliche Zahl der Mitglieder war allerdings etwas niedriger, da die Ausweise fortlaufend, unter Auslassung mehrerer Zahlenblöcke und ohne Rücksicht auf die zahlreichen Austritte usw. numeriert wurden. Von denen, die in den Jahren 1925 bis 1929 der Nazipartei beitraten, wohnten 42,6 Prozent auf dem flachen Land und 28,4 Prozent bzw. 28,9 Prozent in Klein- bzw. Großstädten. Aus den nicht immer sehr konkret gehaltenen Angaben sind folgende Anteile berechnet worden: Handwerker 26,7 Prozent, ungelernte Arbeiter 16,9 Prozent, Kaufleute 13,6 Prozent, untere und mittlere Angestellte 13,6 Prozent, Facharbeiter 9,2 Prozent, Landwirte 8,1 Prozent, Studenten und höhere Schüler 4,3 Prozent, untere und mittlere Beamte 3,8 Prozent, Unternehmer 1,6 Prozent, leitende Angestellte 1,0 Prozent und Akademiker 0,5 Prozent.[30] Neben dem auffällig hohen Anteil von Angehörigen verschiedener proletarischer Schichten, der sich in den folgenden Jahren noch vergrößerte, durfte die NSDAP vor allem als eine »junge« Partei gelten; 1933 waren 42 % aller Mitglieder im Alter zwischen 16 und 28 Jahren.

Zeitgenossen begleiteten die Aktivitäten Hitlers und der NSDAP häufig mit der Frage nach deren finanziellen Quellen; verständlich in einem Gesellschaftssystem, in dem sich nahezu alles nach kapitalistisch-marktwirtschaftlichen Prinzipien regelte. Allerdings resultierte daraus bei zahlreichen Antifaschisten die Überbetonung aller Fragen, die mit den generösen Geldspenden zusammenhingen. Zweifellos hat es Spenden in großer Höhe gegeben, und ihre Wirksamkeit darf nicht zu gering veranschlagt werden. Für den Aufstieg Hitlers an die Macht bedeuteten sie jedoch nur einen Faktor unter vielen anderen. Hitler kam ebenso alles recht, was es in der deutschen Gesellschaft, insbesondere in den mächtigen Wirtschaftseliten und in der Staatsbürokratie, an großzügiger Duldung und stillschweigendem Umgehen gesetzlicher Vorschriften, an tatenloser Hinnahme der von ihm veranlaßten Terrorakte und verständnisvollen Entschuldigungen seiner zahllosen Verstöße gegen die Weimarer Verfassung, an diskreten Empfehlungen zur Verbesserung von Programm und Taktik, an ständigen Einbeziehungen in den großen Kreis der revisionistisch-chauvinistischen Organisationen sowie an fördernd-fordernder Anerkennung seines militant-terroristischen Antimarxismus gab. Solche Faktoren, die in ihrer Komplexität das Verhältnis der damals herrschenden Kreise Deutschlands zu Partei und Person Hitlers ausmachten, erhöhten das Gewicht der gezahlten Beträge, die im einzelnen nicht immer sehr groß waren und häufig unter denen lagen, die in die Kassen anderer Parteien flossen.

In auffälliger Weise nahmen bereits ab Mitte der zwanziger Jahre die Kontakte zwischen der NSDAP-Führung und einer Reihe von Angehörigen der deutschen Wirtschaftseliten zu. Hitler bemühte sich, unterstützt vor allem von Göring und Heß, intensiv um Vortragsveranstaltungen und Gespräche. Zu ihnen erschienen im Laufe der Zeit immer mehr der geladenen Gäste, obgleich sich nur ein relativ kleiner Teil der Industriellen für ihn erwärmen wollte. Im Gegensatz zu der abwiegelnden Meinung, Hitler habe ja nur »gelegentlich« mit Großindustriellen gesprochen,[31] bedeutete jedes derartige Treffen sowie das in der Regel mit viel Lob verbundene Anhören seiner Vorträge eine enorme Aufwertung seiner Person durch »gehobene« Kreise. Er sah sich in seiner Rolle als »Führer« bestätigt und erfuhr eine weitere Stärkung seines ohnehin schon vorhandenen Selbstverständnisses. Die Kontakte erwiesen sich für ihn in jeder Hinsicht als nützlich. Durch sie erhielt er Rückendeckung sowohl innerhalb als auch außerhalb der NSDAP, sie stärkten sein öffentliches Ansehen, seinen Platz an der Spitze der faschistischen Bewegung und halfen nicht zuletzt, auch die Kassen der NSDAP zu füllen. Hitler war zweifellos kein »Werkzeug« der deutschen Großindustrie oder auch nur eines ihrer Teile, er stand ihnen vielmehr als Politiker und Bittsteller, als Verkünder eines Programms und als Verfechter eines Konzepts gegenüber, das zwar wegen seiner Radikalität auf Zweifel stieß, in seinem Wesen jedoch Zustimmung und Anerkennung fand, weil es in seinem Kern ein bürgerliches war.

Fast auf den Tag genau ein Jahr nach der Wiedergründung der NSDAP und zwei Wochen nach der Bamberger Führertagung referierte Hitler vor dem exklusiven »Hamburger Nationalclub«. Es waren an diesem 28. Februar 1926 mehr Gäste anwesend als bei den sonstigen Veranstaltungen dieses Klubs – Reeder, Kaufleute, Industrielle und andere, die alle nationalkonservativer Gesinnung frönten. Die Leitung des Klubs lobte Hitler ausdrücklich ob seines mannhaften Eintretens »für seine Überzeugung«. Dieser zeigte sich seinerseits »wirklich glücklich und dankbar«[32], eingeladen worden zu sein. Mit Recht ist davon gesprochen worden, daß diese Hamburger Rede Modellcharakter für alle weiteren Vorträge trug, die Hitler in diesen Kreisen halten durfte.[33] Am 18. Juni und am 3. Dezember 1926 sprach er vor einem größeren Kreis geladener Industrieller in Essen, am 1. Dezember in Königswinter. Das Essener Publikum erlebte ihn wieder am 27. April und am 5. Dezember 1927.

In seinen Reden vor solcher Zuhörerschaft propagierte er hauptsächlich den Antimarxismus seiner Partei – der Antisemitismus blieb ausgespart. Am »Nichterkennen der marxistischen Gefahr« sei Deutschland 1918 zugrunde gegangen, erklärte er apodiktisch in Hamburg.[34] Die Aussichten einer »deutschen Wiedergeburt« seien »traurig und trostlos«. Deutschland könne keinen Krieg führen, es sei nicht nur entwaffnet, sondern an ihm hafte »das Bleigewicht von 15 Millionen Marxisten, Pazifisten, Kommunisten ...«[35] Stürmischer Beifall – so vermerkten es die Protokollanten und Berichterstatter – wurde ihm nach den folgenden Aussagen zuteil: »Wenn man begriffen hat, daß die Schicksalsfrage darin besteht, daß der Marxismus gebrochen wird, dann muß auch jedes Mittel recht sein, das zum Erfolg führen kann. Das ist das erste: eine Bewegung, die das durchführen will, muß sich an die breite Masse wenden, an die Masse, mit der der Marxismus selbst kämpft. Eine solche Bewegung kann sich nur an die Mannesfaust wenden, die weiß, man kann Gift nur durch Gegengift brechen. Diese Bewegung kann nur dasselbe tun. Entscheiden muß der härtere Schädel, die größte Entschlossenheit und der größte Idealismus.«[36]
Die geladenen Herren der Wirtschaft reagierten häufig, vor allem gegen Ende der Veranstaltungen, mit Ovationen und Heilrufen.[37] Vieles von dem, was ihnen Hitler offerierte, entsprach weniger der eigenen Sicht auf die Lage der deutschen Wirtschaft, die sie nicht so pessimistisch beurteilten wie er, weitgehend aber den eigenen antidemokratischen Ideen, die sie der Weimarer Republik und dem (angeblich) regierenden Marxismus feindlich gegenüberstehen ließ.
Die nationalsozialistischen Parolen fanden durchaus offene Ohren, wenn sie sich mit Zukunftsvorstellungen von einem auf den Weltmärkten erstarkten Deutschen Reich trafen. Willkommen war alles, was erfolgreiche Formen und Mittel für die Beherrschung der Massen versprach. Natürlich tauchten dabei auch Bedenken auf. Die Skepsis äußerte sich in mancherlei Hinsicht: Würde es wirklich gelingen, die seit der Novemberrevolution als national unzuverlässig eingeschätzten Arbeitermassen zu »nationalisieren«? Wie würde die NSDAP als eine »Arbeiterpartei« tatsächlich im Interesse der Unternehmer und ihres Gewinnstrebens funktionieren können? Welcher Art wären die »Garantien« gegen mögliche Versuche der von ihr mobilisierten Anhänger, den Kurs des »Führers« zu konterkarieren, falls er in seinen machtpolitischen Bestrebungen erfolglos bliebe? Doch dazu konnten jeweils nur spekulative Überlegungen angestellt werden. Erst die politische Praxis konnte deren Richtigkeit oder Überflüssigkeit erweisen.

Es kann als sicher gelten, daß Hitler seinen zweiten Vortrag vor Industriellen in Essen bewußt solchen Fragen widmete, obwohl wenig Genaues darüber bekannt geworden ist. Die »Rheinisch-Westfälische Zeitung« berichtete unter dem Titel »Führer und Masse« und zeigte sich überrascht, daß der Vortragende, der »bekanntlich selbst ein begnadetes, rednerisches Talent« sei, dabei unter anderem Gelegenheit genommen habe, einen längeren Teil seiner Ausführungen der »*Bedeutung und dem Wesen des Volksredners als Massenführer in der heutigen Zeit* zu widmen«. Hitler bemühte sich insbesondere, seinen Typus als den eines aus der Masse selbst erwachsenden »Massenführers« herauszustellen und vom landläufigen Bild eines Demagogen abzugrenzen. Letzterer wolle entgegen der »eigenen Überzeugung« und aus einem »beruflichen Lebenserhaltungsdrange« heraus die Masse lediglich »*ver*führen«.[38]
Eine der zentralen Figuren im Beziehungsgeflecht zwischen Hitler und den völkisch-nationalkonservativ gesinnten Teilen der deutschen Wirtschaft war der Montanindustrielle Emil Kirdorf. Als Vorstandsvorsitzender der großen Gelsenkirchener Bergwerks AG hatte dieser selbst die Politik Wilhelms II. gegenüber der Sozialdemokratie als »gefährlich radikal« bezeichnet. Der Kontakt des achtzigjährigen, aber immer noch agilen Unternehmers zu Hitler erfolgte nach Vermittlung von Frau Bruckmann, die sich erklärtermaßen zum Ziel gesetzt hatte, Hitler mit führenden Männern der Industrie zusammenzubringen. Nach einer privaten Begegnung mit Hitler, die am 4. Juli 1927 im Münchner Hause der Bruckmanns stattfand, trat Kirdorf am 1. August 1927 der NSDAP bei. Kirdorf, in fast allen besprochenen Punkten mit Hitler einer Meinung, forderte diesen auf, eine Denkschrift in konzentrierter Form zu verfassen. Mit ihrer Hilfe wollte er auch anderen Herren des Rhein-Ruhr-Reviers das Programm der NSDAP verdeutlichen und ans Herz legen. Hitler schrieb daraufhin eine geheime (in Deutschland erst 1972 veröffentlichte[39]) Broschüre, der er den bezeichnenden Titel »Der Weg zum Wiederaufstieg« gab. Über sie konnte er schließlich am 26. Oktober 1927 mit 14 führenden Industriellen in Kirdorfs Villa »Streithof« debattieren.
Hitler beschäftigte sich in dieser Zeit intensiv mit wirtschaftspolitischen Fragen, mit den politischen Schranken und Hemmnissen, die einer Ausdehnung der deutschen Wirtschaft entgegenstanden. In den Unternehmerkreisen, die er zu gewinnen hoffte und die die von ihm bezeichneten politischen Rahmenbedingungen ähnlich sahen, wurden aber vor allem klare Aussagen zu seiner Haltung gegenüber dem Privateigentum sowie zu deren umstrittenem Platz in der NSDAP verlangt. Was Hitler in

seiner Ausarbeitung für Kirdorf an Gedanken niederlegte, enthielt wenig von den wirtschaftlichen Forderungen des 25-Punkte-Programms und ebenso kaum etwas aus den recht oberflächlich geratenen wirtschaftspolitischen Teilen in »Mein Kampf«. Eher stimmten sie mit jener berühmten Rede überein, die er fünf Jahre später als Gast des Düsseldorfer Industrieklubs halten durfte und die für seinen Weg an die Macht eine wichtige Rolle spielen sollte.

Lange vor dem Ausbruch der Weltwirtschaftskrise formulierte er in der »Wiederaufstiegs«-Broschüre[40] Analysen und Konzepte, die kaum detaillierte Kenntnisse wirtschaftlicher Probleme verrieten. Er wurde selten konkret, sondern äußerte sich vor allem und immer wieder zu den politischen Schranken, die nach seiner Auffassung einem wirtschaftlichen Aufschwung im Wege stünden, zu den Hemmnissen, die aus dem Versailler Vertrag erwüchsen sowie zu den negativen Folgen von Marxismus und »westisch-jüdischer« Demokratie. Solche Gedanken entsprachen vielfach den langfristig-außenwirtschaftlichen, expansiven Interessen deutscher Industrieller, insbesondere denen aus der Schwerindustrie. Zugunsten einer künftigen deutschen Weltmachtposition setzte sich Hitler kritisch mit den als »Optimisten« bezeichneten Kräften des Kapitals auseinander, die mehr oder weniger zufrieden die Auffassung verträten, es sei im Verlauf des konjunkturellen Aufschwungs seit 1924 schon viel erreicht. Für eine wirkliche »Konsolidierung« und »Sanierung« der Wirtschaft sei jedoch mehr vonnöten: »Das schwierigste Problem für die Zukunft wird aber keineswegs die Steigerung der Produktion sein, als vielmehr die Organisation des Absatzes.«

Als politische Voraussetzung für den nur mit »der Kraft des Schwertes« zu erreichenden deutschen Wiederaufstieg sah er »die Bildung eines einheitlichen Nationalkörpers« und »die restlose Einbeziehung des sogenannten vierten Standes in die Volksgemeinschaft« an. Seine Partei wünsche zu diesem Zwecke, daß die »Millionenmasse unseres Volksgutes aus den Händen ihrer derzeitigen internationalen, meist undeutschen Verführer und Leiter genommen wird und ihre volle Eingliederung in den Rahmen der Nation und des Staates findet. Sie vollzieht zunächst diesen Prozeß vorbildlich in ihren eigenen Reihen und liefert damit den Beweis für die Möglichkeit der Durchführung dieses Entschlusses. Sie sieht dabei die Erfüllung sozial berechtigter Ansprüche als selbstverständliche, in Wahrheit überhaupt nur scheinbare Konzessionen an, denen der immense Wert einer die gesamte Nation umfassenden innigen Gemeinschaft Aller und der daraus entsprießenden Kraft gegenübersteht.« Hitlers Pamphlet schloß

mit dem Gedanken, daß die nationalsozialistische Organisation »keine parlamentarische Partei« sei und als ein »Staat im Staate« heranwachse. Sie werde sich der Reichswehr und dem traditionellen Preußentum »in demselben Maße nähern, in dem der offizielle Staat völkisch korrupter, persönlich entwertet und pazifistisch feiger wird«.
Obwohl Kirdorf 1928 zornerfüllt wieder aus der NSDAP austrat, weil ihm die in seinem Revier vertretenen antikapitalistischen Forderungen dortiger Parteivertreter zu weit gingen und er in der DNVP unter Hugenbergs Führung bessere parteipolitische Voraussetzungen sah, unterstützte er die Nationalsozialisten weiterhin tatkräftig und generös. Dem Ansehen Hitlers tat sein Austritt keinen Abbruch. Auf dem Nürnberger Parteitag von 1929 erschien Kirdorf sogar wieder als Ehrengast. Voll des Lobes bedankte er sich danach in einem ausführlichen Brief bei Hitler und sprach von seinem Stolz darauf, daß diesem »Ehrungen und Huldigungen« dargebracht worden wären, »wie sie in gleicher Weise kaum einem gekrönten Herrscher zuteil geworden sind«.[41]
Dank Kirdorfs Vermittlung schaltete sich seit 1928 erneut Fritz Thyssen in die großindustriellen Unterstützungs- und Finanzierungsaktionen zugunsten der NSDAP ein. Ihm war es zu danken, daß sich zu Beginn des Jahres 1929 Hitlers finanzielle Situation spürbar verbesserte, aber auch, daß die Partei, unter Einbeziehung holländischer Banken, das Barlow-Palais in einer der vornehmsten Gegenden Münchens erwerben und zum (1931 offiziell eröffneten) »Braunen Haus« ausbauen konnte. Aber auch andere Unternehmer und Wirtschaftspolitiker verstärkten die Reihen der Partei und trugen zu deren Finanzierung bei. Im Frühjahr 1927 trat ihr Wilhelm Keppler bei, ein Leiter der Chemischen Werke GmbH, der kurze Zeit später zu Hitlers wirtschaftspolitischem Berater avancierte und eine koordinierende Rolle spielte. Otto Dietrich, Wirtschaftsredakteur der deutschnationalen »Münchner-Augsburger Abendzeitung«, wurde ebenfalls bereits 1927 Mitglied. Durch seine verwandtschaftliche Beziehung mit Theodor Reismann-Crone, der die »Rheinisch-westfälische Zeitung«, das politische Sprachrohr der Bergbaumonopole, herausgab, stärkte er die Verbindung der Nazis zu mehreren Ruhrmagnaten.
Bereits in den Gesprächen mit Kirdorf hatte eine Rolle gespielt, daß aus der Sicht der Unternehmer im Programm der NSDAP keine eindeutige Stellung zum Privateigentum erkennbar war. Am 13. April 1928 gab Hitler schließlich eine Erklärung ab, die nicht allein das Verhältnis seiner Partei zu den direkt angesprochenen großagrarischen Gesellschaftsschichten in Deutschland betraf: »Gegenüber den verlogenen Auslegungen des Punk-

tes 17 des Programms der NSDAP von seiten unserer Gegner ist folgende Feststellung notwendig: Da die NSDAP auf dem Boden des Privateigentums steht, ergibt sich von selbst, daß der Passus 'Unentgeltliche Enteignung' nur auf die Schaffung gesetzlicher Möglichkeiten Bezug hat, Boden, der auf unrechtmäßige Weise erworben wurde oder nicht nach den Gesichtspunkten des Volkswohls verwaltet wird, wenn nötig, zu enteignen. Das richtet sich in erster Linie gegen die jüdischen Grundspekulationsgesellschaften.«[42] Diejenigen unter den deutschen Großagrariern, die sich der Hitlerpartei verbunden fühlten, mußten nun nicht mehr befürchten, daß ihr Eigentum an Grund und Boden vielleicht doch einmal angetastet werden würde. Geschickt hatte Hitler die Gelegenheit vor allem genutzt, seine grundsätzliche Akzeptanz des Privateigentums kundzutun; sozialpolitischen Schwärmern und antikapitalistischen Demagogen waren damit in der NSDAP neue Grenzen gesetzt.

Bei den Reichstagswahlen vom 20. Mai 1928, zu deren Gewinnern hauptsächlich die SPD gehörte und die zu einer Reichskanzlerschaft des Sozialdemokraten Hermann Müller führten, zahlten sich alle Aktivitäten Hitlers, einen größeren Einfluß auf die Massen und zugleich Vertrauen unter den Mächtigen der Wirtschaft zu gewinnen, noch nicht aus. Die NSDAP erhielt lediglich 810 000 Stimmen (2,6 Prozent) und 12 Mandate. Das waren 11 Prozent weniger als bei den Wahlen vom Dezember 1924. Allerdings fielen die Stimmenverluste aller anderen bürgerlichen Parteien, hauptsächlich die der DNVP (24 Prozent), weitaus größer aus. Über ihrem durchschnittlichen Wahlergebnis lagen die Nazis in den Städten mit überwiegend kleinbürgerlicher Sozialstruktur und vor allem in protestantisch-ländlichen Gebieten. In einigen Wahlkreisen kamen sie fast auf das Doppelte ihres allgemeinen Ergebnisses. Am besten schnitten sie mit 8,1 Prozent in Franken, 6,2 Prozent in Oberbayern/Schwaben, 5,6 Prozent in der Pfalz und 5,2 Prozent im Wahlkreis Weser-Ems ab. Bei den gleichzeitigen Landtagswahlen stimmten in Bayern 6,1 Prozent und in Oldenburg 7,5 Prozent für sie, in Preußen dagegen nur 1,8 Prozent.

Hitler gab vor, mit den Wahlergebnissen zufrieden zu sein. Was er als Erfolg hinstellte, galt allerdings Gregor Straßer in einer Wahlanalyse als Anlaß zu schonungsloser Kritik. Dieser hielt es für dringend erforderlich, »Art und Inhalt unserer bisherigen Arbeit ... zu untersuchen und zweckentsprechend zu verbessern«. Der Marxismus, den man eigentlich nicht nur besiegen, sondern sogar überwinden wollte, habe seinerseits einen Sieg errungen. Die nationalsozialistischen Wähler würden überwiegend aus kleinbürgerlichen, z. T. aus bäuerlichen Schichten stammen. Die einen

Führertagung 1928 in der Geschäftsstelle der NSDAP, dem Dachgeschoß des Hinterhauses der Münchner Schellingstraße Nr. 50

seien wegen des Antisemitismus, die anderen wegen des Nationalismus der Partei gekommen, aber »der proletarische Prozentsatz, den unser Sozialismus zu uns geführt« hat, sei viel zu klein geblieben.[43] Viele Nationalsozialisten ließen sich auch nicht durch die Erwartungen täuschen, die sich daran knüpften, daß unmittelbar nach den Mai-Wahlen in einer Reihe von Ländern die bestehenden Verbote der NSDAP bzw. die für das öffentliche Auftreten Hitlers aufgehoben wurden. Tasächlich meinten (un)verantwortliche Politiker, die Wahlergebnisse als Zeichen eines Unterganges der faschistischen Partei deuten zu können; selbst die zentralen Presseorgane der SPD und der KPD hielten es wie viele andere Zeitungen nicht einmal für nötig, auf den Stimmenanteil der NSDAP einzugehen und ihn in ihre Wahlanalyse einzubeziehen.
Mit der fadenscheinigen Begründung, es sei kein Geld dafür vorhanden, sagte Hitler den geplanten Reichsparteitag ab. Statt dessen berief er für Ende August und Anfang September 1928 eine Führertagung nach München ein, deren Aufgabe er jedoch in seiner Eröffnungsrede erheblich begrenzte: Für »breite Erörterungen prinzipieller Natur« sei sie unzuständig,

Grundprobleme sollten in einer politischen Partei ebensowenig wie Fragen der Weltanschauung und Religion diskutiert werden. Er nahm es in Kauf, daß die Stimmung der Beteiligten recht flau blieb. Ein Beteiligter meinte im nachhinein sogar, die Tagung sei im Sande verlaufen. Zwar habe es – im Gegensatz zu sonstigen Führertagungen, die eher Befehlsempfängen glichen – zahlreiche Anfragen gegeben, seien offene Worte gefallen, doch stets hätten die Anwesenden auf ein klärendes Wort von Hitler gewartet. Dieser habe jedoch nur manchmal mit dem Kopf genickt oder ihn geschüttelt und sich in gespielter Langeweile zurückgehalten. Bald habe sich »aller Teilnehmer eine lähmende Gleichgültigkeit bemächtigt«.[44] Dafür tönte Hitler in der Generalmitgliederversammlung am Abend des 31. August vor etwa 1200 Teilnehmern ellenlang über die Geschichte der NSDAP und seines eigenen Wirkens in ihr – damals schon von vielen als immer wiederkehrende »Parteierzählung« belächelt. Auf das Wahlergebnis ging er kaum ein. Er nannte es an einer einzigen Stelle und bezeichnete es als hervorragend, weil auf jedes Parteimitglied zehn Wähler gekommen seien. Ebenso blaß fiel das Schlußwort zur Führertagung am 2. September aus, das der »Zukunftsarbeit der Bewegung« galt.[45]

In den relativ kurzen parteioffiziellen Veröffentlichungen der Reden, die Hitler Ende August und Anfang September 1928 hielt, überwogen kampfbetonte Appelle an die Mitglieder der NSDAP, sich angesichts geringer Erfolge und innerer Schwierigekeiten nicht entmutigen zu lassen. Das Ausfallen des Parteitages begründete er direkt mit dem Hinweis, daß es sehr schwer sei, »Parteimitglieder zu gewinnen und eine Bewegung aufzubauen«.[46] Eine Generalmitgliederversammlung müsse aber nun einmal durchgeführt werden, da das Bürgerliche Gesetzbuch und das Vereinsgesetz »keine Ausnahmen« gestatten würden. Das selbst formulierte Ziel, bei dieser Gelegenheit »auch zu sagen, was noch geleistet werden muß«,[47] verfehlte er. Der »Chef« blieb auffallend allgemein: Man habe sich von »der Verparlamentarisierung unseres gesamten öffentlichen Lebens« freizuhalten, die gesamte Kraft sei auf den »*Kampf nach außen*« zu konzentrieren. Immer wieder forderte er »ein Höchstmaß an innerer Disziplin, Festigkeit, Kampfkraft, kurz an Energie«.[48] Weil die Partei nur ein Mittel zum Zweck sei, könne »der höchste Einsatz bedenkenlos« verlangt werden. In einem Atemzug erklärte er, es nicht verantworten zu können, Menschen für die nationalsozialistische Bewegung sterben zu lassen, aber Partei und SA seien dennoch als eine »*Opfergemeinschaft*« zu verstehen, deren Mitglieder »den Führergedanken« und den Kampf um die Lebensziele des deutschen Volkes »bis zur letzten Konsequenz« durchzusetzen hätten.[49] Sieger in den Kämpfen nach innen und außen werde »die Truppe, die eine gemeinsam aufgegebene Parole blind befolgt ... *Es gibt kein Mitleid auf dieser Welt.*«[50]

Dennoch wurde in der nationalsozialistischen Presse und von den meisten seiner Anhänger jedes Wort bejubelt, das von Hitlers Lippen kam. Gleich, was er sagte oder verschwieg, allein sein Auftreten machte ihn bereits zu *der* Integrationsfigur der Partei und reichte aus, unzufriedene Parteigenossen zur Räson zu bringen. Wo er Mitte der zwanziger Jahre noch hatte Kompromisse machen müssen, konnte er die Partei nun trotz schleifender Zügel selbst durch sein Schweigen oder die Behandlung völlig anderer Themen im Zaum halten. Obwohl manche der nationalsozialistischen Funktionäre angesichts dieses Verhaltens äußerst unzufrieden waren, hielt man ihm gegenüber still. Achtung und Furcht, Disziplin und Sorglosigkeit, Ergebenheit und Zukunftsorientierung, Hoffnung und machthungrige Blindheit – alles in allem bestimmte ein Gemisch widersprüchlicher Gefühle ihre Reaktion. Die kultische Einstellung gegenüber dem »Chef«, die sich herausgebildet und verfestigt hatte, ließ eine offene Auseinandersetzung um dessen Verhalten kaum noch zu. Kritisches wurde zwar niedergeschrieben, so z. B. am 1. Oktober 1928 von Walter Buch, dem Vorsitzenden des Untersuchungs- und Schlichtungsausschusses der NSDAP. Im Entwurf eines Briefes formulierte er, »aufgrund der sich in letzter Zeit häufenden Dinge« den Eindruck gewonnen zu haben, »daß Sie, Herr Hitler, allmählich zu einer *Menschenverachtung* kommen, die mich mit banger Sorge erfüllt. Ich glaube nicht, daß ein Mensch auf die Dauer eine Aufgabe erfüllen kann, die das Schicksal in Jahrhunderten einmal einem Menschen auflädt, der schon in jungen Jahren von einer Menschenverachtung erfüllt ist, wie ich sie glaube, in letzter Zeit aus Ihrem Wesen gespürt zu haben.«[51] Den Quellen kann jedoch nicht entnommen werden, ob Hitler diesen Brief jemals erhalten hat ...

Kapitel 7

Juniorpartner und »Zauberlehrling« 1929 bis 1931

Um die Jahreswende 1928/29 trübten nur wenige dunkle Wolken den politischen Himmel über Hitler. Er stand weitgehend unbestritten an der Spitze einer in sich geschlossenen, einsatzbereiten und kampfeswütigen Partei, die trotz der noch geringen parlamentarischen Präsenz zu einem nicht mehr zu übersehenden Faktor im rechten Spektrum des Weimarer Parteienwesens heranwuchs. NSDAP und SA waren für zu erwartende neue Auseinandersetzungen besser gerüstet, als zahlreiche Beobachter annahmen. Das unermüdliche Bemühen sowohl um die Gewinnung eines Massenanhangs als auch um das Vertrauen ökonomisch Mächtiger, auf deren Interessen und politisch-orientierendes Wort es in der deutschen Gesellschaft durchaus ankam, sollte sich bald auszahlen. Denn Deutschland geriet in Bewegung, ja in vielem deuteten sich sogar tiefe Strudel neuer Krisen an. Spannungen aller Art tauchten auf. Neue Gruppen und Parteien begannen sich zu formieren, die weit verbreitete antiparlamentarische und parteienverdrossene Stimmung dadurch noch erheblich verstärkend. Die wirtschaftlichen Schwierigkeiten, die sich vor allem in einer für bisherige Konjunkturzeiten ungewöhnlich hohen Zahl an Arbeitslosen offenbarten, ließen rasche Auswirkungen und in ihrem Gefolge auch politische Veränderungen eigentlich nur noch eine Frage des Zeitpunktes sein.

Zehn Jahre nach dem Ende des Ersten Weltkrieges gerieten auch die internationalen Beziehungen in eine ernsthafte Krise. In auffälliger Weise, gleichsam instinktsicher, wandte sich Hitler außenpolitischen Fragen zu. Er schrieb nicht nur sein zweites Buch, das er dann doch nicht veröffentlichen ließ, sondern regelmäßig auch publizistische Beiträge für den neu gegründeten »Illustrierten Beobachter«, zumeist unter dem Titel »Politik der Woche«. Besonders wütend bekämpfte Hitler das von der KPD eingeleitete Volksbegehren (3.-16. Oktober 1928) gegen den Bau eines Schlachtschiffes. Dieser Bau war zunächst auch von der SPD abgelehnt worden, wurde aber schließlich von der Müller-Regierung am 10. August doch beschlossen. Hitler hielt am 10. Oktober eine lange, in jeder Hinsicht aufschlußreiche Rede gegen die »Panzerkreuzer-Narretei der Kommunisten«. Ihr Text füllte eine umfangreiche Sondernummer des »Völkischen Beobachters«. Darin sagte er eine »neue Periode von großen Spannungen und machtpolitischen Auseinandersetzungen« voraus und begrüßte diese Entwicklung als ein wahres Glück für die Deutschen. *»Solange Ruhe herrscht, hat Deutschland gar nichts zu hoffen, und erst wenn diese Welt wieder in Unruhe geworfen wird, kann es einer genialen deutschen Staatsleitung möglich sein, die deutschen Interessen wahrzunehmen und nach Möglichkeit dem deutschen Volke Vorteile bei diesen Auseinandersetzungen zu sichern.«* Obwohl mit dem Bau des Panzerkreuzers nur ein lächerlich geringer Zuwachs an Macht verbunden sei, würden alle Marxisten, die ihn ablehnten, eine Waffe zur Selbsterhaltung des deutschen Volkes dem Feinde »denunzieren« und »antimilitaristische Gesinnungslumperei« betreiben. Wer mehr Macht wolle, müsse mehr Boden beanspruchen und damit »Krafteinsatz und Gewalt« als die einzig mögliche Art des Bodenerwerbs akzeptieren. Gemäß seiner geopolitisch-expansionistischen Argumentation schlußfolgerte er, der eigentliche Sinn des kommunistischen Panzerkreuzer-Votums sei der »nackte Verrat am eigenen Volk, der Verrat an Millionen von Arbeitern, der Verrat an Millionen von Kindern, der Verrat an Millionen unserer deutschen Zukunft«.[1]

Als die große Weltwirtschaftskrise näher kam – ihre Vorboten machten sich lange vor dem berühmten »schwarzen Freitag«, vor dem ungeheuren Sturz der Aktienkurse an der New Yorker Börse am 25. Oktober 1929 bemerkbar –, setzte unter den großen Parteien der Weimarer Republik ein Wettlauf um die erfolgversprechendsten Konzepte zur Bewältigung der beginnenden ökonomischen Krise, zur Sicherung bzw. zur Beseitigung der bestehenden Weimarer Verhältnisse sowie zu einem Machtgewinn gegenüber anderen Ländern ein. Kaum eine verfolgte dabei Ziele, die tatsächlich im Interesse des Volkes gelegen hätten, kaum eine beachtete die drohend mit der ökonomischen Krise heraufziehenden Möglichkeiten zur Verstärkung und Ausbreitung faschistischer Bewegungen und erst recht nicht die Gefahr neuerlicher kriegerischer Auseinandersetzungen. Von ihren führenden Repräsentanten nahm kaum einer jene historische Verantwortung wahr, die auf ihren Schultern lag. Ihr Blickwinkel reichte in der Regel nicht über die engen Grenzen der jeweils eigenen Partei hinaus. Auch durch dieses parteiegoistische Verhalten halfen sie, jenen politischen Raum zu schaffen, in dem sich sowohl neuartige Parteien formieren als auch neue Politiker tummeln konnten. Daß ein Sieg Hitlers für unmöglich gehalten wurde, half ihn zu ermöglichen ...

Jede der existierenden Parteien trug auf ihre Weise zum Versagen der Weimarer Republik bei. Am Ende der zwanziger Jahre fiel jedoch vor allem deutschnational-konservativen Kräften ein besonderer Anteil zu. In dem Maße, wie sie sich selbst nach rechts entwickelten und in ihren Reihen die innere Differenzierung zunahm, wuchsen ihre Hoffnungen auf neue Partner unter den Rechtsextremen, aus denen sich die Hitler-Partei immer deutlicher hervorhob. Mehr und mehr begannen sich die anderen rassistisch-völkischen Vereinigungen, insbesondere die DVFP und der »Völkische Block«, zu deren Gunsten aufzulösen. Mit dem Wunsch, ihn in die eigenen Konzepte einzubinden, stieg die Anerkennung für den Mann an der Spitze der NSDAP. In vielfältiger Weise galt er ihnen nun als »salonfähig« und in der Perspektive auch als regierungsfähig. Es konnte Hitler nur willkommen sein zu beobachten, wie sich in den Köpfen rechter Politiker der Gedanke festzusetzen begann, er sei ja gar nicht so schlimm, sein bisher als barbarisch charakterisiertes Erscheinungsbild trüge, und die Warnungen antifaschistischer Kräfte seien überzogen. Natürlich schienen eigene neue Erfolge für ihn zu sprechen: Die Ergebnisse der Landtagswahlen im ersten Halbjahr in Lippe (6. Januar), Sachsen (12. Mai) und Mecklenburg-Schwerin (23. Juni) fielen stärker als bisher zugunsten der NSDAP aus[2], was aber für die meisten der Beobachter aus allen politischen Strömungen Deutschlands immer noch nicht als besorgniserregend galt.
Einer regelrechten Wende zu Hitlers Nutz und Frommen kam es gleich, als die Gründung eines »Reichsausschusses für das deutsche Volksbegehren gegen den Young-Plan« vorbereitet und die NSDAP in diesen einbezogen wurde. Bereits während der Kampagne gegen das kommunistische Volksbegehren zum Panzerkreuzerbau war bei Hitler mehrfach der Gedanke aufgetaucht, plebiszitähnliche Aktionen gegen den Dawes-Plan zu fordern. Mit diesem naheliegenden Gedanken reagierten die DNVP, der Stahlhelm, der Alldeutsche Verband und weitere Organisationen der deutschen Rechten auf die anstehende Neuregelung der von Deutschland an die westlichen Siegermächte zu zahlenden Reparationen. Seit Februar 1929 arbeitete eine internationale Sachverständigenkonferenz an dem neuen, auf den amerikanischen Bankier Owen D. Young zurückgehenden Plan, der das Dawes-Abkommen von 1924 ersetzen sollte. Ihm zufolge sollte Deutschland bis 1988, also noch 59 Jahre lang, verpflichtet sein, Zahlungen in einer Gesamthöhe von 34,5 Milliarden RM zu leisten. Dies stieß auf Empörung und Protest in vielen Teilen der Bevölkerung, obwohl die ursprüngliche Reparationssumme viel höher gewesen und der Plan

mit einer vorzeitigen Beendigung der Rheinlandbesetzung sowie mit einer Aufhebung des alliierten Kontrollrechtes in der deutschen Wirtschaft verbunden war.
Die deutsche Rechte versuchte sich prompt in einer neuerlichen Steigerung ihrer nationalistischen Propaganda. Insbesondere der Stahlhelm, der von dem Unternehmersohn und früheren Frontberichterstatter Franz Seldte geleitet wurde, und die DNVP, die im Oktober 1928 den Chef des größten deutschen Pressekonzerns Alfred Hugenberg zu ihrem Vorsitzenden »mit diktatorischen Vollmachten« gewählt hatte, zogen alle Register und peitschten chauvinistische Emotionen, hauptsächlich gegen Frankreich und England, hoch. Sie forderten in ihrem Entwurf eines »Gesetzes gegen die Versklavung des deutschen Volkes« die sofortige Einstellung aller Reparationen, ferner die Tilgung der sogenannten Kriegsschuldklausel des Versailler Vertrages und zugleich eine gerichtliche Aburteilung aller deutschen Politiker, die sich als Verfechter der regierungsoffiziellen Konzeption des Außenministers Gustav Stresemann bereit zeigten, den neuen Plan zu akzeptieren.
Bereits im November 1928 kam es zu Kontakten zwischen Hitler und Führern des Stahlhelms. Mehrmals noch trafen sie sich in der Folgezeit. Wichtige Personen aus dem Umfeld von Hugenberg nahmen an den Gesprächsrunden teil. Auf die erste direkte Aufforderung des Stahlhelms, die NSDAP möge sich am Volksbegehren beteiligen, sagte Hitler jedoch am 29. Mai in einem fünfundzwanzigseitigen Brief, der in der Nazi-Partei vertraulich verbreitet wurde, die Beteiligung am Volksbegehren und einem eventuell folgenden Volksentscheid noch nicht zu. Er rieb sich etwas vordergründig an der »demokratischen Methode« des geplanten Vorgehens. Hauptsächlich ging es ihm aber um die beantragten Verfassungsänderungen, die für die Vorbereitung und Durchführung einer »deutschen Wiederauferstehung« nicht ausreichen würden und von ihm als völlig »belanglos« charakterisiert wurden.[3] Sehr zum Unwillen seiner Untergebenen, die ihre Propaganda diszipliniert an der ersten Orientierung ihres »Chefs« ausgerichtet hatten, änderte Hitler recht bald seine ablehnende Haltung. Zur allgemeinen Überraschung trat bei der offiziellen Gründung des Reichsausschusses am 9. Juli 1929 auch die NSDAP in Erscheinung.
Diese Einbeziehung in die Reihen der Young-Plan-Gegner kam in erster Linie einer Anerkennung der von Hitler geführten faschistischen Bewegung als einer ernstzunehmenden Kraft durch die »nationale Opposition« gleich. Hitlers Unterschrift stand gleichberechtigt neben der von Hugen-

berg und Seldte, der von Heinrich Claß (Chef des Alldeutschen Verbandes) und Martin Schiele (Vorsitzender des Reichslandbundes), der von Thyssen – er hatte für den Deutschen Industriellenverband unterzeichnet – sowie von weiteren 200 Persönlichkeiten aus Wirtschaft, Politik und Wissenschaft. Der Pakt von 1929 markierte eine der wichtigsten Stationen beim Aufstieg Hitlers zur Macht und trug dazu bei, ihn möglich zu machen. Er verkörperte den wohl ausschlaggebenden rechtslastigen Grund, auf dem sich alles weitere zum Schaden der Weimarer Republik vollzog. Die Kampagne gegen den Young-Plan verbreiterte für den kommenden »Führer« nicht nur die Anzahl der Verbindungen zu einem großen Teil der deutschen Eliten, sondern erhöhte auch deren qualitatives Gewicht. Beides wirkte wiederum belebend auf das Ringen um Masseneinfluß zurück.

Indessen war Hitlers Entschluß, sich als »Juniorpartner« an dem Unternehmen zu beteiligen, für ihn auch nicht risikolos. Die »politische Bettgemeinschaft« mit den bisher stets als bürgerlich-reaktionär attackierten Organisationen und Politikern konnte sich hemmend auf das Bestreben auswirken, die eigene Politik weiterhin als »sozialistisch« und »revolutionär« zu bezeichnen. Daher betonte der NSDAP-Chef bei allen sich bietenden Gelegenheiten die Selbständigkeit seiner Aktionen gegen den Young-Plan. Auch auf die von Gregor Straßer und anderen vorgetragene Kritik reagierte Hitler am 25. Juli 1929 nur mit einer Anordnung, die das Ganze als eine selbständige Aktion der Nazipartei hinstellte. Der Mitgliedschaft wurde beruhigend erklärt, daß man gemeinsam mit den neuen Partnern nur ein »taktisches Teilziel« anstrebe. Allen Parteiführern – eine Ausnahme machten nur die Gauleiter – wurde untersagt, Kontakte mit der DNVP und anderen beteiligten Organisationen aufzunehmen.[4] Die NSDAP-Bezirke und –Ortsgruppen sollten zugleich darauf drängen, daß ihre Erklärungen und Verlautbarungen auch in Zeitungen der DNVP und des Stahlhelm veröffentlicht würden. Für die Zeit nach dem Volksentscheid wurde angekündigt, unabhängig von dessen Ergebnis werde die NSDAP wieder ihre »volle Handlungsfreiheit« wahrnehmen.

Unter direktem Bezug auf den Beginn des Ersten Weltkrieges 15 Jahre zuvor verknüpfte Hitler mit dem für den 1. bis 4. August 1929 geplanten Nürnberger Parteitag der NSDAP einen besonderen Anspruch. Es sollte »nicht nur die größte Kundgebung der Bewegung, sondern die größte Demonstration des politisch-nationalen Deutschland überhaupt« stattfinden.[5] So ließ er mehrere Zehntausend aufmarschieren und in der nationalsozialistischen Presse verbreiten, es seien mehr als Einhunderttausend

gewesen. Erstmalig war auch die Teilnahme einer ganzer Reihe prominenter Ehrengäste zu vermelden. Diese zeigten sich von den Appellen und Fahnenweihen beeindruckt, vielleicht auch deshalb, weil sie den zahllosen Reden auf der Haupttagung sowie auf den 19 Sondertagungen kaum einen neuen, bisher noch nicht propagierten Gedanken hatten entnehmen können. Über die vielfältigen terroristischen Attacken gegen Andersdenkende und Protestierende sowie über die in brutaler Streitlust provozierten Auseinandersetzungen schaute man hinweg; allenfalls nährten sie wieder gewisse Bedenken, daß die Führung der NSDAP trotz ihrer Appelle an die Disziplin und den Gehorsam ihrer Anhänger das Gewaltpotential nicht im Griff habe.
Auf jeden Fall ging Hitlers Kalkül auf. Ihm wuchs ein neuer, bis dahin kaum für möglich gehaltener Grad an Publizität zu. Es kam ihm zugute, daß und wie der Pressekonzern Hugenbergs half, Existenz, Wirken und den »Führer« der NSDAP in einer breiten Öffentlichkeit publik zu machen. Tatsächlich brachte die Hugenberg-Presse jede Rede Hitlers und die anderer Nationalsozialisten, so daß Millionen Deutsche, die bislang noch nichts von deren Existenz gehört oder sie nicht sonderlich beachtet hatten, mit Nachdruck auf sie aufmerksam gemacht wurden. Wenn die »respektable« Presse ihnen so viel Aufmerksamkeit schenkte, mußte da am neuen Star der Rechten nicht etwas dran sein? Hitler nahm, was er bekam. Und er bekam in dem Maße mehr, in dem sich die in der DNVP seit langem schwelende Krise verschärfte; immerhin verließ fast die Hälfte der Mitglieder diese Partei, empört über Hugenberg und gewillt, sich dem Weimarer Staat anzunähern. Die Rechtsextremen profitierten von den Rechten und kaum umgekehrt; jetzt – wie auch später.
Selbst für Hitlers private Lebensverhältnisse zahlte sich diese Entwicklung positiv aus: Er erwarb 1928 das zunächst nur für 1000 Mark pro Jahr gemietete Haus auf dem Obersalzberg und ließ es auf den Namen seiner Halbschwester eintragen. Der Kaufpreis betrug 30 000 Mark. Am 1. Oktober des Jahres darauf endete in München auch das Untermieterdasein des nunmehr Vierzigjährigen. Für eine Jahresmiete von 4176 Mark bezog er die äußerst komfortable Neun-Zimmer-Wohnung im zweiten Stock des Hauses am Prinzregentenplatz 16. Darüber hinaus schaffte er sich auch eine kostbare Wohnungseinrichtung an und leistete sich weitere Bedienstete. Er begann sogar, Gemälde zu sammeln, wobei er an Carl Spitzweg besonderen Geschmack fand. Das alles war mit einem Einkommen von lediglich 15 448 Mark, das er beispielsweise für das Jahr 1929 dem Finanzamt angab, nicht zu bezahlen. Selbst die Honorare für »Mein Kampf« und

„Eher zerfällt Deutschland als unsere Kampfbewegung! Mit uns ist das deutsche Volk, weil mit uns die Wahrheit ist.“ Adolf Hitler in der ersten Reichstagswahlversammlung zu München am 18. Juli 1930

Wahlpropaganda im Sommer 1930

für seine Zeitungsartikel reichten dazu wohl nicht aus. Andere Quellen sprudelten offensichtlich recht ergiebig, die vor allem dank Amanns geschicktem Finanzgebaren kaum noch zu erhellen sind.

In der neuen Münchner Wohnung bezog auch die hübsche, dunkelhaarige Geli Raubal, die sich bereits seit 1927 in der Stadt aufhielt und in Cafés, Kinos und Theatern viel mit Hitler zusammen gesehen wurde, ein eigenes Zimmer. Hitler zeigte sich jetzt in der Lage, sie zu beschenken, ihr Pelze und Schmuck zu kaufen. Vertraute seiner Umgebung munkelten von einer Heirat, denn alle wußten, daß die Beziehungen zwischen Onkel und Nichte alles andere als nur verwandtschaftlicher Art waren. Zugleich kursierten zahlreiche Gerüchte über einen etwas ungewöhnlichen, mitunter als sexualpathologisch bezeichneten Charakter von Hitlers Liebesverhältnis. In rasender Eifersucht prügelte er gelegentlich mit der Hundepeitsche seinen früheren Leibwächter Maurice, als er ihn im Zimmer des Mädchens antraf. Drohend erklärte er, ihn bei nächster Gelegenheit »wie einen tollen Hund« zu erschießen. Otto Straßer berichtete später, nachdem er sich von Hitler getrennt hatte, daß ihm das Mädchen einmal anvertraut habe, Hitler, den sie liebe und dessen Eifersucht sie fürchte, »verlange Dinge von ihr, die einfach ekelhaft seien«.[6] Am 18. September 1931 nahm sie sich nach einem schlimmen Streit mit Hitler das Leben. Vermutlich entschloß sie sich auch in Kenntnis der Tatsache, daß ihr »Onkel Wolf« sich einer anderen jungen Freundin zugewandt hatte – der neunzehnjährigen Eva Braun – zu diesem tragischen Schritt. Eva Braun war Hitler bereits zwei Jahre zuvor im Atelier seines allgegenwärtigen Leibfotografen Heinrich Hoffmann begegnet. Auch für andere Frauen bekundete er damals Interesse, darunter an der 1930 verwitweten Winifred Wagner und an der Hoffmann-Tochter Henriette, die dann aber Baldur von Schirachs Ehefrau wurde.

Vieles in Hitlers persönlichem Verhalten schien vom gierig genossenen Erfolg des beginnenden Aufstiegs geprägt zu sein. Manches besaß wohl für ihn einen nachholenden Charakter, war er doch bereits in jenem Lebensalter, das Psychologen als Beginn einer »Krise der Lebensmitte« kennzeichnen. Zugleich stieg ihm offensichtlich zu Kopf, was ihm an wirklicher Verehrung und Bewunderung, aber auch an devoter Unterwürfigkeit entgegengebracht wurde. Arroganz und Besserwisserei paarten sich nun immer auffälliger mit seinem herrischen Wesen. Obwohl er die Realität häufig genauer wahrnahm als seine Paladine, bemächtigte sich seiner eine Art Rauschzustand, in den er sich derart hineinzusteigern vermochte, daß er uneingeschränkt an seine eigene Vollkommenheit glaubte und in

diesem Glauben aufging. Immer mehr verlor er jegliche Bereitschaft zu kritischer Selbstprüfung, so daß er für wahr hielt, was andere über seine Einmaligkeit, seine als übermenschlich gepriesene Genialität oder über seine »seherischen« Fähigkeiten zum Ausdruck brachten. Hitlers Lernwilligkeit schränkte sich mehr und mehr ein. Von Interesse war für ihn nur noch die Vervollkommnung aller in der Führung der Partei gesammelten Erfahrungen bei der Ausübung seiner Macht sowie die durchaus erfindungsreich zu nennende Anwendung skrupelloser Herrschaftstechniken zur Sicherung der errungenen Machtstellung.
Hitler zeigte sich allerdings in der Lage, die Versuche anderer, ihn zu benutzen, zu durchschauen. Er drehte den Spieß vielmehr um. So hatten er und die NSDAP schließlich nicht das Geringste verloren, als der Volksentscheid gegen den Young-Plan am 22. Dezember 1929 nur 5,8 Millionen Stimmen, knapp 14 Prozent aller Wahlberechtigten, aufbieten konnte und damit scheiterte. Im Gegenteil: Bei den weiteren Wahlen in Ländern, Städten und Gemeinden durchstieß die Partei in verschiedenen Teilen des Reiches endgültig die Grenze der Bedeutungslosigkeit. Sie verdankte einen erheblichen Teil ihres Stimmenzuwachses den Hoffnungen sozial Entwurzelter oder in ihrer Existenz Bedrohter auf einen Wiederaufstieg. Vor dem Hintergrund des sich rasend schnell ausbreitenden Krisenelends, das sie mit nationalistisch gewendeter Anklage verbanden, lockten ihre Verheißungen von einem unbeschwerteren Leben der Deutschen in einem herrlichen »Dritten Reich«.
Am 27. Oktober schickte die NSDAP im katholischen Baden, wo sie nahezu sieben Prozent der Wählerstimmen erhielt, sechs Abgeordnete in einen Landtag, in dem sie bisher nicht vertreten war. Am 10. November eroberte sie in der Lübecker Bürgerschaft mehr als acht Prozent der Stimmen und zog mit sechs Mitgliedern in das Stadtparlament ein, das bisher ebenfalls keine Nazifraktion besessen hatte. Eine Woche später setzte sie bei den Landtagswahlen in Hessen ihre Erfolgsserie ebenso fort wie bei den Provinziallandtags- und Gemeindewahlen in Preußen. Die Stadtratswahlen im bayerischen Coburg endeten im Dezember sogar mit der absoluten Mehrheit. Auch bei den übrigen Gemeindewahlen in Bayern und vor allem bei der Landtagswahl in Thüringen, wo sie mehr als 11 Prozent der Stimmen gewann und drittstärkste Partei wurde, wies sie ihren gewachsenen Einfluß nach. In Thüringen spielte sie nun bereits das Zünglein an der Waage und wurde in eine Rechtskoalition einbezogen. Mit Wilhelm Frick gelangte erstmals ein führendes NSDAP-Mitglied – ein »durchgekochter Nationalsozialist«, befand Hitler in seinem Brief vom 2. Februar 1930

an einen auslandsdeutschen Gönner[7] – auf einen Ministerstuhl, was den Parteichef mit großen Hoffnungen erfüllte und nun häufiger als sonst nach Weimar führte. Mit Erstaunen und Befriedigung registrierte Hitler, »... wie sich hier die vor wenigen Jahren noch selbstverständliche arrogante, hochnäsige oder dumme Ablehnung der Partei in eine erwartungsvolle Hoffnung verwandelt« habe.[8]

Mit zunehmendem Erfolg verstand er es, aus der sich vehement ausbreitenden wirtschaftlichen und der sie begleitenden politischen Krise sowie aus der allgemeinen Verunsicherung, aus Verzweiflung, Apathie und Dumpfheit seine politische Münze zu prägen. Ihm strömten insbesondere bisherige Nichtwähler und jugendliche Wähler zu. Einbrüche in das Potential der organisierten Arbeiterbewegung konnte die NSDAP dagegen kaum verbuchen. Bei den Berliner Stadt- und Bezirksverordnetenwahlen, die mit 5,7 Prozent insgesamt zwar nicht die erhofften Ergebnisse brachten, gelangen ihr in den reichen Schöneberger und Steglitzer Vierteln erste Einbrüche in die bürgerliche Wählerschaft. Der Einfluß der NSDAP wuchs besonders unter der Jugend des Bürgertums und Kleinbürgertums, wie sich vor allem an den Universitäten und Hochschulen zeigte. Hier erntete die faschistische Partei, was die in ihrer Mehrheit stockreaktionäre, parteipolitisch zu einem guten Teil deutschnational orientierte Professorenschaft an nationalistischem, revanchistischem und rassistischem Ungeist gesät hatte. Bei den Wahlen der Allgemeinen Studentenausschüsse erhielt der NSDStB 1929 an der Technischen Hochschule Berlin-Charlottenburg 38 Prozent, an der Tierärztlichen Hochschule Berlin 30 Prozent der Stimmen. Ein Jahr später verbuchten die Nazis gar 66,6 bzw. 50 Prozent der Wähler, die anderen Rechtskräften und vor allem den waffentragenden Verbindungen abgejagt wurden.

Das Anwachsen der NSDAP im Verlauf des Jahres 1929 und ihr Hervortreten aus der zweiten Reihe kamen vor allem jenen Kräften des Weimarer Staates recht, die durch die Wirtschaftskrise ihre Profite bedroht und ihre weitreichenden innen- und außenpolitischen Pläne gefährdet sahen, in denen sie die Voraussetzung für die Wiedergewinnung einer deutschen Weltgeltung und Weltmachtposition erblickten. In ihren Reihen wuchs die Feindseligkeit gegenüber der bürgerlich-parlamentarischen Republik. Einflußreiche Kreise der Wirtschaft griffen in diesem Sinne immer stärker in das politische Geschehen ein, um die »Front gegen den Marxismus ... mit allen Mitteln zu fördern« sowie alle »aufbauenden Kräfte« zu sammeln.[9] Sie bemühten sich sowohl um Konzepte zur Krisenbewältigung als auch zur Nutzung der Krisenverhältnisse für ihre weiterreichenden Ziele.

Das letzte Geschäft des Kapitalismus! Ihr seid verkauft, Nazi-Proleten!

Karikatur aus »Der Wahre Jacob« vom 10. September 1932

Dies offenbarte sich am deutlichsten in der am 2. Dezember 1929 vom Reichsverband der Deutschen Industrie herausgegebenen Denkschrift »Aufstieg oder Niedergang«, deren programmatischer Charakter durch die zehn Tage später von einer außerordentlichen Mitgliederversammlung vorgenommene Bestätigung noch besonders hervorgehoben wurde. Man zeigte sich vor allem entschlossen, den profitschmälernden Wirkungen der Krise mit einem Programm des Sozialabbaus zu begegnen, und eröffnete den gezielten Angriff auf Löhne, Gehälter, Renten, Pensionen, auf Sozialleistungen aller Art. Der Reichsverband der Deutschen Industrie forderte von der Regierung einen völlig ausgeglichenen Etat, stellte allerdings seine Vorstöße gegen die Große Koalition zurück, bis die Ratifizierung des Young-Planes gesichert war. Seine parteipolitische Option galt weniger der als brüchig eingeschätzten »Nationalen Opposition«, als vielmehr einer »Arbeitsgemeinschaft der Mitte«, die als Basis künftiger Präsidialkabinette dienen sollte.
Nicht allein für Hitler begann ein neuer, entscheidender Abschnitt in den Auseinandersetzungen zwischen der NSDAP und allen Nicht-Nationalsozialisten in Deutschland, als am 27. März 1930 die Regierung Müller gestürzt wurde. Die bürgerlichen Partner der Großen Koalition verweigerten sich dem Versuch, eine vertretbare Lösung für die wachsenden Probleme der Arbeitslosenversicherung zu finden. Dabei ging es nur vordergründig um deren Finanzierbarkeit; später schluckten sie sehr viel härtere Prozentsätze. Doch Ende März 1930 erreichten die Rechten ihr Ziel: Die Sozialdemokratie wurde aus der Regierung gedrängt. Bereits einen Tag darauf berief Reichspräsident Hindenburg den Zentrumspolitiker Heinrich Brüning zum neuen Reichskanzler, der alsbald begann, Notverordnung auf Notverordnung zu erlassen, und den Reichstag, als dieser seine Zustimmung verweigerte, am 18. Juli auflösen ließ.
All das stellte auch die NSDAP und ihren Führer vor neue Notwendigkeiten und Überlegungen. Die in der Nazi-Partei schwelenden Gegensätze brachen erneut auf. Die Kreise um Otto Straßer widersetzten sich mit Publikationen des von ihnen geleiteten Kampf-Verlages nicht nur der Hitlerschen »Legalitätstaktik«, sondern vor allem den immer deutlicher erkennbaren Abstrichen, die am »sozialistischen« und »revolutionären« Programm der Partei vorgenommen wurden. Sie kritisierten, Hitler würde sich immer einseitiger »gegen den Marxismus« richten. Mißgestimmt wandten sie sich gegen die »Verbürgerlichung« und »Verbonzung« der Partei.[10] Derartige Äußerungen drohten aber die Vertrauensbasis und die Anziehungskraft zu paralysieren, welche Hitler mit seinen zahlreichen Vor-

trägen und Gesprächen unter Vertretern der deutschen Wirtschaftseliten hatte erreichen können.
Mitte 1930 war die Bereinigung der gespannten Situation unaufschiebbar geworden. Legalitäts- oder Putschtaktik, Ausrichtung der Demagogie vor allem auf die kleinbürgerlichen oder auf die proletarischen Massen – so lauteten, verkürzt und vereinfacht, die Differenzen, zu deren Beilegung sich der Parteiführer mit Otto Straßer am 21. und 22. Mai 1930 mehrfach im Berliner Hotel »Sanssouci« traf. Offensichtlich bewirkte die damit verbundene Herausforderung, daß sich Hitler gedanklich intensiver als bisher mit dem Spagat zwischen den Polen »Nationalismus« und »Sozialismus« auseinandersetzte und nun manches konsequent zu Ende dachte. Mag sein, daß in der Überlieferung des Gesprächs durch Straßer das, was Hitler tatsächlich sagte, tendenziös gefärbt und in den Details auch falsch dargestellt worden ist. Dennoch dürfte es den Kern durchaus treffen und dessen Denkweise widerspiegeln, die sich ja auch in zahlreichen Äußerungen und Taten späterer Jahre ebenso nachweisen läßt. Im Mai 1930 von Straßer befragt, was er denn, sollte er jetzt an die Macht kommen, mit Krupp machen wolle, und ob er die Firma unangetastet lasse, antwortete Hitler eindeutig: »Selbstverständlich würde ich nichts ändern. Halten Sie mich für so verrückt, daß ich die deutsche Großindustrie zerstören will? Nur wenn ihre Tätigkeit den Interessen der Nation zuwiderläuft, dann, und nur dann, müßte der Staat intervenieren. Das ist aber noch kein Grund, die Besitzbeteiligung der Arbeiter oder das Mitbestimmungsrecht zu fordern. Dazu ist nur ein starker Staat erforderlich.«[11]
Hitler ließ die Dinge danach noch einen Monat schleifen. Als sich aber am 22. Juni bei den sächsischen Landtagswahlen zeigte, daß die NSDAP mit 14,4 Prozent der Stimmen zweitstärkste Partei wurde, hielt er die Zeit für gekommen, seinen Widersacher aus der Partei zu drängen. Er ermächtigte Goebbels – in dieser Frage nicht nur die rechte Hand Hitlers, sondern auch treibende Kraft gegenüber dem Rivalen – zu einer »rücksichtslosen Reinigung« der Partei von »politischen Wandervögeln«, »wurzellosen Literaten« und »chaotischen Salon-Bolschewisten«.[12] Postwendend griff der Berliner Gauleiter am 30. Juni in einer Parteiveranstaltung den Abweichler scharf an, wobei er diesem die Teilnahme verwehrt hatte. Daraufhin forderte Otto Straßer Hitler ultimativ auf, sich von Goebbels' Angriff zu distanzieren. Als das ausblieb, brach er Anfang Juli mit ihm und verkündete im Namen von zwei Dutzend Abtrünnigen: »Die Sozialisten verlassen die NSDAP.«
Die Goebbels-Presse in Berlin, dem Zentrum der Auseinandersetzungen,

drohte nun allen Sympathisanten des Straßer-Kurses unverblümt: »Wer sich nicht einordnen will, wird eben hinausgefeuert.«[13] Und da die Meinungsverschiedenheiten über den Weg an die Macht auch die Ausbildung und den Einsatz der SA betrafen, wurde an deren Führer, die noch immer mit dem Gedanken an einen Gewaltstreich spielten, die Warnung adressiert: »Wir denken nicht daran, unsere herrliche SA ... gegen Reichswehr und Polizei in sinnlosen Barrikadenkämpfen verbluten zu lassen.«[14]
Otto Straßers »Kampfgemeinschaft Revolutionärer Nationalsozialisten«, seit 1931 »Schwarze Front« genannt, blieb auf Stützpunkte in Nord- und Mitteldeutschland beschränkt. Selbst sein Bruder Gregor bekannte sich nahezu eilfertig zu Hitler, wofür er in der Hierarchie der NSDAP noch weiter aufstieg.[15] Offensichtlich spielten inhaltliche Diskussionsthemen für die Anhängerschaft eine geringere Rolle als der Wunsch nach einer Alternative zum bestehenden Weimarer Staat sowie nach einer starken Hand. Hitler besaß bereits so viel Vertrauen, daß er nicht nur in solcher Art und Weise vorgehen konnte, sondern dadurch noch weiteres Ansehen

Sichtlich erschöpft verläßt Hitler eine seiner unzähligen Veranstaltungen

gewann. Überdies überzeugte er jetzt auch jene Kräfte, die bislang seine Führungsqualitäten bezweifelt hatten. Er konnte seine Verläßlichkeit durch eine Tat demonstrieren, die das ursprüngliche Bemühen um ein »ausgewogenes« Verhältnis zwischen den bürgerlich-nationalistischen und den proletarisch-sozialistischen Zielen zugunsten der ersteren aufgab, ohne daß weitergehende negative Folgen für die Partei aufgetreten wären. Bezweifelt wurde nur noch, ob die Parteispitze die demagogisch gewonnenen Massen auch in allen künftigen Fällen würde beherrschen und lenken können.

Als am 29. August 1930 Pfeffer von Salomon vom Amt des Obersten SA-Führers zurücktreten mußte und Hitler selbst die Führung der SA übernahm, wurde auch diese Maßnahme ohne weiteres hingenommen. Die NSDAP konnte so, trotz parteiinterner Querelen und anhaltender Auseinandersetzungen mit der SA, einen durch und durch organisierten, alle technischen Mittel nutzenden Reichstagswahlkampf entfalten. Sie mietete in den Städten die größten Versammlungshallen und verstand es in der Regel, sie berstend zu füllen. Häufig wurden Lautsprecherübertragungen ins Freie oder in benachbarte Säle notwendig. In der Öffentlichkeit verstärkte sich der Eindruck, daß der Nazipartei die Massen unaufhaltsam zuströmten. Der Führer der NSDAP erschien immer mehr als ein möglicher »Führer« der Massen. Alle Rituale waren auf ihn zugeschnitten, der Veranstaltungsablauf von seinem Erscheinen geprägt. SA-Trupps, die an den Rednerbühnen aufzogen, suggerierten als »seine« Getreuen ein Bild von Jugendlichkeit, Kraft und Geschlossenheit. Sie standen aber auch bereit, sich für »ihren« Hitler in jedes Kampfgetümmel zu stürzen, mit Brachialgewalt jeden unliebsamen Zwischenrufer aus dem Saal zu prügeln und lautstark Zustimmung zu erheischen.

Der 14. September 1930 brachte den Weimarer Parteien eine erdrutschartige Veränderung und Hitler einen spektakulären Wahlsieg. 6 379 672 Wähler stimmten für die NSDAP, die damit 18,6 Prozent aller abgegebenen Stimmen auf sich vereinte und schlagartig zur zweitstärksten Wählerpartei wurde. Den höchsten Stimmenanteil verbuchte sie in Schleswig-Holstein, wo sie 27 Prozent errang. In Ostpreußen bedeuteten ihre 22,5 Prozent die relative Mehrheit. Unter dem Reichsdurchschnitt lagen die Ergebnisse der NSDAP in den industriellen Zentren sowie in Gebieten mit einer dominierenden katholischen Bevölkerung. So erhielten die Nazis in den Wahlkreisen Württemberg 9,4, Oppeln in Oberschlesien 9,5 und Berlin 12,8 Prozent der Stimmen. Demgegenüber war die KPD in der Reichshauptstadt zur wählerstärksten Partei geworden. Die beiden Arbeiterparteien, von denen die KPD mehr als 1,3 Millionen Stimmen gewann, die SPD nahezu 600 000 Stimmen verlor, hatten zusammen einen geringeren Teil des Volkes mobilisiert als 1928.

Die Höhe des Ergebnisses überraschte selbst Hitler. Wohl hatte er mit 50 oder 60 Mandaten gerechnet, doch zur Besetzung aller 107 Mandate mußten nachträglich noch Kandidaten nominiert werden. Für ihn selbst stand außer Frage, ins Parlament zu gehen; er wollte es nicht und konnte es auch nicht: Er war immer noch kein deutscher Staatsbürger. Geklärt werden mußte jedoch, welche weitere Taktik nun eingeschlagen werden sollte. Eine Regierungsbeteiligung betrachtete Hitler als unmöglich. Strikt widersetzte er sich jedem Versuch, gleich ob dieser aus den Reihen seiner Partei oder von außerhalb unternommen wurde, ihn in eine Regierung zu integrieren, in der er nicht Reichskanzler sein konnte. »Alles oder nichts« – so lautete sein Konzept, das sich nun völlig und endgültig vom Selbstverständnis eines »Trommlers« für die Bewegung gelöst hatte. Dementsprechend antwortete er denen, die ihn »scheinheilig auffordern« würden, »auf den Lorbeeren auszuruhen ... : *Uns* genügt der 14. September nicht! *Nicht der 14. September ist die Erfüllung unserer Wünsche, sondern am Ende steht als letztes Ziel: Wir Nationalsozialisten kämpfen um die politische Macht restlos auf legalem Wege.«* Er wolle im »Gegensatz zu all denen, die mit kleinen Mittelchen helfen wollen«, stets das »Große« im Auge behalten.[16]

Folgerichtig relativierte Hitler das Wahlergebnis. Es sei zwar eine großartige Heerschau gewesen, man müsse aber vor allem sehen, daß es nur als ein Mittel zum Zweck betrachtet werden könne.[17] Ihm lag daran, den radikalen Aufwärtstrend zu nutzen und in weiteren Wahlen zunächst noch einen neuen Zuwachs an Mandaten zu erreichen. Auf Brünings Angebot, das er am 6. Oktober in einem vertraulichen Sondierungsgespräch der NSDAP unterbreitete, »in loyaler Weise, erst versteckt, dann offen, mitzuarbeiten«, erwiderte Hitler, sein Interesse bestünde »nur an der Erringung von Mehrheiten in allen Volksvertretungen durch immer neue Wahlen«.[18]

So konnte er allerdings keine der euphorischen Erwartungen befriedigen, die nach dem Wahlsieg in seiner Partei dominierten. Er warnte seine Anhänger davor, den Wahlsieg gewaltsam ausbeuten zu wollen. Das Ziel heiße »nicht Putsch, sondern Revolution der deutschen Seele, Eroberung des deutschen Menschen. Die Abrechnung mit den Verführern überlassen wir dann dem souveränen deutschen Volk.«[19] Auffällig war in Hitlers Argumentation, daß der Wähler nicht mehr wie früher gescholten wurde. Er hatte damit eine spürbare Veränderung in der Einschätzung des deutschen Volkes vorgenommen. Galt ihm die Mehrheit der Deutschen bis zu diesen Wahlen stets als marxistisch zersetzt, rassisch verseucht usw., so war für ihn nun der Beweis erbracht, »daß unser Volk zum Großteil noch widerstandsfähig und anständig geblieben ist, trotz der erbärmlichen Führung in den letzten Jahren«.[20]

Seine Warnungen galten unter anderem Goebbels, der weniger politisches Augenmaß bewies und während einer Rede im Berliner Sportpalast für die NSDAP zwei der entscheidenden Ämter in der Regierung forderte: das Reichsinnen- und das Reichswehrministerium. Außerdem verlangte er Neuwahlen in Preußen sowie dort ebenfalls das Innenressort und das Berliner Polizeipräsidium. Diese Ansprüche verrieten, daß sich die Reichsleitung der NSDAP intern wohl darüber einig geworden war, den Weg zur Macht nicht allein auf weitere Wahlen, sondern auch auf Schlüsselstellungen repressiver Staatsgewalt zu stützen. Fortan fehlte jedenfalls, wenn es um die Bedingungen einer Regierungsbeteiligung ging, nie mehr die Forderung nach den Innenministerien. Zehn Tage nach seinem Vorpreschen schrieb der Berliner Gauleiter etwas kleinlaut: »Was nun werden soll? Wir wissen es nicht, und wahrscheinlich weiß es noch niemand. Wir lassen die Dinge an uns herankommen.«[21]

Da innerhalb der Mitgliedschaft gefragt wurde, ob ihr »Führer« das Bündnis mit den Deutschnationalen erneuern würde, versicherte Goebbels, die NSDAP bleibe radikal. Die Parteizentrale ließ erklären, es werde auch keine Fraktionsgemeinschaft mit der Partei Hugenbergs geben.[22] Aus der Einschätzung, bei den Wahlen sei die »schlappe« Mitte zerrieben worden, schlußfolgerte Hitler, daß es in Deutschland nur noch zwei Möglichkeiten der weiteren Entwicklung geben würde: »Nationalsozialismus oder Bolschewismus heißen die beiden Wege. Die Welt wird sich entscheiden müssen.«[23] Solche polarisierende Charakterisierung tatsächlicher und vermeintlicher Frontlinien in der deutschen Gesellschaft führte einerseits zu weiterer Polarisierung und diente andererseits dazu, den Antikommunismus als eine potentielle Plattform breiter bürgerlicher Bündnisse deutlicher hervortreten zu lassen.

In die von ihm an die Wand gemalte weitreichende Entscheidungssituation zwischen der nationalsozialistischen und der kommunistischen Bewegung wollte Hitler auch sein Konzept für das nun möglich und notwendig gewordene Auftreten gegenüber dem Ausland eingeordnet wissen. Er erschien fast über Nacht im internationalen Rampenlicht und wurde häufig um Interviews und Erklärungen gebeten. Die Presse der Gläubigerstaaten interessierte vor allem, wie sich ein deutsches Kabinett, an dem eventuell die NSDAP beteiligt sein könnte, zu den Schulden Deutschlands stellen würde. In Paris, London, Washington und anderen Zentren des internationalen Kapitals wurde ferner befürchtet, daß es zu einem faschistischen Putsch kommen und eine Regierung Hitler den Versailler Vertrag brechen könnte, wobei die mögliche Ignorierung aller finanziellen Verbindlichkeiten besondere Sorge bereitete. Diesen Besorgnissen – sie beeinträchtigten die wirtschafts- und finanzpolitischen Auslandsbeziehungen des Reiches – wollte Hitler beruhigend entgegentreten. In Übereinstimmung mit Regierung und Reichspräsidenten hieß es deshalb, in Deutschland existiere keine Umsturzgefahr.

Hitler ließ ebenso verlauten, die NSDAP bekenne sich zum »rechtsverbindlichen Charakter von Privatschulden, ganz gleich, aus welchem Anlaß sie aufgenommen worden sind«.[24] Das gewachsene Interesse des Auslands nutzte er darüber hinaus dazu, auch jenseits der Grenzen Widerstände gegen die NSDAP abzubauen und Förderer zu gewinnen. Zugleich malte er den westlichen Siegermächten die Folgen, die ein von Kommunisten regiertes Deutschland für seine Nachbarn hätte, in den schwärzesten Farben aus. Demgegenüber stellte er unmittelbar nach den Wahlen dem britischen Zeitungskönig Lord Harold Rothermere die NSDAP als eine Partei des Friedens, der Völkerversöhnung, ja selbst der Abrüstung vor. Einem französischen Politiker beteuerte er, seine Außenpolitik ziele auf Freundschaft mit Frankreich und internationale Beziehungen ohne Militärbündnisse.

Aus außenpolitischen Erwägungen sowie aus wehr- und innenpolitischen Gründen besaß Hitler ein dringendes Interesse daran, den seiner Partei immer noch anhaftenden Ludergeruch des Putschismus vollends zu beseitigen. Eine demonstrative Gelegenheit dazu ergab sich vor dem Leipziger Reichsgerichtshof, der Ende September/Anfang Oktober 1930 gegen die drei jungen Offiziere des Ulmer Artillerieregiments Hans Ludin, Richard Scheringer, Hans Wendt prozessierte. Ihnen wurde vorgeworfen, in ihren militärischen Einheiten nationalsozialistische Propaganda betrieben und damit auf einen Umsturz hingearbeitet zu haben. Für den Ausgang des Prozesses war also entscheidend, ob nachgewiesen werden konnte, daß die NSDAP verfassungsfeindliche oder legale Ziele vertrat. Auf Initiative Hans Franks, der über die Thule-Gesellschaft zur NSDAP gestoßen war und seit 1926 als« ständiger Rechtsberater und Verteidiger des Führers« fungierte, war Hitler als Zeuge geladen. In einer zweistündigen Rede betonte er die angeblich vollkommene Legalität seiner Methoden und Ziele. Obwohl die entsprechenden Behörden und auch das Oberste Gericht der Republik zahlreiche Dokumente besaßen, aus denen die letztlich hochverräterische Tätigkeit der NSDAP hervorging, nahmen die Richter es für bare Münze, als Hitler behauptete, seine gesamte Partei lehne eine gewaltsame Beseitigung der Verfassung ab, die SA sei ein Verband ohne militärischen Charakter, waffenlos und lediglich zur Schutztruppe gegen »links« bestimmt. Wenn in seiner Bewegung von »Revolution« gesprochen werde, dann sei nur ein geistiger Prozeß gemeint. Wer anderes darunter verstanden habe – er verwies auf Otto Straßer –, sei aus der Partei entfernt worden. Als Hitler eine vielzitierte Stelle aus den »Nationalsozialistischen Briefen« vorgehalten wurde, wonach er persönlich drohend angekündigt hatte, daß im Kampf »Köpfe in den Sand rollen« würden, gab der NSDAP-Führer dem die provokatorische Auslegung, dies würde erst nach dem Sieg in einem legal geführten Kampf auf der Grundlage von Urteilen eines Staatsgerichtshofes erfolgen.[25]

Obwohl die Angeklagten zu 18 Monaten Festungshaft verurteilt wurden, fand Hitlers »Legalitätseid« großen Zuspruch. Indirekt hatte sich »Adolphe Légalité«, als der er in der Öffentlichkeit bespöttelt wurde, auch an die Reichswehrführung gerichtet. Ihr wollte Hitler vor den Schranken des Gerichts bedeuten, seine Partei werde die Generalität nicht zwingen, die Armee innenpolitisch und gegen »rechts« zu verwenden. Tatsächlich bejahte Seeckt, der auch nach seiner Entlassung aus dem Amt des Reichswehrchefs im Jahre 1926 das Idol vieler Offiziere geblieben war und nun für die Deutsche Volkspartei im Reichstag saß, voll und ganz eine Einbeziehung der NSDAP in die Regierung. General Kurt von Schleicher, in dessen Händen zahlreiche Fäden zusammenliefen, erklärte, daß man den nationalen Teil des NSDAP-Programms unterschreiben könne, nur hinsichtlich des sozialen Teils sei »irgendwelcher Optimismus fehl am Ort«.[26]

In welchem Maße Hitlers Denken auf einen künftigen Krieg zielte, zeigte sich, als er am Abend des 1. Dezember 1930 die zweite Einladung des honorigen Hamburger »Nationalclubs von 1919« wahrnahm. Dem Vortrag vor etwa 460 Teilnehmern folgten Gespräche im kleinen Kreise bis nach Mitternacht. Offen und aggressiv wie sonst kaum erklärte er hier, es sei ein »*Irrsinn,* wenn Deutschland verhungern soll, wo doch nebenan faule Völker weite Gebiete unausgenutzt lassen. Will man diese Gebiete, so geht das nur vermöge des Rechts des Stärkeren. Wie kommt unser Volk aber zur politischen Stärke? Sie wird nicht lediglich durch die Menge von Waffen und Soldaten entschieden, sondern durch die Gesamtsumme der Fähigkeiten, aus der sich die politische Kraft ergibt.«[27] Aus den Quellen geht hervor, daß es brausenden Beifall für seine Forderung gab, Abschied vom »Gesetz der Demokratie« zu nehmen, die er unter Verweis auf das italienische Beispiel erhob. Ebenso klatschte sein Publikum, als er erklärte: »Wir müssen uns frei machen vom Pazifismus, mit dem nichts zu erreichen ist«, und auf seine Erfahrung verwies, in der Welt sei nur »mit der Faust« weiterzukommen.[28]

Gewalttätigkeit nach außen und nach innen bestimmte trotz geleisteten »Legalitätseides« nun immer stärker das Auftreten der NSDAP und ihrer Führer. Als der Reichstag am 13. Oktober 1930 eröffnet wurde und 107 Abgeordnete provozierend im Braunhemd in den Sitzungssaal einzogen, randalierte gleichzeitig die SA in der Berliner Innenstadt. In einem »kleinen Pogrom« – die von Goebbels ausgegebene Losung verwirklichend, wonach die Judenfeindschaft jetzt sichtbarer herausgestellt werden müsse – zertrümmerte sie in der Leipziger Straße die Einrichtungen jüdischer Geschäfte. Im Parlamentssaal aber wurde gleichzeitig ihr Mandatsträger Franz Stöhr zum 1. Vizepräsidenten des Reichstages gewählt, Frick erhielt den Vorsitz im Außenpolitischen Ausschuß und Hans Frank den im Rechtsausschuß. Die Mehrheit suchte kaum Konfrontation mit der NSDAP. Zusammenarbeit da, wo es für sie nützlich zu sein schien – so lautete die Devise selbst jener bürgerlichen Parteien, die vorerst noch Brüning stützten.

Indessen ging es Hitler weder um eine Zusammenarbeit mit anderen Parteien in einer Regierung noch um eine Beteiligung an der Macht; er forderte diese ganz und ungeteilt. Als die großbürgerliche »Deutsche Allgemeine Zeitung« am Jahresende 1930 einige Persönlichkeiten des öffentlichen Lebens befragte, was sie von einer Regierungsbeteiligung Hitlers halten würden, reagierte der »Völkische Beobachter« mit einer grundsätzlichen Verlautbarung: Künftig stehe nicht mehr zur Debatte, ob Hitler sich an der Regierung beteiligen dürfe, sondern mit wem er einst regieren werde.[29] Am 25. Januar 1931 sagte Frick, dem Hitler mit dem Amt des Vorsitzenden der NSDAP-Reichstagsfraktion eine wichtige Vertrauensposition übertragen hatte, während einer Rede in Kassel, die NSDAP hätte sich nach dem 14. September »mit den beiden Ministerien des Innern und der Reichswehr begnügt«, heute aber fordere sie, »daß das Volk befragt werden muß, wie eine neue Regierung aussehen soll«.[30] Damit war der Führungsanspruch der NSDAP formuliert und jenen eine Absage erteilt, die deren Einordnung in den Brüning-Kurs erwartet hatten.

Die von Frick geleitete Fraktion betrachtete die parlamentarische Tätigkeit als »Palaver und Papierarbeit«.[31] Sie nutzte bereits die Eröffnungssitzung des Reichstages, um zahlreiche, allerdings selten ernstgemeinte

Anträge sozialpolitischen Inhalts einzubringen und ihre Vorstellungen von parlamentarischem Stil zu demonstrieren. Als Gregor Straßer seine Rede zur Regierungserklärung beendet hatte, brach sie in »Deutschland-erwache«-Rufe aus. Bei anderen Sitzungen verließ sie den Plenarsaal, sobald ihr etwas nicht paßte, die Szene für sie politisch unergiebig oder gar gefährlich zu werden drohte. Selbst in den Wandelgängen suchte sie, Schlägereien zu provozieren. Bald zeigte sich aber auch, daß der Einzug der NSDAP in das Parlament mit einer Fraktion, die aufgrund ihrer zahlenmäßigen Stärke Abstimmungen zu entscheiden vermochte, für die Faschisten keineswegs nur von Vorteil war. Mögliche Zustimmungen zu unpopulären Gesetzesvorlagen und die sich überstürzenden Erörterungen zum Problem einer Regierungsbeteiligung begannen, ihrer Reputation in den gehobenen Kreisen der deutschen Gesellschaft zu schaden. Gerade mit ihren sozialdemagogischen Parolen erlitten die Abgeordneten der NSDAP bald Schiffbruch: Sie wurden von Hitler genötigt, ihren eigenen Antrag auf Enteignung der »Bank- und Börsenfürsten« zurückzuziehen und – als die KPD den gleichen Antrag noch einmal stellte – gegen diesen zu stimmen.

Trotz Hitlers pragmatisch-eindeutigem Kurs versuchten einige Mitglieder und Gruppen der NSDAP, das Bild einer »sozialistischen« Partei zu wahren. Gegenüber diesen übten großbürgerliche Kreise regelrechten Druck aus. Die NSDAP, so klagte die »Berliner Börsen-Zeitung« in einem Artikel unter der Überschrift »Nationalsozialismus am Scheidewege«, hätte eine stärkere Rechtsorientierung der Reichspolitik herbeiführen können, statt Reichstagsanträge aus dem »vernunftwidrigen Wirtschaftsprogramm« einzubringen. Sie hätte sich, auch ohne Regierungspartei zu sein, an der antimarxistischen Einheitsfront beteiligen, sich für »innere Reformen« einsetzen und ihre praktische Politik von der Agitation trennen sollen. Unverblümt forderte das Blatt, sie müsse sich von Utopien lösen, das Parteiprogramm ändern und programmatische Artikel, »wie z. B. die völlig sinnlose 'Enteignung der Bank- und Börsenfürsten'«, aufgeben. Wenn sich aber die NSDAP »sozialistisch mausere« und nicht auf dem »nationalen« Kurs bleibe, würde sich das Volk andere Führer suchen, denn – so die »Berliner Börsen-Zeitung« – das Volk hätte die *nationale*, nicht die *sozialistische* Partei gewählt.[32]

Obwohl der Reichstag nur noch selten zusammentrat, entschied Hitler, daß die Fraktion das gefährliche Terrain fortan meiden solle. Am 10. Februar 1931 zogen die 107 Abgeordneten aus dem »Tribut-Reichstag« aus. Sie beschuldigten Regierung und Parlament, die NSDAP wider Recht und

Gesetz von der Herrschaft fernzuhalten, behaupteten großsprecherisch, die »Mehrheit des Volkes« sei längst zur nationalsozialistischen Bewegung abgewandert, und forderten, das »Young-Parlament« aufzulösen. Mit der Feststellung, die Fraktion werde nur in den Reichstag zurückkehren, wenn sie »eine besonders tückische Maßnahme der volksfeindlichen Mehrheit« vereiteln könnte, hielt sie sich die Möglichkeit für eine taktische Wende offen. Als sie es am 13. Oktober 1931 tat, blieb sie ganze drei Tage!

Mit der zunehmenden Rolle der NSDAP im politischen Leben der deutschen Gesellschaft stand Hitler unter dem Zwang, sich immer häufiger und konkreter zu wirtschaftspolitischen, aber auch zu rein wirtschaftlichen Problemen zu äußern. Für ihn war es außerdem von existentieller Bedeutung, innerhalb seiner Partei für relativ einheitliche Aussagen zu sorgen. Bislang gab es kein nationalsozialistisches Wirtschaftsprogramm, das aber gerade von der Wirtschaft verlangt wurde, um darüber entscheiden zu können, ob und wie die NSDAP zu unterstützen sei. Hitler operierte auf diesem Felde mit unterschiedlichen Mitteln und Methoden. In neu gegründeten Institutionen der Reichsleitung seiner Partei führte er die Verfechter divergierender Konzepte zusammen, und gleichzeitig umgab er sich mit persönlichen Beratern, die aus der Wirtschaft selbst kamen.

Bereits seit Ende 1929 fanden in unregelmäßigen Abständen Besprechungen von »Wirtschaftstheoretikern« der Partei – Gottfried Feder, Werner Daitz, Dietrich Klagges, Otto Wagener, Adrian von Renteln u. a. – statt, an denen Hitler öfter teilnahm und deren Ergebnis in der Herausgabe eines »Handbuchs der nationalsozialistischen Volkswirtschaftslehre« bestehen sollte. Diese Aufgabe hatte Hitler der Organisationsabteilung II in der Reichsleitung der NSDAP übertragen, die von dem aus dem Reichswehrministerium kommenden Oberst Konstantin Hierl geleitetet wurde.[33] In dieser Abteilung entstand zu Beginn des Jahres 1931 eine eigenständige Wirtschaftspolitische Abteilung der NSDAP-Reichsleitung, der der ehemalige Generalstabsoffizier Wagener vorstand. Zugleich rief Hitler einen »Wirtschaftsrat der Reichsleitung« ins Leben, an dessen Spitze er Feder treten ließ. Doch den nahm niemand mehr ernst; auch Hitler selbst äußerte sich negativ über ihn und gab zu erkennen, daß er nach der Eroberung der Macht schon dafür sorgen werde, daß Feder »keinen Unfug« anrichtet.[34] Für die Verbreitung der zugkräftigen Parolen von der »Brechung der Zinsknechtschaft« war er ihm jedoch unentbehrlich. Von Anfang an unterstand Darré mit seinem Agrarpolitischen Apparat weder Feder noch Wagener, sondern Hierl und ab Dezember 1932 sogar direkt Hitler.

Urteil einer sozialdemokratischen Zeitschrift: »Na, dann prosit, Herr Generaldirektor, auf ein glückliches neues Spiel!« (»Der Wahre Jacob« vom 31.12.1932)

Als eine eigene und von den genannten Einrichtungen unabhängige Instanz für Wirtschaftsfragen tauchte 1931/32 Wilhelm Keppler auf. Nachdem es dieser Chemieindustrielle abgelehnt hatte, der Wirtschaftspolitischen Abteilung beizutreten, galt er als »Persönlicher Wirtschaftsberater« Hitlers. Bereits 1930 hatte Heinrich Himmler, seit 1929 Chef der SS, vertraulich mitgeteilt, daß Keppler »der kommende Außenpolitiker und Wirtschaftsführer« Hitlers sei. Als dieser dann tatsächlich ins Braune Haus berufen wurde, kommentierte das Himmler mit der Bemerkung, daß Hitler nun den »Quatsch mit den Wirtschaftspolitikern der Partei satt habe. Diese könnten nun quasseln, so viel sie wollten, tatsächlich wollte Hitler aber mit Keppler arbeiten.«[35] Auf der Suche nach einem Wirtschaftsprogramm der Partei war Hitler zunächst einmal alles recht, was sich dafür anbot. Wichtig erschien ihm einerseits, daß sich die Partei »antikapitalistisch« gebärden konnte, andererseits war er stets darauf bedacht, diejenigen Wirtschaftskreise nicht abzuschrecken, um deren politische und finanzielle Unterstützung er warb. Diese Widersprüchlichkeit bekräftigte den ohnehin vorhandenen Hang Hitlers, bewußt Kompetenzwirrwarr und Ämterüberschneidungen zu schaffen; als im Sommer 1932 Gregor Straßer die Organisationsstruktur der NSDAP-Reichsleitung straffte und durchsichtiger zu machen versuchte, stieß er prompt auf erheblichen Widerstand. Am Ende galt auf wirtschaftspolitischem Gebiet vieles und nichts als richtig, jeder durfte sich in seinem Umfeld irgendwie auf Hitlers Aussagen berufen, ohne allerdings sicher sein zu können, die Intentionen des Parteichefs tatsächlich richtig erfaßt zu haben.

Im Ergebnis zahlloser Gutachten und Debatten der Wirtschaftspolitischen Abteilung lag schließlich im März 1931 der Entwurf einer parteiamtlichen Kundgebung über die »Wirtschaftspolitischen Grundanschauungen und Ziele der NSDAP« vor. Sie fand nicht die Billigung Hitlers. Wagener und Renteln warf er vor, sie hätten in ihren Ausarbeitungen eine »geistige Begründung des Kommunismus« geliefert. Aus späteren Berichten Wageners ist erkennbar, wie negativ Hitler auf eine Hineinnahme »sozialistischer« Elemente in eine nationalsozialistische Wirtschaftspolitik reagierte. So wird auch verständlich, daß Hitler ihn wiederholt mahnte, die meist utopischen und dilettantischen Ideen und Pläne der Wirtschaftspolitischen Abteilung für das kommende Wirtschaftssystem geheimzuhalten. Er wußte, daß ein öffentliches Bekenntnis aus seinem Munde zu diesen Plänen seiner allgemeinen Strategie erhebliche Schwierigkeiten bereitet hätte.[36] Man dürfe die Wirtschaft nicht verschrecken und müsse »die Fackel hinter verschlossenen Türen glimmen lassen«[37] –

eine Bemerkung, die wiederum sehr vieldeutig war und von jedem interpretiert werden konnte, wie er es wollte.
So mußte die Öffentlichkeit auch weiterhin auf ein wirtschaftliches Programm der NSDAP warten.[38] Hitler jonglierte offensichtlich nach wie vor mit mehreren Varianten. Die Frage, welche Auffassungen er letztendlich vertrat, läßt sich wahrscheinlich nicht beantworten, hat er doch, wie Wagener berichtet[39], gelegentlich sogar davor gewarnt, seine eigenen Äußerungen als seine wahre Meinung anzusehen, weil es seine Gewohnheit sei, verschiedene und selbst entgegengesetzte Gesichtspunkte zu prüfen, indem er sie sich im Gespräch zu eigen mache. Dennoch geben Tatsachen wie der Umgang mit dem Straßerschen »Sofortprogramm« vom Mai 1932, seine Personalpolitik, seine Kontakte zu einflußreichen Unternehmerkreisen sowie zahllose Indizien genügend Aufschluß darüber, daß es ihm nicht um irgendeine Art von Sozialismus ging; stets erwies er sich als Verfechter eines politisch durch einen starken Staat zu orientierenden, wenn erforderlich auch direkt zu lenkenden kapitalistischen Wirtschaftssystems. Lob erntete Hitler sehr früh sogar von Hjalmar Schacht – er galt auch nach seinem spektakulären Rücktritt vom Amt des Reichsbankpräsidenten im März 1930 als eine der einflußreichsten Persönlichkeiten in Deutschland – mit der Erklärung, daß das, was Hitler ihm, Thyssen und Tengelmann bei ihrer ersten Begegnung am 5. Januar 1931 in Görings Berliner Haus vortragen habe, »nicht unvernünftig« gewesen sei.[40]
Hitlers Hoffnung, im Sommer des Vorjahres mit dem Rauswurf Otto Straßers die letzten parteiinternen Auseinandersetzungen hinter sich gebracht zu haben, erfüllte sich nicht. Bereits im August hatten besonders aufsässige Teile der Berliner SA »gestreikt«, sie verweigerten Wahlkampfaufträge und forderten Unabhängigkeit vom Gauleiter Goebbels. Auch nachdem Hitler am 5. Januar 1931 Röhm mit dem Amt des SA-Stabschefs betraut hatte und dieser sich intensiv darum bemühte, die Tugenden von »Ausharren« und »Disziplin« wieder durchzusetzen, gärte es in großen Teilen der SA. Anfang April 1931 besetzten empörte, ohne Sold gelassene und sich über Gebühr strapaziert fühlende SA-Leute sogar das Berliner Gaubüro der NSDAP. Außerdem traten sie für Walter Stennes ein, der in Opposition zu Röhm stand und deswegen von Hitler seines Postens als Osaf-Stellvertreter Ost enthoben worden war. Die teilweise recht erbittert und handgreiflich geführten Auseinandersetzungen dauerten mehrere Wochen, bevor sich die SA-Führung auch unter Zuhilfenahme der Polizei durchsetzen konnte. Die sogenannte Stennes-Revolte fand erst ein Ende,

Das »Braune Haus« der NSDAP in München

als Hitler persönlich eingriff. Begleitet von bedingungslos ergebenen SS-Angehörigen zog er durch zahlreiche Wachstuben und Stammkneipen der SA, beschwor die Rebellen einzulenken und versprach mehr Geld. Gleichzeitig erneuerte er die Goebbelssche Vollmacht zur »Reinigung« der Partei. Außerdem hatte sich jeder SA-Führer Hitler gegenüber in einem »unbedingten Treuegelöbnis« zu erklären.
Resignierend kapitulierten die Meuterer, die ohnehin das Übel eher in einer den »Führer« umgebenden Kamarilla, tituliert als »Bonzen und anderes lichtscheues Gesindel«[41], sahen. Dennoch überraschte Hitler der die Stabilität der Partei kaum erschütternde Ausgang dieser Streitereien doch etwas. Er hatte mit einem Verlust von 10 000 bis 15 000 Anhängern gerechnet[42], dagegen vollzogen am Ende nur ein paar Hundert den Austritt.[43] Voller Stolz teilte Hitler dem Verleger Julius Lehmann mit, er hätte die Partei »noch niemals so fest« in seiner Hand gehabt wie jetzt.[44] Schon vorher hatte er einmal – ganz im Sinne seiner mehr und mehr von allen Anhängern akzeptierten Selbstüberhebung – verlautbart: »Ich irre mich nie! Jedes meiner Worte ist historisch.«[45] Als er im »Völkischen Beobach-

ter« vom 4. April 1931 eine Bilanz der Krise zog, tauchte das Wort »ich« einhundertdreiunddreißig Mal auf.
Ausgerechnet im sogenannten Senatorensaal des am 1. Januar 1931 bezogenen Münchner »Braunen Hauses«, der niemals seiner Bestimmung gemäß zu einer Beratung führender Mitglieder der nationalsozialistischen Organisation benutzt wurde, erwies sich bei einer Zusammenkunft mit parteiverbundenen Journalisten im Juni, daß Hitler in dieser Zeit auf der Stufenleiter seines eigensüchtigen Selbstverständnisses schon wieder eine neue Sprosse erklommen hatte. Wieder einmal knüpfte Hitler in diesem parteiinternen Kreise an den bereits oft geäußerten Gedanken an, die Partei müsse sich am Vorbild der Katholischen Kirche orientieren, deren Hierarchie und Organisation er als »grandiosen Mechanismus« und »ungeheuren technischen Apparat« pries.[46] Albert Krebs überlieferte, daß er nun seine Gauleiter mit den Bischöfen verglich und weitere Parallelen zog. Allen Ernstes habe Hitler seine Rede mit dem Bemerken beendet, er wolle »dem Heiligen Vater in Rom seinen Anspruch auf geistige – oder heißt es geistliche – Unfehlbarkeit nicht bestreiten«, und dem erläuternd hinzugefügt: »Davon verstehe ich nicht viel. Desto mehr aber glaube ich, von der Politik zu verstehen. Darum hoffe ich, daß der Heilige Vater nunmehr auch meinen Anspruch nicht bestreitet. Und somit proklamiere ich jetzt für mich und meine Nachfolger in der Führung der Nationalsozialistischen Deutschen Arbeiterpartei den Anspruch auf politische Unfehlbarkeit. Ich hoffe, daß sich die Welt daran so schnell und widerspruchslos gewöhnt, wie sie sich an den Anspruch des Heiligen Vaters gewöhnt hat.«[47]

Kapitel 8

Die lockende Macht 1931 bis 1932

Deutschland erlebte im Sommer 1931 einen weiteren wirtschaftlichen Einbruch. Die Zahl der Arbeitslosen wuchs nach einer vorübergehenden Beruhigung in unermeßliche Dimensionen; von etwa vier Millionen schnellte sie rasch auf über sechs Millionen hoch. Der Winter 1931/32 brachte schließlich nicht nur extrem niedrige Temperaturen und massive Schneefälle, sondern für fast ein Drittel der Bevölkerung ein Leben von schmalem Arbeitslosengeld und ständig sinkender Sozialfürsorge. Bedeutende Firmen und Banken, unter ihnen die renommierte Darmstädter- und Nationalbank, brachen zusammen. Im Ergebnis ihres Bankrotts mußten nach dem 13. Juli vorübergehend alle Börsen, Banken und Sparkassen schließen. Neue Notverordnungen standen bevor. Der autoritär regierende Reichskanzler Brüning nahm die sozialen Folgen seiner Deflationspolitik bewußt in Kauf. Ihm kam es vor allem darauf an, gegenüber den Siegermächten die finanzielle Schwäche Deutschlands zu demonstrieren, um ein Ende der Reparationszahlungen erreichen zu können. Als diese faktisch eingestellt wurden – der amerikanische Präsident Hoover hatte am 20. Juni ein einjähriges Moratorium verkündet –, änderte sich dennoch nichts am Regierungskurs.
Mehr als zwei Drittel des Volkes wurden direkt von den Auswirkungen der Wirtschaftskrise erfaßt, auch davon, daß viele Unternehmer die Gunst der Stunde nutzten, um gültige Tarifverträge zu umgehen, um den gesetzlichen Rahmen des Tarifwesens zu beseitigen und sich von lästigen Beiträgen zur Sozialversicherung zu befreien. Viele Menschen vegetierten weit unter einem normalen Existenzminimum. Sieben von zehn Arbeitern und Angestellten hatten schließlich 1932 nicht einmal 100 Reichsmark als monatliches Einkommen zur Verfügung. Die erst 1927 durchgesetzte staatliche Hilfe bei Arbeitslosigkeit erlebte eine Senkung nach der anderen. Ein alleinstehender Arbeitsloser erhielt in einer Großstadt nicht mehr als 5,10 Mark wöchentlich, ein Facharbeiter mit drei Familienangehörigen 17 Mark. Mit der Not breiteten sich Existenzangst, Hoffnungslosigkeit und ohnmächtige Wut aus. Niemand konnte die Spuren des sozialen Verfalls

übersehen. Leopold Schwarzschild, Herausgeber des »Tage-Buchs«, beschrieb die Stimmung als einen »Pesthauch«, als eine »sechzigmillionenfache Mischung aus Besorgtheit, Unruhe, Müdigkeit, Ratlosigkeit, Widerwillen, Erbitterung und Hysterie«.[1]

Klagend und protestierend stellten Betroffene die politisch-ökonomische Ordnung der krisengeschüttelten Gesellschaft radikal in Frage. Der Parteien und des Parteienstaates überdrüssig, sahen viele von ihnen im »Weimarer System«, in dessen Unfähigkeit und Korruption die Wurzel aller Übel. Eine Sturzflut an Konzepten zu reformerischer oder revolutionärer Veränderung der Situation brach über Deutschland herein. Auch irrationale Argumente aller Art bestärkten den Antidemokratismus und Antiparlamentarismus, vor allem aber den Nationalismus breiter Bevölkerungsschichten. Das Trugbild eines »starken«, autoritären und Wunder vollbringenden Ordnungsstaates fand große Anhängerscharen, in denen eine fast religiös zu nennende Führerseligkeit grassierte. Immer stärker dominierten Gewalt und Terror in den politischen Auseinandersetzungen. In jeder Hinsicht blieb offen, wie sich unter diesen Bedingungen die politischen Verhältnisse und das Kräfteverhältnis zwischen den Parteien entwickeln würden.

Für Hitler und seine Partei war ein Durchbruch zur Macht nicht in Sicht. Ja, er mußte sogar einzelne Rückschläge hinnehmen. Bereits am 1. April war Frick von seinem thüringischen Ministerposten zurückgetreten; an einer für seinen Kampf um die ungeteilte Macht wichtigen Stelle hatte sich die hilfreiche Rechtsfront erneut zerfasert. Auch die Versuche, nach der Stennes-Revolte und den öffentlichen Auseinandersetzungen um die Homosexualität Röhms das Verhältnis zwischen der Parteiorganisation und der SA zu konsolidieren, brachten nicht die gewünschten Erfolge. Ebenso scheiterte am 9. August der vom Stahlhelm initiierte und von NSDAP wie KPD unterstützte Volksentscheid gegen die sozialdemokratisch geführte Koalitionsregierung des Landes Preußen. Die wieder einmal belebte »nationale Opposition« erzielte lediglich 36,9 Prozent der Stimmen. Auch im persönlichen Bereich erlebte Hitler einen Schock, als er vom Selbstmord seiner Nichte und Geliebten »Geli« erfuhr. Um diesen rankten sich sofort diverse Gerüchte, die auch die Möglichkeit einer Tötung durch Hitler nicht ausschlossen. Für längere Zeit zog sich dieser wieder einmal auf den Obersalzberg zurück. Sogar der Gedanke an einen Suizid lag ihm nicht fern.

Krisen und Konflikte kennzeichneten den Weg Hitlers in dieser Situation. Vieles hatte er bisher gewonnen, nichts schien sich aber fest in seiner

Hand zu befinden, schon gar nicht im erwünschten Ausmaß. Hoffnungen kreuzten sich mit Enttäuschungen. Die Tore der staatlichen Macht blieben ihm verschlossen. Ja, er drohte sogar am Sturm auf sie zu scheitern und am vergeblichen Anrennen zu zerbrechen. In einer Partei wie der NSDAP mußte die Autoritätsgläubigkeit und blindwütige Einsatzbereitschaft ihrer Mitglieder erschüttert werden, sollte ihr Parteiführer nicht auch an der Spitze der so nachdrücklich begehrten staatlichen Macht stehen. Diese merkwürdige Widersprüchlichkeit zwischen einer zwar in Wahlen und auf der Straße erfolgreichen, aber im Machtkampf dennoch nicht siegreichen Partei entlud sich offensichtlich auch in Hitlers Verhaltensweisen. Mehr und mehr trat er als Mann mit vielen Gesichtern in Erscheinung; einerseits freundlich-werbend, energiegeladen und vorwärtsdrängend, den Eindruck unerhörter Entschlossenheit vermittelnd, andererseits beunruhigend undurchsichtig, von abgrundtiefem Haß erfüllt und mitunter naiv-gewöhnlich. Merkmale seines egozentrischen Charakters wie Zynismus und menschenverachtende Skrupellosigkeit traten immer spürbarer hervor, und jähe, teilweise hysterische Stimmungsumschwünge kennzeichneten sein Auftreten. Trotz seines ungeduldigen Wesens schob er jedoch häufig notwendige Entscheidungen vor sich her, um wagehalsig zu reagieren, wenn er glaubte, die jeweilige kritische Situation sei zu seinen Gunsten ausgereift. Beflügelt von unstillbarer Machtgier trieb er selbst die Entwicklung nach rechts voran, wann und wo immer dies möglich war, aber er ließ sich auch treiben, sobald ihm dies nützlich schien. Ein Zeitgenosse meinte, bei Hitler folge nicht die Tat der Ideologie, sondern die Ideologie der Tat[2] – es traf jedoch wohl beides zu.

In dieser Situation des befestigten Sieges in der NSDAP und eines vergeblichen Anlaufes zur Gewinnung der Macht kamen Hitler mehrere geschichtswirksame Faktoren zugute. Da versagten einerseits jene Kräfte, die – obwohl ausgesprochen antifaschistisch eingestellt – eher den Kampf gegeneinander zu führen bereit schienen, als sich um ein gemeinsames Vorgehen zu bemühen. Gerade die Beteiligung der deutschen Kommunisten, die sich dem Druck der KPdSU und verschiedenen Winkelzügen der Komintern gebeugt hatten, am Preußen-Volksentscheid zeitigte verheerende Folgen. Die in ihren Reihen vertretene Auffassung von den Zwillingsbrüdern »Nationalfaschismus« und »Sozialfaschismus« sowie die Absicht, eine proletarische Einheitsfront gegen die Führer der SPD herzustellen, erschwerten die Verteidigung der Republik gegen den Ansturm der NSDAP erheblich. Antifaschistische Alternativen zur allgemeinen Rechtsentwicklung büßten erheblich an Glaubwürdigkeit ein. Andererseits sah die Sozialdemokratie grundsätzlich in den Kommunisten ihren Gegner, der noch dazu auf ihre Kosten beträchtliche Wahlerfolge verzeichnete. Sie tolerierte Brüning als »kleineres Übel«, um so Hitler schlagen und gleichzeitig ein weiteres Anwachsen der KPD verhindern zu können. Ein Bündnis der Arbeiterparteien gegen Hitler kam für sie nicht in Frage. Neben den beiden Hauptströmungen der deutschen Arbeiterbewegung standen auch zahlreiche andere Organisationen – pazifistische, liberaldemokratische, radikaldemokratische, christliche – den Nazis ablehnend gegenüber, häufig getragen von klaren und überzeugenden Einsichten in Wesen und Zielsetzung des Faschismus; aber auch sie vermochten nicht, über den eigenen Schatten zu springen. Ihr Tun und Lassen ermöglichte den deutschen Faschisten, sich schließlich durchzusetzen.

Der nach Diktatur und Krieg strebende Hitler erhielt in wachsendem Maße Schützenhilfe durch nationalkonservativ denkende Angehörige der deutschen »Eliten«. Alles, was diese an Forderungen zur wirtschaftlichen und politischen Stabilisierung erhoben, kam dem Nationalsozialismus zugute und förderte ihn, selbst wenn es sich um anders motivierte und indirekt begünstigende Aktionen handelte. Nach dem großen Bankenkrach im Sommer 1931 erhoben sich unter den Mächtigen der Wirtschaft immer mehr Stimmen für eine abrupte Wende in der Wirtschaftspolitik. Unter der Parole »Unternehmer an die Front!« verlangten sie von ihresgleichen noch mehr politische Aktivitäten, um die Politik von Regierung und Parteien auf ihren Kurs zur weiteren Öffnung nach rechts festlegen zu können.[3] Am 29. September veröffentlichte der Reichsverband der Deutschen Industrie – als größte und einflußreichste Dachorganisation umfaßte er über 80 Prozent aller Industriellen – eine Erklärung, die in der Öffentlichkeit wie ein »Generalangriff« auf das Brüning-Kabinett wirkte. Ultimativ wurden Krisenerleichterungen für die Wirtschaft und ein weit über das bereits erreichte Maß hinausgehender Sozialabbau gefordert. Der Reichsverband der Deutschen Industrie drohte, andernfalls die »positive Zusammenarbeit« mit der Regierung aufzukündigen. Bereitwillig entsprachen immer mehr Teile der Wirtschaftseliten Hitlers Wunsch nach informativen Begegnungen und Gesprächen zur Klärung strittiger Fragen sowie finanzieller Belange.

Im Sommer eröffneten wiederum führende Kreise der Deutschnationalen dem Chef der NSDAP die Möglichkeit, neue und erfolgversprechende Schritte zu wagen. Am 9. Juli trafen sich Hitler, Göring und Frick mit Hugenberg, um erneut einen Zusammenschluß zur »Nationalen Opposition« zu vereinbaren.[4] Kurze Zeit darauf konferierte Hitler mit den

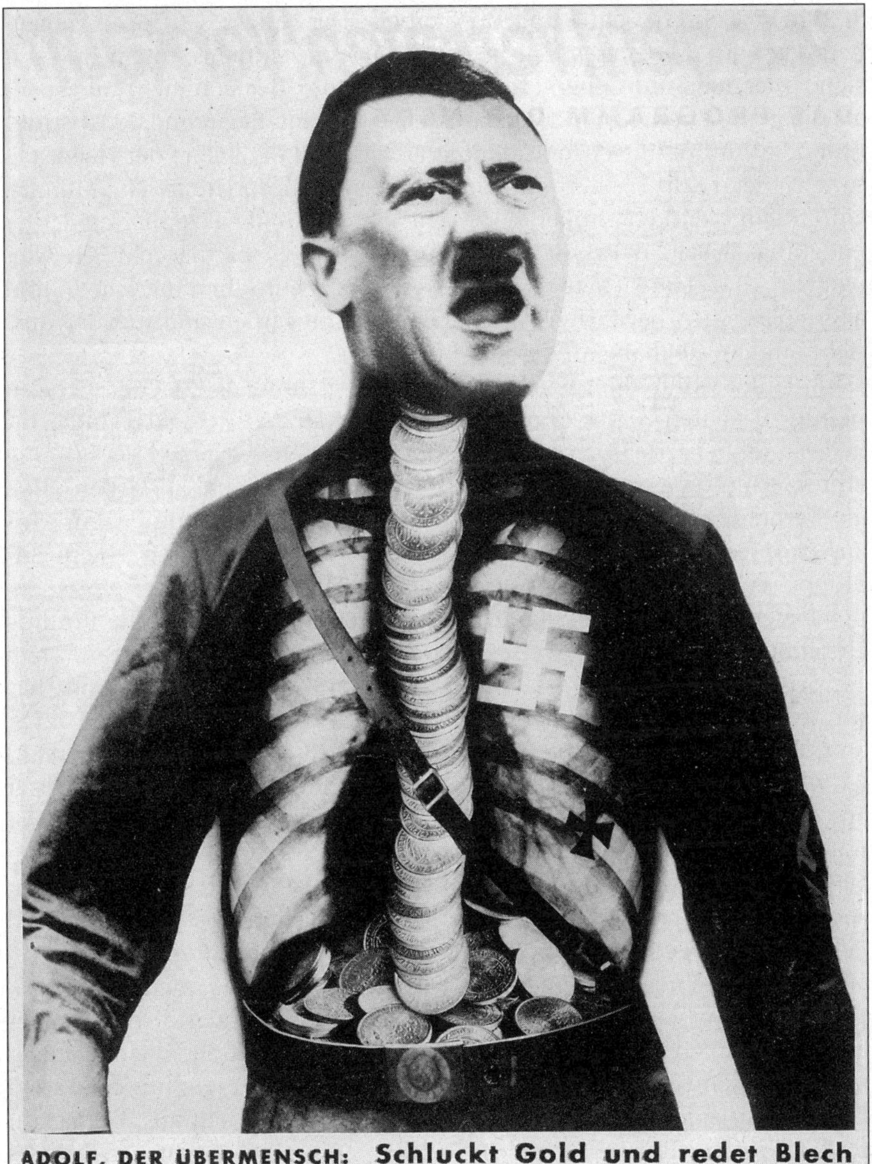

Populäre Fotomontage John Heartfields aus der »Arbeiter-Illustrierten-Zeitung« 1932

Stahlhelm-Führern Seldte und Duesterberg. Der NSDAP-Chef und Hugenberg kamen ein weiteres Mal in Bad Kreuth zusammen. Anfang Juli traf sich Hitler auch mit General Kurt von Schleicher, der sich mehr und mehr als die graue Eminenz an der Schaltstelle zwischen Regierung, Reichswehr und dem Amt des Reichspräsidenten erwies, und dem Chef der Heeresleitung General Kurt Freiherr von Hammerstein-Equord. Zahlreiche Militärs, Unternehmer und Politiker der Weimarer Republik akzeptierten Hitler endgültig als einen Faktor, der unumgänglich zu berücksichtigen war, wollte man eigene Ziele realisieren. Mehr und mehr sahen manche in ihm aber auch einen begehrten Partner, den sie umwarben und mit der Aussicht auf eine Teilhabe an der Macht lockten.

Doch Hitler wollte die ganze Macht, und er glaubte, die Zeichen der Zeit richtig zu deuten, wenn er mit der ihm eigenen Zielstrebigkeit und Sturheit darauf beharrte. Als er die Einladung zu einem Gespräch bei Brüning erhielt, triumphierte er: »Jetzt habe ich sie in der Tasche! Sie haben mich als Verhandlungspartner anerkannt.«[5] Seine Mittel voll und skrupellos ausschöpfend, befahl er zur Unterstützung dieses Gespräch einem SA-Trupp, in regelmäßigen Abständen am Sitz des Kanzlers vorbeizumarschieren und sich lautstark bemerkbar zu machen. Er wollte Brüning einschüchtern, möglicherweise aber auch sich selbst stimulieren. Dem Terroristen Hitler war jedes Mittel recht. Er wußte allerdings, daß der Terror der Straße allein nicht genügte, um an die Macht zu kommen. Und er ahnte wohl auch, daß seine Partei kaum eine absolute Mehrheit der Wähler würde gewinnen können. Die entscheidenden Faktoren sah er daher auf einer anderen Ebene angesiedelt: Er brauchte die Unterstützung der traditionellen Eliten in Staat und Gesellschaft.

Wie sein Pressechef Otto Dietrich berichtete, faßte Hitler in dieser Zeit »den Entschluß, die maßgebenden Persönlichkeiten der Wirtschaft und der von ihnen getragenen bürgerlichen Mittelparteien *systematisch zu bearbeiten*. Dem Entschluß folgte die Durchführung. Mit seinem Mercedes-Kompressor habe der Führer ganz Deutschland durchquert. Überall sei er zu vertraulichen Besprechungen mit führenden Persönlichkeiten aufgetaucht. Verschwiegenheit wäre dringend geboten gewesen, um der Presse keinen Stoff zur Hetze zu liefern. Die Wirkung blieb nicht aus. Es begann im Regierungsgebälk zu knistern.«[6] Zu Hitlers Gesprächspartnern gehörten neben Kirdorf, Thyssen und Stinnes[7] auch Albert Vögler, Fritz Springorum und Ernst Brandi. Gespräche gab es auch mit dem Chefredakteur der »Leipziger Neuesten Nachrichten« Richard Breiting, dessen Aufzeichnungen trotz mancher Unkorrektheiten und Fälschungen Schlaglichter auf die Gedankenwelt Hitlers von 1931 werfen.[8] Im übrigen lassen sich bis heute zahlreiche Details dieser Reisen nicht aufhellen.

Offensichtlich ließ sich Hitler auch in diesen Unterredungen nicht auf konkrete Maßnahmen und Versprechungen festlegen. Nach einem Bericht von Fürst Salm-Horstmar, den er im Februar 1932 über die Verhandlungen während des vergangenen Jahres schrieb, klagten die Gesprächspartner durchweg, Hitler sei eine »schwierig zu behandelnde Person«. Erich von Gilsa, der für den Großindustriellen Paul Reusch Verbindung zum Chef der Nationalsozialisten hielt, berichtete seinem Dienstherrn nicht nur von der Tatsache, daß jetzt »Aussprachen unter vier Augen mit Herrn Hitler ... modern« geworden und »in menschlich sehr sympathischer Form verlaufen« seien, sondern auch von Bedenken, die in den Teilen der politisch agierenden Unternehmerschaft vorherrschten Er kommentierte Hitlers Verhalten als ein bewußtes Ausweichen vor den »ihm jetzt peinlichen Fragen nach einzuschlagenden praktischen Maßnahmen« und knüpfte die aufschlußreiche Aussage an, es bestehe »... doch vielleicht noch ein Funke von Hoffnung, daß Hitler, gerade weil er so sprunghaft ist, in dem Augenblick, wo die ganze Verantwortung auf ihm lastet, wenigstens andere in zweckentsprechender Weise wird handeln lassen. Sicherheiten für ein solches Verhalten sind allerdings keineswegs vorhanden.«[9]

Die sich im Sommer 1931 erneut formierende »Nationale Opposition« beabsichtigte – mit Zustimmung Hitlers, die er sich hatte abringen lassen –, bei einer gemeinsamen Demonstration in Bad Harzburg nachdrücklich den Sturz der Reichsregierung zu fordern und die inzwischen gewonnene Stärke des Rechtsblocks gegenüber den die Regierung tragenden und stützenden Parteien vorzuführen. Anschließend wollten DNVP und NSDAP wieder in den Reichstag zurückkehren und für eine parlamentarische Niederlage Brünings sorgen. An diesem Plan änderte sich auch nichts mehr, als sich nach dem Scheitern des Projekts einer deutsch-österreichischen Zollunion und dem Rücktritt des Außenministers die Regierung am 9. Oktober umbildete.

Am Tag vor dem Harzburger Treffen, am 10. Oktober, empfing Hindenburg erstmalig den Chef der NSDAP zu einer Audienz. Schleicher hatte den Gast als einen »interessanten Mann mit überragender Rednergabe« vorgestellt, der sich mit seinen Plänen »in höhere Regionen« versteige, der aber »am Rockzipfel auf den Boden der Tatsachen« herunterzuziehen sei. Hitler, ein wenig nervös, verstieg sich zu der Erwartung, das Gespräch zwischen dem Generalfeldmarschall und dem Gefreiten des Weltkrieges könnte »ein Wendepunkt der deutschen Geschichte« sein. Von den 75 zur Verfügung stehenden Minuten nutzte Hitler eine geschlagene Stunde zum Vortrag. Hindenburg fühlte sich durch die langen Ausführungen Hitlers irritiert und meinte, dieser »böhmische Gefreite«[10] tauge allenfalls zum Postminister und werde niemals Reichskanzler. So gering die unmittelbaren Ergebnisse dieses Empfangs auch gewesen sein mochten – in der breiten Öffentlichkeit trug er enorm zur weiteren Aufwertung des NSDAP-Chefs bei. Auch für Hitlers Auftreten innerhalb der »Harzburger Front« war er von Belang.

Am 11. Oktober traf sich in Bad Harzburg alles, was im rechten Lager Rang und Namen hatte: Neben Hugenberg, Seldte und Duesterberg beteiligten sich auch namhafte Großindustrielle und Bankiers, unter ihnen Schacht – dieser trat mit einer besonders scharfen Rede hervor –, Ernst Poensgen, Ernst Brandi, Louis Ferdinand Ravené, Emil Georg von Stauß und Rudolf Blohm, zahlreiche Militärs – neben Seeckt und Lüttwitz waren 14 weitere Generale und Admirale erschienen –, prominente Politiker sowie – fast geschlossen – die großagrarische Elite, unter ihnen Graf Kalckreuth (Präsident des Reichs-Landbundes), Wilhelm Freiherr von Gayl, Konrad Freiherr von Wangenheim, Leopold Ferdinand Baron von Vietinghoff-Scheel. Auch der Hohenzollernprinz August Wilhelm fehlte nicht; er witterte wie andere Blaublütige und unverbesserliche Monarchisten Morgenluft. Von ihnen allen wurde das soeben umgebildete Kabinett Brüning nachdrücklich zum Rücktritt aufgefordert. Sie appellierten an den Reichspräsidenten, »in letzter Stunde durch Berufung einer wirklich nationalen Regierung den rettenden Kurswechsel« herbeizuführen[11], wobei in den vorbereitenden Gesprächen intensiv an einem Schattenkabinett gebastelt worden war. In der Entschließung wurde verkündet, die Versammelten seien bereit, im Reich und in Preußen »Verantwortung zu übernehmen«, würden sich aber konsequent jeder Regierung entziehen, »die gegen den Willen der geschlossenen nationalen Opposition gebildet« würde. Letzteres war als eine deutliche Warnung an Brüning zu verstehen, eine Tolerierung seiner Regierung durch die Sozialdemokratie zurückzuweisen. Zu den Forderungen gehörten ferner eine »sofortige Neuwahl der überalterten Volksvertretungen« sowie die »Wiederherstellung der deutschen Wehrhoheit«. Als gemeinsames Ziel wurde deklariert, nun den »Entscheidungskampf zur Niederringung des heutigen Systems« einzuleiten.[12]

Um einen Entscheidungskampf ging es allerdings auch in den Reihen der Harzburger Front selbst. Hitler tat alles, um bei diesem erneuten Bunde mit den deutschnationalen Partnern herauszustellen, in welchem Maße er sich und seine Partei bereits als die führende Kraft anerkannt wissen wollte. Er trat wie ein ungekröntes Oberhaupt der Rechtsfronde auf. Kein Mittel war ihm dabei zu schlicht und plump, hoffend, daß alles, was er da tat, in den Reihen seiner eigenen Partei als Düpierung der »Reaktion« aufgefaßt würde. Demonstrativ erschien er nicht zur entscheidenden Sitzung des Redaktionskomitees, er verpaßte das gemeinsame Mittagessen und konterte die Vorwürfe mit der Behauptung, ja gar nicht eingeladen gewesen zu sein. Berechnend argumentierte er auch, sich nicht an fünf Gängen gütlich tun zu können, wenn er wisse, daß ein Teil seiner SA-Leute hungrig bliebe. Zum Vorbeimarsch des Stahlhelms kam er fast eine halbe Stunde zu spät und verließ ihn ebenso demonstrativ vor dessen Abschluß. Das Scheitern der »Harzburger Front«, das sich in der Reichstagssitzung vom 13. Oktober zeigte, in der sie eine Abstimmungsniederlage erlitt, wurde dann auch höhnisch dem deutschnationalen »Hugen-Zwerg« angelastet. Eine Woche später hielt Hitler in Braunschweig eine eigene Heerschau ab. Einhunderttausend SA-Leute marschierten auf. Sie zogen am 18. Oktober sieben Stunden lang durch die Arbeiterviertel der Hansestadt. Drei Tote und 70 Verletzte waren das Ergebnis ihres provokatorischen Auftretens und eines antifaschistischen Protestkampfes. Gegenüber den Deutschnationalen betonte Hitler die grundlegenden Differenzen auf »sozialem Gebiet«. Seiner aufgeputschten Gefolgschaft suggerierte er, man stehe einen Meter vor dem Ziel. Er gab vor, zum letzten Male vor der »legalen« Machteroberung Standartenweihen vorzunehmen. Die Nazipresse schrieb am 21. Oktober: »Harzburg war ein taktisches Teilziel, Braunschweig die Verkündigung des unveränderlichen Endziels. Am Ende liegt Braunschweig, nicht Harzburg.«[13]

Wie hohl das Gerede von der »Legalität« war, sollte sich bereits Ende November 1931 erweisen. Sozialdemokratische und andere Zeitungen veröffentlichten die sogenannten Boxheimer Dokumente.[14] Diese zeigten, in welchem Maße die NSDAP unter ihrem zu jedem Schwur bereiten Führer mit dem Feuer spielte. Hessische NSDAP-Größen, unter ihnen Werner Best – ein bedenkenloser Machttaktiker, der später zum hessischen Polizeikommissar, zum obersten Rechtsberater der Gestapo und zum Reichsbevollmächtigten im okkupierten Dänemark aufstieg –, hatten im August im »Boxheimer Hof« bei Worms eine nationalsozialistische Notstandsproklamation für den Fall entworfen, daß die NSDAP in bürgerkriegsähnlichen Auseinandersetzungen mit den Kommunisten im Reich oder auch nur »in einem für einheitliche Verwaltung geeigneten Gebiet« Deutschlands die Macht erringen würde. In diesem nach dem 30. Januar 1933

Die satirische Zeitschrift der NSDAP »Die Brennessel« illustriert Hitlers Legalitätseid

realisierten Szenario – Deutschland vor einem kommunistischen Aufstand retten zu müssen – war viel von Todesstrafe die Rede, u. a. bei »Widerstand gegen die gewalthabende SA«, ferner von zwangsweiser Lebensmittel-Requirierung sowie von Arbeitsdienstpflicht für Deutsche beiderlei Geschlechts ab sechzehn Jahren. Juden sollten selbstverständlich sowohl von einer öffentlich gesicherten Speisung als auch vom Arbeitsdienst ausgenommen sein.

Hitler, der sich eigentlich ins Mark getroffen hätte fühlen müssen, reagierte tatsächlich prompt, aber durchaus nicht unfreundlich gegenüber Best. Aus München ließ er zunächst verlauten, die Dokumente könnten nur eine marxistische Fälschung sein. Danach setzte er auf das Argument, die Ausarbeitung müsse als »private« Angelegenheit einiger Mitglieder der NSDAP angesehen werden. SA und SS wurden aufgefordert, sich nicht vom Feind aufputschen zu lassen. Hitler beschwor erneut den »Standpunkt strengster Legalität«. Seiner Erklärung, gegen jeden rücksichtslos vorzugehen, der sich nicht daran halte, folgten jedoch keinerlei Konsequenzen. Die Verfasser der Boxheimer Papiere hatten nichts zu befürchten. Hitler empfing in diesen Tagen Best sogar zu einem persönlichen Gespräch, in dem er gegen seinen Gast keinerlei Vorwürfe erhob. Statt dessen ließ er gegen den sozialdemokratischen Innenminister Hessens, Wilhelm Leuschner, eine Verleumdungsklage einreichen. Folgen hatte das Ganze lediglich für Wilhelm Schäfer, jenen abtrünnigen Nazifunktionär, der im Herbst 1931 die Unterlagen der SPD zugespielt hatte: Er wurde am 18. Juli 1933 ermordet aufgefunden ...

Auf die Gesprächsbereitschaft führender deutscher Kreise gegenüber Hitler hatte der Skandal keinerlei Einfluß. Im Gegenteil: Der NSDAP-Chef wurde regelrecht hofiert, als sich die Regierenden mit der Frage beschäftigten, wie angesichts der auslaufenden Amtszeit des Reichspräsidenten zu verfahren sei. Der Reichskanzler wollte neuerliche Wahlen vermeiden. Durch einen gemeinsamen Beschluß aller bürgerlichen Parteien sollte der Reichstag die Verfassung ändern und die Amtszeit Hindenburgs um ein oder zwei Jahre verlängern. Beim Gespräch, zu dem Brüning bereits Anfang Januar 1932 auch Hitler nach Berlin eingeladen hatte, lehnte dieser das Ansinnen rundweg ab. Zugleich wandte er sich gegen den Vorschlag Hugenbergs, bei der fälligen Wahl des Reichspräsidenten mit einem gemeinsamen Kandidaten aufzutreten. Seine Ablehnung begründete er ausgerechnet mit der Verfassung von Weimar; diese dürfe nicht verletzt werden. Sogar als Brüning für den Fall einer Zustimmung der NSDAP seinen Rücktritt anbot, sobald die Westmächte ihren Verzicht auf weitere Reparationsleistungen offiziell bestätigt hätten, blieb er bei seinem Nein, ohne aber den Gesprächsfaden abreißen lassen zu wollen.

Mehrere Wochen lang gab Hitler nicht zu erkennen, welche konkreten Ziele er in dieser Situation zu verfolgen beabsichtigte. Relativ rasch hatte er sich für den Gedanken erwärmt, selbst zu kandidieren, obwohl er sich lieber im Amt eines Reichskanzlers gesehen hätte.[15] Er begann auch, gegen den Rat Gregor Straßers, diesen Schritt vorzubereiten, verhielt sich aber zögerlich gegenüber einer offiziellen Bekanntgabe seiner Kandidatur. Obwohl ihn seine engsten Mitarbeiter, allen voran Goebbels, intensiv bedrängten, ließ Hitler erst drei Wochen vor dem Wahltermin endgültig seine Absichten verkünden. Mit dem Gespür für die Risiken einer solchen Entscheidung wollte er wahrscheinlich immer noch Wege zu einer anderen Lösung suchen, die zu dem dringlich gewünschten Sturz Brünings führen und dennoch einen mit der bisherigen Propaganda kaum zu vereinbarenden Wettstreit mit Hindenburg vermeiden konnte. Andererseits hatte er selbst seiner Partei und der SA immer wieder versichert, man stehe bereits an der Schwelle zur Macht – wie sollte er es seinen Anhängern aber erklären, wenn er dem Kräftemessen aus dem Wege gehen würde?

Zu seinen Wahlvorbereitungen gehörte offensichtlich auch Hitlers zweieinhalbstündige Rede vom 26. Januar 1932 vor dem Industrieklub im Düsseldorfer Parkhotel, zu der ihn Thyssen eingeladen hatte. Es soll einer seiner wirkungsvollsten Vorträge gewesen sein. Den Text veröffentlichte die NSDAP in einer Broschüre, in der auch Reaktionen des Publikums vermerkt wurden. Wieder hielt sich Hitler, anders als vor seinesgleichen, im äußeren Auftreten und im Ton maßvoll zurück. Um so deutlicher kam er zur Sache: Man stünde jetzt »an der Wende des deutschen Schicksals«. Er zeichnete das düstere Bild eines siegreichen bolschewistischen Chaos, das durch die Weimarer Demokratie nicht verhindert werden könne. »Entweder es gelingt, aus diesem Konglomerat von Parteien, Verbänden, Vereinigungen, Weltauffassungen, Standesdünkel und Klassenwahnsinn wieder einen eisenharten Volkskörper herauszuarbeiten, oder Deutschland wird am Fehlen dieser inneren Konsolidierung endgültig zugrunde gehen.« Rasch kam er auf den Punkt, der besonders interessierte: »Sie haben die Auffassung, meine Herren, daß die heutige Wirtschaft aufgebaut sein müsse auf dem Gedanken des Privateigentums. Nun können Sie einen solchen Gedanken des Privateigentums politisch nur dann aufrechterhalten, wenn er irgendwie auch logisch fundiert erscheint. Dieser Gedanke muß eine ethische Begründung aus der Einsicht in die naturgegebene Notwendigkeit ziehen. Er kann nicht etwa darin allein motiviert werden, daß man sagt: Es war bisher so, also muß es auch weiter so sein. Denn in Perioden großer staatlicher Umwälzungen ... können Einrichtungen, Systeme usw. nicht nur deshalb unberührt bleiben, weil sie bisher in der gleichen Form bestanden. Es ist das Charakteristische aller wirklich großen revolutionären Epochen der Menschheit, daß sie über solche, nur durch das Alter geheiligte ... Formen mit einer Leichtigkeit sondergleichen hinweggehen. Es ist daher nötig, derartige überlieferte Formen, die aufrechterhalten bleiben sollen, so zu begründen, daß sie als unbedingt notwendig, als logisch und richtig angesehen werden können.« Dies sei in einer Demokratie, die die Ungleichheit der Menschen nicht anerkennen wolle, nicht möglich. Um der Aufrechterhaltung des Privateigentums willen müsse die Demokratie beseitigt werden.

Hitler ließ die Zuhörer nicht im unklaren über seine generellen Ziele, darüber, daß er den »Marxismus bis zur letzten Wurzel« ausrotten, die parlamentarische Demokratie beseitigen und in Deutschland eine »Schule eiserner Disziplin« durchsetzen wolle. Er sprach von einer natürlichen und tragfähigen Basis der deutschen Zukunft, als er entweder einen neuen »Lebensraum« oder den »Schutz der deutschen Wirtschaft nach außen unter Einsatz der zusammengeballten deutschen Kraft« forderte. Keiner konnte eigentlich voraussetzen, daß sich die Eroberung neuen Lebensraumes friedlich vollziehen könne; ein neuer Krieg wurde in die Kalkulation einbezogen. Dies kann um so mehr angenommen werden, als auch bürgerliche Autoren zu dem Schluß gekommen waren: »Wenn das 'dritte Reich' nicht mit dem vorhandenen Boden auskomme, so müsse der Erdteil in Brand gesteckt werden. Denn in der ganzen Welt gilt nach Hitlers Meinung ewig das Faustrecht des Stärkeren.«[16] Die Gefahr eines Untergangs von Deutschland sowie einer Katastrophe für Europa und die Welt wurde ebenfalls erkannt.[17]

Indirekt äußerte sich Hitler auch zu seiner eigenen Rolle: »Wenn ich heute vor Ihnen spreche, dann nicht, um Sie zu einer Stimmabgabe zu bewegen, oder um Sie zu veranlassen, meinetwegen das oder jenes für die Partei zu tun. Nein, ich trage Ihnen hier eine Auffassung vor, von der ich überzeugt bin, daß ihr Sieg den einzig möglichen Ausgangspunkt für einen deutschen Wiederaufstieg bedeutet, die aber auch der letzte Aktivposten des deutschen Volkes überhaupt ist. Man sagt mir oft: Sie sind nur der Trommler des nationalen Deutschland! Und wenn ich nur der Trommler wäre?! Es würde heute eine größere staatsmännische Tat sein, in dieses deutsche Volk wieder einen neuen Glauben hineinzutrommeln, als den vorhandenen langsam zu verwirtschaften.«[18]

Damit sagte er seinen 600 Zuhörern zwar nichts Neues, jedoch rückte die Möglichkeit einer Realisierung dieses Konzepts in greifbarere Nähe als zum Zeitpunkt vergleichbarer früherer Veranstaltungen. Das erklärt sowohl den stürmischen Beifall, den er erhielt, als auch den Andrang zu dieser Veranstaltung, den es in deren Vorfeld gegeben hatte. Selbst Gustav Krupp von Bohlen und Halbach, als deutscher Kanonenkönig bekannt, hatte sich in einem Bittbrief um eine Einladung für einen seiner engsten Mitarbeiter und um eine Einladung zu dem nachfolgenden Essen bemühen müssen. Mit dem Gruß »Heil, Herr Hitler!« schloß Thyssen das wohl bedeutendste Treffen, das es vor 1933 zwischen Mächtigen der Wirtschaft und Hitler gegeben hat. Am 8. Februar notierte Goebbels voller Optimismus in seinem Tagebuch: »Die Kassenlage bessert sich von Tag zu Tag. Die Finanzierung des Wahlkampfes ist nahezu gesichert.«[19]

Für alle Beteiligten stand außer Frage, daß es notwendig sei, »alles zu tun, um die NSDAP auch praktisch in die Staatsverantwortung hineinzubekommen«.[20] Dies schrieb einige Wochen später Springorum, der stellvertretende Schriftführer und Kassenwart der legendenumwobenen »Ruhrlade«, d. h. eines finanzstarken politischen Zirkels führender Ruhrindustrieller, in einem Brief an Krupps Schwager Tilo Freiherr von Wilmowsky, wobei er Durchschriften auch Krupp, Reusch, Silverberg und Vögler übermittelte. Offensichtlich hatte Hitler bei den westdeutschen Industriellen so etwas wie einen Durchbruch erzielen können.[21] Ihre bisherige Unterstützung für die Brüning-Regierung hatten sie aufgegeben. Von einem regierenden Rechtsblock versprachen sie sich eine raschere Überwindung der Wirtschaftskrise, außerdem hofften sie darauf, daß dieser eindeutiger die sozialpolitische Entwicklung der Weimarer Republik rückgängig machen sowie die Gewerkschaften in die Rolle zurückführen würde, die sie im Kaiserreich eingenommen hatten. Wie eine solche Hineinnahme konkret aussehen sollte, war Gegenstand erbitterter Auseinandersetzungen unter allen um die Macht buhlenden Parteien, wobei sich ihr Streit in den ersten Monaten des Jahres 1932 in der Frage einer Nachfolgeschaft für Hindenburg bündelte.

Einer Wahl Hitlers zum Staatsoberhaupt stand unter anderem die Tatsache im Wege, daß er immer noch nicht über die deutsche Staatsbürgerschaft verfügte. Um diese erlangen zu können, wurde seit langem seine Einbürgerung betrieben. Im Dezember 1929 beließen es Frick und Rudolf Buttmann – letzterer leitete im Bayerischen Landtag die Fraktion der NSDAP – noch bei einem vorsichtigen Vortasten, als ihnen die bayerische Staatsregierung bedeutete, daß es dabei erhebliche Schwierigkeiten gäbe und man die Sache am besten auf sich beruhen lassen solle. Kaum war Frick in Thüringen Minister geworden, verfolgte er in beflissener Hilfsbereitschaft zunächst die Absicht, Hitler zum Direktor der Weimarer Kunsthochschule zu machen. Als sich dies als unmöglich erwies, wollte er ihm die freie Stelle eines Gendarmeriekommissars in Hildburghausen antragen, um ihn mit der Ernennung zum Beamten automatisch auch zu

Im Zentrum Berlins mietete sich Hitler für 10 000 Reichsmark pro Woche im Nobelhotel »Kaiserhof« ein

einem deutschen Staatsbürger erklären zu können. Eine entsprechende Urkunde war bereits ausgefertigt und an den Chef der NSDAP übermittelt worden, doch kamen diesem einige Tage später Bedenken. Er zerriß das Dokument und suchte den ganzen Vorgang geheimzuhalten.[22] Im Lande Braunschweig sollte Hitler sogar zum Professor für »Organische Gesellschaftslehre und Politik« ernannt werden. Doch auch dieser Plan scheiterte. Erst mit dem Posten eines Regierungsrates bei der braunschweigischen Vertretung in Berlin wurde Hitler am 25. Februar deutscher Staatsbürger. Die Übergabe der Urkunde erfolgte in Berlin, wo Hitler seit geraumer Zeit im oberen Stockwerk des Hotels »Kaiserhof« am Wilhelmplatz eine Suite bewohnte, wenn er in der Hauptstadt weilte. Glückwünsche wehrte er ab – Bescheidenheit vortäuschend und Großmannsucht demonstrierend: »Mir brauchen Sie nicht zu gratulieren. Aber Deutschland.«[23]

Zeitgleich mit seiner Erhebung in den Beamtenstand und der Einbürgerung erlaubte Hitler, seine Kandidatur bekanntzugeben. Danach betrieb die NSDAP einen aufwendigen Wahlkampf, und auch ihr »Führer« stürzte

Hitler stand stets im Mittelpunkt der nationalsozialistischen Propaganda

sich so vehement hinein, daß Goebbels befriedigt in seinem Tagebuch vermerken konnte, dieser stehe »wieder auf der Höhe der Situation«.[24] Vom 1. bis 11. März jagte Hitler durch alle Teile Deutschlands, wobei er insgesamt wohl vor mehr als einer halben Million Menschen sprach. Die an und für sich heikle Situation, gegen das bisherige Idol der Rechten anzutreten, sollte die Parole »Ehre für Hindenburg, Stimme für Hitler« bewältigen helfen. Hitler wollte den Namen des Reichspräsidenten für »das große Ringen« seiner Bewegung erhalten und verfiel wieder einmal auf eine hintergründige Demagogie: »Alter Mann, du bist uns zu verehrungswürdig, als daß wir es dulden können, daß hinter dich sich die stellen, die wir vernichten wollen. So leid es uns daher tut, du mußt zur Seite treten, denn sie wollen den Kampf, und wir wollen ihn auch.«[25] In der nationalsozialistischen Wahlpropaganda spielte Hindenburgs »Ehre« keine Rolle, im Gegenteil, er wurde als »Mastkalb der Novemberverbrecher«, als »Präsidentschaftskandidat der Dolchstößler und Kriegsverweigerer«, als Vorreiter der »Bankrotteure, Erfüllungspolitiker, Munitionsstreikorganisatoren, Friedensresolutionsvertreter, Schandvertragsunterschreiber« und sogar als »jüdisch-marxistischer Hampelmann« geschmäht.[26] Hitler hielt seine Untergebenen nicht davon ab, sich so zu äußern. Er selbst beschränkte sich eher darauf, das hohe Alter Hindenburgs seinen 43 Lebensjahren gegenüberzustellen.

Der Siegesstimmung – noch am Vorabend des Wahltages prophezeite die nationalsozialistische Presse: »Morgen wird Hitler Reichspräsident« – folgte am 13. März eine herbe Ernüchterung. Beim ersten Wahlgang konnte Hitler zwar 86 Prozent Stimmen mehr verbuchen, als seine Partei bei der letzten Reichstagswahl erhalten hatte; allerdings fehlten Hindenburg lediglich 170 000 Stimmen zur absoluten Mehrheit. Immerhin hatte sich fast jeder dritte Wähler für Hitler entschieden, während Ernst Thälmann nur 13,2 und Duesterberg gar nur 6,8 Prozent der Stimmen zufielen. Goebbels sprach dennoch von einer »Scharte«, die es auszuwetzen gelte. Seinem Tagebuch vertraute er an: »Die Parteigenossenschaft ist auf das tiefste deprimiert und mutlos. Wir können uns jetzt nur durch einen kühnen Wurf retten.«[27]

Hitlers Reaktion war zwiespältig. Bei einigen seiner engeren Mitarbeiter erweckte er den Eindruck »eines enttäuschten, mutlos gewordenen Spielers, der über seine Verhältnisse gewettet hatte«.[28] Andere meinten, ihn auch in dieser Situation als einen souveränen Meister »in der Beherrschung von gefährlichen Situationen« gesehen zu haben, offensichtlich weil sie ihn so sehen wollten: »Wenn der Führer nicht nachgibt, dann wird

auch die Organisation nicht kapitulieren ... Er zögert keinen Augenblick, den Kampf sofort aufs neue aufzunehmen. Das gibt seiner ganzen Umgebung wieder Mut.«[29] Allen war klar, daß im notwendigen zweiten Wahlgang Hindenburg nicht geschlagen werden konnte. Manche rieten daher, sich eher auf die für den 24. April anberaumten preußischen Landtagswahlen zu konzentrieren. Hitler rief noch in der Nacht energisch alle seine Anhänger dazu auf, ihre Aktivitäten zu verdoppeln: »Der Angriff muß sofort in der schärfsten Form erneut aufgenommen werden.« Er versprach, ihn auch selbst unter Einsatz seiner ganzen Person zu führen. Rief sich Hitler in dieser Situation wieder einmal »selbst zur Ordnung«, wie es der 1928 zurückgetretene Hamburger Gauleiter Albert Krebs nach dem Zweiten Weltkrieg im Zusammenhang mit einer Episode dieses Wahlkampfes beschrieb? Der Vegetarier Hitler habe, müde und melancholisch seine Gemüsesuppe löffelnd, ihm anvertraut, von Schweißausbrüchen, Erregungszuständen, Gliederzittern und Magenkrämpfen gepeinigt zu sein, was auf eine Krebserkrankung schließen lasse. Deshalb habe er keine Zeit zu warten: »Hätte ich Zeit, würde ich gar nicht kandidiert haben. Lange macht es der 'Alte' sowieso nicht mehr. Doch ich kann kein einziges Jahr mehr verlieren. Ich muß in Kürze an die Macht kommen, um die gigantischen Aufgaben in der mir verbleibenden Zeit lösen zu können. Ich muß! Ich muß!« Während dieses Ausbruchs hätten sich Körperhaltung, Gesichtsausdruck und Stimmton geändert: »Die Depression war überwunden; der Mensch Hitler war in den 'Führer' zurückverwandelt.«[30]
Tatsächlich potenzierte Hitler seinen persönlichen Einsatz. Im Mittelpunkt des Wahlkampfes der NSDAP stand kein inhaltliches Programm, sondern ganz und gar allein ihr »Führer«. Sie betrieb um diesen einen Aufwand, der nach eigener Einschätzung »selbst die amerikanischen Methoden in den Schatten stellte«.[31] Moderne Techniken und neue Rituale wurden intensiv eingesetzt; vielfach ging ihre Erprobung direkt auf Hitler zurück. Sein Erfindungsreichtum schien kaum Grenzen zu kennen. So startete er am 3. April mit einer dank Görings Vermittlung gecharterten Maschine der Lufthansa seinen ersten »Deutschlandflug« – vier sollten es im Superwahljahr 1932 insgesamt werden, bei denen er in insgesamt 146 Städten auftrat. Die Propagandaschau lief unter dem wirkungsvollen, einen politischen Messianismus sondergleichen bedienenden Motto »Hitler über Deutschland«. Ihm lag an der Vermittlung des Eindrucks, er könne überall und gleichzeitig präsent sein. Jede Veranstaltung war das Ergebnis einer minutiösen Generalstabsplanung für den Einsatz eines riesigen Aufgebots an Wahlhelfern. Der Inhalt seiner Reden schwankte zwischen

Hitler stellte alle technischen Mittel in den Dienst seiner Propaganda und absolvierte im Superwahljahr 1932 vier »Deutschlandflüge«

»großen« Themen, unaufhörlicher Selbstbeweihräucherung und schlichten Banalitäten. Fast immer sprach er nur von sich selbst, auch in Zusammenhängen, die er vorher stets dazu genutzt hatte, seine Gegner heftig zu attackieren. Statt vom Elend der Situation redete er nun mehr von der leuchtenden Zukunft Deutschlands, die es geben würde, wenn er die Macht übernehme. Gelegentlich ging er dabei sogar so weit zu versprechen, im Dritten Reich würde »jedes deutsche Mädchen einen Ehemann finden«.[32]

Der Hektik verratende Reiseplan führte Hitler in Dutzende Städte Deutschlands. Von seinen Anhängern wurde er häufig bereits auf den Flugplätzen jubelnd begrüßt, von emotionsgeladenen Menschenmengen in gespannter Hoffnung erwartet und von Neugierigen in großer Zahl bestaunt. Überall fand er offene Ohren. In Stralsund warteten 40 000 Menschen sogar bis in die frühen Morgenstunden, als sich der Chef der NSDAP wegen eines Gewitterfluges und einer Notlandung verspätete. Sie wollten Hitler hören, unbekümmert von Regen und Kälte. Wie schlimm mußte es wohl um sie bestellt sein, eines Parteipolitikers wie eines poten-

tiellen Erlösers zu harren. Wie wenig hatten offensichtlich die anderen Parteien den in ihrer sozialen Existenz erschütterten, um ihre Zukunft bangenden Menschen zu bieten, wenn diese gleichsam der Wirklichkeit entrückt, vertrauensselig und des kritischen Denkens beraubt, auf Hitler schauten, wenn sie sich Ertrinkenden gleich an einen Strohhalm klammerten und alles, was sie an dessen Gebaren und am Gehabe seiner Satrapen stören mochte, dennoch hinzunehmen bereit waren? Vor dem tristen Hintergrund der Alternativlosigkeit strahlte der Stern des geschicktesten unter den parteipolitischen Demagogen sowie unter den sonstigen selbsternannten Heilsbringern der Weimarer Zeit[33] am hellsten. Angesichts der zunehmenden Personalisierung aller politischen Prozesse blieben für viele die anderen Parteien anonym, während ihnen Hitler wie ein Kandidat aus Fleisch und Blut, wie einer zum »Anfassen« begegnete, der sie noch dazu aus ihren Ängsten heraus und in eine vollkommene Geborgenheit führen zu können schien. Demgegenüber konnte alles verblassen, was an Hitler unheimlich und unstimmig, was lächerlich war und Anlaß für zahllose Karikaturen bot. Unter seinen Kritikern aus den anderen Parteien oder aus Teilen der deutschen Intelligenz machte sich Hilflosigkeit breit. Gleich ob sie sich rationaler Argumentation, des Mittels der Ironie und der Satire oder auch einer Vogel-Strauß-Politik bedienten, alle Versuche scheiterten, Hitlers versponnene Äußerlichkeiten und offenkundige Widersprüchlichkeiten hervorzuheben oder seine Anhänger bei ihrer selbstverschuldeten geistigen Unmündigkeit zu packen. Verharmlosung und Unterschätzung dieses »Führers« waren die Folge. Und dies diente eher einer Beförderung des Kultes um ihn als dessen Abbau.
Hitler unterwarf während der Wahlkämpfe auch seine Stimmbänder einer enormen Belastung. Dr. Dormitzel, ein Spezialist für Hals-Nasen-Ohren-Erkrankungen, diagnostizierte eine »drohende Stimmbandlähmung infolge Überanstrengung«. Daraufhin wurde Paul Devrient, ein älterer Operntenor, zu intensiven Sprechübungen und Schauspielunterricht engagiert. Die einzige Bedingung lautete: absolute Geheimhaltung auch vor Hitlers unmittelbarer Umgebung. Der »Schüler Hitler« wollte nach außen als ein Naturtalent erscheinen, das keines Lehrers bedurfte. Devrient flog seit dem 6. April mit und erhielt dafür bis zum November monatlich 1000 Mark. Gewiß erklärt sich die ungewöhnlich hohe Entlohnung mit der Bilanz, die er schließlich ziehen konnte: Sein Patient habe sich im Verlaufe der Übungen »freigespielt«. Die Vermittlung altbewährter Regeln des Theaters hätten das »Wort und das 'Spiel' Hitlers ... in ihrer Wirkung ungemein« gesteigert. Sein Eleve habe »im Handumdrehen gelernt, sie voll zu

nutzen«.[34] Vorbei waren die Zeiten, da Hitler in eigenartigen Verrenkungen vor der Kamera Hoffmanns posierte und das Ergebnis auf nunmehr unerwünschten Postkarten verbreiten ließ.
Beim zweiten Wahlgang um das Amt des Reichspräsidenten konnte Hitler am 10. April seinen Stimmenanteil noch einmal von 30,2 auf 36,7 Prozent steigern. Dazu hatte wohl auch ein Aufruf zu seinen Gunsten von 50 angesehenen Persönlichkeiten der deutschen Gesellschafts- und Geisteseliten beigetragen. Doch es reichte wieder nicht. Die Landtagswahlen in Preußen, Bayern, Württemberg, Anhalt und Hamburg, die am 24. April stattfanden, ergaben ein ähnliches Bild. Hitler sprach zwar von »herrlichen« Siegen, verlangte aber von seinen Anhängern, »keine Stunde zu ruhen«.[35] Die den Wählern suggerierte Entscheidung für ihn war noch nicht gefallen. Fast überall blieben die bisherigen Regierungen geschäftsführend im Amt, da die Bildung neuer Kabinette scheiterte. Nur im Land Anhalt gelangte mit dem Rechtsanwalt Alfred Freyberg erstmalig ein Nationalsozialist auf den Posten eines Ministerpräsidenten.
Die Erfolge der NSDAP waren groß – erstaunlich und hoffnungsvoll für die einen, erschreckend und zukunftsgefährdend für die anderen –, sie reichten ihr jedoch nicht aus, um selbst die Macht übernehmen zu können. Wie es schien, konnte die Nazipartei aus eigener Kraft weder die bereits angeschlagene Brüning-Regierung stürzen noch für Hitler die Kanzlerschaft erzwingen. Die neue Situation zwang zu modifizierten Konzepten und Entscheidungen, in denen Hitler eine wesentlich größere Bedeutung zukam als nach den September-Wahlen des Jahres 1930. So verstärkten und polarisierten sich die Bemühungen anderer Parteien, die NSDAP in Koalitionen einzubeziehen. Mancherlei Kursänderung wurde signalisiert. Brüning und Groener versuchten es zunächst mit einem größeren Einsatz der ihnen zur Verfügung stehenden, bislang nur halbherzig und schwach genutzten staatlichen Repressionsmittel. Sie erließen am 13. April unter dem Druck der Innenminister einiger Länder ein Verbot der bereits über 400 000 Mitglieder umfassenden SA und SS, ein Verbot, das sich durch die Art und Weise seiner Handhabung – Hitler wurde rechtzeitig darüber informiert, Treffen und Übungen der SA konnten ohne die braune Kluft unbeanstandet stattfinden usw. – vor allem als ein Druckmittel für künftige Verhandlungen mit der NSDAP herausstellte: Nach den Worten Groeners ging es wohl vor allem darum, »die Nazis regierungsfähig zu machen«.[36] Nach seiner Intention, die in breiten Kreisen des deutschen Bürgertums trotz ihrer erkennbaren Aussichtslosigkeit Anklang fand, sollte Hitler an die Macht gebunden werden, ohne ihn

diese gebrauchen zu lassen. Was damals unerkannt blieb, war der intrigante Versuch Schleichers, Groener in den Augen des Reichspräsidenten zu diskreditieren, Reichswehroffiziere zu Protestbriefen an Hindenburg gegen das Verbot zu veranlassen, das Brüning-Kabinett weiter ins Wanken zu bringen und einen weiteren Ruck nach rechts zu bewirken. Die neue Regierung sollte von Hitler mit getragen und aktiv unterstützt, zumindest aber toleriert werden. Tatsächlich sollte bald eine regelrechte Kungelei um die Bereitschaft Hitlers und der NSDAP beginnen, sich in eine neue Regierung integrieren zu lassen, wofür die Aufhebung des SA-Verbots in Aussicht gestellt wurde.

Hitler verhinderte eine sofortige aggressive Reaktion auf das Verbot, wie sie Röhm empfahl. Wie immer, wenn es sich um die Einschätzung der tatsächlichen Machtverhältnisse handelte, reagierte er instinktiv sicher. Ihm kam es darauf an, die faktische Privatarmee intakt und für die kommenden Auseinandersetzungen bereitzuhalten. Außerdem wußte er dank der geheimen Gespräche mit Schleicher vom 26. April und 7. Mai, daß es innerhalb der Regierung erhebliche Differenzen um das Verbot gab. Der eigentliche Initiator der Verbotsaktion legte im Interesse seines Planes für eine neue Rechtsregierung dem Reichspräsidenten das Argument nahe, es sei doch nicht zu verantworten, lediglich die nationalsozialistischen Kampfverbände zu verbieten, eigentlich hätte auch das Reichsbanner, d. h. die antifaschistische Schutzorganisation der SPD, davon betroffen sein müssen.

Als Groener am 10. Mai im Reichstag noch einmal das Verbot zu begründen versuchte, führten Hitlers lärmende Mandatsträger Tumulte und handgreifliche Auseinandersetzungen herbei. Vier Abgeordnete mußten sogar im Sitzungssaal des Wallot-Baus verhaftet werden. Erstes Opfer ihrer Attacken war Groener. Er trat am 12. Mai vom Amt des Reichswehrministers zurück. Am 15. Mai durfte sich Hitler, begleitet von Göring, wieder einmal bei Hindenburg einfinden. Selbstbewußt forderte er jetzt eine Neuwahl des Reichstages: »Auf dieser Basis könne dann eine nationale Regierung auf längere Sicht kraftvoll und erfolgreich arbeiten; eine Regierung, die das Vertrauen des Volkes habe, könne auch mit mehr Recht als die bisherige Opfer verlangen. Grundsätzlich seien er und seine Bewegung auf dieser Grundlage zur Mitwirkung bereit, ohne daß er für die personelle Zusammensetzung des Reichskabinetts Bedingungen stelle.« Natürlich machte er seine Zusagen vom Fall des Verbots abhängig.[37]

In dieser Atmosphäre konnte der Sturz Brünings nur eine Frage der Zeit sein. Am 30. Mai – einen Tag nach den Landtagswahlen von Oldenburg, bei denen die NSDAP 48 Prozent der Stimmen errungen hatte – entzog ihm der Reichspräsident das Vertrauen. Brüning trat zurück und wurde noch am selben Tage durch den christlich-konservativen Herrenreiter Franz von Papen und ein »Kabinett der Barone« ersetzt. Sie offen zu stützen, zeigte sich einzig und allein die zusammengeschmolzene DNVP-Fraktion bereit. Hitler hatte zugesagt, dem Präsidialkabinett, das lediglich vom Vertrauen des Reichspräsidenten und der Reichswehr getragen wurde, nicht sofort feindselig gegenüberzutreten. Dafür präsentierte er nun Wechsel auf Wechsel: Rücknahme des SA-Verbots – diese erfolgte bereits am 16. Juni; Sturz der preußischen Regierung, an deren Spitze immer noch der Sozialdemokrat Otto Braun stand – er war das Ergebnis des berüchtigten Staatsstreiches vom 20. Juli 1932; Neuwahl des Reichstages – sie wurde auf den 31. Juli als dem spätest möglichen Termin anberaumt. Alle drei Schritte sollten die seit langem eingeleitete, schleichende Agonie der Weimarer Republik wesentlich beschleunigen ...

Vehement begannen SA-Trupps nach dem 16. Juni einen regelrechten Terror-Feldzug. Prompt stiegen die Spannungen bis zur Siedehitze und entluden sich in alltäglichen Krawallen, bewaffneten Überfällen und mörderischen Handgreiflichkeiten. Ein provokatorischer Aufmarsch folgte dem anderen. Regelmäßig führten sie in solche Wohngegenden, die als Hochburgen der KPD und der SPD galten. Allein in Preußen wurden 99 Tote und 1125 Verletzte registriert. Im Monat Juli starben 68 Menschen in diesen Straßenschlachten. Zu den schwersten Zwischenfällen kam es am 17. Juli in Hamburg-Altona, wo 14 Tote und 70 Schwerverletzte zu beklagen waren. Hitler bekannte sich stets zu den Untaten seiner Leute. Von seinen Lippen kam nie ein Wort des Bedauerns oder des Mitleids für die Opfer seiner Horden. Im Gegenteil, er tat alles, um die Totschläger im braunen Hemd zu würdigen und als Helden zu ehren. Bei einer Kundgebung in Gladbeck begrüßte er zwei SA-Leute, die Tage zuvor einen Reichsbanner-Mann erschossen und fünf weitere schwer verletzt hatten, mit Blumensträußen. Als am 9. August im oberschlesischen Potempa eine besonders grauenvolle Mordtat geschah und die Justizbehörden – aufgrund einer neuen Notverordnung und angesichts der Eindeutigkeit des Verbrechens – nicht umhin kamen, Todesurteile auszusprechen, offenbarte sich seine Geisteshaltung in besonders schamloser Weise. Die verurteilten Mörder hatten einen kommunistischen Arbeiter vor den Augen seiner Mutter buchstäblich zu Tode getrampelt und Dutzende Male mit Messern auf ihn eingestochen. Hitler schickte ihnen ein Telegramm: »Angesichts dieses ungeheuerlichen Bluturteils (sic!) fühle ich mich Euch in unbegrenzter

Reichstagswahl 1932

Wahlkreis Potsdam II.

1	**Sozialdemokratische Partei Deutschlands** Künstler – Dr. Löwenstein – Heinig – Frau Kunert	1	◯
2	**Nationalsozialistische Deutsche Arbeiter-Partei (Hitlerbewegung)** Dr. Goebbels – Graf zu Reventlow – Schuhmann – Dr. Fabricius	2	◯
3	**Kommunistische Partei Deutschlands** Thälmann – Ulbricht – Dahlem – Glamira	3	◯
4	**Deutsche Zentrumspartei** Dr. Brüning – Dr. Krone – Schmitt – Bernoth	4	◯
5	**Deutschnationale Volkspartei** Steinhoff – Laverrenz – Frau Lehmann – Berndt	5	◯
6	**Deutsche Volkspartei** Dr. Croll – Frau Dr. Matz – Lüdecke – Ritter von Haack	6	◯
7	**Reichspartei des deutschen Mittelstandes (Wirtschaftspartei) e. V.** Mollath – Freidel – Dr. Mauermann – Köhler	7	◯
8	**Deutsche Staatspartei** Dr. Reinhold – Frau Dr. Lüders – Blau – Dr. Goepel	8	◯
10	**Deutsches Landvolk** von Hauenschild – Domsch	10	◯
11	**Christlich-sozialer Volksdienst (Evangelische Bewegung)** D. Mumm – Weinitschke – Fräulein Wolff – Pletz	11	◯
11a	**Volksrecht-Partei** Brink – Franke – Bauser – Mende	11a	◯
17	**Sozialistische Arbeiterpartei Deutschlands** Ledebour – Seydewitz – Rosenfeld – Beiger	17	◯
20	**Deutsche Sozialistische Kampfbewegung** Schild – Oldenburg – Fischer – Krüger	20	◯
21	**Polenliste** Kwielniewski – Staniecki – Lobecki	21	◯
24	**Kampfgemeinschaft der Arbeiter und Bauern** Möllendorf – Fabisch – Wartenberg – Mallus	24	◯
25	**Freiwirtschaftliche Partei Deutschlands (Partei für krisenfreie Volkswirtschaft)** Graefe – Lutzal – Dr. Großheide – Frau Zerbe	25	◯
28	**Partei der Erwerbslosen: „Für Arbeit und Brot"** Steinmeyer – Grünbaum – Szendzina	28	◯
29	**Bund der Erwerbslosen Berlins** Zelske – Hesse	29	◯
30	**Haus- und Landwirte-Partei** Stargemann – Budras – Eichert – Vogelsänger	30	◯
31	**Kampfgemeinschaft der Lohn- und Gehaltsabgebauten** Höhne – Leder	31	◯
32	**Nationalsozialistische Kleinrentner-, Inflationsgeschädigte und Vorkriegsgeldbesitzer** Beer – Preutschat – Eielmann	32	◯
33	**Interessengemeinschaft der Kleinrentner und Inflationsgeschädigten** Pitak – Schülke – Stoinski	33	◯
34	**Arbeiter- und Bauernpartei Deutschlands, Christlich radikale Volksfront** Heller – Kleffmann – Lieder – Schirmer	34	◯
35	**Der ernste evangelisch-lutherische Christ (Gerechtigkeitsbewegung)** Frau Brandt – Meißner – Allenhof	35	◯
36	**Nationalsozialistische Handwerker, Handel- und Gewerbetreibende** Frau Tanaermann – Lehmann – Huhn	36	◯
37	**Nationalsozialistischer enteigneter Mittelstand** Richter	37	◯
38	**Nationalsozialistische Kriegsteilnehmer, Kriegsbeschädigte und Kriegshinterbliebene** Hellwig – Spieß – Rößeler	38	◯

Parteienvielfalt im Wahljahr 1932

Treue verbunden. Eure Freiheit ist von diesem Augenblick an eine Frage unserer Ehre. Der Kampf gegen eine Regierung, unter der dieses möglich war, unsere Pflicht!«[38] Papen empfahl am 2. September eine Begnadigung der Mörder; das Nachgeben fiel ihm nicht schwer. Er gab dem Druck Hitlers nach, stand er doch auch unter dem Einfluß von bürgerlichen Zeitungen, die geschrieben hatten, daß das Opfer in Potempa lediglich ein Kommunist und zugleich ein Pole, also in doppelter Hinsicht ein »Minusmensch« gewesen sei.[39]

In dieser Zeit des Terrors trug Papens Staatsstreich gegen die legale preußische Regierung vom 20. Juli 1932 erheblich dazu bei, die Chancen der NSDAP auf eine Machtübernahme zu erhöhen. Der »Völkische Beobachter« triumphierte an diesem Tage: »Die Liquidierung der Novemberherrschaft. Der Anfang ist gemacht – wir werden sie zu Ende führen.« Antifaschisten unterschiedlicher politischer Richtungen bewerteten dieses Ereignis als »Generalprobe für Hitler« – und sie sollten damit recht behalten. Die Appelle von SPD und KPD verhallten ohne ein größeres Echo, gleich ob sie sich an die Arbeiterschaft richteten, ähnlich wie im März 1920 einen Generalstreik oder streikähnliche Aktionen durchzuführen, gleich ob sie jenen Institutionen galten, die verfassungsmäßig dazu berufen waren, die Rechtsstaatlichkeit zu wahren. Die Republik hatte sich bereits sehr weit von ihren demokratischen Ursprüngen entfernt. Von deren Verteidigern war offensichtlich nur noch wenig Widerstand zu erwarten. »Die Roten haben ihre große Stunde verpaßt. Die kommt nie wieder«, notierte Goebbels.[40]

Hitler stürzte sich erneut in den Wahlkampf und rief zur »Entscheidungsschlacht« auf. So Gott wolle, werde man am 1. August ohne Pakt und Kompromiß im Reich regieren, hieß es im Wahlaufruf der NSDAP. Deutlicher als vorher richtete er sich gegen das Parteienwesen als solches, das er mit einem nationalistischen Verdammungsurteil belegte: »Ist das vielleicht deutsch, wenn unser Volk in dreißig Parteien zerrissen ist, wenn nicht eine mit der anderen sich vertragen kann? Ich sage aber allen diesen traurigen Politikern: 'Deutschland wird eine einzige Partei werden, die Partei eines heldischen großen Volkes'.«[41] Den Abschluß des Wahlkampfes bildete eine perfekt inszenierte Veranstaltung im Berliner Grunewald-Stadion, für die etwa 100 000 Menschen Eintrittskarten erworben hatten, während weitere 100 000 eine nahe gelegene Rennbahn füllten, wo Lautsprecher zur Übertragung von Hitlers Rede aufgestellt worden waren. Erstmalig stand dem NSDAP-Chef auch der Rundfunk zur Verfügung.

Die Wahlen vom 31. Juli 1932 – allein an diesem Tage forderte der Terror 9 Tote und 5 Verletzte – machten die NSDAP zur größten Partei des Reichstages, nachdem sie bereits zuvor mit 1,2 Millionen mitgliederstärkste Partei Deutschlands geworden war. Sie erhielt mehr als 13,7 Millionen Wählerstimmen (37,3 Prozent) und zog mit 230 Abgeordneten (bisher 107) ins Parlament ein. Aber wieder überlappten sich Erfolg und Mißerfolg. So hoch das Ergebnis auch war, angesichts der hochgesteckten Erwartungen konnte die Enttäuschung nicht ausbleiben. Goebbels hatte bereits in einem anderen Zusammenhang gewarnt: »Jetzt muß irgend etwas geschehen. Wir müssen in absehbarer Zeit an die Macht kommen. Sonst siegen wir uns in Wahlen tot.«[42] Alles deutete darauf hin, daß sich eine Grenze des mobilisierbaren Wählervolks aufgetan hatte. Die NSDAP hatte gegenüber den Wahlen vom Frühjahr 1932 mit einem Prozentpunkt kaum etwas hinzugewonnen. Sie konnte sich nicht weiter ausdehnen. Der hypnotische Zauber eines immer höheren Sieges schien gebrochen. Ein weiteres Eindringen in die anderen Parteien war kaum zu erwarten, vor allem nicht bei den beiden Arbeiterparteien, aber auch nicht beim Zentrum, während die konservativen und liberalen Parteien kaum noch ins Gewicht fielen. Goebbels berief sich ausdrücklich auf Hitler, als er voller Enttäuschung notierte: »Zur absoluten Macht kommen wir so nicht. Also anderen Weg einschlagen. Wir stehen vor schweren Folgerungen.«[43]

Der NSDAP-Chef stand, wie es schien, vor dem nahezu unlösbaren Problem, die gewonnenen Wählerstimmen in tatsächliche politische Macht umzumünzen. Für jene Kreise, die in Hitler bereits einen möglichen Partner sahen, schien sich nunmehr alles auf die alternative Formel bringen zu lassen: mit ihm oder gegen ihn zu regieren. Hinter den Kulissen begann ein intrigantes Verhandlungspoker, bei dem »ein Fuchs den anderen zu betrügen« versuchte.[44] Am 5. August trafen sich Hitler und Schleicher in Fürstenberg. Ihre Absprache, während der ersten Augusttage in weiteren gemeinsamen Verhandlungsrunden vertieft, zielte darauf, eine Kanzlerschaft Hitlers auf der Grundlage einer breiten Rechtskoalition zu organisieren. Ein so weitreichendes Entgegenkommen – das kaum noch mit den konservativen »Zähmungs«-, »Einrahmungs«- und »Fesselungs«-Konzepten erklärt werden kann, allenfalls mit Hoffnungen auf Streitigkeiten »zwischen den in die Reichsregierung eingetretenen Nationalsozialisten und den SS- und SA-Formationen«[45] – ließ Hitler seine Forderungen in die Höhe schrauben. Seiner Partei sollten auch die Ministerien für Inneres, Justiz, Landwirtschaft und Luftfahrt zufallen, außerdem ein neu einzurichtendes Propagandaministerium sowie das Amt des preußischen Ministerpräsidenten und Innenministers. Ein Ermächtigungsgesetz sollte ihm uneingeschränkt ermöglichen, durch Erlasse zu regieren. Überzeugt davon, Schleicher gewonnen zu haben, schlug er vor, an dem Hause, in dem das Gespräch stattfand, zur Erinnerung an ihr historisches Treffen eine Gedenktafel anbringen zu lassen. Die Euphorie hielt ihn nicht davon ab, den vermuteten Sieg abzusichern; er ließ um Berlin die SA aufmarschieren. Wieder schwirrten Putschgerüchte durchs Land, begleitet von neuerlichen Bluttaten, unter denen die von Potempa lediglich die Spitze eines Eisberges verkörperte.

Hitler zog sich zu einem kurzen Aufenthalt auf den Obersalzberg zurück. Als er am 13. August wieder in Berlin eintraf, überraschte ihn Schleicher mit der Nachricht, Hindenburg werde ihm lediglich das Amt des Vizekanzlers anbieten. In einer Kabinettsberatung war das »Experiment einer Neubildung der Reichsregierung unter Hitlers Führung« abgelehnt worden; es würde »den schärfsten Widerstand von links hervorrufen« und zugleich eine »Rückkehr zu dem parlamentarischen System mit allen seinen Fehlern und Mängeln« bedeuten.[46] Niedergeschlagen und zornerfüllt bestürmte Hitler Papen und drohte ihm, nicht vor einem Blutvergießen zurückzuschrecken, sollte seinen Forderungen nicht entsprochen werden. Das anschließende Gespräch bei Hindenburg verlief kurz und förmlich. Es war eigentlich auch überflüssig, da die Presseerklärungen bereits geschrieben und weitergegeben worden waren. In Übereinstimmung mit Papen weigerte sich der Reichspräsident, Hitler als Kanzler einer Rechtskoalition zu berufen. Er bot diesem lediglich eine Mitwirkung in Papens Kabinett an. Hitler lehnte ab, wutentbrannt, zutiefst enttäuscht und verbittert. Unbeeindruckt zeigte er sich auch von Hindenburgs versöhnlich stimmender Geste beim eisigen Abschied: »Wir sind ja beide alte Kameraden und wollen es bleiben, da uns später der Weg doch wieder zusammenführen kann.«[47]

Kapitel 9

Krisen und Intrigen vor dem Sieg 1932 bis 1933

Für Hitler begann der neue und entscheidende Abschnitt seines Weges zur Macht mit einer Reihe von Rückschlägen. Die Wogen der weltweiten Wirtschaftskrise, die vielgestaltige Förderung durch Unternehmer, Militärs und hohe Staatsbeamte sowie die fanatische Zustimmung seiner Anhänger hatten ihn weit nach oben gebracht. Der erfolgreiche Parteipolitiker bewegte sich auf dem schwankenden Boden der krisengeschüttelten bürgerlichen Gesellschaft mit wachsender Selbstsicherheit, herrschsüchtig und von machthungriger Blindheit erfaßt, ungezügelt und gleichermaßen mit instinktsicherem taktischem Geschick. Kein anderer Chef einer Partei wußte so viel Aufmerksamkeit und Zuwendung zu erregen. Allerdings: Der Griff nach der Macht im Staat, ohne die gerade Hitlers Politiker-Dasein nicht von langer Dauer sein konnte, wollte und wollte nicht glücken. Ein harter Sommer und ein stürmisch bewegter Herbst voller Krisen und Enttäuschungen, voller Intrigen und neuer Hoffnungen lagen noch vor ihm, bevor ihm schließlich im Winter der heiß ersehnte Triumph ermöglicht wurde.

Tiefe Depressionen bemächtigten sich Hitlers nach dem 13. August. Kurzzeitig schien er sogar mit dem Amt eines Vizekanzlers für den Fall zufrieden zu sein, daß Papens Eitelkeit mit dem Titel des Kanzlers genügend geschmeichelt sei und er selbst die tatsächliche Macht erhielte. Ähnlich verhielt er sich zu in Regierungskreisen angestellten Überlegungen, daß er später einmal Reichspräsident werden könne. Doch die Enttäuschung wandelte sich bald wieder in einen sich kämpferisch gebenden Optimismus und führte zu dem bekannten Aktionismus. Neuen Treffen mit Schleicher verweigerte er sich zwar, ließ jedoch die Brücken zu weiteren Gesprächen und Verhandlungen nicht vollständig abbrechen. Gegenüber den in seiner Partei wieder einmal auftauchenden Absichten, endlich die Macht auf gewaltsamem Wege zu erobern, verhielt er sich zurückhaltend. Die SA schickte er in einen zweiwöchigen Urlaub, wohl wissend, wie problematisch es sein konnte, seiner »siegesgewohnten Truppe zu sagen, daß der Sieg aus den Händen geronnen«, daß eine »erste Chance verspielt«

sei.[1] Offiziell ließ er verlauten, es wäre ihm im Gespräch mit Hindenburg nicht um »die volle Staats*gewalt*« gegangen, wie von dessen Seite unrichtig behauptet worden sei, sondern nur um die volle »Staats*führung*«.[2] Er verzichtete auf eine Erläuterung dieser Aussage, die in den folgenden Monaten immer wieder auftauchte und offensichtlich suggerieren sollte, es gäbe zwischen Macht und Führung einen himmelweiten Unterschied. Hitler wich in dieser Situation wieder einmal ins Berchtesgadener Land aus. Ihn schien eine fatalistische Stimmung befallen zu haben. Auf die Gunst des Schicksals hoffend, setzte er auf Zeitgewinn. Während der Fahrt zum Obersalzberg gab er die Bemerkung von sich, man müsse halt sehen, »wie's weitergeht«.[3] Gegenüber Goebbels äußerte er kurze Zeit später: »Es bleibt uns nichts anderes übrig als zu kämpfen. Mit dem Mut der Verzweiflung. Das Reich muß uns doch werden!«[4]

Hitler steckte unübersehbar in einer Klemme. Die Ereignisse zu einer Neuwahl des Reichstages voranzutreiben, konnte nur einen absehbaren Verlust an Stimmen mit sich bringen. Der nüchterne Blick auf die Realitäten zeigte ihm, daß kein anderer Weg zur Macht als der eingeschlagene möglich war. Zu sehr hatte er sich darauf festgelegt, Reichskanzler zu werden und an der Spitze eines Rechtsblocks zu stehen. Jede andere Lösung – in seinem Verständnis hieß das: jeder neue 13. August – mußte seiner Autorität abträglich sein. In der zweiten Reihe zu stehen, kam für ihn nicht in Frage. Als Partei im Rahmen einer parlamentarischen Koalition zu wirken, war die NSDAP sowohl aufgrund ihres programmatischen als auch des ständig praktizierten Antidemokratismus und Antiliberalismus außerstande. Daher trog die Hoffnung konservativer und militärischer Kreise, Hitler werde bei einem Rückgang seines Anhanges »billiger spielen«[5] müssen und sich in eine von Papen geleitete Regierung einfügen. So schlug auch der erneute Versuch fehl, die NSDAP und das Zentrum zu einer »schwarz-braunen« Koalition zusammenzuführen, obwohl beide Fraktionen zusammen im Reichstag die absolute Mehrheit besaßen. Politiker der Zentrumspartei hatten sich schon nach Brünings Sturz für eine Regierungsbeteiligung der NSDAP engagiert und wollten einen großen »deutschen Ordnungsblock« schaffen.[6] An den gemeinsamen Erörterungen der Möglichkeiten beteiligten sich an Hitlers Seite Göring und Straßer, während das Zentrum durch Eugen Bolz, Thomas Esser, Fritz Grass und die Bayerische Volkspartei durch ihren Vorsitzenden Hugo Schäffer vertreten waren. Doch auch in einer solchen Konstellation – die nicht allein von divergierenden politischen Zielen, sondern auch von erheblichen weltanschaulichen Gegensätzen geprägt gewesen wäre – erwies das nationalsozialistische Motto »Alles oder nichts« seine Tücken. Ohnehin betrachtete Hitler die Sondierungsgespräche von vornherein mehr als ein Druckmittel gegenüber Papen und den nationalkonservativen Kräften.

Dennoch wurden offensichtlich im Herbst 1932 alle erdenklichen Konzepte geprüft und erwogen. Selbst der Gedanke an eine Wiederaufrichtung der Monarchie ging in Hitlers Kopf um. In der nationalsozialistischen Propaganda wurde der DNVP vorgeworfen, sich 1918 »feige in den Mauselöchern verkrochen« und später die Rückkehr Wilhelms II. verhindert zu haben.[7] Von Sefton Delmer, einem britischen Journalisten, wollte Hitler während eines Interviews wissen, ob das Gerücht zutreffe, demzufolge die britische Regierung Deutschlands Rückkehr zur Monarchie wünsche. Als die Antwort negativ ausfiel, rief er aus: »Ganz richtig, ganz richtig. Deutschland würde in Flammen aufgehen, wenn jemand versuchen wollte, die Hohenzollern zurückzuholen. Und ich habe bestimmt nicht die Absicht, als Rennpferd für den kaiserlichen Jockey zu dienen, der ausgerechnet in dem Augenblick, in dem ich die Ziellinie passiere, auf meinen Rücken springen will.«[8] Dies hielt ihn jedoch nicht davon ab, Versprechungen gegenteiliger Art zu machen, wenn er sich davon Rückenstärkung versprach. Nach einem Gespräch mit Hitler berichtete Kronprinz Wilhelm optimistisch, dieser habe ihm in einem vertraulichen Gespräch allen Ernstes erklärt, sein Ziel sei »die Wiederherstellung des Reiches unter einem Hohenzollern«.[9]

Hitler stimmte auch Staatsstreichplänen zu, die ein Vertrauensmann Wilhelms II. mit hohen Reichswehroffizieren besprach. Er stellte nur eine Bedingung: Reichskanzler müsse er und kein anderer sein. Gegenüber Thyssen äußerte sich der NSDAP-Chef im Herbst 1932 im gleichen Sinne über seine Rolle als Wegbereiter der Monarchie. Göring, der für Hitler ein unentbehrlicher Helfer geworden war, wenn es um die Kontakte zu den deutschen Eliten in Wirtschaft und Militär ging, verbrachte sogar eine ganze Woche beim Ex-Kaiser in Doorn.[10] All das verfehlte nicht seine Wirkung: Im Herbst 1932 begannen zahlreiche Aristokraten, die NSDAP mehr oder weniger offen zu unterstützen, sich für deren Machtantritt auszusprechen oder sich sogar als deren Mitglied zu präsentieren.[11] Sie versprachen sich davon nicht zuletzt eine Unterstützung ihrer wütenden Bemühungen, die bereits unter Brüning eingeleiteten, als »Agrarbolschewismus« diffamierten Pläne zunichte zu machen, staatliche Beihilfen nur noch für »sanierungsfähige« landwirtschaftliche Betriebe zu gewähren, heruntergewirtschaftete Güter dagegen zu amtlich festgesetzten Preisen durch den Staat aufzukaufen und für neue Siedler zu nutzen.

Hitler sah sich nach seiner tiefen »August-Krise« etwas aufgerichtet, als er am 29. August einen Brief Schachts erhielt. Mit sorgfältig gewählten Worten gab der Absender vor, nichts anderes zu bezwecken, »als in einer Zeit schwerer Hemmungen« Hitler seiner »unveränderlichen Sympathie« zu versichern und sich selbst als »zuverlässigen Helfer« zu empfehlen. Natürlich ging es ihm um mehr, um eine Orientierung, wie sich der NSDAP-Chef in dieser Situation am besten verhalte: »Ich habe die feste Zuversicht, daß jetzt, da Sie für kurze Zeit in die Verteidigung gedrängt sind, Sie ebenfalls der Versuchung widerstehen werden, sich falschen Idolen zu verbinden. Wenn Sie bleiben, der Sie sind, so kann Ihnen der Erfolg nicht fehlen. Sie wissen, daß ich Ihnen keinerlei taktische Ratschläge geben will, nachdem ich Ihre Überlegenheit darin restlos anerkenne. Aber vielleicht darf ich als Wirtschaftler eines sagen: Bringen Sie möglichst kein detailliertes Wirtschaftsprogramm. Es gibt kein solches, worüber sich 14 Millionen einigen könnten.«[12]

Dieser Brief – wie auch zahlreiche andere Dokumente – belegt, daß Bankiers, Großindustrielle, Militärs, Großagrarier und andere Förderer Hitler in den entscheidenden Phasen seines Weges zur Macht beratend und orientierend zur Seite standen. Dem »Führer« kam zugute, daß sie mit seiner Hilfe auch wirtschaftliche Konkurrenten aus dem Felde schlagen wollten. Deshalb stellten sie ihm ihre Erfahrungen und Verbindungen zur Verfügung. Um die Massenbasis der NSDAP nicht zu gefährden, agierten sie in der Regel vor der Öffentlichkeit verborgen. Allerdings gerieten Teile der deutschen Wirtschaftselite in einen Zwiespalt. Einerseits stimmten sie Papens rigorosem »Zwölfmonate«-Wirtschaftsprogramm und der unsozialen »Notverordnung zur Belebung der Wirtschaft« vom 4. September 1932 zu, Dokumenten also, die ihnen unter anderem erhebliche Steuerbefreiungen, die Möglichkeit zur Nichtbeachtung der Tarifverträge sowie eine Senkung der Löhne und Gehälter bis zu 27 Prozent versprachen. Andererseits glaubten sie, daß die NSDAP und Hitler den erwarteten Widerstand der Arbeiterparteien und der Gewerkschaften gegen diese sozialreaktionäre Politik wirksamer als die Regierung Papen brechen würde. Sie erhofften von den Nazis die Herbeiführung besserer innen- und außenpolitischer Voraussetzungen für eine Vergrößerung der deutschen Wirtschaftskraft.

Die Reichstagseröffnung – begleitet von einer wüsten nationalsozialistischen Kampagne gegen die Rede der kommunistischen Alterspräsidentin Clara Zetkin, die vor faschistischer Diktatur und neuem Krieg warnte sowie zur Schaffung einer antifaschistischen Einheitsfront aufrief – brachte

erheblichen Prestige-Gewinn für die NSDAP: Göring wurde mit den Stimmen der Zentrumsfraktion zum Präsidenten des Reichstages gewählt. Die Ruhe war indes trügerisch. Als die KPD-Fraktion am 12. September ein Mißtrauensvotum gegen die Papen-Regierung einbrachte, wies Hitler während einer Tagungspause die nationalsozialistischen Abgeordneten an, keine Einwände zu erheben. Die Abstimmung – von Göring raffiniert durchgepeitscht – endete mit einer einmaligen parlamentarischen Niederlage der Regierung: Sie erhielt lediglich 42 Stimmen, 512 Abgeordnete votierten gegen sie. Hindenburg und Papen lösten den Reichstag auf, dessen Neuwahl auf den 6. November festgelegt wurde.
Hitler wußte bereits Ende August 1932, daß seine Partei »schwere Verluste erleiden« werde. Er zeigte sich in einem Gespräch mit Goebbels »entschlossen, alles auf sich zu nehmen«.[13] In militärischen Kategorien denkend, meinte er jedoch gewinnen zu können, da er im Unterschied zu den anderen Parteien die »letzten Truppen auf das Schlachtfeld«[14] zu werfen in der Lage sei. Wieder stürzte sich Hitler in den Wahlkampf, und wie es schien, ebenso in ein kurzzeitiges Liebesabenteuer.[15] Vom 11. Oktober bis zum 4. November flog er erneut »über Deutschland« und hielt seine Reden in 59 Städten. Doch auch sein vierter »Deutschlandflug« konnte die ungünstigen Zeichen dieses Herbstes nicht überdecken. Viele waren des pausenlosen Wahlkampfes überdrüssig geworden, andere hoffnungslos angesichts der bislang unerfüllt gebliebenen Versprechungen. Am wirtschaftlichen Horizont gab es Anzeichen eines möglichen Endes der Krise. Eine neue Streikwelle ging durch das Land, nachdem dieses Mittel des Arbeitskampfes für längere Zeit stumpf geworden war. Antifaschistische Kräfte bemühten sich intensiver um ein einheitliches Vorgehen, obwohl sich die tiefen Gräben zwischen ihnen auch jetzt nicht zuschütten ließen. In der NSDAP rumorte es. Es gab Austritte, vor allem aber wurde von murrenden Parteigenossen nach einem anderen, endlich zum Erfolg führenden Weg zur Macht gefragt. Die Debatten erstreckten sich sogar auf Hitlers Position des »Alles oder Nichts« und betrafen damit einen neuralgischen Punkt seines Ansehens und seiner Stellung in der Partei. Der Nimbus, ein stets und ständig erfolgreicher Politiker zu sein, schien selbst für seine Anhänger erheblichen Schaden erlitten zu haben. In der Partei machten sich Auflösungserscheinungen bemerkbar. Auch in den Kassen der NSDAP herrschte Ebbe, obwohl von einer lähmenden finanziellen Krise keine Rede sein konnte und die Situation sich bei allen Parteien kaum anders darstellte.[16] Manche Sponsoren hielten sich irritiert zurück, andere trachteten danach, mit ihrem Zahlungsverhalten stärkeren Einfluß

auf den politischen Kurs der Partei zu nehmen. Viele hofften immer noch auf das Präsidialkabinett Papens, nicht zuletzt enttäuscht von Hitler, dessen »sozialistische« Unberechenbarkeit und Unverläßlichkeit ihnen Sorge bereiteten.

Tatsächlich blickte auch manch einer unter den der NSDAP gewogenen Wirtschaftsführern etwas mißtrauisch auf deren Auftreten und Erscheinungsbild. Im Frühjahr und Sommer betonten einige Teile der NSDAP wieder stärker die sozialpolitischen Forderungen und das »sozialistische« Anliegen ihrer Partei. Gregor Straßer hatte bereits am 10. Mai im Reichstag seine berühmte »antikapitalistische« Rede gehalten. Im Vorfeld der damaligen Wahlen konnte dies Hitler nur nützlich sein, wie ohnehin in der Wahlpropaganda manches als eine regelrechte Arbeitsteilung zwischen dem »nationalistischen« und dem »sozialistischen« Flügel der NSDAP anmutete. Auch im Sommer 1932, als Straßer ein detailliertes, in Kreisen der Wirtschaft auf Unverständnis und Ablehnung stoßendes Arbeitsbeschaffungsprogramm veröffentlichte, reagierte Hitler erst, als aus dem Reichsverband der Deutschen Industrie lebhaft Protest erhoben wurde. Prompt ließ er unter diesem Druck das wirtschaftliche »Sofortprogramm« zurückziehen und einstampfen. Schacht half ihm, die erregten Gemüter in der Industrie zu beruhigen. Als jedoch im Herbst 1932 die Partei in den Strudel einer offenen Krise geriet, nahmen die Auseinandersetzungen um die Relevanz sozialpolitischer Aspekte innerhalb der nationalsozialistischen Aktivitäten wieder an Schärfe zu. Am 20. Oktober trat Straßer erneut mit einem Wirtschaftsprogramm in Erscheinung. Obwohl dieses gegenüber früheren sozialpolitischen Forderungen wesentliche Abstriche erkennen ließ, blieben für die Unternehmer dennoch viele Fragen offen. Hitler zeigte sich alarmiert, aber unentschieden.[17] Als er am 21. Oktober bei Thyssen mit einer Reihe rheinisch-westfälischer Großindustrieller zusammentraf, vermied er wieder einmal eindeutige Aussagen; im Gedächtnis blieben dem Hausherrn lediglich Hitlers Meditationen über künftige monarchische Verhältnisse in Deutschland.[18]

Daß in der NSDAP zu diesem Zeitpunkt sogar die Infragestellung bisheriger und hauptsächlich von Hitler vertretener Grundsätze möglich war, trat offen zutage, als sich Anfang November ihre 1300 NSBO-Mitglieder an einem von 66 Prozent der 22 000 Berliner Verkehrsarbeiter beschlossenen Streik gegen einen beabsichtigten 2-Pfennig-Lohnabbau beteiligten. Hitler konnte damit kaum einverstanden sein, hatte er sich doch im Frühjahr 1930 deutlich gegen eine Beteiligung an Streiks ausgesprochen und den andersdenkenden Flügel um Otto Straßer aus der Partei gedrängt.

An der Seite Hitlers: Göring und Sauckel

Dennoch deckte er jetzt die Entscheidung seines Berliner Gauleiters für den Verkehrsarbeiterstreik. Goebbels hatte seine Meinung folgendermaßen begründet: Es sei ihm »eigentlich gar nichts anderes übrig« geblieben, zumal damit nachgewiesen werden könne, daß »es sich bei der NSDAP in der Tat um eine neue Art des politischen Handelns und um eine bewußte Abkehr von den bürgerlichen Methoden handelt«. Das ausschlaggebende und zu dieser Zeit auch für Hitler einsichtige Argument von Goebbels lautete, daß die »festen Positionen im arbeitenden Volk ins Wanken gekommen« wären, hätte man sich dem von Kommunisten initiierten größten Streikkampf des Herbstes verweigert. Der Berliner Gauleiter hatte durchaus auch einkalkuliert, daß ein solcher Schritt bürgerliche Kräfte abschreckte, hielt dies aber nicht für entscheidend: »Diese Kreise kann man später sehr leicht wiedergewinnen; hat man aber den Arbeiter einmal verloren, dann ist er auf immer verloren.«[19] Am 19. November rechtfertigte sich Hitler selbst gegenüber Hindenburg, der Papens Abscheu vor einem »streikhetzerischen Bolschewismus« teilte[20], mit ähnlich aufschlußreichen, über wahltaktische Erwägungen hinausgehenden Worten: »Die Leute sind sehr erbittert. Wenn ich meine Leute von der Beteiligung abgehalten hätte, hätte der Streik doch stattgefunden, aber ich hätte meine Anhänger in der Arbeiterschaft verloren; das wäre auch kein Vorteil für Deutschland.«[21] Er brachte damit auf den Punkt, worum es den deutschen Faschisten bei ihrem taktischen Schritt gegangen war. Es verdeckt die geschichtlichen Zusammenhänge, wenn der Berliner Verkehrsarbeiterstreik als »Paradebeispiel«[22] für die These von einem angeblich gemeinsamen destruktiven Angriff der Faschisten und der Kommunisten auf die Weimarer Republik bemüht wird. Diese totalitarismustheoretische Argumentation geht fehl, da sie die KPD kaum wegen einer fehlerhaften, weil gegen die Sozialdemokratie gerichteten, antifaschistischen Einheitsfrontpolitik kritisiert, sondern ihr im nachhinein lediglich zumutet, sie hätte den Lohnabbau hinnehmen, den Streik nicht organisieren bzw. ihn abbrechen sollen ...

Die letzte Reichstagswahl der Weimarer Republik endete am 6. November 1932 für die seit drei Jahren sieggewohnte und verwöhnte NSDAP mit einem niederschmetternden Ergebnis. Sie erhielt zwar 11,7 Millionen Stimmen und blieb die wählerstärkste Partei, verlor jedoch gegenüber den Wahlen vom Sommer zwei Millionen Stimmen und 34 Mandate; bei den Bürgerschaftswahlen in Lübeck und den sächsischen Gemeindewahlen vom 13. November erlitt sie noch größere Verluste, und bei den Kommunalwahlen in Thüringen, wo seit August unter Fritz Sauckel eine rein nationalsozialistische Landesregierung amtierte, büßte sie vier Wochen später sogar 40 Prozent ein. Offensichtlich war ein Teil ihrer Wähler, von Hitler enttäuscht, teils auch durch die Beteiligung der Nationalsozialisten am Berliner Verkehrsarbeiterstreik verschreckt, zu den anderen rechten Parteien abgewandert. DNVP und DVP konnten am 6. November ihren Anteil etwas erhöhen. Die Deutschnationalen erreichten 51 statt der 37 Mandate vom Juli. Hauptsächlich traf das Verhalten der Nichtwähler die NSDAP: Im Juli waren 7 Millionen Wahlberechtigte nicht an die Urnen gegangen, jetzt 8,6 Millionen. Die SPD verlor etwas an Boden, während die christlichen Parteien ihren Stimmenanteil beinahe halten konnten. Die KPD gewann im Vergleich zur letzten Wahl rund 700 000 Stimmen hinzu. In Berlin wurde sie erneut wählerstärkste Partei. Wahlsoziologische Analysen weisen aus, daß die NSDAP in den proletarisch dominierten Stadtteilen keine Gewinne erzielen konnte, allerdings fielen hier ihre Verluste geringer aus als in den Vierteln der Reichen. Insgesamt hatte sich am 6. November 1932 das parlamentarische Kräfteverhältnis nur unwesentlich verändert, jedoch war nun auf parlamentarischem Wege keine »schwarz-braune« Koalition mehr herzustellen. Dennoch ließen sich neue Trends erkennen, die aufschreckten und neue Aktivitäten auslösten.

Das Wahlergebnis stürzte die NSDAP in eine regelrechte Krise. Auch ihr »Führer« verlor an Boden. Eine Spaltung der Partei lag nicht mehr außerhalb der Möglichkeiten. Jede Politik zur Verhinderung ihrer Machtübernahme hätte hier ansetzen können. Versuche in dieser Richtung wurden zwar unternommen, doch blieben sie unzureichend, unentschlossen und voneinander isoliert. Entscheidend sollten die Bemühungen derjenigen werden, die mehr und mehr Papen das Vertrauen entzogen und um einen weiteren Rückgang des Masseneinflusses der größten Partei unter den Rechten bangten. Besorgt intensivierten sie ihre Unterstützungsaktionen für Hitler, wobei sich im einzelnen vielfältige, teilweise einander kreuzende und überlagernde Motive als ausschlaggebend erwiesen. Der Bankier Kurt Freiherr von Schröder, der im einsetzenden Verhandlungswirrwarr als vermittelnde Figur eine wesentliche Rolle zu spielen begann, lieferte nach 1945 wohl die treffendste Erklärung: »Als am 6. November 1932 die NSDAP ihren ersten Rückschlag erlitt und so ihren Gipfelpunkt überschritten hatte, wurde die Unterstützung der deutschen Schwerindustrie eine Sache von besonderer Dringlichkeit ... Es war klar, daß in einem starken Deutschland auch die Wirtschaft aufblühen werde.«[23]

Wieder reagierte vor allem Schacht. Am 12. November informierte er Hitler, daß eine Reihe prominenter Vertreter des Bank- und Industriekapitals sowie einige Großgrundbesitzer eine Eingabe an Hindenburg vorbereiteten. In dieser würden sie eine endgültige Abkehr vom »bisherige(n) parlamentarische(n) Parteiregime« sowie den Erlaß eines Ermächtigungsgesetzes wünschen. In ihrem auf den 19. November datierten Brief gaben sie zu erkennen, daß sie der Papen-Regierung keinerlei Vertrauen mehr entgegenzubringen bereit waren und deren Absicht zu einer neuerlichen Auflösung des Reichstages ablehnten: »Es ist klar, daß eine des öfteren wiederholte Reichstagsauflösung mit sich häufenden, den Parteikampf immer weiter zuspitzenden Neuwahlen nicht nur einer politischen, sondern auch jeder wirtschaftlichen Beruhigung entgegenwirken muß. Es ist aber auch klar, daß jede Verfassungsänderung, die nicht von breitester Volksströmung getragen ist, noch schlimmere wirtschaftliche, politische und seelische Wirkungen auslösen wird.« Sie verlangten nachdrücklich die »Übertragung der verantwortlichen Leitung eines mit den besten sachlichen und persönlichen Kräften ausgestatteten Präsidialkabinetts an den Führer der größten nationalen Gruppe«. Schwächen und Fehler, »die jeder Massenbewegung notgedrungen anhaften« würden, ließen sich dann »ausmerzen«. Eine Hitler-Regierung, so gaben sie zu verstehen, würde »Millionen Menschen, die heute abseits stehen, zu bejahender Kraft mitreißen«.[24]

Unterschrieben hatten Hjalmar Schacht, Kurt Freiherr von Schröder, Fritz Thyssen, Eberhard Graf von Kalckreuth, Friedrich Reinhart, Kurt Woermann, Fritz Beindorff, Kurt von Eichborn, Emil Helfferich, Ewald Hecker, Carl Vincent Krogmann, Erwin Lübbert, Erwin Merck, Joachim von Oppen, Rudolf Ventzky, Franz Heinrich Witthoefft, August Rosterg, Robert Graf von Keyserlingk, Kurt von Rohr-Manze und Engelbert Beckmann. Außerdem erklärten Albert Vögler (Vereinigte Stahlwerke), Paul Reusch (Gutehoffnungshütte) und Fritz Springorum (Hoesch) ihr Einverständnis mit der Eingabe, ohne das Dokument zu unterzeichnen, weil sie sich politisch nicht exponieren wollten. Von den 22 Befürwortern gehörten acht zum Keppler-Kreis, einem Mitte 1932 entstandenen wirtschaftspolitischen Beratungsgremium Hitlers. Allerdings hatten viele, die von den Initiatoren dieser Eingabe angesprochen worden waren, ihre Unterschrift verweigert. Die großen Wirtschaftsverbände und deren Chefs standen jedenfalls nicht hinter der Aktion, was deren Bedeutung schmälerte, aber nicht aufhob. Es ist daher verständlich, daß seit eh und je gerade diesem Dokument zahlreiche geschichtswissenschaftliche Auseinandersetzungen gelten. Während eine materialistisch-mechanistische Faschismusinterpretation die Bedeutung dieser Eingabe überzogen dargestellt hat, versuchten andere, dieses Dokument als eine bedeutungslose »Bittschrift« abzutun. Tatsächlich repräsentierten die Unterzeichner nicht die politischen Ambitionen der gesamten deutschen Wirtschaft, aber als »obskure Ausnahmen« und »politisch impotente Dilettanten« sind sie zweifelsfrei nicht zu bezeichnen.[25] Die Eingabe verfehlte zwar eine unmittelbare Wirkung, sie hinterließ jedoch ob der Direktheit und Eindeutigkeit ihrer Parteinahme für den Naziführer deutliche Spuren. Hindenburg empfing Hitler am 19. November anders als früher – der Brief war ihm bereits avisiert worden. Noch deutlicher schien bei einem weiteren Gespräch, das zwei Tage darauf stattfand, die bisherige Position, den »böhmischen Gefreiten« nicht zu favorisieren, der Bereitschaft gewichen zu sein, ihn doch zum Reichskanzler zu berufen. Es konnte nur noch eine Frage der Zeit sein, bis Hindenburg auch das fallen ließ, was er jetzt noch an einschränkenden Klauseln formulierte bzw. an Formulierungen seiner Kamarilla vortrug.

Als Papen vier Tage vor seinem Rücktritt noch einmal versuchte, mit Hitler zu einer Übereinkunft zu gelangen, und um eine Wiederaufnahme der Gespräche bat, antwortete Hitler mit einem regelrechten Affront. Er übermittelte eine Reihe von Bedingungen, die erfüllt sein müßten, bevor erneut verhandelt werden könne. Eine der Bedingungen verlangte die schriftliche Fixierung der zu treffenden Vereinbarungen, damit »Mißverständnisse« auszuschließen seien. Auch Schleicher gegenüber hielt sich Hitler bedeckt. Am 19. November spielte er gegenüber Hindenburg geschickt eine Trumpfkarte aus: »Wenn diese Bewegung zugrunde geht, dann kommt Deutschland in die größte Gefahr, dann würde es 18 Millionen Marxisten und darunter vielleicht 14 bis 15 Millionen Kommunisten geben.« Hitler wußte natürlich, daß eine solche Aussage keineswegs der Realität entsprach, selbst wenn Vertreter der Arbeiterparteien derartiges verlauten ließen. Ihm war jedoch bewußt, wie stark die Wirkung seiner übertriebenen Darstellung sein konnte, hatten sich doch nicht nur in der nationalsozialistischen Propaganda dramatisch-suggestive Warnungen vor dem Kommunismus stets als erfolgreich erwiesen. Auch bei Hindenburg konnten sie nichts anderes als Schrecken und Abscheu hervorrufen. Es war nur noch eine Frage der Zeit, bis sich der Präsident auch Hitlers Schlußfolgerung anschloß: »Es ist also durchaus im vaterländischen Interesse gelegen, daß meine Bewegung erhalten bleibt, und das setzt voraus, daß meiner Bewegung die Leitung zufällt.«[26]

Tatsächlich trug der Reichspräsident zwei Tage später dem Chef der NSDAP – verknüpft mit einigen Vorbehalten – offiziell das Kanzleramt an.

So wollte er sowohl den Reichswehr- als auch den Außenminister selbst ernennen und verlangte, anders als gegenüber Papen, die Bildung eines Kabinetts, das sich auf eine parlamentarische Mehrheit stützen solle. Wieder lehnte Hitler ab, da ihm die Stellung als Kanzler einer mit präsidialen Vollmachten autorisierten Regierung das höchstmögliche Maß an Macht bedeutete. Allerdings ließ er in mehreren Rückfragen an den Staatssekretär Meißner erkennen, wie sehr ihm daran lag, weiter verhandeln zu können. Bei dieser Gelegenheit reagierte er auch auf Hindenburgs Vorwurf, Politiker einer Partei zu sein, die immer ihre Ausschließlichkeit betont habe, sowie auf das Argument, ein Präsidialkabinett unter Hitlers Führung werde »sich zwangsläufig zu einer Parteidiktatur mit allen ihren Folgen für eine außerordentliche Verschärfung der Gegensätze im deutschen Volke entwickeln ...« Hitler antwortete darauf mit der nichtssagenden Erklärung, er fühle sich »einfach als Deutscher«, und nur »um Deutschland vom Druck des Marxismus zu erlösen«, habe er seine Bewegung organisiert. Er sei auch in Zukunft nicht bereit, sich »anderen Interessen als denen des deutschen Volkes« zur Verfügung zu stellen.[27]
Nationalistische und antimarxistische Motive waren es auch, die in dieser Situation die Kamarilla um Hindenburg sowie Papen und Schleicher verfassungsändernde, nur durch einen Staatsstreich zu verwirklichende Pläne wälzen ließ. Neue Parlamentswahlen sollten verhindert und der Reichstag für eine längere Frist, als die Weimarer Verfassung erlaubte, ausgeschaltet werden. Die Reichswehrführung befahl für Ende November ein mehrtägiges kriegsspielartiges Unternehmen, das klären sollte, welche Probleme »auf die Wehrmacht im Falle eines militärischen Ausnahmezustandes auf den Gebieten der vollziehenden Gewalt und der polizeilichen Exekutive« zukommen würden. Ihm lag die Annahme zugrunde, daß eine Streikbewegung in einen Generalstreik münden könne und die nationalsozialistischen Wehrverbände nicht für dessen Unterdrückung bereitstünden.[28] Die politische Abteilung des Reichswehrministeriums gelangte zu einem negativen Ergebnis. Die Ordnungskräfte des Reiches und der Länder würden in keiner Weise ausreichen, um die verfassungsmäßige Ordnung gegen Nationalsozialisten und Kommunisten aufrechtzuerhalten und die Grenzen zu schützen.[29] Schleicher warnte in Erkenntnis seiner bisherigen Fehlspekulation vor einem offenen Verfassungsbruch, da gegen neun Zehntel des Volkes mit dem MG nicht zu kämpfen sei.[30]
Solche Warnungen veranlaßten den Reichsfinanzminister Lutz Graf Schwerin von Krosigk zu der Erklärung, daß man »die Tür nach rechts zu den Nazis offenhalten« müsse, dies jedoch unter Papen nicht möglich sei,

und der »Widerstand von allen Seiten gegen ihn jede Wirtschaftsbelebung illusorisch« mache. Der noch amtierende Reichskanzler sei »nun mal ... Prototyp einer antisozialen und reaktionären Richtung«. Auch andere befürchteten, daß eine erneute Berufung Papens nicht nur auf Widerstand in der Arbeiterschaft, sondern auch auf Widerspruch in entscheidenden Wirtschaftskreisen stoßen würde.[31] Daher beauftragte Hindenburg nunmehr Schleicher, in Gesprächen mit den Parteien und den Gewerkschaften die Voraussetzungen für die Bildung einer neuen Regierung zu prüfen. Als sein Ziel hatte der Reichswehrminister im internen Kreis formuliert: »Mitarbeit der Nazi unter Strasser unter Messiassegen Hitlers.«[32] Aber als er mit Hitler verhandeln wollte, blockte dieser ab. Am 29. November wies er Straßer und Frick an, ein mit Schleicher bereits vereinbartes Gespräch abzusagen. Abrupt änderte Hitler auch seine eigenen Pläne. Statt nach Berlin fuhr er, von München kommend, nach Weimar und gab vor, lieber am thüringischen Kommunalwahlkampf teilnehmen zu wollen, obwohl er hier gerade erst am 26. November aufgetreten war. Straßer, Göring, Frick und Goebbels wurden zu einer Führerbesprechung nach Weimar beordert. Der Versuch Straßers, Hitler doch noch zu einem Übereinkommen mit Schleicher zu bewegen, war vergeblich. Hitler schlug am 30. November selbst eine Einladung Hindenburgs aus.

Im Ergebnis aller Verhandlungen und unter dem direkten Eindruck, den das »Kriegsspiel« der Reichswehr hinterließ, berief der Reichspräsident schließlich am 3. Dezember Schleicher ins Reichskanzleramt. Damit war eine Entscheidung gefallen, die von vornherein kaum etwas anderes als eine Übergangslösung sein konnte. Schleicher, der sich selbst als einen »sozialen General« bezeichnete und sich sowohl auf die freien als auch auf die christlichen Gewerkschaften stützen wollte, führte seine Bemühungen fort, die NSDAP an seine Regierung zu binden; wenn nicht mit Hitler, dann ohne oder sogar gegen ihn. Er setzte seine Hoffnungen auf Gregor Straßer bzw. auf eine Spaltung der NSDAP. Hitlers Stellvertreter verhielt sich tatsächlich wenig ablehnend, als ihm Schleicher am Abend des 4. Dezember den Posten eines Vizekanzlers anbot. In einer Beteiligung der NSDAP an der Regierung sah Straßer eine letzte Chance, die Situation in der Partei, die er als sehr kritisch beurteilte, bewältigen zu können. Es sei jetzt die Zeit gekommen, sich nicht länger in nutzloser Opposition zu verbrauchen.

Für Hitler brach die tiefste Krise seines bisherigen Politiker-Daseins aus. Er tobte vor Wut gegen »die um sich greifende Kompromißsucht«[33] und fühlte sich verraten, als ihm Straßer auf einer Führerbesprechung der

NSDAP-Führertagung am 6. Dezember 1932 im »Kaiserhof«

NSDAP im Berliner Hotel »Kaiserhof« erneut zureden wollte, das Angebot Schleichers anzunehmen. Aber Hitler unternahm nichts gegen ihn, da er sich offenbar mit dem zweitmächtigsten Mann der NSDAP wieder einmal arrangieren wollte. Doch der als »Chamäleon des Nationalsozialismus«, »Intrigant«, »Filou«, »Phantast« und »Parteiverräter«[34] beschimpfte Straßer zog sich am 8. Dezember vollständig aus allen Parteiämtern zurück. So spektakulär sein Schritt auch war, es ging ihm nicht um ein Signal zur Spaltung der NSDAP, nicht um eine Palastrevolution und schon gar nicht um den Sturz Hitlers, obwohl er in dessen hysterischem Wesen den Keim einer Katastrophe erblickte.[35] Er wollte wohl eher keine Verantwortung mehr für eine Politik tragen, die nach seiner Auffassung die Partei ruinieren würde. Seine Anhänger blieben ratlos. Möglicherweise war Straßers Rückzug in den selbstverordneten Italien-Urlaub der größte Dienst, den er seinem Parteichef in dessen Bedrängnis leisten konnte. Von den Gauleitern und anderen Funktionären der Partei verlangte Hitler die Unterschrift unter ein Verdammungsurteil gegen Straßer. Am 9. Dezember nahm er an einer Sitzung der Reichstagsfraktion teil, in der ihm jeder einzelne Abgeordnete persönlich »unwandelbare Treue« in die Hand geloben mußte. Seine theatralische Drohung: »Wenn die Partei einmal zerfällt, dann mache ich in drei Minuten mit der Pistole Schluß«, zeitigte die beabsichtigte Wirkung.[36] Er holte Straßer auch im Besitz der Macht, als viele Ämter neu zu vergeben waren, nicht zurück. Vielmehr ließ er ihn am 30. Juni 1934 rachsüchtig umbringen.

Während der schwere Konflikt nach außen, aber ebenso innerhalb der Partei notdürftig kaschiert wurde, räumte Hitler blitzschnell im Parteiapparat auf. Er traf Maßnahmen, die er bereits seit längerem erwogen hatte, um Straßer »die Parteimacht aus der Hand schlagen« zu können.[37] Grundsätzlich veränderte er die Struktur der NSDAP-Reichsleitung, die Straßer erst im Sommer 1932 geschaffen hatte, und traf personelle Entscheidungen, die auf keinerlei Widerstand stießen. Das Amt des Reichsorganisationsleiters übernahm er selbst – analog zu seiner Entscheidung in der SA-Krise vom August 1930 – und machte Robert Ley zu seinem Stabschef. Seinen Privatsekretär Heß, auf den er sich ebenfalls bedingungslos verlassen konnte, erhob er zum Leiter eines politischen Zentralsekretariats. Zugewinn an Macht erfuhren ferner Darré und Goebbels; für ersteren wurde ein Hitler direkt unterstelltes Amt für Agrarpolitik geschaffen, und dem seit April 1930 als Reichspropagandaleiter fungierenden Goebbels wurde auch die Abteilung Volksbildung unterstellt. Bis weit in den Januar 1933 hinein befürchteten Hitler und seine Vertrauten, Straßer könne doch in Schleichers Kabinett eintreten oder sogar eine eigene Partei gründen. Strikt wurde jede inhaltsbezogene Auseinandersetzung mit den Auffassungen des Abweichlers vermieden; erst unmittelbar nach der Landtagswahl von Lippe fand eine Gauleiter-Tagung statt, auf der sich Ley und Hitler zum Konzept des gestürzten Reichsorganisationsleiters äußerten und mit ihm abrechneten.

Gegenüber dem Schleicher-Kabinett verhielt sich Hitler zunächst abwartend. Während der ersten Sitzungen des Reichstages befürwortete die NSDAP-Fraktion die Vertagung des Parlaments auf einen ungewissen Termin und verhinderte die Abstimmung über einen Mißtrauensantrag der KPD gegen die Regierung, dem sich auch die SPD angeschlossen hatte. Allerdings gelang ein wichtiger Schachzug gegen Schleicher: Gegen die Stimmen von DNVP und KPD setzte sie ein verfassungsänderndes Gesetz durch. Bisher war vorgesehen, daß der Reichspräsident im Falle seiner Verhinderung durch den Kanzler vertreten wird. Nun ging diese Vollmacht auf den Präsidenten des Reichsgerichts über. Dahinter steckte mehr als nur das verständliche Kalkül mit dem Tode Hindenburgs, der wenige

Wochen zuvor seinen 85. Geburtstag begangen hatte. Die NSDAP erweckte den Anschein, als baue sie den nur drei Jahre jüngeren General Kurt Litzmann als eine Art Gegenfigur auf. Als Alterspräsident eröffnete dieser am 6. Dezember mit einer heftigen und ehrenrührigen Attacke gegen den Reichspräsidenten den Reichstag. Hindenburg, dessen Verdienste im Weltkrieg er würdigte, übersehe, daß es sich heute nicht mehr um den »Feldmarschallstab« handele, sondern darum, daß er »dem Fluch entgeht, das deutsche Volk zur Verzweiflung getrieben und dem Bolschewismus preisgegeben zu haben, obwohl der Retter bereitstand«. Den Vorwurf der Beleidigung wies er mit der Hitlers Reden entlehnten Behauptung zurück, Hindenburg habe weder am 13. August noch bei der jetzigen Regierungsbildung erkannt, »auf welche Weise allein das Vaterland zu retten ist«.[38]
Hitler mußte wieder einmal abwarten. Und er wollte auch abwarten, die Zeit für sich arbeiten lassen. Während sich in der NSDAP pessimistische Stimmungen breit machten – Goebbels notierte, »alle Aussichten und Hoffnungen« seien vollends verschwunden,[39] erhob Hitler nach wie vor Anspruch auf die ungeteilte Macht. Zugleich wuchs seine Einsicht, daß es ohne eine parlamentarisch tragfähige Koalition und ohne Abstriche an den eigenen Forderungen nicht weitergehen würde. Die Frage war allein, wie diese konkret aussehen sollten. Unmittelbar nach der Bereinigung der inneren Konflikte mit den Straßer-Anhängern unternahm Hitler den Versuch, größeren Einfluß auf Hindenburgs Kamarilla zu gewinnen. Außerdem wollte er neue Ausgangspositionen durch ein Gegeneinanderausspielen seiner Gegner erlangen. In diesem Rahmen ging er auch auf ein von Papen initiiertes Arrangement ein. Noch im Dezember und dann vor allem im Januar drehte sich ein Verhandlungskarussell, das in der Öffentlichkeit wenig bemerkt wurde, aber zum unmittelbaren Todesstoß für die Weimarer Republik führte.
Wie sich fast alle politischen Kräfte über Hitlers tatsächlich erreichten Stand und dessen politische Perspektive täuschten, zeigen zeitgenössische Einschätzungen zum Jahreswechsel 1932/33. In einer Mischung aus Euphorie über die jüngsten Wahlergebnisse, aus rat- und alternativlosem Zweckoptimismus, aus Verkennung der begrenzten Möglichkeiten des sich sozial gebenden Kanzler-Generals sowie aus Hoffnungen auf ein selbstzerstörerisches Anhalten des unaufhaltsam scheinenden Aufstiegs der NSDAP erwuchsen antifaschistische, demokratische und liberal-konservative Illusionen. Im »Wettlauf zwischen Vernunft und Katastrophe«[40] trat nun noch einmal alles wie in einem bündelnden Hohlspiegel zutage, was es in den Jahren zuvor bereits an Unterschätzungen gegeben hatte.[41]

Warnende Stimmen gingen unter, Befürchtungen wurden verdrängt, eigensüchtiges Taktieren dominierte. Für viele, allzu viele schien die Weimarer Republik vor dem »Retter aus Braunau« noch zu retten oder sogar bereits gerettet zu sein. Die »Hitlerei« habe sich in ihrem Propagandapotential erschöpft – in zahllosen Argumenten und Behauptungen dieser Art offenbarten sich ohnmächtige Kurzsichtigkeit und naive Vertrauensseligkeit ebenso wie beklemmende Furcht und erwartungsvoller Fatalismus. Während Prälat Ludwig Kaas als Vorsitzender der Zentrumspartei sibyllinisch meinte, ihm sei eigentlich »herzlich gleichgültig«, wer in Deutschland führe, wichtig sei nicht, was er ist, sondern was er könne«[42], und damit eine Reichskanzlerschaft Hitlers für möglich hielt, meinte die großbürgerliche »Frankfurter Zeitung«, optimistisch sein zu können. Die politische Grundtendenz werde »durch die Entzauberung der NSDAP und durch die staatspolitische Erkenntnis dieses Jahres bestimmt bleiben, daß es in Deutschland kein Diktieren gegen die öffentliche Meinung geben kann« und man zur »Vernunft« zurückgekehrt sei.[43] Der Kommentator der liberalen »Neuen Leipziger Zeitung« konstatierte, Hitler habe die Schlacht bereits verloren, der »Glaube an den 'unfehlbaren Führer'« sei dahin, die Naziwelle sei gebrochen, und die »Rückflut« habe kräftig eingesetzt.[44] Gustav Stolper, Chefredakteur des »Berliner Börsen-Couriers«, sah »das Hitlertum in einem Zusammenbruch, dessen Ausmaß und Tempo nur mit dem seines eigenen Aufstiegs vergleichbar ist. Das Hitlertum stirbt an seinem eigenen Lebensgesetz. Denn dieser Hitler mit seinem ganzen Stab, ohne eine einzige Ausnahme, ist die Verkörperung alles dessen, was im deutschen Volk an Minderwertigem, an Ungeist und Unmoral lebendig ist.«[45] Das Fazit des »Simplicissimus« vom 8. Januar 1933 lautete, dieses Führers Zeit sei um, es bleibe nicht mehr als ein »schmerzhaft-schwerer Kater«. Für Schleicher bildete noch am 15. Januar »Hitler kein Problem mehr«. Dessen Partei habe aufgehört, eine politische Gefahr zu sein: »Diese ganze Frage ist gelöst und eine Sorge der Vergangenheit.«[46]
Vor allem die Parteien der Mitte und der Linken unterlagen einer großen, verhängnisvollen Selbsttäuschung. Ihre Analyse der Lage war zwiespältig und teilweise irreal. Führende Sozialdemokraten wiesen vor allem auf die Niederlagen Hitlers im Jahre 1932 hin, die sie optimistisch deuteten. Nach ihrer Auffassung sei Hitler bereits geschlagen. Otto Wels, Vorsitzender der deutschen Sozialdemokratie, zeigte sich in seinem Neujahrsaufruf regelrecht siegessicher. Von einer »Hitlerdämmerung« war vielerorts die Rede. Der Sozialdemokrat Alexander Schifrin sagte für die NSDAP die Gefahr einer sozialen Zersetzung voraus, weil sie sich »zwischen dem

Hammer des proletarischen Sozialismus und dem Amboß des bürgerlichen Obrigkeitsstaates« befinde.[47] Die »Rote Fahne« der Kommunisten wiederum schätzte in ihrer Neujahrsausgabe das Jahr 1932 ganz und gar als »ein Jahr des kommunistischen Triumphes« ein, ohne die fatale These vom Sozialfaschismus zu revidieren. In den Rückblicken auf das Jahr 1932 tauchten entweder der 20. Juli oder der 6. November als Tage »des höchsten Triumphes für die Reaktion aller Schattierungen« sowie als ein Beginn des »Niedergangs« der Faschisten auf.[48] Harold Laski, einer der führenden britischen Linken, versicherte: »Der Tag, da die Nationalsozialisten eine Lebensbedrohung darstellten, ist vorbei ... Von Zufälligkeiten abgesehen, ist es heute nicht unwahrscheinlich, daß Hitler seine Laufbahn als ein alter Mann in einem bayerischen Dorf beschließen wird, der abends im Biergarten seinen Vertrauten erzählt, wie er einmal beinahe das Deutsche Reich umgestürzt hätte.«[49] Noch einen Tag vor Hitlers Berufung zum Kanzler des Deutschen Reiches schrieb Wilhelm Keil, der als Sozialdemokrat an der Ausarbeitung der Weimarer Verfassung beteiligt gewesen war, daß die nationalsozialistische Gefahr »endgültig gebannt« sei, für Hitler wäre es unmöglich, »zwischen der Scylla der Tolerierung Schleichers und der Charybdis der Reichstagsauflösung hindurchzukommen«.[50] Die verbreiteten Fehleinschätzungen beruhten vor allem auf einem »tiefwurzelnde(n) Vertrauen in die rechtlichen und institutionellen Sicherungen der bürgerlichen Formaldemokratie«.[51] Nur eine verschwindend geringe Minderheit der zeitgenössischen Intellektuellen verfügte über eine zutreffende Voraussicht auf das kommende Unheil.

Keineswegs siegesgewiß, eher nebulös und für eine längere Zeit gedacht, benannte Hitler in seinem Neujahrsartikel für den »Völkischen Beobachter« als die entscheidende Aufgabe des kommenden Jahres, den »nationalsozialistischen Kämpfern, Mitgliedern und Anhängern in größter Klarheit vor Augen zu führen, daß die NSDAP kein Selbstzweck ist, sondern nur ein Mittel zum Zweck«. Er wolle, obwohl es leichter sei, »einen Minister ohne Macht zu spielen, als sich wieder in den Kampf um die Macht zu stürzen«, auf keinen Fall »das Recht der Erstgeburt der nationalsozialistischen Bewegung ... für das Linsengericht der Beteiligung an einer Regierung ohne Macht« verkaufen. Auch das bestätigt: Für Hitlers Weg aus der Krise war die Unterschätzung durch seine Gegner mehr als hilfreich, weil dadurch den nationalsozialistischen Bestrebungen kein gemeinsamer Widerstand entgegengesetzt und das tatsächliche Geschehen insgesamt kaum beeinflußt wurde. Wie unter einer abschirmenden Dunstglocke konnte der letzte Akt im Prozeß der Zerstörung des Weimarer Staates

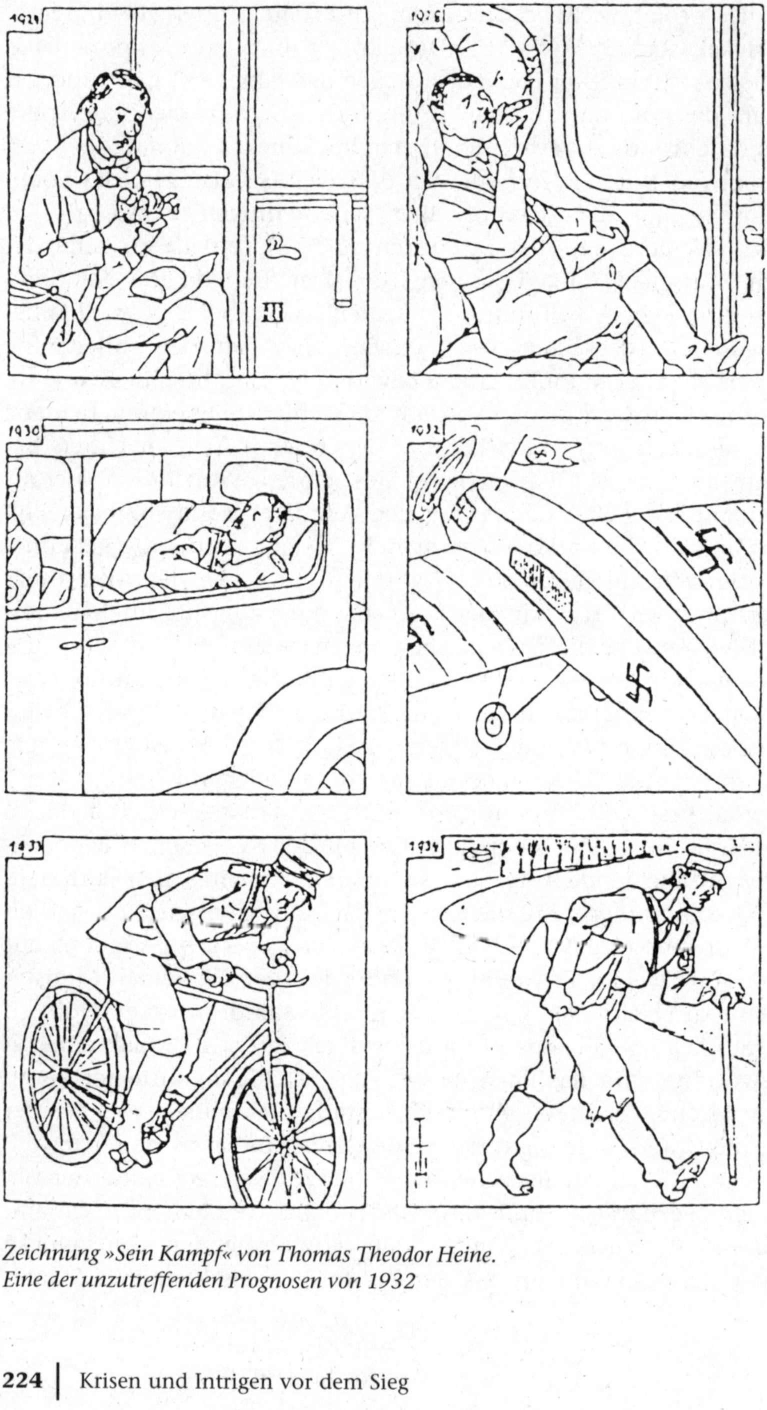

Zeichnung »Sein Kampf« von Thomas Theodor Heine.
Eine der unzutreffenden Prognosen von 1932

vorangetrieben werden. Die wohl entscheidende Beratung fand am 4. Januar 1933, zwischen 11.30 Uhr und 16 Uhr, im Hause des Bankiers von Schröder zwischen Papen, von dem wahrscheinlich die Initiative zu diesem Treffen ausgegangen war, Hitler, Heß, Himmler und Keppler statt. Für Papen ging es um den Versuch, die »Harzburger Front« wiederherzustellen und selbst wieder Regierungsgewalt auszuüben, für Hitler, der seine Position durch den Rückzug Straßers gestärkt sehen konnte, um einen neuen Anlauf, den begehrten Kanzlerposten zu ergattern. Offensichtlich war er sogar bereit, jene Bedingungen anzunehmen, die ihm bereits gestellt worden waren und die er vorher stets abgelehnt hatte. Goebbels notierte, nachdem er von Hitler über das Angebot informiert worden war: »Entweder die Kanzlerschaft oder Ministerien der Macht. Wehr und Innen. Das läßt sich hören.«[52]

Das Kölner Treffen führte zu einer zweckbestimmten Aussöhnung zwischen Papen und Hitler. Die Absicht, es geheimzuhalten, mißlang jedoch. Hitler profitierte sogar davon, da sein öffentliches Ansehen wieder stieg. Außerdem hütete sich Schleicher nun, Straßer zu seinem Vizekanzler und Arbeitsminister zu ernennen, womit Hindenburg nach einem Gespräch mit dem ehemaligen Hitler-Stellvertreter einverstanden gewesen wäre. Was Hitler, nun in neuer Weise durch bedeutende Kreise der deutschen Eliten unterstützt, von seiner Seite her in das gemeinsame politische Geschäft einzubringen hatte, zeigte sich in der Intensität, mit der die NSDAP den Wahlkampf in Lippe betrieb, wo am 15. Januar 1933 ein neuer Landtag gewählt wurde. Obwohl dieser norddeutsche Kleinstaat nur 0,26 Prozent des Reichsgebietes mit 163 000 Einwohnern umfaßte, stilisierte Hitler die Wahlen vom 15. Januar zu einer »Kraftprobe« und zu einem Entscheidungsakt sondergleichen hoch. Er erschien allein in 16 Orten zu 18 Veranstaltungen; die übrige Prominenz der NSDAP entfaltete den gleichen Eifer. Ihnen ging es um den Nachweis, wieder im Kommen zu sein und das Tief vom November/Dezember des Vorjahres überwunden zu haben. Tatsächlich konnte ihre Partei den Stimmenanteil von 34,7 Prozent bei der November-Wahl auf 39,6 Prozent erhöhen – ein »Triumph im Duodezformat«.[53] Die nationalsozialistische Propaganda tönte dennoch von einem »gewaltigen« Erfolg. Sie stellte die ungebrochene Sieghaftigkeit Hitlers heraus, und dieser benutzte das Ergebnis im Verhandlungspoker der nächsten beiden Wochen stets als Trumpfkarte. Offensichtlich wollte auch niemand das Ergebnis gründlich analysieren: Die Tatsache, daß bei der NSDAP trotz des Gewinns von etwa 6000 Stimmen gegenüber der November-Wahl immer noch ein Verlust von 3500 Stimmen gegenüber

der Juli-Wahl 1932 zu Buche stand und Hitler »aus seinem Heldenkampf in Lippe doch nur auf der Spitze seines Degens aufgespießte Fliegen heimgebracht« hatte,[54] paßte keinem ins Konzept. Selbst von einer »Niederlage der Marxisten« konnte nicht die Rede sein, da der Stimmenanteil der Arbeiterparteien nicht gesunken war.
Bereits vor dem Bekanntwerden des Wahlergebnisses hatte Hitler in Weimar erneut zum Angriff auf die Regierung aufgerufen. Er sprach von deren »jämmerlichen Mitteln«, mit denen man Deutschland nicht mehr retten könne. Unterstützung fand er in seinen Attacken auf Schleicher durch eine öffentliche Erklärung des großagrarischen Reichslandbundes, die am 11. Januar der Regierung vorwarf, sie betreibe eine Verelendung der deutschen Landwirtschaft, wie man sie selbst von einem rein marxistischen Kabinett nicht für möglich gehalten habe.[55] Die nationalsozialistischen Angriffe auf den Regierungschef nahmen in dem Maße zu, wie sich die Gesprächstermine zur Vorbereitung eines neuen Kabinetts jagten. Am 17. Januar konferierten Hitler und Hugenberg miteinander, wobei es zu keiner Verständigung kam; der Chef der DNVP begann zu fürchten, daß die von ihm selbst mit dem Volksbegehren gegen den Young-Plan und der Harzburger Front eingeleiteten Aktionen zur Unterstützung der NSDAP seine Partei überrollen würden. Am 18. Januar kamen Hitler und Papen im Hause Ribbentrops zusammen. An gleicher Stelle traf man sich bereits erneut am 22. Januar. Dieses Mal nahmen daran auch Staatssekretär Meißner und Oskar von Hindenburg teil[56], beide um größte Geheimhaltung bemüht. Was Hitler dem Präsidenten-Sohn – er schilderte ihn danach als »ein seltenes Abbild von Doofheit«[57] – in einem zweistündigen Gespräch unter vier Augen zu sagen hatte, ist bis heute unbekannt geblieben und läßt sich nur vermuten. Einerseits kam Hitler wohl den Forderungen Hindenburgs entgegen und versicherte, keinen Einfluß auf die Ernennung des Reichswehr- und des Außenministers nehmen zu wollen. Er zeigte sich auch bereit, Papen als Vizekanzler »gleichberechtigt« an den Regierungsgeschäften zu beteiligen und nur in dessen Anwesenheit bei Hindenburg Vortrag zu halten. Offensichtlich ging er weiterhin auf die vom Sohn des Reichspräsidenten gestellte Bedingung ein, Papen müsse zum preußischen Ministerpräsidenten ernannt werden. Und selbst mit der Aufnahme von Vertretern des Stahlhelms und der DNVP in eine von ihm geleitete Regierung zeigte er sich einverstanden. Andererseits ist die Verwendung eines erpresserischen Arguments keineswegs auszuschließen. Dieses nutzte den ruchbar gewordenen Korruptionsskandal um die Verwendung staatlicher Osthilfe-Gelder, mit dem sich ein vom Zentrum

und der SPD in Gang gebrachter Ausschuß des Reichstages zu befassen begann. Hitler könnte gedroht haben,[58] auch Hindenburg in die Auseinandersetzungen hineinzuziehen, hatte dieser doch, um der Erbschaftssteuer zu entgehen, das ihm geschenkte Gut Neudeck auf den Namen Oskars eintragen lassen. Auf der Heimfahrt äußerte der Präsidenten-Sohn, wie von Meißner überliefert wurde, die »Erkenntnis«, daß nunmehr nichts anderes bliebe als ein Hitler-Kabinett, sowie den Stoßseufzer: »Warum – verdammt noch mal – tut Schleicher nichts gegen die Sauereien der Sozis mit der Osthilfe?« Möglicherweise hatte ihn Hitler auch mit dem Versprechen gelockt, die Sache unter den Tisch zu fegen, sobald er Reichskanzler geworden sei; tatsächlich wurde nach dem 30. Januar die parlamentarische Untersuchung ausgesetzt.

Am gleichen Tag veranstaltete die NSDAP einen provokatorischen Aufmarsch vor dem Karl-Liebknecht-Haus der KPD. Ihr Ziel bestand darin, an diesem 22. Januar sowohl ihre neugewonnene Stärke auf der Straße als auch ihre Unentbehrlichkeit im Kampf aller bürgerlichen Kräfte gegen die »Roten« nachzuweisen. Zwar gelang es ihr nicht, bürgerkriegsähnliche Verhältnisse herbeizuführen, doch verfehlte die mehrstündige und eisiger Kälte trotzende Gegendemonstration am 25. Januar die beabsichtigte mobilisierende Wirkung aller proletarischen Gegner des deutschen Faschismus. Auch die große sozialdemokratische Kundgebung im Berliner Lustgarten, die am Sonntag, dem 29. Januar, stattfand, blieb in einem isolierten antifaschistischen Protest stecken.

Hinter den Kulissen fand ein hektisches und zuweilen auch undurchschaubares Treiben statt. Zahllose Verhandlungen, Gespräche und Verabredungen sowie Versicherungen galten der Bildung eines von Hitler geführten Kabinetts und prägten das Bild dieser Tage. Die Ereignisse überschlugen sich. Am 27. Januar ließ die Reichstagsfraktion der NSDAP verlauten, daß bei dem für den 31. Januar vorgesehenen Zusammentreten des Reichstages die Annahme eines kommunistischen Mißtrauensantrages gegen Schleicher »mit den Stimmen der Nationalsozialisten nicht unzweifelhaft« sei.[59] Am 28. Januar drängten Meißner und Oskar von Hindenburg den Reichspräsidenten, die Berufung Hitlers rasch zu vollziehen. Am gleichen Tag trat Schleicher entnervt zurück; er hatte allen Grund anzunehmen, daß sich Hindenburg weigern werde, das gewünschte Dekret zur Auflösung des Reichstages ohne die Festlegung von Neuwahlen zu unterschreiben.[60] Am Sonntag, dem 29. Januar, konnte nichts unternommen werden, zumal sich Hindenburg vorbehielt, als erstes den der NSDAP wohlgesonnenen Generalleutnant Werner von Blomberg zum neuen Reichswehrminister zu ernennen,

30. Januar 1933: Es ist erreicht. Reichskanzler Hitler im Kreise von Ministern. Göring, Papen, stehend von l. n. r.: Gereke, Schwerin von Krosigk, Frick, Blomberg, Hugenberg

doch der traf nach seiner Abreise von den Genfer Abrüstungsverhandlungen erst am frühen Morgen des 30. Januar in Berlin ein.
Trotz aller Wirrnisse und neuerlicher Putschgerüchte ging in den letzten 48 Stunden der Republik die Bildung der neuen Reichsregierung so rasch über die Bühne, wie es seit deren Bestehen selten der Fall gewesen war. Viele Entscheidungen waren bereits gefallen, sie mußten nur noch vollzogen werden. Hitler hatte bereits vorher die bislang strittigen Bedingungen akzeptiert. Er hatte sich auch mit der von Papen am Abend des 29. Januar unterbreiteten Ministerliste einverstanden erklärt, auf der neben acht Konservativen mit Frick und Göring lediglich zwei NSDAP-Vertreter Platz gefunden hatten. Abgerückt war er auch vom Anspruch, Göring als Reichskommissar für Preußen einzusetzen; dieses Amt ließ sich Papen nicht streitig machen, so daß für Göring nur das Preußische Innenministerium blieb. Den Widerstand, den Hugenberg starrköpfig noch in den Vormittagsstunden des Folgetages gegen die beabsichtigte Auflösung des Reichstages mit anschließenden Neuwahlen zu leisten versuchte, brach Papen. Hitler versprach mit einem »feierlichen Ehrenwort«, daß sich nach

der beabsichtigten Neuwahl des Reichstages und dem von diesem zu verabschiedenden Ermächtigungsgesetz nichts an der Zusammensetzung des Kabinetts ändern würde.

Schließlich sah sich Hitler am Ziel angelangt: Am 30. Januar 1933 nahm er gegen 11.20 Uhr die Berufung zum Kanzler des Deutschen Reiches aus den Händen Hindenburgs entgegen. Er stand an der Spitze eines »Kabinetts der nationalen Konzentration«, wie nun die Neuauflage der Harzburger Front offiziell benannt wurde. An seiner Seite fungierten Papen als Vizekanzler und Reichskommissar für Preußen, Frick als Innenminister, Göring als Minister ohne Geschäftsbereich und kommissarischer preußischer Innenminister, Hugenberg als Wirtschaftsminister und Minister für Ernährung und Landwirtschaft, Seldte als Arbeitsminister, Freiherr Konstantin von Neurath als Außenminister und Lutz Graf Schwerin von Krosigk als Finanzminister; zwei Tage später kam Gürtner als Justizminister hinzu.

Der verhängnisvollste Schritt zur endgültigen Zerschlagung der Weimarer Republik war getan. Das Unheil nahm seinen Lauf. Nun konnte also restlos beseitigt werden, was dank der revolutionären Kämpfe von 1918/19 in Deutschlands politischer Kultur erstmals demokratische Gestalt angenommen hatte, nun konnte in Angriff genommen werden, was bisher als deutscher Anspruch auf die Vorherrschaft in Europa und der Welt nur in der nationalsozialistischen Propaganda existierte und dessen Realisierung nicht anders als in einer Katastrophe enden mußte. Nun konnten der faschistische Terrorismus und die barbarische Rassenideologie beginnen, sich entfesselt auszutoben. Hitler sah sich auch persönlich am Ziel seiner Wünsche. Aus dem mittelmäßigen Schüler, dem verhinderten Künstler und dem gescheiterten Putschisten war ein erfolgreicher faschistischer Parteipolitiker geworden, der sich jetzt anschickte, als Staatsmann das deutsche Volk diktatorisch zu beherrschen und in einen neuen Krieg zu treiben, denn »Krieg wollte er, Krieg war in ihm von Anfang an«.[61] Obgleich die Mitglieder und Wähler der NSDAP große Hoffnungen in Hitler und seine Berufung zum Kanzler des Deutschen Reiches setzten, bot diese einzig und allein Anlaß, besorgt in die Zukunft zu schauen. Jahre zuvor hatte er bereits zu seiner Maxime erhoben, ständig »zum Angriff (zu) schreiten, ganz gleich, ob er 10 oder 1000 Kilometer hinter den heutigen Linien zum Stehen kommen wird. Denn wo immer auch unser Erfolg endet, er wird stets nur der Ausgangspunkt eines neuen Kampfes sein.«[62]

Kapitel 10

An der Macht
1933 bis 1934

Nachdem der Reichspräsident ihn verabschiedet hatte, konnte der neue Regierungschef nur wenige Meter weiter als Hausherr in den einstigen Adelspalast einziehen, der schon Otto von Bismarck, dem »Eisernen Kanzler«, als Büro- und Wohnstätte gedient hatte. Erst gegen Ende der 20er Jahre waren die den veränderten Ansprüchen seit langem nicht mehr genügenden Arbeitsräume durch einen bescheidenen Anbau erweitert worden. Hitler gefiel das alte Gebäude ebensowenig wie die Erweiterung, die er für eine »Feuerwehrwache« als geeignet ansah. Bald erteilte er Auftrag, die Wohnräume nach seinen Vorstellungen umzubauen. An der Vorderfront verlangte er den Anbau eines Balkons, eine Aufgabe, die der Architekt Albert Speer übernahm und ausführte, so dem »Führer« einen Platz schaffend, von dem aus er auf Menschenmengen und militärische Kolonnen herabgrüßen konnte.

Indessen waren es nicht die Eindrücke dieses Einzugs und die Begegnungen mit Beamten, Bürovorstehern und artig gekleideten Sekretärinnen, die er sich vorstellen ließ, die Hitlers Stimmung in jenen ersten Stunden seiner Kanzlerschaft prägten. Der Führer der NSDAP war am Ziel, der Einstieg in die Macht war vollzogen. Die Befriedigung darüber mochte um so größer sein, als so viele Wege, die in ihr Zentrum führen sollten, sich als Sackgassen oder als unpassierbar erwiesen hatten. Daß er erst nach dem Verlust von zwei Millionen Anhängern und auf dem Weg über eine Intrige in das höchste Amt der Reichsexekutive gelangt war, würde bald vergessen sein, falls es in seiner Gefolgschaft überhaupt bemerkt wurde.

Als der Abend des 30. Januar hereingebrochen war und man sich vielerorts fragte, was dieser Kanzlerwechsel bedeuten könnte, versammelten sich Tausende von Hitler-Anhängern im Zentrum Berlins. Kolonnen der Sturmabteilungen marschierten aus dem Tiergarten durch das Brandenburger Tor und schwenkten dann in die Straße mit den Regierungsgebäuden ein. Sie defilierten vorbei an Hindenburg, der sie von einem Fenster seines Palais herab beobachtete, und gelangten dann an das Ziel ihres Marsches. Sie jubelten Hitler begeistert zu, der sich, noch immer feierlich und höchst fremdartig gekleidet, aus einem Fenster der Reichskanzlei beugte und den Anblick seiner siegestrunkenen Verehrer genoß. So war an diesem Platze kein Regierungschef vor ihm gefeiert worden.

Ob Hitler in jener Nacht ausschließlich in Erinnerungen an die »Kampfzeit« schwelgte, ob er sich über die Kräfte Rechenschaft ablegte, die seinen Weg in das Zentrum der Macht mit geebnet hatten, ob ihn der Preis beunruhigte, ohne den diese Kanzlerschaft nicht zu haben gewesen war, ist nicht überliefert. Am meisten dürften ihn die ersten Schritte zur Festigung der so lange ersehnten und nun errungenen Macht beschäftigt haben. Goebbels charakterisierte bald darauf unumwunden die Denkweise, mit der Hitler und seine engsten Mitarbeiter in die Wilhelmstraße eingezogen waren: Hier würden sie sich nur als Leichen wieder herausbringen lassen. Worte, die sich für ihn und seinen »Führer« als prophetisch erweisen sollten.

Hitler wußte aus vielen Gesprächen mit Repräsentanten der herrschenden Oberschichten, mit Kapitalisten und Großgrundbesitzern zumal, was von einer Regierung unter seiner Führung erwartet wurde: das Ende der politischen Unsicherheit, als dessen Wurzel die republikanische Staatsverfassung angesehen wurde. Letztere bot, wie beschränkt auch immer, Möglichkeiten, Interessen der Massen zur Geltung zu bringen und sei es nur dadurch, daß die wechselnden Kabinette und Minister nicht ohne Rücksicht auf ihr Wahlvolk regieren konnten. Die Erwartungen von Teilen der deutschen Eliten deckten sich mit dem Programm der NSDAP, mehr noch: Der Führungsgruppe dieser Partei war es bereits gelungen, Millionen Deutschen einzureden, daß es der »Parlamentarismus« mit seinen Schwatzbuden und die »Parteienwirtschaft« mit ihrer Korruption wären, deren Beseitigung den Weg zu besseren Zeiten freimachen werde.

So viel auch die Demagogen um Hitler und vor allem er selbst ihren Gefolgsleuten vorgelogen hatten, so sehr sie soziale Zusammenhänge, Triebkräfte und Interessenlagen vernebelten, in diesem Punkte, ihrer absoluten Feindschaft gegen die Republik, war stets Klartext gesprochen worden. Niemand konnte also ernsthaft erwarten, eine von Hitler geführte Regierung werde sich ausschließlich gegen Kommunisten, Sozialisten, Sozialdemokraten und die linksorientierte Gewerkschaftsbewegung wenden. Die erklärte Frontstellung war antirepublikanisch, antidemokratisch und antiliberal. An diesem vorletzten Januartag läutete in Deutschland folglich die Sterbeglocke für jene in den Krisenjahren auf ein Minimum ihres früheren Einflusses zusammengeschmolzenen Parteien, die Träger des Weimarer Staates gewesen waren. Stabil war einzig noch der Anhang

In Pose vor dem unsichtbaren Hörer. Hitlers erste Rundfunkrede als Reichskanzler am 1. Februar 1933. Mit zittriger und tonloser Stimme vorgetragen, mußte sie am nächsten Abend wiederholt werden

der Zentrumspartei und ihrer Schwester in Bayern, die einen starken Rückhalt in der katholischen Kirchenobrigkeit besaßen.
Hitler und seine Führungsgruppe waren ob ihres totalen Anspruchs auf die Staatsmacht bekannt. Deshalb erzeugte dieser Punkt Unruhe beim deutschnationalen Koalitionspartner, mit dem Hitler die Regierung hatte bilden müssen. Das gegenseitige Verhältnis der jetzt koalierenden Parteien war über die Jahre hinweg sowohl durch kurzzeitige Bündnisbeziehungen als auch von länger währender scharfer Gegnerschaft bestimmt gewesen. Nun, da sich Hitler mit zwei weiteren Führern der NSDAP in einer bescheiden erscheinenden Minderheit befand, kam es vielen Zeitgenossen vor, als seien allen Ansprüchen auf die alleinige Macht unübersteigbare Grenzen gesetzt. Das war hochgradig naiv geurteilt, ließen derartige Kalkulationen doch außer Betracht, daß der Reichskanzler und die beiden NSDAP-Minister sich auf einen Millionenanhang in der deutschen Bevölkerung und auf gedrillte paramilitärische Verbände stützen konnten. Wer mit den Grundrechnungsarten das Kräfteverhältnis

im Kabinett und daraus dessen Kurs zu bestimmen suchte, ging in die Irre. Das sollte sich bald erweisen.

Nach Jahren des Hoffens und Bangens konnte der Führer der NSDAP sein Berliner Quartier im Nobel-Hotel »Kaiserhof«, von dem sich über den Wilhelmsplatz zu den Regierungsgebäuden blicken ließ, räumen und das Reichskanzler-Palais beziehen. Bis dahin hatte Hitler keinen einzigen Tag in irgendeinem der Staatsämter gearbeitet. Deren bürokratischer Betrieb war ihm fremd und galt ihm als initiativlos, schwerfällig und verstaubt. Natürlich besaß auch die Parteizentrale der NSDAP ihre Bürokratie, doch hatte sich Hitler für sie wenig interessiert. Den Alltag im Münchner »Braunen Haus« mit seinen sich wiederholenden Aufgaben und Tätigkeiten überließ er verläßlichen und diensteifrigen Mitarbeitern.

So mochte es Hitler befremdlich vorkommen, daß ihm vom Tage seines Amtsantritts an, wie es bei seinen Vorgängern üblich gewesen war, Papierstöße mit Inhalten von sehr unterschiedlicher Wichtigkeit vorgelegt wurden. Er hatte indessen nicht die Absicht, mit ihrer Durchsicht seine Zeit auszufüllen. So wenig wie während seiner Schulzeit wollte er sich Gegenständen zuwenden, die ihn nur langweilten. Briefe, auf denen sich irgendeine Randbemerkung oder Anweisung von seiner Hand findet, sind schon für Hitlers frühesten Regierungsabschnitt geradezu eine Rarität. Er war daran gewöhnt, Mitarbeitern seine Ansichten und Richtlinien im Gespräch auseinanderzusetzen und sie erledigen zu lassen, was ihn von der Hinwendung zu Dingen ablenkte, die er als seine Hauptaufgaben oder gar seine ausschließliche Angelegenheit ansah. Unvermeidlich mußte er sich jedoch zunächst mit einer erheblichen Zahl von Fragen befassen, für die er keinerlei Interesse aufbrachte oder die ihm als ganz und gar nebensächlich erschienen.

Um so größeren Wert legte Hitler darauf, einen Mitarbeiter zur Hand zu haben, der sich von vornherein auf ihn und seine Arbeitsauffassung einstellte und nicht wagte, ihn mit Nebensächlichkeiten zu belästigen. So kam Hans-Heinrich Lammers als Staatssekretär in die Reichskanzlei. Er hatte schon im Weimarer Staat die Laufbahn eines Beamten des höheren Dienstes eingeschlagen und es in ihr weit gebracht. Nachdem er zuvor zu den Deutschnationalen gehörte hatte, schloß er sich 1932 vorsorglich der NSDAP und der SS an. Er war nicht der einzige auf die Republik vereidigte Staatsdiener, der das insgeheim getan hatte.

Hitler wußte, und die kurze Regierungszeit seines Vorgängers hatte ihn darüber zusätzlich belehrt, daß es zunächst darauf ankam, die Macht fest in die Hände zu bekommen und sie den Zwecken und Zielen des Regimes entsprechend zu gestalten. Dazu hatte er bereits Verbündete bei der Regierungsbildung gefunden, und dafür brauchte er weitere, die ihn unterstützten oder ihn wohlwollend gewähren ließen. Auf seiner Dringlichkeitsliste stand die Gewinnung der Generalität obenan. Die Voraussetzungen dafür waren günstig, konnte er doch davon ausgehen, daß sie wie er nicht nur die Arbeiterbewegung, den Hauptträger des Antimilitarismus in Deutschland, und mit ihr alle Pazifisten ausgeschaltet wissen wollte, sondern eine Staatsmacht wünschte, die der Wehrmacht wieder zu Ansehen und Einfluß verhalf und ihr die Perspektive der Revanche für den verlorenen Weltkrieg eröffnete.

Hitlers Zusammentreffen mit den Spitzen der Reichswehr am fünften Tage seiner Kanzlerschaft stand also im Zeichen voraussehbarer Interessengleichheit, wenn auch aus den Reihen der Generalität sich bis dahin nur wenige zu Parteigängern der NSDAP gemacht hatten. Dem war von Hitler auch bei der Regierungsbildung Rechnung getragen worden. Er hatte sich nicht auf einen SA- oder SS-Führer als Kriegsminister versteift, sondern den General Werner von Blomberg akzeptiert, der in Hindenburgs Gunst stand und von diesem noch vor den anderen Kabinettsmitgliedern vereidigt worden war.

Die Begegnung Hitlers mit den Spitzen der Reichswehr und der Reichsmarine, die am 3. Februar 1933 stattfand und deren äußerer Anlaß eine Geburtstagsgratulation war, gab Hitler die Gelegenheit, sein eigentliches Regierungsprogramm im Vertrauen auf die Verschwiegenheit aller Anwesenden darzulegen. Tatsächlich war die Rede des Reichskanzlers gänzlich ungeeignet, veröffentlicht zu werden, entwickelte sie doch – wenn auch in gröbsten Umrissen – den Weg in den Krieg. Notizen eines der anwesenden Generale überliefern, ohne daß sie ein in die Einzelheiten führendes Bild von Hitlers Ansprache gäben, zweifelsfrei, wie Hitler vorzugehen und wofür er die Militärs zu gewinnen gedachte.

Es kann die Generale kaum überrascht haben, daß sich Hitler für die »völlige Umkehrung der gegenwärtigen innenpolitischen Zustände« aussprach und bekannte, daß er den »Marxismus« mit »Stumpf und Stiel« ausrotten und auch jegliche pazifistische Betätigung unterbinden werde. Damit würde er bereits vor der Wiedereinführung der allgemeinen Wehrpflicht, die der Reichskanzler versprach, freilich ohne dafür einen Termin nennen zu können, unter der Jugend und im ganzen Volke eine für die Aufrüstung notwendige Atmosphäre schaffen.

»Wer sich nicht bekehren läßt, muß gebeugt werden«, notierte sich General Curt Liebmann eine der Maximen des Kanzlers, der auch ankündigte,

er werde mit dem Fallbeil gegen diejenigen vorgehen, die sich – das scheint eine wiederkehrende Wendung der Rede gewesen zu sein – der »Wiedergewinnung der politischen Macht« widersetzen wollten. Darunter aber verstand Hitler nichts anderes als die wieder zu gewinnende Fähigkeit, Krieg zu führen. Wer Deutschlands Gegner sein würden, darauf legte sich der Reichskanzler nicht fest. Er deutete aber an, daß er der »Eroberung neuen Lebensraums im Osten«, der rücksichtslos germanisiert werden solle, gegenüber der »Erkämpfung neuer Export-Möglichkeiten«, also der gewaltsamen Verdrängung der imperialistischen Konkurrenz aus ihren Rohstoff- und Absatzbasen, den Vorzug gäbe.
Das waren angesichts der Existenz des 100 000-Mann-Heeres und seiner Bewaffnung freilich Zukunftstöne. Noch war auch die Länge des Weges bis zum Krieg nicht abzuschätzen. Sicher aber schien Hitler, daß die ersten Jahre der Wiederaufrüstung besonders gefahrvoll werden könnten. Wenn Frankreich, das er als einen künftigen Kriegsgegner ansah, besonnene Politiker besäße, würden sie nicht warten, bis Deutschland hochgerüstet sei, sondern einen Präventivkrieg beginnen.
Hitler eröffnete den Generalen auch, daß er es nicht für möglich halte, die Masse der deutschen Bevölkerung ohne den Raub fremder Ländereien materiell besserzustellen. Bis dahin stünden allenfalls »Aushilfsmittel« zur Verfügung. Diese Passage setzte die Militärs übrigens in die Lage, Hitlers während des Wahlkampfs wieder und wieder gemachte Versprechungen als Volksbetrug einzuordnen. Dieser Regierungschef, daran konnte kein Zuhörer am Ende des Abends zweifeln, wollte auf den Krieg hinarbeiten, und er verlangte von ihnen, sich ganz auf diese Aufgabe zu konzentrieren. Eine zweite, sie davon ablenkende, würde ihnen nicht übertragen werden. Hitler versicherte, daß der noch auszutragende »Kampf im innern nicht ihre Sache« sei, sondern von seinen paramilitärischen Verbänden erledigt werden würde. Zufrieden waren die Generale mit Gewißheit auch über die Mitteilung, daß ihre Stellung in der Reichswehr durch SA-Führer nicht angetastet oder auch nur eingeschränkt werden dürfe. Es werde, anders als in Italien, »keine Verquickung« von Heer und Sturmabteilungen geben.[1]
Sieben Tage später, am 10. Februar 1933, eröffnete Hitler im Berliner Sportpalast den Wahlkampf für die auf den 5. März festgesetzten Reichstagswahlen. Die Kampagne, als deren Motor er sich bis zum Abend vor der Abstimmung – da hielt er in Ostpreußens Hauptstadt eine von allen Rundfunksendern Deutschlands übertragene, von Glockengeläut umrahmte feierliche Rede – betätigte, brachte dem sich etablierenden

Regime mehrere Vorteile. Die Aktivisten der NSDAP waren für einige Wochen damit beschäftigt, den erstrebten überwältigenden Wahlsieg zu sichern und im Zeichen des Wahlkampfes alle Gegner mit den trainierten Mitteln zu traktieren, diesmal ohne befürchten zu müssen, mit Polizei oder Justiz in Konflikt zu geraten. Die von der Regierungskoalition ausgeschlossenen Parteien wurden zudem in dem Glauben gehalten, sie könnten auch unter der Regierung Hitler eine Möglichkeit öffentlichen und insbesondere parlamentarischen Wirkens behalten. Noch wollten sie sich nicht vorstellen, daß ihnen nicht einmal im künftigen Reichstag eine bescheidene Betätigungschance gelassen werden würde.

Nächst der Zusammenkunft mit den Spitzen der Reichswehr war das Treffen des neuernannten Reichskanzlers mit führenden Industriellen die fraglos wichtigste Begegnung während seiner ersten Regierungswochen. Sie fand am 20. Februar im Palais des Reichstagspräsidenten statt, wo Göring der Hausherr war. Er hatte auch die Einladungen ergehen lassen. Als Gastgeber fungierte Hjalmar Schacht, der noch immer, aber nur noch für kurze Zeit, ein politisierender Privatier war und die neuen Herren in der Wilhelmstraße beriet. Versammelt waren, der gleichen Quelle zufolge, etwa 20, nach anderer Erinnerung 25 geladene Gäste. Zu ihnen gehörten Georg von Schnitzler, Mitglied des Vorstands und des Zentralausschusses der IG Farbenindustrie AG, der Bankier Kurt von Schröder, der Vorstandsvorsitzende der Vereinigten Stahlwerke AG, Albert Vögler, der Vorsitzende des Reichsverbandes der Deutschen Industrie, Gustav Krupp von Bohlen und Halbach, und weitere Industrielle aus dem Rhein-Ruhr-Gebiet. Hitler hielt eine Ansprache, die nach einer zwei Tage darauf angefertigten Notiz Gustav Krupps »ein so klares Bild des Aufbaus seiner (d. h. Hitlers – K. P./M. W.) Gedankenwelt gegeben« hatte, daß sich der Reichsverbands-Vorsitzende imstande sah, den Herren den Verzicht auf eine Diskussion zu empfehlen. Er, Krupp, habe in seiner Dankrede lediglich hervorgehoben, »daß es höchste Zeit sei, endlich einmal in Deutschland Klarheit in den innenpolitischen Fragen zu schaffen«, und daß »nur in einem politisch starken, unabhängigen Staate Wirtschaft und Gewerbe zur Entwicklung und zur Blüte kommen könnten«.[2]

Das waren wohlgesetzte Worte, die der Aufforderung Schachts vorausgingen, nun einen finanziellen Beitrag zu leisten, damit den beiden Regierungsparteien, NSDAP und DNVP, ein Sieg bei den Wahlen gelänge. Für den zu errichtenden Wahlfonds der Industriellen schlug der Bankier eine Summe von drei Millionen Reichsmark vor.[3] Als sich die Herren darauf einigten, hatte Hitler den kleinen Saal bereits dezent verlassen. Ihr Entschluß war ihnen um so leichter geworden, als ihnen Hitler wie auch Göring versicherten, diese Wahlen würden für 10, wenn nicht für 100 Jahre die letzten sein. Goebbels, der mit der Reichspropagandaleitung der NSDAP für den Wahlkampf von München nach Berlin umgezogen war, notierte in seinem Tagebuch unter dem gleichen 20. Februar triumphierend: »Wir treiben für die Wahl eine ganz große Summe auf, die uns mit einem Schlage aller Geldsorgen enthebt ... Wenn uns keine außergewöhnliche Panne mehr unterläuft, dann haben wir auf der ganzen Linie gewonnen.«[4]

Der Inhalt von Hitlers und der anderen Agitatoren Wahlreden war denkbar einfach. Sie verteufelten die vergangenen 14 Jahre der Republik als Zeit der »marxistischen« Mißwirtschaft und versprachen mit zwei Vierjahresplänen, einem für die Bauern, einem zweiten für die Arbeiter, deren »Rettung«. Hitler selbst präsentierte sich als der Mann, der nichts anderes als dieser Retter sein wolle. Sogleich auch verklärte er seinen Weg in die Reichskanzlei. Er stellte seinen Einzug als Ergebnis eigenen Entschlusses dar. Länger habe er angesichts der Not des Volkes nicht mehr warten können.

In der Nacht vom 27. auf den 28. Februar brannte das im Jahre 1896 eingeweihte Reichstagsgebäude nahe dem Brandenburger Tor. Vor dem brennenden Kolossalbau wurde der Niederländer Marinus van der Lubbe von der Polizei ergriffen und verhaftet. Der Hergang der Brandstiftung und die Urheberschaft des Feuers erhitzen bis in unsere Tage Gedanken und Gemüter von Historikern. Außerhalb allen Streits steht, daß die Führerschaft der NSDAP augenblicklich verstand, was ihr mit dem Ereignis geschenkt war. Bevor noch ein einziges Indiz auf weitere Brandstifter und – wenn es sie denn gegeben hatte – deren Auftraggeber hindeutete, wurde die Nachricht verbreitet, die Kommunisten hätten mit ihrem Anschlag ein Signal für eine Erhebung gegen die Regierung geben wollen.

Die frei erfundene Meldung schloß sich an die wenige Tage vorher veröffentlichte an, wonach die Polizei bei der Besetzung des Karl-Liebknecht-Hauses am Berliner Bülow-Platz, des Sitzes des Zentralkomitees der KPD, massenhaft hochverräterisches Material gefunden habe.[5] Nun wurde behauptet, es sei beabsichtigt gewesen, Museen, Schlösser und andere Gebäude des öffentlichen Lebens sowie Einrichtungen zur Versorgung der Bevölkerung zu zerstören und chaotische Verhältnisse hervorzurufen. Ebenso wurde die aus der Luft gegriffene Mitteilung verbreitet, daß die Kommunisten Angehörigen der Bourgeoisie nach dem Leben trachteten. Auch dafür konnten die angekündigten Beweisstücke später nie präsen-

tiert werden. Die verleumderische Kampagne erfüllte jedoch ihren Zweck. Sie lieferte den Vorwand für drakonische Maßnahmen gegen Funktionäre und Mitglieder der KPD und auch – über die durch keine Tatsache gedeckte Behauptung von der kommunistisch-sozialdemokratischen Einheitsfront – der Sozialdemokratie. Der am 1. März verbreitete Aufruf der Reichsregierung[6] stachelte feindselige Gefühle gegen die »Parteien des Marxismus« und die »November-Parteien« an. Zeitungs-, Versammlungs- und andere Verbote trafen alle Arbeiterparteien.
Im Weichbild der Städte, mitunter wie in Berlin aber auch in deren Mitte, errichteten die SA Konzentrationslager, in die sie ihre nach Listen und auch willkürlich verhafteten Gegner verschleppten. Einen Schein des Rechts sollte ihrer Aktion durch die Tage zuvor ergangene Verfügung gegeben werden, derzufolge SA-Mitglieder als Hilfspolizisten rekrutiert worden waren. Praktisch konnte nun jeder Braununiformierte als Vertreter der Staatsmacht an der Jagd auf Kommunisten und Sozialisten teilnehmen. In der berechnend geschaffenen Atmosphäre antikommunistischer und sozialistenfeindlicher Hysterie erschienen die NSDAP-Führer und die Regierung als die Kraft, die den drohenden Bürgerkrieg verhinderte, während die paramilitärischen Verbände der Hitlerpartei gerade dabei waren, ihn zu entfachen. Er traf einen auf eine derartige Auseinandersetzung ganz und gar unvorbereiteten Gegner. Auch die meisten Kommunisten hatten nicht geglaubt, daß schon wenige Wochen nach der Inthronisierung dieser Regierung mit derart brachialen Mitteln gegen sie vorgegangen würde. Manche von ihnen verwechselten die einsetzenden Verfolgungen noch mit jenen, die sie im Herbst 1923 erlebt hatten.
In Hitlers Wahlreden war wiederholt von jenen Millionen Deutschen die Rede gewesen, die »uns« jetzt noch hassen und verfluchen. Auch später kehrte die Wendung in seinen Auftritten mit dem Zusatz wieder, sie würden eines Besseren noch belehrt werden. Darauf aber vertraute die Führungsgruppe der NSDAP so lange nicht, wie ihre Gegner noch die Möglichkeit besaßen, die Politik der neuen Machthaber öffentlich zu kri tisieren. Daher wurde, wer den Charakter dieses Regimes und dessen Pläne bloßstellte, mundtot gemacht. Die KPD war nach dem Reichstagsbrand illegalisiert. Die Betätigungsmöglichkeiten für die Sozialdemokratie schrumpften unter dem terroristischen Druck der SA und der Staatsmacht von Tag zu Tag.
Was den Gegnern des Regimes in diesen Tagen geschah, ereignete sich in aller Öffentlichkeit. Hitler konnte sich anhand der Zeitungen der NSDAP darüber informieren, welcher Funktionäre der Arbeiterparteien die Verfol-

ger habhaft geworden und in welches Konzentrationslager sie verschleppt worden waren. Nichtsdestoweniger rühmte er sich bald und dann auf Jahre hinaus stets aufs neue, wie unblutig die »nationalsozialistische Revolution«, die er mit der Großen Französischen verglich, verlaufen wäre. Die geschönte Darstellung ließ er als Verdienst seiner Bewegung und als Ausdruck von deren Mäßigung und Großmut erscheinen. Nach dem Prinzip der Vergeltung hätten die »November-Verbrecher«, so erklärte Hitler öffentlich am 10. Mai 1933, »zu Zehntausenden erschlagen« werden müssen.[7]

Der Verlauf der Ereignisse in den ersten Wochen nach dem 30. Januar war vorwiegend das Resultat der Überrumpelung und der Spaltung der Arbeiterbewegung, die ihre Handlungsunfähigkeit zur Folge hatte. Denn während die Führung der Kommunisten – wie Hitler befürchtet hatte – vorschlug, die Etablierung des Regimes durch einen Generalstreik zu bekämpfen, orientierte die der Sozialdemokraten, kaum daß die Wahlen angekündigt worden waren, ihre Mitgliedschaft erneut darauf, den Herrschenden am Wahltag mit dem Stimmzettel eine abschlägige Antwort zu geben. Auf diese Weise hatte die Hitler-Regierung erhalten, was sie für den Moment am nötigsten brauchte: Zeit, um ihre Kräfte zu formieren.

Als am 5. März die Stimmen gezählt waren, ergab sich, daß eine knappe Mehrheit der Wähler sich für eine Regierung von Republikgegnern entschieden hatte. Die NSDAP und die Deutschnationalen, die als eine Kampffront »Schwarz-Weiß-Rot« agiert hatten, waren knapp über die 50-Prozent-Marke gelangt. Den Löwenanteil der Stimmen wies mit nahezu 44 Prozent die von Hitler geführte Partei auf. Später ist behauptet worden, Hitler sei von »den Deutschen« auf seinen Platz an der Regierungsspitze gewählt worden. Jedoch verhalf erst der von der Machtübergabe ausgehende Sog der NSDAP aus der Krise und führte ihr Anhänger wieder zu, die sie gegen Ende des Jahres 1932 verloren hatte.

Die Millionen, die sich für die Arbeiterparteien – die SPD erhielt 7,2, die KPD 4,8 Millionen Stimmen – und für die nichtfaschistischen bürgerlichen Parteien entschieden, bildeten eine durch gegensätzliche gesellschaftliche und politische Auffassungen gespaltene Minderheit. Die Gründe ihrer Ablehnung der Regierungskoalition fächerten sich weit auf. Vor allem aber herrschte in ihren Reihen, während die Gruppierung um Hitler und Hugenberg sich über ihr innenpolitisches Vorgehen einig war, keine Übereinstimmung, wie man den Siegern noch entgegentreten könnte. Das galt selbst in der Führer- und Mitgliedschaft der Sozialdemokratie, in der sich Illusionen über die Möglichkeit hielten, die Regierung parlamentarisch bekämpfen zu können.

Hitler und die Regierung werteten das Wahlergebnis unter zwei unterschiedlichen Perspektiven. Sie waren durch eine Mehrheit der Wähler nun legitimiert, aber sie verfügten im Reichstag nicht über die erstrebte Zweidrittelmehrheit. Diese war für die Annahme eines Ermächtigungsgesetzes notwendig, aber mit den Stimmen der Regierungsfraktionen selbst dann nicht herzustellen, wenn die kommunistischen Abgeordneten, wie Frick offen ankündigte, in Konzentrationslager gebracht wurden. Die Fraktionen der vieljährigen Rivalen aus den Zeiten des Weimarer Staates mußten also dahin gebracht werden, den Totengräbern der Republik durch ihr Votum direkte Hilfsdienste zu leisten.
Bevor den Abgeordneten der Zentrumspartei, der Staatspartei und der Deutschen Volkspartei dies abverlangt wurde, fand am 21. März ein Staatstheater statt, das »Tag von Potsdam« genannt wurde. In der Garnisonskirche der Stadt, deren Namen sich wie kein zweiter in Deutschland mit dem Regiment der Hohenzollern verband, wurde eine feierliche Reichstags-Eröffnung veranstaltet. Ihr Programm war vor allem auf die Festigung des Bündnisses der jungen und der alten Reaktionäre ausgerichtet. Während diese vielfach in den Uniformen der kaiserlichen Armee auftraten, allen voran der Reichspräsident, erschienen jene mit Hitler an der Spitze in festlich-feierlicher Verkleidung. Neben der durch eine Pickelhaube noch vergrößerten, massigen Gestalt des früheren Feldmarschalls nahm sich der einstige Gefreite geradezu schwächlich und wenig eindrucksvoll aus. Das Bild, so war es von Hitler mit Sicherheit nicht gewollt, stellte das Kräfteverhältnis aber zweckdienlich auf den Kopf. Es konnte in dem Teil der exklusiven Gesellschaft, dem dieser Führer als eine plebejische Erscheinung unsympathisch war und vielfach auch lange noch blieb, den Eindruck erwecken, der sich im Cut und unter dem Zylinder ein wenig linkisch bewegende Herr sei ihr politischer Dienstmann geworden. Wer das glaubte, verfiel einem schwerwiegenden Irrtum.
Nicht nur die Arbeiterbewegung hatte bis zu diesem 21. März eine Niederlage erlitten. Besiegt waren auch schon die Verfechter von Machtkonzepten, die vor jenem Zeitpunkt wieder anknüpfen wollten, an dem die Revolution des Jahres 1918 der deutschen Geschichte eine Wende gegeben hatte. Während die einen aber in Gefängnissen und Konzentrationslagern und manche auch schon im Exil über die Entwicklungen nachzudenken hatten, saßen die anderen als Ehrengäste auf dem Gestühl über der Gruft mit dem Sarg Friedrichs II. von Hohenzollern. Dessen geschichtliche Spur oder genauer: was Hitler davon wahrzunehmen imstande war, sollte in der Gedankenwelt des Reichskanzlers und für seine Entschlüsse noch eine besondere Rolle spielen.

Hitler, Hindenburg und Göring am »Tag von Potsdam«

Die Bedeutung der Feier und ihre Absicht drückten sich weniger in den Reden aus, die in ihrem Verlauf gehalten wurden, als in Symbolen und Gesten. Da waren die artig-devote Begrüßung und Verabschiedung Hindenburgs durch den Reichskanzler, der Gruß des »alten Herrn« mit dem Marschallstab hinauf in jene Loge, in der einst Wilhelm II. gesessen hatte, dessen Stuhl noch immer an seinem Platz und leer stand, in dessen Nachbarschaft aber der Kronprinz mit Gattin Cäcilie sowie weitere Sprosse des Hauses Hohenzollern aufgereiht saßen. Und da war, als die Glocken der Kirche wieder geläutet hatten, der Aufmarsch der Ehrenformationen der Reichswehr, denen jene der Sturmabteilungen und des Stahlhelms folgten. Hindenburg, der die Parade abnahm, mußte den Eindruck gewinnen, daß Deutschland mit diesem Manne doch wieder in Ordnung kam. Er würde weiter unterschreiben und gutheißen, was ohne seinen Namenszug Gesetzeskraft nicht gewinnen konnte.

Hitler war mit diesem »Tag von Potsdam«, obwohl nicht er seine Zentralfigur gewesen war, ein erheblicher Prestigegewinn in jenen Kreisen des Adels, der Reichswehr und des deutschnationalen Bürgertums gelungen, die ihm bis dahin ablehnend, mindestens aber skeptisch gegenüberstanden. Und er verstand, daß er in der bevorstehenden Phase der Machtbefestigung auch ihnen gegenüber nicht darauf verzichten konnte, seinen totalen Machtanspruch zu verschleiern. Deshalb ließ er den politischen Faden zu den Hohenzollern-Prinzen nicht abreißen und – freilich ohne daß es öffentlich ruchbar wurde – sogar den Eindruck erwecken, in späterer Zeit sei die Wiedererrichtung einer monarchischen Staatsspitze nicht ausgeschlossen. Gelegentlich machte er seine Reverenz auch vor den Wittelsbachern. So nahm er Ludwig II., während er eine Richard-Wagner-Feier in Neuschwanstein besuchte, ausdrücklich gegen Kritik in Schutz. Das verschwenderische Bauen des Bayernkönigs, das fernab von seiner eigenen Vorliebe für Kolossalbauten lag, nannte Hitler den »Protest eines Genies gegen die erbärmliche parlamentarische Mittelmäßigkeit«. Solche Kotaus waren kostenlos, aber zweckdienlich. In Wahrheit hatte Hitler für den letzten Hohenzollern, der ihm schon vor der Kriegsniederlage 1918 als ein Schwächling erschienen war, nur Verachtung übrig.

Am 23. März trat der Reichstag in Berlin zusammen. Zum Tagungsort wurde die Kroll-Oper im Tiergarten bestimmt. Der einzige Zweck der Zusammenkunft war die Annahme eines Gesetzes, mit dem die eben gewählten Abgeordneten die legislative Gewalt für vier Jahre an die Exekutive abtraten. Niemand konnte ernsthaft glauben, daß nach dieser Frist das Parlament wieder in seine Rechte eintreten könnte. Gefordert wurde die Aus-

Grundsteinlegung für das Richard-Wagner-Denkmal in Leipzig

fertigung des Totenscheins für die Republik. Das verweigerten nur die Abgeordneten der Sozialdemokratischen Partei, deren Vorsitzender Otto Wels eine mutige Rede hielt, in der er freilich die Willkür- und Gewaltakte überging, die sich gegen die Kommunisten richteten und mit denen ihre Abgeordneten von der Sitzung ferngehalten wurden. Die Regierung erhielt, was sie verlangte. Von nun an konnte sie ihren Entschlüssen selbst Gesetzeskraft geben, nur gelegentlich noch war der Namenszug des Reichspräsidenten erforderlich.

Die Sorge, die Hitler in den Wochen nach dem Wahlsieg zunehmend zu beschäftigen begann, betraf seine SA. Die Aufgabe, zu deren Lösung die Braununiformierten in drohenden Kolonnen durch die Straßen der Städte marschiert, Kundgebungssäle gefüllt, Versammlungen der Gegner gestört und sie terrorisiert, Plakate geklebt, Flugblätter verteilt hatten, war gelöst. Wie sollten sie eingesetzt werden, wenn die dreitägigen Siegesfeiern vorüber waren, die Hitler ihnen am 12. März verordnet hatte? Der Oberste SA-Chef nahm einen Erlaß Hindenburgs zum Anlaß, der fortan die Beflaggung der öffentlichen Gebäude mit schwarz-weiß-roten und Hakenkreuz-

fahnen bestimmte, um den Sieg der »nationalen Revolution« – später hieß es dann der »nationalsozialistischen« – zu verkünden. Der Kern des Appells bestand aber in dem strikten Verbot der sogenannten Einzelaktionen, d. h. aller Eigenmächtigkeiten von SA-Führern und SA-Mannschaften. Nun könne und müsse die »Revolution« in geordnete Bahnen gelenkt werden und »blindeste Disziplin« herrschen.[8]
Ob die SA-Truppen Hitlers Verlautbarung nicht zur Kenntnis nahmen oder ihren Text – wie ähnliche aus den Jahren der »Kampfzeit« – als für die Öffentlichkeit, aber nicht für sie bestimmt deuteten, mag dahingestellt bleiben. Jedenfalls fruchtete die Ermahnung wenig. Kritisch wurde die Lage nicht durch die fortdauernden Rachefeldzüge gegen antifaschistische Arbeiter und die Besetzung von Häusern der Gewerkschaften, sondern durch Aktionen, in denen sich die konfusen Erwartungen einer gegen das »Börsenkapital« gerichteten »Revolution« niederschlugen. In Betrieben verlangten Funktionäre der NSBO Einsicht in vertrauliche Dokumente, und in der bayerischen Pfalz waren SA-Leute gar in Banken eingedrungen und hatten die Offenlegung von deren Kontoführungen gefor-

Mit Goebbels und Heß

dert. Tagtäglich gingen bei Regierungsstellen Beschwerden aus Kreisen des Kapitals über das Andauern von Störungen ihrer Geschäftsinteressen ein. Das Kabinett geriet unter Druck.

Wer auf die Idee verfiel, dem Aktionismus der erwartungsgeladenen, durch die bisherigen Veränderungen aber bei weitem nicht befriedigten SA-Mannschaften ein Ventil zu schaffen, indem eine Kampagne gegen die Juden begonnen wurde, ist nicht überliefert. Hitler machte sie sich jedenfalls augenblicklich zu eigen, wenn er auch als Reichskanzler nicht als deren Anführer erscheinen wollte. Der Aufruf, am 1. April 1933 einen Boykott gegen Geschäfte des Einzelhandels und Warenhäuser sowie gegen Büros von Rechtsanwälten und Notaren durchzuführen, die von Juden betrieben wurden, trug deshalb auch nicht Hitlers Unterschrift. Doch hatte der Reichskanzler keine Schwierigkeiten, die übrigen Kabinettsmitglieder zur Billigung der Aktion zu gewinnen, die als Antwort auf die angebliche jüdische Hetze gegen das »neue Deutschland« hingestellt wurde. Man werde sich an die im Reich greifbaren Juden halten, um deren »Rassegenossen« im Ausland zum Schweigen zu bringen. Intern war man sich in der Regierung darüber einig, daß das Unternehmen zeitlich begrenzt werden müsse, sollte die Wirtschaft nicht Schaden nehmen.

Die SA-Trupps hatten für Tage eine Aufgabe, die nach dem Geschmack ihrer Mitglieder war. Sie besprachen ihre Einsätze, verteilten Aktionsgebiete, beschmierten Schaufensterfronten mit antisemitischen Parolen, bezogen drohend Posten vor den Geschäftseingängen, stellten ihre neugewonnene Macht zur Schau und glaubten obendrein, dieser Boykott würde den Generalangriff auf die verhaßten Juden einleiten. Doch wurde die von Gewaltakten gekennzeichnete Kampagne gegen Juden und andere Deutsche, die sich der Boykottforderung nicht beugten, wie vorgesehen abgebrochen. Die Reichsregierung erklärte »mit Befriedigung«, sie habe ihr Ziel erreicht und die »Hetze« im Ausland sei vollkommen abgestellt.[9]

Indessen war am 1. April nur bestätigt worden, was die Presse unterschiedlichster politischer Richtungen außerhalb des Reiches mitgeteilt hatte. In Deutschland herrschten Willkür, Barbarei und ein Mordgesellentum, die nicht bloße und den Machthabern unwillkommene Begleiterscheinungen eines Umsturzes, sondern dessen planvoll eingesetzte Instrumente waren.

Hitler, Göring, Frick und der in die Regierung inzwischen als Reichsminister für Volksaufklärung und Propaganda eingetretene Joseph Goebbels wollten auch in Zukunft nicht auf das drohende und einschüchternde

Machtpotential verzichten, das sie in den Sturmabteilungen besaßen, vorausgesetzt nur, daß Führer und Mannschaften nach ihrem Befehl handelten. Der nächste rief zur Liquidierung der Organisation des Allgemeinen Deutschen Gewerkschaftsbundes auf. Es sollten, wie sich Hitler später ausdrückte, die »Hochburgen des internationalen Klassenwahns« beseitigt werden.[10]

Der Schlag gegen die gewerkschaftlichen Einrichtungen und die Verhaftungswelle, die viele Funktionäre des Gewerkschaftsbundes traf, erfolgte am 2. Mai 1933. Tags zuvor hatten staatsoffizielle Veranstaltungen stattgefunden. Die Regierung hatte den Maitag, der von den politisch linksorientierten Arbeitern und Angestellten als Kampftag für ihre sozialen und politischen Forderungen begangen worden war, zum »Tag der nationalen Arbeit« erklärt und ihn gesetzlich zum Feiertag bestimmt. Vor Zehntausenden von Berlinern, die sich auf das Tempelhofer Feld dirigieren ließen, präsentierte sich Hitler als der von niemandem zu übertreffende Verfechter von Arbeiterinteressen. Er forderte Maßnahmen der Arbeitsbeschaffung auch von der privaten Industrie, stellte staatliche Investitionen in Aussicht und bezeichnete den angekündigten Bau von Autobahnen als Eröffnung einer ganzen Serie weiterer arbeitschaffender Maßnahmen der Regierung.[11]

Zehn Tage später trat Hitler als Hauptredner auf dem Gründungskongreß der Deutschen Arbeitsfront (DAF) auf, an deren Spitze er Robert Ley stellte. Er behielt seinen Posten als Reichsorganisationsleiter der NSDAP, und die Personalunion machte deutlich, welchen Platz diese »Front« besetzen sollte. Sie verlängerte die Arme der Partei in die Betriebe und Verwaltungen, diente dort vor allem der politischen Überwachung der Arbeiter und Angestellten und war Instrument der Bewahrung des Friedens zwischen Ausbeutern und Ausgebeuteten im Zeichen der »Volksgemeinschaft«. Hitler erklärte in seiner Ansprache am 10. Mai – das Bild gefiel ihm so gut, das er es in späteren Ansprachen wiederholt benutzte –, er sei glücklich, »ehrlicher Makler« und »Anwalt« aller zu sein, »die sich nicht selbst verteidigen können«.[12]

Weit wies Hitler jeden Verdacht von sich, nach Herkunft, Haltung und Parteinahme auf die Seite des Bürgertums zu gehören und die Interessen der Reichen und Satten zu vertreten. Es ist nicht zu entscheiden, welche seiner billigen, Volksverbundenheit vortäuschenden Selbstdarstellungen wohlberechnet eingesetzt wurden und welche eher klägliche Versuche der Anbiederung bezeugten. Zu letzteren sind wohl Aussagen wie die zu rechnen, daß er sich keine Visitenkarten – seinerzeit ein Signum von höherem

Stand – drucken lasse oder daß auf seinen Grabstein nur sein Name gesetzt werden sollte.[13]

Schon bald nach seinem Einzug in das Reichskanzler-Palais hatte Hitler auch seine Bescheidenheit und Bedürfnislosigkeit durch die Erklärung kundgetan, er verzichte auf das ihm zustehende Gehalt des Kanzlers und lebe von seinen Einkünften als Schriftsteller. Von deren Umfang machte sich jetzt und später kaum ein durchschnittlicher »Volksgenosse« eine Vorstellung. Eine Auflage des Buches »Mein Kampf« folgte in dem von Amann geleiteten Eher-Verlag der anderen.[14] Kaum weniger einträglich dürften für Hitler auch die Geschäfte eines anderen Freundes, des Fotografen Heinrich Hoffmann, gewesen sein. Er besaß ein Monopol darauf, Hitler zu fotografieren. Die Porträts, Postkarten und Bildbände, die den »Führer« auf den Reichsparteitagen, »in seinen Bergen«, auf Baustellen an den Autobahnen, mit »Volksgenossen« bei den verschiedensten Staatsfestlichkeiten, natürlich auch mit Kindern und später als Eroberer in europäischen Ländern zeigten, erzielten Millionenauflagen.

Die ersatzlose Beseitigung der Gewerkschaften halfen die deutschen Unternehmerverbände schönen. Die Spitzenorganisationen des Kapitals erhielten neue Namen – der Reichsverband der Industrie firmierte zunächst als Reichsstand – und »unterstellten« sich demonstrativ dem Reichskanzler, womit der Eindruck erweckt werden sollte, auch die Mächtigen der deutschen Wirtschaft akzeptierten den über allen Parteiungen stehenden Reichskanzler in seiner Maklerrolle. Indessen hatten sich Eigentümer und Manager der Großunternehmen schon während der kurzen Regierungszeit Hitlers überzeugen können, daß er jede »nationalsozialistischen« Experimente zum Schaden von Geschäft und Profit unterbinden würde. Gegen Ende Juni trug der Vorsitzende des Reichsstandes der Industrie Hitler gar an, die Führung der beiden Wirtschaftsministerien selbst zu übernehmen. Der Vorschlag Gustav Krupps war durchaus ernst gemeint, doch nahm der Kanzler ihn nicht an. Sein Ehrgeiz richtete sich auf andere Felder der Politik. Deshalb setzte er an Hugenbergs Platz, als der ihn als Folge eines Konflikts über sein untaktisches und eigenmächtiges Auftreten vor der in London tagenden Weltwirtschaftskonferenz räumen mußte, wieder einen versierten Manager des Kapitals, den aus der Versicherungsbranche kommenden Kurt Schmitt. Hitler schärfte in einer Rede Anfang Juli 1933 auch seinen Unterführern in den Ländern und Provinzen des Reiches ausdrücklich ein, die »praktische Erfahrung« der kapitalistischen Fachleute zu respektieren, »Anmaßungen von Staatsmacht« zu unterbinden und sich nicht in die Wirtschaft einzumischen. Er verlangte, damit aufzuhören,

dauernd danach Ausschau zu halten, ob noch etwas zu revolutionieren sei.[15]
Diese grundsätzliche Ansprache Hitlers vor Gauleitern der NSDAP gehörte zu einer Kampagne, während der er und weitere Führer der NSDAP wiederum das »Ende der Revolution« propagierten und erreichen wollten, daß sich nirgendwo eine auf die Veränderung gesellschaftlicher und staatlicher Zustände ausgehende Initiative erhob, die nicht ihre vorherige Billigung besaß. Nach den Erklärungen von Mitte März wurde nun der zweite Versuch unternommen, in den Reihen der eigenen Gefolgschaft strikteste Disziplin durchzusetzen. Für sie trug fortan Heß, der kurz zuvor zum »Stellvertreter des Führers« in allen Partei-Angelegenheiten erhoben worden war, eine besondere Verantwortung. Der vieljährige Gefolgsmann Hitlers trat an die Spitze einer weiteren Obersten Reichsbehörde, die ihren Sitz in der Berliner Wilhelmstraße nahm und eine Schaltstelle zwischen dem Münchner Führungsapparat der NSDAP sowie den Gauleitungen und den Regierungsstellen darstellte. Den Parteiführern und den Kommandeuren der SA wurde es fortan verboten, direkt mit Ministern und Ministerien in Verbindung zu treten. Vorschläge und Wünsche, welche die Regierungspolitik und –praxis betrafen, gingen durch das Amt »Stellvertreter des Führers«, das wie eine Art Filter alle Initiativen blockierte, die dem vereinbarten Regierungskurs widersprachen oder ihn auch nur störten.
In Heß' Amt wirkte als faktischer Leiter der Behörde Martin Bormann, der – ohne diese Bezeichnung – die Stellung eines Staatssekretärs bezog. Da seine Verbindungen einerseits in alle Berliner Regierungsstellen, andererseits in das Organisationsnetz der NSDAP reichten, wurde Bormann, den der Titel eines Reichsleiters, der höchste Parteititel nach dem des »Führers«, schmückte, zu einem der bestunterrichteten, einflußreichen Bürokraten des Regimes. Über die Schreibtische von Heß und Bormann gingen alle Gesetzesvorlagen, bevor sie in das Reichskabinett gelangten, und in vielen Fällen galt die Dienststelle »Stellvertreter des Führers« als eine an den Entwürfen zu beteiligende Oberste Reichsbehörde. Das Amt hatten auch alle Vorschläge für die Ernennung von Beamten des gehobenen Staatsdienstes zu passieren.
Mit dieser Konstruktion war die Reichsleitung der NSDAP, die nicht nur aus Gründen der Tradition in München verblieb, in ihrem Gewicht im entstehenden »Führerstaat« relativiert. Ihre wichtigste Aufgabe bestand darin, die Massenbasis des Regimes zu stärken und auszuweiten und zu diesem Zweck das Instrument NSDAP intakt zu halten. Das hieß, die Mit-

Plakat zur »Woche des deutschen Buches« 1934

gliedschaft strikt auf die Parteilinie auszurichten, sie zu disziplinieren und nach den von Berlin erteilten Befehlen zu mobilisieren und einzusetzen. Schon in der Kampagne »Ende der nationalsozialistischen Revolution« im Sommer 1933 schlug Heß neue, der Gefolgschaft ungewohnte Töne an. Er drohte den Mitgliedern, die sich Weisungen und Befehlen nicht beugten und sich »Ausschreitungen« zuschulden kommen ließen, unverblümt Haft in einem Konzentrationslager an.[16]

In anderem Stil kam Hitler noch während der Massenveranstaltungen der NSDAP in Nürnberg im September 1934 auf das Thema zurück. Da gab er sich als Philosoph und dozierte über das Verhältnis von Revolution und Evolution. Die Aneinanderreihung von Binsenwahrheiten mündete in die Forderung, die Entscheidungen der »nationalsozialistischen Staatsführung« seien kritiklos zu akzeptieren und »Besserwisser« und »Kritikaster« in die Schranken zu weisen. Die »deutsche Lebensform« wäre »für das nächste Jahrtausend endgültig bestimmt«, irgendeine Veränderung, die den Namen »Revolution« verdiene, nicht mehr notwendig.[17]

Zu den sinnfälligen Argumenten, die Hitler und die Führungsgruppe der NSDAP für die These ins Feld führten, die »nationalsozialistische Revolution« sei beendet, gehörte ihr Hinweis auf die strukturellen und personellen Veränderungen im Staatsapparat. Kaum hatte die Regierung das Gesetzgebungsrecht erhalten, erließ sie eine Reihe von Gesetzen, mit denen sie sich eine Handhabe schuf, alle störenden Ämter und Einrichtungen aus den Zeiten der Republik zu beseitigen und die gewünschten Personenwechsel vorzunehmen. Die Parlamente der Länder, Provinzen,

Himmler und Röhm: Noch Schulter an Schulter

Kreise, Städte und Gemeinden wurden liquidiert und ebenso alle anderen parlamentarischen Körperschaften, die irgendeine Kontrolle über Exekutivorgane ausgeübt hatten. An die Spitze der Länder traten Reichsstatthalter, deren Machtbefugnisse die Regierungen faktisch zu ausführenden Organen dieser Territorialdiktatoren herabstuften. Hitler vergab die Statthalterposten – häufig in Personalunion – an seine Gauleiter, die engen und verläßlichen Gefolgsleute. Tatsächlich hatte er in den folgenden Jahren kaum einen Grund, an der Amtsführung dieser Gruppe seiner Mitarbeiter Kritik zu üben. Manchen von ihnen wurden in Kriegszeiten zusätzlich noch einflußreichere und angesehenere Ämter anvertraut.

Gründlich verändert wurde auch die personelle Zusammensetzung des Beamtenapparats. Dafür hatte sich die Regierung am 7. April 1933 mit einem demagogisch »Gesetz zur Wiederherstellung des Berufsbeamtentums« genannten Gesetz Handlungsfreiheit geschaffen. Beamte, die auch nur in dem Verdacht standen, republikanisch zu denken, wurden in den Ruhestand versetzt; mit ihnen auch alle, die zu den »Nichtariern« gezählt wurden, denn mit diesem Gesetz wurde der Antisemitismus zur Staatsdoktrin erklärt. Juden, und als solche galten alle Deutschen, die drei Großeltern jüdischen Glaubens besaßen, wurden unter dem Vorwand, sie würden »undeutsch« denken und entscheiden, aus jedem Beamten-, Angestellten- oder sonstigen Arbeitsverhältnis im Staatsdienst entlassen.

Hitler war einer der Initiatoren dieser Infamie, und die gesamte Reichsregierung trug sie mit. Lediglich unter dem Druck von Offizieren, die sich ihrer jüdischen Kriegskameraden erinnerten, ersuchte Hindenburg um Berücksichtigung der Verdienste, welche sich jüdische Beamte als Kriegsteilnehmer erworben hatten. Hitler versprach daraufhin zwar, die Wünsche des Reichspräsidenten zu berücksichtigen. Er ließ aber in einem langen Brief an Hindenburg, in dem er das Gesetz rechtfertigte, keinen Zweifel daran, daß der antisemitische Rassismus zu den Grundlagen der Staatspolitik gehören würde. Unumwunden schrieb er, daß mit dem Beamtengesetz nur »das erste Ziel dieses Reinigungsprozesses« erreicht werde.[18]

Binnen weniger Monate gingen im Staatsapparat von der Reichsspitze bis in die kleinsten Gemeinden einschneidende Veränderungen des Personalbestandes vor sich. Dennoch reichten sie vielen »alten Kämpfern« nicht weit genug. Für viele war der Maßstab, mit dem sie den Wandel beurteilten, ob sie durch ihn selbst zu einem lukrativen oder wenigstens einträglichen Posten gelangt waren. Der Gedanke, daß selbst bei mildesten Ansprüchen vielfach ihre Befähigung nicht ausreichte, kam ihnen nicht.

Neidvoll und murrend erlebten sie, wie viele Staatsdiener der Republik ihre Plätze behaupteten. Hitler ließ sie nach ihrer Bereitschaft bewerten, sich dem neuen Regime ein- und unterzuordnen. Sie war bei vielen vorhanden. Zudem waren diejenigen auf ihren Stellen belassen worden, die besondere und unersetzbare technische, finanzielle und andere Qualifikationen besaßen. Auch von ihnen taten die meisten in den folgenden Jahren, was von ihnen verlangt wurde.

Der stabilste Apparat in der Staatsspitze war das Auswärtige Amt, woran sich später manche Legende knüpfen konnte. Diese Abweichung besaß ihren naheliegenden Grund darin, daß die Führerschaft der NSDAP, von wenigen Ausnahmen abgesehen, ohne alle Voraussetzungen für den diplomatischen Dienst war. Ihr fehlten nicht nur Erfahrungen, sondern – was ebenso wichtig war – Beziehungen und die unerläßliche Bedingung zu ihrer Pflege, die Kenntnisse fremder Sprachen. Doch verursachte dieser Mangel Hitler keine Kopfschmerzen, er verwandelte sich eher in einen Vorteil. Vorerst fehlten ohnehin alle Voraussetzungen für eine abrupte Wendung in der Außenpolitik. Ein Versuch, sie dennoch zu unternehmen, konnte nur die als Folge der terroristischen Innenpolitik schon eingetretene Isolierung des Regimes weiter vergrößern. So waren die gelernten Diplomaten im Auswärtigen Amt und in den Botschaften am besten geeignet, das Ausland über die Entwicklungen in Deutschland zu beruhigen. Das taten sie auftragsgemäß, mehr noch: Sie verbürgten sich vielfach dafür, daß das neue Regime, hätte es erst die unvermeidlichen Geburtswehen hinter sich gebracht, ein normales und völlig ungefährliches Glied unter den als zivilisiert geltenden Staaten sein werde. Eine Nazi-Belegschaft hätte so nicht wirken können, obwohl die Aufgabe sich nicht als allzu schwierig erwies. Die Schläge gegen die Kommunisten und die Sozialdemokraten fanden in arbeiterfeindlichen Kreisen des Auslands Beifall, offenen und versteckten. Schon am 22. Februar 1933 schrieb der Britische Botschafter, Sir Horace Rumbold, offenherzig an seine Regierung, er sei »über die Drangsalierung der Linken in diesem Lande« nicht »in hohem Grade bekümmert«.[19] Mit der Kampfstellung des neuen Regimes gegen die kommunistische, sozialdemokratische und gewerkschaftliche Linke war auch die Führung der katholischen Kirche einverstanden. Das bekundete sie am 20. Juli 1933 durch den Abschluß eines Reichskonkordats, zu dessen Unterzeichnung Hitler seinen katholischen Vizekanzler nach Rom entsandte. Der Vatikan, der bis dahin entsprechende Verträge nur mit einigen deutschen Ländern geschlossen hatte, wollte dadurch die Rechte und Privilegien der Kirche sichern, verpflichtete damit zugleich die Geistlichkeit wie die Laien zur strikten Gefolgstreue gegenüber der Diktatur und verhalf dieser – früher als es irgendeine weltliche Großmacht tat – zu Anerkennung und Ansehen.

Auch Hitler hatte in seinen ersten Erklärungen als Reichskanzler allgemein beruhigende Worte an das Ausland gerichtet, wie es in der gesamten jüngeren Geschichte Regierungen stets taten, die erst innenpolitisch fest in den Sattel kommen wollten. Im Kabinett ließ sich der Reichskanzler mit der Behandlung außenpolitischer Fragen Zeit. Keine drängte auch zunächst zu Entscheidungen. Im März war im Auswärtigen Amt eine Übersicht über Deutschlands äußere Lage und deren Perspektiven ausgearbeitet worden. Demnach sollte die Revision des Versailler Vertrags weiter das Zentrum der Außenpolitik bilden. Taktisch sei, da andere Mittel auf längere Zeit wegen der militärischen Schwäche des Reiches nicht zur Verfügung stünden, wie bisher die Methode der Einzelrevision der Vertragsbestimmungen zu verfolgen. Jeder Versuch einer Gesamtrevision könne bestenfalls damit enden, daß erneut Kompromisse zu schließen wären, die später nur schwerer zu korrigieren sein würden.

Die Verfasser rieten folglich davon ab, im Augenblick die »Frage der territorialen Grenzrevision« an irgendeinen Adressaten zu stellen. Das Hauptziel bleibe die Zurückgewinnung aller an Polen abgetretenen Gebiete. Um darauf hinzuarbeiten und Kleinstaaten wie Litauen, die Tschechoslowakei, Dänemark und Belgien nicht an Polens Seite zu drängen, müßten alle Gebietsforderungen an diese Länder vorläufig zurücktreten. Die Elsaß-Lothringen-Frage sollte mit Rücksicht auf Frankreich nicht aufgeworfen, das Verlangen nach Kolonien nur propagandistisch ausgedrückt und der Anschluß Österreichs mit dem Blick auf Italien aktiv nicht betrieben werden.[20]

Diesem Kurs ließ sich mit Argumenten kaum entgegentreten, zumal die Geschichte der Diplomatie im Weimarer Staat ihn als erfolgreich bestätigte, was Hitler und die Propaganda der NSDAP auch immer über die »Erfüllungspolitiker« schmähend gesagt hatten. Seit der Locarno-Konferenz waren die sogenannten Ketten von Versailles nicht nur gelockert, sondern eine ganze Anzahl von ihnen beseitigt worden. Streiten ließ sich allenfalls über die Prioritäten. Doch verspürte Hitler wenig Lust, das zu tun, als der Reichsaußenminister in der Kabinettsitzung am 7. April auf der Grundlage dieses Papiers referierte und zusammenfassend feststellte, daß »außenpolitische Konflikte so lange zu vermeiden« wären, »bis wir völlig erstarkt sind«.[21] Noch nachdrücklicher als die Vorlage setzte sich von Neurath für eine antipolnische Politik ein, da die totale Umgestaltung der Ostgrenze jede Verständigung mit Polen unerwünscht erscheinen lasse. Die Generalaussprache wurde vertagt und mußte auch später nicht stattfinden, da die Gesamtsituation übereinstimmend beurteilt wurde.

Hitler bevorzugte es zudem, mit seinen Beratern Thema für Thema durchzugehen. Diese Praxis besaß für ihn mehrere Vorteile. So konnte er sich eingehender unterrichten lassen, und seine Entscheidungen waren nicht augenblicklich gefordert. Er sah sich auch nicht einer Gruppe von Personen gegenüber, der er sich unter Umständen zu konfrontieren hatte, und konnte verhindern, daß sich Meinungsverschiedenheiten zu schwer entwirrbaren Problemkomplexen häuften und daraus nachhaltige atmosphärische Störungen im Regierungsalltag entstanden. Vor allem schuf er sich dadurch aber die Möglichkeit, Verfechter von Ansichten, die er nicht teilte, gesondert zu »bearbeiten«.

Dringend war einzig eine Verständigung über das Vorgehen auf der in Genf unter der Ägide des Völkerbundes stattfindenden Abrüstungskonferenz. Dafür hatten die Beamten des Auswärtigen Amtes, da sie einen langen Weg der Aufrüstung vor Deutschland sahen, angeraten, auf die Abrüstung der anderen Mächte zu pochen, anstatt sich mit ihnen auf einen wenig aussichtsreichen Rüstungswettlauf einzulassen. Gerade den wollte Hitler aber beginnen, möglichst mit einem von den ins Visier genommenen Gegnern unbemerkten Frühstart, der ihm von vornherein Siegeschancen eröffnete. Dieses Vorgehen verlangte wiederum, daß frei vom Druck internationaler Verträge oder gar irgendwelcher Kontrollen gerüstet werden könne. Hitler hatte bereits am 8. Februar im Kabinett den Grundsatz verkündet: »alles für die Wehrmacht« und verlangt, jede Arbeitsbeschaffungsmaßnahme künftig unter dem Gesichtspunkt der Aufrüstung zu gestalten.[22]

Daraus leitete sich ein von der bisherigen Taktik abweichendes, aggressiveres Auftreten der deutschen Delegation in Genf her. Die Forderung hätte ultimativ zu heißen: entweder Abrüstung der anderen oder Aufrüstung Deutschlands unabhängig von – freilich nicht zu verachtenden – Zugeständnissen der Großmächte. Hitler schien dieses Vorgehen, über das er sich mit Neurath und Blomberg einigte, risikolos, und das war es auch. Nachdem in Deutschland die Republik vernichtet und die antimilitaristischen Kräfte illegalisiert worden waren, existierte bei Politikern und Militärs im Ausland noch weniger Neigung, sich auf Abrüstungsvereinbarungen einzulassen. Und die an der Rüstung verdienenden Industrien in allen Staaten des Völkerbunds waren ohnehin nicht darauf aus, sich ihre Profite schmälern zu lassen.

Indessen verstand auch Hitler, daß mit der »größten Zurückhaltung« vorgegangen werden müsse.[23] Sein Vorschlag, das Ausland mit einer außenpolitischen Rede vor dem Reichstag zu beruhigen, schien allen gut. Die Sitzung, es war die erste nach der Annahme des Ermächtigungsgesetzes und die letzte, in der es noch Fraktionen von Parteien gab, fand am 21. Mai statt. Hitlers Regierungserklärung erhielt die Zustimmung aller Abgeordneten, einschließlich der Sozialdemokraten, deren Partei einen Monat später verboten und deren Eigentum von Staats wegen beschlagnahmt wurde. Wer des Kanzlers Heuchelei hätte entlarven wollen, konnte das außenpolitische Programm aus dem Buch »Mein Kampf« mit dem nun vorgetragenen vergleichen. Das tat niemand. Hitlers Friedensbekundungen gipfelten in dem Satz: »Wir kennen daher auch nicht den Begriff des Germanisierens.« Vor den Spitzen der Reichswehr hatte er sich im Februar exakt zu dieser Methode des Landraubs bekannt. Bei aller Demagogie enthielt die Rede des Reichskanzlers eine kaum versteckte Drohung. Deutschland werde den Völkerbund verlassen, falls es nicht gleichberechtigt behandelt werden würde.[24]

In zwei wesentlichen Punkten wich Hitler in den folgenden Monaten von den Vorschlägen der Außenpolitiker ab. Im einen Fall brachte ihm sein Vorgehen auf Jahre hinaus den Gewinn eines Propagandacoups, im anderen trug es ihm eine Niederlage und mit ihr die Lehre ein, die internationalen Kräfteverhältnisse nüchtern in Rechnung zu stellen und – wie angeraten – nichts zu überstürzen. Den Coup veranstaltete er mit Warschau, die Niederlage holte er sich in Wien und Rom.

Die Machtübergabe an Hitler hatte augenblicklich alle großdeutschen Kräfte außerhalb der Reichsgrenzen mobilisiert. Sie hofften, ihre »Anschluß«-Forderungen würden sich nun rasch verwirklichen lassen. Solchen Erwartungen vermochte ihr Führer in Berlin aber nicht gerecht zu werden. Er sah sich, wie in späteren Situationen noch mehrfach, dem Zwang ausgesetzt, auf die eine Gruppe von »Volksdeutschen« in einem Nachbarstaat mäßigend zu wirken, während er eine andere als seine »fünfte Kolonne« anstachelte und vorantrieb. Indessen machte er allen durch Gesten der Verbundenheit deutlich, daß auch sie eines Tages an der Reihe sein würden. Am 1. Mai 1933 empfing er unter anderem Abordnungen aus Österreich, dem Saargebiet und aus Danzig.

Hitler, noch ständig ängstlich nach Frankreich schielend, entschloß sich zunächst – abweichend vom Konzept der Diplomaten – den Kurs gegenüber Polen vollständig zu ändern. Er erklärte dessen Botschafter Anfang Mai zwar seine Unzufriedenheit mit der Existenz des sogenannten Korridors und bemerkte, daß es besser gewesen wäre, Polen einen Zugang zur Ostsee jenseits von Ostpreußen auf Kosten Litauens zu verschaffen, versicherte aber, er wolle alle Fragen mit dem Nachbarn friedlich klären. Auch als er wenige Wochen später am Tage vor den in Danzig anberaumten Wahlen zum Stadtparlament, dem sogenannten Volkstag, im Rundfunk sprach, hielt sich Hitler zurück. Nicht nur, daß er seine Rede, offenkundig um den Parteiführer hervorzukehren, von München aus hielt, er versicherte auch: »Der Nationalsozialismus kennt keine Grenzkorrekturen auf Kosten anderer Völker.«[25]

Von Hitlers erster Begegnung mit dem polnischen Gesandten führte ein gerader Weg zu dem am 26. Januar 1934 abgeschlossenen deutsch-polnischen Vertrag über Gewaltverzicht. Hitler war einen Schritt gegangen, der angesichts der traditionellen antipolnischen Stimmung in weiten Kreisen der deutschen Bevölkerung nicht populär war. Demonstrativ hatte er mit der Außenpolitik des Weimarer Staates gebrochen, der gegen den Nachbarstaat einen langandauernden Wirtschaftskrieg geführt hatte. Hitler rühmte sich dessen laut und gab das Übereinkommen als Beweis seiner Bereitschaft aus, auch die schwierigsten Fragen einvernehmlich zu regeln. Kam es mit anderen Mächten nicht dazu, trugen diese daran die Schuld jetzt und in aller Zukunft.

Glaubwürdig waren derartige Darstellungen der Außenpolitik schon Anfang 1934 nicht. Denn Hitler vollzog in einem zweiten Punkt gegenüber der Außenpolitik des Weimarer Staates eine Kursänderung – allerdings in ganz andere Richtung. Sie betraf Österreich. Hier hatte er in Rechnung zu stellen, daß das faschistische Italien zum klerikal-reaktionären Regime in Wien enge Beziehungen unterhielt und dabei war, über den Alpenstaat eine Brücke von diplomatischen und anderen Einflußlinien nach Ungarn und auf den Balkan zu bauen. Obwohl diese Interessenlage Roms und des italienischen Kapitals zutage lag, eröffnete Hitler dem italienischen Botschafter Cerruti schon bei ihrem ersten Gespräch im März 1933, daß er den Anschluß jetzt nicht wolle, aber den Sturz der Regierung Dollfuß in Wien auf dem Wege von Neuwahlen wünsche. Der Diplomat konnte das Konzept unschwer entschlüsseln: Der deutsche »Führer« suchte den Anschluß zwar jetzt nicht, weil er zu den noch ungelösten innenpolitischen Problemen im Reich weitere anhäufen würde, wollte ihn aber dadurch vorbereiten, daß er in Österreich seine Parteigänger in die Regierung brachte.[26]

Ein staatsmännisches Meisterstück war dieses Gespräch des Reichskanzlers mit dem Botschafter Mussolinis nicht. Doch hielt sich Hitler, was

Österreich betraf, für einen Fachmann von Graden. Am 26. Mai entwikkelte er im Kabinett sein Konzept der »inneren Gleichschaltung Österreichs«. Unter einem wirksamen wirtschaftlichen Druck von seiten des Reichs, den er durch den Boykott des einträglichen deutschen Reise- und Urlauberverkehrs in das Alpenland zu erreichen hoffte, würde die Regierung Dollfuß zusammenbrechen. »Der Kampf wird noch in diesem Sommer entschieden werden«, verkündete der Reichskanzler den Ministern.[27] Das sollte sich als ein kapitaler Irrtum erweisen.

Im Hochsommer mußte Hitler vielmehr die Funktionäre der NSDAP in Österreich anweisen, ihre hemmungslosen Attacken gegen die Regierung zu mäßigen, die unter anderem in Reden vorgetragen wurden, die deutsche Rundfunkanstalten ausstrahlten. Er ordnete auch an, die Abwürfe von Flugblättern aus Flugzeugen, die auf österreichisches Gebiet vordrangen, einzustellen.[28] Hitler mußte einsehen, daß sein Plan, die Regierung in Wien zu stürzen und damit den »Anschluß«-Prozeß einzuleiten, noch nicht zu verwirklichen war. Folglich schwenkte er ein und wechselte von der Verschärfung der Beziehungen zu Italien zur Beilegung des sich anbahnenden Konflikts.

Das veränderte strategische Konzept drückte sich am deutlichsten in der Reise aus, die Hitler im Juni 1934 zu Mussolini unternahm, den er in offiziellen Reden mehrfach als überragenden Staatsmann gerühmt hatte. In einer Besprechung mit von Neurath, von Blomberg, dem Staatssekretär im Auswärtigen Amt, von Bülow, und dem deutschen Botschafter in Rom, von Hassell, in einer adligen Gesellschaft also, war lange vor Reiseantritt festgelegt worden, daß Hitler dem Duce gegenüber Deutschlands Desinteresse an Österreich versichern werde. Der Zeithorizont war gründlich geändert. Hitler trat die Fahrt nach Italien, die kein offizieller Staatsbesuch war, mit einem neuen, noch keineswegs klar umrissenen Konzept an. Sein Ziel war auch nicht Rom, sondern Venedig. Die Tage dort wurden vor allem mit Beratungen ausgefüllt, die einer ersten Fühlungnahme mit Mussolini dienten. Das Kommuniqué über die Zusammenkunft beteuerte, daß sich der Duce und der »Führer« nicht getroffen hätten, »um die politische Karte Europas und der Welt umzuarbeiten«, vielmehr wollten sie die »Wolken über Europa« verscheuchen helfen.[29]

Zum Zeitpunkt dieser Begegnung war Deutschland seit Monaten nicht mehr Mitglied des Völkerbundes. Die »Urfrage«, wie Kriegsminister von Blomberg die Entscheidung über Verbleib oder Verlassen der internationalen Organisation genannt hatte[30], war bereits im Herbst 1933 entschieden worden. Nachdem sich Hitler für diesen Schritt am 2. Oktober 1933 die

Amerikanische Erkenntnis 1933. Kriegsfurcht im Spiegel der Karikatur

Zustimmung des Reichspräsidenten bei einem Besuch auf dessen Gut in Neudeck geholt hatte, beschloß das Reichskabinett am 13. Oktober, die »Abrüstungskonferenz zum Auffliegen« und den Völkerbund »allmählich zum Einschlafen« zu bringen«.[31] Tags darauf rechtfertigte Hitler die Herausforderung in einer langen Rundfunkrede, in der er wieder mit Friedensbeteuerungen nicht geizte. Deutschland sei nach wie vor bereit, bis zum »letzten Maschinengewehr« abzurüsten. Es stelle an Frankreich, der Nachbar im Westen bildete Hitlers permanente Hauptsorge, keinerlei Ansprüche und habe mit ihm nur die Saarfrage noch zu regeln. Das neue Reich kenne nur einen Gegner, den Kommunismus.[32]

Weisungen an die Reichswehr, die von Blomberg für den Fall von Sanktionen hatte ergehen lassen, erwiesen sich als überflüssig. Die Regierungen in London und Paris nahmen die erste außenpolitische Provokation hin, die Deutschland seit dem Jahre 1923 beging. Damals hatten Frankreich und an seiner Seite Belgien mit Sanktionen, der Besetzung des Ruhrgebiets, geantwortet. Nun ließen sie sich vom deutschen Kanzler weiter mit Abrüstungsangeboten bedienen, wie beispielsweise beim Antrittsbesuch des neuen britischen Botschafters Sir Eric Phipps, dem Hitler entwickelte, daß er sich mit einem 300 000-Mann-Heer, einer einjährigen Dienstzeit, Artilleriegeschützen bis zum Kaliber von 15 cm, Tanks bis zu sechs Tonnen Gewicht zufriedengeben, auf Bombenflugzeuge ganz verzichten und auf ein Verbot des Bombenabwurfs jenseits einer Drei-Kilometer-Zone hinter den Frontlinien eingehen würde.[33]

Mehr als diplomatischen Unterhaltungswert besaßen solche Projekte nicht. Es erschien dem deutschen Botschafter in London, Leopold von Hoesch, auf Anhieb verwunderlich, als ihm nur wenige Wochen nach Deutschlands Austritt aus dem Völkerbund der britische Premierminister James MacDonald gesprächsweise den Gedanken nahelegte, Hitler könne London besuchen. Außenminister von Neurath bezeichnete diese Erwägung sofort als gänzlich abwegig. Die Episode kennzeichnet indessen den Umstand, daß die Regierung in London nicht bereit war, ihre Deutschlandpolitik zu korrigieren. Das tat Ende 1933 einzig die Sowjetunion. Sie unternahm, ohne ihrerseits die Beziehungen zu Deutschland zu verschärfen, den Versuch, ein korrigiertes Verhältnis zu Frankreich anzubahnen, um sich langfristig auch außenpolitisch gegen einen deutschen Angriff zu sichern. Hitler und die deutschen Außenpolitiker maßen diesen Versuchen, zu denen auch der Eintritt der UdSSR in den Völkerbund gehörte, zunächst keinerlei Bedeutung und Perspektive zu. Sie vertrauten darauf, daß die Schranke zwischen den Systemen unübersteigbar sein und sich

eine Bündniskonstellation nicht wiederherstellen würde, wie sie zwischen dem zaristischen Rußland und der französischen Vorkriegsrepublik bestanden hatte und 1914 wirksam geworden war.
Als das erste Jahr der faschistischen Herrschaft in Deutschland zu Ende ging, konnte niemand im Ernst mehr an ihre Kurzlebigkeit glauben. Das Regime hatte die politischen Zustände in Deutschland vollständig verändert. Das Werk der »November-Verbrecher«, die Republik mit den wie immer begrenzten Rechten der Mitbestimmung der Massen, war liquidiert. Mit ihr das Gefüge der Parteien und Interessenverbände. An der Staatsspitze operierte eine Regierung, die alle Spekulationen auf das Wirken innerer Sprengkräfte oder mäßigender Faktoren enttäuscht hatte. Hitler, der Staatsführer, hatte gegenüber dem Kabinett bereits eine überragende Stellung gewonnen. Der Kult, der mit seiner Person vordem in der NSDAP betrieben worden war, geriet zum Staatskult.
Ausgeschieden war aus der Politikergruppe, die am 30. Januar das Kabinett gebildet hatte, einzig Alfred Hugenberg, der nach seinem forschen Versuch, den Kanzler gleichsam zu »überhitlern«, selbst um seine Entlassung nachsuchen mußte. Hindenburg hatte sie gewährt, und der Rücktritt des »Wirtschaftsdiktators« war in Industrie- und Bankkreisen ohne Bedauern zur Kenntnis genommen worden. Schon vor der Berufung Schmitts als Hugenberg-Nachfolger war zudem Hjalmar Schacht auf den Platz des Präsidenten des Direktoriums der Reichsbank zurückgekehrt. Hitler hielt sich also bei der Lenkung der kapitalistischen Wirtschaft an deren eigene bewährte Fachleute und damit an die Zusage, die er, als er noch nicht der Kanzler war, gemacht hatte. Befürchtungen, er könne sich auf wirtschaftliche Experimente einlassen, hatten sich erledigt.
Ein Jahr nach seinem Einzug in die Wilhelmstraße pries Hitler geradezu überschwenglich Kontinuität und Homogenität seines Kabinetts und seines Mitarbeiterstabs. In einem Interview, das er dem amerikanischen Korrespondenten Louis P. Lochner gab, sprach Hitler von einem Verhältnis »blinder Einfühlung«. Er habe sich aber nicht mit Nullen umgeben, die »abzurollen beginnen, wenn es schlecht geht«, sondern mit »machtvollen Persönlichkeiten«. Da sei es unausbleiblich, »daß einmal eine Reibung vorkommt«, doch niemals sei versucht worden, ihm fremden Willen aufzuzwingen. Die Mitarbeiter hätten sich im Gegenteil »in bewundernswürdiger Weise« seinem Willen »untergeordnet«.[34] Und als Hitler am 30. Januar 1934 vor dem Reichstag redete, drückte er seine Freude darüber aus, daß er mit all jenen Ministern noch zusammen sei, mit denen er angetreten war, ausgenommen Hugenberg, den er aber ausdrück-

lich als ein Mitglied des Reichstags erwähnte und so hervorhob. Tatsächlich war der einstige Führer der Deutschnationalen eine bedeutungslose Figur geworden. Zurückgezogen lebte er auf seinem Gut. Hitler hatte für ihn, anders als für von Papen nach dessen Rücktritt, keinerlei Verwendung.

Die vor Jahresfrist mit Hitler neu oder wieder in ihre Ämter eingezogenen Minister folgten Hitler auch, als er am Jahrestag der Machtübergabe jeden Gedanken scharf zurückwies, daß an die Spitze des Reiches wieder ein Monarch gestellt und damit ihm übergeordnet werden könnte. Wenige Tage vorher waren bereits die monarchistischen Verbände und Vereine samt und sonders verboten worden. Nun erklärte Hitler unumwunden, daß Deutschlands Glück nicht an seine »angestammten Bundesfürsten« gebunden sei. Damit waren Hohenzollern-Träume ebenso zerstoben wie jene, die sich etwa auf einen Sproß aus dem Hause der Wittelsbacher richten mochten. Hitler hatte en passant die Weichen für den Tag gestellt, der nicht mehr fern war. Hindenburgs Lebenslicht flackerte.

Das letzte öffentliche Hervortreten des »alten Herrn« lag schon bis in den November 1933 zurück, als die Regierung den Austritt aus dem Völkerbund mit dem Aufruf verband, ihren Entschluß durch eine Volksabstimmung nachträglich gutzuheißen und gleichzeitig einen neuen Reichstag zu wählen. Von der einheitlichen Kandidatenliste waren da alle »Hospitanten« verschwunden, die nach Auflösung der bürgerlichen Parteien bei der NSDAP untergekommen waren, sofern sie sich nicht – wie Hugenberg – um das Regime besondere Verdienste erworben hatten. Hitler deutete das Ergebnis der Abstimmung vom 12. November, nur zwei Millionen Stimmen gegen die Regierung wurden offiziell ausgewiesen, augenblicklich als Beweis für die unwiderstehliche Anziehungskraft seiner Politik. Er behauptete unter Bezug auf die 13 Millionen Anhänger, welche KPD und SPD einst bei Wahlen aufboten, er habe bereits 11 Millionen Deutsche zusätzlich zu seinen früheren Anhängern gewonnen.

Das Regime besaß seine tragenden Fundamente im Millionenanhang der NSDAP, der wiederum den Kern einer Massenbasis ausmachte, die inzwischen erheblich größer war als ein Jahr zuvor und die Mehrheit der Deutschen umfaßte. Hitler hatte sich während des ganzen Jahres 1933 angestrengt, diese Fundamente zu befestigen. Seine Rolle als der erste unter den Trommlern für den »Nationalsozialismus« hatte er über den neuen Aufgaben des Regierungschefs nicht vernachlässigt. Lang war die Liste der Städte und Ortschaften, in denen er erschien und meist vor Massenpublikum sprach. Zwischen Februar und Juli, während des ersten Halbjahrs nach der Machtübergabe, reiste er nach Leipzig, Stuttgart, Dortmund, Köln, Nürnberg, Breslau, Hamburg, Königsberg, Potsdam, Kiel, Erfurt. In manche dieser Städte kam er mehrfach. Andere Fahrten und Flüge hatten ihn während dieser Zeit nach Bayreuth, an den Starnberger See, nach Feilenbach bei Bad Aibling, wo er einen emeritierten katholischen Abt besuchte, der lange schon sein Gefolgsmann war, nach Bernau und zu Hindenburg nach Ostpreußen geführt. Am häufigsten sprach Hitler in den Kundgebungshallen Berlins, und mehrfach reiste er nach München, der »Hauptstadt der Bewegung« und dem Sitz der Parteizentrale. Sie lag zudem auf dem Wege nach Berchtesgaden, wohin es ihn wieder und wieder auf den Obersalzberg zog, um sich zu entspannen, vielfach auch, um sich vor wesentlichen Entscheidungen dem Regierungsalltag in der Hauptstadt zu entziehen und sich zu konzentrieren.

Nicht Hitlers und der anderen Parteiführer wortreiches Werben allein trug dem Regime eine noch weiter anwachsende Millionengefolgschaft ein. Den Machthabern war der konjunkturelle Aufschwung trotz seines schleppenden Verlaufs zugute gekommen. Arbeitsbeschaffungsmaßnahmen im arbeitsintensiven Bauwesen, die sich im Rahmen der schon zu Zeiten der Kabinette Papen und Schleicher erwogenen und eingeleiteten hielten, damals aber noch ohne durchgreifende Wirkung geblieben waren, hatten einen Rückgang der Erwerbslosigkeit mitbewirkt. Im September 1933 rühmte sich Hitler vor dem Generalrat der Wirtschaft, einem im Juli berufenen exklusiven Gremium von Monopolisten und Politikern, daß zwei Millionen Menschen bereits wieder in den Arbeitsprozeß eingegliedert worden wären.

Einen bescheidenen, propagandistisch hoch aufgewerteten Beitrag dazu hatte der Beginn des Autobahnbaus mit der Strecke Frankfurt am Main – Heidelberg geleistet. Zum symbolischen ersten Spatenstich fuhr Hitler selbst auf die Baustelle. Er appellierte an die Arbeiter, sich mit den harten Bedingungen abzufinden, käme es doch zunächst darauf an, die Zahl der Erwerbslosen weiter zu senken. Damit wurde die Hinnahme niedriger Löhne, schlechter Verpflegung und kasernengleicher Unterkünfte in tristen Baracken verlangt und Solidarität in einer Weise gefordert, die sich gegen die traditionelle Forderung der Arbeiterbewegung nach menschenwürdigen Arbeits- und Lebensbedingungen abhob wie der Tag von der Nacht.

Nichtsdestoweniger war die Bilanz der Regierung Hitler besser als die der Krisenkabinette. Sie schuf einen Boden für die Hoffnungen derer, die nichts oder wenig vom zyklischen Aufschwung verspürt hatten. Im Ver-

lauf der Wintermonate 1933/1934 schwoll die Zahl der Erwerbslosen wieder an, registriert wurden mehr als vier Millionen Menschen, die Arbeit suchten. Vor dem Hintergrund bitterer sozialer Zustände, des Hungers, der Unterernährung, der Behausung in kalten und feuchten Quartieren, organisierten die Machthaber, gestützt auf die Organisationen der NSDAP, das erste Winterhilfswerk. Mit ihm suchten sie den Nachweis zu erbringen, daß sie für die Notleidenden besser zu sorgen verstünden als die Regierungen im Weimarer Staat. Die Aktion, die sich an den früheren zersplitterten und konkurrierenden Hilfsmaßnahmen staatlicher und privater Einrichtungen orientierte, indessen ungleich mehr Wirkung erreichte und auch erpresserisch Gaben für das Hilfswerk abforderte, wurde von da an Jahr für Jahr zu einem der größten Propagandaerfolge des Regimes. Hitler trat wiederholt und bis in die Kriegsjahre als der erste Werberedner des WHW hervor, dessen zugkräftige Losung lautete »Keiner soll hungern, keiner soll frieren.« Was den einen »Volksgenossen« abverlangt wurde, erhielten die anderen, und da die Braununiformierten SA-Leute und Hitlerjungen sowie die Mitarbeiter weiterer NSDAP-Organisationen die Geschenke – Nahrungsmittel und Heizmaterial – überbrachten, gab sich die Partei ein soziales Prestige und präsentierte den »Sozialismus der Tat«.
Was Hitler aber am Beginn des zweiten Jahres seiner Kanzlerschaft am meisten besorgt machte, waren die Unzufriedenen in seiner engeren Anhängerschaft und namentlich in den SA-Reihen, die mit den Ergebnissen der »nationalsozialistischen Revolution« haderten. Trotz besonderer Anstrengungen, die Mitglieder der SA bevorzugt auf Arbeitsplätze zu bringen, gehörten viele von ihnen noch zu den Erwerbslosen. Andere waren in Beschäftigungen gelangt, die ihnen nicht als Lohn für die ihnen unausgesetzt bescheinigten »Opfer der Kampfzeit« erscheinen konnten. Voller Neid blickten sie auf jene, die bei der Jagd auf kleine Posten erfolgreich gewesen waren und als Begleitkommandos von aufgestiegenen Führern fungierten, Kraftfahrer bei den neuen Herren waren oder im Polizei- und Justizapparat dienten, meist an untergeordnetem Platze. Noch stärkeren Unwillen erzeugte in den SA-Reihen, daß so viele ihrer eigenen Führer sich im Staatsdienst genußreich etabliert oder sich auf diese oder jene Weise bereichert hatten. Faktisch tat sich unter denen, die sich als »alte Kämpfer« verstanden, ein Riß zwischen jenen auf, die vom Sieg profitierten, und den anderen, an denen die Ereignisse, ohne Vorteile zu bringen, vorübergegangen waren. Letztere sahen sich aber ständigen Appellen gegenüber, gehorsam ihren ehrenamtlichen Dienst zu tun. Das war der
den für das Aufkommen der Worte von der »zweiten Revolution«

vom »vierten Reich«. Solche Stimmungen konnten sich als ungefährlich erweisen und in dem Maße ihre Grundlage verlieren, wie die Aufrüstung in Schwung kam. Indessen verband sich diese Unzufriedenheit »von unten« mit einer zweiten in oberen SA-Kreisen, die einen anderen Charakter besaß und deren Träger sich mit der erfolgten Ausgestaltung der faschistischen Macht nicht zufrieden geben wollten.

Tatsächlich waren nur einige jener Landsknechtsnaturen, die in den Sturmabteilungen Hunderte und Tausende von Braununiformierten kommandierten, im Verlauf des Jahres 1933 auf lukrative Staatsposten gelangt, etwa als Polizeipräsidenten in großen Städten. Die Hoffnung anderer, daß ihre Verdienste durch den Übertritt in die Reichswehr und den Erhalt hoher und höherer Offiziersränge belohnt werden würden, hatte sich nicht erfüllt. Hitler aber hütete sich, das Versprechen zu brechen, das er den Generalen am 3. Februar 1933 gegeben hatte. Nach den Erfahrungen des ersten Jahres seiner Kanzlerschaft sah er keinen Grund, einen völlig überflüssigen Konflikt mit den Militärführern auszulösen.

Die durch das Gesetz zur »Sicherung der Einheit von Partei und Staat« ermöglichte Aufnahme Röhms in das Reichskabinett als Minister ohne Geschäftsbereich, die im Dezember 1933 gemeinsam mit der Erhebung von Heß in den Ministerrang erfolgte, mußte den Vertrauten des SA-Stabschefs als eine Geste erscheinen, die für ihre Machtstellung im Staat folgenlos blieb. Ein Teil der SA-Führer und nicht wenige in der Mannschaft fühlten sich an das Wort von dem Mohren erinnert, der nun gehen konnte, nachdem er seine Schuldigkeit getan hatte.

Wie diese unversöhnlichen Interessen und Pläne im Verlauf des ersten Halbjahres 1934 mehr und mehr einer Krise zutrieben, kann bis in die Einzelheiten nicht rekonstruiert werden. Die Meinungsverschiedenheiten entwickelten sich in der Art eines Schwelbrandes und nicht wie ein loderndes Feuer. Sicher ist, daß die Führung der Reichswehr von Hitler eine klare Entscheidung und die Einlösung seines Versprechens verlangte, es werde im Reich nur einen Waffenträger geben. Das bedeutete, daß der Oberste SA-Führer den Ambitionen Röhms und einiger weiterer seiner Freunde und Untergebenen auf führende Plätze im Wehrsystem eine klare Absage erteilen und die Entwaffnung der Sturmabteilungen durchsetzen mußte. Hitler blieb lange unschlüssig, wie er die Situation meistern sollte, ohne daß er selbst eine Einbuße an Ansehen und Macht riskierte.

Vermutlich wurde ihm während einer Schiffsreise auf dem Panzerschiff »Deutschland«, die er in den Tagen zwischen dem 11. und dem 15. April gemeinsam mit Minister Blomberg und dem Oberkommandierenden der

Reichsmarine, Admiral Erich Raeder, in Gewässern vor den Küsten Norwegens unternahm, endgültig klar, daß Befehle und Ordnungsrufe aus den SA-Stürmen der »Kampfzeit« nicht die Organisation zu machen vermochten, die im Regime eine neue Rolle einnehmen und wesentlich eine Reserve für die Wehrmacht werden sollte. Röhm und seine Vertrauten würden diesen Platz nicht akzeptieren. Wieder an Land besuchte Hitler im Berliner Sportpalast ein sogenanntes Frühjahrskonzert, das ein SS-Musikkorps veranstaltete. An seiner Seite erschienen zwei Liebhaber der Marschmusik – Blomberg und Röhm.

In der Öffentlichkeit zeigte nichts an, was sich vorbereitete. Die Spitze der NSDAP begann am 3. Mai eine bis Ende Juni befristete Kampagne gegen »Meckerer und Miesmacher«, die ihre eigenen Zwecke verfolgte und vor allem Kritiken am Regime, die ganz unterschiedlichen politischen, sozialen und kulturellen Sachverhalten galten, zum Schweigen bringen sollte. Die erste Garnitur der Führerschaft um Hitler wurde aufgeboten, um von jedermann die Anerkennung der Erfolge des Regimes, die Zustimmung zur Politik Hitlers und nach den Vorgaben der Machthaber disziplinierte Arbeit zu verlangen. Diese mit Drohungen gegen »Saboteure« und »Hetzer« gespickte Kampagne bewirkte Einschüchterung und damit auch die gesellschaftliche Atmosphäre, welche für die beabsichigte Isolierung der unausweichlichen internen Auseinandersetzung günstig war.

Papen hielt am 17. Juni 1934 in der Marburger Universität eine Rede, in der er sich zum Sprecher derjenigen machte, die im Rahmen des diktatorischen Gesamtkonzepts verlangten, dem »ewigen Aufstand von unten« und damit jeglicher Unberechenbarkeit des Systems ein Ende zu setzen. Deutschland dürfe »nicht ein Zug ins Blaue werden«. Papen hatte zudem angedeutet, daß er die Stellung der NSDAP im Staate für veränderungsbedürftig hielt, und sich damit direkt, öffentlich und ohne Verständigung mit Hitler in die aktuelle Frage des Staatsaufbaus eingemischt.[35] Hitler war nicht geneigt, sich von seinem Vorgänger und Vizekanzler sagen zu lassen, was er tun müßte. Die Verbreitung der Rede Papens wurde unterdrückt. Eine Entscheidung war indessen unaufschiebbar geworden.

Hitler, der selbst während dieser Wochen als Redner nicht hervortrat, tat zunächst das Seine, um eine normale Situation vorzutäuschen und die SA-Führerschaft um Röhm in Ahnungslosigkeit zu halten. Er schickte den Stabschef zu einer Kur nach Bad Wiessee an den Tegernsee und ließ ihn für den Monat Juli für die Sturmabteilungen Urlaub ankündigen. Hitler erschien zur Beisetzung der sterblichen Überreste der ersten Frau Görings, einer schwedischen Baronin, die 1931 in ihrer Heimat verstorben war. Der Preußische Ministerpräsident hatte ihr nun eine exklusive Begräbnisstätte, »Karinhall«, wie er auch seinen Jagdsitz in der Umgebung Berlins nannte, herrichten lassen. Nach Aufenthalten am Obersalzberg und in Berlin reiste Hitler am 28. Juni nach Essen, wo er Gast bei der Hochzeitsfeier des NSDAP-Gauleiters Josef Terboven war und unter anderem den Krupp-Werken einen Besuch abstattete. Tags darauf besichtigte er Einheiten und Lager des damals noch freiwilligen Arbeitsdienstes. Am Abend nahm er Quartier im exklusiven Rhein-Hotel Dreesen in Bad Godesberg. Die Nacht zum 30. Juni 1934 war für Hitler kurz. Gegen zwei Uhr verließ er Godesberg und stieg auf dem nahen Flughafen Bonn in die »Führermaschine«, die ihn nach München brachte. In seiner Begleitung befand sich unter anderem Goebbels, dessen Beistand Hitler in den folgenden Stunden wohl vor allem für die Formulierung und Herausgabe der öffentlichen Bekanntmachungen benötigte. Mit ihm flog auch der bereits als Röhm-Nachfolger ausgewählte SA-Führer Viktor Lutze, der außerhalb der SA-Führerschaft und seines bisherigen Wirkungsgebiets kaum bekannt war. Auf dem Münchner Flughafen erwarteten Hitler mit dem Gauleiter Adolf Wagner weitere regionale Parteiführer Bayerns. Mit ihnen begab sich Hitler, offenbar aus Gründen der Geheimhaltung, nicht in das Braune Haus, die Parteizentrale, sondern in das Gebäude des bayerischen Innenministeriums. Nachdem er schon dort zwei ahnungslose SA-Führer verhaften ließ, fuhr er mit einer Autokolonne, begleitet von SS-Leuten seiner Leibstandarte, nach Bad Wiessee.

Dort kam Hitler an, als Röhm und weitere bereits eingetroffene SA-Führer, die er unter dem Vorwand einer Tagung für den Mittag des 30. Juni hatte herbeirufen lassen, noch schliefen. Sie wurden rasch und widerstandslos verhaftet und in Fahrzeugen nach München transportiert, wo sie in Zellen des Zuchthauses Stadelheim verschwanden. Auf dem Rückweg waren Hitlers Autokolonne weitere SA-Führer begegnet, die zur vermeintlichen Tagung an den Tegernsee fahren wollten. Bei diesen Zusammentreffen sowie auf dem Münchner Hauptbahnhof setzte die SS nach Hitlers Weisungen die Verhaftungen fort. Nur Stunden später begann ein Spezialkommando auf dem Zuchthausgelände mit den Erschießungen. Hitler machte im Braunen Haus nur kurz Station, um den dort versammelten Anhängern die Mär vom Treuebruch des SA-Stabschefs aufzutischen. Gegen Abend schon flog er zurück nach Berlin.

Röhm wartete unterdessen in seiner Zelle. Noch zögerte Hitler mit dem Befehl, auch ihn umzubringen. Am 1. Juli erschien dann der Kommandant des

Konzentrationslagers Dachau, Theodor Eicke, der im Regime später wie andere Mörder aus jenen Tagen Karriere machte, und übergab dem Gefangenen eine Pistole mit der Aufforderung, sich zu erschießen. Als der SA-Stabschef dem nicht nachkam, schossen ihn Eicke und der ihn begleitende Kommandant der Dachauer Wachmannschaften kurzerhand selbst nieder.

Während in München unter Hitlers Leitung mit Röhm und dessen wirklichen oder vermeintlichen Getreuen »abgerechnet« wurde, führte in Berlin Göring in des »Führers« Auftrag sowie in Gemeinschaft mit Himmler und Heydrich die SS-Kommandos, die über die SA-Führerschaft hinaus Personen ermordeten, die als Regimegegner galten oder sich auch nur für eine partielle Korrektur des politischen Kurses eingesetzt hatten. Die prominentesten Opfer waren der ehemalige Reichskanzler Schleicher und der einstige Leiter des Ministeramtes im Reichswehrministerium, General Kurt von Bredow. Umgebracht wurde Gregor Straßer, der sich in der Krise des November/Dezember 1932 von der Führung der Partei zurückgezogen hatte. Späte Rache ließ Hitler an Gustav Ritter von Kahr nehmen, der 1923, nachdem er anfänglich sein Komplice war, ihn in den Stunden des Putsches aber im Stich gelassen hatte. Zu den bekannteren unter den Ermordeten – ihre Zahl konnte nie auch nur annähernd bestimmt werden – gehörte der Ministerialbeamte im Reichsverkehrsministerium Erich Klausener, der bis zu seiner Versetzung durch die neuen Machthaber als Leiter der Polizeiabteilung im Preußischen Innenministerium tätig gewesen war. Mit ihm beglichen die Mörder offenkundig einerseits eine alte Rechnung, wie sie ihn andererseits als Führer der Katholischen Aktion in Berlin ausschalten und dadurch kirchliche Regimegegner einschüchtern wollten. Zwei Wochen vor seiner Ermordung hatte sich der frühere Zentrumspolitiker auf dem 32. Deutschen Katholikentag in einer Rede gegen die Rassenlehre der NSDAP-Ideologen gewandt.

Noch am 30. Juni gab die Pressestelle der Reichsleitung der NSDAP die Namen von sechs ermordeten SA-Führern bekannt. Tags darauf informierte eine weitere Mitteilung über die Tötung Röhms. In diesen Verlautbarungen wurde die Öffentlichkeit mit einem aberwitzigen Bild der Geschehnisse bedient, das in den folgenden Tagen immer weiter ausgemalt wurde. Schon die anfänglich knapp gehaltenen Meldungen trugen erkennbar Hitlers Handschrift, es sei ein »ganz verschwindend kleiner SA-Führer-Klüngel« gewesen, der ein Komplott gegen die Reichsregierung vorbereitet habe.[36] Zehn Jahre später wird in einer Hitler-Rede am 20. Juli 1944 wieder von einem ganz kleinen Klüngel, dann von Offizieren, die Rede sein, mit dem Unterschied, daß 1944 tatsächlich der Versuch eines

Umsturzes unternommen wurde, während 1934 der Putsch eine reine Erfindung war, die Hitler der Notwendigkeit entheben sollte, die wirklichen Hintergründe seiner mörderischen Aktion preiszugeben.
Hitler, dem es an Phantasie nicht mangelte, wenn es galt, eine eigene Missetat oder eine von seiner Gefolgschaft begangene zu verhüllen, schrieb sich die Heldenrolle beim Kampf gegen eine Gruppe zu, von der er schließlich am 13. Juli in einer Rede vor dem Reichstag behauptete, sie habe in zwei Etappen vorgehen wollen. In der ersten hätte sie ihn, den »Führer« für die »zweite Revolution« gewinnen, gegen seine Mitarbeiter und die Reichswehr stellen, und – als dies nicht gelungen sei – in der zweiten ihn und weitere Minister des Kabinetts, namentlich und berechnend genannt wurden von Papen und Seldte, ermorden wollen, um sich selbst an die Staatsspitze zu setzen. Zwischen Röhm und Schleicher wurde eine mysteriöse Verbindung konstruiert, die von dem ehemaligen Reichskanzler über von Bredow weiter zu »einer auswärtigen Macht« geführt habe.[37] Hoch- und Landesverrat, so lauteten die erhobenen Anklagen, die das blutige Vorgehen rechtfertigen sollten. Die Gefahr, ließ Hitler weiter in die Welt setzen, sei so groß gewesen, daß es keine Möglichkeit gegeben habe, sich im Kabinett über das Vorgehen zu beraten oder die Gerichte in Aktion treten zu lassen.
Warum konnte Hitler sein Märchen vom »Röhm-Putsch«, ein Begriff, der später wenig variiert als »Röhm-Affäre« in die Geschichtsschreibung übernommen wurde, verbreiten, ohne daß er augenblicklich Gefahr lief, als phantasierender Lügner verdächtigt zu werden? Er war gewiß, daß sich sofort Stimmen melden würden, die sich für die Wahrheit seiner Legende verbürgten. Ohne daß irgendein Dokument vorgelegt oder auch nur ein Zeuge vorgestellt worden wäre, ohne auch nur ein Indiz für die vorgeblich landesverräterische Verbindung zu einer ausländischen Macht gesehen zu haben, wandte sich von Blomberg schon am 1. Juli mit einer Erklärung an die Reichswehr, in der von »Verrätern« und »Meuterern« die Rede war und Hitler für sein Eingreifen gedankt wurde.[38] Tags darauf konnte ein Telegramm des Reichspräsidenten an Hitler veröffentlicht werden, das von »hochverräterischen Umtrieben« sprach, Hitler als Retter des Volkes aus »schwerer Gefahr« feierte und ihm wieder Dank und Anerkennung zollte, die Hindenburg auch an Göring richtete.[39] Am 3. Juli tagte das Reichskabinett und erklärte nach einem Bericht des Kanzlers die geschehenen Morde zur »Staatsnotwehr« und als »rechtens«.[40] Schließlich bekräftigte der Reichstag zehn Tage später, daß der »Führer« zur Abwendung von Bürgerkrieg und Chaos als »des deutschen Volkes oberster Gerichtsherr«

habe wirken müssen.[41] Dieser Richter hatte nach seinen eigenen, auch später nicht zu überprüfenden Angaben 87 Morde teils direkt befohlen, teils durch seine Ermächtigungen ermöglicht, sie jedenfalls sämtlich zu verantworten.[42] Vor dem Hintergrund dieser Mitteilung erklärte Göring in seiner Schlußrede vor dem Reichstag: »Wir alle billigen immer, was unser Führer tut.«[43] Später wurde offiziell bekanntgegeben, daß in den Tagen der Aktion gegen die SA-Führer und andere dem Regime mißliebige Personen allein in Preußen 1124 Personen inhaftiert worden waren. Die Mehrheit von ihnen wurde, als Hitler im August eine Amnestie verfügte, wieder auf freien Fuß gesetzt.[44]

So reich die neuere deutsche Geschichte an politischen Tricks, Betrügereien und Verbrechen ist, das Massaker des 30. Juni und die Vorgänge, die es begleiteten, besetzen darin eine Sonderstellung. Nie zuvor hatte ein deutsches Staatsoberhaupt einen Regierungschef willkürlich die Herrschaft über Leben und Tod von Militärs und Zivilisten ausüben, nie zuvor eine Armeeführung in Deutschland zwei ihrer Generale kaltblütig Mörderkommandos ausliefern lassen und dazu nachträglich noch Beifall kundgetan. Beispiellos war auch das Verhalten der Staatsanwaltschaften, die nach Recht und Gesetz verpflichtet gewesen wären, als Ermittlungsorgane tätig zu werden. Indessen konnte Göring am 12. Juli vor den General- und Oberstaatsanwälten Preußens erklären, daß die »Todesurteile« vom Führer und »in Verfolg seiner Vollmacht von mir« gedeckt würden und die Vorgänge keinerlei gerichtlicher Nachprüfung unterlägen. Die Staatsanwälte hätten lediglich, wo ihnen »Leichen zugegangen sind«, die Identität der Toten zu prüfen. »Sobald Sie aber festgestellt haben, daß es Schmidt-Breslau ist, sind ihre Befugnisse beendet.«[45]

Die Ereignisse um den 30. Juni 1934 und die Reaktion des Militärs und der Justiz bezeugten, zu welcher Machtfülle Hitler gelangt war. Sie zeigten seine Stellung an und befestigten sie zugleich. Er hatte als ein unumschränkter Diktator gehandelt, aber doch nur so handeln können aus dem Bewußtsein, daß sein Vorgehen im Kern, wenn auch nicht in allen seinen Mitteln, gutgeheißen, ja mehr noch: erwartet wurde. Beides traf vor allem für die Reichswehrführung zu, die in der Gewalttat einen Beweis dafür sah, daß Hitler sich an sein Versprechen vom 3. Februar 1933 hielt und gegenüber den Ambitionen von SA-Führern und dem Konzept einer Miliz zu keiner Konzession bereit war. Beides galt auch für die führenden Kreise der Wirtschaft, die innenpolitische Ruhe wollten und jede Aktion im Zeichen einer »zweiten Revolution« ablehnten und fürchteten. Der Schlag gegen die SA-Führerschaft war aber darüber hinaus

Millionen Anhängern des Regimes aus Kreisen des Bürgertums, kleinbürgerlicher Schichten und der Arbeiterschaft willkommen, denen die uniformierten Kolonnen und deren unberechenbares Verhalten Unbehagen erzeugten und nicht in ihr Bild von einem geordneten Staatswesen hineinpaßten.

In von Blombergs Erklärung war davon die Rede, daß es eine »neue SA« geben werde. Knapp und treffend war damit gesagt, daß die Sturmabteilungen im Regime nach diesen Tagen eine andere Stellung einnehmen würden als vorher. Niemand erwartete, daß sich der Oberste SA-Führer von seinen blinden Gefolgsleuten trennen und die Organisation gar auflösen könnte. Doch zeigten bereits die ersten Befehle Hitlers, daß er der SA eine neue Rolle zuwies. Sie sollte bei der Erziehung der Massen im Geiste des »Nationalsozialismus« mitwirken. Für keine Aufgabe war die Masse ihrer Mitglieder freilich weniger geeignet. Der SA wurde endgültig aller Einfluß auf die Innenpolitik genommen. Ihre Kolonnen erhielten den Auftrag, ihre Mitglieder sportlich zu drillen – Hitler nannte das in einer Verfügung die »kämpferische Schulung des Leibes«[46] – und militärisch auszubilden und dadurch eine Reserve für die Wehrmacht zu schaffen, auf die im Kriege zurückgegriffen werden konnte.

Hitler gestand dem Röhm-Nachfolger Lutze auch keinen Platz in der Reichsregierung zu. Die SA hatte am Tisch der Minister keine eigenen Belange mehr zu vertreten. Ihre Zurückstufung wurde aber dadurch am deutlichsten, daß die Teilorganisation der SA, die Schutz-Staffel (SS), unter ihrem Kommandeur Himmler nun aus dem Gesamtverband herausgelöst und zu einer selbständigen Gliederung erhoben wurde. Das war zum einen Belohnung der Mörder und auch die Anerkennung der Rolle, welche die SS-Kader bei der Formierung der politischen Polizei gespielt hatten. Zugleich drückte sich in der Heraushebung der Schwarzuniformierten die Erkenntnis aus, daß die nach Millionen zählende SA nach Tradition und Zusammensetzung nicht jene Verläßlichkeit gewinnen konnte, die eine Elite gewährleistete. Die Anforderungen an Eignung und Befähigung waren für die Mitglieder des sogenannten Schwarzen Korps höher gesetzt als in den Sturmabteilungen. Himmlers von Rassemythen und biologischen Auslesenormen beherrschter Geist und seine bürokratische Natur wachten penibel darüber, daß diese Ansprüche unverletzt blieben. Die Auffindung einer »nichtarischen« Großmutter zog unweigerlich die Entfernung aus der »Staffel« nach sich, denn ihre Angehörigen hatten bis in das Jahr 1750 nachzuweisen, daß sie »rasserein« waren.

Die SS hatte, als sie im System der NS-Organisationen ihren besonderen

Platz einnahm, bereits eine frische Blutspur gezogen. Hitler brauchte ein solches Korps, in dessen Reihen es nicht gegenüber einem einzigen Befehl, wie mörderisch er immer war, Bedenken oder gar Skrupel geben würde. Seine eigene Stellung zu dieser von Himmler kommandierten Truppe hatte er bereits durch mehrere Entscheidungen kenntlich gemacht. Die SS hatte seit Jahresbeginn die Verwaltung aller Konzentrationslager übernommen und stellte unter dem bezeichnenden Namen Totenkopf-Verbände deren Wachmannschaften. Die SS rekrutierte auch Hitlers Begleitschutz und die Einheiten, die für die Abschirmung der Reichskanzlei und des Berchtesgadener »Berghofs« verantwortlich waren. Diese »Leibstandarte« und ihr Kommandeur Josef (Sepp) Dietrich erfreuten sich der besonderen Gunst des »Führers«.

Hindenburgs telegrafisch ausgedrückter Beifall zu Hitlers gesetz- und rechtswidrigem Vorgehen am 30. Juni 1934 wurde seine letzte bedeutsame Verlautbarung. Einen Monat später starb er sechsundachtzigjährig auf seiner ostpreußischen Besitzung. Niemand überraschte es, daß der Reichskanzler nun auch den Platz des Staatsoberhauptes beanspruchte, von dem er den Feldmarschall ja schon 1932 im Reichspräsidentschafts-Wahlkampf hatte verdrängen wollen. Die Billigung dieses Verlangens fiel jetzt nicht nur jenen leicht, die sich eineinhalb Jahre vorher für die Regierung Hitler eingesetzt hatten, sondern auch den im Januar 1933 noch skeptisch gewesenen Zivilisten und Militärs aus den Oberschichten der deutschen Gesellschaft. Gerade nach den jüngsten Ereignissen konnten sie allesamt sicher sein, daß es mit diesem Manne irgend etwas, was man sich unter dem Namen »Revolution« vorstellen konnte, nie geben werde. Selbst auf Politiker, die im Januar 1933 in der Regierung Hitler als begrenzender Rahmen gegen mögliche Experimente eingebaut worden waren, konnte nun folgenlos verzichtet werden. Niemand vermißte mithin von Papen, der in den Tagen der »Röhm-Affäre« unter Hausarrest gestellt worden war und nun seinen Platz im Kabinett verlor. Hitler schickte ihn als »Gesandten in befristeter Mission« nach Wien. Das Amt des Vizekanzlers wurde stillschweigend und ersatzlos gestrichen.

Hitler ging kein Risiko ein, als er die Zustimmung der Deutschen zu seiner Nachfolgeschaft Hindenburgs auf dem Wege einer Abstimmung verlangte. Für den 19. August wurde die erwachsene Bevölkerung aufgerufen, wie schon bei der Kampagne für den Völkerbundaustritt mit »Ja« zu stimmen. Oskar von Hindenburg, Sohn des Generalfeldmarschalls, der als Herzensmonarchist sich offen bekannt, auch seine Anhänglichkeit gegenüber den Hohenzollern und dem im niederländischen Exil wohllebenden Wilhelm II. mehrfach ausgedrückt hatte, gab in einer Rundfunkansprache unmittelbar vor der Abstimmung bekannt, daß sein Vater in niemand anderem als in Hitler seinen Nachfolger gesehen und dies ihm ausdrücklich erklärt habe.[47]

Dem amtlichen Ergebnis zufolge hatten sich am Abstimmungstag 38,4 Millionen Deutsche für Hitler, den einzigen Kandidaten, ausgesprochen, während ihn 4,3 Millionen ablehnten. Die übergroße Mehrheit der Deutschen – neun von zehn Abstimmenden – votierte für einen Mann, der eben noch durch die eingestandene Tat erkennbar gemacht hatte, daß Bürger- und Menschenrechte für ihn absolute Fremdworte waren. Zudem gehörten zu denen, die den Reichskanzler nicht als Staatsoberhaupt wollten, auch Wähler, die eine monarcho-faschistische Staatsspitze nach italienischem Vorbild wünschten. Doch Hitler erspürte sicher, daß selbst ein ornamental gedachtes König- oder Kaisertum in Krisensituationen seinen Charakter verändern und zu einem eigenen Machtzentrum werden konnte. Die äußerste Zentralisierung der Macht in einer Hand, der seinen, entsprach seinem Selbstverständnis, befriedigte seine Eitelkeit und sollte vor allem garantieren, daß dieses »Dritte Reich« alle seine Kräfte mobilisierte, um Weltmacht zu werden.

Mit den Ereignissen des 30. Juni und den Entscheidungen der folgenden Tage und Wochen war die Etablierung des faschistischen Regimes in Deutschland abgeschlossen. An seiner Spitze stand ein Mann, dessen Machtfülle die aller seiner Vorgänger, Otto von Bismarck eingeschlossen, weit übertraf. Hitler war Staatsoberhaupt, Oberster Befehlshaber der Streitkräfte, Reichskanzler und Führer einer nach Millionen zählenden Partei. Ohne daß darüber irgendeine Entscheidung getroffen worden wäre, wurde ihm auch bereits das höchste Richteramt zugesprochen. Fortan hieß Hitler, da die Bezeichnung »Reichspräsident« der Weimarer Verfassung entstammte, offiziell »Führer und Reichskanzler«. Der Titel verkürzte sich und lautete immer verbreiteter »Der Führer«. Um dessen Einmaligkeit hervorzuheben, ergingen amtliche Sprachregelungen, denen zufolge das Wort »Führer« ohne jeden weiteren Zusatz nur diesem einen Manne zustehen würde. In Rede, Gespräch und im Schriftverkehr ließ sich Hitler von seinen Gefolgsleuten, die engsten Mitarbeiter eingeschlossen, mit »Mein Führer« titulieren.

Kapitel 11

»Der Führer« und die Gefolgschaft 1934 bis 1937

Mit der Sitzung des Reichstags, dessen Rechtfertigung der Morde und Hitlers Einsetzung als Staatsoberhaupt war für diesen die kritische Situation des Sommers 1934 zwar gemeistert, doch hatte er sich weiter mit Konsequenzen und Folgen seines Vorgehens zu befassen. Der SA versicherte er auf dem Parteitag in Nürnberg, der später die Bezeichnung »Triumph des Willens« erhielt,[1], daß sie als Organisation ebenso wie die SS unbefleckt dastände und mit dem Verrat einiger Führer nichts zu tun hätte. Gleichzeitig ließ er aber die hauptberufliche Führerschaft der SA durch eine Vielzahl von Versetzungen neu mischen, so daß alte Verbindungen und Freundschaften zerrissen und Überwachung erleichtert wurde. Bereits am Tage nach der Abstimmung verkündete er als Staatsoberhaupt in einem Aufruf an Partei und Volk, daß sich das Deutsche Reich nun »in der Hand der nationalsozialistischen Partei« befände und der »Kampf um die Staatsgewalt beendet« sei.[2] Dennoch war sich Hitler offenbar immer noch nicht völlig sicher, ob sich in den Millionenreihen seiner Gefolgsleute nicht erneut Kräfte formieren könnten, die nach revolutionären Maßnahmen verlangten. So hielt er es im September für angebracht, in der den Parteitag eröffnenden Proklamation verkünden zu lassen, daß die »nationalsozialistische Revolution« abgeschlossen sei. Kategorisch hieß es weiter: »In den nächsten tausend Jahren findet in Deutschland keine Revolution mehr statt.«[3]

Wer auch nur den leisesten Verdacht erregte, Eingriffe in die Eigentumsverhältnisse vornehmen zu wollen, wobei der Besitz von deutschen Juden natürlich ausgeschlossen war, hatte zu weichen. Das traf beispielsweise auf Gottfried Feder zu, der zunächst Staatssekretär im Reichswirtschaftsministerium und Reichskommissar für das Siedlungswesen geworden war. Hitler ließ seinen ehemals gepriesenen Lehrer als Professor an die Technische Hochschule Berlin abschieben. Undurchsichtiger war seine Trennung von zwei Gauleitern, die nur deshalb Interesse beansprucht, weil es die beiden letzten der »alten Kämpfer« waren, die derart exponierte Stellungen verloren: Wilhelm Karpenstein in Pommern und Helmuth

Brückner in Schlesien, wo er zugleich Oberpräsident der Provinz war. Ansonsten blieb diese Gruppe von NS-Führern stabil. Hitler hielt zu ihnen und zeichnete viele besonders aus, so als er zu Streichers 50. Geburtstag in Nürnberg erschien, ihm eine Rede widmete und den Jubilar dazu beglückwünschte, daß er in der Wende zu einem neuen Jahrtausend deutscher Geschichte lebe.[4] Auch in den folgenden Jahren verteidigte er den »Frankenführer« gegen alle Beschwerden und Klagen aus seiner Umgebung und beließ ihn auf seinem Nürnberger Posten. Erst während des Krieges kam er nicht umhin, ihn auf seinen Landsitz zu schicken. Dennoch blieb Streicher formal Gauleiter und Herausgeber des mörderisch gegen die Juden hetzenden Wochenblattes »Der Stürmer«.

In diesem Verhältnis zu seinen nächsten Gefolgsleuten und Untergebenen drücken sich persönliche Eigenheiten Hitlers aus: sein Anspruch, zumindest in der NSDAP-Führerschaft von bedingungslos Getreuen umgeben zu sein, und der damit einhergehende Unwille, ihm wenig oder gar nicht bekannte Personen in Dienst zu nehmen, auf die er sich hätte neu einstellen müssen. Darüber hinaus wären sie unter den gegenüber der »Kampfzeit« stark veränderten Umständen auf neue Weise zu prüfen gewesen. Die politisch wichtigen Charaktereigenschaften seiner alten Mitkämpfer in den deutschen Ländern und Provinzen kannte und schätzte er. Sie waren mit den Gegnern stets brutal verfahren und hatten nie moralische Skrupel gezeigt, Mord und Totschlag eingeschlossen. Ferner waren ihnen Durchsetzungswille und Ausdauer eigen. Vor allem aber hatten sie in kritischen Situationen zu ihm gehalten und seine eigene überragende Stellung nie in Zweifel gezogen. Wer sich so bewährt hatte und seinen Gau weiter fest im politischen Griff hielt, genoß beim »Führer« einen Vertrauensvorschuß und konnte darauf setzen, daß er ihm das Wohlleben eines Territorialfürsten zubilligen würde. Zudem war sich Hitler darüber im klaren, daß ein häufiger Wechsel an der Spitze dem Charakter des »Führerstaates« widersprach. Wenn den Reichsstatthaltern und regionalen Parteiführern in den Gauen auch nur Bruchteile des Ansehens zustanden, das er – Hitler – genoß, so gehörte deren diktatorische Autorität im Rahmen ihrer Befugnisse doch zu den Fundamenten und Stützen des faschistischen Regimes.

Unter den Deutschen hatte nach des »Führers« Willen überall Frieden zu herrschen, namentlich auch in den Betrieben. Hitlers Verordnung über die Stellung der Deutschen Arbeitsfront (DAF) unterstellte diese deshalb als Gliederung der Partei, verlangte ihren strikten Einsatz für den »Arbeitsfrieden« und ihren Beitrag zur Entstehung der »Volks- und Leistungsmeinschaft«.[5] Die »Arbeitsfront«, die zur größten Mitglieder-Organisation des Regimes anwuchs, weil faktisch kein Arbeiter oder Angestellter außerhalb ihrer Reihen bleiben konnte, sollte mit den genannten Bestimmungen und durch Leys Führung sichern, daß keinerlei gewerkschaftliche Ambitionen entwickelt werden. Darüber hinaus war beabsichtigt, sie zu einem Hilfsorgan zu machen, das den Proletariern höchste Arbeitsleistungen für die Rüstung abfordern sollte. Auf diese Weise schuf Hitler im Innern Institutionen und Organisationen, die jegliche Initiative unterbanden, sofern sie nicht von oben geplant, ausgelöst und gelenkt, zumindest aber vorher gebilligt worden war.

Der Parteitag 1934 verlief ohne besondere Höhepunkte, wenn man von den erstmalig in das Programm aufgenommenen Vorführungen der Reichswehr absieht und die Ankündigung außer acht läßt, daß für alle jungen Männer der Arbeitsdienst obligatorisch eingeführt werden sollte. Da die Juni-Juli-Ereignisse trotz aller gegenteiligen Versicherungen negativ auf das Ansehen der SA zurückgewirkt hatten, war Hitler daran interessiert, daß sich die innenpolitische Situation weiter beruhigte und sich zwischen seiner engeren Gefolgschaft und den sonstigen »Volksgenossen« keine dauerhaften Spannungen aufbauten. Die Deutschen sollten das Gefühl gewinnen, daß der Alltag ins Reich zurückgekehrt sei. Deshalb waren den NS-Organisationen öffentliche Versammlungen und Geldsammlungen auch eine Zeitlang nur noch in besonderen und von den Zentralen genehmigten Fällen erlaubt worden.

Während des Parteitags sprach Hitler seit langem wieder einmal zu einer Frauenversammlung über die Beziehungen der Geschlechter. Praktisch hatte das Regime bereits vorher klargemacht, daß Frauen in der Politik nichts zu suchen hätten. Besonders deutlich kam das in der Zusammensetzung des Reichstags zum Ausdruck, der ebenso wie die »Reichsleitung« der NSDAP eine reine Männerversammlung war. Dennoch besaß die »Führung« großes Interesse daran, daß die Frauen das politische Werk der Männer guthießen. In Hitlers Verständnis sollte das nicht aufgrund eigenen Nachdenkens und Prüfens geschehen, sondern im Bewußtsein, daß ihnen ein kritisches Urteil nicht zustünde. Die Frau, so dozierte er vor den Führerinnen der NS-Frauenschaft, sei die »Gehilfin des Mannes«. Ihr gehöre die »kleine Welt«, die sie so zu gestalten habe, daß sich der Mann, wie es ihm zukomme, unbesorgt um die »größere« kümmern könne. Forderungen nach Gleichberechtigung der Geschlechter in der Gesellschaft denunzierte Hitler als Ausfluß eines »jüdischen Intellektualismus«.[6] Damit war insbesondere dem Studium der Frauen an Universitäten und

Nach 1933 mußten 70 Haus- und Grundstückseigentümer für den Umbau des »Hauses Wachenfeld« am Obersalzberg bei Berchtesgaden zum protzigen »Berghof« weichen

Hochschulen eine strikte Absage erteilt. Tatsächlich ging die Zahl der Studentinnen, die schon im Weimarer Staat gering geblieben war, weiter zurück.

An die von ihm verkündeten Prinzipien hielt er sich auch in seinen persönlichen Beziehungen zu Eva Braun. Sie hatte sich mit ihrer Randexistenz in München oder auf dem »Berghof«, dem Leben in einem goldenen Käfig, abgefunden. Weder bei Hitlers Auftritten als Parteiführer noch bei denen als Staatsmann durfte sie ihn begleiten oder auch nur von Tribünen aus beobachten. Wo bei besonderen gesellschaftlichen Anlässen die Herren aus Politik, Militär und Wirtschaft sich durch Damenbegleitung schmückten, erschien auch Hitler mit einer auserwählten Partnerin. Bilder, die ihn bei derartigen Festlichkeiten zeigten, mochten Evas Neid wachrufen. Gründe zur Eifersucht hatte sie vermutlich nicht. Hitler bedachte sie mit Aufmerksamkeiten oder vernachlässigte sie, je nach Verfassung und Zeit. Und er zeigte seinerseits keine Bedenken, sie lange in der Gesellschaft der Ordonnanzen, Diener und Bewacher zu lassen, welche die Nobelherberge belebten und genossen.

Ein weiteres Feld, das im zweiten Halbjahr 1934 Hitlers besondere Aufmerksamkeit erforderte, war die Überwindung der außenpolitischen Folgen der »Röhm-Affäre«. Zusätzlich trug der Versuch einer Gruppe von Hitler-Anhängern in Österreich, durch einen Putsch an die Macht zu gelangen und den »Anschluß« ans Reich durchzusetzen, zur außenpolitischen Isolierung bei. Am 25. Juli 1934 waren Angehörige der SS-Standarte 89, durch Uniformen des Bundesheers getarnt, in das Bundeskanzleramt in Wien eingedrungen und hatten Kanzler Dollfuß durch Schüsse tödlich verletzt. Eine zweite SS-Gruppe hatte das Rundfunkgebäude besetzt und einen umstürzlerischen Aufruf verbreitet. Der Putsch in der Hauptstadt war binnen weniger Stunden zusammengebrochen. Auch in anderen Teilen des Landes hatten die Aufrührer bald aufgeben müssen. Die Mörder von Dollfuß wurden gehenkt, andere Terroristen in Haft gesetzt. Weitere flohen über die Grenzen und gelangten ins Reich.

Hitler, der nicht bestreiten konnte, daß es seine Anhänger waren, die das hoch- und landesverräterische Unternehmen ausgeführt hatten, suchte dennoch, jede Verantwortung dafür zu leugnen. Von Bayreuth aus, wo er sich zu den Richard-Wagner-Festspielen aufhielt, ließ er sein Beileid zum Tod des Bundeskanzlers ausdrücken, setzte den Landesinspekteur der NSDAP in Österreich, Theo Habicht, ab und veranlaßte, daß der deutsche Botschafter seinen Posten verlor. Die Entsendung des früheren Vizekanzlers Papen nach Wien sollte zudem als Geste der Verständigungsbereitschaft gesehen werden.

Von der Festigung seiner Macht im Innern führte offenkundig kein direkter Übergang zu einer aggressiven Außenpolitik, wie Hitler sie sich vorstellte. Wiederholt machten ihn Diplomaten des Auswärtigen Amtes auf die Folgen eines überstürzten Vorgehens aufmerksam. Hitler lernte abzuwarten, in längeren Fristen zu rechnen und vorsichtig zu taktieren. Die Methode, nach der er in den folgenden Jahren immer wieder vorging, war denkbar einfach. Er versicherte, daß es für das Deutsche Reich keinen anderen Gegner gäbe als die Sowjetunion, den »Bolschewismus«. Doch wolle er auch diesen Staat nicht angreifen, sondern sich lediglich gegen dessen Aggressivität schützen, die er in vielen Erklärungen mit dem Hinweis auf die weltrevolutionären Absichten der Kommunistischen Internationale sowie auf die Aufrüstung der UdSSR zu beweisen suchte. Diese »Bekenntnisse« fanden in kapitalistischen Kreisen allerorts offene Ohren. Auch fehlte es Hitler nicht an ausländischen Korrespondenten, die sofort zur Stelle waren, wenn er in einem Interview seine Friedfertigkeit erneut bekunden wollte. Seine bevorzugten Adressaten waren sowohl britische Konservative als auch Labourpolitiker, unter denen er auf diese Weise Uneinigkeit über die künftige Deutschlandpolitik zu stiften hoffte. Hitler

zielte vor allem auf eine Lockerung der traditionellen britisch-französischen Beziehungen. Gelänge es, diese Partner auch nur ein wenig auseinanderzumanövrieren, wäre der eigene Weg zur Aufrüstung ungleich weniger gefährdet.
Es lag auf dieser Linie, daß Hitler am 5. August dem Herausgeber der zum Rothermere-Konzern gehörenden britischen Zeitung Daily Mail, Ward Price, erklärte, Deutschland wolle von England nichts, ihm sei nicht einmal an der Rückgabe der deutschen Kolonien gelegen, stellten sie doch selbst für das reiche Großbritannien einen Luxus dar. Auch eine Rückkehr des Reichs in den Völkerbund sei möglich, wenn dafür als einzige Voraussetzung Deutschlands völlig gleichberechtigte Stellung geschaffen würde.[7] Das hieß im Klartext: wenn der deutschen Aufrüstung keine Hindernisse in den Weg gelegt würden. Da sich die Erweiterung und Neustrukturierung der Reichswehr mit dem Ziel, ein Massenheer zu formieren, und die Schaffung der Luftwaffe immer weniger verheimlichen ließen, fürchtete Hitler weiterhin Gegenmaßnahmen der Großmächte. Daher ergänzte er seine allgemeinen Reden über Deutschlands Friedfertigkeit einmal durch vage und ein anderes Mal auch durch bestimmtere Erklärungen seiner Bereitschaft, über Rüstungsbegrenzungen mit sich verhandeln zu lassen. Damit wollte er die Regierungen in London und Paris unter Handlungsdruck setzen und sie dazu bewegen, dem Reich limitierte Rüstungen zuzugestehen. Dem britischen Botschafter Eric Phipps versicherte er am 27. November 1934, daß Deutschland sich mit 35 Prozent der britischen Kriegsflottentonnage zufrieden geben würde. Er wolle auch über den Einsatz der Bombenflugzeuge in einem Kriege Vereinbarungen treffen, wobei er eine Regelung in Aussicht stellte, die das Inselreich praktisch vor jedem Angriff aus der Luft verschonen würde.[8]
Hitler sah befriedigt, daß offizielle und inoffizielle Diplomaten Großbritanniens die Reichskanzlei als ein bevorzugtes Reiseziel betrachteten. Am 25. Januar 1935 empfing er Reginald Allen, einen der Labourpartei angehörenden britischen Lord, und versicherte ihm, daß Deutschland »40 bis 50 Jahre ungetrübten Friedens« brauche. Seine Generation habe die Folgen des Weltkriegs zu liquidieren und keinen neuen zu beginnen.[9] Weniger repräsentativ waren die Gäste aus Frankreich, die sich bei Hitler einstellten. Doch konnte er dem Vorsitzenden einer französischen Frontkämpfervereinigung erklären, daß er einst ein Denkmal für die Leistungen auf dem Felde der Arbeit, nicht für Verdienste auf dem Schlachtfeld erstrebe.[10]
Hitler paßte in jenen Monaten des Jahres 1934 auch sein öffentliches Be-

suchsprogramm der Notwendigkeit an, von der Aufrüstung möglichst wenig Aufhebens zu machen. Mit Besuchen bei Formationen der Reichswehr hielt er sich zurück. Dagegen erschien er auf dem zum zweiten Male begangenenen Reichserntedankfest am Bückeberg bei Hameln, besichtigte die Haftstätte auf der Festung Landsberg, inspizierte den Fortschritt der Bauarbeiten auf der größten Baustelle Berlins, dem Gelände für die bevorstehenden olympischen Wettkämpfe, und redete zur Eröffnung des Winterhilfswerks. Kurz vor Weihnachten unternahm er eigens eine Reise nach Cuxhaven, wo der Dampfer »New York« einlief, dessen Besatzung norwegische Seeleute gerettet hatte.

Hitler gestattete sich zu dieser Zeit selten öffentliche Auftritte in militärischer Umgebung und Begleitung, und wenn sie doch stattfanden, erschienen sie gleichsam harmlos. So begab er sich beispielsweise mit den Befehlshabern der Streitkräfte zu Generalfeldmarschall von Mackensen, der seinen Wohnsitz in der Nähe Stettins hatte und so etwas wie der Vorzeige-Recke des kaiserlichen Heeres war, um dem greisen Herrn zum Geburtstag zu gratulieren. Dann wieder stellte er sich zu einem Erinnerungstreffen von Soldaten ein, die an der deutsch-russischen Front gekämpft hatten. Alle diese Gesten waren wohlberechnet. Sie sollten Hitlers Verbundenheit mit der »alten Armee« sowie seine Entschlossenheit ausdrükken, sich auf die Erfahrungen der Weltkriegsteilnehmer zu stützen. Das war deshalb wichtig, weil viele Offiziere, die zwischen 1914 und 1918 Fronterfahrungen gesammelt hatten, inzwischen auf hohe Kommandoposten in der Reichswehr gelangt waren und sich aus ihnen das Korps von Generalen und Generalstäblern formieren mußte, mit dem er die nächsten Kriege zu gewinnen hoffte.

Der erste außenpolitische Erfolg, den Hitler verbuchen konnte, war die Rückgabe des Saargebiets, des im Jahre 1919 aus preußischen und bayerischen Landesteilen gebildeten besonderen Territoriums, das unter die Verwaltung des Völkerbunds gestellt, faktisch aber Frankreich zu wirtschaftlicher Ausbeutung überlassen worden war. Hitler hatte sich 1933 einen Rat von Diplomaten des Auswärtigen Amtes zu eigen gemacht, den Zeitpunkt abzuwarten, an dem laut Versailler Vertrag durch eine Volksabstimmung über die Zukunft des Gebiets entschieden werden sollte. Er hatte sich damals auch schon mit politischen und Gewerkschaftsführern aus dem Saarland über die Vorbereitung der Abstimmung beraten, um zu sichern, daß sie zweifelsfrei im Sinne Deutschlands ausfiel. Sorgen bereitete einerseits die Stärke der dortigen kommunistischen und sozialdemokratischen Organisationen und andererseits die Schwäche der Landesorganisation der NSDAP. Das Fazit dieser Besprechungen, an denen auch der führende Saarindustrielle Herrmann Röchling teilgenommen hatte, bestand in der Bildung einer überparteilichen »Deutschen Front«. In ihr »verkrochen« sich gleichsam die einflußschwachen Hitlerleute. Die Abstimmungskampagne dieser Front unter Losungen wie »Deutsche Mutter, heim zu Dir« oder – in der Mundart des Gebiets – »Nix wie hemm« war ganz auf die Gefühle der nationalen Zugehörigkeit abgestimmt. Dagegen hatten die Arbeiterparteien und eine Minderheit von christlichen Politikern und ihre Gefolgsleute einen schweren Stand. Mit ihren treffenden Aussagen über den Charakter des bestehenden deutschen Regimes, sein antidemokratisches Wesen und seine kriegerischen Absichten drangen sie nicht einmal bei einem erheblichen Teil ihrer bisherigen Wähler durch. Die Alternative, den Völkerbund-Status aufrechtzuerhalten, bis der Faschismus in Deutschland beseitigt sein würde, besaß wenig Anziehungskraft. Kundgebungen am Niederwald-Denkmal 1933 und 1934 auf dem Ehrenbreitstein oberhalb von Koblenz, zu denen die Saarländer zu Zehntausenden herantransportiert wurden, gaben Hitler Gelegenheit, für die Rückkehr in das angeblich geeinte, aufbauende und von Grund auf friedfertige Deutschland zu werben. Als er am 26. August auf dem Ehrenbreitstein sprach, bezog er sich auf das Abstimmungsergebnis, durch das er seine Wahl zum Staatsoberhaupt hatte bestätigen lassen, und benutzte es als Beweis für die Geschlossenheit der deutschen Volksgemeinschaft, in die nun auch die »Volksgenossen« von der Saar eintreten dürften. Wer gegen den Anschluß des Saargebiets stimme, werde als ein »Judas« angesehen.[11] Damit war angekündigt, was die Antifaschisten zu erwarten hatten, wenn sie unterlagen.

Am 13. Januar 1935 entschieden sich mehr als 90 Prozent der Abstimmenden für die »Rückkehr«. Als die formale Übergabe des Territoriums an das Reich erfolgte, fuhr Hitler nach Saarbrücken, wo er von Zehntausenden überschwenglich begrüßt wurde. Die erste territoriale Korrektur des Versailler Vertrages war vorgenommen und erfolgte im Rahmen seiner Bestimmungen. Hitler hatte zudem während der gesamten nationalistischen Kampagne Wert darauf gelegt, Frankreich nicht unnötig herauszufordern. Wiederholt erklärte er, daß es nach der Rückkehr des Saargebiets von deutscher Seite keinerlei territoriale Forderungen an den westlichen Nachbarn mehr gäbe, wobei er nie hinzuzufügen vergaß, wie schwer ihm der Verzicht auf Elsaß und Lothringen falle. Doch würde sich, wenn die »Saarfrage« entschieden sei, erstmalig die Perspektive einer dauerhaften Verbesserung der deutsch-französischen Beziehungen ergeben.

Diese Reden dienten zum einen bereits dazu, Kreuzfeuer gegen die sich anbahnenden neuen Beziehungen zwischen Frankreich und der UdSSR zu schießen. Zum anderen sollten sie die Franzosen über die folgenden Schritte der Reichsregierung beruhigen. Letztere gelangte nämlich Anfang 1935 zu dem Schluß, daß die eigene Stellung nur erleichtert werden könnte, wenn Deutschland die Tatsache seiner Aufrüstung offen zugab. Vor allem aber waren, wenn der vorbereitete Schritt zum Massenheer gegangen werden sollte, Gesetze notwendig, die alle Deutschen – bei Strafandrohung im Falle ihrer Weigerung – zum Wehrdienst zwangen. Am 26. Februar wurde ein Erlaß Hitlers gutgeheißen, der die bereits bestehende Luftwaffe zum dritten Wehrmachtsteil bestimmte und dessen Existenz öffentlich machte.[12] Am 16. März 1935 bestellte der Reichskanzler die Botschafter Großbritanniens, Frankreichs, Polens und Italiens zu sich und unterrichtete sie vom Beschluß der Reichsregierung, die allgemeine Wehrpflicht einzuführen und damit eine der grundlegenden Klauseln des Versailler Vertrags nicht länger als bindend zu betrachten. Die Stärke des deutschen Heeres wurde auf 36 Divisionen begrenzt. Eine nachfolgende Entscheidung setzte die Pflichtdienstzeit auf ein Jahr fest. Bevor die ersten Rekruten sie hinter sich hatten, wurde sie auf zwei Jahre verlängert.

Die Kabinette Großbritanniens und Frankreichs antworteten mit Protestnoten. Doch reiste Londons Außenminister nicht etwa nach Paris, um die veränderte Situation und deren Konsequenzen gemeinsam zu analysieren, sondern stattete seinen bereits länger geplanten Besuch bei Hitler ab, zu dem sich der Reichskanzler nun bereit fand. Die Gespräche, die John Simon und der ihn begleitende Lordsiegelbewahrer Anthony Eden mit Hitler am 25. und 26. März 1935 führten, dauerten viele Stunden und dienten von britischer Seite der genaueren Erkundung der deutschen Pläne und der Ergründung von Möglichkeiten, sich mit Hitler über Rüstungsbegrenzungen zu verständigen, soweit diese Großbritannien Vorteil versprachen. Doch die Erkenntnisse, welche die beiden hohen englischen Diplomaten in den Gesprächen gewinnen konnten, waren minimal. Der »Führer« speiste sie mit den üblichen Friedensbekenntnissen ab: Er lehne »jede Anfügung von Grenzgebiet« ab, er beabsichtige nicht, Teile aus den Nachbarstaaten herauszureißen, Deutschland habe »kein Interesse am Imperialismus«.[13] Verlockend schien den britischen Gästen einzig das Angebot, sich über den Umfang der deutschen Seerüstungen zu verständigen. Als Hitler am 27. März den Oberbefehlshaber der Marine, Admiral Raeder, und den Chef des Marine-Waffenamtes, Vizeadmiral Karl Witzell, in Gegenwart des Marine-Adjutanten Karl von Puttkammer über seine

Gespräche unterrichtete, wurde das die Kriegsmarine betreffende Fazit militärisch knapp so zusammengefaßt: »Motto: Handeln und Mundhalten«.[14] Bezeichnenderweise stattete Hitler tags darauf, taktischer Rücksichten nun enthoben, dem Jagdgeschwader Richthofen in Döberitz einen Besuch ab. Goebbels deutete die jüngsten diplomatischen Erfahrungen während einer Rede auf dem Danziger Heumarkt ungeschminkt: »Man muß nur Mut haben, dann setzt man sich schon durch.«[15]

Hitler sah die Kreise der deutschen Politik auch nicht gestört, als sich die Ministerpräsidenten und Außenminister Großbritanniens, Frankreichs und Italiens Mitte April in Stresa am Lago Maggiore trafen, da sich ihre Antwort auf das einseitige und eigenmächtige Vorgehen Deutschlands in bloßen Deklarationen erschöpfte.[16] Was die »Stresafront« wert war, zeigte sich zudem zwei Monate später, als Großbritannien, ohne Frankreich in die Verhandlungen einzubeziehen, mit Deutschland ein Flottenabkommen abschloß, das ganz im Sinne Hitlers die Aufrüstung der Kriegsmarine legalisierte. Mit der Bestimmung, wonach Deutschlands Seestreitmacht 35 Prozent der Tonnage der britischen umfassen dürfe, so lautete der seit längerem unterbreitete deutsche Vorschlag, war für den Bau von Überwasserschiffen ein Spielraum geschaffen, den die Werften an der Nord- und Ostseeküste auf Jahre hinaus nicht würden ausfüllen können. Praktisch unbegrenzt waren auch die Möglichkeiten, diese Streitmacht mit Unterseebooten auszurüsten.[17] Die englische Regierung hatte sich mit der Unterzeichnung dieses Abkommens vor allem über die Tatsache hinweggesetzt, daß die Bestimmungen des Versailler Vertrages von weiteren Staaten unterzeichnet worden waren. Daß diese, zumeist Mittel- und Kleinstaaten, nun glatt übergangen wurden, zeugte vom Großmachtverständnis der Londoner Politik, die sich in diesem Punkte mit der Vorgehensweise des deutschen Diktators weitgehend deckte.

Wichtiger als der Inhalt des britisch-deutschen Vertrags und die Verfahrensweise, in der er zustande kam, war der Zeitpunkt seines Abschlusses. Anfang Mai war zwischen der UdSSR, Frankreich und der Tschechoslowakei ein System von Abkommen zustande gekommen, das sich zum Kristallisationskern einer kollektiven Sicherheitspolitik gegen die aggressiven Absichten Deutschlands entwickeln konnte. Zweiseitige Beistandsverträge verpflichteten die Staaten, einander zu Hilfe zu kommen, falls sie einem unverschuldeten Angriff ausgesetzt würden. Die sowjetische Beistandszusage an die Tschechoslowakei war dabei an die Intervention Frankreichs gekoppelt.[18] Falls dieses System von Abmachungen militärisch funktionstüchtig gemacht und durch Vereinbarungen zwischen den

Generalstäben der drei Staaten unterlegt würde, mußte Deutschland im Falle eines Angriffs auf die Tschechoslowakei mit dem Eingreifen Frankreichs und dann sofort mit einem Zweifrontenkrieg gegen den Nachbarn im Westen und die Sowjetunion im Osten, also mit der Konstellation des August 1914, rechnen. Die Trauben schienen für Hitler hochgehängt. In diesem Moment bedeutete Großbritanniens Alleingang, daß es sich vom französischen Kurs distanzierte, politisch-militärische Abmachungen unter Einbeziehung der UdSSR ablehnte und den Ausgleich mit den Machthabern in Berlin auf dem Wege von Kompromissen suchte. Zudem war der sowjetisch-französische Vertrag auch in Frankreich selbst umstritten. Seine Ratifizierung zog sich in die Länge. Die sowjetischen Bestrebungen, von politischen zu militärischen Vereinbarungen fortzuschreiten, blieben blockiert.

Hitler und die deutsche Propaganda nutzten den Vertrag zwischen den beiden größten Kontinentalmächten, die über weit stärkere Streitkräfte verfügten, als sie die Wehrmacht besaß oder rasch aufbauen konnte, um eine Politik der Einkreisung und Bedrohung Deutschlands an die Wand zu malen und Erinnerungen an die Weltkriegssituation zu beschwören, als es angeblich schon einmal eingekreist wurde. Vor allem aber bezichtigte Hitler die französischen Regierungspolitiker, den »Bolschewismus« nach Europa zu holen, und stellte das deutsche Reich als Wall gegen die angeblich permanente Gefahr aus dem Osten dar, der ganz Europa vor dem Chaos schütze. In einer außenpolitischen Rede vor dem Reichstag beteuerte Hitler wiederum, daß die Sicherung friedlicher internationaler Beziehungen sein einziger Wunsch sei. Er wolle zu Frankreich ebenso gute nachbarliche Beziehungen herstellen, wie sie inzwischen zu Polen existierten. Hitler wußte, was die kostenfrei gewonnene deutsch-polnische Nichtangriffserklärung vom 26. Januar 1934 wert war und nutzte jede Gelegenheit, ihren vorgeblichen Geist herauszustreichen. Am 18. Mai 1935 begab er sich in die katholische St. Hedwigs-Kathedrale in Berlin, um am Requiem für den verstorbenen Marschall Józef Pilsudski teilzunehmen. Zur Beisetzung in Krakau wurde eine hochrangige Delegation unter der Leitung Görings entsandt. Am 3. und 4. Juli 1935 empfing Hitler den polnischen Außenminister zu einem offiziellen Besuch in Berlin und bedachte ihn mit ausgesuchter Aufmerksamkeit.

Auf des »Führers« Friedensmelodie waren die Reden aller anderen NS-Führer abgestimmt. Sie sollten übertönen, daß Deutschland nun zur forcierten Hochrüstung seiner Streitkräfte überging. Wie zur Bestätigung dessen flog in Reinsdorf bei Wittenberg eine sprengstoffherstellende Fabrik in die Luft. Es blieb nur eine entsetzlich verwüstete Fläche übrig, die an die Schlachtfelder in Frankreich erinnerte. Die Zahl der getöteten Arbeiter wurde mit 60 angegeben. Hitler fuhr am 18. Juni zum Staatsbegräbnis, wobei er – wie auch bei anderen Gelegenheiten – seine Anteilnahme an den »Opfern der Arbeit« bekundete. Tatsächlich häuften sich mit der Verschärfung des Arbeitstempos die Unfälle. Sie wurden als Schicksalsschläge abgetan, zugleich aber wurden gesetzliche Regelungen geschaffen, die die Hinterbliebenenfürsorge verbesserten. Wenn es in Deutschland in Betrieben, auf Truppenübungsplätzen oder bei Manövern »Opfer der Aufrüstung« gab, wurden zunächst die Meldungen darüber scharf reglementiert. Über Flugzeugabstürze, eine Folge der überhasteten Ausbildung der Piloten, berichteten nur Zeitungen, die in der Nähe der Absturzstelle erschienen, wo also das Unglück ohnehin bekannt war. Doch stets wurden die Toten als Opfer »für Deutschland«, dessen friedlicher Aufbau eines Schutzes bedürfe, gewürdigt. Noch mehr: Die deutsche Aufrüstung erhielt dreist ein europäisches Interesse unterschoben. In der schon erwähnten Rede in Danzig rief Goebbels aus: »Nicht das bewaffnete Deutschland beunruhigt Europa, das unbewaffnete Deutschland hat Europa beunruhigt ... Nein, vom Krieg überhaupt zu reden, ist heute schon ein Verbrechen ... Nein, wir haben die Absicht, Europa wirklich zu befrieden.«[19] Es fehlte ihm nie an Worten, wenn es galt, Motive, Absichten und Ziele zu verhüllen. Allerdings konnte er sich in diesem Metier getrost mit Hitler messen, ohne dabei schlecht abzuschneiden.

Hitler hatte sich zwei Tage nach seiner »Friedensrede« vor dem Reichstag einem chirurgischen Eingriff unterziehen müssen, bei dem ihm ein Polyp von einem seiner Stimmbänder entfernt wurde. Er verbrachte in den folgenden Monaten längere Zeit in Bayern, reiste aber aus verschiedensten Anlässen nach Leipzig, Hamburg, Nürnberg, kam zu dringenden Regierungsgeschäften auch wieder nach Berlin und machte von dort einen Abstecher nach Hohenlychen, wo er seinen Stellvertreter Heß am Krankenbett besuchte. Mit öffentlichen Reden vor Massenversammlungen hielt er sich eine Weile zurück. Erst am 11. August 1935 sprach er in Rosenheim wieder vor vielen Anhängern anläßlich des 15. Jahrestages der Gründung der dortigen NSDAP-Ortsgruppe, der zweitältesten nach der in München. In dieser Rede kündigte Hitler nicht namentlich genannten Personen und Gruppen den Kampf mit den Worten an: »Wenn sie ihn wollen, dann können sie ihn haben. Wir werden sie niederschmettern.«[20] Aus seinem Munde waren derartige Drohungen nichts Ungewöhnliches. Insbesondere im Kreise der »alten Kämpfer« wollte er auch durch starke Worte beweisen, daß er sich von ihnen nicht entfernt hatte. Indessen betraf die Ankündigung ein Thema, das in der Führung des Regimes seit einem Jahr gleichsam ungeklärt schwelte, die Frage nämlich, wie alle diejenigen zu disziplinieren und der Gefolgschaft Hitlers bedingungslos einzufügen wären, die abseits standen und zu erkennen gaben, daß sie dieser Macht nicht vertrauten. Die aktiven Gegner der Staatsmacht wurden von Gestapo und Justiz verfolgt, entweder in Konzentrationslager oder nach Gerichtsurteil in Gefängnisse und Zuchthäuser gesperrt oder dem Henker übergeben. Unklar blieb, wie mit den passiv Widerstrebenden umgegangen werden sollte. Am 9. November 1934 hatte Hitler in München erklärt: »Denn noch sind viele, viele Gegner unserer Bewegung in Deutschland vorhanden.«[21] Gegen sie sollte zum einen mit einer verschärften Gesetzgebung vorgegangen werden. Am 20. Dezember wurde das mit Hitlers Unterschrift versehene Gesetz »gegen heimtückische Angriffe auf Staat und Partei«, ein drakonisches Maulkorb-Gesetz, erlassen[22], welches Kritik am Regime mit schweren Strafen bedrohte. In der NS-Führerschaft war aber nach wie vor die Ansicht verbreitet, daß die NSDAP mit ihren paramilitärischen Organisationen auch direkt zur Disziplinierung von Gegnern eingesetzt werden müsse. Als solche galten vor allem zwei Gruppen: die Juden, von denen niemand angesichts der Benachteiligungen und Verfolgungen annehmen konnte, daß sie diesem Staat eine lange Lebensdauer wünschten, und jener Teil der aktiven Anhängerschaft der christlichen Kirchen, der sich nicht ausdrücklich als Parteigänger des Regimes bekannte und Einwände gegen die Ideologie und Praxis des »Nationalsozialismus« erhob.

Seit Ende 1934 waren Juden verstärkt Repressionen ausgesetzt, wurden insbesondere jüdische Geschäfte und Warenhäuser des Einzelhandels erneut von Aktivisten der NS-Organisationen angegriffen. Unausgesetzt publizierte die faschistische Presse Beleidigungen widerlichster Art. Dadurch zusätzlich ermuntert, kam es in den verschiedensten deutschen Städten und Ortschaften zu antijüdischen Aktionen. Losungen auf Plakaten und Schautafeln »warnten« vor dem Einkauf in jüdischen Unternehmen. An Ortseingängen wurden Juden mit schmähenden Parolen »begrüßt« und vor dem Betreten gewarnt. Die Kampagne zielte darauf, immer mehr Juden aus ihren wirtschaftlichen Positionen zu verdrängen und sie zur Flucht über die Grenzen zu treiben. Heydrich hatte in seiner Eigenschaft als Chef der Gestapo am 10. Februar 1935 angeordnet, daß alle Versammlungen jüdischer Organisationen zu verbieten seien, in denen die Juden dazu aufgefordert wurden, in Deutschland zu bleiben.[23]

Als Hitler angesichts der bevorstehenden Olympischen Spiele die Frage gestellt wurde, ob diese Schilder nicht der eigenen Sache Schaden brächten, ließ er Bormann am 30. April 1935 bestellen, daß gegen sie nichts einzuwenden sei. Im Verlauf des Frühjahrs und Sommers nahmen die Angriffe auf Juden in einer Reihe von Städten – so am 25. Mai in München – pogromähnlichen Charakter an. Allerdings störten die Boykottaktionen gegen Geschäfte und Warenhäuser, wie schon im Frühjahr 1933, empfindlich die Handelsbeziehungen. Nicht zufällig war es Wirtschaftsminister Schacht, der darauf drängte, ihnen ein Ende zu machen. Dessen Einwände besaßen um so mehr Gewicht, als eine Beeinträchtigung der Auslandsgeschäfte wegen des Devisenbedarfs der Rüstungswirtschaft höchst unwillkommen war. Schacht hatte deshalb eine starke Position, und er nutzte sie aus, so vor allem die Interessen der »arischen« Kapitalisten wahrend.
Parallel zu diesen antijüdischen Exzessen erfolgten Angriffe auf kirchliche Kreise, vor allem des Katholizismus. Anklagen gegen »politisierende« Priester und Bezichtigungen wegen Verstoßes gegen Devisengesetze und der Vorwurf der Homosexualität verschleierten das Wesen der Auseinandersetzung. Die von der Staatsführung geförderte Hitlerjugend kam mit der Organisierung der männlichen Jugend nur schleppend voran, und das bedeutete, daß die Militarisierung der heranwachsenden Knaben keineswegs die erstrebten Fortschritte machte. Demgegenüber war der Einfluß der Kirchen, deren Lehren sich zwar nicht notwendig zum Antijudentum des Regimes in Widerspruch befanden, aber doch mit der Rassenideologie in keine Kongruenz gebracht werden konnten, nach wie vor stark. Obwohl Priester, Pfarrer und Rabbiner die Waffen des kaiserlich-imperialistischen Heeres 1914 gesegnet hatten, konnten die jetzigen Machthaber nicht darauf vertrauen, daß alle Kirchenoberen in einem kommenden Kriege erneut dazu bereit wären. Unter dem Eindruck der Weltkriegserfahrungen hatte sich in beiden christlichen Kirchen eine Minderheit formiert, die das Gebot »Friede auf Erden« auch politisch verstand. Erziehung zum Frieden und Vorbereitung des Krieges aber bildeten unversöhnliche Gegensätze. Die Hitlerjugend sang, daß vor ihr »mit sturmzerfetzten Fahnen die toten Helden« marschieren und über ihr »die Heldenahnen« leben, deren Weg sie fortsetzen wolle. Da konnte kein aufrechter Geistlicher einstimmen. Der Anspruch auf die totale Jugendführung und ihre Fixierung auf den »heißgeliebten Führer« – so wurde Hitler bei Jahresbeginn während eines Appells von Partei-, Staats- und Wehrmachtsführern von Göring genannt – war nur durchzusetzen, wenn Pfarrer, Priester und

Laien, die ihrerseits die religiöse Erziehung der Jugend anstrebten, isoliert wurden. Es war diesem Ziel am wenigsten dienlich, bezeugte aber die Hilflosigkeit der von Baldur von Schirach geführten Hitlerjugend, daß ihre rabiaten Anhänger christlich gesinnte Jugendliche terrorisierten, sie in deren Heimen überfielen, antikirchliche Lieder gröhlten, die – wie das »Devisenschieber-« oder das »Klosterlied« – auch in SA- und SS-Formationen gesungen wurden.
Wie Hitler monatelang gegen die antijüdischen Terrorakte keine Einwände erhob, so auch nicht gegen Gewaltmaßnahmen bei der Verfolgung von Pfarrern und anderen Repräsentanten der Kirchen. Doch galt gerade in diesem Falle, daß derjenige, der schweigt, auch zustimmt. Er ließ die Aktionen, die von NSDAP-Amtswaltern, von SA- und SS-Führern angeführt wurden, sich auf lokaler und regionaler Ebene ungehindert entfalten. Als wichtiger Teil der Innenpolitik verdeutlichten sie die Entschlossenheit des Regimes, auch den leisesten Verdacht von Gegnerschaft brutal zu ahnden. Die daraus resultierende Einschüchterung war gerade zu diesem Zeitpunkt ausdrücklich gewollt, da die versprochenen Verbesserungen des Lebens für Millionen auf sich warten ließen, wodurch sich in vielen Schichten hörbar Kritik regte. Vor allem aber erzeugten diese »Einzelaktionen« einen Effekt, der sich zu allen Zeiten für die als nützlich erwiesen hatte, die Menschen gegen Juden mobilisierten und wüten ließen. Mochten enttäuschte Anhänger des Regimes also gegen Juden und »Pfaffen« ausziehen und sich dadurch jene Befriedigung verschaffen, die ihnen auf andere Weise versagt blieb.
Dennoch war die Bilanz der erneuten Gewaltwelle der NS-Organisationen widersprüchlich. Das galt – wie bereits erwähnt – für ihre wirtschaftlichen Folgen wie für ihre politischen Wirkungen. Anhänger des Regimes, die keine Einwände gegen antijüdische Gesetze und Erlasse erhoben, billigten das rabiate Vorgehen von SA und Hitlerjugend in der Öffentlichkeit nicht, weil sie darin einen Rückfall in die Zeit der »Revolution« erblickten, deren Ende der »Führer« wiederholt erklärt hatte. Obwohl anhand von Besprechungsprotokollen keine letzte Gewißheit darüber erworben werden kann, deutet vieles darauf hin, daß Hitler während der Beratungen, die im August 1935 vor dem NSDAP-Parteitag stattfanden, die Entscheidung traf, das öffentlich-gewalttätige Vorgehen zu beenden. Himmler wurde als einer der ersten aus dem Führungskreis von diesem taktischen Kurswechsel unterrichtet und befahl der SS am 16. August, alle »Einzelaktionen« zu unterlassen. Eine Weisung des Reichsinnenministers Frick forderte wenig später von der Polizei, die bis dahin weggesehen hatte, wenn Personen

und Sachen von Terrortrupps angegriffen wurden, entschieden einzuschreiten.
Hitler selbst hielt sich mit einem erneuten Aufruf an die NS-Organisationen zunächst noch zurück. Erst am letzten Tag des Nürnberger Parteitags ließ er die »Männer des Deutschen Reichstags« zu einer antijüdischen Kundgebung zusammenrufen, die an die vorangegangenen Aktionen seiner Gefolgschaft anknüpfte und die Verfolgung der Juden in Deutschland in eine neue Phase überleitete. In einer kurzen Rede verlangte der Reichskanzler die Zustimmung zu drei Gesetzen, deren Wortlaut Göring verlas. Wie üblich beschloß die Versammlung diskussionslos das »Flaggengesetz«, das »Reichsbürgergesetz« und das »Gesetz zum Schutze des deutschen Blutes und der deutschen Ehre«.[24] Diese Gesetze diffamierten die jüdischen Deutschen, durch die Sprache der Gesetzgebungs-Bürokratie kaum verhüllt, im Stil des »Stürmer« und erklärten sie zu Staatsbürgern minderen Rechts. Während das Gesetz über die Reichsbürgerschaft, die den Juden nicht zugebilligt wurde, noch nicht klar erkennen ließ, welche Konsequenzen die Machthaber aus ihm ziehen würden, verbot das »Blutschutzgesetz« die Ehe zwischen den Deutschen, die als Träger »deutschen und artverwandten Blutes« bezeichnet wurden, und allen, in deren Adern angeblich »jüdisches Blut« fließe. Zu den Infamien der Gesetzgeber gehörte die Bestimmung, wonach »deutsche« Frauen unter 45 Jahren in Haushalten, in denen jüdische Männer lebten, nicht mehr als Hausangestellte tätig sein durften. Dazu zählte außerdem die »Gewährung« des unter Staatsschutz gestellten Rechts, die »jüdischen Farben« anstelle der »deutschen« Fahne zu zeigen. Denn, so hatte Göring am Ende der Sitzung erklärt, kein Jude dürfe das Hakenkreuz, »dieses heilige Zeichen«, hissen.[25] Die antisemitischen Machthaber stießen die Juden mit diesen Gesetzen, deren Artikel und Paragraphen im Reichsinnenministerium seit längerem vorbereitet worden waren, in ein Ghetto besonderer Art und erwarteten, daß sich dadurch der Flüchtlingsstrom der Verfolgten verbreitern würde.
Hitlers knappe Begründung für die Ausweitung der antijüdischen Gesetzgebung glich einem Gespinst lügenhafter Erfindungen. Wieder mußte eine sich angeblich von New York bis Moskau erstreckende internationale jüdische Verschwörung herhalten, um die wahren Motive des faschistischen Antisemitismus zu verhüllen. Den deutschen Juden dichtete er an, sie stünden mit dieser Verschwörung in geheimer Verbindung. Die wirklichen Vorgänge der letzten Monate in deutschen Städten und Ortschaften auf den Kopf stellend, behauptete Hitler, daß sie auf ein planmäßiges provokatorisches Vorgehen der Juden hindeuteten. Die von ihm vorgeschla-

genen Gesetze würden nun aber das künftige Zusammenleben zwischen Deutschen und »Juden« regeln und eine »einmalige säkulare Lösung« erstreben. Falls sie nicht erreicht werden könnte – der Heuchelei folgte die Drohung –, würde zur »endgültigen Lösung« dann die Partei eingesetzt werden.[26] Nach den Vorgängen der zurückliegenden Frühjahrs- und Sommermonate konnte niemand zweifeln, was Hitler damit ankündigte. Am Abend dieses 15. September 1935, an dem dieses Dritte Reich hinter den von der Großen Französischen Revolution 1789 eingeleiteten Menschheitsfortschritt zurückgezerrt wurde, sprach Hitler noch einmal vor einem kleineren Kreis von »Mitführern«, wie er seine engere Gefolgschaft gelegentlich nannte. Die Juden könnten in Deutschland ihr »Eigenleben« führen; und die Angehörigen der NSDAP hätten, so berichteten am folgenden Tage die Zeitungen, »jede Einzelaktion wie bisher zu unterlassen«.[27]

Als die Masse der Teilnehmer Nürnberg bereits verlassen hatte, rief Goebbels die Propagandaleiter zusammen, um ihnen intern Verhaltensregeln für die nächsten Aufgaben zu geben. Zu diesem Zeitpunkt zeichnete sich bereits ab, daß die Aufrüstung und das Tempo, in dem sie vorangetrieben wurde, für das Leben der Bevölkerung alsbald weitere spürbare Nachteile mit sich bringen würden. Zum ersten Mal sahen sich die Machthaber einer Verschlechterung der Stimmung in der Bevölkerung gegenüber. Ihre Massenbasis, die seit den Januartagen 1933 – wenn auch nicht kontinuierlich – gewachsen war, begann an den Rändern zu bröckeln. Kritik machte sich bemerkbar, und da eine Korrektur des Aufrüstungstempos außerhalb der Absichten der Machthaber lag, mußte mit dem Anwachsen von Unzufriedenheit gerechnet werden. Goebbels forderte deshalb von den Propagandisten, sie sollten »dem Gegner mit den Leistungen unseres Regimes ins Gesicht springen«.[28] Hitler seinerseits beschwor in öffentlichen Reden während der folgenden Wochen wieder und wieder die »Kampfzeit« und verlangte, daß Opfer – ohne sie genau zu benennen – auch jetzt gebracht werden müßten.

In einer Ansprache zur Eröffnung des Winterhilfswerks redete Hitler beziehungsreich vom »Nationalsozialismus« als einer Bewegung des »reinsten Idealismus« und von einem »Eroberungsfeldzug«, durch den das eigene Volk gewonnen werden sollte.[29] Damit gestand er erneut ein, daß ein nennenswerter Teil der deutschen Bevölkerung dem System keineswegs kritiklos Gefolgschaft leistete. Er und andere Mitglieder der Regierung und des faschistischen Führerkorps trugen dem auch durch Auftritte vor Arbeitern Rechnung, bei denen sie ihre Politik rechtfertigten und als alternativlos hinstellten. Als Hitler sich anläßlich der »endgültigen«

Beisetzung von Hindenburgs Sarkophag in einer eigens gebauten Gruft im »Reichsehrenmal Tannenberg« in Ostpreußen aufhielt und dort auch Truppen inspizierte, fuhr er in die Schichau-Werft nach Elbing und redete vor einer Ansammlung von Proletariern, wie er es zuletzt drei Jahre zuvor in einem Berliner Siemens-Werk getan hatte. Wenig später rühmte er seine Verbundenheit mit den Bauern, als er vor einer unübersehbaren Menschenmenge auf dem Bückeberg marktschreierisch ausrief: »Wo ist der Staatsmann, wo ist das Staatsoberhaupt, das so durch sein Volk gehen kann, wie ich durch euch hindurchgehe.«[30] Wieder und wieder verkündete Hitler, daß er die Klassen und den Klassenkampf ein für allemal beseitigt habe, und knüpfte daran die Drohung an alle, die ihn im Reich wiederaufleben lassen wollten.

Überlegungen einiger Faschisten, die sich auf eine »nationalsozialistische« Rüstungswirtschaft mit direkter Beteiligung des Staates und einer Verringerung der Rolle der privaten Industrie richteten, wies derweil Wirtschaftsminister und Reichsbankpräsident Schacht in einer Rede vor der Akademie für Deutsches Recht zurück: »Nichts verlange mehr nach einem kapitalistischen Unterbau als eine moderne Wehrmacht.«[31] Doch war gerade bei Angehörigen der älteren Generationen die Erinnerung daran, daß es in Deutschland Interessenten und Nutznießer an Aufrüstung und Krieg gegeben hatte, noch nicht völlig verblaßt. Sie erhielt durch die aktuellen Erfahrungen, zu denen auch der fortschreitende Prozeß der »Arisierung« gehörte, neue Nahrung. Wortreich beteuerte Göring auf einer Kundgebung in Breslau, einer Stadt mit einem vergleichsweise hohen Anteil an jüdischer Bevölkerung, das »Rasseprogramm« sei nicht dazu da, Profite zu machen.[32] In Wahrheit wurden Sondergewinne bei jedem Zwangsverkauf erzielt, zu dem jüdische Eigentümer infolge der unausgesetzt und planvoll verschlechterten Konkurrenzbedingungen gedrängt wurden.

Das Bewußtsein, innen- und außenpolitisch eine kritische Phase der eigenen Herrschaft zu durchleben, verstärkte Hitlers Interesse, alle Organisationen und Zustände beseitigt zu sehen, die sich unter Umständen zu Kristallisationspunkten einer legalen Opposition entwickeln konnten. Das Monopol der NSDAP und ihrer Gliederungen sollte total ausgestaltet werden. Da die Organisationen der Arbeiter und anderer werktätiger Schichten längst liquidiert waren, richtete sich die Aufmerksamkeit nun ganz auf die Überbleibsel von Zusammenschlüssen, die einmal in dieser oder jener Weise – und sei es noch so schwach – Konkurrenten der NSDAP gewesen waren oder denen auch nur der Geruch anhaftete, am Rande des Regimes

eine Sonderexistenz führen zu wollen. So lösten sich am 18. Oktober die Burschenschaften auf. Einige Tage darauf empfing Hitler den Führer des Kyffhäuser-Bundes, Oberst Reinhard, dem er sich als einem bis zur Brutalität rücksichtslosen Gegner der Novemberrevolution eng verbunden fühlte. Beide besprachen die Konsequenzen aus der Auflösung des Stahlhelm, der zwar der SA bereits eingeordnet war, nun aber restlos liquidiert werden sollte. Reinhardt stimmte dem »Führer« zu, daß der Kyffhäuser-Bund als Auffangbecken für jene »Stahlhelmer« dienen könne, die sich nicht direkt der SA oder der SS anschließen wollten.[33]
Inzwischen schritten die Maßnahmen zum Aufbau der Wehrmacht voran. Am 15. Oktober wurde die Kriegsakademie eröffnet, die nun wieder offiziell Generalstabsoffiziere ausbildete. Am 1. November rückten die ersten Rekruten, die aufgrund des Gesetzes über die allgemeine Wehrpflicht eingezogen worden waren, in die Kasernen ein. Gleichen Tags begann in Gatow bei Berlin die Ausbildung in der Luftkriegsakademie. Hitler gab einen Tagesbefehl heraus, der die Kontinuität von Nationalsozialismus und schwarz-weiß-roter Tradition bekundete. Auch die Gestaltung der Reichskriegsflagge, an deren Entwurf er sich selbst zeichnerisch beteiligt hatte, lehnte sich deutlich an die des Kaiserreichs an.
Angesichts der Reaktionen des Auslands auf die neue Stufe der Judenverfolgung in Deutschland und auch wegen der unerwünschten Aufmerksamkeit, welche die eiligen Schritte der Aufrüstung erregten, betrachtete es Hitler geradezu als ein Geschenk,[34] daß am 2. Oktober ein anderes Ereignis die internationale Öffentlichkeit in Aufregung versetzte: Die italienische Wehrmacht war aus den Kolonien Somali-Land und Eritrea über das Kaiserreich Äthiopien hergefallen, um einen alten Plan der Kolonialisten in Rom zu verwirklichen und das Land zu erobern. Der Völkerbund mußte Partei ergreifen, da der angegriffene Staat zu seinen Mitgliedern gehörte. Die internationale Organisation, darunter Großbritannien und Frankreich als führende Mitglieder, kam nicht umhin, Italiens Aggression zu verurteilen. Der Bund beschloß auch wirtschaftliche Sanktionen, deren Wirkung jedoch gering blieb. Die Regierung in London verweigerte die Sperrung des Suezkanals, den wirkungsvollsten Schritt gegen den Aggressor.
Hitler sah, daß die internationalen Beziehungen in Bewegung gerieten, und war entschlossen, diese Situation für seine Absichten auszunutzen. So begann die Geschichte der »Freundschaft« zwischen dem »Führer« und dem Duce. Ihr Ursprung lag nicht vorrangig in der verwandten Ideologie und Innenpolitik der beiden Diktatoren. Vielmehr waren es die imperiali-

stischen Interessen, die sie zusammenführten. Die ersten Schritte der Annäherung wurden vorsichtig und unsicher unternommen. Zunächst entschied Hitler, daß sich das Reich im Konflikt »neutral« zu verhalten habe, worunter intern jedoch eine »wohlwollende Neutralität« verstanden wurde. Wenn die Sanktionen griffen, würde sich zudem die Chance eröffnen, die wirtschaftlichen Beziehungen mit dem auch in militärische Schwierigkeiten geratenen Aggressor auszubauen.

Mehrfach ließ sich Hitler direkt durch den deutschen Botschafter in Rom, von Hassell, über Mussolinis Lage informieren. Nüchtern sah er, daß das eigene Regime in Europa und der Welt noch immer isoliert war und daß eine Niederlage oder auch nur eine Schwächung des italienischen Faschismus auch zu seinen Ungunsten ausschlagen konnte. Daher sollte sich in Deutschland niemand von den seit 1915 vorhandenen und erst ein reichliches Jahr zuvor neu genährten antiitalienischen Gefühlen leiten lassen. Statt dessen wäre ein Schlußstrich auch unter die Ereignisse des Jahres 1934 zu ziehen, als Italien sich sichtbar gegen die deutschen Ansprüche auf Österreich gestellt hatte. Schließlich wurde der Botschafter beauftragt, Mussolini des »Führers« Glückwünsche zu dessen Siegen zu überbringen. Zu diesem Zeitpunkt zeichnete sich schon ab, daß der Diktator in Rom die deutsche Haltung honorieren und aus den Partnerschaftsbeziehungen zu den beiden Großmächten im Westen ausbrechen werde.

Hitler hielt diesen Moment für günstig, die Militarisierung auf ganz Deutschland auszudehnen. Die Bestimmung des Locarno-Vertrags über die entmilitarisierte Zone innerhalb des Reichs vor der französischen und der belgischen Grenze sollte nicht länger respektiert werden. Dieser Entschluß lag auf der Linie des allgemeinen, wenn auch noch unkonturierten Kriegsplans, der eine militärische Auseinandersetzung mit Frankreich nicht nur als eine Möglichkeit, sondern als notwendigen ersten Schritt zur Gewinnung der Vorherrschaft in Europa betrachtete. Hitler bereitete eine außenpolitische Provokation vor, und es war ungewiß, welche Folgen sie zeitigen würde. Doch zeigte sich hier zum ersten Mal, daß er aus dem gleichen Holz geschnitzt war wie die risikoversessenen deutschen Politiker und Militärs am Jahrhundertbeginn, die er in »Mein Kampf« allerdings wegen ihrer Unfähigkeit kritisiert hatte, den richtigen Zeitpunkt für erfolgreiches Handeln zu erkennen.

Seit Hitler sich mit dem Plan des Einmarsches der Wehrmacht in die entmilitarisierte Zone im Westen des Reichs trug, verstärkte er die Kritik an der französischen Außenpolitik, die er schon im Mai 1935 geübt hatte, als der sowjetisch-französische Vertrag abgeschlossen wurde. Rußland, versicherte er dem Botschafter Frankreichs bei einem Gespräch am 21. November, gehöre zu Asien.[35] Er mochte da noch glauben, daß die in Paris schon lange ausstehende Ratifizierung des Vertrags unterbunden werden könne. Mehr und mehr wurde ihm aber die Existenz dieses Abkommens zum zentralen Argument für die beabsichtigte Rechtfertigung des Bruchs des Locarno-Vertrags, zu dem das französisch-sowjetische Abkommen über gegenseitigen Beistand angeblich in Widerspruch stünde.

Indessen ließ Hitler nicht erkennen, daß er auf das Inkrafttreten des Paktes, der ihm für lange Zeit die Flügel zu beschneiden drohte, praktisch reagieren werde. Er bediente Diplomaten, Journalisten und die Öffentlichkeit mit einer Friedensbeteuerung nach der anderen. Der belgische Gesandte, der den »Führer« bei seinem Abschiedsbesuch von der Nützlichkeit einer ausdrücklichen Verzichtserklärung auf das Gebiet von Eupen und Malmedy überzeugen wollte, hörte von seinem Gesprächspartner lediglich, es sei am besten, darüber nicht zu sprechen.[36] Den britischen Botschafter Phipps erinnerte Hitler wiederum daran, daß Frankreich »den russischen Koloß in die europäischen Kombinationen einbezogen« habe, versicherte ihm aber zugleich eigene Friedwilligkeit in alle Richtungen.[37] Auf seine Absichten gegenüber der Sowjetunion eingehend, erklärte der »Führer« bestimmt, »Argonautenzüge« unternehme er nicht. Er habe Deutschland, hörte der Präsident der amerikanischen Nachrichten-Agentur United Press aus Hitlers Munde, zu einem Bollwerk gegen den »Bolschewismus« gemacht, und um dieser Rolle wegen bekämpfe er auch die Juden, die für die Entstehung des Bolschewismus die Verantwortung trügen und sich seiner bedienten.

Kam in derlei Begegnungen die Sprache auf die Rüstung, behauptete der deutsche Reichskanzler, lange der einzige Vorkämpfer der Abrüstung gewesen zu sein, wies aber jeden Gedanken an Rüstungsbegrenzung nun für alle Zukunft mit dem Argument zurück, daß die Sowjetunion, die den Umfang ihrer Aufrüstung selbst bestimme, Deutschland bedrohe, so daß es sich bei seinen Maßnahmen keinerlei Mäßigung auferlegen könne.[38] Vor 30 000 aus dem ganzen Reichsgebiet nach Berlin kommandierten SA-Leuten rief Hitler am 30. Januar 1936 aus: »Wir suchen den Frieden, weil wir ihn lieben.«[39] Er sei für sein Land, bekam Bertrand de Jouvénel während eines Interviews am 21. Februar 1936 zu hören, »das Vorteilhafteste«. Der französische Korrespondent erinnerte Hitler jedoch an seine aggressiven und beleidigenden Äußerungen über Frankreich und die Franzosen, die in seinem Buch »Mein Kampf« mit jeder der rasch aufeinanderfolgenden Ausgaben immer mehr Deutschen nahegebracht würden. Feierlich versicherte ihm darauf der Autor, er sei ein Politiker und berichtige seine Ansichten nicht wie ein Schriftsteller: »Meine Korrekturen trage ich in das große Buch der Geschichte ein.«[40] Wie sie aussahen, erfuhr die Welt exakt zwei Wochen später.

Am 2. März 1936 konferierte Hitler mit dem Kriegsminister, den Oberkommandierenden des Heeres, der Luftwaffe und der Kriegsmarine sowie den Ministern Ribbentrop und Goebbels. Nach der Beratung teilte Generalfeldmarschall von Blomberg in einem Befehl mit, was der »Führer« entschieden hatte: Überraschend seien Truppen des Heeres und der Luftwaffe in die entmilitarisierte Zone zu verlegen. Sie hätten Standorte und Garnisonen am Rhein, in Aachen, Trier und Saarbrücken sowie in der Gegend von Köln und Koblenz zu beziehen.[41] Fünf Tage später bewegte sich eine kleine Streitmacht westwärts über die Rheinbrücken. Der Coup verlief – entgegen mancher Befürchtung an der Spitze des Regimes und zu Hitlers Erleichterung – komplikationslos. In London dachte niemand an militärische Gegenmaßnahmen, und im am meisten betroffenen Frankreich wurden Entscheidungen im Einklang mit Großbritannien getroffen. Die wenigsten Franzosen wollten wahrhaben, was ihnen weitsichtigere Landsleute und vor allem die deutschen Emigranten vorhersagten: Diesem Vorrücken an die Grenze werde unausweichlich der Angriff über die Grenze folgen. Die Reaktionen der Regierungen in Paris und London blieben auf wirkungslose militärische Gesten und auf papierne Proteste beschränkt, die durch ebensolche Resolutionen des Völkerbundes ergänzt wurden.

Hitler begleitete den Handstreich mit einer Rede, die er in den Stunden, da die Truppen marschierten und von Einwohnern linksrheinischer Städte begeistert begrüßt wurden, vor dem nach Berlin gerufenen Reichstag hielt. Er wiederholte die Angriffe gegen die französische Politik und behauptete, daß er Deutschland im Westen schützen müsse, da ein Sieg des »Bolschewismus« in Paris möglich sei. Dann unterbreitete er ein demagogisches Friedensprogramm. Er erklärte sich einverstanden, auf beiden Seiten der deutsch-französischen und der deutsch-belgischen Grenze eine entmilitarisierte Zone festzulegen, und wußte doch genau, daß dieser Vorschlag auf den Abbau der Maginot-Linie hinauslief. Er schlug den beiden Nachbarn einen Nichtangriffspakt vor, in den er auf Wunsch auch die Niederlande einbeziehen würde. Weiterhin offerierte er eine Vereinbarung über die Begrenzung der Luftrüstungen und stellte gar Deutschlands Wiedereintritt in den Völkerbund in Aussicht, der allerdings mit der Anerkennung des Anspruchs auf alle einstigen deutschen Kolonialgebiete verbunden sein müßte. In Europa – diese Formel wiederholte Hitler später auch nach jedem Landgewinn – habe er keine territorialen Forderungen.[42] Kurz darauf erklärte er einem englischen Korrespondenten, er sei auch bereit, Nichtangriffspakte mit den Nachbarn im Osten, der Tschechoslowakei und Österreich, zu schließen.

Im Ausland dürfte die Wirkung all dieser Auftritte nicht groß gewesen sein, im Inland aber wurde Hitler weithin geglaubt, daß er keine kriegerische Absicht hege. Daß Deutschland innerhalb seiner Grenzen tun und lassen dürfe, was es wolle, galt vielen Deutschen als ein richtiges Prinzip, während die in Locarno festgelegten Bestimmungen des Versailler Vertrags als Ausdruck fremder Einmischung betrachtet wurden. So fand die Feier der wiedererlangten »Wehrfreiheit« überall im Reich enthusiastische Teilnehmer über den Bezirk der faschistischen Aktivisten hinaus. Auch in Kreisen der alten Eliten, die Hitlers Fähigkeiten als Volksführer schon seit längerem schätzten, sein politisch-diplomatisches Geschick aber bezweifelt hatten, erhöhte sich des »Führers« Ansehen als Staatsmann. Die scheinbare Durchsetzung der Gleichberechtigung der Nation und gleichzeitige Demütigung des »Erbfeindes« brachte ihm neue Bewunderer ein. Als am Tage nach dem Einmarsch der »Heldengedenktag« stattfand, schlugen die Wogen nationalistischer Gefühle hoch. Gegen Abend fanden Vorbeimärsche und Kundgebungen vor der Reichskanzlei statt, bei denen sich eine mordspatriotische Stimmung Luft machte. Sie wurde auch durch die weitverbreitete Legende vom Rhein als deutschem Schicksalsstrom gespeist. So sangen die Versammelten begeistert die »Wacht am Rhein«, ein 1840 gedichtetes Lied, das seine Popularität im Krieg 1870/71 erlangt hatte, als das preußische Heer und dessen deutsche Verbündete nach Paris gezogen waren. »Liebs Vaterland, magst ruhig sein«, hieß es in einem Vers des Refrains.

Hitler hatte seit den Märztagen 1935 ein Bündel praktischer Erfahrungen auf dem Felde der Außenpolitik gesammelt und konnte sich als derjenige fühlen, der mit seinen Plänen zum Ziele gelangt und folglich der Sieger war. Die 1933 geäußerte Befürchtung, Frankreich werde in einer Frühphase der deutschen Wiederaufrüstung aktiv werden und Deutschland in den Arm fallen, hatte sich erledigt. Dem deutschen Reichskanzler standen offenbar hilflose Rivalen gegenüber. Die Möglichkeit, daß sich die Regierung in Paris zu einem engen Zusammengehen mit der Sowjetunion entschlösse, hatte sich zwar im Frühjahr 1935 abgezeichnet, schien nun aber doch nicht sonderlich gefahrdrohend zu sein. Der französische Schritt wurde einerseits in London mißbilligt. Andererseits blockierte auch im Lande selbst die Furcht der Bourgeoisie vor dem Kommunismus weitere diplomatische Initiativen, die sich auf die Ausgestaltung des Bündnissystems mit der Tschechoslowakei und der UdSSR hätten richten können. Statt dessen wurde nach Wegen gesucht, wie man mit dem unbequem gewordenen Nachbarn Deutschland auskommen, mehr noch: sich mit ihm arrangieren könnte. Die Weichen wurden in jene Richtung französisch-britischer Politik gestellt, die zweieinhalb Jahre später zum Münchner Abkommen führte. Nicht in seinen kühnsten Träumen konnte Hitler voraussehen, in welchem Ausmaß ihm die beiden Mächte noch Zugeständnisse machen würden. Klar war er sich jedoch darüber, daß der nächste außenpolitische Schritt über die Reichsgrenzen hinausführen sollte.

Mit der Bekanntgabe der Remilitarisierung des Rheinlands hatte Hitler den 1933 gewählten Reichstag aufgelöst und Neuwahlen angeordnet. Ihr Zweck bestand einzig darin, vor dem Ausland, aber auch nach innen, die Geschlossenheit der »Volksgemeinschaft« unter ihrem »Führer« zu demonstrieren. Ob das Ende März veröffentlichte Ergebnis, das mehr als 98 Prozent der Abstimmenden als Hitlers Gefolgschaft auswies, geglaubt wurde, interessierte wenig. Viel wichtiger waren die Wirkungen der dem Wahltag vorausgegangenen nationalistischen Kampagne. Sie sollte der Bevölkerung erst vollends Befriedigung über die angeblich wiedergewonnene Freiheit verschaffen und sie zugleich von den Sorgen des Alltagslebens ablenken. Letztere schwächten sich jedoch gegenüber der Jahreswende ab. Die Versorgungskrise, die bis zur indirekten Rationierung von Nahrungsmitteln geführt hatte – in Verkaufsstellen waren sogenannte Kundenlisten angelegt worden –, war gemildert und die Zahl der Arbeitslosen, die im Januar noch über zwei Millionen betrug, im weiteren Rückgang begriffen. Hitler sah sich in seiner Auffassung bestätigt, daß sich außenpolitische Erfolge, wurden sie obendrein propagandistisch geschickt ausgebeutet, zur Bestechung von Volksmassen gut eigneten. Es zeigte sich, daß auf diesem Wege Klagen über soziale Mißstände unter Berufung auf den Aufstieg der Nation als kleinlich denunziert und bis zu einem gewissen Grad in den Hintergrund gedrängt werden konnten. Zur Fortsetzung der Kampagne nach der Parole »Wir sind wieder wer« bot sich kurz darauf eine besonders günstige Gelegenheit.

Am 1. August 1936 begannen in Berlin und Kiel die Olympischen Sommerspiele, nachdem bereits im Februar Garmisch-Partenkirchen Austragungsort der Winterolympiade gewesen war. Auch den dortigen Wettkämpfen hatte Hitler einen Besuch abgestattet, doch waren sie an Popularität und weltweiter Ausstrahlungskraft den nun beginnenden nicht gleichzusetzen. Er nahm sich viel Zeit, an den Wettkampfstätten zu erscheinen.

Wohl konnte jedermann wissen, daß zwischen Hitlers Forderung nach permanenter »Körperertüchtigung«, die er insbesondere an die Jugend und die jüngeren wehrfähigen Jahrgänge richtete, und seinem eigenen Verhalten ein Widerspruch klaffte. Er war seit seiner Jugend ausgesprochen bewegungsfaul, und es war nicht in erster Linie Zeitmangel, der ihn zu einem ungesunden Tagesablauf zwang. Fotografien zeigen ihn am Obersalzberg allenfalls auf gelegentlichen Spaziergängen in Begleitung von Besuchern oder eines Schäferhundes. Kein Bild läßt erkennen, daß Hitler irgendwann auch nur leichtere, körperlicher Anstrengung gemäße Kleidung getragen hätte. Er sorgte sich zwar um sein Wohlbefinden und dachte zeitig darüber nach, daß seine Jahre gezählt sein könnten, doch verließ er sich schon während der Vorkriegsjahre ganz auf die Ärzte seiner Wahl und setzte auf die Wirkung der Medikamente, die sie ihm verordneten.

Hitler war – sieht man von einem Interesse für den Automobilrennsport ab, der sich mit seiner Vorliebe für luxuriöse Mercedes-Wagen verband – nicht einmal das, was man einen passiven Sportsmann nennen könnte. Aber er verstand sehr gut, daß sich die wachsende Popularität sportlicher Wettkämpfe für seine Zwecke ausbeuten ließ. Das hatte sich bereits gezeigt, als er im Juni 1936 Max Schmeling, den bewunderten Schwergewichtsboxer, nach einem Sieg in den USA mit seiner Frau zu einem Empfang in die Reichskanzlei einlud. Der Weltmeister, der zudem über einen schwarzhäutigen Amerikaner triumphiert hatte, erschien ihm obendrein als Sinnbild für die Überlegenheit der »arischen Rasse«.

Das nun bevorstehende außergewöhnliche Ereignis, das vom Internationalen Olympischen Komitee bereits vor 1933 an Berlin vergeben worden war, bot Hitler auch außergewöhnliche Möglichkeiten, für das Regime nach innen und außen Propaganda zu machen. Deshalb hatte er bald nach seinem Einzug in die Reichskanzlei erklären lassen, das Nationale Komitee würde allen Forderungen an die Austragung der Wettkämpfe gerecht werden. Es war Hitler mit Sicherheit nicht leichtgefallen, die Bedingungen zu akzeptieren, auf die er eingehen mußte, um das Stattfinden der Spiele, deren Verlegung in ein anderes Land nach dem Erlaß der Nürnberger Gesetze von Antifaschisten in vielen Staaten gefordert wurde, nicht zu gefährden. So hatte der hemmungslose Antisemit nicht nur einwilligen müssen, daß in die deutsche Mannschaft Sportler aufgenommen wurden, die den Kriterien der »Rassereinheit« keineswegs genügten. Er ließ auch, zum Mißvergnügen vieler Führer auf mittlerer und unterer Ebene, denen das zuviel Nachgiebigkeit bedeutete, die antijüdischen Parolen an den Orten und Stellen zeitweilig entfernen, die von den internationalen Gästen besucht wurden. Ihm schien das ein zahlbarer Preis, der durch den Gewinn bei weitem wettgemacht wurde, den die Tage versprachen, an denen er sich und dem Dritten Reich die Schminke der Völkerverständigung auflegte.

Hitler fand sich nicht nur zur Eröffnungs- und Abschlußzeremonie der Spiele ein, wozu er nach dem Brauch verpflichtet war, sondern nahm seinen Platz auf der Ehrentribüne des Stadions wiederholt auch während der leichtathletischen Wettkämpfe ein. Darüber hinaus reiste er eigens nach Kiel, um von einem Schiff aus die Fahrten der Segler zu beobachten. Er schien sich an der reichlichen Zahl von Siegen der deutschen Sportler zu begeistern, die am Ende mit mehr Medaillen aufwarteten als die Konkurrenz aus den sieggewohnten Vereinigten Staaten. Auch die organisatorisch perfekte Ausrichtung der Spiele trug dem Regime weiteren Prestigegewinn im In- und Ausland ein.

Berlin bot in jenen Tagen ein festliches Bild. Die Gäste nahmen von der terroristischen Unterdrückung der Regimegegner nichts wahr. Nichts in diesem Staat schien außergewöhnlich, abgesehen von einem Mehr an Uniformen. Die Begleiter der ausländischen offiziellen Gäste, zu denen der König von Bulgarien, die Kronprinzen von Schweden, Griechenland und Italien und eine erhebliche Anzahl weiterer Persönlichkeiten gehörten, waren sorgfältig ausgewählt, kannten die Ansprüche der verwöhnten Herren und ihrer Damen und zeichneten sich befehlsgemäß durch Zuvorkommenheit aus. Deutschland präsentierte sich, wie Arnold Zweig es aus dem fernen Palästina in einem Artikel zu Jahresanfang 1936 beschrieb, als »ein Land, dessen Außenseite und dessen Mechanik derjenigen seiner Nachbarländer zum Verwechseln ähnelte: mit herrlichen Fahrplänen, trefflichem Telephon, harmlosen Warenhäusern, ungewöhnlicher Hygiene, holdem Tierschutz und dem Pathos des Ideals«.[43]

Die Sportler, die aus entfernteren Ländern zum friedlichen Wettstreit nach Berlin gekommen waren, befanden sich noch auf der Heimreise, da befaßte sich Hitler intensiv mit Fragen der materiellen Kriegsvorbereitung. Am 17. August hatte ihm der Saarindustrielle Röchling eine Denkschrift übersandt, in der die kommende militärische Auseinandersetzung als ein »Krieg der Technik« bezeichnet wurde.[44] Diese Aussage stimmte mit Hitlers Sicht der Dinge überein, wobei er sich lebhaft an die »Materialschlachten« des Weltkriegs erinnerte. Neben einer überlegenen, brutal vorgehenden Führung und einem blind gehorsamen Soldatenvolk galt ihm die technische Überlegenheit der Waffen als Garant kommender Siege. Indessen interessierten ihn allein die fertigen, einsatzfähigen Erzeugnisse der Rüstungsindustrie und nicht die mit ihrer Herstellung zusammenhängenden wirtschaftlichen und finanziellen Probleme. Im Grunde langweilten den »Führer«, der sich erregt in technische Einzelheiten der Kolossalarchitektur vertiefen konnte und regelmäßig die Internationalen Automobil- und Motorrad-Ausstellungen in Berlin besichtigte, alle Konkreta der Volkswirtschaft. Dafür benötigte er Fachleute, die sein Vertrauen besaßen. Als er sie gefunden hatte, gestaltete sich sein Verhältnis zu ihnen dennoch höchst zwiespältig, wohl, weil er sich insgeheim seiner Inkompetenz bewußt war. Er lobte sie, wenn sie seinen Vorstellungen gemäß handelten, blieb aber stets auch mißtrauisch und äußerte sich intern wieder und wieder abfällig über die angebliche Borniertheit der Experten.

Allerdings hatte er längst ein Gespür für die Interessenlage der Mächtigen des Kapitals entwickelt. Er wußte um ihr Verlangen nach billigen und gehorsamen Arbeitskräften, kannte ihre Frontstellung gegen die Gewerkschaften, ihren Widerwillen auch gegen das geringfügigste Mitspracherecht von Betriebsräten sowie ihr Bestreben, zu jenem Regiment zurückzukehren, da sie uneingeschränkt der »Herr im Hause« waren. Diesen Erwartungen hatte die Gesetzgebung im Dritten Reich Rechnung getragen. Hitler erwartete nun seinerseits, daß die Eigentümer und Führer der großen Konzerne bereit waren, sich in die Herrschaftsprobleme des Regimes hineinzudenken und daraus ihre Schlüsse zu ziehen.

Er wußte, daß die Propaganda der »nationalsozialistischen Volksgemeinschaft« ihre volle Wirksamkeit nur dann entfalten konnte, wenn sich auch die Herren der wirtschaftlichen Elite in ihren Dienst stellten. Deshalb war es wichtig, daß am ersten Maitag, dem sein von der Arbeiterbewegung bestimmter kämpferischer Gehalt genommen worden war, Betriebseigner und –direktoren an der Spitze ihrer Belegschaften auf Kundgebungsplätze marschierten und sich dort gemeinsam Reden von Führern der »Arbeitsfront« anhörten. Die meisten Kapitalisten begriffen auch, daß die 1934 ausgerufene Kampagne »Schönheit der Arbeit«, die sich auf die Beseitigung menschenunwürdiger Zustände in Industriewerken richtete, ihre Unterstützung verlangte und finanziellen Aufwand erforderte. Die Anpassung an modernere Methoden des Arbeits- und Ausbeutungsprozesses, um die es vorrangig ging, kam schließlich ihrem Interesse entgegen, die Produktivität zu steigern. Dennoch vollzog sich der Wandel im Alltag des Betriebslebens, den manche Unternehmer bereits vor 1933 eingeleitet hatten, schleppend. Das bisher Erreichte wurde jetzt uneingeschränkt als »Errungenschaft« ausgegeben und als Ausdruck neuer volksgemeinschaftlicher Beziehungen zwischen Kapitalisten und Arbeitern gefeiert. Betriebe, die in diesem Sinne vorangingen, wurden in der Presse der »Arbeitsfront« gelobt, andere, in denen weiterhin Zustände des 19. Jahrhunderts herrschten, auch als unsozial kritisiert. Allerdings stellte die Geheime Staatspolizei schnell klar, daß keine Institution der NSDAP oder des Staates berechtigt sei, Betriebsinhaber aus erzieherischen Gründen in ein Konzentrationslager einzuliefern. Mehrfach erklärte Heydrich in Erlassen, daß es dazu seiner vorherigen ausdrücklichen Genehmigung bedürfe.

Die Unternehmerschaft begriff weithin, wie Hitler befriedigt feststellte, daß sie auch unter den Bedingungen einer Diktatur der politischen Elite die Herrschaftssorgen nicht allein überlassen konnte. Weniger zufrieden war er mit der Risikobereitschaft von Betriebseignern im Aufrüstungsprozeß. Es fiel ihm schwer einzusehen, daß in den Chefetagen der Großunternehmen den Bilanzen des laufenden Jahres Vorrang gegenüber jenen eingeräumt wurde, die sich möglicherweise später nach einem gewonnenen Kriege errechnen lassen würden. Die Billigung seines außenpolitischen Kurses durch die Industrie, der auf den Raub von Rohstoffquellen und Absatzmärkten zielte, ging folglich nicht mit absoluter und blindwütiger Konzentration auf das inländische Rüstungsgeschäft einher. Deutsche Großunternehmen, die seit 1933 zunehmend von der Aufrüstung profitierten, wollten gleichzeitig die Chancen nutzen, die die konjunkturelle Belebung auf dem Weltmarkt bot. Mitunter gerieten so das Exportinteresse und die Bestellungen der Wehrmacht zur Ausstattung des Massenheeres in Widerspruch. Doch war er nicht absolut, denn die Ausfuhr und die Erzielung von Devisenüberschüssen waren für den Kauf rüstungswichtiger Rohstoffe unentbehrlich. Das galt um so mehr, als die verfügbaren Devisen in der Staatskasse weit hinter dem Bedarf zurückblieben. Auch die ausgeklügelten dirigistischen Maßnahmen des Wirtschaftsministeriums, das inzwischen Schacht in Personalunion mit der Reichsbank kommissarisch leitete, hatten das permanente Zurückbleiben der Devisenbeschaffung hinter dem Devisenbedarf nicht beheben können.

Hitlers Informationen besagten, daß die »wirtschaftliche Mobilmachung«, so seine Bezeichnung für die Einstellung der Wirtschaft auf die Kriegsvorbereitung, mit der militärischen und der ideologischen nicht Schritt halten würde. Daher entschloß er sich, seine Ansichten über die Erfordernisse auf diesem Gebiet in einer Denkschrift niederzulegen. Sie diente ihm einerseits zur Legitimierung und Instruktion Görings, den er ausersehen hatte, sich um die Beseitigung aller Hemmnisse zu kümmern und die Ausrichtung der Wirtschaft auf die rascheste Kriegsvorbereitung in die Hand zu nehmen. Göring war zu seinen Aufgaben als Preußischer Ministerpräsident, die allerdings mit der Zusammenlegung der Reichs- und der preußischen Staatsministerien abnahmen, und denen als Reichsminister für die Luftfahrt und Luftwaffen-Chef seit dem April 1936 von Hitler noch das neugeschaffene Amt eines Rohstoff- und Devisenkommissars übertragen worden. Aus dem Stab, den sich Göring zur Kontrolle der Rohstoffgewinnung und des Deviseneinsatzes gebildet hatte, waren Hitler die Unterlagen zugegangen, die er zum Diktat seiner Denkschrift verwandte. In ihnen drückten sich zu einem erheblichen Teil die Interessen der IG Farbenindustrie AG aus, denn Göring hatte zu seinen engen Beratern im neuen Amt mit Karl Krauch einen Manager des Chemie-Konzerns bestellt. Der berufene Wirtschaftsfachmann, dessen Spezialgebiet die Produktion von Stickstoff und die Benzinhydrierung waren, hatte bereits am Ende des Ersten Weltkrieges Erfahrungen in der Kriegswirtschaft sammeln können.

Die Denkschrift[45], die Hitler am 27. August fertigstellte, war zugleich für den Reichskriegsminister und für die Waffenämter der drei Wehrmachtsteile bestimmt, die als Auftraggeber der Rüstungsunternehmen fungierten. Hitler sah seine Ausarbeitung als ein hochgeheimes Dokument an und schränkte die Zahl der Empfänger aufs äußerste ein. Dennoch verzichtete er eingangs nicht darauf, sie zu einer Abwehrschrift gegen den »Bolschewismus« zu erklären. Dann jedoch wurde er deutlich, nahm auf die »endgültige Lösung unserer Lebensnot« Bezug und erörterte mit Selbstverständlichkeit den »kommenden Krieg«. Seine Forderung lautete: Die deutsche Wehrmacht müsse »in kürzester Frist ... zur ersten Armee der Welt« entwickelt werden. Dieser Aufgabe sei alles andere »bedingungslos unterzuordnen«.

Da Hitler der Meinung war, daß letzteres bisher nicht konsequent geschehen sei, übte er im folgenden teils versteckt, teils offen Kritik am Wirtschaftsministerium. Nach seiner Meinung waren vier kostbare Jahre vergangen und nicht genutzt worden. Man habe mehr registriert, festgestellt und lamentiert als entschieden und gehandelt. Das Wirtschaftsministerium hätte die Aufgaben zu stellen, sich aber um die organisatorischen und technischen Fragen in den Unternehmen nicht zu kümmern. Die wären durch die Wirtschaftler in den Betrieben zu lösen, denen Hitler mehr zutraute als der Ministerialbürokratie. Sollten dennoch einige Wirtschafts-

fachleute ihre Aufgaben nicht begreifen, so würden sie eben »zugrunde gehen«.
Im Konkreten verlangte die Denkschrift zunächst die strikteste Devisenbewirtschaftung mit dem Ziel, die Rüstung zu forcieren. Wer Devisen im Ausland horte und sie dem »nationalen Zweck« entziehe, solle mit dem Tode bestraft werden. Allerdings könne das Devisenaufkommen auch bei Anwendung derart drakonischer Mittel nicht wesentlich gesteigert werden. Deshalb sei es notwendig, die Produktion und deren Basen im Inland drastisch zu erweitern. Hitler verlangte in diesem Zusammenhang, die Treibstofferzeugung »im schnellsten Tempo vorwärtszutreiben«, die »Massenfabrikation von synthetischem Gummi zu organisieren«, die »Eisenproduktion auf das Außerordentlichste zu steigern«, ebenso die Gewinnung von Nichteisenmetallen. Dabei hätten Kostenfragen nicht zu interessieren. Hitler verfuhr mit der Staatskasse und dem Volksvermögen, als handelte es sich um sein privates Konto.
Am Ende der vielseitigen Ausarbeitung forderte Hitler, die wirtschaftlichen Maßnahmen in einem »Mehr-Jahresplan« zusammenzufassen. Sein Ziel formulierte der Autor knapp: »I. Die deutsche Armee muß in 4 Jahren einsatzfähig sein. II. Die deutsche Wirtschaft muß in 4 Jahren kriegsfähig sein.«
Hitler plante demnach bis zum Sommer 1940. Seine Denkschrift machte überdeutlich, daß er den Krieg fest im Visier hatte und außerdem bereits darüber nachdachte, wann er ihn beginnen könnte. Der umrissene Wirtschaftskurs drückte nicht nur Hitlers Vorstellungen und Bestrebungen aus. Ihm lag auch das reale Profitinteresse riesiger deutscher Wirtschaftsunternehmen zugrunde, die auf Jahre hinaus mit lukrativen Staatsaufträgen rechnen konnten. Er entsprach den Wünschen führender Militärs, die – eingedenk ihrer Erfahrungen im Weltkrieg – mit überlegener Technik in den Krieg ziehen wollten, ohne sich während der geplanten Feldzüge um den Nachschub für ihre Armeen sorgen zu müssen.
Am 4. September verlas Göring das geheime Dokument vor den Mitgliedern der Reichsregierung. Fünf Tage später verkündete Hitler auf dem Reichsparteitag in Nürnberg den »Vierjahresplan«, der zum Hauptthema des »Parteitages der Ehre« avancierte. Wieder diente die Beschuldigung der Sowjetunion, daß sie eine »bolschewistische Invasion nach Deutschland« beabsichtige, als Rechtfertigungsgrund für die forcierten Rüstungsanstrengungen. Da Hitler wohl wußte, daß die enormen Aufwendungen für das Militär in der Bevölkerung unpopulär waren, heuchelte er, es sei »kein Vergnügen, die Kräfte unseres Volkes in Rüstungsbetriebe und Ka-

sernen zu bannen«.[46] Schon zum Auftakt des Parteitags lieferte er in der Proklamation, die stets der Münchner Gauleiter Adolf Wagner verlesen durfte, eine verlogene Erklärung über die mit dem Vierjahresplan verfolgten Absichten. Die Einsparung von Devisen werde angestrebt, um mehr Mittel für den Einkauf von Lebensmitteln im Ausland zu gewinnen. Und zahlreiche Werke würden errichtet, um nach Beendigung der Aufrüstung weiter Massen von Arbeitern beschäftigen zu können, die dann für den industriellen Export produzieren würden. In der üblichen Erfolgsbilanz kam der »Führer« jedoch nicht umhin, auf die permanenten Lücken in der Versorgung der Bevölkerung einzugehen. Es fehlten »mal die Butter und mal die Eier«, doch stellte er solchen Mangel als Folge des ungenügenden Lebensraums dar: »Wenn der Ural mit seinen unermeßlichen Bodenschätzen, Sibirien mit seinen reichen Wäldern und die Ukraine mit ihren unermeßlichen Getreideflächen in Deutschland lägen, würde dies unter nationalsozialistischer Führung im Überfluß schwimmen.«[47]
Am 18. Oktober wurde Göring die Leitung der neugeschaffenen Reichsbehörde »Beauftragter für den Vierjahresplan« übertragen, die Weisungsrecht gegenüber anderen Ministerien besaß.[48] Binnen weniger Monate entstand in der Regierungshierarchie zu Lasten des Wirtschafts-, des Landwirtschafts- und des Finanzministeriums eine neue Struktur, mit der die »wirtschaftliche Mobilmachung« gelenkt und das Zusammenwirken der Staatsbürokratie mit den Rüstungswerken gesichert werden sollte. Am 17. Dezember sprach Hitler vor Industriellen über den Vierjahresplan und unterstrich dessen Bedeutung unter anderem mit dem Hinweis, daß er mit Göring seinen »besten Mann« an die Spitze der Zentralbehörde gestellt habe.[49]
Nach der Rheinland-Besetzung und den Olympischen Spielen ging das Jahr 1936 zu Ende, ohne daß weitere international erregende Ereignisse stattgefunden hatten. Die Deutschen und auch ihre Nachbarn begannen, sich an die regelmäßigen Nachrichten von Deutschlands Aufrüstung zu gewöhnen. Die Wehrpflicht war inzwischen auf eine auch in einigen anderen europäischen Staaten geltende Dienstdauer von zwei Jahren ausgedehnt worden. Zur Begründung dieses Schritts diente eine Entscheidung der Sowjetregierung, die das Einberufungsalter ihrer Rekruten herabgesetzt hatte.[50]
Hitler erschien von nun an immer häufiger bei Truppenteilen der Wehrmacht. In Kiel nahm er eine Flottenparade ab, von dort begab er sich nach Laboe zur Einweihung des Denkmals für die im Weltkrieg umgekommenen Soldaten der Kaiserlichen Marine. Dann wieder nahm er eine

Truppeninspektion in Wilhelmshaven vor und besuchte die dortige Marinewerft, nachdem er zuvor bereits die Deutsche Werft inspiziert hatte. Mehrere Tage beobachtete er in Westdeutschland die bis dahin umfangreichsten Manöver der Landtruppen. Er ließ weder den Stapellauf des Schlachtschiffes »Scharnhorst« noch den zwei Monate später stattfindenden des Schlachtschiffes »Gneisenau« aus. Kein zweiter Staatsmann in Europa widmete sich derart intensiv der Aufrüstung seines Landes.

Nach den Protesten gegen die Rheinland-Besetzung, die Hitler mit Friedensbeteuerungen beantwortet hatte, zeigte sich namentlich Großbritanniens Kabinett ausgesprochen gesprächsbereit und offerierte sogar den Besuch eines Regierungsmitglieds in Deutschland. Das Angebot konnte Hitler, der unangenehme Fragen fürchtete, folgenlos hinhaltend beantworten. Fäden zwischen Berlin und London existierten dennoch und knüpften sich an die Verhandlungen, die sich auf die Durchführung des Flottenvertrages bezogen. Am 4. September 1936 erschien der frühere britische Premierminister David Lloyd George auf dem Obersalzberg. Der inzwischen dreiundsiebzigjährige Pensionär, der sein hohes Amt in den Jahren zwischen 1916 und 1922 ausgeübt hatte, verständigte sich mit Hitler auf antibolschewistischer Basis und trug, nach Großbritannien zurückgekehrt, nicht eben zu seiner eigenen Popularität bei, als er Hitler einen »George Washington Deutschlands« nannte. Politisch war dieser Besuch nicht bedeutungsreich, doch bezeugte auch er die ahnungsarme und von illusionären Wünschen beherrschte Atmosphäre in antisowjetischen Kreisen des Inselreichs. Hitler verstärkte sie nach Kräften und schwächte die militanten Aktionen, zu denen Stapelläufe schwimmender Festungen zählten, durch freundliche Gesten ab. Demonstrativ erschien er, der sonst kaum in Konzertsälen zu finden war, zu einem Gastspiel, das die Londoner Philharmoniker in Berlin gaben.

Inzwischen konnte Hitler weiter ernten, was er durch die Parteinahme für Italiens Eroberung im Osten Afrikas gesät hatte. Mussolini zog einen Schlußstrich unter die Spannungen, die als Folge der großdeutschen Ambitionen 1934 entstanden waren. Er ließ jetzt Berlins auf die Liquidierung Österreichs gerichteter Politik freie Hand. Am 11. Juli 1936 erklärte sich auch die Regierung in Wien in der Erwartung wirtschaftlicher Vorteile zu einem Abkommen bereit, das »Gentlemen's Agreement« genannt und von Bundeskanzler Schuschnigg und Botschafter von Papen unterzeichnet wurde. Wichtiger als seine einzelnen Bestimmungen war die Grundaussage des Vertrages, der zwischen den »beiden deutschen Staaten« besondere Beziehungen festlegte. Daraus wurde unter anderem eine Koordinierung der Außenpolitik hergeleitet, was nur bedeuten konnte, daß sich diejenige Wiens auf die Berliner Linie zu begeben hatte. Nicht weniger folgenreich war die Zusage Österreichs, eine Amnestie zugunsten der nach dem Putsch von 1934 verhafteten und verurteilten Hitlerfaschisten zu erwägen und in Kraft zu setzen.[51] Dieses diplomatische Papier sollte sich als ein Fall- und später als ein Galgenstrick erweisen.

In Rom wurde indessen der Kurs auf die weitere Annäherung an Deutschland festgelegt, woraus die Entfernung von den Weltkriegsverbündeten Frankreich und Großbritannien folgte. Mussolini schickte seinen Schwiegersohn, den Grafen Galeazzo Ciano, den er kurz zuvor zum Außenminister ernannt hatte, zu Hitler auf den Berghof. Anfang 1937 reiste Göring nach Rom, wo er vom Duce und vom König empfangen wurde. Von da an riß die Kette der gegenseitigen Besuche führender Politiker nicht mehr ab. Im ersten Halbjahr 1937 beispielsweise fuhr Ley nach Italien. Bald hielt sich Göring ein zweites Mal zu einem als »privat« deklarierten Besuch in Rom auf und konferierte wiederum mit dem Duce. Dann folgte die Visite Neuraths, der Mussolini eine Einladung Hitlers zu einem Deutschland-Besuch überbrachte, der im Herbst während der Zeit der Manöver stattfinden sollte. Kaum war der Außenminister aus Italien zurückgekehrt, begab sich Kriegsminister Blomberg nach Rom. Eine Delegation italienischer Industrieller kam nach Deutschland und wurde von Schacht empfangen. Es entstand, was Mussolini die »Achse Berlin-Rom« nannte, eine Bezeichnung, die sich für die engen Bündnisbeziehungen der beiden faschistischen Mächte einbürgerte. Ihr Ausgangs- wie ihr Endpunkt war der Krieg. Angebahnt im Zusammenhang mit Italiens Eroberungen in Afrika, erhielt die Partnerschaft ihr Fundament durch die Intervention beider Staaten zugunsten der spanischen Putschisten unter General Francisco Franco. Der Falangisten-Chef hatte am 18. Juli 1936 den Krieg gegen die Republik eröffnet, der durch die Entsendung italienischer und deutscher Freiwilligen-Verbände ermöglicht und zum Erfolg geführt wurde. Mit dem Eingreifen in Spanien verfolgten sowohl Italien als auch Deutschland eigennützige Ziele, die sich politisch vor allem gegen Frankreich richteten. Hitler wollte den großen Nachbarn zu einer allenfalls zweitrangigen europäischen Macht herabstufen, während Mussolini und die italienischen Imperialisten im Rahmen ihres Konzepts, das Mittelmeer zu einem italienischen Meer zu machen, nach den an dessen Gestaden liegenden französischen Kolonien strebten. Darüber hinaus sollte der Sieg der spanischen Falangisten Italien und Deutschland einen Verbündeten verschaffen, das Kräfteverhältnis in Europa zuungunsten der bürgerlich-demokratischen

Staaten verändern, die noch schwachen faschistischen Bewegungen in ihnen stärken und außerdem allgemein nachweisen, daß dem Faschismus die Zukunft gehöre. Hitler und den deutschen Militärführern, die vorwiegend Luftwaffen-Einheiten nach Spanien entsandten, diente die Teilnahme am Bürgerkrieg zugleich zur Erprobung neuentwickelter Waffen und zur Ausbildung von Flugzeugbesatzungen und technischem Personal unter Kriegsbedingungen. Die Zerstörung der baskischen Stadt Guernica durch einen verheerenden Bomberangriff wurde zum grausigen Vorspiel der Angriffe der deutschen Luftwaffe auf Warschau, Rotterdam, Coventry und andere Städte.

Enger entwickelten sich auch Deutschlands Beziehungen zu Ungarn. Staatschef Horthy, der sich im August 1936 besuchsweise in Österreich aufhielt, machte Hitler am Obersalzberg seine Aufwartung. Der ungarische Gast bezeugte seine Unterstützung für die großdeutschen Ambitionen auf Österreich, riet jedoch, sich nicht zu überstürzen. Der deutsche Reichskanzler, der sich auch mit dem »Reichsverweser« auf der Grundlage einer antisowjetischen Frontstellung komplikationslos verstand, beruhigte seinen Gast in diesem Punkte ganz.[52]

Zu einer besonderen sowjetfeindlichen Demonstration des Regimes gestaltete sich am 25. November 1936 die Unterzeichnung des sogenannten Antikomintern-Paktes durch den japanischen Botschafter Mushakoye und Ribbentrop, der als deutscher Sonderbotschafter gemeinsam mit seinem Partner ein Abkommen signierte, in dem sich beide Mächte zur Abstimmung ihres Kampfes gegen den »Kommunismus« verpflichteten. Der Vertrag wurde zum Kristallisations- und Sammelpunkt für alle Staaten deklariert, die im Innern und nach außen kommunistische Bestrebungen verfolgten und unterdrückten. In einem geheimen Zusatzabkommen vereinbarten Japan und Deutschland, im Falle eines »unprovozierten Angriffs« von seiten der Sowjetunion ihre Maßnahmen abzustimmen. Kein Partner sollte künftig mit der UdSSR einen politischen Vertrag abschließen, der »mit dem Geist dieses Abkommens« nicht übereinstimmte.[53]

Hitler konnte mit der Bilanz des Jahres 1936 hochzufrieden sein. Die Remilitarisierung des Rheinlandes verklärte sich ihm zu einem Husarenstück, bei dem ihm das Haupt-, wenn nicht überhaupt das alleinige Verdienst zukam. Als er am 30. Januar 1937 wieder vor den »Männern des Deutschen Reichstags« sprach, nannte er den Rheinland-Einmarsch die »schwerste und wagemutigste Aufgabe meines Lebens«.[54] Noch nach Jahren kam er ruhmredig auf das Ereignis zurück. »Wenn an meiner Stelle«, meditierte er Anfang 1942 in seinem Hauptquartier, »1936 am 13. März ein anderer gestanden hätte: Jeder würde die Nerven verloren haben. Einzig meine Sturheit und meine Frechheit haben uns geholfen ... Ein Zurückweichen bedeutete den Zusammenbruch.«[55] In derartigen Erklärungen drückte sich mehr als eitle Selbsterhöhung aus. Der bejubelte Märztag war offenkundig für den außenpolitisch unerfahrenen, über die Reaktion der Westmächte noch ganz unsicheren Hitler eine psychische Belastung besonderer Art gewesen. Später mochte sie ihm als leichtes Training für Provokationen von anderem Ausmaß erschienen sein. Nach der bereits erprobten Methode, die Gegner mit beruhigenden Versprechungen einzulullen, versicherte Hitler an diesem 30. Januar 1937 auch, »daß die Zeit der sogenannten Überraschungen abgeschlossen ist«. Damit wollte er den Eindruck erwecken, daß vertragswidrige Coups wie die Einführung der Wehrpflicht und das Vorrücken der Wehrmacht an die Grenzen Frankreichs und Belgiens in Zukunft unterbleiben würden. Künftig werde die deutsche Regierung verhandeln.

Vier Jahre nach der Errichtung der faschistischen Diktatur war jenseits der Reichsgrenzen nur eine Minderheit zumeist oppositioneller Kräfte bestrebt, entschiedene prophylaktische Maßnahmen gegen einen deutschen Angriff zu ergreifen. Die »Weltöffentlichkeit« hatte sich weithin auch mit den inneren Zuständen im Deutschen Reich abgefunden. Nachrichten über die brutale Verfolgung der Nazigegner, Meldungen über Todesurteile und Hinrichtungen mobilisierten lediglich die deutsche Emigration und antifaschistische Persönlichkeiten und Organisationen, deren Einfluß auf die offizielle Politik jedoch gering blieb. Proteste gegen den Terror der deutschen Faschisten hatten sich 1936 allerdings lauter hörbar machen können, als die Verleihung des Friedens-Nobelpreises an den seit Februar 1933 inhaftierten und in Konzentrationslagern gefangengehaltenen demokratischen Publizisten Carl von Ossietzky durchgesetzt werden konnte. Doch bezeugte die folgende Reaktion der Machthaber in Berlin ihre gegenüber dem Ausland gestärkte Stellung. Sie mußten nicht mehr – wie noch 1933 – fürchten, daß die Regierungen in Frankreich, Großbritannien oder den USA durch Massenproteste unter Druck gerieten und zu Schritten gezwungen würden, die Deutschlands Weg in den Krieg erschweren oder verhindern könnten. So erklärte Hitler im Zusammenhang mit dem »Fall Ossietzky« dreist, im Reich würden sich nur Verbrecher in Haft befinden und zur Arbeit erzogen werden. Worum es wirklich ging, enthüllte zur gleichen Zeit ungeschminkt Himmler, der 1936 zum Chef der gesamten Polizei ernannt worden war, als er intern über die wirkliche Funktion der Justiz-Haftanstalten und der Konzentrationslager referierte: »Breite Mas-

sen unseres Volkes werden in den nächsten Jahren und Jahrzehnten immer wieder einmal anfällig sein für das Gift des Bolschewismus«, weshalb jeder Opposition »die Köpfe« weggenommen werden und die Regimegegner dauernd hinter Mauern und Stacheldraht bleiben müßten.[56]
Anfang 1937 wurde ein Gesetz verabschiedet, das allen Deutschen die Annahme von Nobelpreis-Ehrungen verbot. Gleichzeitig wurde die Stiftung eines Nationalpreises für Kunst und Wissenschaft bekanntgegeben.[57] Welche Leistungen nach des »Führers« Urteil für preiswert galten, zeigte sich, als während des NSDAP-Parteitags die beiden ersten Preisträger bekanntgegeben wurden. Es waren der inzwischen verstorbene Architekt Paul Troost, nach dessen Plänen die Bauten begonnen worden waren, die die Kulisse der Nürnberger Massenaufmärsche bildeten, und Alfred Rosenberg, der unter den Ideologen des deutschen Faschismus nach Hitler auf dem zweiten Platz rangierte und als bedeutender Philosoph gewürdigt wurde.
Hitler erschien 1937 immer häufiger im Kreis von Militärs. Demonstrativ bekundete er seine Verbundenheit mit der aktiven Generalität und ebenso seine Verehrung für die »Helden« des Ersten Weltkriegs. Dabei machte er keinen Unterschied zwischen den Generalen, die sich zeitig auf die Seite der NSDAP geschlagen, und jenen, die sich parteipolitisch zurückgehalten oder sich gar zeitweilig auf die Seite der inzwischen liquidierten Konkurrenz gestellt hatten. So nahm er an der Beisetzung des Generalobersten Seeckt auf dem Berliner Invalidenfriedhof ebenso teil wie am Trauerakt für General Litzmann.
Treuebekenntnisse gegenüber Toten und Lebenden galten Hitler generell als ein unverzichtbares Mittel seiner Politik. Er erschien zu Geburtstagen, den verschiedensten Jubiläen und Trauerfeiern. So war er zugegen, als sein Chauffeur Hans Schreck begraben wurde, den Himmler in der Totenrede einen »Helden« nannte. Sorgsam achtete Hitler darauf, daß seine Auftritte als Staatsoberhaupt und Regierungschef und im Kreise der Wehrmachtsgeneralität nicht den Eindruck erweckten, er hätte sich von seinen »alten« Kameraden entfernt. So wurde Goebbels, der in der Partei bewunderte Propagandachef, als sich die Übernahme des Gauleiterpostens durch den gerissenen Demagogen zum zehnten Mal jährte, von Hitler in der Berliner Sporthalle vor Tausenden mit einer Lobrede ausgezeichnet. Der »Führer« titulierte ihn als »mein Statthalter von Berlin«, »mein lieber Doktor« und nannte ihn den »treuen, unerschütterlichen Schildknappen der Partei«.[58] Wiederholt besuchte Hitler neuerrichtete Schulungsstätten, in denen das Führerkorps der NSDAP ausgerichtet wurde. Seine Reden auf diesen

Ordensburgen waren nicht für die Öffentlichkeit bestimmt, und über seine Besuche erschienen in aller Regel nur knappe Pressenotizen.

Zugleich bestritt der »Führer« ein umfangreiches Programm von Auftritten in Massenversammlungen. Unermüdlich pries er seine Politik, wortreich feierte er die bereits erbrachten Leistungen und forderte seinen Zuhörern zugleich neue ab. Stets verhieß er ihnen einen friedlichen Aufstieg ohne Ende. Er besaß keinerlei Hemmung, sich selbst als einmalige Führererscheinung zu preisen. Auf dem NSDAP-Parteitag im September 1936 sagte er ungeniert: »Das ist das Wunder unserer Zeit, daß ihr mich gefunden habt unter so vielen Millionen. Und daß ich euch gefunden habe, das ist Deutschlands Glück.«[59] Drei Wochen später rief er vor Hunderttausenden am Bückeberg aus: »Wie ist es doch in Deutschland heute schön.« Vor Krupp-Arbeitern stellte er seine Bedürfnislosigkeit heraus und behauptete, er sei »vielleicht der einzige Staatsmann der Welt, der kein Bankkonto besitzt«.[60]

Im Deutschen Reich gab es an der Jahreswende 1936/1937 noch nahezu 1,2 Millionen registrierte Arbeitslose, wobei die Erfassungsbezirke für Sachsen und Brandenburg die absolut höchsten Zahlen aufwiesen. Das bedeutete dennoch einen erheblichen Rückgang, der die meisten Deutschen übersehen ließ, wodurch er erreicht worden war: durch eine hochgepeitschte Konjunktur infolge der Aufrüstung, durch die Militarisierung der Gesellschaft, durch die Vertreibung von Nazigegnern und Juden sowie durch den Rückzug von Frauen aus dem Heer der einst Arbeitsuchenden. Zweifellos hatten sich die Lebensverhältnisse gegenüber den chaotischen Zuständen des Jahres 1932 für Millionen Deutsche merklich verbessert. Ihre Arbeitsplätze schienen dauernd gesichert. Die Frage, welchen Zielen die Produktion von Waffen und Kriegsgerät diente und wohin sie führte, war weithin verstummt. Minderheiten wie die Kriegsbeschädigten, –hinterbliebenen und –waisen, die nach einer Zählung des Jahres 1937 insgesamt weit über 1,3 Millionen Menschen umfaßten, hatte das Regime durch materielle Zuwendungen für sich eingenommen.[61]

So verspürte Hitler keine Bedenken, die Erfolge seines Regimes in einer großen Ausstellung zu präsentieren. Ihr Titel »Gebt mit vier Jahre Zeit« nahm auf eine der ersten Reden Hitlers als Reichskanzler Bezug. Er erschien zu ihrer Eröffnung auf dem Berliner Messegelände, und geschickt erweckte er den Eindruck, daß es nur wenige Jahre dauern würde, bis auch die bisher vom Aufstieg des neuen Deutschland weitgehend ausgeschlossenen »Volksgenossen« ihrer bedrückenden Alltagssorgen ledig wären. Doch müßte, um das zu erreichen, gearbeitet und nochmals gearbeitet

werden, was stets auch bedeutete, schlechte Arbeitsbedingungen, Arbeitshetze und vor allem Lohnstopp hinzunehmen.
Dem Regime war es gelungen, Millionen Angehörige der arbeitenden Klassen und Schichten, die 1933 den neuen Machthabern ablehnend oder skeptisch gegenübergestanden hatten, auf seine Seite zu ziehen. Dazu hatte auch die 1933 geschaffene Organisation »Kraft durch Freude« mit ihrem Angebot billiger Urlaubsreisen beigetragen. Ihr wirksamstes Werbemittel stellte die aus Passagierdampfern gebildete KdF-Flotte dar, die durch Neubauten erweitert wurde. Als deren Flaggschiff lief 1937 die »Robert Ley« vom Stapel, und Hitler fand sich auch aus diesem Anlaß wieder auf dem Werftgelände ein. Die Urlauber-Seereisen führten zu den Fjorden Norwegens und in subtropische Breiten des Ostatlantik und wurden von der nationalsozialistischen Propaganda beredt genutzt. In Deutschland, hieß es, könnten die Arbeiter wie die Generaldirektoren Weltreisen unternehmen.
Zum Ansehen des Regimes und vor allem Hitlers persönlich trugen immer wieder auch Besuche ausländischer Gäste bei, mit deren Erscheinen nicht wenig renommiert wurde. Hitler empfing den polnischen Justiz- und den ungarischen Kriegsminister. Er begrüßte eine Delegation britischer Industrieller und dann wieder japanische Marine-Offiziere. Auf einer Reise machte König Gustav von Schweden in Berlin Station und lud Neurath und Schacht zu einem Frühstück zu sich. Deutsche Politiker und Militärs wurden ihrerseits als Gäste in anderen Ländern willkommen geheißen. Die vom Kriegsminister geführte deutsche Delegation, die im Mai 1937 zu den Krönungsfeierlichkeiten nach Großbritannien reiste, wurde von Premierminister Baldwin, Außenminister Eden und Neville Chamberlain, dem designierten Nachfolger des Ministerpräsidenten, empfangen. Baldwin kündigte an, nach der Amtsübergabe Deutschland besuchen und Hitler sehen zu wollen. Blomberg versicherte ihm, niemand in Deutschland denke an Krieg gegen Großbritannien, der nichts als ein großes Unglück sein und nur den Sieg des Bolschewismus in Europa bringen könne.[62] Das Panzerschiff »Admiral Graf Spee« nahm an einer internationalen Flottenparade zu Ehren des englischen Königs Georg VI. teil. Von einer internationalen Ächtung des Faschismus konnte nicht die Rede sein.
Deutschland sei wieder eine Weltmacht, hatte Hitler den »alten Kameraden« bei ihrer alljährlichen Zusammenkunft im Münchner Brauhaus-Saal erklärt, und die Art und Weise, wie seine Repräsentanten beachtet und behandelt wurden, schien das sinnfällig zu bestätigen. Des »Führers« Ansehen wuchs unaufhaltsam und steigerte sich zu kultischer Verehrung.

Hitlerkult – Hitlerkitsch. Aus der Werkstatt des Tiroler Malers Hubert Lanziger (1938)

Daß nun auch Briefmarken mit seinem Kopfbild ausgegeben wurden, war nicht ungewöhnlich, wohl aber der Text, mit dem die Erstausgaben versehen waren: »Wer ein Volk retten will, kann nur heroisch denken.«
Tage heroischer Posen brachen an, als Mussolini im September 1937 zum ersten Mal Deutschland besuchte, und der »Führer« und der Duce Auftritt um Auftritt bestritten. Sie begaben sich zu Wehrmachtsmanövern, die in Mecklenburg und Pommern stattfanden und auch die Ostsee einbezogen. Fotografien zeigen die beiden militärisch herausgeputzten Diktatoren auf einer Art Feldherrnhügel. Dann fuhren sie in die Essener Krupp-Werke, um sich von der Produktion moderner Waffen zu überzeugen. Gegen Ende seines Aufenthalts zog Mussolini in Berlin ein, in dessen Straßen er während seiner Autofahrt ein kilometerlanges Menschenspalier passierte, aus

dem es ihm ununterbrochen »Duce! Duce!« entgegentönte. In der Reichshauptstadt wie an den Orten, an denen sich Mussolini vordem aufgehalten hatte, waren eigens arbeitsfreie Tage verkündet worden, so daß er sich ständig durch riesige Menschenansammlungen bewegen mußte. Eine von vielen Massenkundgebungen fand des Abends auf dem von Scheinwerfern erleuchteten Reichssportfeld statt. Die Welt frage sich, rief dort der Duce aus, was dieses Treffen besage, Krieg oder Frieden – und er antwortete natürlich, es verheiße Frieden. Der längste Teil des Besuchsprogramms hatte gerade das genaue Gegenteil ausgedrückt.

Kapitel 12

Säbelrasselnd nach Großdeutschland 1937 bis 1938

Anders als die vorausgegangenen Jahre der faschistischen Diktatur wies das Jahr 1937 kein Datum auf, das für ein herausragendes Ereignis stand und Aussicht gehabt hätte, in deutschen Geschichtsbüchern vermerkt zu werden. »Deutschland arbeitet«, so hieß es in Zeitungsartikeln, mit denen vor allem das Ausland über die wahren Absichten des Regimes getäuscht werden sollte. Erst nach dem Ende der faschistischen Diktatur, als die Geheimdokumente der Machthaber zugänglich wurden, trat aus dem Alltag dieses Jahres ein Tag hervor: der 5. November.

Hitler hatte ihn mit einem außergewöhnlichen Empfang begonnen. Aus Anlaß der Unterzeichnung einer deutsch-polnischen Minderheitserklärung empfing er Abgesandte des Bundes der Polen in Deutschland und versicherte ihnen, der Aufbau des neuen Deutschland solle auch ihnen zugute kommen. Anschließend war der polnische Botschafter Józef Lipski beim »Führer« zu Gast. Hitler beruhigte ihn namentlich im Hinblick auf die Entwicklungen in der Stadt Danzig, die von einem Senat regiert wurde, in dem Weisungen aus Berlin empfangende Politiker der NSDAP herrschten. Lipski bekam von ihm zu hören, daß Deutschland den Status der Freien Stadt nicht ändern wolle, die Rechte Polens, das in der Hafenstadt einen völkerrechtlich verbrieften Anspruch insbesondere auf seinen Überseehandel besaß, unangestastet lassen und Polen zu keiner Zeit vor vollendete Tatsachen stellen werde.[1] Die »Danzig-Frage« stand auf Hitlers Agenda nicht obenan.

Am Nachmittag dieses Tages traf sich Hitler mit einem sehr kleinen Kreis seiner engsten Mitarbeiter: dem Kriegs- und dem Außenminister, den Oberbefehshabern der drei Wehrmachtsteile, Heer, Luftwaffe und Marine, sowie dem Generalstabschef des Heeres. Anwesend war auch der Wehrmachtsadjutant beim »Führer«, Oberst Friedrich Hoßbach. Er schrieb fünf Tage nach dieser Zusammenkunft das Wesentliche nieder, was Hitler gesagt und andere nach dessen mehrstündiger Rede bemerkt hatten. So entstand ein Protokoll, das zu den Schlüsseldokumenten gehört, die über die Vorgeschichte des Zweiten Weltkriegs Aufschluß geben, das »Hoßbach-Protokoll«, wie es alsbald in der Geschichtsschreibung genannt wurde.[2]

Hitler erklärte eingangs, was er vortragen werde, sei das Ergebnis von Erfahrungen seit seinem Regierungsantritt. Um dem folgenden noch mehr Gewicht zu geben, bat er, seine Ausführungen für den Fall seines Ablebens als testamentarische Hinterlassenschaft zu betrachten. Dann kam er zur Sache: zu seinen Plänen kriegerischer Eroberungen. Die Tatsache, daß der »Führer« auf den Krieg zusteuerte, konnte keinen der Anwesenden überraschen. Das hatte er bereits im Februar 1933 bei seiner ersten Zusammenkunft mit führenden Militärs offen bekannt, und mehr als alle Worte zeugten die praktischen Vorbereitungen von den Absichten des Mannes an der Regimespitze. Neu war aber, daß Hitler nun zum ersten Mal konkrete Vorstellungen und Pläne dafür entwickelte, welche Staaten oder Staatengruppen er zuerst, welche er später angreifen wolle.

Zunächst jedoch hielt es der »Führer« auch vor diesem Kreis, bei dem er die Bekanntschaft mit seiner Weltsicht voraussetzen konnte, für nötig, die Unausweichlichkeit der Kriegführung noch einmal zu begründen. In der Pose eines Geschichtsphilosophen setzte Hitler auseinander, daß weder Arbeitsanstrengungen in den Reichsgrenzen noch die Teilnahme am Welthandel es auf die Dauer ermöglichen würden, die Millionen Deutschen zu ernähren. Die »Raumnot« müsse durch Landraub behoben werden, seien die Besitzer von Ländereien doch nicht bereit, sie freiwillig herauszugeben.

Wenn darüber Einigkeit herrsche, dann ergäben sich die Fragen, wo, wann und wie Krieg geführt werden solle. Hitler beharrte darauf, daß die Wiedererlangung von Kolonien in Übersee nicht erstrebenswert sei, sondern der Gewinnung eines Kolonialreiches im direkten geographischen Anschluß an das Reich der Vorzug zu geben wäre. Das hieß im Klartext: Liquidierung Polens, dessen Botschafter er soeben noch die friedlichsten Absichten versichert hatte, und der Sowjetunion. Indessen folgte darauf nicht, wie man erwarten könnte, eine Erörterung der militärischen Widerstandskräfte dieser beiden Staaten. Die Rede wandte sich vielmehr den Eröffnungszügen zu, die schließlich auf den Weg zum Endziel führen sollten. Hitler stellte sich vor, daß sich das Vorgehen in zwei Etappen teilen ließe. In der ersten sollte durch die Vergrößerung des Reiches und die Verbesserung seiner militärgeographischen Situation eine möglichst starke Position gewonnen werden, die es in der zweiten ermöglichen würde, den Krieg gegen die Großmächte siegreich zu führen.

Als erste Etappe galt Hitler die Liquidierung zweier Kleinstaaten, Öster-

reichs und der Tschechoslowakei, die er in seinen Ausführungen permanent in einem Atemzug behandelte. Militärisch erblickte er beim Entwicklungsstand der eigenen Streitkräfte keine Schwierigkeit, diese Gegner zu besiegen. Das zu lösende Problem bestünde indessen darin, die westlichen Großmächte von einer Intervention zugunsten der Opfer abzuhalten oder einen Moment abzupassen, in dem sie nicht aktionsfähig wären. Wenn Frankreich außerstande sei, für den Status quo einzutreten, so rechnete Hitler, dann würde auch Großbritannien Deutschland gewähren lassen müssen. Frankreichs Kräftebindung aber sah er gegeben, sobald es in einen Krieg mit Italien verwickelt wäre, den er – aus schwer zu rekonstruierenden Überlegungen – für wahrscheinlich ansah. Die gleiche Lage würde entstehen, wenn im westlichen Nachbarstaat ein Bürgerkrieg ausbräche.
Hitler setzte aber, weder auf eine kriegerische Verwicklung der beiden Westmächte noch auf innere Unruhen in Frankreich vertrauend, seine eigentliche Hoffnung darauf, daß die Regierungen in Paris und London Österreich und die Tschechoslowakei im Grunde bereits abgeschrieben haben würden. Unsicher war er auch nach dem Treffen mit Mussolini, wie sich Italien zur Liquidierung der staatlichen Eigenständigkeit Österreichs verhalten werde. Daß die UdSSR seine Pläne stören könnte, erwartete der »Führer« am wenigsten. Denn wenn der Angriff erfolgte, sollte er so wuchtig geführt werden, daß der Sieg errungen sei, bevor die Rote Armee überhaupt in Aktion treten könne.
Natürlich wollte Hitler seinem Zuhörerkreis nicht weismachen, daß mit der Eroberung der beiden Kleinstaaten die »Raumnot« behoben sei. Nichtsdestoweniger sah er Deutschlands Lage durch diese Gebietsgewinne verbessert, namentlich wenn – wie er unumwunden ankündigte – aus Österreich eine, aus der Tschechoslowakei zwei Millionen Menschen zwangsweise ausgesiedelt würden. In diesen Zahlen kündigte sich bereits an, was sich in Hitlers und seiner Raumplaner Köpfen später konkretisierte. Vertreibungsmaßnahmen sollten sich nicht nur gegen Juden richten, sondern auch weitere Bevölkerungsgruppen treffen.
Als den Zeitraum, in dem die deutsche Kriegspolitik in die zweite und entscheidende Etappe eintreten müßte, gab Hitler die Jahre von 1943 bis 1945 an. Jeder weitere Aufschub galt ihm als Nachteil, weil die eigenen Kräfte danach nicht mehr wesentlich vermehrt werden könnten, während die Gegner ihre Gegenmaßnahmen treffen würden. Da aber die Kriegsausgangslage sechs und mehr Jahre im voraus nicht zu bestimmen war, ging Hitler auf sie nicht weiter ein. Seine Zuhörer konnten, als er geendet

hatte, klar erkennen, daß es ihm um die nächsten Schritte zu tun war und er darauf brannte, gegen unterlegene Gegner loszuschlagen.
Die Aussprache, die sich anschloß, verlief offenbar anders, als Hitler es erwartet hatte. Sein Konzept begegnete einem doppelten Einwand. Der eine wurde von den Militärs vorgetragen. Blomberg und Fritsch machten deutlich, daß sie die eigenen Streitkräfte bei weitem noch nicht für ausreichend entwickelt hielten. Demgegenüber verwiesen sie darauf, daß Frankreich, selbst wenn es einen Krieg an der Alpenfront gegen Italien führen müßte, über genügend Heeresmasse verfüge, um im Westen zum Angriff überzugehen, wobei die deutschen Befestigungen entlang der Grenze kein ernsthaftes Hindernis für einen Vorstoß in das Reich bilden würden. Nachdrücklich wiesen die beiden Generale auch auf die Stärke der tschechischen Verteidigungsanlagen hin. Der zweite Einwand kam von Neurath. Der Außenminister bemerkte, daß er eine militärische Auseinandersetzung, bei der die Westmächte durch Italien gebunden sein würden, in nächster Zeit nicht für wahrscheinlich halte. Insgesamt bedeuteten diese knappen Anmerkungen aber, daß des »Führers« in den Rang eines »letzten Willens« gehobene Vorstellungen über den Weg in den Krieg bei denen, die die Siege planen und die Streitkräfte führen sollten, auf Skepsis und Widerspruch stießen. Als er die Herren entließ, stand er deshalb vor der Frage, wie er weiter verfahren sollte. Er war auf keinen Fall willens, von dem Zeitplan abzugehen, der den baldigen Überfall auf die beiden Kleinstaaten vorsah. Eine längere Vorbereitungsfrist für den ersten militärischen Schlag schien ihm unvermeidlich die Aussichten zu vermindern, auch am Beginn der zweiten Etappe das Überraschungsmoment nutzen und den großen Krieg mit einem Rüstungsvorsprung eröffnen zu können. Wenn Blomberg und Fritsch – auch Beck hatte ihnen nicht widersprochen – das Risiko, das er ihnen als unausweichlich auseinandergesetzt hatte, nicht eingehen wollten, dann mußten sie von ihren Plätzen entfernt und durch Generale ersetzt werden, die aus anderem Holz geschnitzt waren.
Am Tage danach besuchte Hitler die in Berlin stattfindende Jagdausstellung. Das dürfte für ihn eine Pflichtaufgabe gewesen sein. Er lehnte die Tierjagd ab, ohne daß diese Haltung sein Verhältnis zum Reichsjägermeister, einem der Ämter, die Göring bekleidete, je getrübt hätte. Der wichtigste Gast dieser Ausstellung war Edward Halifax, der bis vor kurzem in England noch die Posten des Kriegsministers und des Lordsiegelbewahrers bekleidet hatte. Die Deutschlandreise des Lords war als privat deklariert, diente aber vor allem einer Begegnung mit dem »Füh-

rer«, bei der die deutschen außenpolitischen Absichten erkundet werden sollten.

Hitler empfing den Gast auf dem »Berghof« und hörte mit Wohlgefallen dessen Komplimente für seine antibolschewistische Kampfstellung und ebenso die Bemerkung, daß wegen der »Fehler des Versailler Diktats« der Status quo nicht unbedingt aufrecht erhalten werden müsse. Hitler reagierte jedoch auf diese Einladung, gleichsam ein Tableau seiner Forderungen auszubreiten, mit Zurückhaltung. Er erwähnte zwar Österreich, die Tschechoslowakei und Danzig bei einer Aufzählung der noch zu erledigenden Aufgaben, vermied dabei aber den Eindruck, daß eine von ihnen sonderlicher Eile bedürfte. Mit Österreich würden seit 1936 gute Beziehungen existieren, mit der Tschechoslowakei ließe sich auch eine vernünftige Lösung anbahnen, und die Entscheidung der Kolonialfrage könne getrost zwei bis drei Jahre warten. Zudem seien England und Frankreich diejenigen Staaten, die einen Lösungsvorschlag unterbreiten müßten. Es gäbe in Europa, beteuerte er, nur »eine Katastrophe«, den Bolschewismus.[3]

Der Vorbereitung des Angriffs auf die Tschechoslowakei diente auch ein Treffen mit dem ungarischen Ministerpräsidenten Kálmán Darányi, dem Hitler empfahl, die Ansprüche, die Ungarn an seine Nachbarn stellte, gegen eine Seite zu konzentrieren.[4] Das sollte selbstredend der Nachbar im Norden sein, in dessen slowakischem Landesteil eine ungarische Minderheit lebte. Die dortigen großungarischen Kräfte wünschte der »Führer« mit denen der Großdeutschen in den Grenzgebieten Böhmens und Mährens zu koordinieren, dadurch den inneren Druck auf die Regierung in Prag zu verschärfen und die »tschechoslowakische Frage« als eine das Leben aller Minderheiten betreffende Angelegenheit hinzustellen.

In den letzten Wochen des Jahres 1937 absolvierte Hitler in der Öffentlichkeit ein stets wiederkehrendes Programm. Er inspizierte die Fortschritte der Rüstung, hielt die Verbindung mit der Mitgliedschaft der NSDAP, vor allem mit den »alten Kämpfern« und den »Hoheitsträgern«, und stellte sich bei kulturellen Veranstaltungen ein. Sein Hauptinteressse galt der Entwicklung moderner Waffen und ihrer Massenproduktion sowie der Ausbildung der Wehrmacht. Es führte ihn am 21. November nach Augsburg in die Messerschmidt-Flugzeugwerke. Während seines Besuchs wiederholte Hitler, daß der Lebensraum für die Deutschen zu klein sei und sie sich deshalb ihre »äußeren Lebensrechte« noch verschaffen müßten.[5] Der Propagierung dieses Gedankens diente auch eine Massenkundgebung im Berliner Sportpalast, auf der Bayerns Reichsstatthalter Ritter von Epp, der zugleich Leiter des Kolonialpolitischen Amtes der NSDAP war, erklärte, andere Mächte fingen an zu begreifen, daß die »Kolonialfrage Deutschlands ein akutes Problem« sei, aber nicht auf Kosten dritter Mächte in Belgisch-Kongo oder Portugiesisch-Angola gelöst werden könne.[6]

Am 27. November legte Hitler in Berlin den Grundstein für den Bau der Wehrtechnischen Fakultät der Technischen Hochschule Berlin-Charlottenburg. Das Gebäude sei, so beschrieb er dessen städtebauliche Bedeutung, das erste Vorhaben zur Umgestaltung der Reichshauptstadt, der es an monumentalen Bauten fehle. Noch vor Jahresende sprach Hitler vor einer Massenversammlung von Straßenbau-Arbeitern im Berliner Theater des Volkes aus Anlaß der Fertigstellung des 2000. Kilometers der Autobahnen, deren Entstehen er »das größte Werk, das zur Zeit auf dieser Erde geschaffen wird«, nannte.[7] In kaum einer seiner Reden ging es ohne die keiner Steigerung mehr fähigen Superlative ab. Weder der »Führer« noch seine Mitarbeiter hatten irgendwelche Skrupel, ihren gläubigen Gefolgsleuten riesenhafte Bauvorhaben in Aussicht zu stellen, wiewohl sie wußten, daß ein immer größerer Teil der Baustoffe und namentlich des Zements für den Ausbau der Befestigungsanlagen vor der französischen Grenze aufgewendet wurde, um hinter dem »Westwall« und durch ihn gegen Frankreich gesichert in Südost- und Osteuropa auf Eroberungszüge auszugehen. Minister Rust versprach etwa zur gleichen Zeit, vor den Toren Berlins an den Ufern der Havel eine gigantische Hochschulstadt zu errichten.

Die wichtigste personelle Entscheidung, die Hitler vor Jahresende traf, war die Entpflichtung Schachts als kommissarischer Wirtschaftsminister. Hitler beließ ihn noch auf dem Posten des Präsidenten der Reichsbank, wollte aber Befugnisse und Tätigkeit des Wirtschaftsministeriums stärker denen der Behörde für den Vierjahresplan zuordnen und damit eine straffere Leitung der gesamten Rüstungswirtschaft durchsetzen. Um das zu erreichen, wurde zunächst Göring, der Leiter dieser Behörde, befristet mit der Führung des Ministeriums betraut. Anfang 1938 wechselte Funk vom Staatssekretärposten im Propagandaministerium in das Ministeramt. Die strukturellen und personellen Veränderungen stärkten Görings Stellung als eine Art Diktator und Koordinator der Rüstungsvorhaben, ohne allerdings die Konkurrenz der auftragserteilenden Waffenämter der Wehrmacht zu beseitigen. Das drückte sich auch darin aus, daß er am 10. Dezember 1937 Manager der Werke, welche die Luftrüstung vorantrieben, mit dem Titel »Wehrwirtschaftsführer« auszeichnete.[8]

In einer Verlautbarung zum Jahreswechsel nannte Hitler das Reich »die

Beginn des Baus der Reichsautobahnen (Frankfurt a. M., 23. September 1933)

neue deutsche Weltmacht«.[9] Wie er diese Macht zur Geltung bringen würde, hatte sich der »Führer« indessen nach dem ernüchternden Erlebnis des 5. November in einem nicht zu rekonstruierenden Prozeß noch einmal überlegt. Er war zu dem Schluß gelangt, daß er das Vorgehen gegen Österreich und gegen die Tschechoslowakei zeitlich wie auch taktisch voneinander trennen sollte. Es schien ihm nicht mehr zielgerecht, Österreich mit einem Krieg zu überziehen, dessen politsche und psychologische Nachwirkungen für die weiteren Pläne nur nachteilig sein konnten. Das galt vor allem für die Absicht, die Offiziere und Soldaten des Bundesheeres und alle kriegstauglichen Landesbewohner rasch in die deutschen Streitkräfte einzugliedern, um deren Zahl durch weitere Divisionen zu verstärken.

Jedenfalls war Hitler gegen Ende 1937 zu der Auffassung gelangt, »daß es zu keiner Brachiallösung« kommen müsse,[10] sondern ihm andere Mittel verfügbar seien, das kleine, wirtschaftlich krisengeschüttelte und international weitgehend isolierte Land zu einer deutschen Provinz zu machen. Als der polnische Außenminister am 14. Januar 1938 Hitler besuchte, wurde ihm erklärt, Deutschland sähe nur dann einen Grund für eine Intervention in Österreich, wenn dort versucht würde, die Habsburger wieder an die Staatsspitze zu stellen. Mit Beck sprach Hitler vor allem über das gemeinsame Interesse an einer Frontstellung gegen die Sowjetunion, und in diesem Zusammenhang bezeichnete er die Tschechoslowakei als eine »Unmöglichkeit« und einen bolschewistischen Gefahrenherd.[11] Unbeirrbar verfolgte er das einmal festgelegte Ziel, das er auch im Auge hatte, als er wenige Tage darauf mit dem in Deutschland zu Gast weilenden jugoslawischen Ministerpräsidenten Milan Stojadinovic sprach. Es sollte vor allem die Möglichkeit ausgeschaltet werden, daß Jugoslawien seinen ungarischen Nachbarn daran hinderte, an Deutschlands Seite eine antitschechische Position zu beziehen.[12]

Am 12. Januar nahmen Hitler und Göring als Trauzeugen an der Hochzeit des verwitweten Reichskriegsministers Blomberg teil, und dieser Auftritt machte den Eindruck, als wären alle Meinungsverschiedenheiten vergessen. Drei Wochen später hatte der Generalfeldmarschall sein Amt verloren und auch Fritsch den Platz des Chefs des Heeres geräumt. Der Sturz des Ministers bereitete keine Probleme, denn er war eine Ehe eingegangen, die gegen den ebenso antiquierten wie albernen Ehrenkodex der Militärkaste verstieß. Gegen Fritsch aber hatten Hitlers Helfer in der Sicherheitspolizei eine Anklage wegen Homosexualität zusammengebraut, die frei erfunden, aber geeeignet war, auch ihn in den Augen seiner tugendwächterischen Standesgenossen und Untergebenen unmöglich zu machen.

Am 4. Februar wurden die Personal- und Strukturveränderungen bekanntgegeben und als eine Sensation empfunden, deren Gründe sich freilich niemand erklären konnte, ausgenommen die Generalität, die Hitler nach vollzogener Tat über seine Dossiers informierte. In der Öffentlichkeit wurden Krankheitsgründe vorgeschoben. In ehrenden Schreiben sprach er Blomberg seine »tiefbewegte« und Fritsch seine »tiefe Dankbarkeit« aus.[13] Pure Heuchelei war das nicht, hatten doch beide bis dahin mit allen ihren Fachkenntnissen die hochgradige Militarisierung des Reiches vorangebracht, wobei sie sich im Ziel, der Revision der Ergebnisse des Ersten Weltkriegs, mit Hitler einig waren.

Der »Führer« besetzte das Amt des Kriegsministers nicht neu und löste das Ministerium auf. Den direkten Oberbefehl über die Wehrmacht übernahm er fortan selbst und bildete ein Oberkommando, als dessen Chef er General Wilhelm Keitel einsetzte, der bisher das Wehrmachtsamt im Kriegsministerium geleitet hatte und sich Hitlers Befehlen, Weisungen und Wünschen so fleißig und widerspruchslos anpaßte, daß ihn dieser bis 1945 an seiner Seite behielt. Den Befehl über das Heer übergab er Generaloberst Walther von Brauchitsch. Gleichzeitig schickte der neue Oberbefehlshaber eine Anzahl von Generalen in den Ruhestand oder stellte sie außer Dienst und machte so Platz für die Beförderung jüngerer Militärführer, von denen er noch entschlosseneres Vorgehen und bedenkenlose Risikobereitschaft erhoffte.

Auch Neurath verlor seinen Ministerposten. Jedoch erfuhr der verabschiedete Außenminister eine scheinbare Rangerhöhung. Er wurde auf den Platz des Präsidenten eines Geheimen Kabinettsrates gesetzt, der keinerlei Bedeutung besaß. Nachfolger Neuraths wurde der von seinem Londoner Botschafterposten zurückberufene Ribbentrop, der von der Unausweichlichkeit des gewalttätigen Zusammenstoßes der imperialistischen Interessen Deutschlands und Großbritanniens überzeugt war. Zudem wechselte Hitler eine Anzahl von Botschaftern aus.

Für die Ereignisse, die dem 4. Februar 1938 vorausgingen, wurde in der Geschichtsschreibung der Begriff von der Blomberg-Fritsch-Krise geprägt. Er übertreibt den Rang der Geschehnisse weit. Weder der Kriegsminister noch der Chef der Heeresleitung wurden zum Zentrum einer Militäropposition gegen die Pläne, die Hitler ihnen entwickelt hatte. Blomberg zog sich nach Bayern an den Tegernsee in das Privatleben zurück. Fritsch, der rehabilitiert werden mußte, ohne daß dies zu seiner Wiederverwendung führte, ging als Ehrenkommandeur mit seinem Regiment in den Krieg gegen Polen und kam bei Kämpfen in der Nähe von Warschau um. Die Generalität hatte die ungerechte Behandlung des höchsten Offiziers des Heeres hingenommen, ohne daß sich zwischen ihr und dem Oberbefehlshaber ein Spannungsverhältnis aufgebaut hätte. Obendrein hatte Hitler gelernt, wie relativ leicht es für ihn war, sich über Einwände militärischer Fachleute hinwegzusetzen und sie auszuschalten.

Hitlers schon bis dahin beispiellose Machtfülle vergrößerte sich noch einmal. Er war nun auch faktisch Oberbefehlshaber der Streitkräfte, dem die Befehlshaber des Heeres, der Kriegsmarine und der Luftwaffe sowie der Generalstab direkt unterstanden. Mit der Ablösung Neuraths war auch die personelle Besetzung der Ministerposten im Reich, deren Kontinuität Hitler Anfang 1934 so überschwenglich herausgestellt hatte, durchgreifend verändert. Fünf Regierungsmitglieder, mit denen Hitler angetreten war, hatte er außer Dienst gestellt und sie zumeist durch langjährige Mitglieder der NSDAP ersetzt. Auf diese Weise waren nach Göring, Frick, Goebbels und Heß 1933 Darré in das Landwirtschaftsressort, 1937 Julius Dorpmüller, bis dahin Generaldirektor der Deutschen Reichsbahn, an die Spitze des Ministeriums für Verkehr und Wilhelm Ohnesorge, der 1920 die NSDAP-Ortsgruppe in Dortmund gegründet hatte und seit 1933 Staatssekretär war, in das für Post gelangt. 1938 zogen Funk und Ribbentrop in den Kreis der Minister ein, der nicht mehr Kabinett genannt werden konnte.

Hitler hielt den Zeitpunkt für gekommen, da er den Regierungsstil nun ganz von der überkommenen Praxis abkoppeln und auf das faschistische Führerprinzip umstellen konnte. Die ohnehin immer seltener gewordenen Kabinettsitzungen ließ Hitler ohne Umstände einschlafen. Fortan regelte er die Regierungsangelegenheiten mit den jeweiligen federführenden Ministern, die sich vorher mit den beteiligten Leitern anderer Ministerien und Oberster Reichsbehörden zu verständigen und einen gemeinsamen Vorschlag zu unterbreiten hatten. Dieses Verfahren machte die Machtausübung schwerfälliger, den Weg vom Entwurf eines Gesetzes bis zu seiner Inkraftsetzung langwieriger, so daß die Gesamtheit der Regierungsgeschäfte selbst für die Minister unübersichtlich wurde. Für Hitler besaß es aber auch Vorteile. Er konnte nun noch stärker auswählen, mit welchen Fragen er sich vorrangig befaßte, welche er schleppend behandelte und welche er ganz vernachlässigte. Zugleich kam diese Praxis – wenn auch nicht immer – einem Regime zugute, dessen Bewegungsgesetz die Konzentration aller Kräfte auf die Kriegsvorbereitung bildete.

Daß Hitler zu diesem Regierungstil an der Staatsspitze übergehen konnte, war ein zusätzlicher Beweis für seine vollkommen unangefochtene Stellung. Er brauchte nicht zu fürchten, daß die Arbeitskontakte der Minister in irgendeiner Frage eine Frontstellung gegen ihn zeitigen oder gar zur Formierung einer politischen Fronde führen könnten. Der Mann, der nach ihm die stärksten Querverbindungen innerhalb des Regierungsapparats benötigte und herstellte, Göring, war absolut zuverlässig und ohne den geringsten Ehrgeiz, Hitler von seinem Platze zu verdrängen. Der fettleibige Generalfeldmarschall, einen zweiten aktiven Militär dieses Ranges gab es nach Blombergs Sturz nicht mehr, verstand sich als des »Führers« erster Paladin.

Die Ämter, die Hitler im »Führerstaat« auf seine Person vereint hatte, nahmen in anderen vergleichbaren Staaten drei oder vier Personen, mehr oder weniger erfahrene Politiker und geschulte Militärs ein. Hitler verstand es jedoch, sie mit eigenem Arbeitsaufwand und mit Hilfe geschickt ausgewählter Mitarbeiter auszufüllen. Die Art, wie er das tat, wurde durch die Abneigung gegen Schreibtischtätigkeit und gegen langwierige Sitzungen und Beratungen geprägt und hat in Verbindung mit seinem Herrschafts- und Lebensstil immer wieder den Eindruck erweckt, Hitler sei – zumindest während der Vorkriegsjahre – so etwas wie der größte Faulpelz an einem derart machtvollen Platz gewesen. Die Resultate sprechen jedoch für etwas anderes.

Der Diktator konzentrierte sich in jenen Jahren, da er sich körperlich und geistig noch nicht unter ständiger ärztlicher Konsultation und Behandlung mit den Folgen unausgesetzter Überanstrengung auseinanderzusetzen hatte, auf jene Fragen, die nur er entscheiden wollte und die auf der von ihm aufgestellten Rangliste die vorderen Plätze besetzten. Zu seinen Fähigkeiten, die zu verschiedenen Zeiten ganz unterschiedliche und gegensätzliche Folgen nach sich zogen, gehörte es, die Komplexe von Aufgaben und Problemen zu vereinfachen und dann daran zu gehen, das daraus hergeleitete nächstliegende Vorhaben zu planen und zu verwirklichen. War das geschehen, wandte er sich dem folgenden Schritt zu. Diese Vorgehensweise war für seine Mitarbeiter – besonders in den Kriegsjahren – unbequem, mitunter auch in der Sache nachteilig. Häufig schienen Improvisation und Spontaneität zu herrschen. Doch drückten sich in Hitlers Verhalten nicht nur ein von allem Herkömmlichen abweichender Arbeitsstil und in ihm wiederum die Begrenztheit seiner Fähigkeiten und Kräfte aus. Es spiegelten sich darin auch die Kräfteverhältnisse, in denen sich dieser deutsche Staat auf den Krieg zubewegte, der in eine Auseinandersetzung mit einer Übermacht führen mußte. Nur wenn die jeweiligen Schritte exakt bemessen und die eigenen Kräfte bis an die äußerste Grenze eingesetzt, aber nicht überfordert wurden, war auf diesem Wege überhaupt voranzukommen. Hitler gelangte auf ihm weit und viel weiter, als es schlimmste Vorahnungen von Zeitgenossen befürchteten.

So viele Staatsämter der »Führer« aber auch auf sich häufte, vernachlässigte er doch in keinem Moment seine Rolle als Parteiführer, die er am wenigsten delegieren oder auch nur teilen konnte. Einen erheblichen Aufwand an Kraft und Zeit widmete er der Führung der NSDAP, die mit ihren Gliederungen und angeschlossenen Verbänden Millionen Deutsche erfaßte und sich zu einer festen Stütze des Regimes formiert hatte. Nach Jahren, in denen der Zugang zur NSDAP-Mitgliedschaft weitgehend eingeschränkt worden war, um bei einem Massenzustrom die Kontrolle über sie nicht zu verlieren und die inneren Konflikte zwischen den »alten Kämpfern« und denen in Grenzen zu halten, die erst im Sog des Erfolgs zu ihr stießen, wurden ihre Tore 1937 weit geöffnet.

Nun herrschte das Prinzip vor, entstandene ideologische Bindungen durch organisatorische zu festigen und – umgekehrt – durch die Mitgliedschaft in der NSDAP die geistige Gleichschaltung von immer mehr Deutschen zu erreichen. Anschluß an diese Partei bedeutete in jedem Falle auch Verfestigung des Treue- und Gehorsamsverhältnisses zu deren Führern. Niemand drückte das schärfer aus als Himmlers Schwarzes Korps mit seinem Wahlspruch »SS-Mann, Deine Ehre heißt Treue«. Er galt indessen in allen NS-Organisationen. Hitler seinerseits beteuerte vor Massenkundgebungen seiner engeren Gefolgschaft mehrmals im Jahr, daß er an nichts mehr gebunden sei als an seine Parteigenossen und die braun- und schwarzuniformierten Kolonnen. Im ganzen hielt er sich im Jahresverlauf mehrere Wochen bei Verpflichtungen auf, die sich aus seiner Stellung als oberster Parteiführer ergaben. Er erschien regelmäßig am 24. Februar in München zur Parteigründungsfeier und am 8./9. November zu den Feierlichkeiten aus Anlaß des Gedenkens an den Putsch von 1923. Im September verbrachte er eine ganze Woche in Nürnberg auf dem Reichsparteitag und hielt dort jeden Tag mindestens eine Ansprache an die aufmarschierten oder in der neuerbauten Riesenhalle versammelten Mitglieder einer der NS-Gliederungen. Er versäumte nicht, gelegentlich Gauparteitage, die ebenfalls aus Aufmärschen, Appellen und Kundgebungen bestanden, zu besuchen. Dies geschah besonders dann, wenn sie aus irgendeinem historischen Anlaß und bedeutungsschwer begangen wurden.

Bei solchen Gelegenheiten legte er Wert darauf, seine Verbundenheit mit dem Parteivolk und vor allem mit seinen »alten Kämpfern« auch durch sein Äußeres auszudrücken. Der »Führer« trat dann im sogenannten schlichten Braunhemd auf und war bis zu den bestiefelten Beinen gekleidet wie der inzwischen zur Legende erhobene »einfache« SA-Mann. Er trug, wie auf allen Ausführungen seiner Uniformen, den Orden »Eisernes Kreuz« und das Verwundeten-Abzeichen und hatte zudem den Parteiorden für frühe Mitgliedschaft, das »Goldene Parteiabzeichen«, angeheftet. In diesem Aufzug unterschied er sich deutlich von den Unterführern, denen er seit Anfang 1934 immer reicher betreßte und posamentierte und damit auch ungleich teurere Uniformen zugestanden hatte. Wie später im Kriege auch gegenüber den Generalen galt ihm in der NSDAP der Grundsatz, daß der Oberste Führer sich von der gesamten sonstigen Führerschaft abzuheben habe. Er hatte für sich entschieden, daß dies nicht durch vermehrte Pracht, sondern durch auffallende Einfachheit am eindrucksvollsten geschähe.

Hitlers Auftritte als Parteiführer waren von zweierlei Typ. Zum einen und am häufigsten erschien er seiner Gefolgschaft auf erhöhtem Platze auf einer Tribüne oder hinter einem Rednerpult. Diese Heraushebung über die Masse des Parteivolks fand ihren deutlichsten architektonischen Ausdruck in den Bauten auf dem Nürnberger Parteitagsgelände. Stand der »Führer« auf der für ihn errichteten Tribüne hoch über Zehntausenden von aufmarschierten Amtswaltern der NSDAP, SA-Männern, Hitlerjungen, Arbeitsmännern des Reichsarbeitsdienstes, dann war er ihnen im Wortsinne entrückt und plaziert wie ein Übermensch und Kultobjekt. Sie vermeinten, ihn gesehen zu haben, und hatten doch nichts wahrgenommen als die Umrisse einer winzigen Gestalt, die sich undeutlich gegen ein Ornament des Bauwerks oder gegen den Himmel abhob. Doch gerade dieser Eindruck verstärkte die Vorstellung von der Größe ihres Helden.

Viel seltener und nur einer relativ kleinen Schar von Gefolgsleuten trat Hitler gleichsam Auge in Auge gegenüber. Das geschah, wenn er die mystische Weihe neuer Parteifahnen vornahm, wobei er das Tuch der sogenannten Blutfahne von 1923 mit dem ihm hingehaltenen Stoff der neuverfertigten Banner und Standarten berührte. Begegnungen dieses Typs ereigneten sich auch zweimal im Jahr in München während der rituellen Feiern in den Sälen der großen Bierbrauereien. Nach seinen Reden mischte sich Hitler für einige Zeit unter seine Mitkämpfer, hörte deren Erinnerungen an die »Kampfzeit« und trug wohl auch eigene Histörchen bei. Doch vermied er es, sich zechend oder kumpelhaft mit diesen frühen

Weggenossen einzulassen. Sie saßen an einem solchen Abend um ihn und hatten doch alle längst gelernt, lediglich zu ihm aufzublicken. Ihnen war er ebenfalls auf den Platz des Übermenschen entrückt.

Am 12. Februar, während im In- und Ausland noch über die überraschenden Veränderungen an der Spitze der Wehrmacht gerätselt wurde, empfing Hitler auf dem Obersalzberg Österreichs Bundeskanzler Kurt von Schuschnigg, den Außenminister Guido Schmidt begleitete. Das geschah von seiten des Einladenden in der Absicht, die beiden maßgeblichen Politiker auf einen Kurs zu zwingen, der nur zu Österreichs Untergang führen konnte. Und es gelang dem »Führer«, seinen Gästen eine Erklärung mehr abzupressen als abzuhandeln, die nicht nur die Koordinierung – und das konnte nur heißen: die Unterordnung – von Österreichs Außen-, Wirtschafts- und Militärpolitik unter die des Deutschen Reiches bestimmte, sondern auch die verbindliche Zusage enthielt, die NSDAP in Österreich zu legalisieren, ihre wegen Verstoßes gegen die österreichischen Gesetze in Haft befindlichen Mitglieder auf freien Fuß zu setzen und führende Politiker der von Hitler geführten Partei in die Wiener Regierung aufzunehmen. Dem Staatsrat Arthur Seyß-Inquart sollte das Innenministerium und damit das Kommando über die Sicherheitskräfte übergeben werden.[14] Wer sich in Erinnerung rief, welche Ämter die Führung der NSDAP vor 1933 in Preußen und im Reich gefordert und welche sie dann auch am 30. Januar 1933 besetzt hatte, wußte mit Sicherheit, was die Stunde geschlagen hatte. Hitler setzte die Hebel an, um die ohnehin schwach verankerte Souveränität Österreichs aus ihren Fundamenten zu reißen.

Die Entscheidung und die Verwirklichung des Personalwechsels in der Wehrmacht hatten Hitlers Arbeitskraft und Aufmerksamkeit derart in Anspruch genommen, daß er am 30. Januar zum ersten Mal die traditionelle Reichstagssitzung ausfallen ließ. Am 20. Februar wurde sie nachgeholt. Der »Führer« nannte die eben mit Österreich getroffene Vereinbarung scheinheilig einen Beitrag zum Frieden und dankte Schuschnigg ausdrücklich. Er beanspruchte außerdem eine Schutzfunktion für die außerhalb der Reichsgrenzen lebenden Deutschen, wandte sich – Österreich und die Tschechoslowakei wieder in einem Atemzug nennend – gegen »unnötige Quälereien von nationalen Minderheiten« und stellte das Verhältnis Deutschlands und Polens zueinander als Vorbild für die Regelung bilateraler Fragen hin.[15]

Von da an verging kein Tag, an dem sich Hitler nicht mit Österreich befaßt hätte. Er konferierte am 21. Februar mit Göring und Keppler, der zum

Beauftragten für die Koordinierung aller auf die Liquidierung Österreichs gerichteten Maßnahmen ernannt worden war. Ferner eröffnete er dem Landesleiter der NSDAP, Josef Leopold, gleichen Tags seine Abberufung und verlangte, daß er die jetzt verbindliche Taktik durchsetzen half, die nicht auf Gewaltaktionen der braunen Gefolgschaft setzte, sondern den Druck auf die Wiener Regierung favorisierte und ihr keinen Vorwand lieferte, erneut scharf gegen die NSDAP-Anhänger vorzugehen. Die österreichischen Hitlerleute sollten sich ein Beispiel am Vorgehen der Partei vor dem Abstimmungstag im Saarland nehmen, als sich diese in der Deutschen Front geradezu versteckt hatte, mit dieser Taktik aber sicher ans Ziel gelangt war.[16] Hitler trug Leopold dessen Versagen aber nicht nach. Er verlieh ihm einen höheren militärischen Rang, freilich ohne ihn an irgendeinen einflußreichen Platz zu setzen. Untreue bestrafte dieser »Führer« auch auf einen bloßen Verdacht hin unnachsichtig, gegenüber dem Revoluzzertum von Anhängern, die sich in den Schlichen der Politik nicht gut auskannten oder eine taktische Wendung nicht verstanden, vermochte er Nachsicht zu üben.

Wenige Tage darauf begrüßte Hitler, diesmal in Anwesenheit von Ribbentrop und Keppler, wieder einige seiner in Österreich agierenden Parteigänger und setzte ihnen auseinander, daß keine gewaltsame Lösung gesucht werde, zumal die Zeit zugunsten der deutschen Aufrüstung arbeite.[17] Die neuernannten Regierungsmitglieder Seyß-Inquart und Glaise-Horstenau kamen zu Beratungen nach Deutschland, und Keppler fuhr nach Wien und verlangte, Schuschnigg weitergehende Forderungen zu stellen, so die Benennung eines Wirtschaftsministers aus den NSDAP-Reihen und die Zulassung der Zeitung »Völkischer Beobachter«.

Als Hitler am 3. März den britischen Botschafter Henderson empfing, fand dieser einen Gesprächspartner vor, welcher sich am Thema eines neuen Kolonialregimes in Mittelafrika gänzlich uninteressiert zeigte. Der »Führer« sprach nun gar davon, daß man damit getrost vier, sechs, acht oder gar zehn Jahre warten könne. Er rüste einzig wegen der Bedrohung durch »Rußland«. Hitler hatte sich für eine Reihenfolge des Vorgehens entschieden, die er strikt verfolgte. Am 9. März aber nahmen die Dinge eine überraschende Wendung.

In einer in Innsbruck gehaltenen Rede kündete Schuschnigg bereits für den darauffolgenden Sonntag eine Volksabstimmung an, von der er ein tragfähiges Votum für die selbständige Weiterexistenz Österreichs erwartete. Kam es zustande, und dafür sprachen allein die zu erwartende Parteinahme der katholischen Obrigkeit und deren Weisungen an das Kirchenvolk, dann waren die großdeutschen Pläne für unbestimmte Zeit blokkiert. Hitler beriet sich umgehend mit den Militärs über die Auslösung des »Unternehmens Otto«, wie der Feldzug gegen Österreich genannt worden war. Es sollte dahingehend gewirkt werden, daß die Aktion »in der Form eines von der Bevölkerung begrüßten friedlichen Einmarsches vor sich geht«, gleichzeitig aber befahl Hitler, Widerstand »mit größter Rücksichtslosigkeit« zu brechen.[18]

Am 11. März erhielten die deutschen Truppen den Befehl, am folgenden Tage die Grenze zu überschreiten. Am Abend trat Schuschnigg von seinem Amt zurück, Seyß-Inquart wurde sein Nachfolger als Bundeskanzler. Das österreichische Heer bekam Weisung, den einrückenden Deutschen keine Gegenwehr zu leisten. Schließlich bestellte sich Hitler in Wien noch einen Hilferuf, der die Militäraktion vor dem Ausland als eine Unterstützung der österreichischen Kräfte erscheinen lassen sollte, die im Lande den Ausbruch eines Chaos verhindern wollten. So hatte er sich einzig noch darum zu sorgen, daß sein Vorgehen keine Verstimmung Mussolinis hervorrief oder seinen »Freund« in innenpolitische Schwierigkeiten brachte. Er schrieb ihm einen Brief, in dem er ein Schreckensbild von der Lage der Anhänger der großdeutschen Idee in Österreich entwarf. Schon seien 40 000 Flüchtlinge über die Grenze ins Reich gekommen. Obendrein dichtete er der Wiener Regierung unter Schuschnigg die Absicht an, mit der Tschechoslowakei ein deutschfeindliches Bündnis eingehen zu wollen.

Die für den Duce wichtigste Passage in diesem Schreiben war indessen Hitlers Versicherung, daß der Brenner, an dem in wenigen Stunden deutsche Truppen eintreffen würden, die Grenze zwischen Deutschland und Italien bleiben würde. Südtirol werde nicht zurückgefordert, das größere Deutsche Reich keine Revision der Bestimmungen des Vertrages von St. Germain verlangen. Mussolini hielt es für angebracht, diese Zusage sofort zu veröffentlichen.

Am 13. März fuhr Hitler mit einer Wagenkolonne über die bayerisch-österreichische Grenze, die er ein Vierteljahrhundert zuvor mit geringem Handgepäck in Richtung Deutschland passiert hatte. Der Plan für seinen Einzug war vorher wohlberechnet worden: Ein »Führer« kehrte in seine Heimat zurück, die er einst als ein Namenloser verlassen hatte. Nun kam er, um auch seine Landsleute einer schöneren Zukunft in einem größeren Reich entgegenzuführen. Nachdem ihm General Fedor von Bock über das Vorankommen der deutschen Truppen nach Osten in Richtung auf die Hauptstadt berichtet hatte, besuchte Hitler zunächst Stätten seiner Kind-

heit, Braunau und das Kloster Lambach. Am Abend traf er in Linz ein, wo er sich auch zur Nacht einquartierte.
Schon während der Fahrt in die oberösterreichische Stadt und dann, als er mit dem aus Wien gekommenen Seyß-Inquart und flankiert von Keitel und dem General der Panzertruppen Heinz Guderian auf dem Balkon des Linzer Rathauses umjubelt wurde, war Hitler zu der Überzeugung gelangt, daß ein mehrstufiger Plan zur Eingliederung Österreichs, der die Einwohnerschaft erst allmählich an die neue Situation heranzuführen hätte, ganz überflüssig sei. Es genügte, wenn das Kabinett in Wien ein Gesetz über die »Wiedervereinigung«[19] beschlösse und Österreich kurzerhand zu einem »Land des Deutschen Reiches« erklärte. Diese Entscheidung sollte nachträglich eine Abstimmung legitimieren, die für den 10. April festgesetzt wurde. Ihr Stattfinden würde möglichen Protesten des Auslands weitgehend den Boden entziehen. Damit war das Programm des raschesten »Anschlusses« gewählt, dessen Voraussetzung darin bestand, daß die Österreicher sich nicht nur nicht widersetzten, sondern es – wie schon während der ersten Stunden des Truppeneinmarsches auf den Straßen und Plätzen geschehen – demonstrativ guthießen.
Bevor Hitler Linz verließ, besuchte er das Grab seiner Eltern in Leonding. Dann wurde eine flüchtige Begegnung zwischen dem einstigen Schüler Adolf und seinem Geschichtslehrer bewerkstelligt, der wegen seiner großdeutschen Gesinnung bereits auf den Seiten von »Mein Kampf« mit hohem Lob bedacht worden war. Doch blieb das die einzige Begrüßung des »Führers« auf offener Straße durch einen »alten Bekannten«. Hitler wollte weiter nach Wien, in das die Einheiten der Wehrmacht inzwischen komplikationslos eingerückt waren. Dort angekommen, bezog er – nomen est omen – das Hotel »Imperial« am Schwarzenberg-Platz nahe der Ringstraße. Nachdem er vom Balkon des Hotels eine kurze Ansprache an seine Anhänger gehalten hatte, begannen Besprechungen der Lage sowie des Plans für den folgenden Tag.
Dieser 14. März wurde der erste in einer Reihe von Tagen, an denen sich Hitler als ein Triumphator darbot, der die Geschichte nach seinem Willen zu gestalten vermag. Kein zweiter Tag trug ihm später noch einmal die ungeteilte Zustimmung so vieler Deutscher und Österreicher ein wie dieser. Sie drückte sich vor allem in der Kundgebung aus, zu der eine unübersehbare Menschenmenge auf dem Heldenplatz an der Wiener Hofburg zusammenströmte, um den neuen »Führer« zu sehen, zu hören und ihm zu huldigen, wie es seit Kaiserzeiten niemandem geschehen war. Hitlers Ansprache gipfelte in einer theatralischen »Meldung vor der Geschichte«,

daß seine Heimat nun zum Deutschen Reich zurückgekehrt sei.[20] Die Behauptung, alsbald in der Propaganda zum Slogan von der »Heimkehr« verkürzt und später bei weiteren »Anschlüssen« wiederholt, war rundweg falsch. Österreich gehörte zu keiner Zeit zu jenem Deutschen Reich, dessen Gründung 1871 in Versailles verkündet worden war. Vielmehr hatte Preußen fünf Jahre zuvor die Österreicher aus jeglicher Mitgestaltung bei der Reichsgründung ausgeschlossen, um diese unter der Führung der Hohenzollern und nach dem Konzept Bismarcks durchsetzen zu können. Und während der Jahrhunderte zuvor, in denen die Habsburger die Krone des Heiligen Römischen Reiches Deutscher Nation trugen, fühlten sich die Untertanen zwischen den Alpen sowie der Ost- und Nordsee als Preußen und Hannoveraner, Bayern oder Tiroler, aber nirgendwo als Deutsche, wenn sie sich auch untereinander mit einiger Mühe in der gleichen Sprache verständigen konnten.

Nun also skandierten in Österreich Hunderttausende »Ein Volk, ein Reich, ein Führer«, und das waren nicht nur die vieljährigen Gefolgsleute der österreichischen NSDAP, die Jahre des Verbots und manche auch eine Gefangenschaft im sogenannten Anhaltelager hinter sich hatten. Massenhaft richteten sich auf diesen »Anschluß« die vielfältigsten Hoffnungen der Landeseinwohner, die vom Leben im Reich des Mannes, der ihnen eine große Zukunft versprach, kaum selbstgewonnene Vorstellungen besaßen. Die verbreitetste Erwartung war die eines wirtschaftlichen Aufschwungs. In Österreich gab es 400 000 Arbeitslose, und das bedeutete bei einer Einwohnerzahl von über sieben Millionen, daß eine Million Menschen direkt von den Folgen der Erwerbslosigkeit betroffen war. Zählt man die von der Krise in Mitleidenschaft gezogenen Bauern, Handwerker und Kleinhändler hinzu, dann wird erst deutlich, welcher Kontrast sich binnen weniger Jahre zwischen Deutschland, das nun auch das »Altreich« genannt wurde, und dem kleinen Nachbarstaat in seinem Südosten herausgebildet hatte. Der »Führer« galt als der Schöpfer des Wandels der deutschen Zustände, der nun auch das Geschick Österreichs in die Hände nehmen und wenden sollte.

So war es an jenem 14. März nicht Hitlers Redekunst und Ausstrahlung, welche die Wiener Kundgebungsteilnehmer immer wieder ihre Zustimmung zum Kommen des »Führers« ausdrücken ließ. Vielmehr erzeugten letztere sich den Hoffnungs- und Erwartungstaumel zu einem erheblichen Teil selbst. Warnungen oder auch nur Zweifel konnten sich in diesen Stunden und während der folgenden Wochen kaum hörbar machen. Das vorangegangene autokratische Regime, das der Republik den Garaus gemacht hatte, erwies sich jetzt als eine Art Vorarbeiter des »Anschlusses«. Kommunisten und Sozialisten waren seit Jahren illegalisiert, viele von ihnen ins Ausland getrieben worden. Eine bürgerlich-demokratische Bewegung existierte nicht. Wer republikanisch gesinnt und nicht schon ins Exil geflohen war, mußte nun daran denken, wohin, wie und wann er über die Grenze gelangen könnte. Das galt insbesondere für die jüdischen Bürger des zerstörten Österreich, denn es erhob sich, als die Hakenkreuzfahnen gehißt wurden, ein rabiater, gewalttätiger Judenhaß.

Freilich wäre der »Heimkehr«-Taumel der Massen so kaum denkbar gewesen, hätten die Eliten des Landes sich nicht augenblicklich unter die neuen Banner gestellt. Das galt in erster Linie für die Militärführer, die bereits am 14. März an der Spitze ihrer Einheiten gemeinsam mit den deutschen Truppen stramm vor ihrem neuen Oberbefehlshaber paradierten, nachdem sie zuvor den Eid wie ein Hemd gewechselt hatten. Nicht anders verhielt sich die Geistlichkeit. In seiner Hotelsuite konnte Hitler als seinen wichtigsten Gast Kardinal Theodor Innitzer, das Oberhaupt des Katholizismus in Österreich, empfangen, der ihm seine und des Kirchenvolkes Treue versicherte. So rasch hatten sich nicht einmal Kardinal Adolf Bertram und der deutsche Episkopat nach dem 30. Januar 1933 zu einer Gefolgschaftsgeste bereitgefunden.

Als Hitler Wien und Österreich verließ, das nun »Ostmark« hieß und an dessen Spitze Seyß-Inquart als Reichsstatthalter gestellt war, hatten sich auch bereits die Reichsbeauftragten aus den verschiedensten Ministerien und Dienststellen der NSDAP eingestellt, um das neugewonnene Gebiet rasch mit dem »Altreich« gleichzuschalten. Die Ordnungspolizei war mit der Wehrmacht ins Land gezogen. Weniger demonstrativ kamen die Spezialisten der Sicherheitspolizei. Per Flugzeug gelangten Himmler und Heydrich nach Wien und mit ihnen Kommandos, die augenblicklich die Jagd auf alle Gegner des »Anschlusses« begannen. Sie wurden über die Ostmarkgrenze ins Reich geschafft, wo sie hinter den stacheldrahtbewehrten Mauern des KZ Dachau verschwanden. Indessen galt als Generaldevise des Verhaltens gegenüber der österreichischen Staatsbürokratie, alle Beamten und Angestellten weiterzuverwenden, die sich den neuen Machthabern fügten. Allenthalben dominierte das Interesse, Österreichs Kräfte der Rüstungswirtschaft und Militarisierung dienstbar zu machen und unnötige Konflikte zu vermeiden.

Auch Hitlers Empfang in Berlin, wohin er am 15. März zurückkehrte, fiel enthusiastisch aus. Dennoch war die Begeisterung nicht so stürmisch wie in Österreich, da sich die Leute auf der Straße keine greifbaren Vorteile des

»Anschlusses« ausrechnen konnten. Sie hatten ihre Alltagssorgen, und glanzvoll war die Bundesgenossenschaft mit den Österreichern im ersten Weltkrieg auch nicht verlaufen. Doch sollte allen die »Größe des historischen Augenblicks« noch klargemacht werden. Zunächst nahm Hitler am Tage nach seiner Rückkehr auf dem Balkon der Reichskanzlei gemeinsam mit Göring einen Vorbeimarsch von Partei-Formationen ab. Das Bild hob den Generalfeldmarschall als den zweiten Mann an der Staatsspitze heraus, der – was freilich erst Jahre später bekannt wurde – den erpresserischen Druck auf die Regierung in Wien ausgeübt und die Kollaborateure um Seyß-Inquart und Glaise-Horstenau zu immer dreisterem Vorgehen angetrieben hatte. Hitlers Wertschätzung für diesen Gefolgsmann neben ihm, mit dem er sich die Hauptrollen bei der Liquidierung Österreichs in einer Weise geteilt hatte, daß er selbst mehr aus dem Hintergrund agieren konnte, war zweifellos noch gewachsen. Zudem hatte Göring keinen Wert darauf gelegt, in Österreich selbst sogleich einen Teil des Triumphes auf sich zu ziehen.

Während Hitler noch den Ruhm genoß, war Göring mit sehr profanen Aufgaben befaßt. Er hatte am 14. März in »Karinhall« mit dem Reichswirtschaftsminister und dem Reichsbankpräsidenten die ökonomischen Probleme erörtert, die sich aus der Inbesitznahme Österreichs ergaben. Unter ihnen waren die Aneignung der Gold- und Devisenbestände und die Sicherung der Auslandsguthaben von erstrangigem Interesse. Kapitalflucht ins Ausland sollte verhindert, die »Arisierung« von Banken und Betrieben eingeleitet, Standorte für rüstungswichtige Werke bestimmt werden.

Schon vor dem Einmarsch hatte Göring vorausgesehen, daß Bank- und Industriekonzerne des Reiches über »Deutsch-Österreich herfallen« würden.[21] Nicht, daß er, Funk und Schacht deren Interessen, Beteiligungen zu erweitern, neue zu gewinnen und sich billig als »Arier« an die Stelle von Juden zu setzen, nicht respektiert hätten. Sie wünschten jedoch, daß das politische Gesamtunternehmen nicht durch allzu rabiate Verfahren gestört würde, und suchten zu verhindern, daß wichtige Objekte der österreichischen Wirtschaft in die Hände irgendwelcher Glücksritter gerieten. Auch langwierige, unruhestiftende Konkurrenzkämpfe zwischen »reichsdeutschen« Wirtschaftskolossen waren wegen ihrer bremsenden Folgen für die Verwirklichung der Rüstungspläne unerwünscht. Die Betriebe des Erzbergbaus, der metallverarbeitenden Industrie, der Chemieproduktion und die Großbanken gehörten in erfahrene Hände, was bedeutete, in das Eigentum der Großunternehmungen, deren Zusammenwirken mit dem

Staatsapparat sich seit 1933 bewährt hatte. Göring und seine Berater waren entschlossen, die Vorrechte der Deutschen Bank, der Dresdner Bank, der IG-Farben und weiterer Konzerne gegen die Eigentümer kleinerer Kapitale durchsetzen[22] zu helfen und auch Vorstellungen innerhalb der NSDAP zurückzuweisen, welche die Staatsmacht noch immer fälschlich als die Verfechterin von Interessen der Schwächeren ansahen.
Diesen Kurs besprach Göring auf seiner ersten Reise in das »befreite« Österreich während einer Dampferfahrt von Linz nach Tulln mit Industriellen und Wirtschaftsfachleuten. Tags darauf hatte er seinen Auftritt in der Wiener Nordbahnhalle. Der Chef des Vierjahresplan-Behörde kündigte den Ausbau der Wasserkräfte, der Energie- und Kohleerzeugung, die Verdoppelung des Abbaus der Eisenerze, die Steigerung der Gewinnung von Nichteisenmetallen und die erhöhte Ausbeute der Erdölvorkommen an. Dem Oberkommandierenden der Luftwaffe konnten die Hörer glauben, daß auch der Bau von Kasernen und Flugplätzen sowie die Erweiterung der Flugzeugindustrie zum »Ostmark«-Programm der neuen Machthaber gehörten.[23]
Währenddessen hatte der »Führer« in Königsberg mit einer Massenkundgebung die Propagandawelle eingeleitet, die sich in den folgenden zwei Wochen über das Land ergoß, das nun »Großdeutschland« geheißen wurde. Ursprünglich war auch von Hitler daran gedacht worden, die Abstimmung über den »Anschluß« nur in Österreich abzuhalten. Dann aber wurde sie reichsweit geplant und gemeinsam mit Goebbels vom »Führer« am 19. März in der Berliner Kroll-Oper vor Reichs-, Gau- und Propagandaleitern erläutert. Goebbels informierte darüber, daß für die Kampagne Geldmitttel wie nie zuvor zur Verfügung stünden. Man könnte das Reich mit politischen Werbe- und Flugschriften, Sonderausgaben von Zeitungen und Illustrierten, Flugblättern und Plakaten geradezu überschütten. Der »Führer« habe 14 Termine genannt, an denen er in deutschen Städten sprechen wolle.[24] Dieser Einsatz erinnerte an Hitlers Deutschlandflüge während der Wahlkämpfe des Jahres 1932, und man mochte sich fragen, welchen Zwecken und Zielen dieser Aufwand diente, da das Ergebnis, die Zustimmung zum verlangten »Ja«, doch niemand gefährden konnte.
Dennoch eilte Hitler von Königsberg nach Leipzig, wandte sich dann wieder nach Berlin, wo er im Sportpalast sprach, redete in Hamburg und Köln, danach in Frankfurt und Stuttgart und unternahm einen Abstecher nach Heidelberg. Am 4. April setzte er zu einer zweiten Reiseroute an, die ihn über Klagenfurt, Innsbruck und Salzburg nach Linz führte. Dort eröff-

nete er den Autobahnbau in der »Ostmark«. Am 9. April, dem Tag vor der Abstimmung, war er wieder in Wien.

Die Bilder der Huldigung, Begeisterung, Bewunderung, ja selbst der Hysterie und Ekstase glichen sich überall im Alpenland. Sie mochten den »Führer« aufs höchste befriedigen und mit dazu beitragen, daß er zu jenem Punkt emporgetragen wurde, an dem sich ein Bewußtseinswandel vollzog, der ihm ein neues Bild von sich selbst gab. Bis dahin war es sein Vorsatz gewesen, »Weltgeschichte zu machen«, nun hatte er nach seinem Geschichtsverständnis »Weltgeschichte« gemacht – und bei dieser Betätigung wollte er bleiben. Sie galt ihm als seine Mission und verschaffte ihm äußerste Befriedigung. Zudem vermeinte er, sich in diesem Metier jetzt auszukennen. Es war ihm ohne Schwierigkeiten gelungen, einen Nachbarstaat zu liquidieren. Wer sich auf Europas historischen Landkarten eines ähnlichen Vorgangs erinnern wollte, mußte in das vergangene Jahrhundert zurückblicken. Im 20. Jahrhundert hingegen waren bisher als Folge des Zerfalls des Zarenreiches und der Habsburgermonarchie immer nur neue Staaten entstanden, so daß ihre Gesamtzahl zugenommen hatte.

Bei seinem Vorgehen, konnte sich Hitler sagen, hatte ihm keine einzige ausländische Macht ernsthaft Hindernisse in den Weg gelegt. Mussolini, vor Jahren noch eine Stütze des selbständigen Österreich, war zu seinem Helfer geworden, der ihm nach dem Gelingen des Coups ein Glückwunschtelegramm sandte.[25] Nicht einmal die Auslandsguthaben des Opfers wurden dem Reich vorenthalten, so daß sich die durch die gesamte Kampagne strapazierte Staatskasse aufbessern ließ. Beträchtlich waren die Gewinne und Vorteile der neuen wirtschafts- und militärgeographischen Lage: der Westteil der Tschechoslowakei von drei Seiten umklammert und die Landbrücke zu Staaten Osteuropas und des Balkans hergestellt.

Für Hitler gab es mehr Ursachen und Anlässe, den 13. März 1938 zu feiern, als er öffentlich zugeben durfte. Doch er wollte sich während der Fahrten durch Ortschaften, bei seinen Einzügen in Städte und seinen Auftritten in Riesenhallen keineswegs nur im Erfolg sonnen. Österreichs »Anschluß« war ihm lediglich eine Probe und ein Auftakt. Weitere Eroberungen sollten folgen. Die nächste war bereits fest ins Auge gefaßt und würde weniger einfach zu bewerkstelligen sein. Kriegerische Verwicklungen konnten von nun an nicht ausgeschlossen werden. Auf diesem gefährlichen Wege sollten ihm die nun mehr als 70 Millionen Untertanen im »Großdeutschen Reich« gleich einer dicht geschlossenen Kolonne nachfolgen. So bestand der Sinn seiner strapaziösen Werbefahrt und allen Auf-

wands jener zwei Wochen vor allem darin, eine militante Kolonnenmentalität herzustellen. Sie drückte sich unmißverständlich in der Parole »Führer befiehl, wir folgen!« aus.
Als er ganz von seinen öffentlichen Auftritten beansprucht zu sein schien, empfing Hitler am 28. März in Berlin Konrad Henlein, den Führer der Sudetendeutschen Partei,[26] die 1934 als Ersatzorganisation für die von der tschechoslowakischen Regierung verbotene NSDAP geschaffen worden war. Sie wirkte innerhalb des Nachbarstaates als eine spezifische Art von fünfter Kolonne. Die von dieser Partei geführten Deutschen, die vorwiegend in den Grenzgebieten des westlichen Landesteils lebten, hatte der »Anschluß« Österreichs aufs höchste mobilisiert. Sie erwarteten, daß sie die Nächsten sein würden, die Hitler »heimholen« werde. Dazu wollten sie nach dem Vorbild der großdeutschen Faschisten in Österreich nun das Ihrige beitragen und Frontstellung gegen das Prager Kabinett beziehen. Aufs neue mußte Hitler seine imperialen Pläne mit denen seiner Anhänger jenseits der Grenze koordinieren. Hitlers Instruktionen für Henlein waren unmißverständlich. Es käme jetzt nicht darauf an, in Städten und Ortschaften der Nachbarländer Unruhe zu stiften und dadurch Gegenmaßnahmen des Staates zu provozieren. Die Sudetendeutsche Partei solle statt dessen an die Regierung Forderungen stellen, die als berechtigte Ansprüche der deutschen Minderheit erscheinen, aber so formuliert sein müßten, daß sie das Prager Kabinett nur zurückweisen könnte. Die Annahme von Zugeständnissen sei jedenfalls zu verweigern, damit keine Beruhigung von Teilen der deutschen Minderheit eintrete, denn das Ziel bestünde nicht darin, die Rechte der Nationalitäten im Lande zu erweitern, sondern am Ende die Forderung nach der Lostrennung der Grenzgebiete zu erheben und durchzusetzen. Hitlers Bestreben lief darauf hinaus, einen Schwelbrand zu legen, um ihn im geeigneten Moment zu einem Großfeuer zu entfachen.
Bevor sich der »Führer« aber mit der »sudetendeutschen Frage«, als die der provokatorische Plan getarnt wurde, näher befassen konnte, stand der Abstimmungstag an. Damit die Begeisterung der Österreicher über die »Heimkehr« nicht allzu bald verflog, hatte sich Hitler mit seinen Beratern eine Reihe zugkräftiger Werbeaktionen ausgedacht. Eine Gruppe von Österreichern wurde zu einer Reise auf ein KdF-Schiff eingeladen, und 10 000 Einwohner der »Ostmark« durften in KdF-Sonderzügen ins Reichsgebiet fahren. Goebbels ließ 20 000 Radiogeräte vom Typ Volksempfänger an die neuen Reichsbürger verschenken. Die Münchner Parteileitung spendete eine Million Reichsmark für Hilfsbedürftige. Generalin-

spekteur Todt kündigte den Bau von 1 100 Kilometern Reichsautobahnen an. Der Gauleiter der Saarpfalz, Josef Bürckel, den Hitler als seinen Beauftragten für die österreichische NSDAP und zur Vorbereitung der Abstimmung nach Wien entsandte und der auch nach dem 10. April in der »Ostmark« blieb, um seine Erfahrungen aus der Gleichschaltung des Saarlandes als »Reichskommissar für die Wiedervereinigung Österreichs mit dem Deutschen Reich« anzuwenden, spendete – allerdings nicht von seinem Privatkonto – fünf Millionen Reichsmark, die für die Sanierung von »Wiener Elendsvierteln« eingesetzt werden sollten. Weniger kostspielig waren versöhnende Gesten, in denen sich die Bereitschaft zeigte, auch Spätkommende als Gefolgsmänner Hitlers aufzunehmen und selbst Sozialdemokraten davon nicht auszuschließen, sofern sie sich von klassenkämpferischen Vorstellungen ganz lossagten und der Volksgemeinschaftsideologie verschrieben.
Hitlers letzter öffentlicher Auftritt vor dem Abstimmungstag am 9. April war ganz auf Feierlichkeit eingestellt. Goebbels betätigte sich an diesem »Tag des Großdeutschen Reiches« wie 1933 als Rundfunksprecher, denn die Abschlußkundgebung wurde reichsweit übertragen. Der Propagandaminister sprach von einem »Generalappell des Führers«, feierte die Abstimmung als die »Vollendung der germanischen Demokratie« und erklärte nahezu im gleichen Atemzug, es schare sich das Volk um den »Führer«, um »aus seinem Munde die Befehle ... entgegenzunehmen«.[27] Musik von Beethoven und Wagner, der gemeinsame Gesang des Andreas-Hofer-Liedes und der unvermeidliche Einzugsmarsch Hitlers, der sogenannte Badenweiler, gaben der Kundgebung mit dem »Befreier« den Rahmen. Am Ende des folgenden Tages wurde bekanntgegeben, daß sich 99 Prozent der Abstimmenden für »Deutschland« entschieden hätten.
Nach dieser Folge von festlichen Auftritten fielen die Veranstaltungen zu des »Führers« Geburtstag vergleichsweise bescheiden aus. Hitler empfing ausgesuchte Gratulanten, ließ eine Ehrenabordnung der Wehrmacht defilieren und besuchte am Abend in einem Berliner Filmpalast die Uraufführung des Leni-Riefenstahl-Films von den Olympischen Sommerspielen des Jahres 1936. Der erste Teil trug den Titel »Fest der Völker«. Bei aller Reklame für das Nazireich zeigte er doch junge Menschen vieler Nationen bei friedlichen Begegnungen und Wettkämpfen. Hitler beeindruckte das nicht einen Moment. Tags darauf beschäftigten ihn und Keitel bereits wieder die Kriegsvorbereitungen gegen die Tschechoslowakei.[28]
Deren Grundidee war bereits zehn Monate zuvor in einer Weisung[29] niedergelegt worden, die von der Annahme eines Zweifrontenkriegs

Deutschlands ausging. Damals wurde bestimmt, in den Nachbarstaat »überraschend und mit stärkster Wucht« einzubrechen, um ihn in einem Blitzfeldzug niederzuwerfen. Dann sollte die Masse der Truppen an der zeitweilig weitgehend entblößten Westfront, d. h. gegen Frankreich, eingesetzt werden. Diese Weisung erfuhr nun eine Anpassung an den bereits gefaßten Plan, die politische Spannung so lange aufzuheizen, bis ein kriegerisches Vorgehen eine Scheinrechtfertigung erhalten könne. Außerdem wollte man womöglich erreichen, daß die Verbündeten der Tschechoslowakei – Frankreich (in dessen Gefolge auch Großbritannien) und die Sowjetunion – passiv blieben und Deutschland ein weiteres Opfer überließen. Nötigenfalls sollten vollendete militärische Tatsachen die Großmächte von der Aussichtslosigkeit ihres Eingreifens überzeugen. Deutschland seinerseits könne Verbündete im Krieg gegen die Tschechoslowakei wohl finden, wenn man ihnen »Teilung der Beute« zusagte. Das Ergebnis der Beratung zwischen dem Oberbefehlshaber der Wehrmacht und seinem ersten Mitarbeiter hielt ganz unverhüllt fest, daß beide gewillt waren, den Anlaß zum Kriege mit verbrecherischen Mitteln zu schaffen. Beispielsweise, meinten Hitler und Keitel, könnte die »Ermordung des deutschen Gesandten im Anschluß an eine deutschfeindliche Demonstration« den Vorwand zum Einfall in die Tschechoslowakei abgeben.

Im Grunde finden sich in den Vereinbarungen vom 21. April 1938 bereits alle wesentlichen Züge des Denkschemas, das Hitler beherrschte und in den nächsten drei Jahren bei der Anzettelung von Vorkriegskrisen und schließlich auf dem Weg in den Krieg leitete. Der Gegner mußte bis zum letzten Moment vor dem Überfall getäuscht, vordem aber schon – mit welchen Mitteln auch immer – ins Unrecht gesetzt und von seinen Verbündeten getrennt werden. Dann war der Feldzug rücksichtslos und blitzartig zum Erfolg zu führen. Nach diesem Konzept wurde der Krieg gegen die Tschechoslowakei vorbereitet, der dann nicht stattfand, und nach dem gleichen Konzept lief die Vorbereitung des Krieges gegen Polen ab, freilich ohne daß die Isolierung des Opfers gelang. Bei diesem Vorgehen maß Hitler außerdem der inneren Zerrüttung des Gegners vor Kriegsbeginn große Bedeutung zu. Damit war auch den deutschen nationalen Minderheiten in den Nachbarländern ihre Rolle zugewiesen. Alle eigenen Instrumentarien der Massenbeeinflussung sollten im Reich die Kriegsbereitschaft hochpeitschen, in den gegnerischen Staaten aber Gedanken und Gefühle der Unterlegenheit und des Pazifismus nähren.

In den folgenden Wochen und Monaten beschäftigte Hitler, was immer sonst auf seinem Arbeitskalender stand, keine Frage mehr als die Liquidierung der Tschechoslowakei. Schon am Tage nach dem Treffen mit Keitel suchte er in einem Gespräch mit dem Gesandten Ungarns, einen Verbündeten für die Aufteilung des Nachbarstaates zu gewinnen. Hitler wußte, daß die Budapester Regierung im Süden und Osten der Slowakei Gebietsteile gewinnen wollte, und trachtete danach, je länger die von Deutschland entfachte Krise dauerte und je mehr sie sich verschärfte, Ungarn zu drängen, seinerseits politisch-diplomatisch aggressiv hervorzutreten. Wichtiger noch bewertete er auch diesmal die Haltung Italiens, von dessen uneingeschränkter Parteinahme er sich die Einschüchterung Frankreichs versprach. Mussolinis Stellungnahme sah der »Führer« aber wesentlich davon beeinflußt, ob der Duce »sein Werk abgeschlossen habe oder nicht«. Damit war gemeint, ob er für eigene Eroberungen noch Deutschlands Hilfe benötigen würde oder nicht. »Rückkehr mit Tschechei in der Tasche«, so lautete die Frage und Hoffnung, mit der sich Hitler trug, als er seine Reise nach Italien vorbereitete.[30]

Unmittelbar vor Antritt der Fahrt unterzeichnete der »Führer«, ohne daß ein besonderer Anlaß dafür erkennbar wäre, ein privates Testament, welches er Staatssekretär Lammers übergab. Darin bestimmte er, seinen Leichnam in München im »Tempel der ewigen Wache« beizusetzen, den er für die beim Putsch von 1923 umgekommenen frühen Gefolgsleute hatte errichten lassen. Sein gesamtes Vermögen sollte an die Partei fallen, die Hitler jedoch verpflichtete, einer Anzahl von namentlich aufgeführten Personen regelmäßige oder einmalige Zahlungen zu leisten. Zu denen, die eine Jahresrente von 12 000 Reichsmark erhalten sollten, gehörten »Fräulein Eva Braun« und Hitlers in Dresden und Wien lebende Schwestern Angela und Paula. Dem Stiefbruder Alois, der in Berlin ein Restaurant betrieb, war eine einmalige Zahlung von 60 000 Reichsmark zugedacht. Außerdem sollten seine Haushälterin, seine Diener sowie Verwandte in Spital Geldzahlungen bekommen. Die Erfüllung der testamentarischen Aufträge übertrug Hitler dem Reichsschatzmeister der NSDAP, Franz Xaver Schwarz, und Martin Bormann sowie seinem SS-Adjutanten Julius Schaub. Es waren nahezu auf den Tag genau sieben Jahre vergangen, als Hitler im Bunker der Reichskanzlei ein weiteres Testament ausfertigte. Dessen Festlegungen waren ungleich unbestimmter. Eva Braun, nun seine Frau, wollte mit ihm in den Tod gehen und brauchte nicht mehr bedacht zu werden. Ihrer Mutter, seinen Geschwistern, den Sekretärinnen und Sekretären wollte er ein »kleines bürgerliches Leben« sichern. Bormann, darin als einziger Testamentsvollstrecker benannt, sollte diesen letzten Willen erfüllen.

Am 3. Mai 1938 traf Hitler mit einem Sonderzug und einem Gefolge in Rom ein, das durch Zahl und Pomp an feudale Zeiten erinnerte. Mit ihm kamen die Minister Ribbentrop, Goebbels, Frank und Lammers, Keitel und weitere Generale, der Reichsführer SS, der Chef der Parteikanzlei und mehrere Staatssekretäre. Viktor Emanuel III., Mussolini und Ciano empfingen die Deutschen schon auf dem Bahnhof. In den folgenden Tagen lösten Manöver, Paraden und Empfänge einander ab. Nur nebenbei und wenig sah der Mann, der vorgab, daß er am liebsten Künstler geworden wäre, von den Kunstwerken Roms und Florenz', wo er auf der Heimreise lediglich für Stunden Station machte. Viel mehr Zeit nahm er sich, um vor Neapel mit dem König und dem Kronprinzen einer Flottenparade beizuwohnen, defilierende Landtruppen zu begrüßen und Manöver der Luftwaffe zu erleben.

Die wichtigste und von Mussolini erwartete politische Erklärung des »Führers« betraf das etwas gewundene, aber klare Versprechen der Unverletzlichkeit der neuen deutsch-italienischen Grenze, an der auf italienischer Seite die Südtiroler lebten. Manche von ihnen, nicht anders als die Sudetendeutschen, hatten im »Führer« den Mann gesehen, der sie mit dem »ostmärkischen« Tirol zusammenführen würde. Nun waren sie enttäuscht und erlebten, daß Hitler, »die Fenster fest geschlossen«, wie es in einem Spottgedicht hieß, im D-Zug ihr Ländchen durchfuhr, ohne anzuhalten und sie eines Grußes zu würdigen. Die Tschechoslowakei und die künftige Bundesgenossenschaft Italiens waren dem Heimreisenden jedoch wichtiger als dieser Landstrich, weshalb er sich auch in den kommenden Jahren bis zum Sturz Mussolinis an seine Zusage hielt und gar versuchte, die »Südtirolfrage« durch Umsiedlung der dort wohnenden deutschsprachigen Minderheit aus der Welt zu schaffen. Er dachte ihr die »deutsche« Krim als neuen Wohnraum zu.

Eine Erklärung des Duce, das tschechoslowakische Abenteuer aktiv zu unterstützen, brachte Hitler allerdings aus Rom nicht mit. Die italienische Wehrmacht war zum Vorzeigen, kaum aber schon zum Einsatz im Krieg gegen eine Großmacht geeignet. Das gleiche galt freilich auch für die deutsche, die lediglich den »Blumenfeldzug« nach Wien hinter sich hatte und die – gerade wegen ihrer Unerfahrenheit – ihr Oberbefehlshaber in einem begrenzten Krieg gegen einen unterlegenen Gegner erproben wollte. Mitte Mai schien die Entwicklung gemäß Hitlers Wünschen einem Krieg entgegenzutreiben. Auf die erhöhte Aktivität der Henlein-Faschisten antwortete die tschechische Bevölkerung mit Massenkundgebungen, in denen sich die Entschlossenheit zur Landesverteidigung und das Verlangen ausdrückten, Maßnahmen gegen die Bedrohung von seiten Deutschlands zu ergreifen. Die Prager Regierung verfügte auf die Nachricht von deutschen Truppenbewegungen vor ihren Grenzen die Teilmobilmachung. Die Regierungen in Paris und London gaben zu erkennen, daß sie im Falle eines Angriffs auf die Tschechoslowakei nicht Gewehr bei Fuß stehen würden. Gleichzeitig kritisierten sie aber die Maßnahmen, welche in Prag unter dem Druck der Massen ergriffen worden waren. Die »Maikrise« mündete nicht in den Krieg, weil die deutsche Wehrmacht ihre generalstabsmäßigen Vorbereitungen für den Einfall in das Nachbarland erst in diesen Tagen abschloß.

Hitler rief am 28. Mai 1938 die drei Oberbefehlshaber der Wehrmachtsteile, den Generalstabschef des Heeres, Beck, Ribbentrop und dessen Amtsvorgänger Neurath zu sich, um die Erfahrungen der »Maikrise« und die Schlußfolgerungen für das weitere militärische und diplomatische Vorgehen erneut zu besprechen. Später bezog er sich auch öffentlich mehrfach auf dieses Datum, an dem er den Entschluß zum Kriege gefaßt habe. Ungesagt blieb, daß der Generalstabschef des Heeres ihm am folgenden Tage eine Denkschrift vorlegen ließ, die von diesem Abenteuer abriet. Beck hatte in Gegenwart des »Führers« geschwiegen, nun aber die Ansicht vieler Militärs und Zivilisten ausgedrückt, die einen bewaffneten Einsatz der unfertigen Wehrmacht für verfrüht hielten. Hitler mußte akzeptieren, daß er einen Angriffsbefehl nur erteilen werde, wenn er fest davon überzeugt sei, »daß Frankreich nicht marschiert und damit auch England nicht angreift«. Nichtsdestoweniger wurde der Termin des Überfalls auf den 1. Oktober 1938 festgesetzt.[31] Beck wünschte alsbald seinen Abschied und erhielt ihn, als der erste Schritt zur Liquidierung der Tschechoslowakei getan war. Sein Abgang sollte nicht mit Meinungsverschiedenheiten in der militärischen Führung Deutschlands in Verbindung gebracht werden. Becks Nachfolger wurde General Franz Halder, mit dem der Oberbefehlshaber bis in den Herbst 1942 zusammenarbeitete.

Hitler zog aus den Erfahrungen vom Mai den Schluß, daß ein größerer diplomatischer Aufwand erforderlich sei, um zum Ziele zu gelangen. Vor allem mußte versucht werden, Großbritannien zu neutralisieren, wodurch auch Frankreich lahmgelegt werden könnte. Am 15. Juli instruierte Hitler seinen Kompaniechef aus Weltkriegszeiten, der nun einer seiner Adjutanten war und nach England reiste, für ein Gespräch, das drei Tage später mit dem britischen Außenminister Halifax stattfand.[32] Fritz Wiedemann sollte den britischen Diplomaten vor allem davon überzeugen, daß er aus ältester Bekanntschaft mit Hitler – aus Zeiten, da dieser noch nicht der »Führer« war – bestimmt wisse, daß es stets dessen Wunsch gewesen sei, mit England zu einer Verständigung zu kommen. Das war nicht mehr als eine billige List. Deutschlands imperialistische Pläne endeten nicht mit der Beseitigung der Tschechoslowakei. Der Konflikt mit Großbritannien war auf dem eingeschlagenen Kurs, den hemmungslose Eroberungssucht prägte, folglich unvermeidlich. Ribbentrop hatte Hitler erst kürzlich eine Denkschrift[33] vorgelegt, die das begründete.

Die letzten Wochen des Frühjahrs und den Sommer 1938 verbrachte Hitler teils in Berlin und teils auf dem Obersalzberg. Von beiden Orten unternahm er aus den verschiedensten Gründen und Antrieben Reisen in Deutschland. Mehrfach präsentierte er sich als Aktivist des »nationalsozialistischen« Aufbaus. So eröffnete er in München am 22. Mai den Bau der Untergrundbahn, der sich als Folge des Kriegsbeginns in eine Investitionsruine verwandelte. Auch der bei dieser Gelegenheit wieder verheißene Neubau von Städten – Hitler nannte nächst München Berlin, Hamburg sowie Nürnberg und veranschlagte für deren Neugestaltung fünf bis sechs Jahre – blieb leeres Gerede. Nicht anders waren die Versprechungen beschaffen, die er abgab, als er zur Grundsteinlegung der Volkswagen-Fabrik in Fallersleben erschien. Das »Volksverkehrsmittel« wurde Reklameschlager und ein Instrument, den »Volksgenossen« Spareinlagen für ein erschwingliches Auto zu entlocken und damit einen momentanen Konsumverzicht zu erreichen. Als die Massenproduktion angelaufen war, fuhr das Kleinauto in der Version des sogenannten Kübelwagens mit deutschen Soldaten über Straßen und Wege vieler Länder Europas, die die Wehrmacht eroberte.

Er hasse das Wort »unmöglich«, sagte Hitler in Fallersleben[34], und das war Bekenntnis, Drohung und Antriebsmittel für Arbeiter und Ingenieure, von denen eine immer angestrengtere Verausgabung ihrer Kräfte verlangt wurde. Im Juni nahm er dann die Grundsteinlegung des Hauses des Fremdenverkehrs vor, das an der »künftig größten Straße der Reichshauptstadt« sich erheben sollte. Damit werde »die Arbeit des Umbaus von Groß-Berlin« begonnen.[35]

Wer sich nur von diesen Auftritten Hitlers gefangennehmen ließ, konnte glauben, es sei ihm um nichts anderes als um die Hebung des Lebensstandards der Bevölkerung zu tun. Der »Führer« gab sich friedfertig und unternehmungslustig. Er erschien beim »Tag der deutschen Kunst« in München, eröffnete die 2. dort veranstaltete Kunstausstellung mit einer Rede,[36] besuchte in der bayerischen Metropole und bei den Festspielen in

Bayreuth Aufführungen von Wagner-Opern, sorgte sich in Wahrheit aber auf diesem Felde einzig darum, daß den Deutschen auch mit künstlerischen Mitteln der Geist eingepflanzt wurde, der sie auf dem Weg in den Krieg erfüllen sollte. »Undeutsche« Kunst, und als solche galt in des »Führers« Urteil insbesondere alle unheroische Kunst, war demnach »für immer den Augen der Öffentlichkeit« zu verbergen, bestimmte ein von ihm gezeichnetes Gesetz über die »Einziehung von Erzeugnissen der entarteten Kunst«[37], dem 5000 Gemälde und Plastiken und 12 000 Werke der Grafik zum Opfer fielen. Sie verschwanden aus Museen und Galerien, gelangten teils in Depots, teils auf ausländische Kunstmärkte, wo sie sich für die Staatskasse in Devisen verwandelten.

Das wichtigste aber blieb für Hitler stets der Aufbau der Wehrmacht zu einer kriegsfähigen Streitmacht. Er reiste nach Vorpommern, um dort gemeinsam mit Göring, von Brauchitsch und Raeder Lehrtruppen der Luftwaffe zu inspizieren. Wenig später erschien er auf dem Truppenübungsplatz Grafenwöhr nahe der tschechischen Grenze. Indessen trieb Göring die Rüstung weiter voran. Bei einem Treffen mit Industriellen der Luftfahrtindustrie forderte er Erzeugnisse von »höchster Qualität« und den Ausbau der Werke, damit sie eine »ungeheure Quantität« an Flugzeugen ausstoßen und den vermeintlich auf dem Gebiet der Luftrüstung schon erreichten Vorsprung weiter ausbauen konnten. Bedenken wegen eines Rückgangs von Staatsaufträgen, die sich in einer zögerlichen Investitionspolitik einiger Betriebe äußerten, trat der Chef der Vierjahresplan-Behörde mit der Versicherung entgegen, daß es zum Kriege, für den er den Begriff »Kladderadatsch« gebrauchte, mit Gewißheit kommen werde. Dafür solle man etwas wagen, am Ende, durch den Sieg, werde man reich sein.[38]

Derartige Konkreta im Umgang mit den Eigentümern und Managern der Industrie überließ der »Führer« gern dem Generalfeldmarschall. Doch demonstrierte auch er sein Verhältnis zu den Mächtigen der deutschen Wirtschaft und seinen alten Förderern in der Schwerindustrie, als er am 16. Juli 1938 zur Trauerfeier für den zweiundneunzigjährig verstorbenen Emil Kirdorf auf der Zeche »Rhein-Elbe« in Gelsenkirchen erschien; im Jahr zuvor war der Mann, der so früh für ihn Partei genommen hatte, noch mit dem Titel eines Staatsrats geehrt worden. Goebbels hatte dies veranlaßt, in seinem Tagebuch zu notieren: »Der Führer ist sehr lieb zu Kirdorf. Er verdankt ihm aus der Kampfzeit die Rettung seiner Partei und seiner Person.«[39]

Als Hitler die Liquidierung Österreichs betrieb, hatte er seiner Umgebung keinen Termin genannt, bis zu dem er am Ziel sein wollte. Für die Tschechoslowakei aber galt seit dem Frühjahr der 1. Oktober als das Datum, an dem der Angriff spätestens eröffnet werden sollte, um den Feldzug nicht auf die vom Herbstregen aufgeweichten Felder geraten zu lassen. Die Henlein-Leute in der deutschen Minderheit hatten ihre Aktionen zu verstärken. Zunächst marschierten sie unübersehbar beim Deutschen Turnfest in Breslau auf. Dort hielt ihnen und den vielen anderen herbeigerufenen Auslandsdeutschen Minister Goebbels auf dem Schloßplatz eine Rede, in der er die »neue Großmacht« Deutschland feierte, die »blutigernst genommen werden« müsse.[40] Gegen Schluß der mehrtägigen Demonstrationen in der schlesischen Hauptstadt traf auch Hitler ein. Doch sah er seine Stunde noch nicht für gekommen, repräsentierte und schwieg. In ihre Heimatorte zurückgekehrt, steigerten die Aktivisten der Sudetendeutschen Partei ihre Provokationen gegen die Staatsmacht, forderten Beamte heraus, suchten Konfrontationen mit der Polizei, zettelten Schlägereien an, verweigerten die Einhaltung der Landesgesetze und protestierten lautstark gegen die »Unterdrückung« der deutschen Minderheit, sobald ihre Attacken Reaktionen der Regierung und der örtlichen Behörden hervorriefen. Am 26. August proklamierte Henlein schließlich ein »Notwehrrecht« der Deutschen und stachelte seine Anhänger damit zu weiterer Unruhestiftung an. Das Ziel des Vorgehens war durchsichtig. Die Lage im von Deutschen bewohnten Grenzgebiet sollte der Prager Regierung außer Kontrolle geraten und die deutsche Invasion unter dem Vorwand erfolgen, chaotische Zustände beenden zu müssen. Dieses Szenariums hatte sich der »Führer« schon beim Einmarsch in Österreich bedient.

Indessen bereitete Hitler durch weitere Zusammenkünfte mit der Generalität den militärischen Schlag vor. Am 17. August nahm er an Herbstmanövern der Infanterieschule in Döberitz teil, dann wieder an Übungen auf dem Truppenübungsplatz Groß-Born in Pommern. Am 22. August erschien er zur Taufe eines neuen Kriegsschiffes in Kiel. Dort empfing er den zu einem Staatsbesuch nach Deutschland gekommenen ungarischen Reichsverweser, Admiral Horthy, mit dem er sich auf die Germania-Werft begab, um dem Stapellauf des Kreuzers beizuwohnen, der den Namen »Prinz Eugen« erhielt. Sein Hauptinteresse richtete sich auf die Aktivierung der antitschechischen Politik Budapests. Dem Ministerpräsidenten Bela Imredy sagte Hitler mit Bezug auf seinen Plan unumwunden: »Wer mittafeln wolle, müsse allerdings auch mitkochen.«[41]

Ganz zufrieden konnte der »Führer« mit den Ergebnissen des Horthy-Besuchs allerdings nicht sein. Gleichsam ersatzweise für sein zögerndes

Verhalten gegenüber den aktuellen Planungen Hitlers hatte ihm der Admiral angeboten, daß sich die ungarische Diplomatie in Warschau für die Rückgabe des sogenannten Korridors, des Landstreifens zwischen Pommern und Ostpreußen, einsetzen werde. Hitler aber bat, davon auf jeden Fall Abstand zu nehmen[42], weil er sich von der Reihenfolge seines Vorgehens nicht abbringen lassen wollte. Zunächst figurierte Polen als ein Verbündeter Deutschlands gegen die Tschechoslowakei, der seine Ansprüche auf ein teils von Polen bewohntes Gebiet in der Nähe der Stadt Teschen schon angemeldet hatte.

Am 3. September fand die entscheidende Besprechung des »Führers« mit den Militärs auf dem Obersalzberg statt, die den Angriffsplan gegen die Tschechoslowakei bestätigte. Kurz zuvor war Hitler vom Chef des Wehrmachtsführungsamtes im OKW, Alfred Jodl, ein Entwurf vorgelegt worden, der das Vorgehen konkretisierte und zu Beginn einen Überfall der Luftwaffe vorsah. Die Militärs drängten darauf, einen für den Angriff möglichst günstigen Zeitpunkt zu wählen und vor allem das Überraschungsmoment zu garantieren.[43] Hitler billigte die Vorschläge und setzte bei dem Treffen mit Keitel und dem Heereschef von Brauchitsch den 28. September als Termin fest, da die unmittelbaren Vorbereitungen für den Angriff, der die Bezeichnung »Grün« erhalten hatte, beginnen sollten. In der Nacht vom 9. auf den 10. September empfing der Oberbefehlshaber von Brauchitsch und dessen Generalstabschef Halder erneut. Übereinstimmung bestand darin, daß das Ausweichen der tschechoslowakischen Armee ins Landesinnere verhindert und eine schnelle Entscheidung gesucht werden müsse. Gegen Ende der Beratung wurde auch Todt, der die Westwallarbeiten leitete, hinzugezogen, um die Sicherungen gegen ein französisches Eingreifen zu erörtern.[44]

Diese Zusammenkunft fand schon in Hitlers Nürnberger Quartier statt, das er aus Anlaß des Parteitages bezogen hatte, der unter der Bezeichnung »Parteitag Großdeutschlands« stattfand. Der »Führer« sparte sich seinen dortigen Auftritt bis zum letzten Tag der Veranstaltungsserie auf. Dann hielt er eine Brand- und Kriegsrede, in der er die Regierung in Prag unverfroren beschuldigte, sie wolle die Sudetendeutschen ausrotten. Auf die seit Jahren andauernden gewalttätigen Auseinandersetzungen zwischen den Einwohnern des fernen Landstriches am Ostrand des Mittelmeers und der britischen Kolonialmacht Bezug nehmend, versicherte Hitler, es werde in Europa »kein zweites Palästina« entstehen. Die »armen Araber« seien wehrlos, nicht aber die Deutschen in der Tschechoslowakei. Das Reich wäre auf den militärischen Kampf vorbereitet, Heer und Luftwaffe seien verstärkt, im Westen »das gigantischste Festungswerk aller Zeiten« errichtet und eine der »gewaltigsten Leistungen aller Zeiten« vollbracht worden.[45]

Drei Tage später gaben die Henlein-Faschisten die Parole »Wir wollen heim ins Reich« aus. Die Regierung in Prag antwortete mit dem Beschluß über die Auflösung der Sudetendeutschen Partei und ließ deren Führer steckbrieflich suchen. Der floh über die Grenze nach Deutschland und erließ einen Aufruf zur Bildung eines »Sudetendeutschen Freikorps«, das – Hitlers Plan entsprechend – bürgerkriegsähnliche Zustände schaffen sollte. In dieser Situation trat das Londoner Kabinett auf den Plan und signalisierte in Berlin die Bereitschaft Ministerpräsident Neville Chamberlains, unverzüglich nach Deutschland zu kommen, um mit Hitler einen Ausweg aus der entstandenen Lage zu suchen. Der Mann, der sie geschaffen hatte, konnte das Angebot schwer ausschlagen, ohne in den Geruch eines hemmungslosen Kriegstreibers zu geraten. Der Premier durfte nach München kommen.

Die Reise des fast siebzigjährigen Chamberlain, der zu diesem Zweck das erste Mal in seinem Leben ein Flugzeug benutzte, war von den Interessen der herrschenden Kreise Großbritanniens bestimmt, einen Krieg zu vermeiden, dessen Weiterungen nicht abzusehen waren. Zum einen war das Inselreich auf eine militärische Auseinandersetzung mit Deutschland nicht vorbereitet, zum anderen ließen sich für einen Krieg gegen Deutschland kaum eigene Ziele vorstellen. Die Verteidigung des kleinen tschechischen Staates war obendrein bei der Masse der Briten nicht populär, die für dessen Existenz nicht einen einzigen Soldaten opfern wollten und Frieden wünschten, ohne sich über dessen Preis weiter Gedanken zu machen. Diese Interessenlage war für Hitler leicht zu durchschauen, so daß es keiner großen diplomatischen Kunst bedurfte, um den eigenen Kurs festzulegen und ihn gegenüber dem Gast unversöhnlich und kompromißlos zu verfechten. Schon nach dem ersten Treffen vom 15. September konnte Hitler sicher sein, daß Großbritanniens Regierung die Lostrennung der Sudetengebiete von der Tschechoslowakei nicht behindern werde und lediglich das Gesicht zu wahren wünschte. Freilich hatte er Chamberlain nicht eröffnet, was er nach dessen Abreise dem mit dem Generalstabschef nach Berchtesgaden gekommenen ungarischen Ministerpräsidenten unverblümt sagte – das beste sei es, die Tschechoslowakei ganz zu zerschlagen.[46]

Am 22. September kam der britische Premier zum zweiten Mal nach Deutschland. Diesmal trafen Hitler und er in einem Hotel in Bad Godes-

berg zusammen. Die internationale Krise hatte sich verschärft. In der Tschechoslowakei wurde mobilgemacht, in Frankreich waren Reservisten eingezogen worden, und Großbritannien hatte für seine Flotte Bereitschaft befohlen. Chamberlain verwandelte sich indessen aus einem Unterhändler in den Übermittler eines Ultimatums des »Führers« an die Regierung in Prag. Es lautete kurz und knapp: Sofortige Räumung und Übergabe der geforderten Gebiete, ohne daß in ihnen vorher eine Abstimmung der Bewohner stattfinde. Chamberlain hatte die Wahl, die Regierung der Tschechoslowakei zu veranlassen, sich der Erpressung zu beugen, oder Hitler zu sagen, daß der Einfall in den Nachbarstaat Krieg bedeute.
Als der britische Regierungschef sich verabschiedete, konnte Hitler sicher sein, daß dessen Regierung und in ihrem Gefolge auch Frankreich die Tschechoslowakei im Stich lassen würden. Am Abend des 26. September sprach der »Führer« auf einer Massenkundgebung im Berliner Sportpalast, auf der er die Kriegsbereitschaft aufs äußerste anfeuerte und die Kriegsdrohung öffentlich machte. Die Prager Regierung müsse nun wählen, ob sie die verlangten Gebiete bis zum 1. Oktober Deutschland übergeben oder den Krieg riskieren wolle. Um das Desinteresse Großbritanniens und Frankreichs zu verstärken, beteuerte Hitler, daß es »für Deutschland kein territoriales Problem mehr« geben werde, wenn die »sudetendeutsche Frage« gelöst sei, denn, so rief er schließlich aus: »Wir wollen gar keine Tschechen.«[47]
Hitler konnte erwarten, daß die Regierung Beneš in den nächsten Tagen unter dem Druck aus London und Paris einlenken mußte, denn Frankreich zeigte wenig Bereitschaft, seine Verpflichtungen aus dem Beistandsabkommen von 1935 einzulösen. Folglich mußte auch die Sowjetunion nicht eingreifen, deren Bündnispflicht an Frankreichs Aktion gebunden war. Doch Hitler wollte nicht warten. Am 27. September befahl er, daß sieben Divisionen der Wehrmacht ihre Ausgangsstellungen an der tschechischen Grenze zu beziehen hätten. Wenn sie bis zum übernächsten Tag der Befehl zum Einfall erreichte, hätten sie den Krieg am 30. September zu eröffnen.[48]
An diesem Tage konferierten jedoch in München Hitler, Mussolini, Chamberlain und der französische Ministerpräsident Edouard Daladier und einigten sich in wenigen Stunden auf einen Vertrag,[49] der Deutschland die geforderten Grenzgebiete zusprach und ein gemeinsames Ultimatum an die Regierung in Prag darstellte. Die Konsequenz war eindeutig: Schlüge die politische Führung der Tschechoslowakei das Verlangen auf die Selbstamputation ihres Staatsgebiets aus – jenes Territoriums, in dem sich ihre Verteidigungsanlagen befanden –, dann würde sie auf sich allein gestellt

sein und mit dem eigenen Volk einem militärischen Debakel entgegengehen.

Das »Münchner Abkommen« stellte einen politischen Gewaltakt dar, begangen von vier Großmächten, deren Regierungen obendrein behaupteten, den Frieden gerettet zu haben. In Wahrheit hatten sie das Todesurteil über einen parlamentarisch regierten europäischen Kleinstaat gefällt. Die Rest-Tschechoslowakei, wie das Land nun genannt wurde, war ohne Verbündete, und ihre neue Regierung orientierte sich von vornherein auf eine Satellitenstellung zum mächtigen deutschen Nachbarn. Von der politischen Landkarte Europas war ein Staatswesen verschwunden, das den Westmächten – anders als sie selbst – in einem militärischen Konflikt mit dem deutschen Imperialismus ein verläßlicher Partner gewesen wäre.

Doch waren das nicht die Erwägungen der Mehrheit der Zeitgenossen. Die Regierungschefs Großbritanniens und Frankreichs galten weithin als Friedensstifter und ließen sich bei ihrer Rückkehr von München feiern. Chamberlain behauptete gar, er habe den Frieden »für unsere Zeit« erreicht. Vor seiner Abreise aus Deutschland hatte er mit Hitler eine Erklärung unterzeichnet, in der beteuert wurde, beide Völker beabsichtigten, »niemals wieder gegeneinander Krieg zu führen«, und die Regierungen wollten alle strittigen Fragen durch Konsultationen beheben.[50] Winston Churchill, wie Chamberlain ein Führer der britischen Konservativen, sah das Ergebnis von München anders: Jetzt hätte sich Großbritannien die Schande eingehandelt, danach würde es den Krieg bekommen.

Die Bilanz, die Hitler nach dem 30. September zog, fiel nicht eindeutig aus. Eingedenk der Erfahrungen des Ersten Weltkriegs, der als Krieg an zwei Fronten gegen Großmächte begonnen hatte, wollte er die Wehrmacht vom Soldaten bis zum Offiziers- und Generalskorps auf ihre Tauglichkeit in einem begrenzten Krieg hin erproben. Diese Absicht hatte sich nicht verwirklichen lassen. Doch das Reichsgebiet war erneut vergrößert, die Zahl der in seinen Grenzen wohnenden Deutschen um mehr als drei Millionen angewachsen, was Hitler die Vermehrung seiner Divisionen und von Arbeitskräften bedeutete. Volkswirtschaftlich kam den Braunkohlevorkommen im Sudetenland besondere Bedeutung zu. Nicht zufällig gehörte zu den Gratulanten des »Führers« nach dem Coup von München der Vorstandsvorsitzende der IG Farbenindustrie AG, Hermann Schmitz, der ihm eine halbe Million Reichsmark zur freien Verfügung im neugewonnenen Gebiet überreichte. Auch der Vorsitzende der Fuldaer Bischofskonferenz, Kardinal Bertram, hatte den »Führer« beglückwünscht, ihm für die »Großtat« zur Sicherung des Völkerfriedens gedankt und Gottes Segen gespendet.

Am 1. Oktober überschritten deutsche Truppen wieder eine Grenze. Am 3. Oktober ließ sich der »Führer« in Eger umjubeln, tags darauf in Karlsbad, dann in Jägerndorf. Noch im Verlauf des Oktober trat er zwei weitere Reisen in die »befreiten« Gebiete an, die eine führte ihn via Linz in das obere Moldautal, die zweite nach Znaim und Nikolsburg. Noch während dieser Reisen entsandte die neue Regierung der Tschechoslowakei ihren Außenminister zu Hitler, der sich davon überzeugen konnte, daß die nun in Prag an die Staatsspitze gelangten Politiker sich ganz auf die Wünsche der Machthaber Deutschlands einstellen würden. An seinem Vorsatz, den Nachbarstaat vollständig zu beseitigen, änderte das nichts. Am 21. Oktober erteilte der Oberbefehlshaber die Weisung, die Zerschlagung der »Rest-Tschechei« militärisch so vorzubereiten, daß sie jederzeit befohlen werden könne. Die Aktion werde sich erheblich einfacher durchführen lassen als die bisher geplante. Nach Hitlers Vorstellung und Absicht konnte sie aus den Kasernen, d. h. ohne Mobilmachungs- und Aufmarschphase überraschend erfolgen.[51]

München hatte des »Führers« Drang zum Kriege und nach Eroberungen auch nicht zeitweilig gedämpft, geschweige denn dauernd gemäßigt. Er verarbeitete die Erfahrungen mit Chamberlain und das Treffen mit Daladier auf seine Weise. Später sagte er den Generalen, seine Gegner seien, wie er aus jenen Begegnungen wüßte, »Würmchen«. Sofort aber gab er ihnen zu verstehen, daß an der Rüstungspolitik des Reiches keine Abstriche gemacht würden. Keine zwei Wochen waren seit seinem Treffen mit den Ministerpräsidenten der Westmächte vergangen, als Hitler zu einer Inspektion des »Westwalls« aufbrach. Er befahl, ihn im Raum zwischen Aachen und Saarbrücken weiter auszubauen. Am 13. Oktober besuchte Hitler wieder die Krupp-Werke in Essen.

Kapitel 13

Eilmarsch in den Krieg 1938 bis 1939

Am 10. November 1938 ging die Nachricht um die Welt, daß sich in Deutschland ein antijüdischer Pogrom ereignet hat. Synagogen waren in Brand gesetzt, Geschäfte des Einzelhandels zerstört, jüdische Bürger tätlich angegriffen und – wie bald zur Gewißheit wurde – auch bestialisch umgebracht worden. Die Nachrichtenbüros in Berlin ließen verlauten, daß als Reaktion auf die Nachricht vom Tode des Ernst vom Rath, eines Diplomaten der Deutschen Botschaft in Paris, sich in den Städten und Ortschaften des Reiches spontan der Volkszorn erhoben habe. Vom Rath war wenige Tage zuvor von einem jungen Juden namens Herschel Grynszpan im Gebäude der Deutschen Botschaft in Paris schwer verletzt worden. Der Attentäter wollte die Weltöffentlichkeit auf die Vertreibung der polnischen Juden aus dem Reich aufmerksam machen, der auch seine Verwandten zum Opfer gefallen waren.

Kaum jemand glaubte der Version von der spontanen Erhebung, da die SA nach Alarmplänen ausgerückt war und sich auf die Juden und deren Habe gestürzt hatte. Auch daß die Braununiformierten dem Griff ihrer Führer entglitten waren, konnte als völlig unwahrscheinlich gelten. Die SA-Formationen waren in den letzten Jahren vollständig diszipliniert worden und hatten seit 1935 jegliche »Einzelaktionen« unterlassen. Zudem war beobachtet worden, daß die Polizei die Täter wüten ließ. Die Feuerwehren waren nur dann in Aktion getreten, wenn den Synagogen benachbarte Gebäude in Brand zu geraten drohten. Einheiten der SS, von denen sich manche an den Untaten auch beteiligten, und zivile Beamte der Gestapo waren ebenfalls als »Beobachter« auf der gespenstischen Szene erschienen und hatten darüber gewacht, daß die Aktion nicht Bereiche erfaßte, die unbetroffen bleiben sollten. Wer gehofft hatte, das Regime werde sich nach seinem Sieg in München innenpolitisch auch nur eine Zeitlang gemäßigt zeigen, mußte seinen Irrtum eingestehen.

Die Machthaber ließen kein Wort der Verurteilung des grausamen Geschehens verlauten. Hitler schwieg ganz und schien, während der Pogrom tobte, in Deutschland gleichsam nicht anwesend zu sein. Er hatte sich am Abend des 9. November in jener Münchner Bierhalle befunden, in der – wie alle Jahre zuvor – des Putsches von 1923 gedacht wurde. Dort war ihm offenkundig vom Raths Tod gemeldet worden. Daraufhin hatte er sich ohne irgendwelche Ohrenzeugen mit Goebbels verständigt und sich schließlich in seine Münchner Wohnung zurückgezogen. Während er Himmler und weitere SS-Führer aus dessen Begleitung zu sich beorderte, hielt der Propagandaminister den ohnehin hochgestimmten Parteiführern eine aufheizende Rede. Danach waren diese an die Telefone geeilt, um ihren Gefolgsleuten in den Gauen zu befehlen, gegen die Juden loszuschlagen. Der Pogrom war demnach nicht von langer Hand geplant, aber kurzerhand ausgelöst worden. Eine Beratung auch nur im vertrautesten Führerkreis hatte nicht stattgefunden.

Hitler hielt am Nachmittag des 10. November vor etwa 400 nationalsozialistischen Funktionären, die zumeist im Propaganda-Apparat der NSDAP und des Staates tätig waren, eine nicht für die Öffentlichkeit bestimmte Rede. Zunächst dankte er ihnen für die Arbeit, die sie zur antitschechischen Aufhetzung der deutschen Bevölkerung während der letzten Monate geleistet hatten. Indessen war ihm nicht entgangen, daß sein und seiner Mitarbeiter und Untergebenen ununterbrochenes Säbelrasseln die Nerven vieler Deutscher überstrapaziert hatte. Die verbreitete Meinung, es möge zu allem, nur nicht zum Kriege kommen, war nicht zu überhören gewesen. Unumwunden gestand Hitler ein, daß die Umstände ihn in den zurückliegenden Jahren gezwungen hätten, »fast nur vom Frieden zu reden«. So habe sich im Volke die falsche Vorstellung bilden können, daß »das heutige Regime an sich identisch sei mit dem Entschluß und dem Willen, den Frieden unter allen Umständen zu bewahren«. Damit aber wäre eine Barriere entstanden, die niedergerissen werden müsse. Hitler forderte daher, »das deutsche Volk psychologisch allmählich umzustellen und ihm langsam klarzumachen, daß es Dinge gibt, die, wenn sie nicht mit friedlichen Mitteln durchgesetzt werden können, mit Mitteln der Gewalt durchgesetzt werden müssen«. Die Deutschen müßten dahin gebracht werden, »geradezustehen, auch wenn es zu blitzen und zu donnern beginnt«.[1] Damit war die Aufgabe gestellt, die mentale Kriegsvorbereitung auf das Niveau der materiellen und organisatorischen zu heben.

Während in Deutschland die Trümmer der niedergebrannten Synagogen noch rauchten, verlor Hitler in seiner Ansprache kein Wort über das Geschehen, das bei Menschen in vielen Ländern Entsetzen hervorrief. Im Unterschied zum NSDAP-Parteitag drei Jahre zuvor, als er sich selbst als

Verkünder jener antijüdischen Gesetze hervorgetan hatte, mit denen eine neue Phase der Judenverfolgung eingeleitet worden war, operierte er diesmal aus dem Hintergrund. Er überließ Goebbels die Instruktionen, wie der Pogrom darzustellen sei. Darüber hinaus beauftragte er Göring, den Raubzug gegen das jüdische Eigentum zu organisieren, sowie Himmler und Heydrich, terroristische Maßnahmen einzuleiten, die einen Flüchtlingsstrom deutscher Juden über die Reichsgrenzen erzeugen sollten. Hitler selbst suchte in den folgenden Tagen den Eindruck zu erwecken, daß er den Volkszorn gemäßigt habe, der sich ohne sein Dazwischentreten noch in ganz anderer Weise »Luft gemacht« hätte.

Inzwischen richtete Goebbels die Propaganda auf die am 10. November festgelegte Grundlinie aus. Als der Propagandaminister in Reichenberg, der Gauhauptstadt des Sudetenlandes, eine Kampagne für die »Nachwahl« von Reichstagsabgeordneten aus dem neu gewonnenen Gebiet eröffnete, gestand er zu, daß das Volk »entnervende Wochen durchlebt« hätte. Doch behauptete er zugleich, daß der Friede durch Deutschlands Kriegsdrohung gerettet worden sei. Damit war öffentlich einer Praxis das Wort geredet, auf die sich die Deutschen einstellen sollten. Goebbels nannte Deutschland »die stärkste Militärmacht der Welt«, die »neue«, dann auch die »große Weltmacht«.[2]

Zwei Wochen später befaßte sich Hitler an gleichem Ort in einer Rede mit der Erziehung der Jugend. Das Wichtigste, was sie zu lernen hätte, sei »deutsch denken, deutsch handeln«. Zu diesem Zweck werde sie vom Jungvolk, der Organisation für die zehn- bis vierzehnjährigen Jungen, der Hitlerjugend übergeben und dann weiter an die Partei, Arbeitsfront, SA oder SS überwiesen, zum Arbeitsdienst und zur Wehrmacht eingezogen und danach wieder in den faschistischen Organisationen gedrillt. So würden die Jugendlichen, sagte Hitler, das Prinzip dieser Erziehung trefflich kennzeichnend, »nicht mehr frei ihr ganzes Leben«.[3] Dennoch schien dem »Führer« das System der totalen Militarisierung noch nicht lückenlos genug ausgebaut. Anfang 1939 wurde es deshalb durch einen Erlaß ergänzt, wonach sich die aus der Wehrmacht entlassenen Dienstpflichtigen in Wehrmannschaften zu rekrutieren hatten. In ihnen sollten sie von SA-Führern und Wehrmachtsoffizieren neben ihrem zivilen Beruf ständig weiter ausgebildet und dauernd kriegstüchtig gehalten werden. Wenig später wurde ein Gesetz erlassen, das Eltern und anderen erwachsenen Personen Strafe androhte, wenn sie versuchen sollten, die Festlegung zu unterlaufen, daß sich Knaben vom 10. Lebensjahr an zum Hitlerjugend-Dienst einzufinden hätten. Letzterer fand zweimal wöchentlich statt und

Empfang des Diplomatischen Korps in der Neuen Reichskanzlei

bestand ebenfalls hauptsächlich aus vormilitärischen Übungen und Unterweisungen.

Für das Jahresende hatte sich Hitler eine Aktion ausgedacht, die die Herzen der Menschen besonders ergreifen sollte. Er stiftete am 16. Dezember das »Ehrenkreuz der Deutschen Mutter«, eine Auszeichnung, die in der deutschen Geschichte keinen Vorläufer besaß. Diese Würdigung war Frauen zugedacht, die als kinderreich galten. Wer vier Nachkommen geboren hatte, erhielt die bronzene Ausführung, darauf folgten die silberne und die goldene, die zugesprochen bekam, wer acht und mehr Kinder als seine eigenen nachweisen konnte. Das Kreuz symbolisierte das Interesse des Staates, dessen oberster »Führer« unausgesetzt die Bevölkerungsdichte Deutschlands beklagte und sie als Argument für Expansionsansprüche ins Feld führte, am Kinderreichtum. Intern sprach Hitler unumwunden aus, worum es ging: Das Volk müsse immer wieder die Toten der Kriege ersetzen. In den folgenden Wochen wurden die Mutterkreuze, wie sie der Volksmund alsbald nannte, in großen Veranstaltungen überreicht, denen sich vielfach Familienfeiern anschlossen.

In den letzten Wochen des Jahres 1938 empfing Hitler auch zweimal Bauarbeiter als Gäste. 3000 ließ er zusammentrommeln, um die Fertigstellung des 3000. Kilometers der Autobahnen festlich zu begehen. Wichtiger noch war ihm am Tage vor dem Weihnachtsfest das Treffen mit den Arbeitern, die nach umfangreichen Abrißarbeiten und entsprechend den Plänen von Albert Speer in der Nachbarschaft der alten die Neue Reichskanzlei gebaut hatten. Sie war in Rekordzeit fertiggestellt worden. Wegen dieses Projekts mußten in Berlin viele andere Baumaßnahmen ungeachtet ihrer Dringlichkeit unterbleiben. Mit seiner Längsfront an der Voßstraße und dem Haupteingang in der traditionellen Wilhelmstraße gelegen, erhob sich nun ein Bauwerk, das durch seine Ausmaße alle bis dahin für Regierungszwecke genutzten benachbarten Gebäude zwergenhaft erscheinen ließ. In dem 422 Meter langen Kolossalbau erreichten die Besucher

Wandschmuck im Salon des Führerbaus in München. Adolf Ziegler »Die vier Elemente« (1937)

durch den Ehrenhof und nach endlos erscheinendem Weg durch Foyers, Galerien und Hallen schließlich das 10 Meter hohe Arbeitszimmer des »Führers«, das allein nahezu 450 Quadratmeter umfaßte.
Hitlers zunehmender Größenwahn war mit Hilfe seines Leibarchitekten in diesen Mauern Stein geworden. Die Kosten hatten nicht interessiert, wie Zehntausende am Bau beteiligte Arbeiter als erste sehen konnten. Hitler sah sich deshalb veranlaßt, ihnen zu erklären, daß dieser Regierungssitz einzig errichtet worden sei, um dem größeren Reich das angemessene repräsentative Zentrum zu geben. Seine eigenen Ansprüche hätten sich gegenüber der Zeit, da er noch kein Staatsmann war, nicht verändert. Noch immer bewohne er in München jenes Privatquartier, das ihm früher als Zuhause gedient habe.[4] Das war gelogen, denn zum einen hielt sich Hitler nur selten noch in der Prinzregentenstraße der Isarstadt auf, zum anderen aber hatte er nicht die Absicht, je dorthin in ein Privatleben zurückzukehren. Die Staatssitze waren sein »Zuhause« geworden, und er ließ auch den zweiten, in Berchtesgaden gelegenen, in eine immer exklusivere Unterkunft verwandeln. Davon freilich erfuhr die Öffentlichkeit weit weniger. Am Obersalzberg war auf dem hochaufragenden Kehlsteinmassiv gerade ein Bau errichtet worden, der Hitler und seinen Hofschranzen als ein nahes Ausflugsziel diente und seltener auch Staatsgästen vorgeführt wurde. Damit es sich bequem erreichen ließ, hatten aus Italien herbeigeholte Arbeiter, Spezialisten im alpinen Wegebau, eigens eine schwindelerregende Zufahrt an einen Steilhang bauen müssen. An ihrem Ende führte ein Tunnel in das Innere des Berges und schließlich ein Fahrstuhl direkt in das Kehlsteinhaus. Daß sich die Deutschen einen bescheidenen »Führer« auserwählt hätten, war eine weitverbreitete Legende. Hitlers Verpflegungs- und Kleidungskosten waren tatsächlich geringfügig; wie teuer die Deutschen dieser »Führer«, den das Bedürfnis, in die Weltgeschichte einzugehen, unausgesetzt vorwärtstrieb, noch kommen würde, ahnten an der Jahreswende nur wenige in Deutschland. Und unter denen, die seine Rede vor den Erbauern der Reichskanzlei hörten, mochten sich wieder nur einige fragen, warum er schon 1950 – wie Hitler ungeniert ankündigte – eine andere, dann vermutlich noch größere und kostspieligere Reichskanzlei beziehen und diese von ihm noch gar nicht bezogene für andere Zwecke freimachen wolle.
Nach dem Zusammentreffen mit den Bauarbeitern besuchte Hitler am Abend noch eine Film-Uraufführung im UFA-Palast am Kurfürstendamm. Stets wenn das geschah, verbanden sich damit auch demonstrative Absichten, denn selbstredend konnte er sich zu eigener abendlicher Unter-

haltung in intimem Kreis Filme vorführen lassen. Das tat er mit Vorliebe. In Gesellschaft sah er Produktionen, die in öffentlichen Kinos angeboten wurden, und auch ausländische, die von der Zensur dafür als nicht geeignet angesehen wurden. Diesmal nahm Hitler an der Vorstellung des Films »Pour le mérite« teil. Er gehörte zu einer ganzen Serie, die das Schicksal deutscher Offiziere nach dem Ersten Weltkrieg zum Gegenstand hatte und zeigen sollte, daß erst der »Nationalsozialismus« ihnen wieder zu Achtung und Ansehen sowie zu einem gebührenden Platz im Leben der Nation verholfen hätte. Das Thema wies eine Beziehung zu den kaum zehn Monate zurückliegenden Ereignissen auf, in deren Zentrum der Sturz des Kriegsministers und des Heeres-Befehlshabers gestanden hatte. Durch die spektakulären außenpolitischen Entwicklungen war die »Blomberg-Fritsch-Krise« jedoch längst aus dem Bewußtsein verdrängt.

Hitlers erster ausländischer Gast war 1939 Polens Außenminister Jozef Beck, der, als er dem »Führer« auf dem »Berghof« gegenübersaß, schwerlich ahnte, daß er noch im gleichen Jahre und dann bis zu seinem Tode der Gefangene seines Gastgebers sein würde. Für den war das erste Objekt der Begierde jedoch der Rest der Tschechoslowakei, so daß er mit Beck noch sprach, ohne ihn unter Druck zu setzen. Hitler beteuerte wieder, daß Deutschland in keiner Polen betreffenden Frage vollendete Tatsachen schaffen werde, erinnerte aber an Danzig und den exterritorialen Korridor durch die polnische Nordprovinz. Er erklärte auch ausdrücklich sein Verständnis für Polens Bedürfnis nach einem gesicherten Zugang zum Meer und stellte, wenn erst die deutschen Wünsche auf dem Verhandlungswege geklärt seien, eine Garantie Deutschlands für Polens Grenzen in Aussicht. Abgesehen von den Ansprüchen auf die einstigen deutschen Kolonien habe er keine Forderungen an irgendeinen Staat, weder verlange er von Italien Südtirol, noch von Frankreich Elsaß und Lothringen.[5]

Beck konnte Hitler mit der Gewißheit verlassen, daß es diesem direkt um die Rest-Tschechoslowakei ging, und mußte sich doch zugleich fragen, ob er sich danach auf die überseeischen Besitztümer des Kaiserreiches konzentrieren würde. Nur drei Wochen später begrüßte der polnische Diplomat Ribbentrop in Warschau, der gekommen war, um hier den 5. Jahrestag des Abkommens von 1934 zu würdigen. Bei dieser Gelegenheit suchte der deutsche Außenminister seinem Gastgeber den Beitritt zum Antikomintern-Pakt nahezulegen und machte ihm verständlich, daß Deutschland polnischen Plänen, die sich auf eine »Großukraine« richteten, durchaus nicht ablehnend gegenüberstünde.[6] Später ist von Historikern gerätselt worden, welchen Rang diese Sondierungen, die den Eindruck machten, Deutschland wolle seinen östlichen Partner als Bundesgenossen gegen die Sowjetunion gewinnen, in den Plänen Hitlers und Ribbentrops wirklich einnahmen. Sie stellten offenkundig nicht mehr dar als eine Episode. Auf dem Eroberungsweg nach Osten war im Konzept der deutschen Eroberer Polen nicht einmal in der Stellung eines Satelliten vorgesehen.

Am 30. Januar 1939 tagte der faschistische Reichstag, um den 6. Jahrestag der »Machtergreifung« zu würdigen. Hitler fehlte es nicht an Stoff, seine Erfolgsbilanz vorzutragen. Darauf aber wollte er sich nicht beschränken. Er versicherte wiederum seine Verständigungsbereitschaft mit jedermann, Juden und Bolschewisten ausgenommen. Das Münchner Abkommen stellte er noch einmal als Friedenswerk dar, wobei er erneut Chamberlain und Daladier ausdrücklich einen Anteil an dessen Zustandekommen zubilligte. Er wiederholte auch die Beteuerung, er habe an Großbritannien und Frankreich, abgesehen von der Wiederhergabe der früheren deutschen Kolonien, keine Ansprüche zu stellen.

Wenn das so war, ergab sich die Frage, warum trotz so viel Verständigungswillens weitergerüstet wurde, wie jedermann im Reich wußte. Hitler war um eine Antwort nicht verlegen. Wiederum führte er aus, daß die jetzt regierenden Politiker in London und Paris von Kriegshetzern verdrängt werden könnten, wobei – wie immer in diesem Zusammenhang – der Name Winston Churchill fiel. Darauf müsse sich Deutschland vorsorglich einstellen. Vor allem aber habe es der »satanischen Erscheinung« des Bolschewismus Rechnung zu tragen. Diese Verteufelung der Sowjetunion verknüpfte Hitler mit der des Judentums. Zum ersten Mal nach dem Pogrom schüttete er öffentlich Kübel widerlichster Verleumdungen und Beschimpfungen über die Juden aus. Damit war nicht nur nachträglich eine Rechtfertigung des Pogroms gegeben und Einverständnis mit den Untätern ausgedrückt. Hitler lieferte seine Begründung für die forcierte Vertreibung der Juden und forderte von den Westmächten, die Vertriebenen aufzunehmen. Er begründete das »Recht«, sie völlig mittellos über die Grenze abzuschieben, mit der infamen These, daß sie stets nur »Schmarotzer« am Leibe des deutschen »Gastvolkes« gewesen wären. Ferner wies er jegliche »sentimentalen Anwandlungen« von sich und verlangte, man solle ihm »mit Humanität« vom Leibe bleiben. Das Judentum, behauptete er schließlich, wolle durch die »Bolschewisierung der Erde« siegen und zu diesem Zwecke Krieg anzetteln. Dann folgte die auch von ihm selbst wiederholt in Erinnerung gerufene, später meistzitierte Passage seiner Rede: Es werde, »prophezeite« er, der Krieg, den das

Judentum wolle, mit der »Vernichtung der jüdischen Rasse in Europa« enden.[7]

Aus diesem Satz ist herausgelesen worden, daß der Rassist Hitler den Vorsatz hatte, im Krieg die Juden ausnahmslos umzubringen. Doch ging es ihm an diesem Januartag 1939, an dem er noch nicht wußte, wann der Krieg beginnen und wann er sich zu einem Weltkrieg ausweiten würde, um das »judenfreie« Reich. Keinen Zweifel ließ er jedoch in seiner Rede daran, daß es in Deutschland eine unbeschränkte Verfolgung der jüdischen Bürger geben werde. Wer irgend konnte, floh dieses Land.

Im Verlauf der folgenden Wochen trieb Hitler die Vorbereitungen für den zweiten und tödlichen Schlag gegen die Tschechoslowakei voran. Er sollte spätestens Mitte März geführt werden. Um für Deutschlands Intervention einen Vorwand zu schaffen, wurde nun die gleichsam auf Inseln inmitten der tschechischen Bevölkerungsmehrheit lebende deutsche Minderheit erneut aktiviert und gleichzeitig die separatistische Bewegung in der Slowakei ermuntert. Für das erste verfügte Hitler über die NSDAP-Organisationen und die Zusammenschlüsse der »Volksdeutschen« sowie über den geheimdienstlichen Auslandsapparat. Der Mobilisierung der nach seinem Urteil zu unentschlossen handelnden Separatisten in Bratislava nahm er sich selbst an. Am 12. Februar empfing er einen ihrer Führer, Vojtech Tuka, und mit ihm den Führer der deutschen Nationalisten in der Slowakei, Franz Karmasin, um beide zu aggressiverem Vorgehen gegen die Regierung in Prag anzustacheln.[8]

Wer die offiziellen Mitteilungen über Hitlers Auftreten in der deutschen Öffentlichkeit Ende Februar und Anfang März 1939 las, konnte zu der Ansicht gelangen, der »Führer« hätte erst jetzt, ein Jahr nach der Schaffung »Großdeutschlands« durch die Liquidierung Österreichs, Zeit und Muße gefunden, das als historisch bezeichnete Ereignis mit den Spitzen der faschistischen Gesellschaft zu feiern. In den Hallen der Neuen Reichskanzlei, welche die Gäste bei diesen Gelegenheiten bestaunen durften, folgte ein Empfang dem anderen. In einer bemerkenswerten Separierung und Reihenfolge lud er – jeweils mit den Damen – am 2. März die Führer der Wirtschaft, dann Persönlichkeiten der »deutschen Kunst«, darauf die Befehlshaber, Kommandierenden Generale und Admirale der Wehrmacht, schließlich die Reichs- und Gauleiter der NSDAP, Minister und weitere hohe Staatsbeamte in die Wilhelmstraße. Der Hausherr schien ganz von Repräsentationsaufgaben in Anspruch genommen. Nie zuvor hatte er sich ihnen in solcher zeitlichen Dichte hingegeben. Dabei mag das Bedürfnis, den ihm imponierenden Speer-Bau vorzuführen und sich in der einmaligen Kulisse bewundern zu lassen, mitgespielt haben. Die Feste lenkten ihn doch nicht von dem Plan ab, der seine Aufmerksamkeit von Tag zu Tag mehr okkupierte.

Hitler schickte sich an, den definitiven Schritt zur Liquidierung der Tschechoslowakei zu gehen. Dabei kam ihm gerade recht, wie sich der durch die slowakischen Nationalisten angefachte Konflikt im Nachbarland entwickelte. Staatspräsident Hácha, der Beneš-Nachfolger, hatte ihn mit der Absetzung des slowakischen Ministerpräsidenten Josef Tiso, der die Zerreißung des Staatswesens betrieb, zu beherrschen versucht. Hitler schickte auf die Nachricht vom Aufflammen der Gegensätze augenblicklich seine »Anschluß«-Spezialisten Keppler und Bürckel in Begleitung von Militärs aus Wien ins benachbarte Bratislava. Tiso ließ er kurzerhand nach Wien und von dort mit einem Flugzeug nach Berlin bringen und setzte ihm auseinander, daß er und seine Anhänger jetzt entweder die Unabhängigkeit auszurufen und sich von Prag loszusagen oder aber damit zu rechnen hätten, daß er sich am weiteren Schicksal der Slowaken uninteressiert zeigen würde. Das bedeute, daß sich dann die expansionssüchtigen, auf der Lauer liegenden Kreise im benachbarten Ungarn weiter auf slowakische Kosten bedienen dürften.[9] Tags darauf wurde in Bratislava die Lostrennung von der Tschechoslowakei verkündet.

Gleichzeitig und nach bewährtem Muster traten die Hitler-Anhänger in den böhmischen und mährischen Landesteilen in Aktion. Erneut berichtete die deutsche Presse von deren Verfolgungen und den Leiden der »Volksdeutschen«, von Chaos und Terror, von Zuständen, die geändert werden müßten. Am Abend des 14. März empfing Hitler mit Eindruck heischendem Gefolge in der Reichskanzlei den aus Prag herbeigereisten Staatspräsidenten Hácha, um ihm mitzuteilen, daß die Wehrmacht in wenigen Stunden in den Westteil des Landes einrücken werde. Der tschechische Politiker wurde vor die Wahl gestellt, zu diesem Gewaltakt zu schweigen oder ihn durch ein Hilfsersuchen zu legitimieren. Für den zweiten Fall wurde ihm die »Autonomie« des Gebiets in Aussicht gestellt, in dem die Tschechen als »Schutzangehörige« des Reichs leben könnten. Hácha unterschrieb nach Mitternacht das vorbereitete Papier, unter das auch der ihn begleitende Außenminister seine Unterschrift setzte. Das Schicksal ihres Staatsgebiets und seiner Einwohner, hieß es darin, legten sie »vertrauensvoll in die Hände des Führers des Deutschen Reiches«.[10] Als sich die Gesellschaft der Erpresser und der Erpreßten auflöste, hatten die ersten deutschen Truppen die Grenze bereits überschritten.

Hitler wollte ihnen auf dem Weg in die Hauptstadt an der Moldau so rasch folgen wie ein Jahr zuvor nach Wien.

Zum ersten Mal überschritten Truppen der Wehrmacht eine Grenze, hinter der sie nicht als »Befreier« begrüßt wurden. Die Gesichter der Tschechen, die den Einzug der Eroberer beobachteten, waren von Zorn, Wut, auch von Verzweiflung und Ohnmacht gezeichnet. Hitler kam erst nach Prag, als die Dunkelheit schon hereinbrach. Er fuhr sogleich auf den Hradschin, wo er von Keitel, weiteren Generalen, Ribbentrop, Himmler und dem Chef der Ordnungspolizei Daluege erwartet wurde. Alsbald war auch Reichsinnenminister Frick zur Stelle und rasch ein Gesetzestext entworfen, den Hitler unterzeichnete.

Das okkupierte Land wurde zum »Protektorat Böhmen und Mähren« erklärt, der Oberhoheit des Reiches unterstellt und seine Regierung in ein Hilfsorgan der deutschen Eroberer verwandelt.[11] An die Spitze dieses Gebildes, das eine besondere Art von Kolonie darstellte, berief Hitler wenige Tage später als Reichsprotektor den Freiherrn von Neurath, den er vor Jahresfrist als Amtschef im Auswärtigen Amt abgelöst hatte. Ihm wurde als Staatssekretär der frühere stellvertretende Führer der Sudetendeutschen Partei, Karl Hermann Frank, beigegeben.

Bevor der »Schutzherr« die Prager Burg verließ, verabschiedete er einen besonderen Erlaß, mit dem er der Eroberung eine historische Rechtfertigung unterlegen wollte. Es gehörten die böhmisch-mährischen Lande, hieß es darin, ein Jahrtausend lang zum »Lebensraum des deutschen Volkes«. Die Tschechoslowakei sei ein »künstliches Gebilde« gewesen. Gleichzeitig versicherte Hitler erneut, das »nationale Eigenleben des tschechischen Volkes« werde gesichert werden.[12] Diese Ankündigung entsprach weder den Fernplänen der Machthaber noch ihrer Ideologie, derzufolge die Slawen minderwertig waren und einen »Fremdkörper« im angeblich germanischen Siedlungsgebiet darstellten. Zunächst jedoch schienen rigorose Maßnahmen gegen die einheimische Bevölkerung unangebracht, weil sie gebraucht wurde, um als Produzent in der Industrie und der Landwirtschaft die materielle Basis des Reiches zu stärken und auf diese Weise Deutschlands weiteren Eroberungen zu dienen. Am 17. März fuhr Hitler mit einem Sonderzug nach Brünn und ließ sich von der dort lebenden Minderheit von Deutschen feiern.

Der Coup gegen die Rest-Tschechoslowakei war komplikationslos geglückt, wozu das überraschende Vorgehen wesentlich beigetragen hatte. Bevor die Regierungen in London und Paris sich überhaupt klargemacht hatten, was geschah, befand sich Hitler am Ziel. Mit dem westlichen Teil der zerschlagenen Tschechoslowakei war ein Gebiet gewonnen, in dem sich leistungsstarke, international konkurrenzfähige industrielle Anlagen befanden, eine qualifizierte Arbeiterschaft lebte und eine ertragreiche Landwirtschaft betrieben wurde. Das Wirtschafts- und Rüstungspotential des Reichs hatte einen erheblichen Zuwachs erfahren, und wieder – wie schon beim »Anschluß« Österreichs – machten sich die Chefs der großen deutschen Bank- und Industrieunternehmen auf, um ihren Imperien einzuverleiben oder unterzuordnen, was ihnen unter normalen Konkurrenzbedingungen nicht oder jedenfalls nie so leicht zugefallen wäre. Nach schon erprobter Arbeitsteilung befaßte sich Göring mit der Eingliederung des Territoriums in die Rüstungswirtschaftspläne. Es müsse der »Ausverkauf Böhmens und Mährens durch reichsdeutsche Aufkäufer« verhindert und wegen der Deviseneinnahmen die Ausfuhr tschechischer Produkte gesichert werden. »Wilde Arisierungen« sollten unterbleiben. Die Zustimmung zum Besitzwechsel von Objekten, die einen Wert von einer halben Million Reichsmark und mehr repräsentierten, behielt sich Göring ausdrücklich vor.[13] Jenseits der böhmisch-mährischen Lande entstand im Osten ein Staat von Deutschlands Gnaden. Seine klerikal-faschistischen Machthaber wußten das und trugen dem »Führer« sogleich an, die Slowakei unter den »Schutz« des Reiches zu stellen.

Am 19. März traf Hitler wieder in Berlin ein, wo er einen von Scheinwerfern der Fliegerabwehr erleuchteten und von einem Feuerwerk begleiteten Einzug hielt. Hier machte er nur zwei Tage Station. Am 22. März brach er bereits wieder auf, diesmal, um das Memelland, einen schmalen Gebietsstreifen, der an Ostpreußen grenzte und zum litauischen Staat gehörte, »heimzuholen«. Die Regierung in Kaunas hatte sich auf das Drängen der deutschen Bewohner und unter dem Druck der Regierung in Berlin ohne Umschweife zu einem Vertrag bereit erklärt, mit dem sie auf das Territorium verzichtete. Für seine Reise zur Begrüßung der neuen Reichsbürger benutzte er das Panzerschiff »Deutschland«. Von weiteren Kriegsschiffen begleitet, als steche er zu einer Schlacht in See, dampfte Hitler ostwärts. In dem Städtchen, das dem Gebiet den Namen gab, hielt er eine Ansprache und reiste nach wenigen Stunden in die Reichshauptstadt zurück.

Unrast war das Kennzeichen auch seiner folgenden Tage. Es schien, als wolle er dem Zwang entkommen, seine Gedanken auf die Frage zu konzentrieren, mit der er sich jetzt auseinanderzusetzen hatte: den Bewegungen, welche die Liquidierung der Tschechoslowakei in der internationalen Politik verursacht hatte, und den Folgen, die das wiederum für seine Pläne nach sich zog. Doch weder in München während der Trauerfeier für den verstorbenen Reichsärzteführer Gerhard Wagner, noch bei einem Abstecher zum »Berghof« und auch nicht bei der Inspektion eines Theaterbaus in Augsburg konnte er sich gegen die Nachrichten abschirmen, die ihm Veränderungen anzeigten, mit denen er kaum so rasch gerechnet hatte.

Hitlers Einzug in Prag war von den Gegnern der Münchner Politik in Großbritannien und Frankreich als Bestätigung für die Richtigkeit ihrer Urteile über das deutsche Regime, seinen Charakter und seine Absichten angesehen worden. Auch die Politiker der Westmächte, die diesen Kurs eingeschlagen hatten, mußten sich jetzt fragen, ob er nicht mindestens partiell korrekturbedürftig war. Chamberlain hielt am 17. März in Birmingham eine Rede, in der neue Töne anklangen. Sie sollte ihm womöglich für den Moment nur aus der Lage heraushelfen, in die er durch seine beruhigenden Erklärungen über die deutsche Politik hineingeraten war. Dann begannen jedoch Konsultationen zwischen London und Paris. Es war nicht schwer zu erkennen, daß nun Polen »an die Reihe kommen« und sich erneut die Frage erheben würde, wie sich die Regierungen der beiden Großmächte angesichts des erwiesenermaßen unstillbaren Appetits der Machthaber in Berlin verhalten sollten.

Tatsächlich hatte der Reichsaußenminister den Diplomaten des polnischen Nachbarn die Forderungen schon präsentiert. Sie waren nach allen Erfahrungen der Methode zuzuordnen, mit der Hitler Konflikte anlegte und sie dann zu zwischenstaatlichen Krisen anfachte. Am 21. März eröffnete Ribbentrop dem Botschafter Polens, Deutschland wünsche die Rückgabe Danzigs und den Bau einer Auto- und einer Eisenbahnverbindung durch Polens Nordprovinz, den sogenannten Korridor, die über ein exterritoriales, also dem Reich zu überlassendes Gebiet führen solle. Es wäre das beste, hörte Botschafter Lipski, wenn sich führende Staatsmänner beider Länder zu einer persönlichen Aussprache träfen.[14] Auch wenn dem Diplomaten die Einzelheiten jener Begegnung, die Hácha mit Hitler wenige Tage zuvor hatte, nicht bekannt waren, konnte er in dieser Einladung eine Falle erkennen. Ribbentrops Bemerkung, beim »Führer« solle nicht der Eindruck entstehen, »daß Polen einfach nicht wolle«, ließ vorausahnen, wie eine Visite der Staatsmänner Polens in Berlin verlaufen würde.

Fünf Tage später lag die Antwort aus Warschau in einem Memorandum vor, das die Veränderung des Status der Freien Stadt Danzig und die Überlassung eines Landstreifens zwischen Pommern und Ostpreußen bestimmt ablehnte. Am 31. März hielt Chamberlain eine Unterhaus-Rede, in der er zugleich in Frankreichs Namen Polen militärischen Beistand für den Fall zusicherte, daß es seine Unabhängigkeit selbst bewaffnet verteidigte. Das war noch kein förmlicher Pakt, der wurde erst später geschlossen,[15] und auch noch keine Garantie für Polens Bestand in seinen gegenwärtigen Grenzen. Doch war ein deutliches Zeichen gesetzt, daß die Regierungen der Westmächte nicht länger beabsichtigten, Deutschland an seiner Ostgrenze »freie Hand« zu lassen. Entweder kehrte Hitler zu den Grundsätzen der in München vereinbarten Politik zurück und verständigte sich mit den kapitalistischen Rivalen, oder die Signale schienen auf Krieg gestellt.

Hitler konnte sich freilich an diesem letzten Märztag fragen, wie ernst das britisch-französische Versprechen gemeint war und ob es im entscheidenden Moment eingelöst werden würde. Frankreich hatte schließlich – viel bestimmter, als es jetzt geschah – der Tschechoslowakei vertraglich seinen Beistand zugesagt, und nun existierte von diesem Staat kein Quadratmeter mehr. Warum also sollte die Methode der Kriegsdrohung gegenüber diesen Großmächten, die er für morsch hielt, nicht ein zweites Mal verfangen? Jedenfalls schien es Hitler am besten, auch nicht einen Moment lang Unsicherheit erkennen zu lassen und »Herrn Chamberlain« augenblicklich zu antworten. Eine besondere Kulisse brauchte er sich dafür nicht zu schaffen. Sie schien für seinen Zweck passend schon vorbereitet. Am 1. April sollte in Wilhelmshaven die Taufe eines weiteren deutschen Schlachtschiffes erfolgen. Der für den Koloß bestimmte Name »Tirpitz« stand für eine die Seemacht England herausfordernde Politik, wenn auch in Deutschland kaum jemand daran erinnert sein wollte, wie die Flotte geendet war, deren Bau sich mit keinem Namen mehr verband als mit dem des kaiserlichen Marineministers und Großadmirals.

Hitler war also – wie eineinhalb Monate vorher beim Stapellauf des Schlachschiffs »Bismarck« – zur Stelle, als eine Enkelin Alfred von Tirpitz' die Taufe vornahm. Nach der Zeremonie behob der Oberbefehlshaber zunächst den Mangel, daß »Großdeutschlands« Kriegsmarine noch keinen Großadmiral besaß. Raeder erfuhr die Rangerhöhung an Bord des Schlachtschiffes »Scharnhorst«, das Hitler eigens zu diesem Zweck besuchte. Anschließend hielt er auf dem Rathausplatz der Hafenstadt eine Ansprache[16], in der er sich über die Einmischungs- und Einkreisungspolitik Großbritanniens beschwerte und brandmarkte, daß sich die Londoner Politiker – wie Chamberlain nur nebenher auf eine ihm gestellte Frage erklärt hatte – über die neue Lage auch mit der Sowjetunion konsultierten. Er verlangte, England möge sich so wenig um die Angelegenheiten

des »deutschen Lebensraums« kümmern wie Deutschland um die britischen Interessen in Palästina. Von einer Einhaltung der Abmachungen, die er mit dem britischen Premier nur wenige Monate zuvor in München getroffen hatte, war keine Rede mehr. Hitler stellte nüchtern in Rechnung, daß die Forderungen, die er jetzt gegenüber Polen durchsetzen wollte, keine Aussicht auf Billigung durch die Regierungen in London und Paris besaßen. Die Westmächte hatten zudem inzwischen auch Maßnahmen zur Verstärkung ihrer militärischen Kräfte eingeleitet. Lautstark verwies Hitler darauf, um weitere deutsche Rüstungsaufwendungen zu rechtfertigen.
Vor allem aber begann er seinen Zeitplan zu überdenken. Die im November 1937 entwickelte Vorstellung, den großen Eroberungszug zwischen 1943 und 1945 anzutreten, sah er als erledigt an. Er kam zu dem Schluß, die »polnische Frage« so rasch wie nur möglich – und das bedeutete: noch im Jahre 1939 – zu lösen. So wurde Hitlers Rede augenblicklich auch von Spezialisten der Hochrüstung verstanden. Karl Krauch, in Personalunion Vorstandsvorsitzender der IG Farbenindustrie AG und engster Mitarbeiter Görings in der Vierjahresplan-Behörde, forderte, sich ausdrücklich auf die Wilhelmshavener Rede des »Führers« beziehend, die rüstungswirtschaftlichen Anstrengungen so zu verstärken, daß Deutschland, das er ganz im Sinne Hitlers als eine »von der Welt belagerte Festung« bezeichnete, eine Rohstoffbasis erhalte, die es »der ganzen übrigen Welt gewachsen« sein läßt.[17]

Hitler bestieg indessen noch am 1. April das KdF-Schiff »Robert Ley«, das zu seiner Jungfernfahrt in die Deutsche Bucht auslief. Dort hielt er sich unter ausgesuchten »Volksgenossen« ganze vier Tage auf. Von Bord erteilte er Keitel den Auftrag, die neue Weisung für die einheitliche Kriegsvorbereitung 1939/1940 den höchstgestellten Befehlshabern der Wehrmacht zuzustellen.[18] Hitlers Unterschrift würde »nachgeholt« werden, hieß es in dem an die Generale und Admirale gerichteten Begleitschreiben vom 3. April.

Im Zentrum der Weisung stand der »Fall Weiß« genannte Angriffsplan gegen Polen. Verklausuliert und dennoch kaum getarnt war die Absicht entwickelt, bei der nächsten sich bietenden Gelegenheit in Polen einzufallen. Vor Kriegsbeginn sollte Danzig schon im Handstreich besetzt werden. Als politische Voraussetzung für den Überfall wurde die Isolierung Polens angesehen. Wieder und wider die politischen und diplomatischen Fakten setzte Hitler auf eine »krisenhafte innere Entwicklung in Frankreich und eine darauf folgende Zurückhaltung Englands«. Ein Eingreifen der Sowjetunion schloß er aus, sah er eine Verständigung der Politiker in Warschau mit denen in Moskau doch durch unüberbrückbare Gegensätze dauerhaft blockiert. Deutschland seinerseits hätte im Krieg gegen seinen östlichen Nachbarn auf Verbündete – beispielsweise Ungarn – nicht zu rechnen, würde aber wohl Italiens Unterstützung erfahren.

Der Angriff sollte dem Plan zufolge von drei Seiten – von Süden unter Ausnutzung slowakischen Gebiets – überraschend erfolgen, die polnische Armee vernichtet und die Eroberung möglicherweise bis zur Grenze des »alten Kurland« ausgeweitet werden. Hitlers Denkweise über Polen drückte sich unverblümt in zwei Worten aus, sie lauteten: »endgültige Abrechnung«. Aus einer besonderen Weisung für den »Wirtschaftskrieg«[19] ging hervor, daß während des Feldzugs die industriellen Anlagen Polens möglichst zu schonen seien. Sie sollten den weiteren kriegerischen Unternehmungen Deutschlands nutzbar gemacht werden. Auch den »Randstaaten« der Ostsee, eine Bezeichnung, unter der Litauen, Lettland und Estland subsumiert wurden, war in Hitlers weiteren Plänen nur noch eine begrenzte Lebensdauer zugemessen.

Während die militärischen Stäbe insgeheim begannen, den Krieg gegen Polen vorzubereiten, liquidierte Achsenpartner Italien seinerseits einen europäischen Kleinstaat. Albanien, schon seit 1936 dem Nachbarn jenseits der Adria politisch und wirtschaftlich ganz unterworfen, wurde von den Truppen des Duce besetzt. Der Diktator in Rom folgte damit der deutschen Praxis, die ihn offenbar ermutigt hatte, und meldete zugleich seinen Anspruch auf weitere Expansionen auf dem Balkan an. Indessen riefen weder das warnende Ende der Tschechoslowakei noch die Auslöschung Albaniens bei den Regierungen der ost- und südosteuropäischen Kleinstaaten bündnispolitische Initiativen zur Sicherung ihres Bestands wach. Hitler konnte hochzufrieden sein, daß sich die Politiker dieser Staaten vor allem mit seinem Regime auf guten Fuß zu stellen suchten. Die Regierungen Estlands, Lettlands und auch Dänemarks schlossen mit Deutschland im Verlauf des Frühjahrs Nichtangriffspakte, wodurch sie das Renommee des Reiches als vorgeblich verläßlicher Partner – freilich nur geringfügig – aufbessern halfen.

Deutschland richtete sich indessen darauf ein, Hitlers 50. Geburtstag zu feiern.[20] Der Adjutantur des Führers wurde bereits zu Jahresanfang 1939 ein Rohprogramm für den Ablauf des Tages vorgelegt, das später noch mehrfach Veränderungen erfuhr. Der endgültige Ablaufplan für des »Führers Geburtstag«, den ein Erlaß des Reichsinnenministers Frick zum nationalen Feiertag erklärte, besaß zwei Drehachsen: Die Deutschen sollten dem Ausland demonstrieren, daß sie wie ein stählerner Block hinter Hitler stünden, und sich dadurch selbst erneut auf blindeste Gefolgstreue einschwören, und es sollte den Deutschen und »der Welt« vorgeführt werden, daß der Aufbau der Wehrmacht vollendet wäre und das Reich für jede militärische Auseinandersetzung gerüstet sei.

Diesen Absichten und Zwecken war das schließlich bestätigte, minutiös vorbereitete Programm ganz zugeordnet. Es gliederte sich um drei Veranstaltungen. Am Vorabend des Tages empfing Hitler in der Neuen Reichskanzlei die Reichs- und Gauleiter der NSDAP und die Führer der Parteigliederungen, damit sie durch den Mund des »Stellvertreters des Führers« ihr Treuebekenntnis ablegten. Die Ansprache von Heß besaß den Charakter einer militärischen Meldung und klang mit der verräterischen Wendung aus, daß sie alle hinter dem »Führer« marschieren würden, auch wenn »die Hetzer in der Welt es zum Äußersten treiben« sollten.[21] Damit war der immer wiederkehrende Ton auch des folgenden Tages angeschlagen, das Bekenntnis zur Kriegsgemeinschaft.

Noch am Abend des 19. April begab sich Hitler mit großem Gefolge zur neuen Prachtstraße, die nach Plänen Speers durch das Stadtzentrum gelegt worden war und die Bezeichnung Ost-West-Achse erhielt. Er nahm hier wieder die Vollzugsmeldung seines Leibarchitekten entgegen und fuhr dann, gefolgt von einer Wagenkolonne von »Mitführern«, durch ein Spalier ihm zujubelnder Menschen.

Am Morgen des 20. April wurde eine vergleichsweise kleine, sorgfältig ausgewählte Schar von Gratulanten zu Hitler vorgelassen. Das galt für die Danziger Faschisten unter der Führung des Gauleiters Albert Forster ebenso wie für die kleinen Gruppen von Technikern und Künstlern, die ihre Glückwünsche darbringen durften. Die namenlosen Verehrer des »Führers« konnten derweil in Nebenräumen des Prachtbaus ihre Geschenke abliefern. Zu den Präsenten, die Hitler persönlich überreicht wurden, gehörte das Modell eines Triumphbogens. Speer schmeichelte dem Beschenkten mit dem Hinweis, daß es nach dessen Entwurf entstanden sei. Göring überbrachte eine Sammlung von Modellen aller zur Ausstattung der Luftwaffe gehörenden Flugzeuge. Ein überliefertes Foto zeigt, mit welcher Verzückung Hitler sie betrachtete.

Dann ging es wieder zur Ost-West-Achse, auf der eine Truppenparade stattfand, die nicht nur in der deutschen Militärgeschichte beispiellos war. An Hunderttausenden Berlinern, die wieder an die Straßenränder geströmt waren, wälzte sich eine hochmoderne, auf ihre Wirkung hin exakt ausgewählte Militärmaschinerie vorbei. Besonderer Wert war darauf gelegt worden, die Waffen der Fliegerabwehr vorzuführen, um den Haupt-

Parade der Wehrmacht am 20. April 1939

städtern die Furcht vor einem Luftkrieg zu nehmen. Ohrenbetäubend wurde die Motorisierung des Heeres zur Schau gestellt. Mehr als vier Stunden lang stand der »Führer« auf einsamem Platz, immer wieder die Defilierenden mit hochgerecktem Arm begrüßend.
Hitler hätte diesen Heerwurm und die über die Massen dahinfliegenden Apparate der Luftwaffe mit Genuß einer größeren Zahl von Staatsmännern vorgeführt. Doch war es international unüblich, derart private Tage von Staatsmännern so pompös zu feiern. Ribbentrop hatte, um dem »Führer« nicht Absagen einzuhandeln, Einladungen nur an zweit- und drittrangige Personen des Auslands versandt. »Staatspräsident« Hácha – der Staat, an dessen Spitze er gestanden hatte, existierte bereits nicht mehr – war Hitlers höchster Ehrengast. Wenig repräsentativ war auch die Anwesenheit des Slowaken Tiṣo. Außerdem hielt sich der Außenminister Rumäniens in Berlin auf. Soweit neutrale Staaten Gratulanten entsandt hatten, ließ sich mit ihnen kaum Aufsehen erregen. Einzig Schweden hatte mit der Berlin-Reise seines Generalstabschefs im Rang hochgegriffen. Doch war auf den Tribünen vor der Technischen Hochschule Berlins eine genügende Zahl von Diplomaten und Presseleuten, die ihre

Berichte unter dem Eindruck des Gesehenen abfaßten. Niemand konnte empfehlen, sich ohne äußersten Zwang mit dieser Wehrmacht auf dem Schlachtfeld anzulegen. Auch militärische Laien vermochten sich auszumalen, was es bedeuten würde, wenn diese Macht über ein schwächeres Land herfiele.

Genau diese Wirkung der Parade hatte Hitler beabsichtigt. Er hielt es während der beiden Tage für überflüssig, selbst das Wort zu nehmen. Auch keine einzige der ungezählten Lobhudeleien, mit denen ihn seine engsten Gefolgsleute in Wort und Schrift bedachten, wehrte er ab. So erhob Göring ihn in einem an das deutsche Volk gerichteten Aufruf zum »größten Deutschen aller Zeiten«.[22] Rosenberg wiederum nannte ihn den »Gründer des größten kontinentaleuropäischen Reiches«. Schirach proklamierte in einer Ansprache an die Jugend das »Zeitalter Adolf Hitlers«. Kein Paladin des »Führers« hatte irgendeine Hemmung, aus ihm eine überirdische Erscheinung zu machen, ihn einen Auserwählten Gottes zu heißen, einen von der Vorsehung Gesandten.

Der politische Gehalt all dieser schamlosen, ebenso absurden wie grotesken Anhimmlungen war nichtsdestoweniger klar. Hitler sollte jeder Kritik entzogen, jeder Gedanke erstickt werden, der sich darauf richtete, eine seiner Äußerungen und Entscheidungen auf ihren Wahrheitsgehalt oder auch nur auf ihre Angemessenheit nachzuprüfen. Goebbels erläuterte den Trägern der »Goldenen Parteiabzeichen«, die zu den geladenen Gästen des Festes gehörten, die Absicht, die diesem Hitlerbild zugrunde lag: Es sei weder möglich noch notwendig, »daß jeder Einzelne sein politisches Urteil aus der Erkenntnis« schöpfe, denn Glaube und Gefolgschaft klammern »sich niemals so sehr an ein Programm wie an die Kraft der Persönlichkeit«.

Indessen waren es nicht nur Hitlers älteste Gefolgsleute, die sich in Äußerungen kultischer Verehrung zu übertreffen und gegenseitig auszustechen suchten. Militärs, Künstler, Techniker und Wissenschaftler standen ihnen nur wenig nach. Übertroffen aber wurden alle durch die Art und Weise, in der Lyriker des Faschismus den »Führer« verherrlichten. Herybert Menzels Verse unter dem Titel »Vorm Bild des Führers« begannen tatsächlich mit den Worten: »Wenn ich nur zweifle, tret ich vor Dein Bild«, und Gerhard Schumann ließ drucken: »Auch wenn wir dich einmal nicht fassen, werden wir mit dir gehn. Einst wirst du uns schauen lassen, was du vor uns gesehn.« Das las sich noch kontemplativ. In aktionistischem Klartext formulierte die Zeitschrift »Der SA-Führer«, das Schicksal der Welt werde in Berlin und Rom entschieden und: »... wenn der Führer den Marschbefehl gibt, dann wird dieses Volk marschieren, und niemand auf der Welt wird diesen Marsch aufhalten können.«[23]

»Credere, obedire, combatere« hieß die Devise der italienischen Faschisten. Sie sollte jetzt auch für die Deutschen gelten. »Glauben, gehorchen, kämpfen« lautete die Botschaft des zum »nationalen Fest« erhobenen Tages. Hitler hatte ihn ganz seinen Plänen eingepaßt. Dieser 20. April sollte die Deutschen für die Bestimmung zurichten, die ihnen auf dem Kriegspfad zugedacht war. Hitler und seine Propagandisten sprachen jetzt wiederholt vom 80-Millionen-Volk, wobei die Zahl zur Drohung geriet.[24] Wer sie hörte, sollte sie in Divisionen und Armeen übersetzen.

Für den 28. April ließ der »Führer« den Reichstag nach Berlin rufen. Er beabsichtigte, zur Reaktion der britischen Regierung auf den Einmarsch in Prag Stellung zu nehmen und auf eine Botschaft zu antworten, die der Präsident der USA, Franklin D. Roosevelt, ihm und Mussolini am 15. April gesandt hatte. Noch sichtlich unter dem erhebenden Eindruck des politischen Spektakels, das aus Anlaß seines Geburtstages veranstaltet worden war, trat Hitler in der Kroll-Oper hochgestimmt an das Rednerpult.[25] Seine Antwort auf die sein Kriegskonzept gegen Polen störende Garantie-Erklärung Großbritanniens war eindeutig und provozierend. Er verkündete, daß damit der deutsch-polnische Vertrag von 1934 und auch das deutsch-britische Flottenabkommen von 1935 erledigt seien. Hitler rasselte wieder mit dem Säbel, nachdem er schon dem von Berlin nach London weiterreisenden rumänischen Außenminister seine Bestellung an das Londoner Kabinett aufgetragen hatte: »Wenn England Krieg wolle, so könne es ihn haben ...«[26]

Im Stil eines Kabarettisten ging Hitler dann auf das Ansinnen Roosevelts ein, der von den Regierungen in Rom und Berlin gefordert hatte, zur Bekundung ihrer Friedfertigkeit insgesamt 31 europäischen Staaten – das waren faktisch alle des Kontinents, darunter auch die Sowjetunion – zuzusichern, weder deren Territorium anzugreifen, noch es als Durchmarschgebiet zu benutzen.[27] Der amerikanische Präsident möge in Dimensionen denken, die seine Botschaft ausweise, er – Hitler – denke und wirke in viel bescheidenerem Rahmen und sorge sich allein um sein Volk. William Shirer, der sich unter den Zuhörern befand, hatte sicher mit der Behauptung recht, daß Hitler als Redner in bezug »auf Beredsamkeit, List, Ironie, Sarkasmus und Heuchelei einen neuen Höhepunkt erreicht« hatte.[28] Filmaufnahmen zeigen die »Männer des Großdeutschen Reichstages« während der Redepassagen, in denen ihr »Führer« Hohn und Spott über Roosevelt ausgoß, ausgelassen, gleichsam in einer Art Bierlaune und

Kundgebung im Berliner Lustgarten

sich auf die Schenkel klopfend. Der deutsche Kanzler brachte bei seinen nächsten Planungen die USA kaum in Ansatz. Auch in seinen geheimen Ansprachen an die Militärs war vom Staat jenseits des Ozeans, der am Ende des Ersten Weltkriegs eine den Krieg wesentlich mitentscheidende Rolle gespielt hatte, keine Rede.

Auf Hitlers Ansprache im Reichstag folgten weitere öffentliche Auftritte in Berlin, so vor der Reichsarbeitskammer und der Reichskulturkammer, vor Massen von Angehörigen der Hitlerjugend im Berliner Olympia-Stadion und auf einer Maikundgebung im Lustgarten. Immer wieder machte der »Führer« den Propagandisten des Regimes vor, was er am 10. November 1938 gefordert hatte: die psychologische Einstellung der Deutschen auf den Krieg. »Ich rüste mit allen Mitteln« und »Wir sind auf Gedeih und Verderb aufeinander angewiesen«, so lauteten Kernsätze seiner Mai-Rede.[29]

Dann fuhr Hitler nach Berchtesgaden, wo er die folgenden zwei Wochen offenkundig damit verbrachte, sich über das Vorgehen gegen Polen schlüssig zu werden. Am meisten vertraute er auf die Abschreckung der

Westmächte. Ihr diente auch seine sechstägige Inspektionsreise zum »Westwall«, die Hitler am 14. Mai antrat. Sie führte ihn von der Eifel zur Mosel, an die Saar und den Rhein bis an die schweizerische Grenze. Zu seiner Begleitung gehörten Militärs, aber auch Himmler, Dietrich und Bormann.

Um seinem Gefolge den Wert der Anlagen zu demonstrieren, bestellte er die Reichs- und Gauleiter nach Saarbrücken. Alle sollten durch Augenschein und durch Auskünfte von Militärs die Überzeugung gewinnen und weitervermitteln, daß Deutschland auf einen Krieg vorbereitet sei. Am Ende der Reise bezeichnete der Oberbefehlshaber den Wall als unbezwingbar und erließ einen Tagesbefehl, der, als wäre der Krieg schon begonnen worden, mit der Anrede »Soldaten und Arbeiter der Westfront« begann. In den Tagen, da Hitler den Westwall inspizierte, fand in Wien eine Kundgebung des Reichskolonialbundes statt, auf der Ritter von Epp von »den unvergleichlich geschickten Händen des Führers« sprach, in die auch die »Lösung des Kolonialproblems« gelegt sei.[30]

Zu diesem »Geschick« gehörte auch die Skrupellosigkeit der Friedensdemagogie, die keineswegs verstummte, seit die kriegerischen Töne deutlich angeschlagen worden waren. Die Art und Weise, in der sich beides mischte, trat in einer Rede von Goebbels in Köln hervor, die während Hitlers Frontbesichtigung gehalten wurde. Der Propagandaminister erklärte: »Der Führer ist ein Friedensfreund« und fuhr wenig später fort: »Das deutsche Volk schläft sozusagen mit dem Tornister unter dem Kopf.«[31]

Von den Befestigungsanlagen an der Westgrenze fuhr Hitler direkt zum Truppenübungsplatz Munsterlager in Westfalen, um an Manövern von kriegstüchtigen SS-Einheiten teilzunehmen, die mit scharfer Munition durchgeführt wurden. Dann ging es zurück nach Berlin. Dort wurde am 22. Mai ein deutsch-italienischer Vertrag unterzeichnet, der die Bezeichnung »Stahlpakt« erhielt. Sein entscheidender dritter Artikel verpflichtete die vertragschließenden Seiten zur Bundesgenossenschaft in einem Kriege, ohne daß eine einschränkende Klausel voraussetzte, daß er auf unverschuldete Weise zustande gekommen sein müsse.[32] Das Abkommen sollte vor allem Frankreich beeindrucken und diesem Land die Aussicht eröffnen, im Falle eines Krieges mit Deutschland sofort in zusätzliche Kämpfe an seiner Alpenfront, im Mittelmeer und im Norden Afrikas verwickelt zu werden. Hitler wohnte der Vertragsunterzeichnung bei, seine Gedanken mochten sich aber bereits auf den folgenden Tag richten.

Für den 23. Mai hatte er die Befehlshaber der drei Wehrmachtsteile und weitere hohe Offiziere in die Reichskanzlei bestellt, um ihnen einen Vortrag über seine Pläne zu halten. Zu den Teilnehmern gehörten Keitel, die Chefs des Heeres- und des Luftwaffen-Generalstabs Halder und Jeschonnek, die Fliegergenerale Milch, der Staatssekretär im Reichsluftfahrtministerium und Generalinspekteur der Luftwaffe war, und Bodenschatz, Konter-Admiral Schniewindt und der Chef der Abteilung Landesverteidigung im Wehrmachtsführungsstab Warlimont, der bei der Planung der Feldzüge in den folgenden Jahren eine herausragende Rolle an der Seite Jodls spielte. Anwesend waren auch Hitlers Adjutanten der drei Wehrmachtsteile.

Nach der Zusammenkunft, die am 5. November 1937 stattgefunden hatte, wurde dies das wichtigste Treffen des Oberbefehlshabers mit Generalen und Generalstäblern. Wieder wurden die Ausführungen in einer Niederschrift zusammengefaßt, die diesmal der Nachfolger Hoßbachs, Rudolf Schmundt, anfertigte.[33] Die jetzige Situation unterschied sich von der anderthalb Jahre zurückliegenden und mit einschneidenden personellen Folgen endenden ganz grundlegend. Die Aufrüstung war weit vorangeschritten, und Deutschlands Heer und Luftwaffe hatten gegenüber den Großmächten einen Rüstungsvorsprung erlangt. Die zur Besprechung beim Oberbefehlshaber geladenen Militärs wußten spätestens durch die Weisung vom 3. April 1939 um dessen Entschlossenheit, seine Außenpolitik mit dem geschaffenen Kriegsinstrument zu betreiben. Sie konnten auch nicht mehr im Zweifel sein, daß Polen das erste Opfer der Aggression sein würde.

Hitler begann wieder mit der These vom deutschen Volk ohne Raum, die ihm stets zur Begründung des Angriffs auf fremdes Eigentum diente, und erklärte, diesmal werde es »ohne Blutvergießen nicht mehr« abgehen. Rundheraus und im klaren Gegensatz zu den Behauptungen der Propaganda formulierte er knapp: »Danzig ist nicht das Objekt, um das es geht.« Auch die Kolonien in Übersee brächten keine »Lösung des Ernährungsproblems«. Das Ziel sei der »größere Ostraum«. Allerdings bekannte Hitler auch vor diesem verschwiegenen Kreis noch nicht, daß es letztlich um die Weiten Rußlands und der Ukraine gehen werde. Er sprach von Polen und der »Lösung des Baltikum-Problems«. Wer die entsprechenden Aussagen aus »Mein Kampf« kannte, konnte sich das Folgende jedoch hinzudenken. Der Oberbefehlshaber erörterte dann die Konstellation, unter der er den Krieg gegen Polen zu eröffnen hoffte. Der Nachbarstaat sollte isoliert werden. Doch erschien das, Hitler blieb hier absichtsvoll in seinen Aussagen undeutlich, bereits nicht mehr als die conditio sine qua non des Angriffs.

Schon machte der Redner seine Zuhörer mit dem Gedanken vertraut, wie zu handeln sein werde, wenn die beiden Westmächte, die Polen ihre Garantieversprechen gegeben hatten, die Vernichtung ihres Verbündeten nicht geschehen lassen würden. Dann müßten die militärischen Kräfte im Westen konzentriert, Belgien und die Niederlande unverzüglich besetzt und Polen gleichzeitig besiegt werden.

Als Hitler geendet hatte, konnten die Militärs durchaus im Zweifel sein, ob der Angriffsbefehl nur in dem Falle gegeben werden würde, wenn Polen der einzige Gegner wäre, oder nicht doch auch das Risiko des Krieges gegen die Westmächte, also eine Zweifrontenstellung, eingegangen werden sollte. Eine Nachfrage hatte es dazu nicht gegeben, eine Aussprache nicht stattgefunden. Da der Oberbefehlshaber jedoch erklärte, daß sich die Staatsführung bei allem Interesse an einem kurzen Krieg doch auf einen langen – genannt wurden zehn bis fünfzehn Jahre – einzurichten habe, war offengelegt, daß der Überfall auf Polen nur als Eröffnung eines weitreichenden Eroberungsfeldzuges gedacht war. Hitler hatte an diesem Maitag völlig klargemacht, wie seine Weisung vom 3. April verstanden werden sollte. Selbst für den Fall, daß sich Großbritannien, Frankreich und die Sowjetunion zu einem Bündnis zusammenschlossen, ja gerade dann, wollte er sofort angreifen. Die Generale konnten sich fragen, ob es überhaupt eine Konstellation gab, die ihren Oberbefehlshaber dazu zwingen könnte, Frieden zu halten. Daß Hitler vor den Generalen, ohne sich allerdings bei dem Thema aufzuhalten, auch die Möglichkeit erwähnt hatte, daß die Westmächte zu einer Verständigung mit der Sowjetunion gelangen könnten, war kein Zufall. In den Beziehungen der drei Staaten schien sich eine Veränderung anzubahnen. Zwischen ihnen waren nach dem 15. März diplomatische Fäden neu geknüpft worden, die der Abschluß des Münchner Abkommens zerrissen hatte. Denn als sich Großbritannien und Frankreich mit Hitler über die Amputation der Tschechoslowakei einigten, wurde der UdSSR gleichsam der Stuhl vor die Tür Europas gesetzt. Der 1935 geschlossene französisch-sowjetische Vertrag, infolge von innenpolitischen Veränderungen in Frankreich schon vordem entwertet, hatte jegliche Bedeutung verloren, und die Möglichkeiten der sowjetischen Politik, auf die Entwicklungen in Europa Einfluß zu nehmen, waren Ende 1938/Anfang 1939 auf dem Nullpunkt angelangt. Im Kreml war nicht zu beurteilen, wie weit die Zugeständnisse der beiden Westmächte an Nazideutschland noch gehen würden. Namentlich blieb unklar, ob die Tschechoslowakei das letzte »Bauernopfer« bleiben würde, durch das dem deutschen Expansionsdrang der Weg nach Osten gewiesen und geöffnet werden sollte. Erst der Marsch nach Prag hatte die Situation verändert. Die Münchner Politiker standen vor einem Scherbenhaufen, wenn sie das auch noch nicht wahrhaben wollten. Die sowjetische Regierung sah indessen eine Chance und wollte deren Umfang ausloten. Es ging darum, ob sich die Westmächte aufgrund der veränderten Situation zu einer Politik entschließen würden, die den Sicherheitsbedürfnissen aller Rechnung trug und von Moskau nach dem Sieg der Faschisten in Deutschland favorisiert worden war.

Die Bedingungen für die Herstellung stabiler Bündnisbeziehungen gegen einen deutschen Angriff waren indessen – verglichen mit dem Jahr 1935 – ungleich komplizierter geworden. Der Angriff auf Polen stand unmittelbar bevor, und wenn, was zu erwarten war, die deutsche Armee wenig Zeit brauchen würde, es zu überrennen, dann befand sie sich vor den Grenzen der Sowjetunion. Eine Garantie- oder Beistandserklärung der Moskauer Regierung zugunsten ihres ungleich schwächeren Nachbarn verband sich folglich sofort mit der Frage, was die beiden westlichen Großmächte tun würden, wenn Hitler im Osten Krieg begänne. Als Antwort reichte die politische Zusage für gemeinsames Handeln bereits nicht mehr aus. Die fortgeschrittene Zeit und Deutschlands erkennbare Pläne verlangten eine sofortige Vereinbarung darüber, welchen Part die jeweiligen Armeen zu übernehmen hätten. Über die Schwierigkeit, rasch und gleichzeitig zu politischen und militärischen Abmachungen zu kommen, konnte es kaum Zweifel geben. Es handelte sich nicht nur um die denkbare Wiederannäherung von Partnern, von denen die eine Seite soeben mit Hitler paktiert hatte, sondern vor allem um die Überbrückung von tiefen, in der modernen Weltgeschichte sonst kaum anzutreffenden Gegensätzen. Der innenpolitische Terror Stalins, dem ungezählte Menschen, darunter Tausende von militärischen Führern und Kommandeuren, zum Opfer gefallen waren, vermehrte diese Gegensätze und ließ zudem Zweifel über den Kampfwert der Roten Armee entstehen.

Im Frühjahr 1939 besaßen die Westmächte dennoch ein Interesse, die Sowjetunion wieder in das diplomatische Kräftespiel einzubeziehen. Deshalb reagierten sie auf die sofort nach dem Einmarsch der deutschen Truppen in Prag unterbreiteten sowjetischen Vorschläge zu einer Konsultation[34] nicht brüsk ablehnend. Allerdings weigerten sie sich beharrlich, als Gespräche auf der Ebene der Botschafter zustande kamen, dem Verlangen Moskaus nach Gleichheit der Verpflichtungen entgegenzukommen. Die Führung der Sowjetunion sah sich vor die Frage gestellt, einzig auf die schließliche und rechtzeitige Einigung mit Großbritannien und Frankreich zu setzen oder zu erwägen, auf welche Weise sich die UdSSR unter Umständen ganz aus einem Krieg der kapitalistischen Staaten heraushalten könnte. Zunächst wurde aus Moskau mit Bestimmtheit erklärt, man sei nicht bereit, für andere die Kastanien aus dem Feuer zu holen. Dieses von Stalin in seiner Rede im März 1939 auf dem Parteitag der Kommunistischen Partei der Sowjetunion verwendete Bild war einprägsam und wurde in den folgenden Monaten von verschiedensten Seiten immer wieder zitiert.

Die deutsche Diplomatie, die um die Gespräche der Westmächte mit der Sowjetunion wußte, hatte keine Mühe, deren Gegenstand zu erfassen. Unklar waren jedoch ihre Erfolgsaussichten. Berlin mußte sich entscheiden, ob auf die Unüberbrückbarkeit der Gegensätze der Verhandelnden gesetzt oder eigene Maßnahmen ergriffen werden sollten, um einer nicht auszuschließenden Annäherung entgegenzuwirken. Der letzte Entschluß darüber stand Hitler zu, der bisher keine Notwendigkeit gesehen hatte, die nun eingetretene Entwicklung in seine Berechnungen einzubeziehen. Er informierte sich von Zeit zu Zeit über die Sowjetunion und sah sich unter anderem gelegentlich auch deren offizielle Film-Wochenschauen an.[35] Nach seinem Urteil, das er am 29. April 1939 dem ungarischen Ministerpräsidenten Teleki und Außenminister Csáky bei deren Besuch in Berlin vorgetragen hatte, war die UdSSR, nachdem Tausende ihrer Offiziere hingeschlachtet worden waren, nicht fähig, Krieg zu führen.[36] Hitler glaubte daher – ganz im Gegensatz zu seinen öffentlichen Erklärungen – nicht an sowjetische Angriffsabsichten.

Zunächst vertraute Hitler auf die Unüberbrückbarkeit der Gegensätze zwischen den beiden Westmächten und der UdSSR und verspürte wenig Neigung, irgendeine Gegeninitiative zu ergreifen. Erst in dem Maße, wie er zu erkennen begann, daß die Isolierung Polens einfach nicht zu bewerkstelligen war, änderte sich seine Haltung. Dazu trugen aus London verbreitete zweckoptimistische Meldungen über den Stand der in Moskau geführten dreiseitigen Verhandlungen bei. Hitler genehmigte den auf Ribbentrop zurückgehenden Vorschlag, der sowjetischen Regierung zu signalisieren, daß die außerordentlich langsam vorankommenden Verhandlungen über ein Wirtschaftsabkommen durch Gespräche über die politischen Beziehungen ergänzt werden könnten. Staatssekretär Ernst von Weizsäcker, der diesen Auftrag übernahm, verheimlichte dem Geschäftsträger der UdSSR nicht, daß dieser Vorschlag sich gegen die Bindung der Sowjetunion an die Westmächte richtete.[37] Die deutsche Diplomatie begann – noch mit kleiner Munition – Sperrfeuer gegen einen Pakt der drei großen Mächte zu

schießen, gründete sich auf deren Verfeindung doch die Vorstellung vom Gelingen des eigenen Plans.
Hitlers Entschluß, vor dem Ende des Sommers die Wehrmacht Polen überfallen zu lassen, blieb für die Art, wie er seinen Alltag als Staatsoberhaupt und Regierungschef verbrachte, zunächst scheinbar folgenlos. In rascher Folge wechselten Auftritte auf politischen Kundgebungen, Besuche kultureller Veranstaltungen und – wieder und wieder – militärische Inspektionen einander ab. Am wichtigsten schien ihm aber, die Deutschen an den Gedanken des Krieges zu gewöhnen. Im Juni besuchte er zum ersten Mal einen Reichskriegertag, zu dem sich alljährlich vor allem Teilnehmer des Ersten Weltkriegs in Kassel versammelten. Auf einer Massenversammlung nannte er sich dort einen »manchmal auch Zivilkleider tragenden Soldaten«.[38] Zwei Tage später, am 6. Juni, zogen die mit KdF-Schiffen aus Spanien zurückgekehrten Offiziere und Soldaten der »Legion Condor« in Berlin am »Führer« vorbei. Sie hatten vor allem durch den Einsatz der Luftwaffe gemeinsam mit italienischen Einheiten zum Sieg der Franco-Faschisten über die Republik beigetragen, dabei ihre militärischen Kenntnisse vervollkommnet und ihre Waffen erprobt. Hitler wäre es wegen seiner eigenen Pläne lieber gewesen, wenn die Kämpfe im äußersten Westen des Kontinents noch länger gedauert hätten. Bemerkenswert war, daß er sich nach der Rückkehr der deutschen Freiwilligen mit antibolschewistischen Äußerungen deutlich zurückhielt, obwohl er vorher den spanischen Bürgerkrieg über Jahre als einen Kampf gegen den »Bolschewismus« hingestellt hatte. Er unterließ ebenso wie die entsprechend instruierte Presse alles, was die Beziehungen zur Sowjetunion unnötig belasten und ihre Annäherung an die Westmächte fördern könnte. Gleichzeitig suchte Hitler die Bedeutung des deutsch-italienischen Stahlpakts und die Wende im Verhältnis der beiden Vertragsstaaten hervorzuheben. Er empfing 500 italienische Frontkämpfer, Kriegsgegner Deutschlands aus dem Ersten Weltkrieg, und sagte mit Bezug auf die »jungen« Regime, wie die Achsenpartner sich im Gegensatz zu den »alten« Demokratien gern nannten, sie wären von einer »Welt von Gegnern und Neidern, von Hassern und Feinden« umgeben«.[39] Dann wieder begab er sich mit Göring und dem Generalluftzeugmeister Udet auf den Erprobungsflugplatz Rechlin in Mecklenburg.
Wiederum war Hitler ständig bemüht, seine wirklichen Absichten zu vernebeln. Am 20. Juni 1939 empfing er die Sportführer Hans von Tschammer und Osten sowie Carl Diem und besprach mit ihnen die Vorbereitung der Olympischen Winterspiele, die 1940 erneut in Garmisch-Partenkir-

chen stattfinden sollten. Das Reich hatte sich ein zweites Mal zur Durchführung der Spiele bereit erklärt, nachdem die Schweiz von der Ausrichtung zurückgetreten war. Der »Führer« entschied, daß die tschechischen Teilnehmer aus dem »Protektorat« dort mit einer eigenen Fahne einmarschieren könnten.[40] Schon in seiner Rede in Wilhelmshaven hatte er bekanntgegeben, daß der nächste NSDAP-Parteitag in Nürnberg »Parteitag des Friedens« heißen werde. Am 10. Juli verfügte er dann, daß diese Massenveranstaltung am 2. September – das bedeutete einen Tag nach dem festgelegten Termin für den Beginn des Krieges – eröffnet werden und gar noch länger dauern sollte als in den Jahren zuvor. Vierzehn Tage darauf besichtigte er wiederum die Stätten des Rituals und überzeugte sich vom Fortschreiten des Baus der Kongreßhalle, die alle anderen Gebäude dieses Zwecks durch ihre Ausmaße bei weitem übertreffen sollte. Wie immer traten ganze Stäbe zur Vorbereitung der Großveranstaltungen in Aktion. Hitler aber flog erneut nach Saarbrücken an den Westwall, um sich durch militärische Übungen dessen Unbezwingbarkeit demonstrieren zu lassen. Inzwischen erfolgte nach dem Muster des Jahres 1938 die antipolnische Mobilisierung der Deutschen in Danzig und im gesamten Nachbarstaat. In der Hansestadt traten die Führer des »Dritten Reiches« auf, als gehöre sie bereits zu ihrem Machtbereich. Am 17. Juni gab Goebbels auf einer nächtlichen Kundgebung vor Zehntausenden die »Heim-ins-Reich«-Parole aus.[41] Es begannen jene »Zwischenfälle«, die von der deutschen Presse wieder als Angriffe auf Leib und Leben der Deutschen hingestellt wurden. So wurde angezeigt, daß es nicht mehr nur um Danzig und die exterritoriale Trasse durch polnisches Gebiet ging, wiewohl diese Version in öffentlichen Erklärungen aufrechterhalten blieb.

Propagandaredner für den Krieg begannen unverblümt auszusprechen, daß die »Lebensansprüche« der Deutschen befriedigt werden müßten. Anläßlich einer auf dem Reichssportfeld in Berlin veranstalteten Sonnenwendfeier erklärte Goebbels am 21. Juni 1939: »Auch unser Volk soll in Zukunft an den Schätzen dieser Welt beteiligt sein!«[42] Zwei Tage darauf forderte er auf einer Massenkundgebung von Arbeitern der Berliner Verkehrsbetriebe für Deutschland einen »Platz an der Sonne« und rief aus: »Wir wollen nicht für immer zu den Habenichtsen gehören.«[43] Niemand konnte meinen, daß solche Ziele mit der »Heimkehr« Danzigs und einer Verkehrsverbindung durch Polen erreicht sein würden.

Zur geistigen und psychologischen Kriegsvorbereitung gehörte gleichrangig die Erzeugung und Festigung eines – wie immer wieder formuliert wurde – blinden Vertrauens zu Hitler und in dessen übermenschliche

Kräfte. Damit sollten alle Bedenken erstickt werden, die auch diesmal wieder durch die Verschärfung der internationalen Spannungen in der Bevölkerung wachgerufen wurden. Goebbels postulierte: »Der Führer hat immer recht und er behält immer recht.«[44] Heß, der während einer Rede in Kaiserslautern Hitler den »Vater« des Westwalls nannte, verstieg sich zu der Behauptung: »Was vom Führer ist, wird durch nichts in der Welt überboten.«[45] Und wenige Tage vor Kriegsbeginn verkündete der »Stellvertreter des Führers« in Graz gar: »Indem wir zum Führer stehen, erfüllen wir den Willen dessen, der uns den Führer gesandt hat.«[46] Der Marsch hinter dem Oberbefehlshaber in den Krieg wurde als der Vollzug eines göttlichen Willens ausgegeben. Die Perversität des Hitler-Kultes war nicht mehr zu übertreffen.

Dieser Kult sollte im Bewußtsein wie im Unbewußten die Überzeugung tief verwurzeln, daß – käme es zum Kriege – aus ihm nur ein Sieger hervorgehen könne: Deutschland. Zweifel am Ausgang einer militärischen Auseinandersetzung wurden auf diese Weise zu Zweifeln am »Führer« erklärt, und sie öffentlich zu äußern, war längst hochgefährlich geworden. Zudem verbürgte sich beispielsweise der Oberbefehlshaber des Heeres, von Brauchitsch, vor der Belegschaft eines Betriebes der Rheinmetall-Borsig AG in Düsseldorf dafür, daß Hitler sich nur zum Kriege entschließen werde, wenn alle anderen Mittel versagt hätten. Der Kernsatz seiner Ansprache aber lautete ganz im Sinne der Verbreitung des Endsiegglaubens: »Die besten Arbeiter der Welt haben den besten Soldaten der Welt die besten Waffen der Welt geschmiedet.«[47] Wenn das so war, dann mußte, wie Hitler sich Mitte August vor führenden Militärs ausdrückte, »... das Theater zu einem Ende kommen.«[48]

Nach Wochen, in denen eine Reise gleichsam die nächste jagte – Kassel, Fallersleben, Wien, Linz, Hamburg, Saarbrücken, Bayreuth und immer wieder München und Nürnberg hatten zu den Stationen gehört –, zog sich Hitler Anfang August auf den Obersalzberg zurück. Bis zu dem Termin, den er als Beginn des Krieges gegen Polen fest ins Auge gefaßt hatte, blieben noch drei Wochen. Indessen war die Aufgabe, den Kriegsgegner zu isolieren, nicht gelöst worden. Eigentlich wollte sich Hitler um diese Zeit mit dem Duce treffen. Doch meinte der Diktator in Rom, daß die internationale Lage zu unübersichtlich sei, um gemeinsam mit dem deutschen Kanzler zu Entschlüssen zu kommen, die sie der »Welt« mitteilen könnten. So wäre nicht gesichert, jene Aufmerksamkeit hervorzurufen, die Staatsmännern ihres Ranges gebühre. Mussolini, der nicht daran glaubte, daß Deutschland gegen Polen einen Separatkrieg führen würde, wollte vor allem erst den Ausgang der noch immer andauernden dreiseitigen Verhandlungen in Moskau abwarten. Genau das aber wollte Hitler nicht. Er sah jetzt, daß er der nicht beseitigten Gefahr einer Verständigung der Westmächte mit der Sowjetunion energischer begegnen mußte. Staatssekretär von Weizsäcker notierte sich Hitlers veränderte Haltung am 6. August mit den Worten: »Wir werden in Moskau dringlicher.« Die deutsche Diplomatie hatte den Auftrag erhalten, im Kreml zu verdeutlichen, daß der »Führer« über Polen hinaus nicht weiter nach Osten vordringen wolle.

Für den 7. August hatte sich Hitler den Gauleiter von Danzig auf den Obersalzberg bestellt, um mit ihm die weiteren antipolnischen Provokationen zu besprechen. Zurückgekehrt versammelte Forster auf dem Langen Markt erneut Zehntausende von Mitgliedern und Anhängern der NSDAP unter der Parole »Heimkehr ins Reich«, die nun eine Aktionslosung war.[49] Die Danziger Faschisten bildeten bewaffnete Einheiten, die SS-Heimwehr, und erklärten, sie müßten sich gegen die angeblich einen Krieg vorbereitenden Polen zur Wehr setzen. Die deutsche Presse füllte ihre Spalten derweil mit Meldungen über die Verfolgungen der Deutschen in Polen. Hitler erklärte dem ihn besuchenden ungarischen Außenminister Csaky, er ließe die Nachrichten über die »schlimmsten Greuel noch zurückhalten«.[50] Csáky erfuhr bei diesem Treffen auch, daß der »Führer« einen Zweifrontenkrieg nicht ausschloß und inzwischen darüber nachdachte, zu welchem Preis ein Kurswechsel der Sowjetunion zu haben sein würde. In diesem Zusammenhang war von Interessen des Kreml die Rede, sich ohne Krieg auf Kosten Polens und anderer Staaten nach Westen auszudehnen.

Am 12. August empfing Hitler den italienischen Außenminister in der Absicht, ihn auf die im Stahlpakt vereinbarte Kriegspartnerschaft einzuschwören. Doch erfuhr er lediglich, was ihn nach auf diplomatischem Wege bereits eingegangenen Informationen nicht überraschen konnte: Der Duce hielt einen isolierten Krieg Deutschlands gegen Polen für eine Illusion und war fest davon überzeugt, daß die Westmächte eingreifen würden. Auf einen derartigen Kampf schien ihm sein Land aber nicht ausreichend vorbereitet. Daher hatte er Interesse daran, Hitler von einem aus seiner Sicht vorzeitigen Kriege abzuhalten. Mit dieser Auffassung kam Ciano bei seinem Gastgeber freilich nicht an. Die Meinungsverschiedenheiten waren auch in einem Gespräch am folgenden Tage nicht zu beheben. Der Abgesandte des Duce fragte schließlich aus Hitler heraus, wann der Krieg gegen Polen beginnen solle, und erhielt die Antwort, daß dies »jeden Augenblick« geschehen könne. Polen werde so geschlagen werden, daß es »zehn Jahre lang kampfunfähig sei«. Mit dem Krieg beschritte Deutschland

»den alten Germanenweg nach Osten«.[51] Das Fazit, das sich für den deutschen Kanzler aus den Gesprächen mit dem italienischen Außenminister ergab, lautete: Italien würde in der sich nun rasch entwickelnden Vorkriegskrise keine drohende Haltung gegenüber Frankreich einnehmen. Damit war der Plan, den Achsenpartner wenigstens zur Abschreckung des »Erbfeindes« einzusetzen, nach aller Wahrscheinlichkeit hinfällig.
Am Tage nach Cianos Abreise empfing Hitler die mit dem Feldzug im Osten befaßten Militärs, die von ihm auch Auskunft über dessen politische Vorbereitung erwarteten. Der Oberbefehlshaber äußerte dabei nach Notizen von Heeres-Generalstabschef Halder folgende Überzeugung: »Die Köpfe von München werden das Risiko nicht auf sich nehmen.« Doch sollten sie noch ein wenig bearbeitet werden, und zwar in Moskau. Es werde geprüft, deutete Hitler an, eine maßgebliche Person nach Moskau reisen zu lassen.[52] Tatsächlich hatte Ribbentrop Auftrag erhalten, in der sowjetischen Hauptstadt zu erkunden, wie die Gefahr eines Dreierpaktes definitiv beseitigt werden könnte.
Dem Vorhaben kam entgegen, daß sich Stalin durch den schleppenden Verlauf der Verhandlungen, die noch immer auf der Ebene der Botschafter stattfanden, davon überzeugt hatte, daß die Westmächte sie vor allem als Droh- und Druckmittel gegen Deutschland benutzten, aber trotz dessen erkennbarer Angriffslust nicht zu definitiven Ergebnissen gelangen wollten. Damit entstand die Gefahr, daß Polen in wenigen Wochen überrannt und die deutsche Wehrmacht an der Westgrenze der Sowjetunion stehen würde. Es lag bei Hitler, zu welchem weiteren Vorgehen er sich dann entschlösse. Daß er sich zu diesem Zeitpunkt schon festgelegt hatte, dem Krieg gegen Polen zunächst die militärische Auseinandersetzung mit den Westmächten folgen zu lassen, und den Kampf auf dem vorgeblichen »Germanenweg« erst danach weiterführen wollte, war im Kreml nicht bekannt und nicht zu vermuten. Obendrein konnte diese Reihenfolge, wenn sie denn festgelegt war, umgestoßen werden. Hitler hatte sich als ein Politiker erwiesen, der Situationen rasch auszunutzen verstand.
Die Eile, zu der der »Führer« Ribbentrop in den folgenden Tagen trieb, war wesentlich durch die Tatsache bedingt, daß auf Moskaus Drängen die dreiseitigen Verhandlungen inzwischen auch eine militärische Ebene erreicht hatten. Britische und französische Generale und Admirale waren in der Sowjetunion, um praktische Fragen zu beraten, die zu einer die politischen Vereinbarungen konkretisierenden Militärkonvention führen sollten. Zunächst ließ Hitler in Moskau mitteilen, daß er bereit sei, eine maßgebliche Person nach Moskau zu entsenden. Es fiel der Name des Reichs-

ministers ohne Geschäftsbereich Hans Frank. Doch bereits einen Tag später – am Tage der Beratungen Hitlers mit den Militärs – wurde der deutsche Botschafter Graf von der Schulenburg beauftragt, Molotow mitzuteilen, Hitler wolle seinen Außenminister in die sowjetische Hauptstadt entsenden, um das »Fundament für eine endgültige Bereinigung der deutsch-russischen Beziehungen zu legen«.[53] Als Voraussetzung einer solchen Reise wurde bezeichnet, daß Ribbentrop mit Molotow und auch mit Stalin sprechen könne.

Von da an überstürzten sich die Ereignisse der Geheimdiplomatie. Stalin suchte Zeit zu gewinnen, um die Aussichten der Militärgespräche mit Großbritannien und Frankreich abschließend beurteilen zu können. Deren entscheidender Punkt war für ihn das Durchmarschrecht der Roten Armee durch Polen. Würde es nicht gewährt, hätten die sowjetischen Truppen an der Staatsgrenze zu warten, bis die Wehrmacht Polen »durchquert« haben würde. Hitler drängte hingegen und ließ im Kreml übermitteln, Ribbentrop könne ab dem 18. August jeden Tag mit dem Flugzeug nach Moskau fliegen. Der sowjetische Vorschlag, einen Nichtangriffsvertrag abzuschließen, wurde angenommen. Ebenso stimmte Berlin zu, weitere Fragen vertraglich zu regeln.[54] Tags darauf unterzeichnete man ein deutsch-sowjetisches Handels- und Kreditabkommen und trug damit der Forderung des Kreml Rechnung, erst den Wirtschaftsvertrag abzuschließen und danach über politische Abmachungen zu verhandeln. Daraufhin erklärte die sowjetische Seite ihr Einverständnis, Ribbentrop am 26. oder 27. August zu empfangen.

Hitler, der so lange gezögert hatte, die sowjetische Karte zu spielen, wollte aber seine Armeen zu diesem Zeitpunkt schon auf polnischem Boden vorwärts stürmen sehen. So entschloß er sich zu einem Schritt, den ihm einige Tage früher noch keiner seiner engsten Gefolgsleute zugetraut haben dürfte. Er ließ von der Schulenburg Molotow ein an Stalin gerichtetes Telegramm überreichen, in dem er sich mit allen von sowjetischer Seite bis dahin unterbreiteten Vorschlägen einverstanden erklärte und ersuchte, den deutschen Außenminister bereits am 22., spätestens aber am 23. August zu empfangen. Ribbentrop würde Generalvollmacht für den Abschluß eines Nichtangriffsvertrages auf der Grundlage des inzwischen vorgeschlagenen sowjetischen Textes besitzen sowie ein Protokoll unterzeichnen können, in dem weitere Fragen geklärt würden. Hitler teilte Stalin unverblümt mit, daß er den Krieg gegen Polen beginnen wolle. Doch auch ohne diesen Freimut war den sowjetischen Politikern der Zweck klar, den ihr unerwarteter Partner verfolgte.[55]

In der veränderten Situation mußten die Regierenden in Moskau drei Möglichkeiten im Auge behalten. Sie konnten die dreiseitigen Verhandlungen fortsetzen, obwohl erkennbar war, daß sie in der bis zum deutschen Überfall auf Polen verbleibenden Zeit nicht zu einem nützlichen, ein abgestimmtes militärisches Vorgehen sichernden Ergebnis führen würden. Die polnische Regierung sperrte sich zudem gegen jede Einwilligung zu einem Durchmarschrecht für die Rote Armee, und diese Haltung wurde von den beiden Westmächten nicht entschieden zurückgewiesen. Die zweite Möglichkeit bestand darin, sich aus allen diplomatischen Verhandlungen zurückzuziehen und abzuwarten, ob Deutschlands Überfall auf Polen zu einem Krieg der kapitalistischen Großmächte führen oder eine Art neues »München« zeitigen werde. Die dritte Möglichkeit war die Annahme der deutschen Vorschläge. Letztere stellten das einzige ausreichend klare Angebot dar, über das die sowjetischen Politiker verfügten. Es schien höchst unwahrscheinlich, daß Hitler vom eroberten polnischen Territorium aus sofort in die Sowjetunion einfallen würde, da das eine äußerst extreme Veränderung der gerade eingeschlagenen Politik gegenüber der UdSSR bedeutet hätte. Nachdem die vom Kreml bis dahin favorisierte Außenpolitik der kollektiven Sicherheit erfolglos geblieben war, bot sich ihm jetzt die Chance, sich aus dem Krieg herauszuhalten. Sie ergab sich allerdings aus einem Angebot Hitlers, und das bedeutete, es würde sich lediglich um einen Aufschub handeln. Die Größe des erreichten Zeitgewinns war nicht abzuschätzen. Sie hing dann von den politischen und militärischen Entwicklungen jenseits der sowjetischen Grenzen ab.

Am späten Nachmittag des 21. August erfuhr der deutsche Botschafter in Moskau aus dem Munde Molotows, daß Ribbentrop zwei Tage später im Kreml empfangen würde. Schon am folgenden Tage wurde das Zustandekommen der Reise bekanntgegeben. Die Nachricht war sensationell und zerstörte die Hoffnungen aller, die sich bis dahin noch immer an den Gedanken einer Verständigung der Westmächte mit der Sowjetunion geklammert hatten. Die Militärs Großbritanniens und Frankreichs packten in Moskau ihre Koffer. Die Kabinette in London und Paris traten zusammen. Niemand zweifelte daran, daß der Ausbruch des Krieges nun noch wahrscheinlicher geworden war.

Hitler triumphierte, als er am 22. August die Chefs der Heeresgruppen und Armeen auf dem »Berghof« um sich versammelte: »Damit habe ich den Herrschaften ihre Waffen aus der Hand geschlagen. Polen ist in die Lage hineinmanövriert worden, die wir zum militärischen Erfolg brauchen.« Das im Frühjahr gegebene Versprechen schien eingelöst. Nun sollten die Generale über einen schwachen Gegner in einem Blitzfeldzug siegen. In einer Mitschrift der Rede Hitlers hieß es: »Weg für Soldaten ist frei, nachdem ich die politischen Vorbereitungen getroffen habe.«[56]

Während Ribbentrop mit wenigen Experten und in Begleitung von Hitlers Leibfotografen Hoffmann nach Moskau flog, hielt der Oberbefehlshaber den Generalen zwei Ansprachen. In der ersten setzte er ihnen noch einmal auseinander, warum er den Krieg jetzt beginnen werde. Einleitend bezeichnete er die persönlichen und die objektiven Bedingungen für einen deutschen Sieg als besonders günstig und suchte zu begründen, daß sie in einigen Jahren nicht mehr bestehen würden. Es charakterisiert Hitlers Vorstellung vom Gang der Geschichte wie von der Bedeutung seiner eigenen Person, wenn er die Darlegungen über die subjektiven Faktoren mit der Feststellung begann: »Mein Dasein ist also ein großer Wert-Faktor.« Es werde »wohl niemals wieder einen Mann geben, der mehr Autorität hat als ich« und dem »das Vertrauen des ganzen deutschen Volkes« gehöre. Als weitere günstige Faktoren nannte er Mussolini und Franco, wobei von letzterem nicht mehr als wohlwollende Neutralität erwartet werden könne. Das Bild der »Gegenseite« ergab für ihn hingegen: »Keine Persönlichkeiten. Keine Herren, keine Tatmenschen.« Dann ging Hitler zur Kennzeichnung der internationalen Lage über und behauptete, daß sowohl Großbritannien als auch Frankreich gegenüber dem Ersten Weltkrieg schwächer geworden seien. Die Konflikte im britischen Empire hätten zugenommen. Spannungen existierten zwischen England und Irland sowie zwischen Italien und den beiden Westmächten. Der Balkan scheide als Verbündeter der beiden Mächte ebenfalls aus. Die britischen Rüstungen würden erst in zwei oder drei Jahren abgeschlossen sein. Deutschland sei faktisch unverwundbar, denn eine Blockade müßte ihr Ziel wegen der Hilfsquellen verfehlen, die Deutschland im Osten besäße. Zudem sei ein Vorstoß über den Westwall undenkbar.[57]

In Hitlers Rede zeigte sich ein bemerkenswerter Widerspruch. Einerseits erklärte er, daß die Westmächte Polen nicht unterstützen werden, so daß der östliche Nachbar isoliert dastehe. Andererseits widmete er lange Passagen der Ansprache den Potenzen und Möglichkeiten der Westmächte. Dieser Widerspruch erklärt sich daraus, daß für den Oberbefehlshaber der Überfall der Wehrmacht auf Polen als unmittelbar bevorstehende Aufgabe feststand, seine gesamten Überlegungen jedoch bereits auf das nächste Ziel gerichtet waren: Wie kann man der Vernichtung Polens alsbald den Angriff im Westen folgen lassen? Daß dem so war, wird auch dadurch sichtbar, daß Hitler in dieser Rede außerdem einen Rückblick auf die Entwicklung seiner den Kriegsverlauf betreffenden Überlegungen vornahm. Ursprünglich hätte er zuerst die Westmächte angreifen wollen, um dann auf Eroberungen im Osten auszugehen. Nun aber sei er zur umgekehrten Reihenfolge gelangt. Diese Darstellung mündete in die Frage: Würden die Politiker in London und Paris diese Absicht durchschauen und folglich nicht warten, bis die deutschen Angriffsarmeen umgruppiert waren?

So konnte am 3. September, als die Kriegserklärungen der Großmächte erfolgten, tatsächlich keiner der Militärbefehlshaber rechtens sagen, daß der Oberbefehlshaber ein falsches Lagebild gegeben oder sich geirrt habe. Denn Hitler hatte am 22. August gerade ausgeführt, daß der Überfall auf Polen mit einem großen Risiko behaftet sei und unter Umständen – wie es der Kriegsplan seit April ja vorsah – die Westgrenze verteidigt werden müßte, »bis wir Polen erobert haben«.[58] Außerdem hatte er am gleichen Tage in einer zweiten Ansprache deutlich formuliert: »Auch wenn im Westen Krieg ausbricht, bleibt Vernichtung Polens im Vordergrund.« Nein, der »Führer« hatte sich nicht zum Propheten der Neutralität der Westmächte gemacht. Vielmehr forderte er dazu auf, »mit allem zu rechnen«. Diese Aussage zielte ebenso auf die Situation eines sich ausweitenden Krieges wie die wiederholte Beschwörung der notwendigen »Nerven-« und »Seelenstärke«. Letztere hätte nicht gefordert werden müssen, wenn es nur um den schwachen östlichen Nachbarn gegangen wäre, der in drei oder vier Wochen niedergeworfen sein sollte.

Die Befehlshaber erfuhren – Danzig und der Korridor wurden mit keinem Wort mehr erwähnt – auch als erste, daß der »Führer« sie auf einen Eroberungsfeldzug schickte, der die Liquidierung des polnischen Staates zum Ziel hatte. Im Osten könnte es ein zweites »Protektorat« geben, das wiederum »als Vorgelände« dienen sollte.[59] Nicht weniger klar waren die Forderungen des Oberbefehlshabers hinsichtlich der Art und Weise, in der der Sieg errungen werden sollte. Sie galten dann auch für alle weiteren Feldzüge: »Herz verschließen gegen Mitleid. Brutales Vorgehen.«[60] Die technischen Mittel sollten rücksichtslos eingesetzt werden, um die Widerstandskräfte des Gegners rasch und gründlich zu zerbrechen. Am Samstagmorgen werde der Angriffsbefehl wahrscheinlich gegeben werden.[61] Das Kalenderblatt würde dann den 26. August 1939 aufweisen. Mit dieser Ankündigung entließ Hitler die Generale zu den Befehlsstellen und Truppen.

In der Nacht vom 23. zum 24. August wurden im Kreml die deutsch-sowjetischen Abkommen unterzeichnet. Zu ihnen gehörte die in einem Geheimen Zusatzprotokoll[62] getroffene Übereinkunft, im Falle eines

Krieges das Territorium Polens zwischen dem Sieger Deutschland und der Sowjetunion aufzuteilen. Von der Weiterexistenz eines polnischen Staates war keine Rede. Stalin betrachtete ihn ebenso wie Hitler als überflüssig und machte sich damit, anders als bei der Zerstörung der Tschechoslowakei, in einer radikalen Wendung der eigenen Politik nun zum Komplicen des deutschen imperialistischen Eroberers bei der Vergewaltigung eines ganzen Volkes. Deutschland und die Sowjetunion vereinbarten zudem die Respektierung von Einflußsphären im Osten Europas.

Hitlers Bild von Stalin erwies sich als zutreffend, während alle diejenigen im Irrtum befangen waren, die in ihm einen Verteidiger nationaler und internationaler Interessen gesehen hatten. Gewiß lag es in der entstandenen Lage außerhalb der Macht des Kreml, den deutschen Überfall auf Polen noch zu verhindern und dem Aggressor den Weg in den Krieg zu verlegen. Doch existierte für die Sowjetunion kein militärischer oder politischer Zwang, sich an den deutschen Räubereien zu beteiligen. Die Sicherheit des eigenen Staates war auf jede andere Weise eher und besser zu gewährleisten als durch das Erhandeln eines Glacis vor den Grenzen Weißrußlands und der Ukraine.

Am Abend des 24. August traf Hitler in Berlin ein. Wenig später empfing er den soeben aus Moskau zurückgekehrten Ribbentrop zur Berichterstattung. Doch mochten ihn in diesem Moment die fremdartigen Eindrücke seines Außenministers schon weniger interessieren, als vielmehr die zunehmende Ungewißheit darüber plagen, wie der Pakt auf die weiteren Entscheidungen in Großbritannien und Frankreich wirken werde. Erste Reaktionen besagten, daß die Regierungen der beiden Mächte zu ihren Versprechen zugunsten Polens stehen wollten.[63] Doch neigte Hitler dazu, derartige Versicherungen als reinen Nervenkrieg gegen ihn und seine Berater abzutun. Noch war er entschlossen, die Armeen und Divisionen am folgenden Tag in ihre Sturmausgangsstellungen zu befehlen. Die dann eintreffenden Nachrichten ließen ihn sein Vorhaben aber noch einmal umstoßen. Den sich bereits auf dem Marsch zur Grenze befindenden Truppen wurde Halt befohlen und die nach Berlin beorderten Abgeordneten des Reichstags, vor denen Hitler die Kriegsentscheidung bekanntgeben wollte, nicht in die Kroll-Oper gerufen. Letztere lenkte man in die Reichskanzlei um, wo sie eine Erklärung Hitlers hörten. Er trug darin der Verwirrung und Verwunderung, die über den deutsch-sowjetischen Pakt in der Mitgliedschaft der NSDAP entstanden war, mit der Bemerkung Rechnung, daß er den »Pakt mit dem Satan« geschlossen habe, »um den Teufel auszutreiben«.[64]

Zwei Meldungen waren es, die Hitler unsicher gemacht hatten. In London unterzeichneten Großbritannien und Polen einen Beistandspakt, der das britische Versprechen vom April bekräftigte.[65] Dieser Schritt konnte nur besagen, daß die beiden Westmächte bei einem deutschen Angriff auf den östlichen Nachbarn nicht Gewehr bei Fuß stehen würden. Das neue Abkommen war offenbar nicht geschlossen worden, um es zwei Tage darauf – so der festgelegte deutsche Angriffstermin – wieder zu brechen. Das wäre einem politischen Selbstmord der Londoner Regierung gleichgekommen. Gleichen Tags erreichte Hitler eine Botschaft Mussolinis, die ihm bestätigte, was er sich nach den Gesprächen mit Ciano bereits hatte denken können. Der Duce würde sich nicht nach den Bestimmungen des Stahlpakts verhalten. Seine Absage war nur schwach durch die Nennung von Bedingungen kaschiert, unter denen Italien doch an Deutschlands Seite treten würde. Es handelte sich um die Zusicherung von Waren- und Waffenlieferungen, die der Achsenpartner nicht geben konnte.[66]

Eben noch euphorisch, geriet der Oberbefehlshaber ins Zögern. Doch spricht nichts dafür, daß er sich auch nur einen Herzschlag lang mit dem Gedanken getragen hätte, den Kriegsplan aufzugeben. Er konnte sich die Folgen einer solchen Sinnesänderung leicht ausmalen: Sein Prestige als unfehlbarer »Führer« würde irreparablen Schaden nehmen, wenn er die Truppen jetzt in die Kasernen zurückbeorderte. Doch mag das nicht das Entscheidende gewesen sein. Zum Kampf um die Neuverteilung der Macht in Europa und über dessen Grenzen hinaus entschlossen, war für ihn kein zweiter Moment in Sicht, an dem er eine günstigere Ausgangslage für die Eröffnung des Krieges zu erkennen vermochte. Hitler veränderte deshalb seinen Zeitplan nur geringfügig. Er hielt es lediglich für notwendig, in London einen letzten Versuch zu machen, Großbritannien zum Nichteingreifen zu bewegen, den vorgeblichen Zwang zum Kriege noch raffinierter vorzutäuschen sowie sich vor dem eigenen Volke, den Verbündeten und dem neutralen Ausland als Politiker darzustellen, der nichts unversucht gelassen habe, den Krieg zu vermeiden.

So waren die folgenden Tage mit diplomatischen Aktionen ausgefüllt, die nur demonstrieren sollten, daß Hitler ein »Friedensfreund« sei. Indessen wurde jetzt auch öffentlich nicht mehr nur Danzig und eine Trasse durch Pomerellen gefordert, sondern der ganze Korridor, in dem eine Abstimmung über die Zugehörigkeit zu Deutschland oder zu Polen stattfinden sollte. Hitler verlangte schließlich ultimativ die Entsendung eines führenden polnischen Politikers nach Berlin und hoffte im stillen, daß dieser Forderung nicht nachgegeben würde. Darin täuschte er sich nicht. Die

»Eingeladenen« konnten sich unschwer ausrechnen, was ihnen bevorstünde, falls sie sich auf Verhandlungen einließen. Sie sollten erpreßt und ins Unrecht gesetzt werden.
Wie Hitler gegenüber den Generalen am 22. August bekannt hatte, bestand seine einzige Sorge darin, daß ihm auf dem Höhepunkt der Vorkriegskrise »noch im letzten Moment irgendein Schweinehund einen Vermittlungsplan« vorlegen könnte[67], dem dann nur schwer auszuweichen war. Zudem lag ihm sehr daran, den Krieg zu eröffnen, ohne daß irgendeine Verstimmung in seinem Verhältnis zu Mussolini entstand. Er teilte dem Duce mit, daß er für dessen Lage vollstes Verständnis aufbringe und mit ihm ganz zufrieden wäre, wenn Italien lediglich seine Bereitschaft zu erkennen gäbe, Frankreich anzugreifen. Noch immer spekulierte er auf die Wirkung zusätzlicher Abschreckung. Hitlers Untergebenen und auch er selbst wurden in diesen letzten Tagen vor Kriegsbeginn von wechselnden Gefühlen beherrscht. Das Bewußtsein der Ungewißheit über das Kommende ließ sich nicht verdrängen. Vereinzelt stellten sich auch ungute Vorahnungen über Verlauf und Ausgang des Abenteuers ein. Später, als der Krieg verloren war, meldeten sich viele, die gegen seinen Beginn gewesen sein und von ihm abgeraten haben wollten. Indessen reduzierte sich diese »Gegnerschaft« darauf, daß einige Zivilisten und Militärs, Mitwisser und vielfach selbst Urheber des Kriegs- und Feldzugsplans, untereinander über ihre Bedenken und Befürchtungen sprachen, wobei der eine den anderen wohl auch veranlassen wollte, sie dem »Führer« vorzutragen. Von einer Opposition, die Hitler in seine Berechnungen hätte einbeziehen müssen oder die ihn gar zur Überprüfung der gefaßten Entschlüsse gedrängt hätte, findet sich in den entscheidenden Augusttagen keine Spur. Sie fehlte nicht nur, weil diejenigen, denen das Risiko zu groß schien, einen Konflikt mit Hitler fürchteten oder – eingedenk der bisherigen Erfahrungen bei den Eroberungen ohne Krieg – ihrem eigenen Urteil mißtrauten. Vielmehr ging der »Führer« ihnen, wenn er auch den letzten Entschluß sich selbst vorbehielt, nur genau den einen Schritt voran, den sie seit den Novembertagen von 1918 selbst im Visier gehabt hatten. Die Revanche oder in anderer Formulierung die »Rache für Versailles« sowie die Erringung des »Platzes an der Sonne« hatte ihnen schon als unverrückbares Ziel gegolten, bevor Hitler Reichskanzler geworden war.
Die Masse der deutschen Bevölkerung hoffte darauf, daß ein Krieg vermieden werden könnte. Die Erfahrungen des Jahres 1938 sowie die Liquidierung der Tschechoslowakei hatten den Glauben erzeugt, Hitler werde mit seiner Politik am Rande des Krieges entlangsteuern. An das Säbelras-

seln waren die Deutschen inzwischen zwar bereits gewöhnt. Nun brachte aber jeder Tag neue Meldungen, die doch erhebliche Unruhe auslösten. Hitler ließ durch die Pressestelle der NSDAP bekanntgeben, daß der »Parteitag des Friedens« nicht stattfinden werde. Dann wurde die Bezugsscheinpflicht für Lebensmittel – unter anderem für Brot, Kartoffeln und Eier sowie für Seife, Hausbrandkohle, Spinnstoffe und Schuhwaren – eingeführt. Grenzen wurden geschlossen und der Luftraum gesperrt. Nachrichtensender informierten über Mobilmachungsmaßnahmen in anderen Ländern. Am 30. August erging Hitlers Erlaß[68] über die Bildung eines Ministerrats für die Reichsverteidigung, an dessen Spitze Göring berufen wurde. Offenkundig wollte sich der »Führer« noch mehr von den alltäglichen Regierungsgeschäften entlasten und sich ganz seiner Rolle als Oberbefehlshaber der Wehrmacht zuwenden. Hitler begrenzte allerdings die Vollmachten der neuen Institution. Sie durfte zwar Verordnungen mit Gesetzeskraft erlassen, jedoch behielt er sich selbst die Entscheidung darüber vor, welche Gesetze von der zu Beratungen nicht mehr zusammentretenden Reichsregierung verabschiedet und welche demonstrativ vom Reichstag bestätigt werden sollten. Tatsächlich spielte dieser Ministerrat in den folgenden Jahren keine irgendwie ins Gewicht fallende Rolle. Das Entscheidungssystem war und blieb auf den Diktator zugeschnitten. Hitler wünschte nicht, es zu ändern, und Göring zeigte keinen Ehrgeiz, sich über seinen ohnehin immensen Verantwortungsbereich in der Kriegswirtschaft und bei der Führung der Luftwaffe hinaus zu einem Stellvertreter Hitlers in allen nichtmilitärischen Staatsbelangen zu machen.

Am 31. August kurz vor 13 Uhr unterzeichnete der »Führer« die Weisung Nr. 1 für die Kriegführung, die mit der Feststellung begann, er habe sich »zur gewaltsamen Lösung entschlossen«.[69] Der längste Teil des Textes befaßte sich mit den Vorkehrungen für den Fall, daß Großbritannien und Frankreich in das Geschehen eingriffen. Es sollte alles vermieden werden, was dafür zusätzlichen Anlaß geben konnte. Inzwischen liefen die seit längerem vorbereiteten Maßnahmen an, mit denen ein spezieller Anlaß für den Kriegsbeginn gegen Polen geschaffen werden sollte. Hitler hatte den Generalen auf dem Obersalzberg bei der letzten Zusammenkunft im Frieden bereits ohne Scheu gesagt, er werde »propagandistischen Anlaß zur Auslösung des Krieges geben«.[70]

Indessen hatten ihm die Geheimdienst-Spezialisten wohl von der bei der Planung des Krieges gegen die Tschechoslowakei gefaßten Idee abgeraten, zu diesem Zweck einen deutschen Diplomaten von Agenten ermorden zu lassen. Deshalb ließ er einen polnischen Überfall auf den auf deutschem

Boden stehenden Rundfunksender Gleiwitz fingieren, ein Schurkenstück, das von Heydrichs Sicherheitspolizei inszeniert wurde. Die Täter ließen Insassen eines KZ ermorden und deren Leichen an den Ort des Verbrechens bringen.[71]

Die Getöteten waren die ersten Opfer des Zweiten Weltkriegs. Nachdem er begonnen hatte, sagte Winston Churchill, den Hitler stets für einen gefährlicheren Gegner gehalten hatte als den damaligen Premier Chamberlain: »Hitler konnte bestimmen, wann der Krieg beginnen sollte: aber es wird nicht ihm oder einem seiner Nachfolger vorbehalten sein zu bestimmen, wann er enden wird.«[72]

Kapitel 14

Im Feldherrnrock
1939 bis 1940

Am Morgen des 1. September 1939 erfuhren die Deutschen durch den Rundfunk, daß der Krieg gegen Polen begonnen hatte. Die weithin gehegte Erwartung, daß Hitler seine Außenpolitik am Rande von militärischen Konflikten entlangsteuern und alle Ziele ohne Krieg erreichen werde, hatte sich als trügerisch erwiesen. Kaum jemand ahnte oder wollte wahrhaben, daß der erste Schritt in den Zweiten Weltkrieg getan worden war, der an Dauer, Ausdehnung, Entbehrungen und Leiden, durch die Zahl seiner Verwundeten und Toten, mit seinen Kriegsverbrechen und den jahrzehntelangen Folgen alles weit übertreffen sollte, was die älteren Generationen in Europa ein Vierteljahrhundert zuvor erleben mußten.

Hitler begab sich am Vormittag vor den bereits versammelten Reichstag und präsentierte sich in einer neugeschneiderten, feldgrauen Uniformjacke, an die das Eiserne Kreuz geheftet war. Seine polenfeindliche Rede gipfelte in der Behauptung, der Nachbar im Osten hätte das Reichsgebiet an vielen Stellen angegriffen und nun werde seit 4.45 Uhr »zurückgeschossen«.[1]

An der Lüge vom »uns aufgezwungenen Krieg« hielt die deutsche Propaganda über die gesamten Kriegsjahre fest. Sie stellte die Wirklichkeit mit der Behauptung auf den Kopf, daß Deutschland sich lediglich verteidige. Diese Darstellung wurde später nur durch den Zusatz modifiziert, daß nun, da man den Kriegspfad einmal habe betreten müssen, auch die angeblich berechtigten Lebensansprüche des deutschen Volkes durchgesetzt werden sollten. Auf diese Weise wurde versucht, die Lüge vom Verteidigungskrieg mit der Praxis der Eroberungen in Übereinstimmung zu bringen.

Vor der Generalität machte sich Hitler wenige Wochen später nicht die Mühe, einen Vorwand für den Angriffsbefehl zu erfinden. Die Militärs auf den höchsten Kommandoposten kannten seine Denkweise und seine Pläne aus vielen Begegnungen. Vor ihnen referierte er daher kurz und knapp, daß der Sieger »später nicht danach gefragt« werde, ob er »die Wahrheit gesagt hat oder nicht«.[2] Und natürlich erwartete Hitler, nicht anders als alle eroberungswütigen Politiker vor ihm, als Sieger niemand anderen als sich selbst.

Der Krieg, der am 1. September 1939 begann, besaß viele Väter. Doch niemand hatte ihn so entschieden gewollt wie Hitler, dessen Verständnis von den Zielen und Methoden deutscher Außenpolitik nun im Befehl zum Überfall auf Polen deutlich zum Ausdruck kam. Vor den Generalen bekannte er, daß er bereits bei Antritt der Reichskanzlerschaft vom Willen geleitet worden sei, die Wehrmacht zum Zwecke der Eroberung fremden Landes und fremder Reichtümer aufzubauen. Offenherzig ergänzte er: »Der Entschluß zum Schlagen war immer in mir.«[3] Nicht das Ob, sondern allein das Wie und das Wann des Krieges hatten ihn während der sechseinhalb Vorkriegsjahre seit dem Januar 1933 beschäftigt. Nun war er zu dem Schluß gekommen, daß sich das durch die blitzartige Aufrüstung erreichte Kräfteverhältnis nicht wesentlich weiter zugunsten Deutschlands verändern ließe. Es könne sich im Gegenteil als Folge der verspäteten, inzwischen aber in Gang gekommenen Gegenmaßnahmen der Rivalen höchstens verschlechtern. Da die »glücklichen Umstände« in zwei bis drei Jahren nicht mehr bestehen würden, müsse die »Auseinandersetzung besser jetzt« erfolgen.[4]

Zweifellos war Hitler auf dem Weg in den Krieg vorangegangen, aber ihm folgte dichtauf eine breite Gefolgschaft, zu der Generale, Offiziere, Politiker, Diplomaten, Beamte, Parteileute sowie Eigentümer und Manager der Rüstungsindustrie gehörten. Deutschlands Kriegsfähigkeit und Rüstungsvorsprung waren im vollen Sinne des Wortes ein Gemeinschaftswerk. In unterschiedlichem Grade brachte die Kriegsvorbereitung ihnen allen Vorteile, die in Beförderungen oder Profiten, Pfründen oder Machtzuwachs bestanden. Die Führungskräfte in Staat und Gesellschaft konnten sich auf dem Weg in den Krieg wiederum auf eine willfährige Intelligenz, eine durch schärfste Repression zusätzlich disziplinierte, fachlich hochqualifizierte Arbeiterschaft und auf eine an Schwerstarbeit gewöhnte und in der Mehrheit obrigkeitshörige Bauernschaft stützen. Hitler war zu der Überzeugung gelangt, daß man mit diesem Volk jetzt alles machen, später seine »Moral aber nur schlechter werden« könne.[5] Endlich war aus seiner Sicht der Zeitpunkt gekommen, an dem – von ihm geführt – für die wehrfähigen Männer, für die kriegserprobten Teilnehmer des Weltkriegs ebenso wie für ganz unerfahrene Soldaten, der erste Eroberungsfeldzug begann, dem nach seinen Plänen weitere rasch folgen sollten. Als Endresultat einer ganzen Kette von Kriegen stand für ihn das »Großgermanische Weltreich« fest , d. h. die deutsche Vorherrschaft in Europa und weit über dessen Grenzen hinaus.

Der Krieg, den deutsche Truppen am 1. September in Gang setzten, war

Hitlers Krieg im doppelten Sinne des Wortes: Einerseits hatte selbst in seiner engsten Umgebung niemand so energisch und bedenkenlos auf ihn hingearbeitet wie er, und andererseits traf er als Staatsoberhaupt und Oberbefehlshaber der Wehrmacht auch die letzte und unwiderrufliche Entscheidung über den Friedensbruch. Allerdings konnte er sich dabei gewiß sein, daß die deutschen Eliten in Politik, Wirtschaft und Wissenschaft sowie in den Streitkräften ihm mehrheitlich entschlossen, hingebungsvoll und all ihre Kräfte einsetzend folgen. Hitler rechnete damit, daß sie auch die Volksmassen mitreißen würden. Wenn es auch bis in die arbeitenden Schichten hinein, namentlich unter den fanatisierten Anhängern der NSDAP, nicht wenige Chauvins gab und in der männlichen Jugend infolge stetiger Kriegsverherrlichung eine Sehnsucht nach Soldatenruhm anzutreffen war, so wußte Hitler doch aus den Erfahrungen des Sommers 1938, daß die Mehrheit der Bevölkerung den Krieg nicht wünschte. Im Volke waren weithin noch immer Erinnerungen an die schweren Jahre von 1914 bis 1918 lebendig. Spontane Ausbrüche von Kriegsbegeisterung wie in den Augusttagen fünfundzwanzig Jahre zuvor waren folglich nicht zu erwarten. Die NSDAP-Führer in den deutschen Städten unternahmen so auch keine Anstrengungen, Kundgebungen für den Krieg zu inszenieren. Im Einklang mit der Darstellung vom aufgezwungenen Krieg stellten die Propagandisten die Haltung der Deutschen als ernst und gefaßt sowie von der Einsicht geleitet dar, die friedliche Arbeit unterbrechen und schützen zu müssen. In den ersten Tagen und Wochen nach dem 1. September 1939 genügte den Politikern und Militärs diese Art der Volksstimmung. Doch bedeutete das keinen Verzicht darauf, Kriegsbegeisterung zu erzeugen. Man vertraute vielmehr darauf, daß diese sich diesmal mit den Siegen auf den Schlachtfeldern zunehmend einstellen werde.

Hitler entschied sich für den Krieg, über dessen Verlauf und Entwicklung auch er an jenem Septembermorgen noch keine konkrete Vorstellung besaß, ohne einen äußeren Zwang. Niemand in seiner Umgebung, in der es sowohl Abenteurer als auch abwägend-zögernde Berater gab, drängte ihn auf den Kriegspfad. Auch die innere Lage des Reiches trieb ihn nicht auf die Schlachtfelder. Wirtschaftliche Schwierigkeiten waren zwar absehbar, deuteten aber nicht auf eine Katastrophe hin. Sie standen mit Ausmaß und Tempo der Aufrüstung im Zusammenhang, die der deutschen Wirtschaft bisher durch umfangreiche staatliche Subventionen zu einem vieljährigen Boom verholfen hatte. Fraglich war, wie weit sich die Staatsverschuldung steigern ließe. Doch liefert die Vorgeschichte des 1. September 1939 keinen Beleg dafür, daß Hitler und seine Ratgeber den Krieg auslösten, um sich zuspitzenden innenpolitischen Entwicklungen zu entgehen. Vielmehr wurde er in der Absicht und mit dem Ziel eröffnet, aus »Großdeutschland« eine Weltmacht, aus dem Reich ein Weltreich zu machen. Dieses Ziel entsprach der Traditionslinie imperialistisch-expansiven Denkens deutscher Eliten seit der Jahrhundertwende. Allerdings kopierte Hitler die Pläne seiner Vorgänger nicht, sondern übersteigerte sie ins absolut Maßlose. Angesichts seiner Vorstellungen vom »Endsieg« war es grotesk, daß er vorgab, sich um Danzig, den Zugang nach Ostpreußen und die »Volksdeutschen« in Polen zu sorgen.

Der deutsche Feldzugsplan war auf einen Blitzkrieg angelegt. Die viel schwächere gegnerische Armee besaß keine Chance, ihn zu durchkreuzen. Das hätte nur ein mächtiger Schlag der Streitkräfte Großbritanniens und Frankreichs bewirken können, für den aber in den beiden Staaten, die Polens Bestand vertraglich garantiert hatten, selbst die gedanklichen Voraussetzungen fehlten. Die militärische Führung Frankreichs hatte die Erfahrungen des Ersten Weltkriegs dogmatisiert. Sollte es wieder zu einem deutsch-französischen Krieg kommen, war sie lediglich darauf eingestellt, eine deutsche Offensive bereits in den grenznahen Befestigungsanlagen der Maginot-Linie zu stoppen und damit zu verhindern, daß der Krieg auf den Boden des eigenen Landes getragen wurde. Eigene Angriffsoperationen über den Rhein und in das Ruhrgebiet waren für den Kriegsbeginn nicht geplant, sondern erst für eine spätere Etappe, wenn sich die deutschen Kräfte erschöpft hätten. Bereits diese defensive Doktrin machte die Beistandsverpflichtung gegenüber Polen militärisch wertlos.

Während die deutschen Armeen aus Schlesien, Pommern und Ostpreußen in den polnischen Nachbarstaat eindrangen, ihre überlegene Technik vernichtend einsetzten, Flugzeuge sich auf offene Städte und ungeschützte Flüchtlingskolonnen stürzten, die ersten Sondermeldungen den erfolgreichen Verlauf des Feldzugs verkündeten, blieb Hitler zunächst noch in Berlin, um die außenpolitische Entwicklung abzuwarten. Am Vormittag des dritten Kriegstags wurde er von den Kriegserklärungen Frankreichs und Großbritanniens unterrichtet. Augenzeuge der Szene war der Chefdolmetscher des Auswärtigen Amtes, der später die Betroffenheit schilderte, welche die Nachricht auslöste.[6] Allerdings muß offen bleiben, ob Hitler Ribbentrop und seinen Mitarbeitern nicht nur ein Schauspiel aufführte. Gewiß wollte er den Termin für die Kriegseröffnung gegen die Westmächte selbst bestimmen. Daß sie ihm zuvorgekommen waren, verlangte aber im Augenblick keine militärischen Konsequenzen. Insofern

unterschied sich die Situation von der des Jahres 1914, als russische Truppen nach Ostpreußen vordrangen. Eine Offensive anglo-französischer Armeen war nicht zu erwarten. Hitler begab sich daher am Abend des 3. September 1939 nach Polen hinter die vorrückende Front, um Generale und Armeen weiter zur Eile anzutreiben.
Das Führerhauptquartier war in den wenigen Tagen des Polen-Feldzugs in einem Eisenbahn-Sonderzug untergebracht, in dem es Arbeits- und Schlafmöglichkeiten gab. Es wurde durch Flak-Geschütze gegen eventuelle Luftangriffe besonders gesichert. Zu Hitlers Begleitung gehörten Verbindungsoffiziere und Beamte, welche Befehle und Entscheidungen an die Befehlshaber der Armeen und Korps, den Außenminister und an weitere Schaltstellen des zivilen Machtapparats weiterleiteten. Im Quartier des Oberbefehlshabers erschienen die Befehlshaber der Teilstreitkräfte und die Generalstäbler. Telefonisten und Fernschreiber überbrachten Erfolgsmeldungen ohne Ende. Das war ein ganz anderer Feldzug als jener, den der Gefreite Hitler zwischen 1914 und 1918 mitgemacht hatte.
Militärisch gesehen war die Fahrt des »Führers« nach Polen überflüssig. Doch machte sie seinen Anspruch deutlich, als Feldherr zu gelten. Ebenso wollte er seine Verbundenheit mit den Frontstäben und –truppen, denen er Besuche abstattete, herausstellen. Bald schon konnte er hochbefriedigt mit einem Fernrohr das auf Warschau gerichtete Feuer der Artillerie beobachten. Nur Reste der polnischen Armee verteidigten sich noch, als Hitler am 19. September in Danzig einzog und dort von der seit Jahren zur NSDAP-Gefolgschaft gehörenden Bevölkerungsmehrheit enthusiastisch als »Befreier« begrüßt wurde. Zwei Tage zuvor war die polnische Regierung über die Grenze nach Rumänien geflohen. Zum gleichen Zeitpunkt hatte die Rote Armee im Einklang mit dem Geheimen Abkommen vom 23. August 1939 begonnen, die von der UdSSR beanspruchten Gebiete Ostpolens zu besetzen. Diese Maßnahme, später als Rettungsakt für die dort lebende polnische, jüdische, ukrainische und weißrussische Bevölkerung hingestellt, entsprach dem imperialen Großmachtdenken der sowjetischen Machthaber um Stalin, in dem es für ein selbständiges Polen keinen Platz gab. Sie folgte außerdem der militär-strategischen Überlegung, das eigene Glacis nach Westen hin zu vergrößern, um einen später möglichen deutschen Angriff zu erschweren.
Ribbentrop flog Ende September noch einmal nach Moskau, um die neuen Beziehungen zu festigen. Er handelte mit Stalin und Molotow weitere Abkommen aus, deren Kern ein »deutsch-sowjetischer Grenz- und Freundschaftsvertrag« bildete.[7] Schon die Bezeichnung des Übereinkom-

mens verriet, daß beide Mächte Polen nicht wiedererstehen lassen wollten. Hitler erklärte sich damit einverstanden, in einem Geheimen Protokoll – abweichend von den im August getroffenen Vereinbarungen – auch Litauen der sowjetischen Einflußsphäre zuzuschreiben und handelte dafür weitere Gebiete Polens ein.[8] Stalin konnte mit Billigung Deutschlands an der Westgrenze der UdSSR eine Politik der Gebietseroberungen beginnen, bei der sowohl politische Erpressung als auch militärische Gewalt als Mittel eingesetzt wurden. Der deutsche Diktator nahm das hin, weil aus seiner Sicht daraus keine schwerwiegenden nachteiligen Folgen für seine künftigen Pläne erwuchsen. Er mußte sich zudem zunächst auf seine Vorhaben im Westen konzentrieren.

Schon während der ersten Kriegswochen hatte Hitler entschieden, worauf er seine Arbeitskraft unter den neuen Bedingungen richten wollte: auf die Grundsatzentscheidungen über Planung und Führung der Kriegshandlungen sowie auf jene Fragen der Außenpolitik, die für die Kriegskonstellation wichtig waren. Diese Regelung entsprach seiner Stellung als Oberbefehlshaber der Wehrmacht und befriedigte seinen Ehrgeiz, am Tage des »unzweifelhaften« Sieges als der erste unter den Feldherren zu gelten, als ein Feldherr, der unvergleichlich mehr als jeder andere zum Triumph beigetragen hat. Hitler hielt sich in Militär- und Kriegsfragen für höchst sachverständig. Er fühlte sich der Generalität und namentlich den Generalstäblern ebenbürtig und, wenn es um den Zusammenhang von politischen und militärischen Entscheidungen ging, weit überlegen. Dabei hörte er auf die Ratschläge von Experten und folgte ihnen, allerdings am Anfang des Krieges weit eher als in späteren Phasen. Doch mißtraute er ihnen dann, wenn es darum ging, äußerst risikovolle Entscheidungen zu treffen.

Die Denkweise, der Hitler und die bedenkenlosesten der um ihn gescharten Abenteurer folgten, hatte Goebbels in öffentlicher Rede, sich zugleich gegen Anklagen wehrend, offenherzig beschrieben: »Man hält uns manchmal entgegen: Ihr treibt Katastrophenpolitik. Ihr riskiert zuviel. Wenn man nichts einsetzt, kann man auch bekanntlich nichts gewinnen ... Wer um den Preis würfelt, der muß einen Einsatz wagen!« Diese Ausführungen widerspiegeln unmittelbar die Genugtuung über den gelungenen Coup des 16. März 1935. Doch drückte sich darin zugleich ein Prinzip aus, das der Propagandaminister schon damals mit Bezug auf Friedrich Nietzsche in die Worte kleidete: »Habe den Mut, gefährlich zu leben!«[9]

Aus dem Platz, den Hitler bei Kriegsbeginn einnahm, ergaben sich Konsequenzen für die Arbeitsteilung der Führungsgruppe des Regimes. Göring als Chef der Vierjahresplan-Behörde und Wirtschaftsminister Funk hatten die Umstellung der Rüstungs- auf die Kriegswirtschaft zu lenken. Diese Verantwortung übernahm ab März 1940 zu einem erheblichen Teil der Leiter des neugeschaffenen Ministeriums für Bewaffnung und Munition Fritz Todt. Seine organisatorischen Fähigkeiten hatte Hitler als Generalinspekteur für das Straßenwesen und Führer der beim Westwall-Bau eingesetzten Arbeiterkolonnen schätzen gelernt. Als Todt bei einem Flugzeugabsturz Anfang 1942 umkam, trat Speer an seine Stelle.

Während der kurzen Feldzüge zu Beginn des Krieges war Todts Aufgabe unkompliziert, da auf das bereits in Friedenszeiten angehäufte Kriegsmaterial zurückgegriffen werden konnte. Auch Goebbels, unter dessen Leitung die leicht errungenen Siege für das Aufpeitschen der Kriegsstimmung ausgebeutet wurden, war zunächst vor keine schwierigen Aufgaben gestellt. Es müsse, hieß es in einer geheimen Presseanweisung des Propagandaministeriums vom 22. September, »unbedingt dafür gesorgt werden, daß die langsam gewonnene Bereitschaft des Volkes zu kämpfen nicht nachläßt«.[10]

Himmlers Hauptaufgabe wiederum bestand in der gnadenlosen Verfolgung aller Kriegsgegner. Er bediente sich dazu des unter Heydrichs Kommando stehenden, nach älteren Plänen im Oktober 1939 geschaffenen Reichssicherheitshauptamtes (RSHA), in dem die Zentralstellen der Gestapo, der Kriminalpolizei, des Sicherheitsdienstes sowie der nichtmilitärischen Spionage zusammengeführt wurden. Die präventive Verhaftung von Kommunisten und Sozialdemokraten sowie anderen Regimegegnern sollte die Formierung einer innerdeutschen Antikriegsfront schon im Keim ersticken. Im eben eroberten Polen wurde in Stutthof bei Danzig ein weiteres Konzentrationslager errichtet. 1940 folgten in Niederschlesien die Eröffnung des KZ Groß Rosen und in der Oberschlesien zugeschlagenen Stadt Auschwitz der Aufbau jenes Lagers, durch dessen Erweiterung zu Auschwitz-Birkenau die größte Vernichtungsstätte für die Juden Europas entstand. Noch im Verlauf des ersten Kriegsjahrs wurde nach der Eroberung Frankreichs auch im elsässischen Natzweiler ein Konzentrationslager errichtet.

Hitler wies Himmler sofort nach Beginn des Krieges an, die Sicherheit des Regimes mit allen Mitteln zu gewährleisten und auch ohne Gerichtsurteile sofort Exekutionen in Konzentrationslagern vorzunehmen. Dafür erteilte er in mehreren Fällen, wie 1934 zusätzlich als oberster Gerichtsherr fungierend, ausdrücklich selbst die Befehle. Am 13. Oktober ließ er durch Lammers dem Reichsjustizminister mitteilen, daß er auch künftig nicht darauf verzichten werde, in Einzelfällen Erschießungen anzuordnen, »weil die Gerichte (Militär und Zivil) den besonderen Verhältnissen des Krieges sich nicht gewachsen zeigten«.[11] Gleichzeitig stellte Hitler klar, daß er von Angehörigen der Wehrmacht an der Bevölkerung im eroberten Gebiet begangene verbrecherische Handlungen, sofern die Disziplin der eigenen Truppe dadurch nicht untergraben würde, gedeckt oder mit äußerster Nachsicht behandelt wissen wollte. Die zur Unterdrückung jeglichen Widerstands im okkupierten Gebiet eingesetzten speziellen SS-Verbände, die bereits im Kriegsverlauf der ersten Wochen Massaker an Polen und Juden verübten, wurden von der Militärgerichtsbarkeit ausgenommen.

Zu Hitlers ständiger Verfügung hielten sich im Hauptquartier der Chef der Reichskanzlei Lammers und Bormann in seiner Eigenschaft als Stabsleiter im Amt »Stellvertreter des Führers« auf. Beide wußten aus vieljähriger Zusammenarbeit, welche Entscheidungen ihr Chef sich selbst vorbehielt. Für beide galt, daß ihre Rolle im Verlauf des Krieges in dem Maße wuchs, wie Hitlers Arbeitskraft von militärischen Fragen beansprucht wurde. Sie wählten dann aus, welche von den Ministern an sie herangetragenen Anliegen überhaupt zum »Führer« gelangten, und sie beeinflußten auch ganz wesentlich die Art, in der das geschah, zumal der verkürzte mündliche Vortrag eine immer größere Rolle spielte.

Jedoch war der Zugang zu Hitler bis in den Sommer 1941 hinein für seine engen und einflußreichen Mitarbeiter noch problemlos. Die Aufenthalte des Oberbefehlshabers hinter den Fronten waren bis dahin nicht mehr als Abstecher, da die Kriegsereignisse noch zwischen kurzen turbulenten Phasen und längeren vergleichsweise ruhigen Abschnitten wechselten. Hitler war in der Reichskanzlei oder auf dem »Berghof« erreichbar und fand Zeit, sich zwischen den Feldzügen zu entspannen. Seine unverbrauchten körperlichen und psychischen Kräfte bedurften noch nicht ständiger ärztlicher Fürsorge wie später in der Zeit der Niederlagen. Mit unverminderter Energie konnte er sich nach dem Krieg in Polen, der als »Feldzug der achtzehn Tage« gefeiert wurde, in künftige Kriegs-, Feldzugs- und Schlachtpläne vertiefen sowie gut vorbereitet in die nächsten Beratungen mit den Generälen gehen.

Zunächst stellte sich für Hitler die Frage, wie und wann der Krieg gegen Frankreich geführt werden sollte. Am 27. September teilte er den Befehlshabern der Wehrmachtsteile seinen Vorsatz mit, noch 1939 auch im Westen anzugreifen.[12] Die Offensive solle nach rascher Umgruppierung der eigenen Kräfte in der ersten Novemberhälfte beginnen. Es zeigte sich aber, daß die Meinungen über die nächsten Schritte auseinandergingen. Zunächst bestand Hitler jedoch auf seiner Forderung, die am 9. Oktober 1939 dann auch ihren Niederschlag in einer Weisung des Oberkommandos der Wehrmacht fand.[13]

Drei Tage zuvor hatte der »Führer« zum zweiten Mal seit Kriegsbeginn vor dem Reichstag gesprochen, um seinen Kriegsgegnern diesmal ein »Friedensangebot« zu unterbreiten. Dadurch wollte er vor allem vor dem eigenen Volk und wohl auch vor dem neutralen Ausland den Eindruck verstärken, daß es ihm lediglich um Streitfragen mit Polen zu tun gewesen sei. Hitler beteuerte, daß er keinerlei Grund zur Fortsetzung des Krieges gegen Frankreich und Großbritannien zu erkennen vermöge.[14] Nahtlos und in unvergleichlicher Demagogie setzte er die Friedensheuchelei der Vorkriegsjahre fort. Jedoch verdeutlichen seine gleichzeitigen Entscheidungen über den geschlagenen Nachbarstaat im Osten unübersehbar, daß er nicht beabsichtigte, seine allgemeine Friedensgeste durch konkrete Vermittlungs- oder gar Versöhnungsvorschläge zu erhärten. Hitlers »Friedensangebot« war von einer Kapitulationsforderung nicht zu unterscheiden. Weder die Regierung in London noch die in Paris hätten auch nur den leisesten Versuch politisch überlebt, den Krieg einzustellen und die deutschen Bedingungen zu akzeptieren.

Am 6. Oktober 1939 entschied der »Führer« durch die Unterzeichnung eines entsprechenden Gesetzes, weiteste Gebiete West- und Nordpolens dem Deutschen Reich als eigene Reichsgaue – Danzig-Westpreußen und Wartheland – einzuverleiben oder sie bestehenden Gauen – Ostpreußen und Schlesien – anzugliedern. Mittel- und Südpolen bis zur deutsch-sowjetischen Grenze erhielten den Status eines »Generalgouvernements«. Die Tilgung des Namens »Polen« und die Bestimmung Krakaus zum Regierungssitz der Okkupationsverwaltung unter einem Generalgouverneur, dem Reichsminister Hans Frank, machten erkennbar, daß der Nachbarstaat – wie vordem Österreich und die Tschechoslowakei – ganz von Europas Landkarte verschwinden sollte. Damit waren die angegebenen Kriegsgründe als Lüge entlarvt. Die realen Kriegsziele hingegen wurden in ihren Konturen erkennbar.

Am Tage danach unterzeichnete Hitler einen Erlaß[15] über die Bildung eines Reichskommissariats für die Festigung des deutschen Volkstums, der nicht veröffentlicht wurde. Nachdem Heydrichs Sicherheitspolizei die Vertreibung der Polen und Juden aus den neuen Reichsgebieten vollzogen hatte, organisierte diese neue Institution, ein Teil des riesigen SS-Apparates unter der Oberleitung Himmlers, deren »Germanisierung«. Sie realisierte die Einsiedlung von »Volksdeutschen«, die aus der Sowjetunion und anderen Staaten Osteuropas herangeschafft und »Heim ins Reich« gebracht wurden.

Das »Generalgouvernement« sollte nach den Grundsätzen des Kolonialismus ausgebeutet werden, wozu Göring auf einer Tagung des Ministerrats für die Reichsverteidigung entsprechende Vorstellungen entwickelte. Sie beinhalteten die »Ausnutzung und Ausschlachtung« des Gebietes. Das bedeutete, daß der einheimischen Bevölkerung »nur in geringstem Umfange« Lebensmittel belassen, alle kriegswichtigen Rohstoffe geraubt, das Land weitgehend deindustrialisiert und umfangreiche Schrottmassen gewonnen werden sollten. Darüber hinaus verlangte Görings Aufgabenstellung die Verbringung der polnischen Gold- und Devisenbestände nach Deutschland.[16]

Hitler beschäftigte sich auch persönlich mit der Frage, wie Polen am effektivsten ausgeplündert werden könnte: Im Lande selbst solle »ein niederer Lebensstandard« herrschen, Deutschland werde aus ihm »Arbeitskräfte schöpfen«, gesetzliche Bindungen würden der deutschen Besatzungsverwaltung nicht auferlegt, da sie nur den »harten Volkstumskampf« behinderten. Allerdings müßten Bahnen, Straßen und Nachrichtenverbindungen soweit aufrechterhalten werden, daß »das Gebiet als vorgeschobenes Glacis« dienen und »für einen Aufmarsch ausgenutzt werden kann«.[17] Wie sichtbar wird, verlor der »Führer« den lediglich vertagten Krieg gegen die UdSSR nicht aus dem Blickfeld. Ebensowenig vernachlässigte er den seit 1933 verfolgten Plan, die Juden restlos aus dem Reich zu vertreiben. Sie sollten in das »Generalgouvernement« »abgeschoben« werden.

Hitler hatte am 6. Oktober im Reichstag unumwunden erklärt, das künftige Schicksal Polens ginge dessen Kriegsverbündete nichts an, sowie darauf bestanden, daß Österreich und der Westteil der Tschechoslowakei Reichsgebiet blieben. Darüber hinaus mahnte er die Kolonien des Kaiserreichs als deutschen Besitz an. Natürlich erwartete er nicht einen Moment, daß Frankreich und Großbritannien sich auf dieser Basis auf Verhandlungen einlassen würden. Die ablehnenden Bescheide aus Paris und London folgten denn auch auf dem Fuße.

Sie waren jedoch noch nicht ausgesprochen, als Hitler die Weisung für den Angriff auf Frankreich in Kraft setzte. Darin beteuerte er angesichts der spürbar skeptischen Stimmung über den Ausgang des Westfeldzugs in führenden Militärkreisen wiederum seine Bereitschaft, den Krieg zu beenden. Gleichzeitig aber stellte er dessen Fortführung als unausweichlich und unaufschiebbar hin. Würde mit einem Angriff länger gewartet, entstünden daraus nur Nachteile. Belgien und die Niederlande würden sich womöglich zu Bundesgenossen Frankreichs und Großbritanniens machen lassen und deren militärische Kraft mit dem Zeitgewinn wachsen. Auch die Neutralen könnten durch Deutschlands Zögern nur verunsichert werden und am deutschen Endsieg zweifeln. Italien sei schließlich bei eigenem Abwarten nicht als militärischer Bundesgenosse zu gewinnen. Daher befahl Hitler, sofort einen starken Angriff im Westen vorzubereiten. Er müsse über die Niederlande, durch Belgien und Luxemburg zur Eroberung weiter Gebiete Nordfrankreichs führen, um so die Bedrohung des Ruhrgebiets durch einen anglo-französischen Stoß zu beseitigen und eine Basis für den See- und Luftkrieg gegen England zu schaffen.[18]

Wie seiner Weisung zu entnehmen ist, war Hitler im Oktober 1939 noch der Meinung, daß dem ersten Schlag gegen Frankreich nur ein begrenztes Ziel gesetzt werden kann. Selbst beim vollständigen Gelingen der Offensive erwartete er noch nicht die Kapitulation des westeuropäischen Kriegsgegners. Dennoch erregte dieser Plan bei einigen Heerführern Unbehagen. Diese befürchteten, daß der Angriff nach anfänglichen Erfolgen nicht anders enden werde wie jener im Spätsommer des Jahres 1914. Die Argumente der Militärs richteten sich gegen die Forderung, noch im fortgeschrittenen Herbst und mit der Aussicht auf eine Winterschlacht anzugreifen. Doch war es nicht die Jahreszeit allein, die abwägenden Generalen Gegenargumente lieferte. Sie verwiesen ferner darauf, daß die Zeit nicht nur für die Gegenseite arbeiten würde, sondern auch selbst genutzt werden konnte. Die Erfahrungen des Polenfeldzugs waren auszuwerten, größere Munitionsreserven anzulegen, die Zahl der Frontdivisionen und der Bestand des Ersatzheeres zu vergrößern. Die Befehlshaber der Armeen, die das Risiko abschätzten und in deren Reihen sich mancher befand, der sich seiner Erfahrungen aus Weltkriegstagen erinnerte, gelüstete es nicht nach neuen Niederlagen oder gar nach einem Debakel. Die aufgeführten Bedenken richteten sich jedoch nicht grundsätzlich gegen den Krieg, sondern galten einzig der Sicherung des Erfolgs. Doch ermannte sich kein General, sie Hitler direkt vorzutragen. Auch Brauchitsch, dem die kritischen Ansichten von Militärs mündlich und schriftlich übermittelt wurden, nahm die Weisung widerspruchslos hin. Schließlich veranlaßten Hitler eigene Zweifel, von seinem ursprünglichen Plan Abstand zu nehmen und in einen Aufschub einzuwilligen.

Er hatte diesen Entschluß noch nicht endgültig gefaßt, als der Tag nahte, an dem er sich traditionell mit den »alten Kämpfern« traf, um des Putsches von 1923 zu gedenken. Das Ritual kam ihm in diesem Moment

allerdings ungelegen. Nach kurzem Zögern entschied er sich, nach München zu fahren, ließ jedoch sein Aufenthaltsprogramm verkürzen.
Das konnte der mutige Mann nicht wissen, der in den Wochen zuvor in mühseliger und erfinderischer Arbeit in eine Säule hinter dem Platz, an dem Hitler im Bürgerbräu-Saal gewöhnlich sprach, eine Sprengladung eingebaut hatte. Sie explodierte zur vorgesehenen Minute, verwüstete den Ort, brachte die Galerie zum Einsturz und begrub die Versammelten unter Trümmern. Tote und Verwundete mußten geborgen werden. Keine Frage: Wenn Hitler noch anwesend gewesen wäre, hätte er den Anschlag nicht überlebt. So aber wurde er auf der Rückfahrt nach Berlin im Eisenbahnzug unversehrt vom Vorgefallenen unterrichtet und in der Reichshauptstadt von Göring wegen des fehlgeschlagenen Attentats beglückwünscht.
Der Attentäter Georg Elser, ein Tischler, wurde verhaftet, als er versuchte, die Grenze nach der Schweiz zu überschreiten. Er gestand, daß von der Planung des Anschlags bis zum letzten Handgriff an der Sprengladung alles sein alleiniges Werk gewesen war. Auch die von Arthur Nebe, dem Chef des Reichskriminalpolizei-Amtes, geleitete Sonderkommission mußte sich von der Richtigkeit dieser Aussage überzeugen. Elser gab außerdem zu Protokoll, vor 1933 Sympathisant und Wähler, jedoch nicht Mitglied der Kommunistischen Partei gewesen zu sein. Als Motiv seiner Tat nannte er neben der Ernüchterung über die arbeiterfeindliche Sozialpolitik des Regimes vor allem, daß er mit der Beseitigung Hitlers den Mann habe umbringen wollen, der ihm als der hartnäckigste Verfechter der Kriegspolitik galt.[19]
Der »Führer« aber weigerte sich entschieden, diesen einfachen deutschen Arbeiter als Einzeltäter zu akzeptieren. Um die führergläubige Bevölkerung gegen die britischen »Plutokraten«, die angeblich soeben seine Friedenshand ausgeschlagen hatten, zusätzlich in Kriegsstimmung zu versetzen, wurde der englische Geheimdienst als Urheber und Organisator des Anschlags beschuldigt. Deutsche Kommentatoren hoben hervor, daß Hitler sichtlich unter dem Schutz der Vorsehung stehe.
Nicht eingetretene Wendungen der Geschichte mögen immer dazu anregen, deren denkbare Folgenkette zu konstruieren. Doch mündet auch in diesem Falle die Erörterung des Ungeschehenen unweigerlich in den Bereich der reinen Spekulation. Elser wurde unter Sonderbedingungen in Konzentrationslagern gefangengehalten und gegen Kriegsende umgebracht.[20] Er war der einzige, der noch in der Zeit der militärischen Erfolge des Regimes einen Versuch unternahm, Hitler zu töten, und der beinahe Erfolg gehabt hätte.

Die ursprünglich vorgesehenen Angriffstermine im Westen waren verstrichen, als Hitler am 23. November 1939 die Spitzen der Generalität in die Reichskanzlei rief, um – wie der Oberbefehlshaber einleitend erklärte – »Ihnen Einblick zu geben in die Gedankenwelt, die mich angesichts der bevorstehenden Ereignisse beherrscht und Ihnen meine Entschlüsse zu sagen.« Obwohl in den folgenden Monaten der Beginn der Offensive wieder und wieder verschoben wurde, folgte diesem Zusammentreffen doch kein weiteres von gleicher Bedeutung. Erst vor dem Überfall auf die UdSSR hielt der »Führer« vor einem vergleichbaren Kreis höchster Militärs wieder einen Vortrag über seine Motive, Pläne und Ziele.
Obwohl nur als Mitschrift eines Teilnehmers[21] überliefert, treten in der Rede Hitlers vom 23. November die Grundgedanken klar hervor. Hitler verglich seinen »unabänderlichen Entschluß«, den Westfeldzug zu eröffnen, mit der Entscheidung Friedrichs II. von Preußen, der 1740 den ersten Schlesischen Krieg begonnen habe, obwohl seine Berater davon abgeraten hätten. Die Reminenszenz war beziehungsreich. Die Generale waren gleichsam aufgefordert, sich entweder den Platz des Zauderers oder den des Wagemutigen in der Weltgeschichte auszusuchen. Denn: daß unter seiner Führung nun Weltgeschichte gemacht werden sollte, das eben setzte Hitler den Anwesenden mit jener Anmaßung auseinander, die inzwischen Teil seiner Natur geworden war.
Nicht einen Satz lang hielt sich Hitler bei jenen Lügen auf, die zur Verfälschung der Ursachen und Ziele des Krieges für die Bevölkerung dienten. Er entwickelte seine rassistische und geopolitische Doktrin, die als Rechtfertigung imperialistischer Eroberung herhalten mußte, und führte weiter aus: »Heute kämpfen wir um Ölfelder, Gummi, Erdschätze usw.«[22] Da die Generale wußten, wo es in Europa Ölfelder und wo es in der Welt Gummiplantagen gab, konnte sich jeder von ihnen durch diese nahezu beiläufige Bemerkung eine Vorstellung von der Grenzenlosigkeit der Endsiegvorstellungen ihres Oberbefehlshabers bilden.
Im Zentrum der Rede Hitlers stand die praktische Fortsetzung der Kriegshandlungen. Pragmatisch begründete er, warum der Kampf zunächst im Westen geführt werde. Von Rußland sei nichts zu fürchten, seine Wehrmacht besitze einen geringen Wert, und daran werde sich in den nächsten ein oder zwei Jahren nichts ändern. Großbritannien hingegen könne seine Kräfte rascher mobilisieren. Folglich müsse man einem Angriff der anglo-französischen Streitkräfte zuvorkommen. Dem Osten können »wir ... nur entgegentreten, wenn wir im Westen frei sind«. Verträge, erklärte Hitler in diesem Zusammenhang weiter, würden »nur so lange gehalten,

wie sie zweckmäßig sind«[23], und verwies auf Interessengegensätze mit der UdSSR auf dem Balkan und am Persischen Golf.
Noch einmal wiederholte der Oberbefehlshaber die Gründe, die aus seiner Sicht zur Eile drängten. Ungeniert führte er dabei auch sich selbst ins Feld: Er sei »weder durch eine militärische noch eine zivile Persönlichkeit« ersetzbar. Bedacht werden müsse, daß auf die Existenz dieses »Faktors«, wie das eben vierzehn Tage zurückliegende Attentat gezeigt habe, keineswegs dauernd Verlaß sei.[24] Nachdem Hitler so seine absolute Sonderstellung herausgehoben hatte, sparte er nicht mit Lob für die Leistungen der Kommandeure im Feldzug gegen Polen. Gleichzeitig distanzierte er sich von der in der Generalität und im Offizierskorps geäußerten Kritik an der Kampfmoral der Soldaten, die insbesondere das Verhalten der Kriegsunerfahrenen betraf. Wie sich die Truppe auf dem Schlachtfeld verhalte, liege »in der Hand des militärischen Führers«. Namentlich von der obersten Führung verlangte Hitler »fanatische Entschlossenheit«.[25]
Hitler verbreitete Siegeszuversicht und betonte ungeachtet des Widerspruchs zu seinen eben gegebenen Erklärungen über die Haltung zur UdSSR und den Wert der mit ihr geschlossenen Verträge, daß es beim Angriff auf Frankreich nicht um eine Einzelaktion, sondern um »den Abschluß des Weltkriegs« gehe. Jedoch mag diese Äußerung darauf hinweisen, daß er zu diesem Zeitpunkt zwischen dem Krieg im Westen und dem gegen die Sowjetunion noch von einer Atempause ausging. Zunächst wollte er über den »Erbfeind« und Großbritannien triumphieren: »Jede Hoffnung auf Kompromisse ist kindisch: Sieg oder Niederlage!« Es gehe jetzt darum, »wer künftig in Europa dominiert«.[26] Die Frage aber schien ihm dann entschieden, wenn Frankreich zu einer zweitrangigen Macht herabgestuft wäre.
Zum Zeitpunkt dieser Rede wurde an der Aufmarsch-Anweisung für das Heer gearbeitet. Es verging jedoch noch ein Vierteljahr, ehe Hitler am 24. Februar 1940 die letzte und dann verbindliche Fassung erließ. Sie hatte sich von der ursprünglichen Feldzugsidee, die eng an den Plan vom Jahre 1914 angelehnt war, weit gelöst. Ziel der Offensive war nun nicht mehr allein ein erfolgreicher Eröffnungszug, der für den Sieg auf französischem Boden beste Voraussetzungen schuf, sondern die kriegsentscheidende Vernichtung der französischen Armee, des britischen Expeditionskorps und der belgischen Streitkräfte. Der Schwerpunkt des Angriffs wurde südwärts in die Ardennen verlegt. Von dort sollte der Hauptstoß über Sedan zur Kanalküste führen. Dabei wurde vorausgesetzt, daß die an der französisch-belgischen Grenze stehende Hauptmasse des französischen Heeres

beim deutschen Angriffsbeginn nordostwärts schwenken und auf eine Verteidigungslinie in Belgien vorrücken werde. Auf diese Weise könnten deutsche Panzerverbände überraschend in den Rücken der gegnerischen Streitmacht gelangen, sie von allen ihren Verbindungen abtrennen und eine chaotische Situation schaffen.

Diese Feldzugsidee gilt als eine Art Gemeinschaftswerk Hitlers und des Generalstabschefs der Heeresgruppe A, die später in die Ardennen vorstieß. Wieviel der Oberbefehlshaber immer zu dem Entwurf beigetragen haben mag, es war seine Entscheidung, dem Vorschlag Erich von Mansteins gegenüber konkurrierenden und zuvor bestätigten Weisungen den Vorzug zu geben. Glücken konnte das Vorhaben freilich nur, wenn französische Truppen in dem Moment, da die deutschen Angreifer die Neutralität Belgiens brachen, wirklich auf belgisches Territorium vorrückten.

Hitler hatte in seiner Rede am 23. November 1939 davon gesprochen, daß die Gunst der Stunde in sechs Monaten vielleicht entschwunden sein könne. Dann verging diese Zeitspanne doch, bevor die Schlacht um Frankreich eröffnet wurde. Der Oberbefehlshaber hatte sich zu immer neuen Terminverschiebungen bereitgefunden und war damit gut beraten. Später, als die deutschen Armeen auf Stalingrad vorrückten, erinnerte sich Hitler gar, daß im Ersten Weltkrieg »Ende November, Anfang Dezember im Westen die Kriegshandlungen zu Ende gewesen« wären. Es hätte »ganz plötzlich zu regnen und zu schneien begonnen«, und »dann ist die Geschichte ersoffen«.[27] Im Herbst 1939 schien ihm diese Erfahrung nicht gegenwärtig gewesen zu sein. Es war sein »Glück«, daß wenigstens seine Berater sie nicht vergessen hatten. Inzwischen baute ein Sonderbautrupp unter Leitung von Speer mit Millionenaufwand den Herrensitz Ziegenberg, ein Gebäude aus der Goethezeit in den Ausläufern des Taunus westlich von Bad Nauheim, zu einem verbunkerten Hauptquartier aus. Hitler sollte es beziehen, wenn der Angriff im Westen eröffnet würde.

Die Monate zwischen November 1939 und April 1940 führten nicht zu den Nachteilen, die Hitler als Folge eines Aufschubs des Feldzugs für möglich gehalten hatte. Belgien und die Niederlande schlossen sich der anglofranzösischen Koalition nicht an. Außerdem nutzten die Regierungen in Paris und London die Zeit schlecht. Dazu trug in schwer zu bemessendem Grade bei, daß in beiden Staaten der Bankrott der »Münchner Politik« nicht zur Auswechslung der maßgeblichen Politiker geführt hatte. In herrschenden Kreisen Großbritanniens und Frankreichs wurde es noch immer für möglich gehalten, daß es zur großen militärischen Auseinandersetzung gar nicht kommen und der an der deutsch-französischen Grenze andauernde »komische Krieg« sich zu einer Art Pattstellung verfestigen und in einen politischen Kompromiß münden werde. Derartige Spekulationen verbanden sich mit der Hoffnung, Hitlers Kriegsstrategie könnte in östliche Richtung zurückgelenkt werden, wie es der »Führer« in »Mein Kampf« vorgezeichnet und viele Jahre verkündet hatte.

Doch ließen die vielen, auf dritten und vierten diplomatischen Rangstufen ablaufenden Sondierungsgespräche keinen einzigen Anhaltspunkt dafür gewinnen, daß Hitler den Politikern der Kriegsgegner auch nur eine winzige Chance bieten wollte, zum Abbruch des Krieges zu gelangen. Die einflußreichsten ausländischen Besucher, die mit Hitler zum Zwecke politischer Erkundungen zusammentrafen, waren am 2. bzw. 4. März 1940 der stellvertretende Außenminister der USA, Sumner Welles, und der Präsident der General Motors Overseas Corporation, James D. Mooney. Den Chef des Autokonzerns, dem auch die deutschen Opelwerke gehörten, hatten wirtschaftliche Interessen schon im Oktober 1939 zur Reise nach Deutschland veranlaßt, wobei er auch einem Empfang bei Göring beiwohnte. Welles wie Mooney nahmen aus Berlin den Eindruck mit, daß Hitler nicht zurück zum Frieden, sondern auf die Schlachtfelder Frankreichs wolle.[28]

Davon konnte sich auch Mussolini überzeugen, als er Hitler am 18. März 1940 für wenige Stunden nur auf dem Brenner an der deutsch-italienischen Grenze traf. Verspätet erhielt der »Duce« nun eine definitive Antwort auf seinen am Jahresanfang an Hitler gerichteten Brief, in dem er Zweifel geäußert hatte, ob die von den USA unterstützten westeuropäischen Großmächte »auf die Knie« gezwungen werden könnten. Deshalb und – wie bereits in seinem Schreiben geschehen – Hitler an die »Grundsätze Ihrer Revolution« erinnernd, riet der »Freund« dem »Freunde« eindringlich, die Frontstellung umzudrehen, die Sowjetunion zu bekriegen und auf deren Kosten Land zu erobern. Die »großen Demokratien«, meinte Mussolini, trügen »die Gründe ihres Verfalls in sich« und könnten »an die Reihe kommen«, wenn »wir den Bolschewismus vernichtet haben«.[29] Hitler, der sich für die umgekehrte Reihenfolge entschieden hatte, trug dem Bündnispartner die verspätete Belehrung nicht nach. Auch die Tatsache, daß Mussolini sich wieder nicht auf den Zeitpunkt des Kriegseintritts Italiens festlegte, erzeugte keine Verstimmung. Möglicherweise erinnerte sich Hitler bei dieser Begegnung, der ersten nach Kriegsbeginn, daß Mussolini während seines Besuchs 1937 in Berlin pathetisch ausgerufen hatte, wenn man einen Freund besitze, müsse man »mit ihm bis ans Ende marschieren«.[30] Nun hatte der Duce bereits Schwierigkeiten, am Anfang des Weges Tritt zu fassen.

Als der italienische Faschistenführer nach Rom zurückkehrte, war er auch nicht über Hitlers Entschluß informiert worden, noch vor Beginn des Angriffs im Westen den Krieg nach Nordeuropa auszuweiten. Die Bedeutung dieses Schritts war unter den deutschen Generalstäblern nicht unumstritten. Vor allem das Oberkommando der Kriegsmarine und die Seekriegsleitung wünschten den Griff nach Norwegen, um die wenigen Basen in der Nordsee durch weitere im Nordatlantik zu vermehren und günstigere Positionen für den Krieg gegen Großbritanniens Handelsflotte und Seestreitkräfte zu gewinnen. Nicht weniger wichtig war, daß über Narvik und im Schutze der norwegischen Küstengewässer hochwertiges schwedisches Eisenerz herantransportiert werden konnte, das für die deutsche Kriegswirtschaft unentbehrlich war. Doch nicht nur in militärischen Kreisen Deutschlands, auch in denen Großbritanniens wurde seit Ende 1939 die Verbesserung der eigenen strategischen Lage im Norden des Kontinents erörtert. Das Interesse an diesem Gebiet steigerte sich mit dem sowjetisch-finnischen Krieg noch. Es erlosch auch nicht, als Finnland am 12. März 1940 nach dreieinhalb Monaten kapitulieren mußte.
Während die britische Seite begrenzte Land- und Seeoperationen plante, unterzeichnete Hitler am 1. März 1940 die Weisung, Dänemark und Norwegen zu besetzen, um »unsere Erzbasis in Schweden« zu sichern und »für die Kriegsmarine und Luftwaffe die Ausgangsstellung gegen England« zu erweitern.[31] Für das Unternehmen wurden zahlenmäßig schwache, aber qualitativ überlegene Kräfte aufgeboten, die den Erfolg garantierten, ohne die Vorbereitung des Westfeldzugs zu gefährden. Hitler dachte an einen Verlauf, der dem Einmarsch in Österreich zwei Jahre zuvor ähnelte, wenn er auch wegen der anders gearteten militär-geographischen Lage schwerer zu bewerkstelligen wäre. Aber die Absicht, »der Unternehmung den Charakter einer friedlichen Besetzung zu geben«, wobei als deren Ziel der »bewaffnete Schutz der Neutralität« der beiden Staaten hingestellt wurde, hing vom Verhalten der Regierungen und der Armeen Dänemarks und Norwegens und von den anglo-französischen Gegenmaßnahmen ab.
Rasch wurde nach dem 9. April 1940 das benachbarte Dänemark besetzt, dessen Regierung und Königshaus Armee und Volk nicht zum Widerstand aufriefen und im Lande blieben. Anders verliefen die See- und Luftlandungen in Norwegen. Schon beim Herantransport der Invasionstruppen gab es Verluste, die sich bei der Flotte in kurz zuvor von britischen Zerstörern gelegten Minenfeldern erhöhten. Norwegens Regierung, das Parlament und König Haakon VII. verließen Oslo, später agierte im britischen Exil – ähnlich der sich bereits dort befindenden tschechoslowakischen

und polnischen – auch eine norwegische Regierung. Die kleine Armee des Landes leistete, die geographische Beschaffenheit geschickt ausnutzend, heftigen Widerstand. Schließlich stießen die deutschen Eindringlinge im Norden an mehreren Stellen auf britische und französische Truppen, die durch Freiwillige aus der Tschechoslowakei und aus Polen verstärkt wurden.

Besonders hart wurde Narvik umkämpft. Eine deutsche Gruppe unter Generalleutnant Eduard Dietl traf auf eine vielfache, aber unentschlossen geführte anglo-französische Übermacht. Der Kommandeur der Gebirgsjäger war schon als Reichswehroffizier Anhänger der NSDAP gewesen und mit Hitler seit 1920 auch persönlich bekannt. Der »Führer« lobte Dietl in abendlicher Runde im Führerhauptquartier und bezeichnete ihn als einen »Geburtshelfer des Dritten Reiches«.[32] Die langjährige Beziehung mag mit dazu beigetragen haben, daß der Oberbefehlshaber am 17. April im Kreise des militärischen Führungsstabes ob der schlechten Nachrichten über die scheinbar aussichtslose Situation seines »alten Kameraden« zum ersten Mal seit Kriegsbeginn in düstere Stimmung geriet.[33] Nur unter dem Druck Jodls gab er dann doch Befehl, auf keinen Fall zurückzuweichen. So wurde Dietl zum gefeierten »Helden von Narvik«, dem ersten populären Wehrmachtsgeneral des Weltkriegs. Für die Teilnehmer der verlustreichen Kämpfe stiftete der Oberbefehlshaber eine besondere Auszeichnung, den »Narvik-Schild«. Hitler war dem Rat seines ranghöchsten Generalstäblers gefolgt und hatte zum ersten Mal einen Durchhaltebefehl an Truppen gegeben, die sich in äußerst prekärer Lage befanden. Zu weiteren Entscheidungen dieses Typs brauchte er später nicht gedrängt zu werden.

Erst Anfang Juni schifften sich die Soldaten Großbritanniens und Frankreichs ein. Die Lage der letzten norwegischen Verteidiger wurde aussichtslos. Ihr Widerstand hatte insgesamt 62 Tage gedauert – länger als der auf französischem Boden währen sollte. Wie viele seiner Äußerungen bezeugen, sah Hitler in der Bevölkerung der beiden besetzten Länder, obwohl sie seinem rassischen Völkerbild gemäß als germanische Verwandte galten, nichts anderes als eine Manövriermasse von Menschen, die weiteren Kriegszwecken zu dienen hatte. Später war ihr eine Mitwirkung bei der »Germanisierung« des europäischen Ostens zugedacht, an der auch einheimische Wirtschaftsführer teilnehmen sollten. Ließe man sie an dessen Ausbeutung partizipieren, so rechnete Hitler, würden sie »mit fliegenden Fahnen zu uns übergehen«.[34] Diese Erwartung, im Herbst 1941 geäußert, stützte sich bereits auf praktische Erfahrungen mit der Kollaboration in besetzten Gebieten.

Am 10. Mai 1940 gab das Oberkommando der Wehrmacht durch eine Sondermeldung den Beginn des Westfeldzugs bekannt. Das Vordringen auf belgisches, niederländisches und luxemburgisches Gebiet, mit dem auch frühere Erklärungen über die Respektierung der Neutralität dieser Staaten gebrochen wurden, rechtfertigte das OKW mit der haltlosen Behauptung, es sei einer »feindlichen Kriegsausweitung« zuvorgekommen. Der Schlußsatz der Mitteilung lautete: »Um die Gesamtoperationen der Wehrmacht zu leiten, hat sich der Führer und Oberste Befehlshaber an die Front begeben.«[35] Hitler war am Abend zuvor in seinem Sonderzug von Berlin nach Euskirchen aufgebrochen. Im Morgengrauen hatte er das in der Eifel vorbereitete Hauptquartier mit Namen »Felsennest« erreicht. Der mehr als fünfundzwanzigmal verschobene Angriff begann.

Von den Generalen oder Offizieren der Wehrmacht, die bereits am Ersten Weltkrieg teilgenommen hatten, dürfte es in den Stunden vor dem Angriff im Westen kaum einen gegeben haben, der sich nicht der damaligen Niederlage, des Rückzugs und der Auflösungserscheinungen im kaiserlichen Heer erinnerte. Nicht anders ging es Hitler, der später bekannte, daß er auf der Fahrt an die Westgrenze des Reiches eine schlaflose Nacht verbracht habe. Dann besagten jedoch schon die ersten Meldungen, die in seinem Hauptquartier eingingen, daß der Feldzug dem deutschen Plan gemäß abzulaufen begann. Die Truppen kamen rascher voran, als es selbst die kühnsten Optimisten erwartet hatten. Der Oberbefehlshaber geriet durch die Erfolgsnachrichten alsbald in euphorische Stimmung. Später, während des Rußlandfeldzugs, erinnerte er sich daran: Als die französischen Truppen nach Belgien vorrückten und so in die gestellte Falle gingen, hätte er »weinen können vor Freude«. Es genügte ihm nicht, den Vormarsch nur geistig zu reproduzieren: »Manchmal bin ich noch um drei Uhr nachts in den Kartenbau hinübergegangen, um mich über das Relief zu beugen.« Während er Moskau im Zugriff der Heeresgruppe Mitte wähnte, schwelgte Hitler im Oktober 1941 im ostpreußischen Hauptquartier: »Wie war es schön im Felsennest«, und erinnerte sich der »Vögel am Morgen« und der »Flugzeugstaffeln, die westwärts flogen.«[36]

Am 11. Tag des Feldzugs trafen die Spitzen der deutschen Panzerverbände in Abbeville an der Kanalküste ein. Die Hauptmasse der gegnerischen Streitkräfte hatten sie in Nordfrankreich und Belgien eingeschlossen. Nach einer Umgruppierung der eigenen Kräfte begann am 3./4. Juni die zweite Etappe des Angriffs. Zehn Tage darauf rückten deutsche Truppen in das zur offenen Stadt erklärte Paris ein. Wilhelm II., der in den eroberten Niederlanden auf Schloß Doorn lebte, sandte ein Glückwunschtelegramm. Am 22. Juni kapitulierte das französische Oberkommando. Die Urkunde über den Waffenstillstand wurde im Walde von Compiègne unterzeichnet. Dort stand als Teil eines Denkmalkomplexes der Salonwagen des Marschalls Ferdinand Foch, des französischen Oberkommandierenden der Entente-Streitkräfte, in dem die unterlegenen deutschen Militärs am 11. November 1918 ihre Niederlage hatten quittieren müssen. Die symbolische Bedeutung der Wahl dieses Ortes liegt auf der Hand: Die Revanche war geglückt, die »Schande« getilgt, eine »Kette von Versailles« zerrissen ...

Vor Beginn der Verhandlungen über den Waffenstillstand traf sich Hitler am 18. Juni in München mit Mussolini. Acht Tage zuvor hatte Italien den Westmächten den Krieg erklärt. Für den Verlauf des Feldzugs war das ohne Bedeutung geblieben. Die Truppen des Duce waren an der mittelmeernahen italienisch-französischen Front über die Alpen kaum vorangekommen. Nichtsdestoweniger betrachtete Mussolini den Sieg auch als den Italiens und meldete seine Forderungen auf einen Anteil an der Beute an.[37] Daß sich der Achsenpartner, wenn auch verspätet, zur Kriegsteilnahme entschlossen hatte, bedeutete vor allem eine Ausweitung des Seekriegs in das Mittelmeer und schuf dort neue Landfronten, wo italienische und britische Kolonien aneinandergrenzten.

Hitler nahm zwei Tage darauf, begleitet von den Oberbefehlshabern der drei Wehrmachtsteile, Brauchitsch, Göring und Raeder, sowie von Ribbentrop und Heß an der Eröffnung der Waffenstillstands-Verhandlungen teil. Bald jedoch zog er sich zurück und überließ einer von Keitel geleiteten deutschen Gruppe die Fortführung der Verhandlungen und die Unterzeichnung des Abkommens.[38]

Die ausgehandelten Bestimmungen schienen gemäßigt, was jedoch kein Ausdruck für den Großmut des Siegers war. Hitler zog vielmehr in Betracht, daß die Endabrechnung mit dem »Erbfeind« erst am Tage nach dem Sieg über Großbritannien erfolgen könne. Im Moment interessierten ihn hauptsächlich die militärischen Konsequenzen der französischen Kapitulation. Absehbar war, daß Frankreichs afrikanisches und asiatisches Kolonialreich, in dem sich Garnisonen, Verwaltungen, vor allem aber Rohstoffvorkommen von Kriegswichtigkeit befanden, zur Hilfsquelle Englands werden könnte. Hitler wollte dem durch die Etablierung eines französischen Staates entgegenwirken, der das von deutschen Truppen unbesetzte Territorium, d. h. Teile von Mittel- und ganz Südfrankreich, umfaßte. Die Fiktion eines nach eigenen Entschlüssen, wenn auch im Einvernehmen mit dem Sieger, handelnden französischen Regimes, das über ein eigenes Parlament und eine eigene Regierung verfügte, wurde durch den »Verzicht« auf die Auslieferung der französischen Kriegsflotte, die sich zu einem Teil im Kriegshafen Toulon, aber auch in Häfen der afrikanischen Kolonien befand, genährt.

Entlang der Kanal- und der Atlantikküste Frankreichs bis zur spanischen Grenze sollte eine stabile Basis für die Weiterführung des Krieges gegen das Inselreich geschaffen werden, die weder in den unter deutscher Militärverwaltung stehenden Gebieten Nord- und Westfrankreichs sowie Belgiens noch vom unbesetzten Frankreich her durch Widerstands- und Partisanenaktionen gefährdet sein dürfte. Dieses doppelte Konzept, eine Mischung von direkter und indirekter Herrschaft über das besiegte Land, ging zunächst auf. In den extrem reaktionären Führungsschichten Frankreichs fanden sich unschwer Kollaborateure. Unter der Führung des Marschalls Henri Philippe Pétain gründeten sie ein Staatsgebilde, das den Namen von seinem Zentrum, dem Badeort Vichy, erhielt. Die Wahl dieses Ortes und das Ausweichen vor den stark proletarisch geprägten Großstädten Lyon oder Marseille stellte bereits selbst ein Programm dar.

Unter den gegen den »Erbfeind« aufgehetzten Deutschen löste die Bekanntgabe der in Compiègne diktierten Bestimmungen Verwunderung aus. Daß Hitler lediglich auf der sofortigen Inbesitznahme von Elsaß und Lothringen bestand, die von 1871 bis 1918 zum deutschen Kaiserreich gehört hatten, schien ihn von den eroberungslüsternen deutschen Imperialisten des Ersten Weltkriegs deutlich zu unterscheiden. Wenige nahmen überhaupt wahr, daß die Abtrennung der östlichen französischen Departements in der Bevölkerung keineswegs populär war. Die neuen Untertanen, nach Herkunft und Sprache zumeist Deutsche – französische Landeseinwohner wurden ausgesiedelt –, hatten anders als nach 1933 in der Tschechoslowakei und in Österreich keine Begeisterung für das Hitler-Regime gezeigt. Anhänger der NSDAP stellten eine geringfügige Minderheit dar, und unter ihnen fand sich niemand, der an die Spitze der neuen Reichsgaue hätte gesetzt werden können. Daß die Gauleiter des benachbarten Baden und des Saarlandes nun in Personalunion zu Territorialherren in Elsaß bzw. Lothringen aufstiegen, charakterisierte die Situation. Jubelnde Einzüge Hitlers, wie sie 1938 in Wien und 1939 in Danzig stattfanden, waren weder in Straßburg noch in Metz zu inszenieren. Kurzum: Im Urteil der siegberauschten Deutschen schien Frankreich glimpflich weggekommen zu sein.

Die Mehrheit der Deutschen hielt sich in jenem Sommer nach dem Feldzug im Westen nicht bei Gedanken über das Schicksal der Franzosen,

Belgier, Luxemburger und Niederländer auf. Aktive Regimegegner, die immer mehr drangsalierten Juden und einige wenige, die ihre demokratischen oder pazifistischen Überzeugungen bewahrt hatten, ausgenommen, gaben sich die Deutschen der Erwartung hin, daß das Ende des Krieges nahe sei.[39] Sie konnten sich nicht vorstellen, daß Großbritannien auf sich allein gestellt weiter Gegenwehr leisten werde. Diese Vorstellung wurde durch die nationalsozialistische Propaganda genährt, wonach die Engländer in ihrer Geschichte nie selbst gekämpft hätten. Sie hätten sich vielmehr stets von anderen die Kastanien aus den Feuern holen lassen. Daß diese These dem Bild der germanischen Herrenrasse widersprach, zu der ja auch die Engländer zählten, spielte keine Rolle.

Der militärische Sieg im Westen ließ sich vorerst nur bedingt in ökonomischen Gewinn ummünzen. Allerdings bemühten sich deutsche Bank- und Industrieunternehmen wie bei der Besetzung Österreichs und der Tschechoslowakei augenblicklich, wenn auch im Vorgehen variabler, ihre wirtschaftlichen Positionen in Westeuropa auf Kosten der Konkurrenz zu erweitern. Es begann die Ausarbeitung und Inangriffnahme von Plänen für die »Neuordnung Europas« unter großdeutscher Herrschaft. In diesem Europa war weder für das Großherzogtum Luxemburg noch für das Königreich der Niederlande ein Platz vorgesehen. Während ersteres kurzerhand Deutschland einverleibt und dem NS-Gau Köln-Aachen zugeschlagen wurde, etablierte sich in den Haag ein Reichskommissar, dem eine kollaborationswillige niederländische Verwaltung unterstand. Hitlers Beauftragter im eroberten Gebiet wurde Seyß-Inquart, der als Stellvertreter Franks in Krakau Erfahrungen in der Okkupationspolitik gesammelt hatte.

Hitler hatte während des sechswöchigen Feldzugs im Westen mit der Lenkung der Armeen wenig zu tun. Es kam zu keiner dramatischen Wendung der Ereignisse, die die persönliche Entscheidung des »Führers« erforderlich gemacht hätte. Filmaufnahmen aus jenen Tagen zeigen ihn in bester Stimmung, vor seinen engen Mitarbeitern gestiefelt eine Art Freudentanz aufführend. Diese Bilder halten den Augenblick fest, da dem Oberbefehlshaber die Kapitulationsbereitschaft Frankreichs mitgeteilt wurde. Aber nicht nur Hitler fühlte sich damals in glänzender Verfassung. Vielmehr war die Erleichterung nach den Monaten der Ungewißheit in den Stäben, unter den Soldaten der Wehrmacht sowie bei deren Angehörigen in Deutschland allgemein. Als die Waffen ruhten, verkündete der »Führer«, daß die Kriegstaten als »der glorreichste Sieg aller Zeiten« »in die Geschichte eingehen« würden.[40]

In dieser Bewertung äußerte sich nicht nur Hitlers ungestillte Ruhmsucht, sondern auch sein Unvermögen, das Geheimnis des eigenen Erfolgs zu durchschauen. Sieg und Niederlage in Schlachten, Feldzügen und Kriegen sind stets Ausdruck eines bestimmten Kräfteverhältnisses. Von dessen Beurteilung hängt ab, wie groß das Verdienst des triumphierenden Siegers bemessen wird. Je stärker in der Abfolge der Ereignisse der Besiegte erscheint, um so heller erstrahlt stets der Obsiegende.

Selbst bescheidenere Charaktere als Hitler wurden nach dem leichten Sieg im Westfeldzug verleitet, die eigene Leistung weit zu überschätzen. Dazu mag bei einigen die Erinnerung an den Ersten Weltkrieg und an den damaligen aufreibenden Stellungskrieg auf den Schlachtfeldern Frankreichs beigetragen haben. Andere waren offenbar unfähig, das vollständige Versagen der militärischen und zivilen Führung des Kriegsgegners angemessen ins Kalkül zu ziehen. Die maßlose Überhöhung des Triumphs im Westen gipfelte im Mythos von der Unbesiegbarkeit der Wehrmacht. Und Hitler hielt sich für ein militärstrategisches Genie.

Als Frankreichs Niederwerfung nur noch eine Frage von Tagen war, befaßte sich der Oberbefehlshaber bereits wieder mit neuen Feldzugsplänen. Nach dem Sieg über Polen war für ihn unzweifelhaft gewesen, daß die Wehrmacht im Westen angreifen mußte. Wie aber sollte es nun weitergehen? Es existierte kein auch noch so vager Plan, wie Großbritannien geschlagen werden könnte. Selbst die abenteuerlichsten deutschen Militärs hatten bisher nicht einmal in ihren Gedankenspielen eine Invasion auf den britischen Inseln in Erwägung gezogen. Nun stellte sie sich den Generalstäblern als praktische Aufgabe, wenn die Machthaber in London auf keine andere Weise zur Kapitulation gezwungen werden konnten. Wann aber war das letzte Mal in der europäischen Geschichte eine feindliche Streitmacht auf die britischen Inseln gelangt? Selbst Napoleon, dem es an Kühnheit und Abenteuerlust nicht mangelte, hatte sein Vorhaben, in England zu landen, 1805 aufgegeben und lieber den Versuch unternommen, das Inselreich durch einen Wirtschaftskrieg niederzuzwingen. Die deutschen Generalstabsoffiziere mußten bis zu Wilhelm dem Eroberer und der Schlacht bei Hastings im Jahre 1066 zurückdenken, um auf ein vergleichbares Unternehmen zu stoßen. Allerdings waren die 975 Jahre zurückliegenden Erfahrungen des normannisch-westfränkischen Ritterheeres für den nächsten Kriegsschritt wertlos.

Hitler erwog in den Wochen des Frankreichfeldzugs mehrere Möglichkeiten für das weitere Vorgehen. Über welche Entwicklungen er nachdachte, läßt sich aus gelegentlichen Äußerungen im Hauptquartier und bei Besuchen in Frontstäben erschließen. Das Bild von der Struktur und der

Entwicklung seiner Vorstellungen bleibt dennoch lückenhaft. Offenkundig brauchte er Zeit, sich in der überraschend schnell veränderten Situation neu zu orientieren. Offen war, ob Großbritannien weiterkämpfen würde. Das mußte als hochwahrscheinlich gelten, stand doch seit dem 10. Mai Winston Churchill als Premierminister an der Spitze des Londoner Kabinetts, den Hitler immer als einen ernsthafteren Konkurrenten angesehen hatte als Chamberlain. Churchill, damals Erster Lord der Admiralität, hatte sich 1938 deutlich gegen den Münchner Kurs der Chamberlain-Regierung ausgesprochen. Bereits in seiner ersten Ansprache kündigte der neue Premier seinen Landsleuten »Blut, Schweiß und Tränen« an. Und vor dem Parlament erklärte er am 4. Juni unmißverständlich, daß im Falle einer Besetzung des Landes der Kampf jenseits des Meeres fortgesetzt werden würde[41], obwohl er nicht einen Augenblick an diese Möglichkeit glaube. Das signalisierte keinerlei Kapitulationsbereitschaft.

Hitler ließ sich über die Chancen einer Invasion unterrichten. Als die deutschen Panzerverbände die französische Kanalküste erreichten, beriet er sich mit Raeder, ob eine ausreichende Zahl von Divisionen auf dem Seeweg über den Kanal gebracht werden könnte, da sich dies mit den Mitteln der Luftwaffe allein nicht bewerkstelligen ließ.[42]

Doch spricht manches dafür, daß Hitler zunächst noch hoffte, Churchill werde seinen Vorsatz, den Kampf gegen Deutschland fortzusetzen, nicht durchsetzen können. Als der Oberbefehlshaber am 2. Juni die Führung der Heeresgruppe A besuchte, drückte er seine Hoffnung auf einen Frieden im Westen aus, der ihm »endlich die Hände« freimachen werde für die »große und eigentlicher Aufgabe: die Auseinandersetzung mit dem Bolschewismus«.[43] Diese Bemerkung, die nicht im Sinne bereits unumstößlich feststehender Vorstellungen überbewertet werden darf, belegt jedoch, daß Hitler entschlossen war, auf der Woge des Erfolgs die Eroberungen im Osten des Kontinents fortzusetzen. Eine mögliche Kapitulation Großbritanniens verband er nicht mit dem Gedanken an Frieden, sondern vielmehr mit dem Plan, den Krieg in Osteuropa neu zu eröffnen. Während die Deutschen auf die Rückkehr ihrer Männer, Väter und Söhne hofften, beabsichtigte ihr »Führer«, diese auf andere Schlachtfelder zu führen.

Hitlers bezog am 6. Juni 1940 sein neues Hauptquartier »Wolfsschlucht«. Es befand sich in Bruly de Péche in der Nähe des Ortes Rocroi am Westrand der Ardennen auf belgischem Gebiet nahe der französischen Grenze. Der Oberbefehlshaber hielt sich nach dem Abschluß des Waffenstillstands nicht mehr lange dort auf. Bevor er es am 28. Juni verließ, unternahm er zwei Reisen ins eroberte Gebiet. Die eine führte ihn nach Paris. Zu seiner

Begleitung bestimmte er die Architekten Speer und Hermann Giesler und den Bildhauer Arno Breker, dessen Kolossalstatuen Hitlers Bild von den kraftstrotzenden, gewalttätigen und heldischen »Germanen« entsprachen. Die Besucher hielten sich nach der kürzesten Nacht des Jahres am frühen Morgen lediglich wenige Stunden in der französischen Metropole auf. Sie besichtigten das Gebäude der Oper, den Eiffelturm und den Invalidendom mit dem monumentalen Grabmal Napoleons. Den größten Eindruck auf Hitler machten die Boulevards, die er mit seiner Autokolonne durchfuhr. Sofort faßte er den Entschluß, daß die Straßen der Reichshauptstadt sie künftig an Breite noch übertreffen sollten.[44] Hitler kam später auf diese Visite mehrmals zurück. Das geschah zumeist, wenn er sich und seiner Tischgesellschaft Berlins zukünftige Gestalt ausmalte: Die Reichshauptstadt sollte unter allen Umständen alle anderen europäischen Städte weit übertrumpfen.

Die zweite Reise führte Hitler am 26. Juni zu Orten, an denen er im Ersten Weltkrieg als Infanterist gewesen war. Auf diese Fahrt nahm er Max Amann mit, seinen einstigen Feldwebel, sowie Ernst Schmidt, mit dem er in seiner Münchner Zeit im Haus in der Schleißheimer Straße zusammen gewohnt hatte und der später mit ihm im gleichen Regiment gewesen war. Zwischen den beiden Reisen hatte Hitler einen Erlaß »zur Sicherstellung des Sieges« unterzeichnet, der Speer ermächtigte, unverzüglich die Arbeit an den Pracht- und Protzbauten in Berlin und in Nürnberg wieder aufzunehmen und sie bis 1950 fertigzustellen. Hitlers Architekt erhielt für diesen Zweck eigens 84 000 Tonnen Eisen zugewiesen, die als »Kriegsprogramm« für den Wasserstraßen- und Eisenbahnbau getarnt wurden.[45] Im Zentrum Berlins begannen unter der Regie des Generalbauinspekteurs rigorose Abrißarbeiten. Mieter, die ihre Wohnungen verloren, zogen in diejenigen ein, die Juden verlassen mußten. Diese wiederum wurden in die Enge der »Judenhäuser« gepfercht.

Ende Juni verließ Hitler Frankreich, hielt sich dann nur noch wenige Tage in einem Quartier namens »Tannenberg« am Kniebis im Schwarzwald auf und kehrte nach Berlin zurück, ohne bereits Entschlüsse über die Fortsetzung des Krieges gefaßt zu haben. Er wurde als der »größte Feldherr aller Zeiten« gefeiert – ein Prädikat, als dessen Urheber Keitel gilt –, und so fühlte er sich auch. Entsprechend nannte der Schlußbericht des deutschen Oberkommandos die »Operationen in Frankreich vom 5. bis 25. Juni 1940« den »größten Feldzug aller Zeiten« und den »gewaltigsten Sieg der deutschen Geschichte«. Die Gründe des Erfolgs lägen »in der revolutionären Dynamik des Dritten Reiches und seiner nationalsozialistischen Führung«.[46]

Am Sarkophag Napoleons

Hitlers Ansehen war gewaltig gewachsen, und der Kult um ihn erreichte im Sommer 1940 einen Stand, der den des Jahres 1938 noch weit übertraf. Nach Österreich und der Tschechoslowakei waren sieben weitere Staaten des Kontinents besetzt, besiegt, einige ganz liquidiert worden. Die Feldzüge hatten Verluste an Soldaten und Offizieren gefordert. Aber ihre Zahl wurde von der Wehrmachtspropaganda heruntergespielt, indem man sie mit den grauenvollen Zahlen von Toten und Verwundeten des Ersten Weltkriegs verglich. Während des Westfeldzugs registrierten Militärstatistiker 45 458 getötete und vermißte deutsche Soldaten. Ihnen standen 85 000 Gefallene gegenüber, die allein 1914 bei dem vergeblichen Versuch ums Leben gekommen waren, Frankreich zu überrennen, und die eigentlich zum Weihnachtsfest wieder zu Hause sein sollten.[47]
Wie nicht mehr seit den Wochen nach der Machtübergabe 1933, stand Hitler im Sommer 1940 aber unter einem hohen Erwartungsdruck seiner Millionengefolgschaft. Diese erhoffte den letzten »großen Schlag«, um den Siegfrieden herbeizuführen. An den deutschen Stammtischen wurde fest mit Großbritanniens Kapitulation gerechnet, in Nazikreisen gar befürchtet, sie würde erfolgen, bevor die Engländer militärisch »bestraft« worden wären.[48] Diese Stimmung wurde durch Ereignisse bestärkt, von denen man eigentlich eine ernüchternde Wirkung erwartet: das Eindringen britischer Luftstreitkräfte ins Reichsgebiet und – wie es im offiziellen Wehrmachtsbericht hieß – selbst in die »Umgebung von Berlin«. Das war, gemessen an dem, was später folgte, zwar nur ein Vorspiel, aber bereits ein äußerst blutiges, das Nacht für Nacht Zivilisten das Leben kostete. Fliegeralarm, welcher die Stadtbewohner in die Luftschutzräume trieb, und durch Bombentreffer zerstörte Häuser paßten schlecht ins ungetrübte Bild vom bevorstehenden Endsieg. Das deutsche Oberkommando teilte am 20. Juni mit, die Luftwaffe habe mit der »Vergeltung« begonnen.[49] Noch ließen sich die Vorstöße der Royal Airforce ins Reichsgebiet als Episoden mißdeuten. Tatsächlich waren sie aber ein Menetekel.
Hitler hatte anders als in Warschau auf eine Siegesparade in Paris verzichtet. In der Reichshauptstadt ließ er für sich keinen triumphalen Einzug inszenieren. Das eine wie das andere mochte ihm verfrüht vorkommen, weil es die verbreitete Endsiegstimmung nur zusätzlich genährt hätte. Er ließ am Westfeldzug beteiligte Truppen durch das Brandenburger Tor defilieren, die von einer hysterischen Menge gefeiert und mit Blumen überschüttet wurden.

Kapitel 15

Wie weiter?
1940 bis 1941

Für den 19. Juli 1940 wurde der Reichstag nach Berlin gerufen. Seit langem erwartete die Bevölkerung keine Rede des »Führers« mit so viel Spannung wie diese. Überall im Reich keimten Hoffnungen auf ein Ende des Krieges, der vor etwa zehn Monaten begonnen und zu so unerwarteten Ergebnissen geführt hatte. Hitler trug dieser Stimmung in seiner Ansprache mehrfach Rechnung. Wieder sprach er vom »uns aufgezwungenen Krieg«. Dann unterbreitete er Großbritannien wie schon nach dem Feldzug gegen Polen ein »Friedensangebot«.[1] Doch dürfte er der Wiederholung dieses propagandistischen Manövers kaum eine diplomatische Wirkung zugemessen haben. Tatsächlich erfolgten die Antworten auf Hitlers »Angebot« rasch und nicht nur aus London, wo Churchill es seinem Außenminister überließ, die Heuchelei zurückzuweisen. Auch die herrschenden Kreise der USA machten deutlich, daß sie die Kapitulation Englands nicht wünschten. Sie ergriffen jetzt entschiedener Großbritanniens Partei. Da eine Hegemonialmacht Deutschland auf dem europäischen Kontinent nicht in ihrem Interesse lag, konnte die britische Regierung mit verstärkter amerikanischer Hilfe rechnen, wie eigennützig ihr Ursprung auch immer sein mochte.

Unausweichlich stellte Hitler sich und seinem Beraterstab die Frage, wie das Inselreich in die Knie zu zwingen sei. Es sollte gehandelt werden, bevor es sich von der Niederlage auf dem Kontinent erholt und seine Kräfte und Hilfskräfte mobilisiert hätte. Die Frage lautete demzufolge: Kann eine Invasion noch 1940 erfolgen? Einer Antwort darauf wollte Hitler in einer Besprechung näherkommen, zu der er die höchstrangigen Befehlshaber am 21. Juli in die Reichskanzlei lud. Einige von ihnen hatte er soeben für ihre Verdienste im Westfeldzug zu Generalfeldmarschällen befördert. Diesen Rang besaß vorher nur Göring, der nun aber nicht in eine längere Reihe treten sollte. Hitler ernannte seinen designierten Nachfolger daher zum »Reichsmarschall«. Diese erneute Heraushebung stand zu den Ereignissen am Nachthimmel über den deutschen Städten, an dem immer häufiger feindliche Flugzeuge auftauchten, in scharfem Kontrast. Doch da

davon bisher nur eine Minderheit der Bevölkerung betroffen war, galt Göring vorläufig weiterhin als der volkstümlichste unter den höchstgestellten Naziführern.
Hitler verzichtete auf einen militärischen Rang, den seine Bewunderer rasch für ihn erfunden hätten. Er ließ sich auch mit keiner Kriegsauszeichnung dekorieren, die er in immer größerer Zahl und Abstufung verlieh. Die Ablehnung von klangmächtigen Titeln und funkelnden Orden hob den »Führer« indessen unter allen Militärs und Zivilisten nur zusätzlich als einmalige Erscheinung heraus. Die fehlende Pracht wurde zudem mehr als aufgewogen durch die Lobhudelei, die er sich in Wort und Schrift wohlgefallen ließ.
Hitler lag seit Ende Juni 1940 eine Denkschrift des Chefs des Wehrmachtsgeneralstabs vor, in der Möglichkeiten erörtert wurden, die Widerstandskraft Englands rasch zu brechen. Der Krieg sollte sich direkt gegen das Inselreich richten und gleichzeitig an die Peripherie des britischen Imperiums ausgeweitet werden. Jodl, davon überzeugt, daß der »deutsche Endsieg auch über England ... nur mehr eine Frage der Zeit« sei, erwog drei Vorgehensweisen: »die Belagerung«, die er selbst in Anführungszeichen setzte und worunter er den Luft- und Seekrieg gegen jede Ein- und Ausfuhr sowie den Bombenkrieg gegen alle kriegswichtigen Anlagen des Gegners verstand, dann – zweitens – den Terrorangriff gegen die Zivilbevölkerung der Städte und schließlich – drittens – die Landung und Besetzung. Hitlers engster militärischer Ratgeber meinte, daß Deutschland die Kampfform wählen könne, welche die eigenen Kräfte am meisten schonen und Risiken vermeiden würde.[2]
Zur Eröffnung des direkten Krieges mit dem »letzten« Gegner plante er die Ausschaltung der britischen Luftstreitkräfte und die Zerstörung der Werke der Flugzeugindustrie. Gemeinsam mit der Blockade der Seewege und Terrorangriffen, die »als Vergeltung erklärt« werden sollten, versprach sich Jodl bereits davon eine Wirkung, die den Widerstandswillen der Inselbevölkerung brechen und die Regierung zur Kapitulation zwingen werde. Wenn die Luftherrschaft, die er als unerläßliche Vorbedingung für eine Landung ansah, erreicht wäre, stellte sich der General den Sprung über den Kanal komplikationslos vor. Es würde genügen, dreißig Divisionen überzusetzen, um das Land in die Hand zu bekommen.
Diese Ausarbeitung beeinflußte Hitlers Überlegungen in den folgenden Wochen bis in den September 1940 hinein. Er legte die Vorschläge des Chefs des Wehrmachtsgeneralstabs seinen Weisungen und Aufträgen zugrunde. Am 2. Juli befahl er schließlich die Planung der Invasion. Zehn

Tage später erging die Direktive, einen Operationsplan für die Inbesitznahme Gibraltars auszuarbeiten. Vier weitere Tage darauf trat die Weisung Nr. 16 in Kraft, derzufolge die Luftwaffe die Voraussetzung für die Landung in England schaffen sollte. Doch zeigte sich bei der Beratung am 21. Juli, daß Hitler über die künftige Kriegsführung noch nicht definitiv entschieden hatte. Das war auch am 31. Juli noch nicht geschehen, als er die führenden Militärs erneut zu sich – diesmal auf den Obersalzberg – beorderte. Die Reise dorthin unterbrach er übrigens in Bayreuth, um eine Aufführung von Wagners »Götterdämmerung« beizuwohnen.

In beiden Besprechungen nach dem Westfeldzug trafen die Generale auf einen Oberbefehlshaber, der bei der Festlegung der nächsten Kriegsschritte zauderte. Hitler wollte, bevor er sich unwiderruflich zu einer Landung in Südengland entschloß, den Ausgang der befohlenen Luftoffensive abwarten, obwohl sich Göring für ihren Erfolg verbürgt hatte. Er war sich auch bei der Beurteilung der Möglichkeiten der Kriegsmarine unschlüssig, die schon beim Norwegen-Unternehmen unerwartet schwere Einbußen erlitten hatte. So gern er seine Truppen in London gesehen hätte, die Möglichkeit eines Scheiterns wollte er auf jeden Fall ganz ausgeschlossen wissen.

Und wieder drängte er zur Eile. Schon am 21. Juli notierte sich der Generalstabschef des Heeres Hitlers Forderung: »Bis Mitte September muß England erledigt sein.«[3] Am 1. August erging die Weisung Nr. 17, die eine verstärkte Luftoffensive befahl.[4] Diese begann am 13. August, wobei damit gerechnet wurde, daß die britische Luftverteidigung binnen zwei bis vier Wochen zerschlagen sei. Dann, zu Beginn der zweiten Septemberhälfte, sollten Kriegsmarine und Heer in Aktion treten. Diese Planung verband sich jedoch immer noch mit der Vorstellung, daß wenige Wochen des konzentriert und rücksichtslos geführten Luft-See-Krieges, d. h. eine »Demonstration unserer militärischen Gewalt«[5], genügen würden, um Großbritannien zur Aufgabe zu zwingen und das riskante Landungsunternehmen überflüssig zu machen.

In den Monaten August und September 1940 wurden einerseits Vorbereitungen für eine Landung auf den britischen Inseln getroffen, andererseits in Frankreich stationierte Divisionen, deren Verwendung in der Invasionsarmee als überflüssig erschien, ostwärts in die eroberten polnischen Gebiete zurücktransportiert. Sie sollten an den Grenzen der UdSSR ihre volle Kampfstärke wiederherstellen und auf die weiterhin geheimgehaltene Aufgabe vorbereitet werden: den Krieg gegen die Sowjetunion.

Letzterer stellte in Hitlers Kriegsplanung stets eine unverrückbare Größe dar. Er hatte sie jedoch seit 1939 fest mit der Vorstellung verknüpft, daß zuvor der Sieg im Westen errungen sein müßte, um Frankreich und Großbritannien von jeglicher Mitbestimmung über den Osten des Kontinents auszuschließen und ihnen die Möglichkeit zu nehmen, vom als sicher angenommenen Triumph über den »Bolschewismus« für eigene Zwecke und Ziele zu profitieren.

Im Sommer 1940 aber wandelten sich Hitlers Vorstellungen erheblich. Er hielt Großbritannien nach der Kapitulation Frankreichs und der Vertreibung britischer Truppen aus West- und Nordeuropa im Grunde bereits für kapitulationsreif, mit Sicherheit aber für längere Zeit zu keiner militärischen Aktion fähig, die Deutschlands Macht beeinträchtigen oder auch nur schädigen könnte. Auf die Frage, warum die Regierenden in London sich einem von ihm diktierten Frieden nicht unterwarfen, antwortete er: Sie setzten ihre Hoffnungen auf neue Verbündete, die USA und die Sowjetunion. Im Gegensatz zu allen Erfahrungen aus dem Ersten Weltkrieg erblickte Hitler jedoch auch in einem Kriegseintritt der Vereinigten Staaten keine Gefährdung seiner eigenen Pläne. Er glaubte, seine Ziele bereits erreicht zu haben, bevor die Großmacht jenseits des Ozeans überhaupt in Aktion treten könne. In Moskau wußte er mit Stalin einen Diktator, der seinen Vorteil am Rande des großen Krieges suchte, aber nicht die Absicht hatte, an ihm teilzunehmen. Nach wie vor erblickte Hitler auch im Stand der sowjetischen Rüstungen und im Zustand der Roten Armee den entscheidenden Grund, der Moskau daran hinderte, in den Krieg einzutreten. Diese Beurteilung hätte ihn zu dem Schluß führen können, alle militärische Macht gegen Großbritannien zu konzentrieren, um dessen Niederlage zu erzwingen.

Doch Hitlers Logik wies in eine andere Richtung. Die Motive für den entsprechenden Sinneswandel lassen sich anhand geheimer Reden und Äußerungen vor den Militärbefehlshabern zwar verfolgen, aber nicht bis in die letzten Einzelheiten bloßlegen. Seine Überlegungen mündeten in die Auffassung, der Krieg gegen die Sowjetunion, der politisch, territorial und ökonomisch das Hauptziel aller Eroberungspläne darstellte, ließe sich rasch gewinnen. Dies war letztlich ausschlaggebend für die Neubestimmung der Reihenfolge der Aggressionen. Die Zerschlagung der Roten Armee betrachtete er als ein Vorhaben, das sich ebenso leicht wie der Feldzug gegen Frankreich lösen ließe. Wiederum war er sich sicher, daß der schnelle Erfolg entscheidend vom Überraschungseffekt abhing. An dieser Rechnung war nur eines richtig: Stalin glaubte nicht daran, daß Hitler der Wehrmacht den Angriff im Osten befehlen werde, solange er im Westen Krieg führen mußte.

Indessen entsprach Stalins Verständnis der Logik des Kräfteverhältnisses nicht dem Hitlers. In dessen Rechnungen schien ein Blitzfeldzug gegen die Sowjetunion für die Auseinandersetzung mit England nur Vorteile zu bringen. Er sah selbst dann keine folgenreichen militärischen Nachteile, wenn dem Kampf im Westen zeitweilig Truppen und Kriegsgerät entzogen werden müßten. Wäre erst der Sieg im Osten errungen, würde die britische Regierung endgültig von der Aussichtslosigkeit weiterer Kriegsanstrengungen überzeugt und zum Frieden gezwungen sein. Denn nicht nur die Hoffnung »Rußland« existierte dann nicht länger, auch die USA würden sich nicht mehr in einen Krieg gegen Deutschland begeben wollen.
Möglicherweise kam Hitler sein im Verlauf des Sommers gefaßter, dann wieder und wieder erhärteter Entschluß lediglich als eine geringfügige Modifikation des ursprünglichen Kriegsplans vor. Sicher wollte er sich wohl auch nicht eingestehen, in welchem Maße die erfolgte Korrektur durch das ihn beschleichende Unbehagen verursacht worden war, wenn er an einen Landungsversuch auf der britischen Insel dachte. Ein solches Unternehmen erschien ihm extrem schwierig und riskant. Hitler erachtete es im Frühherbst 1940 nicht nur wegen der fortgeschrittenen Jahreszeit für unausführbar, die Voraussetzungen für eine Invasion zu schaffen. Er zweifelte vielmehr generell daran, den Gegner auf diese Weise zur Kapitulation zwingen zu können. Das dennoch nicht aufgegebene Ziel wollte er nun nicht durch den Einmarsch in London, sondern durch die Eroberung Moskaus erreichen.
Diese Überlegungen waren in zweierlei Hinsicht fraglich. Einerseits konnte bezweifelt werden, daß Großbritannien kapitulierte, wenn die Sowjetunion besiegt sei. Doch waren dafür ebensowenig schlüssige Beweise zu erbringen wie für Hitlers gegenteilige Erwartung. Andererseits waren Bedenken möglich, ob der Krieg gegen die Großmacht im Osten mit dem angenommenen raschen Triumph enden werde. Wäre das nicht der Fall, könnte Großbritannien von der veränderten Lage erheblich profitieren und neue Kräfte schöpfen. Obwohl Hitlers höchst optimistische Erwartung über die Folgen eines Blitzsiegs in Osteuropa nicht von allen Militärs geteilt wurde, trat dem »Führer« doch niemand entschieden entgegen.
»Russisches Problem in Angriff nehmen. Gedankliche Vorbereitungen treffen«, notierte sich der Chef des Heeres-Generalstabs Halder, nachdem ihm Brauchitsch über die Besprechung bei Hitler vom 21. Juli 1940 berichtet hatte. Zu diesem Zeitpunkt mochten die mit der Planung des neuen Feldzugs beauftragten Militärs noch auf eine Kapitulation Großbritanniens hoffen. Wenig später konnten sie diese Annahme bereits ausschlie-

ßen. So gingen die Generalstäbler, die nicht nur eine bloße Gedankenskizze des Feldzugs anzufertigen hatten, in dem Bewußtsein an die Arbeit, daß sie mindestens für eine begrenzte Phase einen Zweifrontenkrieg vorbereiten mußten. Inzwischen war auch ausgesprochen, daß der Angriff im Osten möglicherweise noch im Herbst 1940 begonnen werden sollte.

Am 2. August wurde die erst kürzlich erteilte Weisung, die Heeresrüstung zugunsten von Luftwaffe und Kriegsmarine zu reduzieren, auf Hitlers Befehl hin wieder aufgehoben. Die Verminderung der Landstreitkräfte werde nicht erfolgen, statt dessen ihre Stärke 1941 auf 180 Felddivisionen gebracht werden.[6]

Demonstrativ stellte sich Hitler fünf Tage später bei Alfried Krupp in der Villa Hügel ein, um ihn als »Pionier der Arbeit« zu ehren. Die Essener Werke waren bereits am 1. Mai 1940 zum »nationalsozialistischen Musterbetrieb« erklärt worden. Zwei weitere Tage darauf erging ein Befehl unter der Bezeichnung »Aufbau Ost«, der die Herstellung der Voraussetzungen für den Aufmarsch des deutschen Heeres an den Grenzen der UdSSR und die Sicherung der Nachschubwege betraf.

Die am 13. August eröffnete Luftschlacht gegen England verlief von Beginn an unplanmäßig. Zwar gelang es deutschen Bomberverbänden, Tag für Tag über den Kanal in das Luftgebiet über Südengland einzudringen und verheerende Zerstörungen zu verursachen. Allein während eines Angriffs auf London am 6. September 1940 kamen mehr als eintausend Einwohner um. Doch stellte sich rasch heraus, daß die Wirkung der Bombardements insgesamt weit überschätzt, die Abwehrkräfte des Gegners hingegen grob unterschätzt worden waren. Das Fazit für die deutschen Kriegsplanungen war ernüchternd: Die eigene Luftüberlegenheit war nicht erreicht und damit die entscheidende Voraussetzung für eine Invasion nicht hergestellt. Generell hatten sich die Grenzen des Luftkriegs offenbart.

Hitler glaubte in den folgenden Monaten weiterhin, daß der Bombenkrieg ein erfolgversprechendes Mittel sei, Regierung und Bevölkerung des Inselreichs, das seit Jahrhunderten keine Kriegsverwüstungen erlebt hatte, kapitulationsreif zu stimmen. Am 14. Oktober erklärte er dem italienischen Außenhandelsminister Raffaello Riccardi: Falls die deutschen Truppen in zwei bis drei Monaten nicht auf der Insel gelandet wären, würde zumindest Englands Industrie aus der Luft zerstört sein.[7] Diese Annahme war mit den Tatsachen vollkommen unvereinbar. Die britische Luftwaffe verteidigte nicht nur immer erfolgreicher den eigenen Luftraum, so daß die deutschen Verluste an Flugzeugen dramatisch anwuchsen, sondern war zugleich imstande, Bombenflugzeuge über deutsches Reichsgebiet zu senden, wenn damals auch noch mit relativ geringer Wirkung. Deren Auftauchen allein entlarvte aber Görings Ankündigung, er wolle »Meier« heißen, wenn auch nur ein feindliches Flugzeug Deutschland erreichen könnte, als großsprecherisch. Hitler behauptete daraufhin, der Luftkrieg gegen die Zivilbevölkerung sei von den Gegnern begonnen worden, und drohte in einer Rede, die er am 4. September 1940 aus Anlaß der Eröffnung des 2. Kriegswinterhilfswerks (KWHW) hielt, er werde die britischen Städte »ausradieren« lassen.

Die Mehrheit der Deutschen, die schon bald nach der Kapitulation Frankreichs das Ende des Krieges nahe geglaubt hatte, wartete auf die Sondermeldung über die Landung auf der Insel. »Von Tag zu Tag wird die Bevölkerung ungeduldiger«, hieß es in einem Bericht des Sicherheitsdienstes am 11. Juli 1940.[8] Die Führung kam nicht umhin, darauf zu reagieren. Goebbels erklärte in einer Rede in Krakau hinhaltend, der »Führer« werde den richtigen Zeitpunkt wählen, an dem das Unternehmen geringe Verluste verursache. Hitler wiederum behandelte das Thema vor einer aufgeputschten Menge im Berliner Sportpalast im Stile eines Kabarettisten. An die Engländer gewandt versicherte er, so falsche Erwartungen erneut bestärkend, »er werde kommen«.

Nachdem Hitler nochmals mit Raeder konferiert hatte, entschied er jedoch am 17. September den Aufschub des »Unternehmens Seelöwe«. Angesichts des hereinbrechenden Herbstes und der verschlechterten Witterungsbedingungen bedeutete das bereits den Verzicht auf das Vorhaben, obwohl die definitive Preisgabe und die Einstellung der Vorbereitungen erst am 12. Oktober erfolgten. Lediglich zur zeitweiligen Tarnung wurden einzelne Maßnahmen nicht sofort abgebrochen. Damit veränderte sich auch die Funktion des Bombenkrieges gegen England. Nun war er nicht mehr Auftakt der Invasion, sondern richtete sich darauf, den Ausbau der Rüstungsindustrie zu behindern und durch Angriffe auf Hafenanlagen und Schiffe Großbritanniens Einfuhr zu blockieren. Zum ersten Mal sah sich Hitler gezwungen, einen befohlenen Feldzugsplan aufzugeben. Aber nicht zum ersten Mal verdrängte er einen Mißerfolg.

Am wenigsten wollte er ihn seinem Verbündeten Italien eingestehen, dessen Truppen auf afrikanischem Boden an Landfronten gegen englische Einheiten kämpften. Von Libyen aus bereiteten sie einen Angriff in Richtung Alexandria vor. Auch die in Abessinien abgeschnittenen italienischen Verbände meldeten noch Erfolge bei Vorstößen nach Britisch-Somalia und in den Süden des Sudan, die freilich für den Gesamtverlauf des

Krieges bedeutungslos waren. Hitler traf mit Mussolini am 4. Oktober 1940 am Brenner zusammen. Eine Woche zuvor war von den Außenministern Deutschlands und Italiens sowie dem japanischen Botschafter in Berlin ein Dreimächtepakt unterzeichnet worden. In seinen Bestimmungen kam unübersehbar zum Ausdruck, daß die Führer im hochmilitarisierten Japan nicht anders als die beiden faschistischen Diktatoren in Europa zunehmend den Boden der Wirklichkeit verlassen hatten. Laut Vertragstext wurde Japan von den beiden anderen Partnern die Führung bei der »Schaffung einer neuen Ordnung im großasiatischen Raum« zugestanden, während gleichsam im Gegenzug Japan Italien und Deutschland die Gestaltung der »neuen Ordnung in Europa« überließ. Der Pakt fixierte die Beistandspflicht der drei Unterzeichner für den Fall, daß einer von ihnen angegriffen würde. Doch enthielt diese Bestimmung den Zusatz, daß der Vertrag »in keiner Weise den politischen Status« berühre, der gegenwärtig zwischen ihnen und der Sowjetunion bestehe.[9] Damit aber war das Abkommen für den geplanten Krieg Deutschlands gegen die UdSSR, wie immer er begonnen wurde, ziemlich wertlos.

Ein wesentlicher Teil des Gesprächs zwischen Hitler und Mussolini am Brenner gestaltete sich so, als ob der Krieg bereits gewonnen wäre. Lange und ernsthaft erörterten sie die Bedingungen, die sie Frankreich in einem Friedensvertrag diktieren wollten, obwohl sie wußten, daß allein deren Bekanntgabe für sie unerwünschte Folgen hätte. Der Duce bezeichnete es als Ausdruck von Bescheidenheit, daß er nur geringfügige Grenzkorrekturen im Gebiet um Nizza, die Insel Korsika, Tunis und Französisch-Somalia fordere. Hitler seinerseits bestand auf Elsaß-Lothringen mit einer, wie er nebulös erklärte, verbesserten strategischen Grenze, sowie auf der Aneignung der Erzbecken von Briey und Longwy, die schon im Ersten Weltkrieg die Begehrlichkeit deutscher Schwerindustrieller wachgerufen hatten, und zudem auf Gebietserweiterungen südlich von Belfort. Darüber hinaus forderte er militärische Stützpunkte an der marokkanischen Atlantikküste und eine »Abrundung« von Deutschlands mittelafrikanischem Kolonialbesitz.

Außerdem entwickelte der »Führer« dem Duce dann seine Sicht auf die Kriegskonstellation und erläuterte insbesondere die Absichten, die seiner unmittelbar bevorstehenden Reise zu Pétain und Franco zugrunde lagen. Von Stalin, darin stimmten die beiden imperialistischen Diktatoren überein, sei nichts zu fürchten. Doch hielt Hitler es für wünschenswert, dessen Ambitionen ganz von Ost- und Südosteuropa ab- und nach Indien hinzulenken. Diesen Gedanken verfolgte er in den folgenden Wochen weiter, obwohl ihm wegen seiner Realisierbarkeit von vornherein Zweifel kamen. Aus Hitlers Darlegungen mußte Mussolini entnehmen, daß die Vorbereitungen für eine Landung auf dem britischen Festland noch in vollem Gange seien und das Unternehmen täglich erfolgen könne. Bisher, berichtete ihm sein Partner, habe man vergeblich auf einige Tage guten Wetters gewartet. Andernfalls wäre die Landung längst erfolgt. Deutsche Truppen übten Tag und Nacht, was sie für den Angriff auf die Insel beherrschen müßten.[10]

Ungeniert band Hitler seinem engsten Verbündeten einen Bären auf. Ehrlich gingen die beiden Achsenpartner also nicht miteinander um, was ihre guten Beziehungen jedoch keineswegs trübte. Flunkerei schien sie eher noch zu fundieren. Jedenfalls schieden Hitler und Mussolini an diesem Oktobertag, ohne daß ein Schatten auf das deutsch-italienische Bündnis gefallen war.

Hatte Hitler die Invasionsvorbereitungen auch vollständig gestoppt, so wollte er doch die Wirkung des Bombenkriegs gegen England durch militärische Schläge an der »Peripherie« ergänzen. Generalstäbler wurden mit den verschiedensten Entwürfen für Attacken gegen britische Bastionen beauftragt. Sie verfolgten zum Beispiel die Idee, über Bulgarien und die Türkei zum Suezkanal zu gelangen oder den Weg dahin über Kreta und Ägypten zu nehmen. Erwogen wurde ferner der Griff nach Madeira, den Kapverden und den Azoren, wodurch der Kriegsmarine günstigere Basen für den Seekrieg im Atlantik gegeben und später Flüge von Fernkampfbombern in die USA ermöglicht werden sollten.

Am dringendsten erschien Hitler aber die Inbesitznahme von Gibraltar, wodurch sich die militärische Situation im Mittelmeer und damit für den Kampf um Nordafrika grundlegend wandeln würde. Hier war die Stellung der Achsenmächte in mehrfacher Hinsicht instabil. Im Augenblick hielten die nordwest-afrikanischen Kolonien Frankreichs noch zur Vichy-Regierung. Doch war keineswegs sicher, daß sie nicht eines Tages auf die Seite der Bewegung des Freien Frankreich übergingen, an dessen Spitze Charles de Gaulle stand, der nach der französischen Niederlage von Großbritannien aus unverzüglich zur Fortsetzung des Krieges aufgerufen hatte. Von einer denkbaren Landung britischer Truppen und französischer Einheiten in Marokko und ihrem Vordringen nach Algerien würden ermutigende Einflüsse auf die Widerstandsbewegung im besetzten Teil Frankreichs und für die Opposition gegen die Politik der Vichy-Regierung ausgehen. Dieser Gefahr konnte von deutscher Seite so lange nicht begegnet werden, wie die Festung am westlichen Zugang zum Mittelmeer nicht erobert war und

somit eine wichtige Brücke nach Afrika fehlte. Da der spanische Diktator Franco bislang einem militärischen Schlag gegen Gibraltar entgegenstand, vereinbarte Hitler ein Treffen mit ihm. Er wollte Spanien als Kriegsverbündeten für die Achsenmächte gewinnen und Frankreich enger an deren Politik binden und auf eine klare antienglische Position festlegen.
Am 23. Oktober 1940 traf der »Führer« zum ersten und einzigen Mal mit dem Caudillo zusammen. Hendaye, der vereinbarte Ort ihrer Begegnung, lag direkt an der französisch-spanischen Grenze im besetzten Teil Frankreichs. Hitler saß dort einem Manne gegenüber, der ohne Deutschlands und Italiens Hilfe im Exil oder als Hochverräter auf einer Anklagebank in Madrid geendet hätte. Hitler erwartete deshalb von seinem Gesprächspartner besondere Dankbarkeit. Davon war aber bei Franco keine Spur zu entdecken, so daß der enttäuschte Hitler später Mussolini gegenüber äußerte, daß der Generalissimus »nur ein Durchschnittsoffizier« wäre, der durch Zufälle an die Staatsspitze gelangt sei.[11] Der spanische Diktator wollte Hitler zu einem Handel über die Beute aus einem Kriege veranlassen, an dem sein Land keinen einzigen Tag teilgenommen hatte. Er erhob Ansprüche auf Französisch-Marokko, wobei er möglicherweise vorher einkalkulierte, daß Hitler darauf nicht eingehen konnte. Wie Mussolini im Jahre 1939 stellte Franco außerdem die Forderung, daß Deutschland im Falle eines spanischen Kriegseintritts zu einem erheblichen Teil dessen Lebensmittel- und Rohstoffversorgung sichern müsse.[12]
Es ist anzunehmen, daß sich Hitler auf der Rückreise veranlaßt sah, Soll und Haben des »Handels« abzuwägen. Er mochte sich fragen, welche Bedeutung das militärische Eingreifen eines Landes hat, das sich von den Folgen des Bürgerkriegs nicht erholt hatte, kein gefestigtes politisches Regime besaß und zudem eine Hungersnot durchlitt. Sein Urteil über das Zusammentreffen wurde aber vor allem von der Überlegung dominiert, daß der Operationsplan für die Eroberung Gibraltars in den Tresoren der Militärs verbleiben müßte, wenn eine Änderung der spanischen Haltung nicht erreicht würde.
Montoire in der Nähe der Trennlinie zwischen dem besetzten und dem unbesetzten Gebiet Frankreichs war Hitlers nächste Station. Nachdem er schon auf der Hinfahrt mit Laval zusammengetroffen war, begegnete er nun Frankreichs Staats- und Regierungschef Pétain. Dessen Regierung hatte die Beziehungen zu Großbritannien abgebrochen, nachdem in Oran stationierte französische Kriegsschiffe am 3. Juli 1940 von einem britischen Flottenverband zusammengeschossen worden waren, um zu verhindern, daß sie an die Deutschen ausgeliefert würden und deren Streit-

kräfte im Mittelmeer verstärkten. Der Marschall, der im Ersten Weltkrieg Ruhm erworben hatte, als er sich den Titel eines »Retters von Verdun« erwarb, vertrat die Interessen kollaborationswilliger Kräfte Frankreichs.
Was immer Hitler sich von der Begegnung versprochen haben mag, blieb sein Geheimnis. Er konnte Pétain nichts bieten, was dessen Position verbessert hätte. Selbst auf den Wunsch, einen beträchtlichen Teil der französischen Kriegsgefangenen zu entlassen, durfte er nicht eingehen, denn angesichts der bevorstehenden Einberufungen für den Ostfeldzug wurden sie als Arbeitskräfte in Deutschland dringend benötigt. So blieb Hitlers gegenüber Mussolini vor dem Treffen mit Pétain geäußerte Idee, Frankreich zu aktivem Zusammengehen mit den Achsenmächten zu veranlassen, ein Hirngespinst. Pétain versicherte folglich Hitler die allgemeine Bereitschaft zur Zusammenarbeit, von der bereits Laval gesagt hatte, sie müsse »mit Maß und Vorsicht« angesteuert werden, vermied aber jegliche konkretere Festlegung.[13]
Der Marschall wünschte vor allem die Besetzung ganz Frankreichs durch deutsche Truppen zu verhindern und den Übergang der in den Kolonien stationierten Streitkräfte auf die Seite de Gaulles zu vermeiden. Im letzten Punkt stimmten die Interessen Pétains und des deutschen Oberbefehlshabers überein. Falls die Vichy-Regierung gegen die stärker werdenden Widerstandskräfte nicht Herr der Lage bliebe oder sich die militärische Situation im Westteil des Mittelmeers zugunsten Großbritanniens veränderte, sollte Frankreich nach Hitlers Vorstellung insgesamt besetzt werden. Zu diesem Zweck beauftragte er die Generalstäbler, einen Operationsplan vorzubereiten, der die Tarnbezeichnung »Attila« erhielt.[14]
Die Begegung in Hendaye erwies sich wie die in Montoire als Fehlschlag. Es war nicht gelungen, die Position der Achsenmächte in Westeuropa militärisch oder diplomatisch zu verbessern. Die Gesten, mit denen Hitler in Frankreich um eine prodeutsche Stimmung warb, wirkten eher hilflos. So veranlaßte er die feierliche Überführung der Gebeine des Sohnes Napoleons I. von Wien in den Invalidendom zu Paris. Die Zeremonie, die am 15. Dezember 1940 stattfand, büßte auch deshalb an beabsichtigter Wirkung ein, weil Marschall Pétain ihr fernblieb und von Vichy nicht nach Paris kam.
Anschließend reiste Hitler mit seinem Sonderzug zunächst nach München, hielt sich dort aber nur wenige Tage auf. Er wollte Mussolini über das Ergebnis seiner Besprechungen informieren und hatte zu diesem Zweck ein Zusammentreffen in Florenz vereinbart. Auf der Fahrt nach Oberitalien wurde Hitler gemeldet, daß der Duce den in Albanien statio-

nierten italienischen Truppen wenige Stunden zuvor den Befehl zum Krieg gegen Griechenland gegeben habe. Durch das deutsche Vorbild ermuntert, hatte offensichtlich der Appetit der italienischen Kriegspartei auf weitere eigene Eroberungen entlang der Küsten des Mittelmeers zugenommen.

Laut mehrfacher Überlieferung hat die Nachricht vom italienischen Alleingang bei Hitler Wutausbrüche ausgelöst. Diese Darstellungen stehen in merkwürdigem Kontrast zu der Tatsache, daß ihm die Vorbereitung des Unternehmens nicht verborgen geblieben war.[15] Dennoch hatte er nichts unternommen, um den Duce von einem Schritt abzuhalten, der die Gefahr heraufbeschwor, daß englische Truppen in Griechenland landeten und damit die britische Position im Mittelmeer stärkten.

Hitler unterließ jeglichen Vorwurf, als er dem Duce am 28. Oktober 1940 im Palazzo Vecchio und später im Palazzo Medici Pitti gegenübersaß. Er konnte selbst nicht mit Erfolgsmeldungen aufwarten und mußte zudem eingestehen, daß die Absicht, in Großbritannien zu landen, aufgegeben war und der Krieg fortan nur von Luftwaffe und U-Booten geführt würde. Allerdings hatte sich Hitler noch nicht völlig von der Idee verabschiedet, für England ungünstigere diplomatische Konstellationen herbeizuführen. Francos Entscheidung sah er nicht als endgültig an, wie sein Fabulieren über ein Dreiertreffen in Florenz zeigt. Außerdem verschwieg er Mussolini die längst auf Hochtouren laufenden Kriegsvorbereitungen gegen die Sowjetunion, wobei er dieses Vorhaben zusätzlich durch die Mitteilung tarnte, daß der sowjetische Außenminister demnächst zu Verhandlungen nach Deutschland kommen werde. Vielmehr gab er vor, Rußland indirekt in die gemeinsame antibritische Front hineinziehen und die sowjetischen Interessen vom Balkan weg und nach Indien hinlenken zu wollen.[16]

Nach Deutschland zurückgekehrt, mußte Hitler eine Reihe anstehender militärischer Entscheidungen treffen. Als er einen Bericht des Generals Ritter von Thoma über den Besuch beim italienischen Stab in Libyen gehört hatte, entschied er sich gegen eine massive Unterstützung des Verbündeten, solange dieser nicht selbst ernsthaft eine Offensive zum Suezkanal vorbereiten würde. Thoma hatte jedoch den Eindruck gewonnen, daß der »endgültige Kampf um das Delta« des Nils vorerst nicht mehr als ein Traum des Duce war.[17] Zunächst sollten daher nur deutsche Flugzeuge den Kampf in Nordafrika unterstützen, wobei der Hafen von Alexandria und der Suezkanal als Angriffsziele bestimmt wurden.[18] Die Entsendung einer Panzerdivision wurde frühestens für den Sommer 1941 vorgesehen.[19] Hitler lehnte es auch ab, sich sofort am Krieg Italiens gegen Griechenland zu beteiligen. Er gab die Weisung, den Einfall in den Balkanstaat für das Frühjahr des nächsten Jahres vorzubereiten. Dem Duce, dessen Truppen inzwischen auf albanischem Boden Niederlagen erlitten und dessen Flotte bei einem britischen Angriff auf den Kriegshafen Tarent schwer getroffen worden war, teilte er am 20. November mit, die deutschen Verbände könnten nicht vor März 1941 in Aktion treten.[20] Dann sollten sie laut Plan für die Operation »Marita« über Mazedonien und Thrakien vordringen. Da auf dem Wege nach Griechenland Bulgarien lag, kam Hitler mit König Boris III. zu einer als privat deklarierten Begegnung in Berchtesgaden zusammen. Er legte dabei seine Absicht offen, Griechenland anzugreifen, und drängte auf den Beitritt des Balkanstaates zum Dreimächtepakt.[21]

Wenige Tage zuvor, am 12. und 13. November, hatte der sowjetische Regierungschef und Außenminister Wjatscheslaw Molotow Berlin besucht. Die Reise war auf eine deutsche Einladung hin zustande gekommen. Nach Stalins Absicht sollte der Besuch bekräftigen, daß die UdSSR die 1939 geschlossenen Verträge strikt einhalten wolle. Das wurde auch

Stalins Abgesandter in der Reichskanzlei. Im Gespräch mit Hitler

durch die Exaktheit bestätigt, mit der die sowjetische Seite ihre Verpflichtungen aus dem bestehenden Handelsvertrag erfüllte. Zugleich aber hatte Molotow Fragen und Beschwerden vorzutragen, die Deutschlands militärische Aktivitäten an der Westgrenze der Sowjetunion betrafen. Selbstverständlich wollte er auch die weiteren Absichten der deutschen Führung ergründen.

Hitlers hauptsächliches Interesse bestand darin, die Machthaber im Kreml über den für 1941 geplanten Krieg zu täuschen. Als dafür geeignetstes Mittel betrachtete er das Angebot einer antibritischen Partnerschaft. Hitler schlug dem Gast ungeniert vor, daß die UdSSR eine Art Parallelkrieg gegen England in Indien beginnen und sich so zum Komplicen der Achsenmächte und ihres fernen Verbündeten Japan machen solle.

Die Situation wies groteske Züge auf, denn angesichts der unvereinbaren Interessen und Standpunkte nahmen die von Hitler und Ribbentrop mit dem Gast geführten Gespräche den Charakter von beziehungslosen Monologen an. Molotow wünschte Sicherheitsgarantien an den europäischen Grenzen der UdSSR, fragte nach dem Sinn der Anwesenheit deutscher Stäbe und Truppen in Finnland und in Rumänien, wollte eine genauere Abgrenzung der Einflußsphären erreichen, wobei ihn im besonderen die Haltung und Stellung Bulgariens und der Zugang zu den Meerengen der Dardanellen interessierten. Dagegen beschränkte sich Hitler darauf, ihn zur Teilnahme an der Zerstückelung des britischen Weltreichs einzuladen.[22] Lapidar notierte sich Ribbentrops Staatssekretär Ernst von Weizsäcker: »Molotow ist kein Mann, dem man mit nebelhaften Zukunftshoffnungen auf die britische Konkursmasse beikommen könnte.«[23]

Obendrein hatte der Gast im Verlauf der Gespräche kein Hehl aus seiner Meinung gemacht, daß der Krieg für Deutschland keineswegs schon gewonnen wäre. So bestand das hauptsächliche Ergebnis des Treffens für die deutsche Seite darin, daß die Angriffsabsicht vor allem vor der eigenen Bevölkerung erneut verschleiert wurde. Außerdem hatte sich Hitler wiederum davon überzeugt, daß die sowjetische Seite aus dem Krieg zwar weiterhin Vorteile ziehen wollte, eine Bundesgenossenschaft mit den Staaten des Dreimächtepaktes ihr jedoch fernlag. Zwar war sie von Molotow nicht brüsk ausgeschlagen, aber doch diplomatisch geschickt an unerfüllbare Vorbedingungen geknüpft worden. Daß sich die Sowjetunion aus dem Kriege heraushalten wollte, beeindruckte Hitler nicht einen Moment. Damit der Molotow-Besuch von den Generalstäblern, die mit der Planung des Ostfeldzugs befaßt waren, nicht mißverstanden wurde, wies der Oberbefehlshaber noch einmal ausdrücklich an, daß die »Vorbereitungen für den Osten fortzuführen« seien.[24]

Für Hitler blieb Molotow der einzige Politiker des Kreml, der ihm je persönlich begegnete. Offenbar hinterließ dieses Treffen bei ihm Eindruck. Es gab keinen Grund, ruhmsüchtig darauf zurückzukommen. Tatsächlich erwähnte Hitler bei den vielen, sich oft über Stunden hinziehenden Tischgesprächen später nie den Namen des sowjetischen Außenministers. Allerdings beutete er den Besuch unmittelbar in einer Rede aus, die er am 14. November vor »Frontarbeitern« in der Reichskanzlei hielt. Die britische Seite spekuliere darauf, »Amerika in den Krieg zu ziehen« oder »Rußland wegzuziehen«, ließ er seine Zuhörer wissen. Weiter versicherte er: Ich »habe alles überdacht und vorsorglicherweise ein Weltgebäude aufgerichtet, eine Weltabwehrmacht, so groß, daß jede Kombination, möge sie sein wie immer, daran scheitern wird«.[25]

Die Situation jener letzten Monate und Wochen des Jahres 1940 faßte der gut informierte Ulrich von Hassell, der bis 1938 deutscher Botschafter in Rom gewesen und dann aus dem diplomatischen Dienst ausgeschieden war, in ein einprägsames Bild. Hitler wie Mussolini würden »bald hier bald dort gegen die Stangen des Gitters springen, vorläufig mehr in Gedanken als in Taten, indem bald der eine, bald der andere neue Kriegsplan ins Auge gefaßt wird«.[26] Doch war der Käfig immerhin groß, und in ihm befand sich die Beute der Jahre 1938 bis 1940.

Nach dem Treffen mit Molotow hatte sich Hitler zunächst wieder auf den Obersalzberg begeben. Dort empfing er den König der Belgier, einen seiner kollaborationswilligen Gefangenen. Doch wie im Falle Pétains hatte Hitler auch Leopold III. nichts zu bieten, was dessen Stellung im besetzten Land verbessern konnte. Der Gast erfuhr nur, daß die belgischen Kriegsgefangenen als Arbeitskräfte in Deutschland bleiben müßten und die Offiziere ebenfalls erst nach Friedensschluß entlassen würden. Auch eine noch so kleine Armee könne Belgien nicht zugestanden werden. Hitler sicherte dem Gast nicht einmal die künftige Unabhängigkeit des Landes zu.[27]

Die Erfolge, die von der deutschen Diplomatie bei der Vorbereitung des Krieges gegen die Sowjetunion erreicht werden konnten, waren bescheiden und beschränkten sich auf die engere Bindung südosteuropäischer Staaten an das von diesen als Führungsmacht akzeptierte Deutschland. Am 20. November reiste Hitler nach Wien, um dem Beitritt Ungarns zum Dreimächtepakt beizuwohnen. Drei Tage später vollzog Rumänien den gleichen Akt in Berlin. Aus diesem Anlaß kam Ion Antonescu nach

Deutschland. Der Conducator, der die Interessen derjenigen Kreise vertrat, die auf Kosten Ungarns und der UdSSR ein Großrumänien anstrebten, war ein Politikertyp nach Hitlers Geschmack und nahm auf dessen Favoritenskala nach Mussolini klar den zweiten Platz ein. Antonescu genoß so viel Vertrauen, daß ihm Hitler sogar Deutschlands Eintritt in den Krieg gegen Griechenland an der Seite Italiens andeutete.[28] Am 24. November schloß sich auch der slowakische Satellitenstaat dem Dreimächtepakt an, so daß die Front der antisowjetischen Verbündeten des Reiches formiert war.

Am 5. Dezember erörterte Hitler mit Brauchitsch, Keitel, Jodl und Halder die Kriegszüge des kommenden Jahres.[29] Drei Vorhaben wurden beraten: die Eroberung Gibraltars, die im Februar erfolgen sollte, der Angriff auf Griechenland, der für März vorgesehen war, und der Feldzug gegen die Sowjetunion, als dessen frühester Beginn die Maimitte galt. Mit dieser Agenda hatten sich weiterreichende Pläne zur Eroberung Madeiras, der Kapverden und der Azoren erledigt. Den letzteren Unternehmen war zwar bei Zusammenfassung aller See- und Luftstreitkräfte Erfolgsaussicht zuerkannt worden, doch blieb zweifelhaft, wie das Eroberte danach behauptet werden sollte.

Zwei Tage später wurde die Operationsplanung um eine weitere Position verkürzt. Der »Führer« beriet gerade mit seinem Stab und den herbeigerufenen Generalen Kübler und Freiherr von Richthofen den Angriff auf Gibraltar, als er einen Bericht des nach Spanien entsandten Chefs der Militärspionage, Admiral Canaris, erhielt, der ihn davon unterrichtete, daß Franco nach wie vor einen Kriegseintritt an Deutschlands und Italiens Seite ablehnte.[30] Hitler gab in den folgenden Wochen bis Anfang 1941 die Versuche nicht auf, den Caudillo umzustimmen. So drängte er Mussolini, der mit Franco am 12. Februar 1941 im italienischen Bordighera zusammentraf, seinen Gast aufs neue zu bearbeiten. Vorher schon hatte er Franco einen Brief geschrieben, in dem es beziehungsreich hieß, jetzt sei »weniger weise Voraussicht als ein kühnes Herz« erforderlich.[31] Doch glaubten weder er noch Mussolini an einen Erfolg ihrer Bemühungen.

Von nun an konzentrierte sich die Aufmerksamkeit Hitlers ganz auf die beiden anderen Unternehmen, wobei der »Großfeldzug« im Osten eindeutig Vorrang besaß. Ihn bereitete eine Gruppe von Generalstabsoffizieren unter der Leitung des Generalleutnants Friedrich Paulus vor. Am 29. November – zwei Wochen nach Molotows Rückreise – begann ein Planspiel des Krieges, das bis zum 7. Dezember dauerte. Die Ergebnisse

trug Halder dem Oberbefehlshaber zwei Tage später vor. Dabei wurde deutlich, worin Hitlers Hauptsorge bestand: Die Rote Armee könnte mit der Masse ihrer Verbände in die Weite des Landes zurückweichen und so ihre Kampfkraft erhalten.
Kurz vor Jahresende 1940 waren die Arbeiten in den Generalstäben der Wehrmacht und des Heeres dann so weit vorangeschritten, daß Hitler die Weisungen für die Kriegsführung unterschreiben konnte. Am 13. Dezember setzte er zunächst die für den Überfall auf Griechenland in Kraft,[32] sechs Tage später die für den Angriff auf die Sowjetunion. Die entscheidende Aufgabenstellung für den Ostfeldzug lautete: »Die deutsche Wehrmacht muß vorbereitet sein, auch vor Beendigung des Krieges gegen England Sowjetrußland in einem schnellen Feldzug niederzuwerfen.« Entschlossener noch als im Westfeldzug sollten deutsche »Panzerkeile« die »Masse des russischen Heeres« kurz nach Überschreitung der Grenzen der UdSSR vernichten. Als »Nahziel der Operation« wurde die »Abschirmung gegen das asiatische Rußland auf der allgemeinen Linie Wolga – Archangelsk« bezeichnet. Von ihr aus sollten deutsche Luftstreitkräfte »erforderlichenfalls« das »letzte Rußland verbleibende Industriegebiet im Ural« zerstören. Alle Maßnahmen, die einer längeren Anlaufzeit bedürften, seien bis zum 15. Mai 1941 abzuschließen.[33] Striktestc Geheimhaltung aller Vorbereitungen wurde als eine wesentliche Bedingung für den Erfolg angesehen. Am 15. Februar 1941 erging deshalb ein besonderer Befehl Keitels mit »Richtlinien für die Feindtäuschung«.[34] Als Tarnbezeichnung für den Überfall auf die Sowjetunion wurde »Fall Barbarossa« ausgewählt, wobei die Bezugnahme auf den Hohenstaufen-Kaiser willkürlich war, da sein Name nicht für eine abenteuerliche und expansive Ostpolitik stehen konnte.
Hitler setzte sich über alle Bedenken hinweg, die ihm diesmal aus Militärkreisen vorgetragen wurden. Namentlich Raeder befürchtete negative Folgen des Ostfeldzugs für den Kampf der Kriegsmarine mit der britischen Flotte. Er wollte den Krieg gegen Rußland, von dem auf Jahre hinaus kein Angriff zu befürchten sei, auf die Zeit nach dem Sieg über England verschieben.[35] Kritisch beurteilte auch der Chef der Operationsabteilung der Luftwaffe, General Otto Hoffmann von Waldau, die Möglichkeiten, in West- und Osteuropa gleichzeitig Luftkrieg zu führen. Am 7. Oktober 1940 faßte er sein Urteil in zwei Worten zusammen: »Zweifrontenkrieg unmöglich«.[36] Skeptische Überlegungen stellte auch von Weizsäcker an. Doch ihn beunruhigte lediglich, ob eine eroberte sowjetische Stadt so viel bedeutet wie ein versenktes britisches Kriegsschiff.[37] Völkerrechtliche Be-

Erfolgsmeldungen bei Kriegsbeginn. General Georg von Küchler mit Hitler und Keitel

denken machten weder Militärs noch Zivilisten und auch nicht Diplomaten der sogenannten alten Schule geltend. In keiner der vielen Beratungen, die dem Angriff auf die UdSSR vorausgingen, trat Hitler eine Opposition entgegen. Er entwickelte ungestört seine Zeitvorstellungen, die keinen Zweifel mehr daran ließen, daß er sich bereits auf einen Krieg eingestellt hatte, der mindestens noch zwei Jahre dauern würde. Nach seiner Auffassung müßten im Jahr 1941 »alle kontinentaleuropäischen Probleme« gelöst werden, da die USA 1942 in der Lage seien, in die Auseinandersetzungen einzugreifen.[38]

In der Phase, die auf den Sieg über Frankreich folgte, der sich für den weiteren Kriegsverlauf als nicht ausschlaggebend erwies, und in der Großbritannien trotz schwerer Wunden des Luft- und Seekriegs nicht besiegt werden konnte, erging sich Hitler immer wieder in großsprecherischen öffentlichen Reden. Sie waren mit Drohungen gespickt, mit Herabsetzungen des Gegners und seiner Politiker angefüllt und wiederholten ein um das andere Mal die These von der Unbesiegbarkeit Deutschlands und seiner Verbündeten. Ferner war Hitler, so in einer Rede vor Rüstungsarbeitern am 10. Dezember 1940, bemüht, der erkennbaren Kriegsmüdigkeit zu begegnen. Er beteuerte, daß er den Krieg insgesamt und insbesondere den Luftkrieg gegen Frauen und Kinder nicht gewollt habe. Nun müsse er aber ausgehalten werden. Derart heuchlerische Klagen verband er mit Verheißungen für die Friedenszeit. Wäre diese erst erreicht, könnte der deutsche Volks- und Sozialstaat entstehen. Er werde auch für die Ärmsten »die Heimat sein«, denn diesen Krieg gewännen nicht »ein paar Industrielle oder Millionäre oder ein paar Kapitalisten oder ein paar Adlige«.[39] Solche Ankündigungen sollten dadurch an Wirkung gewinnen, daß Hitler einen besonderen »Erlaß zur Vorbereitung des deutschen Wohnungsbaus nach dem Kriege« unterzeichnete.

Krupp-Arbeiter begrüßen Hitler anläßlich seines Besuchs zum 70. Geburtstag des Firmenchefs (1940)

Aus dem gleichen Grund ernannte er am gleichen Tag Ley zum Reichskommissar für den sozialen Wohnungsbau, der besonders kinderreichen Familien zugute kommen sollte.[40] Vor anderer Zuhörerschaft aber verzichtete Hitler auf die heuchlerische Beteuerung seiner Friedensliebe und verkündete uneingeschränkt sein Verständnis von Weltgeschichte und Weltpolitik, als er am 18. Dezember 1940 den im Berliner Sportpalast versammelten Absolventen der Offiziersschulen die Devise zurief: »Schlage oder Du wirst geschlagen – töte oder Du wirst getötet!«[41]

Immer deutlicher verrieten seine Reden auch die Absicht, die Deutschen auf einen länger dauernden Krieg einzustellen und der unliebsamen Stimmung entgegenzuwirken, die nach jedem militärischen Erfolg sogleich fragte, wann es endlich Frieden geben werde. Hitler lag vor allem daran, Befürchtungen über ein nicht absehbares Kriegsende zu zerstreuen. Wieder und wieder versicherte er: »Wir haben jede Möglichkeit von vornherein einkalkuliert.« Das sollte besagen, daß weder weitere Kriegsgegner noch sonstige Umstände am deutschen Endsieg irgend etwas ändern könnten. Hitlers Rede vom 10. Dezember 1940 enthielt den später vielzitierten Satz: »Wo der deutsche Soldat steht, kommt kein anderer hin.«[42] Die Neujahrsbotschaft verhieß den Deutschen großspurig: »1941 wird die Vollendung des größten Sieges unserer Geschichte bringen.«[43] In seiner Ansprache vom 30. Januar 1941 verstieg sich Hitler zu der Feststellung, daß der Krieg »praktisch« entschieden sei.[44] In der Bevölkerung aber verbreitete sich die Sorge, daß die eigenen Kräfte bereits überspannt bzw. verzettelt würden.[45]

Am 19. und 20. Januar hatte Hitler sich bei einem zweitägigen Treffen mit Mussolini in Salzburg und Berchtesgaden mit der Bilanz der Mißerfolge seines Achsenpartners auseinandersetzen müssen. Die italienischen Truppen waren in Albanien von den Griechen und in Libyen von britischen Einheiten geschlagen worden. Später erinnerte sich Hitler, daß er den Duce bei diesem Treffen »wieder habe aufrichten müssen«.[46] Damals schon waren Rückwirkungen dieser Niederlagen auf die Kriegsstimmung in Italien spürbar. Während einer militärischen Lagebesprechung Hitlers, bei der auch Ribbentrop anwesend war, tauchte zum ersten Mal die Frage auf, ob das Regime Mussolinis zusammenbrechen könnte.[47] Auch um diese Gefahr zu beseitigen, revidierte der deutsche Oberbefehlshaber am 11. Januar 1941 seine erst kurz zuvor gefaßten Entschlüsse und entschied sich, Landtruppen nach Libyen zu entsenden. Das deutsche Korps, »Afrikakorps« genannt, wurde von General Erwin Rommel kommandiert. Es sollte, da derzeit eine Offensive auf Alexandria aussichtslos erschien, als

ein »Sperrverband« wirken und den Verlust Libyens verhindern. Ein Angriff an der nordafrikanischen Front wurde auf die Zeit nach »Barbarossa« in den Winter 1942 vertagt.
Die Begegnung Hitlers mit dem in Bedrängnis geratenen Mussolini am 19. und 20. Januar 1941 ging mit Beratungen führender Militärs einher. Den deutschen Teilnehmern war in einer internen Vorbesprechung eingeschärft worden, über die eigenen Pläne kein Wort zu verlieren. Hitler und Mussolini räsonierten darüber, daß vom Osten, solange der als »klug und vorsichtig« charakterisierte Stalin lebe, keine Gefahr ausginge. Nur nach dessen Tod, wenn möglicherweise »Juden« die Macht im Kreml erlangten, sahen sie Grund zur Sorge. Hitler und Mussolini waren sich auch darin einig, daß von Amerika, selbst wenn es in den Krieg einträte, keine »große Gefahr« drohe.
Die beiden Diktatoren wichen der Frage aus, wie der Krieg zu einem Ende geführt werden sollte. Anders als noch im Herbst 1940 bereitete Hitler den Verbündeten darauf vor, daß es in Bälde keine Invasion auf den britischen Inseln geben werde. Der Angriff gegen sie »ist unser letztes Ziel«, erklärte er jetzt. In dieser Hinsicht befände sich Deutschland in der Rolle des Mannes, der »nur mehr einen Schuß in der Büchse hat«. Damit wollte er ausdrücken, daß eine Landungsoperation nur in Frage käme, wenn ihr Erfolg absolut sicher sei. Im Augenblick wäre eine Pistole auf Großbritannien gerichtet, von der man erst nach dem Kriege bemerken würde, daß sie nicht geladen gewesen sei.[48]
Wie sich Hitler die Erreichung des »letzten Ziels« dachte, hatte er am 9. Januar 1941 Brauchitsch, Keitel, Jodl und weiteren Militärs mit folgenden Worten auseinandergesetzt: Wenn die Engländer »keine Aussicht mehr sähen, den Krieg zu gewinnen, dann würden sie aufhören«.[49] Während dieser Besprechung, die sich vorwiegend mit dem »Fall Barbarossa« befaßte, erläuterte Hitler den Generalen eingehend seine Vorstellungen über den weiteren Gang des Krieges. Rußland sei ein »Koloß ohne Kopf« und dürfe dennoch nicht unterschätzt werden. Wie ein Widerruf dieser Warnung aber mußte sich die anschließende Feststellung ausnehmen: Die Entfernungen, die während des Feldzugs zu bewältigen seien, wären zwar groß, aber nicht größer als die bereits gemeisterten. Ohne den Anflug eines Zweifels am erfolgreichen Ausgang des Blitzkrieges entwickelte Hitler dann seine Absicht, Deutschlands Rüstung nach dem Sieg im Osten umzuorientieren. Das Heer würde auf 40 bis 50 Divisionen verkleinert, die Verstärkung der Kriegsmarine und der Luftwaffe in den Mittelpunkt der Anstrengungen treten. Er wolle die Luftverteidigung über Deutschland

durch den Ausbau der Fliegerabwehr verstärken, die Rüstung allerdings trotzdem weitgehend nach Osten verlagern. Im eroberten Rußland, das Deutschland nicht direkt angegliedert werden solle, käme es darauf an, den »Raum« politisch und wirtschaftlich zu beherrschen. Hitler war sicher, und in diesem Punkte irrte er sich nicht, daß im Augenblick, da der Feldzug im Osten beginne, »Europa den Atem anhalten« werde.[50] Ungeachtet der weit fortgeschrittenen Kriegsvorbereitung ließ er zwei Tage später ein deutsch-sowjetisches Wirtschaftsabkommen unterzeichnen, dessen Volumen das vorausgegangene noch übertraf.

Keine Frage beschäftigte den Oberbefehlshaber, die Militärs und die wenigen über die Angriffsabsicht gegen die UdSSR informierten Zivilisten in den folgenden Monaten mehr, als die Vorbereitung des neuen Feldzugs. Um Heer und Luftwaffe waffentechnisch aufs höchste auszurüsten, waren vermehrte Anstrengungen der Industrie nötig. Hitler hatte am 11. Dezember 1940 Rüstungsindustrielle in der Reichskanzlei empfangen und die Verdienste einiger von ihnen durch die Verleihung des für Zivilisten gestifteten Kriegsverdienstkreuzes demonstrativ herausgestellt. Vor allem an die Konstruktion modernerer Waffen mit höherem Vernichtungsgrad wurden immer größere Anforderungen gestellt. Am 18. Februar berieten sich Hitler und Todt mit Ingenieuren und Konstrukteuren der Panzerwaffen-Werke. Beide stellten klar, daß das Heer an die Industrie seine Forderungen stellen, auf eigene Konstruktionsbüros aber verzichten solle.[51] Die Industriellen hatten sich vor allem auf den weiteren Entzug deutscher Arbeitskräfte einzustellen, da die Männer als Soldaten gebraucht würden. Mit dem Angriffsbeginn sollten die Angehörigen des Jahrgangs 1921 einberufen und die entlassenen Männer der Ersatzreserve I und II erneut mobilisiert werden. In der Wirtschaft würde sich dann ein Defizit an Arbeitskräften von 2,5 Millionen ergeben, wovon nahezu die Hälfte auf den Bedarf der Rüstungsindustrie entfiele.[52] Damit war der noch massenhaftere Einsatz von Kriegsgefangenen und Zivilpersonen, die aus den besetzten Ländern herbeigelockt oder herbeigezwungen wurden, vorgezeichnet.

Göring befaßte sich mit General Thomas schon am 26. Februar 1941 mit der Ausbeutung der sowjetischen Gebiete. Er ging davon aus, daß die deutschen Truppen so rasch vordringen würden, daß nicht mit größeren Zerstörungen der Industrieanlagen zu rechnen sei. Wie Industrie und Landwirtschaft den Zwecken und Zielen der Eroberer nutzbar gemacht werden könnten, beschäftigte einen besonderen Stab, der anfänglich die Tarnbezeichnung »Oldenburg« erhielt und später »Wirtschaftsstab Ost« genannt wurde.

Am 2. Mai 1941 lud der Reichsmarschall in Hitlers Auftrag Generale und Staatssekretäre zu einer Beratung, an der u. a. der Staatssekretär in der Vierjahresplan-Behörde, Paul Körner, der Chef des Wehrmachts-Rüstungsamtes Thomas, der Chef des Stabes »Oldenburg«, Generalleutnant Wilhelm Schubert, der Gruppenchef in diesem Stab, General Hermann von Hanneken, Landwirtschafts-Staatssekretär Hermann Backe, Staatssekretär Friedrich Syrup aus dem Reichsarbeitsministerium und Friedrich Alpers, Staatssekretär Görings im Reichsforstamt, beteiligt waren. Göring forderte, daß die gesamte Wehrmacht im 3. Kriegsjahr aus russischen Ressourcen zu ernähren sei, so daß in Rußland selbst »zweifellos ...zig Millionen Menschen verhungern« müßten. Das vorhandene Fett und Fleisch werde die Truppe voraussichtlich selbst verbrauchen. Ölsaaten, Ölkuchen und dann auch Getreide seien am wichtigsten und sollten mit Vorrang abtransportiert werden.[53] Besondere Aufmerksamkeit galt den Viehbeständen. Es wurde befürchtet, daß die Bevölkerung in den Landstrichen, die von Zulieferungen aus den Überschußgebieten abgeschnitten werden sollten, diese Bestände selbst aufbrauchen würde. Wehrmacht und Zivilverwaltung sollten deshalb sofort nach ihrem Eindringen das vorhandene Vieh in die eigene Hand bringen und verwerten.[54] Die Wirtschaftsstrategie der Eroberer stand der militärischen an Grausamkeit in nichts nach.
Gestützt auf die Erfahrungen des Handels mit der UdSSR, die Informationen aus den Leitungen der deutschen Konzerne und die Ermittlungen der Militär- und Wirtschaftsspionage entstand ein Programm für die Ausbeutung des europäischen Teils der UdSSR. Für besonders wichtige Rohstoffe wurden spezielle Studien angefertigt, so über die Aneignung des kaukasischen Erdöls. Es sei notwendig, hieß es in einer Ausarbeitung des Wehrwirtschafts- und Rüstungsamtes im OKW vom 4. Mai 1941, die Erdölfelder und Raffinerien des Kaukasus, »mindestens das Gebiet um Maikop und Grosny«, und die Transportwege für die Heranschaffung des Erdöls »zu einem möglichst frühen Zeitpunkt in die Hand zu nehmen«.[55]
Von Hitler ungehindert nutzte Göring seine Rolle auch zur eigenen Bereicherung. Er verfügte schon in der ostpreußischen Rominter Heide über ein ausgedehntes Gebiet, in dem sich einst die Hohenzollern bei der Jagd vergnügten. Nun verfolgte er mit dem Einfall in die Sowjetunion den Plan, sich ein noch größeres Revier in der Bialowiezer Heide anzueignen, in dem am Ausgang des Mittelalters die polnischen Könige gejagt hatten und das später den russischen Zaren gehörte.[56]
Stetig vergrößerte sich die Zahl der in den Kriegsplan gegen die Sowjetunion eingeweihten Personen. Unausgesetzt arbeiteten während des Früh-

jahrs Expertengruppen daran, nicht nur das militärische Vorgehen bis in die Einzelheiten zu planen, sondern auch die Organisation und die Mittel der Besatzungsherrschaft detailliert festzulegen. Am 30. März waren die Entscheidungen über den Feldzug so weit getroffen, daß Hitler die Befehlshaber der Heeresgruppen und Armeeoberkommandos in die Reichskanzlei befahl, um sie mit ihren Aufgaben vertraut zu machen. Anders als bisher, so erklärte er unmißverständlich, handele es sich diesmal um einen Vernichtungskampf, der schonungslos und ohne Bedenken geführt werden müsse. Nach der zweieinhalbstündigen Rede vertieften sich die Eingeladenen in die Einzelheiten der militärischen Operationen. Schon am 13. März hatte Keitel »Richtlinien auf Sondergebieten zur Weisung Nr. 21« erlassen, die grundlegende Festlegungen für die Rollenverteilung zwischen Wehrmacht, SS und nichtmilitärischen Dienststellen enthielten. Danach sollten dem vorwärtsstürmenden Heer unter dem Befehl Himmlers stehende Sondereinheiten der SS unmittelbar folgen. Deren Aufgabe würde es sein, »zur Vorbereitung der politischen Verwaltung Sonderaufgaben im Auftrag des Führers« zu lösen, »die sich aus dem endgültig auszutragenden Kampf zweier entgegengesetzter politischer Systeme ergeben«. Im Klartext hieß das: Der Reichsführer SS sollte unmittelbar hinter der Front sofort und gnadenlos gegen alle Personen vorgehen, die auch nur den geringsten Verdacht erregten, sich der deutschen Herrschaft zu widersetzen. Seine Einsatzgruppen sollten ferner den Einzug der »politischen Verwaltung« vorbereiten, die jenseits des militärischen Operationsgebiets aufzubauen und in drei Reichskommissariate – Baltikum, Weißrußland und Ukraine – zu gliedern wäre. Die »Wirtschaftsverwaltung« des gesamten eroberten Gebiets sei vom »Führer« bereits dem »Reichsmarschall« übertragen worden.[57]

Hitler hatte damit die entscheidenden Befugnisse im zu erobernden Osten Brauchitsch, Himmler und Göring sowie den noch zu benennenden Reichskommissaren übertragen. Zusätzlich entschloß er sich zur Bildung einer besonderen, in Berlin etablierten Obersten Reichsbehörde, des Reichsministeriums für die besetzten Ostgebiete. Die Vorstufe dafür stellte die Einrichtung einer Dienststelle des »Beauftragten für die zentrale Bearbeitung der Fragen des osteuropäischen Raumes« dar. An deren Spitze berief Hitler Rosenberg, der ihm wegen seiner Herkunft als ein Ost- und Rußlandexperte erschien. Später erhielt Rosenberg auch den Ministerposten. Sein Bild von den Bürgern des Sowjetstaates hat er in einer Rede auf die Formel gebracht: »die Steppe plus Slawe plus europäische Technik ... , der berittene Mongole und der motorisierte Untermensch«.[58]

Rosenberg, der sich im Kreis der »alten Kämpfer« bis dahin als unterbewertet ansah, ging mit Feuereifer an seine Aufgabe und legte bereits am 7. und 8. Mai die Instruktionen für die Reichskommissare »Ostland«, wozu das Baltikum und Weißrußland gehörten, sowie »Ukraine« vor. Die Gründung eines Kommissariats Kaukasien sollte folgen. Während das Baltikum und Weißrußland ein deutsches Protektorat werden sollten, erwog Rosenberg die spätere Bildung eines ukrainischen Satellitenstaates, dem russisches Gebiet angeschlossen werden sollte. Die Krim nahm er aus, da sie als deutsche Kolonie gedacht war.[59] Diese Projekte fanden im ganzen Hitlers Zustimmung. Lediglich der Idee einer, wenn auch nur vorgetäuschten, staatlichen Souveränität der Ukraine pflichtete er nicht bei.
Der »Führer« blieb auch der seit der Liquidierung Österreichs geübten Praxis treu, Posten und Ämter, die als Folge von Eroberungen neu entstanden, mit seinen ältesten Gefolgsleuten zu besetzen. Diese erhielten somit über ihre Zuständigkeiten und Pfründe im Reich hinaus weitere jenseits der Grenzen. Die Kolonialverwaltung im »Ostland« übergab Hitler Wilhelm-Hinrich Lohse, dem NSDAP-Gauleiter von Schleswig-Holstein, die im »Reichskommissariat Ukraine« dem NSDAP-Gauleiter in Ostpreußen, Erich Koch. Wiederverwendet wurde nun auch der frühere Gauleiter Wilhelm Kube, der das »Generalkommissariat Weißruthenien« bekam und seinen Dienstsitz in Minsk hatte. Als Staatssekretär wurde Rosenberg Alfred Meyer, NSDAP-Gauleiter in Westfalen Nord, beigegeben. Wieder zeigte sich, daß Hitler nur in Ausnahmefällen und dann nur für Ämter, die besondere technische Fähigkeiten erforderten, Neulinge aus seiner Gefolgschaft aufsteigen ließ. In dieser Praxis drückte sich nicht nur das Prinzip aus, treue Ergebenheit zu belohnen, sondern auch die Gewißheit, daß die »alten Kämpfer« bei der Verwirklichung der Besatzungspolitik alle seine Weisungen strikt und skrupellos befolgen würden.
Immer wieder wandte Hitler jetzt der Kampfführung im bevorstehenden Feldzug Aufmerksamkeit zu. Am 13. März 1941 setzte er durch einen besonderen Erlaß die bisher gültigen Bestimmungen über die Kriegsgerichtsbarkeit in der Wehrmacht außer Kraft. Er legte fest, daß Handlungen von Angehörigen der Wehrmacht und »des Gefolges« gegen »feindliche Zivilpersonen« auch dann keinem Verfolgungszwang unterliegen, »wenn die Tat zugleich ein militärisches Verbrechen oder Vergehen ist«. Wenn sich die Täter von gegen die Wehrmacht gerichteten Handlungen nicht sogleich ermitteln ließen, sollten augenblicklich kollektive Gewaltmaßnahmen gegen die Zivilbevölkerung ergriffen werden.[60] Sechs Tage darauf wurden »besondere Anordnungen« des Oberkommandos der

Wehrmacht für das Verhalten der Truppen im feindlichen Gebiet erlassen, in denen es hieß: »Dieser Kampf verlangt rücksichtsloses und energisches Durchgreifen gegen bolschewistische Hetzer, Freischärler, Saboteure, Juden und restlose Beseitigung jedes aktiven oder passiven Widerstands.«[61]
Deutlicher noch als die Schriftsprache der Befehle, Erlasse und Anordnungen waren die mündlichen Ankündigungen und Erläuterungen. Als Hitler am 3. März Richtlinien für »Sondergebiete« im Entwurf vorgelegt wurden, ließ er sie über Jodl an die Abteilung Landesverteidigung im Wehrmachtsführungsstab mit der Bemerkung zurückgeben, daß »alle Bolschewistenhäuptlinge sofort unschädlich zu machen« seien.[62] Am 17. März lautete seine Weisung in einem Gespräch mit Halder, Generalquartiermeister Wagner und dem Chef der Operationsabteilung Heusinger, daß die »von Stalin eingesetzte Intelligenz« vernichtet werden müsse.[63] Am 6. Juni erging schließlich die als »Kommissarbefehl« bekannt gewordene Richtlinie des OKW, die die politischen Kommissare der Roten Armee als »Urheber barbarisch asiatischer Kampfmethoden« denunzierte. Es wurde gefordert, sie »sofort mit der Waffe zu erledigen«, wenn sie im Kampf oder Widerstand ergriffen würden. In Gefangenschaft geratene Kommissare sollten nicht als Kriegsgefangene anerkannt, sondern abgesondert und »erledigt« werden. Der letzte Befehl erschien selbst seinen Urhebern für eine zu weitgehende Verbreitung ungeeignet. Er wurde deshalb in schriftlicher Form nur an die Armeeoberbefehlshaber und die Luftflottenchefs weitergereicht und ansonsten zu mündlicher Bekanntgabe bestimmt.[64]
Für die Generale und Offiziere im Oberkommando der Wehrmacht und des Heeres sowie die mit der Führung von Armeen beauftragten Befehlshaber, Kommandeure und deren Stäbe konnte schon vor Feldzugsbeginn kein Zweifel daran bestehen, daß sie einen unprovozierten Krieg besonderer Art vorbereiteten, dessen grausame Methoden nicht die Reaktion auf das Verhalten des Gegners darstellten, sondern allein der Zielstellung des Eroberers entsprangen. Doch erzeugte das bei ihnen keine Skrupel, ebensowenig zweifelten sie am glücklichen Ausgang des Unternehmens. Die Auffassungen der Generalstäbler wichen trotz einiger Bedenken nicht grundsätzlich von denen Hitlers ab: Sie rechneten mit etwa vier Wochen dauernden Grenzschlachten. Im weiteren Kriegsverlauf erwarteten sie nur geringen Widerstand. Blitzkrieg und Blitzsieg waren gleichsam selbstverständlich. Die Operationsabteilung des Heeres-Generalstabs richtete bereits am 30. Mai 1941 an das Oberkommando der Wehrmacht die Anfrage, welche zukünftigen Operationsräume ins Auge gefaßt seien und welche Feldzüge folglich vorausschauend bearbeitet werden müßten.

Erwähnt wurden in diesem Zusammenhang Gibraltar, Malta, Zypern und Suez sowie der westafrikanische Raum. Die Invasion in England wurde als »Fangstoß« bezeichnet.[65]
Hitler war gewiß schon vor dem Sieg in Westeuropa größenwahnsinnig. Doch seine Umgebung, die Berater und Gehilfen des Oberbefehlshabers, auf Militärschulen und Akademien ausgebildete Generale und Offiziere, unterschieden sich in diesem Punkte kaum noch von ihm. Ihre Vorstellungen vom Feldzug in den Weiten Osteuropas erfuhren auch keine Korrektur, als sein Beginn noch einmal verschoben werden mußte, so daß sie neue Bedenkzeit erhielten. Der für das zeitige Frühjahr geplante Feldzug in Griechenland weitete sich zu einem Balkankrieg aus, der den Aufmarsch gegen die Südfront der Sowjetunion verzögerte.
Angesichts der Bedeutung, die Hitler dem Vorstoß in den Süden der Sowjetunion, der Eroberung der Ukraine sowie der Ölquellen im Vorland und am Rande des Kaukasus beimaß, galt seine besondere Aufmerksamkeit den Entwicklungen auf dem Balkan. In Rumänien schulten deutsche »Lehrtruppen« die Armee, die als Verbündeter entlang der Nordgrenze des Schwarzen Meeres angreifen sollte. Am 1. März gelang es, Bulgarien in den Dreimächtepakt einzubinden. Schon Tags darauf marschierten deutsche Truppen unter dem Befehl des Generalfeldmarschalls List in das Land. Sie bezogen ihre Ausgangsstellungen für den Angriff auf Griechenland, das sich bis dahin aller italienischen Angriffe erfolgreich erwehrt hatte. Hitler hielt es für geboten, dem türkischen Präsidenten Inönü zu versichern, daß sich das Erscheinen der deutschen Wehrmacht in Bulgarien nicht gegen seinen Staat richte, von dessen Grenzen sie sich fernhalten würde. Erst in einer späteren Kriegsphase gedachte er, auch die Türkei zu einem Vasallen Deutschlands zu machen.
Die Befürchtungen, daß die britischen Positionen im Osten des Mittelmeers verstärkt werden könnten, hatten sich inzwischen erfüllt. Großbritannien schuf sich in Kreta Luft- und Seestützpunkte und entsandte am 4. März Truppen auf das Festland. Damit waren die Erdölgebiete Rumäniens durch Luftangriffe bedroht. Vor allem angesichts des Angriffstermins gegen die UdSSR sollte der Feldzug nach Saloniki und Athen rasch, komplikationslos und verlustarm verlaufen. Sein Ziel bestand darin, den gesamten Balkan den deutschen Eroberungsinteressen unterzuordnen und mit seinen Bodenschätzen der Rüstungswirtschaft dienstbar zu machen sowie eine Basis für die Weiterführung des Kampfes gegen Großbritannien im östlichen Mittelmeer zu gewinnen.
Dieses Ziel schien greifbar nahe, da auch maßgebliche politische Kreise

Jugoslawiens eine Annäherung an das übermächtige Deutschland suchten. Dem Besuch des Belgrader Außenministers bei Hitler im Februar 1941 folgte bereits Anfang März die Visite des Prinzen Paul von Jugoslawien, der den noch nicht volljährigen König Peter II. vertrat. Gegen deutliche Widerstände im eigenen Land vollzog die Regierung Jugoslawiens schließlich am 25. März den Beitritt zum Dreimächtepakt, wobei Sonderbedingungen ausgehandelt worden waren. So wurde deutschen Truppen kein Durchmarschrecht gewährt. Außerdem fehlte die Festlegung, daß der neue Partner am Kriege teilnimmt. Dennoch erschien Hitler zur Zeremonie, die im Schloß Belvedere in Wien stattfand. Zwei Tage später stürzten Militärs die jugoslawische Regierung und verhafteten die kollaborationswilligen Minister. In der Hauptstadt des Landes fanden Demonstrationen gegen ein Zusammengehen mit den Achsenmächten statt, die in der Presse des Reichs maßlos übertrieben und als antideutsch hingestellt wurden.

Noch am gleichen Tage ließ Hitler die Kriegsplanungen gegen Griechenland auch auf Jugoslawien ausweiten. Er war nicht gewillt, in Europa eine von ihm nicht gebilligte Entscheidung eines Kleinstaates hinzunehmen. Angesichts des Staatsspektakels in Wien betrachtete Hitler das Auftreten von Kräften, die eigene, von den seinen abweichende Ziele verfolgten, auch als einen Affront gegen seine Person. Das rief in ihm besonderes Rachegelüst hervor. Kaum hatte er die Nachricht vom Umsturz in Belgrad erhalten, entwickelte Hitler vor Göring, Keitel, Brauchitsch, Jodl, Halder und weiteren Generalen den Plan eines Blitzkrieges gegen Jugoslawien.[66] Eine Erklärung der neuen Machthaber über ihr Verhältnis zu Deutschland sollte nicht abgewartet und – wenn sie erfolgte – nicht zur Kenntnis genommen werden. Ribbentrop erhielt Weisung, auf keinerlei Friedenswunsch einzugehen. In den Stunden vor dem Einfall verweigerte Staatssekretär Weizsäcker daher dem jugoslawischen Botschafter den erbetenen Empfang.[67] Den ungarischen Gesandten Sztójay forderte Hitler noch am 27. März auf, für die Teilnahme seines Landes am Krieg einzutreten. In dessen Ergebnis würde Ungarn einen neuen Nachbarn, Kroatien, und einen Zugang zur Adria erhalten.

Vor keinem der bisherigen Feldzüge hatte Hitler so unumwunden klargestellt, daß das Opfer der Aggression zerstückelt werden sollte. Niemals war bis dahin auch so unverblümt erklärt worden, daß die von der Wehrmacht geforderte »unerbittliche Härte« unabhängig vom Widerstand des Angegriffenen anzuwenden sei. Darüber hinaus sollte sie der politischen Einschüchterung dritter Staaten – vornehmlich der Türkei und Griechenlands – dienen. Die Luftwaffe erhielt den Auftrag, »Belgrad in rollenden Angriffen zu zerstören«.

In allen diesen Weisungen kam zum Ausdruck, daß Hitler sich durch die unerwartete Ausweitung des Krieges auf dem Balkan in seinen Planungen für den »Großkrieg« im Osten gestört sah. Deshalb war ihm jedes Mittel recht, seine Armeen rasch und ungeschwächt an die Grenzen der UdSSR zu bringen. Dennoch kam Hitler nicht umhin zu entscheiden, daß der »Beginn der Barbarossa-Unternehmung bis zu vier Wochen verschoben werden« muß.[68]

Als die deutschen Truppen am 6. April 1941 in das Land an der Adria einfielen, eröffneten sie den Krieg mit einem barbarischen Luftbombardement auf Belgrad. Am gleichen Tage griff die deutsche Armee auch über die bulgarisch-griechische Grenze an. Hitler bezog sein Führerhauptquartier wieder im Sonderzug, der in Mönskirchen, 25 Kilometer südlich von Wiener Neustadt an der Strecke nach Graz, stationiert wurde. Im unwahrscheinlichen Fall eines Fliegerangriffs ließ er sich in einen bombensicheren Bergtunnel bugsieren. Hitler demonstrierte erneut seine Unentbehrlichkeit als Feldherr.

Die militärischen Operationen verliefen nach Plan. Weder die jugoslawische Armee noch die griechische, die nun in eine Zange geriet, besaßen eine Chance, sich gegen die kriegserprobte Übermacht zu behaupten. Auch Ungarn beteiligte sich am Krieg gegen seinen westlichen Nachbarn, dessen Truppen nur etwa zehn Tage Widerstand leisten konnten. Horthys Komplicenschaft wurde sogleich durch einen Anteil an der Beute belohnt. Am 14. April stellte sich der aus dem italienischen Exil gekommene Ante Pavelic an die Spitze eines kroatischen Separatstaats, der von Deutschland sofort anerkannt wurde. Er sollte der deutschen Kriegswirtschaft vor allem als Lieferant von Bauxit, Kohle und weiteren Erzen dienen.[69] Bulgariens Truppen griffen zwar nicht in die Kämpfe gegen Griechenland ein, besetzten aber, der Wehrmacht folgend, Teile des Nachbarlandes. Am 27. April 1941 rückten deutsche Truppen in Athen ein und hißten die Hakenkreuzfahne auf der Akropolis.

Hitler hatte zu diesem Zeitpunkt bereits sein Quartier in der Steiermark aufgegeben und war über Graz, Marburg an der Drau und Klagenfurt zurück nach Berchtesgaden gefahren. Er erteilte von dort die Weisung, die Insel Kreta in deutschen Besitz zu bringen, widmete sich aber vor allem den abschließenden Besprechungen für »Barbarossa«. Eine Gruppe des Heeres-Generalstabs wurde zu seiner ständigen Verfügung in einem Zug bei Salzburg etabliert. Am 30. April entschied der Oberbefehlshaber, daß der Angriff im Osten am 22. Juni begonnen werden sollte. Hitler reiste nur zu einem kurzen Aufenthalt nach Berlin, um erneut eine Rede vor jungen Offizieren zu halten und um am 4. Mai vor dem Reichstag den Sieg im Balkanfeldzug zu verkünden. Die Ansprache gipfelte in dem Satz: »Dem deutschen Soldaten ist nichts unmöglich.«[70]

Im Verlauf des Monats April war auch definitiv klar geworden, daß die Sowjetunion nicht in einen deutsch-japanischen Zangengriff geraten würde. Allerdings hielt Hitler eine denkbare Kriegseröffnung des fernen Verbündeten vom Territorium des Kaiserreichs Mandschukuo aus für viel weniger wünschenswert als einen Angriff auf die britischen Positionen in Südasien und insbesondere auf die Schlüsselstellung Singapore. Dadurch würde die britische Flotte von den Randmeeren Europas teilweise abgezogen, so seine Überlegung, und der Krieg gegen das Inselreich für die viel schwächeren deutschen Seestreitkräfte erleichtert. Deshalb hatte er sich schon bei militärischen Beratungen im Februar 1941 dafür ausgesprochen, »Japan sobald wie möglich zum aktiven Handeln« gegen Singapore und damit zum Kampf gegen Großbritannien zu drängen.[71]

Als Hitler am 27. März 1941 den japanischen Außenminister Matsuoka empfing, machte er ihm in wortreichen Ausführungen gleichsam den Mund für einen Angriff auf Englands fernöstliche Territorien wäßrig. So billig und bequem würde Japan diese Gebiete sobald nicht wieder erhalten können, denn der Krieg sei »entschieden«, und Großbritannien habe ihn schon verloren. Matsuoka pflichtete dieser Sicht bei. Doch berichtete er Hitler auch, daß in seinem Lande viele die Jungen der Tigerin gern haben möchten, sich jedoch nicht in deren Höhle begeben wollten. Auch als Matsuoka auf der Rückreise von Rom Berlin das zweite Mal einen Besuch abstattete und erneut mit Hitler sprach, war er lediglich in der Lage, sich für seine eigenen imperialen Gelüste zu verbürgen. Darüber, welche der konkurrierenden Interessen in Japan obsiegen würden, konnte er nichts Bestimmtes sagen.[72]

Während der beiden Gespräche hatte Hitler dem japanischen Gast nicht eine Andeutung über die Kriegspläne gegen die Sowjetunion gemacht. Vielmehr verabschiedete er ihn mit dem Eindruck, daß sich Deutschland ganz auf die Auseinandersetzung mit Großbritannien konzentriere. Zu einer Ausweitung des Krieges könnte es nur kommen, wenn neue Mächte an die Seite des Inselstaates treten würden.

So konnte es Hitler nicht als Verstoß gegen den Geist des Bündnisses werten, als er am 13. April die Nachricht erhielt, daß der japanische Außenminister auf dem Wege in die Heimat Station in Moskau gemacht und

einen sowjetisch-japanischen Nichtangriffspakt unterzeichnet hatte. Hitler interpretierte diesen Schritt so, daß der Verbündete an seinen nördlichen asiatischen Festlandsgrenzen stabile Verhältnisse suche und folglich doch die südliche Expansionsrichtung bevorzuge. Ihm war das recht, weil damit der militärische Konflikt mit Großbritannien und möglicherweise auch mit den USA vorgezeichnet schien. Zudem konnte der Vertrag in Moskau zusätzlich beruhigend wirken.[73]
Auf dem Obersalzberg gingen in den letzten Wochen vor dem Einfall in die Sowjetunion Meldungen sowohl von Siegen als auch von Niederlagen ein. Sie besagten jedoch alle, daß sich Großbritannien nirgendwo geschlagen gab. Die britischen Truppen mußten zwar Kreta räumen und konnten an der nordafrikanischen Küste auch die in Libyen eroberten Gebiete gegen das Afrikakorps nicht behaupten. Doch waren andererseits die Hauptkräfte Italiens in Abessinien zur Kapitulation gezwungen worden. Ende Mai ging zudem die »Bismarck«, eines der modernsten deutschen Schlachtschiffe, verloren. Von da an wurde angesichts der britischen Übermacht auf den Einsatz schwerer deutscher Überwasserstreitkräfte für Unternehmen im Atlantik verzichtet. Die schlechteste Nachricht, die Hitler erreichte, kam aber nicht von einem der Schlachtfelder.
Am 11. Mai 1941 wurde ihm auf dem »Berghof« die Nachricht überbracht, daß sein Stellvertreter mit einem Jagdflugzeug auf dem Wege nach Schottland sei. Der »Heß-Flug«, wie das Unternehmen in der Geschichtswissenschaft kurz genannt worden ist, gab zunächst Hitler und seinen Vertrauten, später Generationen von Forschern und Interessierten Anlaß zu zahlreichen Mutmaßungen. Inzwischen wird allgemein davon ausgegangen, daß der alte Mitkämpfer Hitlers sich von der fixen Idee leiten ließ, durch sein Auftauchen in Großbritannien einen Frieden anbahnen und dadurch einen gleichzeitigen Krieg Deutschlands gegen Westen und gegen Osten vermeiden zu können. Jedenfalls hatte Heß nicht vor, seinen »Führer« zu verraten, sondern wollte ihm vielmehr einen besonderen Dienst erweisen.
So konnte Hitler das Ereignis freilich nicht betrachten. Er und seine Ratgeber hofften zunächst sehnlichst, das Flugzeug möge irgendwo ins Meer gestürzt sein. In der offiziellen Verlautbarung über den Vorfall war davon die Rede, daß Heß das »Opfer von Wahnvorstellungen« geworden sei. Anzeichen geistiger Verwirrung und Zerrüttung hätten sich schon seit einiger Zeit bei ihm beobachten lassen. Davon hatten die Arbeiter der Augsburger Flugzeugwerke jedoch während einer Rede des »Stellvertreters des Führers« anläßlich des »Tages der Arbeit« am 1. Mai 1941 nichts bemerkt. Bei

seinem Besuch hatte Heß Willy Messerschmitt, den Konstrukteur des nach ihm benannten und in der Luftwaffe vielverwendeten Jagdflugzeugs Me 109, mit dem Titel »Pionier der Arbeit« ausgezeichnet.[74]

Churchill kommentierte das unerwartete Ereignis mit den Worten, daß der Wurm im Apfel sei. Gerade diesen Eindruck wollte Hitler auf keinen Fall aufkommen lassen. Er befahl sogleich die Reichs- und Gauleiter der NSDAP zu sich, um ihnen beruhigend zu versichern, daß es sich um die Aktion eines einzelnen gehandelt habe. Auch Mussolini ließ er durch einen besonderen Boten unterrichten und beruhigen. In der deutschen Bevölkerung war die sensationelle Nachricht wochenlang bevorzugter Gesprächsstoff. Als er keine neue Nahrung erhielt, erlahmte allmählich die Aufmerksamkeit. Dies wurde durch das Verhalten der britischen Regierung begünstigt, die den Ankömmling hinter Gitter setzte und ansonsten wenig Aufhebens von seiner Anwesenheit machte. Außerdem wurde der Vorfall bald durch neue Nachrichten und Gerüchte in den Hintergrund gedrängt. Immer häufiger berichteten die internen Meldungen des Sicherheitsdienstes, daß viele Deutsche das Ausbleiben kriegsentscheidender Ereignisse und die Anzeichen eines bevorstehenden Krieges gegen die Sowjetunion besprachen.[75]

Das bleibende Resultat des ungewöhnlichen Ausscheidens von Heß aus der nationalsozialistischen Führungsgruppe war der weitere Aufstieg von Reichsleiter Bormann. Dieser hatte schon bis dahin zu Hitler ein so enges Vertrauensverhältnis, daß ihn dieser mit der Regelung von geheimen staatlichen und privaten Finanzangelegenheiten betraute. Bormann wurde jetzt Leiter einer neu geschaffenen Parteikanzlei, die das Amt »Stellvertreter des Führers« ersetzte. Er erhielt die Befugnisse, wenn auch nicht den Rang eines Ministers, wurde Mitglied der Reichsregierung sowie des Ministerrates für die Reichsverteidigung. Wichtiger als alle Titel aber war die Tatsache, daß sich Bormann ständig im Führerhauptquartier aufhielt. Er fungierte als nichtmilitärischer Ratgeber Hitlers, war sein Sekretär und Assistent, ja selbst so etwas wie seine »Vorzimmerdame«. Nur ganz wenige Vertraute des »Führers« benötigten fortan seine Hilfe nicht, wenn sie außerhalb der Lagebesprechungen zu Hitler gelangen wollten. Das galt lediglich für Göring und Himmler, Goebbels und Speer.

Mitte Juni traf Hitler wieder in Berlin ein. In der Reichskanzlei hielt er vor den Oberbefehlshabern der Heeresgruppen und Armeen sowie den Befehlshabern der Panzergruppen, die den Sieg im Osten erkämpfen sollten, eine Ansprache.[76] Zwei Tage später, am 16. Juni, veröffentlichte Goebbels im »Völkischen Beobachter« einen Artikel unter der Überschrift »Das

Beispiel Kreta«. Dessen Funktion bestand darin, die Eroberung der Mittelmeerinsel durch deutsche Luftstreitkräfte als eine Art Vorübung für die bevorstehende Landung in England hinzustellen und damit erneut von den wahren Absichten abzulenken.

Am 17. Juni erteilte Hitler endgültig Befehl, am 22. Juni, drei Stunden nach Mitternacht, die UdSSR anzugreifen. Über seine Verfassung am Vorabend des Angriffs gibt eine Episode Auskunft: Er diskutierte mit Raeder und Speer über die Anlage einer deutschen Stadt in der Nachbarschaft des norwegischen Drontheim, in der 250 000 Deutsche wohnen und eine Großwerft errichtet werden sollte.[77]

Inzwischen war ein Kurier nach Rom unterwegs, um Mussolini einen Brief zu überbringen. Als die beiden Diktatoren zwanzig Tage zuvor am Brenner zusammengetroffen waren, hatte es Hitler noch für unzweckmäßig gehalten, über die bereits unverrückbar feststehende Angriffsabsicht zu sprechen. Nun schrieb er dem Duce, was er ihn an Beweggründen für die Eröffnung des Krieges gegen die UdSSR glauben machen wollte. Zuvor wiederholte er die Versicherung: »England hat diesen Krieg verloren.« Dann folgte, ganz im Widerspruch zum bisherigen gemeinsamen Urteil über Stalins Haltung, die Behauptung von der unmittelbaren Bedrohung Deutschlands durch einen sowjetischen Angriff. Hitler erklärte jetzt, bereits seit langer Zeit von ihm Kenntnis gehabt zu haben. Das Ausmaß dieser Bedrohung habe ihn bisher daran gehindert, Großbritannien anzugreifen, und ließe die Verwirklichung dieses Plans auch 1941 nicht zu. Um keinerlei Mißtrauen aufkommen zu lassen, erweckte Hitler den Eindruck, daß er sich erst in jüngster Zeit mit einem Angriff gegen Rußland beschäftigt habe. Die endgültige Entscheidung stehe noch aus und würde erst in den nächsten Stunden fallen. Doch fügte der Absender dem erdichteten Hergang hinzu, er schaffe nun eine Lage, in der er sich wieder in Übereinstimmung mit seiner »ganzen Herkunft« befände. Das Ende seiner »Seelenqualen« sei erreicht.[78] Auch in diesem Punkte sollte er sich täuschen.

Kapitel 16

Größenwahn und Weltherrschaft 1941 bis 1942

Der Krieg, auf dessen Schlachtfelder der Oberbefehlshaber die Wehrmacht am 22. Juni 1941 schickte, ist oft mit jenem Feldzug verglichen worden, den der Franzosenkaiser Napoleon I. nahezu auf den Tag genau 139 Jahre zuvor begonnen hatte. Solche Vergleiche fördern Gemeinsamkeiten und Unterschiede zutage. Beide, Napoleon wie Hitler, erblickten in ihrem Krieg gegen die Großmacht im Osten des Kontinents den entscheidenden Schritt auf dem Wege zu einer unangefochtenen Weltherrschaft. Und für den »Führer« wie für den Monarchen bedeutete das größenwahnsinnige Unternehmen unvermutet den Anfang vom Ende.

Gemeinsam war den beiden zeitlich so fernen Ereignissen auch, daß der entartete Sohn der Großen Revolution der Franzosen und der legitime Erbe deutscher imperialistischer Weltmachtträume eine für ihre Zeit beispiellose Streitmacht formierten, mit der sie ihre Ziele sicher zu erreichen hofften. Beide beuteten die menschlichen Ressourcen ihrer eigenen Länder rücksichtslos aus und rekrutierten für ihre Armeen außerdem massenhaft Soldaten und Söldner anderer Staaten. Napoleon gewann oder erpreßte Hilfskräfte aus allen Teilen seines Machtbereichs: aus Italien und Österreich, Polen und Preußen, Bayern, Sachsen und weiteren Staaten des untergegangenen Heiligen Römischen Reiches deutscher Nation. Dennoch sah er immer die aus Franzosen bestehenden Armeen und Regimenter als die verläßlichste und kriegsentscheidende Kraft an. Ähnlich urteilte Hitler, der sich ebenfalls zahlreicher Verbündeter bediente, der Finnen und Rumänen, auf die er noch die größten Hoffnungen setzte, der Ungarn und Slowaken, der Italiener, der Freiwilligen aus eroberten Staaten West- und Nordeuropas sowie der »Blauen Division« aus Spanien und selbst einiger Schweden, die in einer besonderen SS-Formation kämpften.

Sowohl Napoleon als auch Hitler rechneten mit einem kurzen Krieg mit wenigen entscheidenden Schlachten, in denen sie ihre Überlegenheit an Kriegserfahrung ausspielen wollten. Beide versprachen sich von der vollständigen Niederlage der östlichen Großmacht den Triumph über das Inselreich England im Westen, das sie auf dessen eigenem Territorium militärisch nicht zu schlagen vermochten. Napoleon ging davon aus, daß seine Armee nach dem Sieg über das Zarenreich den Ganges erreichen könnte. Nach seiner Überzeugung würde es genügen, diesen Fluß »mit der Spitze des französischen Schwertes zu berühren, um das Gebäude der Handelsgroßmacht zum Einsturz zu bringen«.[1]

Ganz ähnlich spekulierte Hitler. Noch bevor seine Truppen die sowjetische Grenze überschritten hatten, ließ er Pläne für das Vordringen nach Indien über den mittleren Orient und Afghanistan ausarbeiten.[2] Im Kern ihres ignoranten Abenteurertums unterschieden sich die beiden Eroberer nicht. Allerdings kalkulierte Napoleon immerhin noch ein, 1812 möglicherweise nur bis Smolensk zu gelangen und Moskau oder Petersburg erst im folgenden Jahr zu erreichen.[3] Tatsächlich benötigten seine Armeen vom Njemen bis an die Moskwa 84 Tage. Sie hatten damit 950 Kilometer und Tagesmärsche von durchschnittlich 11 Kilometern zurückgelegt, wobei sich das Zarenheer nur ein einziges Mal, bei Borodino, zur Schlacht stellte. Mit einem ähnlichen Verhalten der Roten Armee freilich konnte Hitler nicht rechnen. Er erwartete einen raschen deutschen Sieg als Ergebnis weiträumiger Umfassungsmanöver und vernichtender Einkesselungsschlachten.

Auch strategisch wies die Situation Napoleons und Hitlers bei Beginn der Feldzüge Ähnlichkeiten und Unterschiede auf. Bevor der französische Kaiser in Richtung Moskau aufbrach, hatten die jungen Vereinigten Staaten England den Krieg erklärt. Im Jahre 1941 dagegen leistete die Regierung in Washington dem standhaltenden Großbritannien immer stärker ökonomische und auch direkte militärische Hilfe in Form von Waffenlieferungen. Als Napoleon zur Niederwerfung des Zarenreiches auszog, besaß er im äußersten Westen des Kontinents noch einen unbesiegten Gegner: Spanien. Dort waren einige seiner Marschälle mit ihren Truppen gebunden und trotz all ihrer Erfahrung nicht in der Lage, den Sieg zu erringen. Hitler hingegen glaubte, auf dem Kontinent den Rücken fast vollständig frei zu haben. Nur im besetzten Jugoslawien hielten sich kampfstarke gegnerische Truppen, die sich in schwer zugängliches Gebiet zurückgezogen und den Partisanenkampf begonnen hatten. Als er den Angriffsbefehl gab, ahnte Hitler jedenfalls nicht, daß er alsbald in eine Lage geraten würde, die jener des Franzosenkaisers glich. Während des Ansturms in Richtung Moskau mußte er am 16. September 1941 unvorhergesehen in einer besonderen Weisung Feldmarschall List den Befehl erteilen, die »Aufstandsbewegung im Südostraum niederzuschlagen«.[4]

Eine Landung britischer Truppen in Portugal oder in Spanien schloß Hitler zwar nicht völlig aus, hielt sie aber für ziemlich unwahrscheinlich. Er beließ daher nur vergleichsweise geringfügige Kräfte seiner Streitmacht in Frankreich und anderen besetzten Ländern, um gegen Überraschungen gefeit zu sein. Die Sicherheit des Hinterlandes sollte darüber hinaus – wie schon im September 1939 – durch eine Verhaftungsaktion im Reichsgebiet, die sowjetische Staatsangehörige und deutsche Kommunisten betraf, zusätzlich gestärkt werden.[5]

Die Kriegsziele, die die beiden Eroberer im Osten anstrebten, wichen jedoch gänzlich voneinander ab. Napoleon beabsichtigte nicht, aus Rußland eine französische Kolonie zu machen. Er wollte das Zarenreich durch vernichtende Schläge zur Kapitulation zwingen und seiner Großmachtpolitik unterordnen. Zar Alexander sollte künftig seine Entschlüsse in Paris genehmigen lassen und das Land ein Satellit Frankreichs werden. Jenseits dieser Ziele interessierten den französischen Kaiser die inneren politischen Verhältnisse des Zarenreiches nicht. Auch dessen soziale Struktur wollte er nicht verändern.

Hitlers Pläne unterschieden sich davon grundlegend. Er konnte nicht damit rechnen, daß Stalin oder einer seiner Nachfolger sich zu seinem Vasallen machen lassen würde. Der erklärte Antibolschewist zog aus, den in einer Revolution geborenen Staat vollkommen zu zerschlagen und dessen Gebiet bis zu einer Grenze, die 200 bis 300 Kilometer östlich des Ural verlaufen sollte, in die wichtigste Kolonie des »Großgermanischen Reiches« zu verwandeln.[6] In der Nähe des Ural wollte er zur Abschirmung gegen Asien einen Verteidigungswall, eine Art moderne chinesische Mauer errichten, oder – besser noch – eine Menschenmasse deutscher »Wehrbauern« ansiedeln. Als diese Frage in nationalsozialistischen Kreisen erörtert wurde, äußerte er: »Am Ende ist die beste Mauer immer noch ein lebender Wall.«[7] In seinem Kopf schienen Bilder von der Wehrgrenze herumzugeistern, wie sie einst an der Grenze zwischen Habsburgerreich und Osmanischem Reich existiert hatte.

Selbst unter den Plänen der grausamsten Eroberer, von denen die Weltgeschichte nicht wenige kennt, stachen die Hitlers für den Osten Europas durch ihren verbrecherischen Charakter noch besonders hervor. Millionen Menschen, die in der russischen Nicht-Schwarzerde-Zone lebten oder dorthin vertrieben werden sollten, waren für den Hungertod bestimmt. Wem im eroberten Land überhaupt Lebensrechte zugestanden wurden, dem war ein Sklavendasein zugedacht, das sich an den Vorbildern des »klassischen« Kolonialismus der Europäer in Afrika und Asien orientierte. Die einheimische Bevölkerung sollte gerade so viel lernen dürfen, wie

Überfall auf die UdSSR. Deutsche Truppen vor Grodno

notwendig war, um in vorher deindustrialisierten Gebieten die Befehle der germanischen Herren verstehen und für sie schuften zu können. Für die Unmassen von Nahrungsgütern, die aus Rußland herausgepreßt werden sollten, um Mittel- und Westeuropa zu versorgen, würden den Erzeugern lediglich primitive Bedarfsartikel zugeteilt werden. Hitler sprach zynisch von Kopftüchern und Haushaltsgerät, die als »unsere Ramschware« auf die Märkte des Ostens gebracht und dort überteuert verkauft werden sollten.[8]

Beabsichtigt war freilich, die Bodenschätze des Landes auszubeuten, in erster Linie die Kohle-, Eisen- und Erdölvorkommen sowie den Reichtum an seltenen Erzen. Nur für eine kurze Zeitspanne sollten die sowjetischen Betriebe, um sie im Kriegsinteresse der Eroberer sofort nutzbar zu machen, in staatlicher Regie betrieben werden. Spätestens bei Kriegsende würden sie, wie Hitler gegenüber Göring betonte, in die Hand von Großfirmen und auch von mittleren Unternehmern übergehen.[9] Die Nutzung des Ostens als »Rohstoffland« würde die Existenz einer Arbeiterklasse mit sich bringen, was Hitler Widerstand befürchten ließ. Er gedachte das Problem wie seine Vorgänger und Vorbilder zu lösen: mit gnadenloser und brachialer Gewalt. Erhöben sich in den Weiten des Koloniallandes Aufstände, wären sie von der Luftwaffe niederzubomben.[10] Die Großstädte, in denen er nur Anhäufungen unnützer Esser und Gefahrenherde erblickte, wollte er ohnehin ganz von der Landkarte verschwinden lassen.[11] Wenige Monate nach dem Feldzugsbeginn hatte der »Führer« keine Bedenken, auch öffentlich darüber zu sprechen. So erkärte er am 8. November 1941 in seiner traditionellen Rede in München: »Wenn es den Russen gefällt, ihre Städte in die Luft zu sprengen, ersparen sie uns selbst vielleicht manche Arbeit.«[12]

Immer wieder kreisten Hitlers Gedanken um die Frage, woher die ausreichende Menge von Kolonialherren und Kolonisten zu nehmen sei, ohne die das Riesenland sich nicht beherrschen und ausbeuten ließe. Seine Vorstellung faßte er in den Satz: »Was für England Indien war, wird für uns der Ostraum sein.«[13] Von Englands Herrschaft hatte er indessen nur so viel wahrgenommen, daß die Briten ihre Kronkolonie mit einer geringen Zahl »Weißer« fest im Griff hielten. So oft er dieses ihn faszinierende Beispiel erwähnte, kam ihm nicht in den Sinn, daß sich die englischen Machthaber im Vizekönigreich auch auf Kollaborateure stützten. Dennoch war ihre Herrschaft in eine krisenhafte Phase geraten, die sich als Folge des Krieges soeben noch weiter verschärfte.

Der »Führer« schwärmte oft davon, der deutschen Jugend im Osten des Kontinents ein weites Bewährungs- und Betätigungsfeld zu eröffnen. In Schulen und Formationen der Hitlerjugend wurden schon vor dem Juni 1941 Lieder gesungen wie »In den Ostwind hebt die Fahnen« und »Nach Ostland geht unser Ritt«. Hitler setzte voraus, daß sich diese Jugend massenhaft danach sehnen werde, etwa die Täler und Höhen des Thüringer Waldes und des Erzgebirges, die er – möglicherweise infolge seiner frühen Karl-May-Lektüre – als Armuts- und Elendsgebiete in Erinnerung hatte, mit den Weiten der Ukraine und den Ebenen an der Wolga zu vertauschen.[14] Um im eroberten Land schnell festen Fuß zu fassen, sollten sie dort »germanische Siedlungskerne« bilden. Zur Kolonialisierung des fremden Gebietes verlangte er vom deutschen Volk, sich wie kein zweites in Europa zu vermehren. Der zweite Grund für die Forderung nach kinderreichen »Volksgenossen« ergab sich aus Hitlers Vorstellung vom Gang der Weltgeschichte. Wollten die Deutschen ein Herrenvolk sein, mußten sie, um nicht zu erschlaffen und zu verweichlichen, stets Kriege führen. Die dabei zu erbringenden Menschenopfer waren zu ersetzen.[15]

Wenn es überhaupt möglich ist, zwischen dem Größenwahnsinn des

französischen Kaisers und des deutschen »Führers« zu differenzieren, käme Hitler der erste Platz zu. Obwohl beide glaubten, die Weltgeschichte ihrem Willen unterwerfen zu können, waren die Ziele des Deutsch-Österreichers jedoch noch um einige Grade anachronistischer als die des Korsen. Zu Napoleons Zeiten lebten Millionen Europäer unter der Knute des Feudalismus und waren an absolute Rechtlosigkeit und rabiate Formen von Unterdrückung und Ausbeutung gewöhnt. Gegen Mitte des 20. Jahrhunderts aber existierten oder entstanden verschiedene starke politische und soziale Massenbewegungen, die gegen koloniale Unterwerfung und Versklavung kämpften. Letztere würden sich mit einer Erneuerung des überlebten Kolonialismus nicht abfinden.
Napoleons und Hitlers Armeen hatten vor dem Aufbruch in die Weiten des Ostens zahlreiche militärische Kämpfe bestanden. Unter Napoleons Führung waren vor dem Rußlandfeldzug Zarenheere in mörderischen Schlachten mehrmals besiegt worden. 1805 erlitten sie in der sogenannten Dreikaiserschlacht bei Austerlitz in Mähren eine schwere Niederlage, als Zar Alexander sich mit Kaiser Franz II. verbündet hatte. Ebenso wurden sie 1807 bei Friedland in Ostpreußen geschlagen, worauf Alexander den Frieden von Tilsit schließen mußte. Die Eindrücke dieser blutigen Gemetzel waren es, die den französischen Kaiser zu einem abfälligen Urteil über die Heerführer des Zaren und deren Fähigkeiten veranlaßte, so daß er 1812 hinsichtlich des eigenen Erfolges nicht den geringsten Zweifel hegte.
Darin stand ihm Hitler 1941 nicht nach, obwohl er nicht wußte, was ihm und seinen Marschällen bevorstand. Später gestand er ein, am 22. Juni »ein Tor geöffnet« zu haben, »von dem wir nicht wußten, was dahinter liegt«.[16] Er irrte sich freilich in der Annahme, daß diese Wissenslücke nach vier Monaten Krieg geschlossen wäre. Als Hitler den Angriffsbefehl erteilte, glaubte er jedoch fest daran, von Rußland und der Roten Armee im ganzen ein zutreffendes Bild zu besitzen. Er betrachtete die Großmacht im Osten als Koloß auf tönernen Füßen, der unter den Schlägen der Wehrmacht binnen weniger Wochen zusammenbrechen werde. Diese Vorstellung entsprang seinem antibolschewistischen Wahnbild und wurde durch Informationen der deutschen Militärspionage erhärtet. Hitler ließ außer Betracht, daß der Krieg im Osten bis in das Jahr 1942 hinein dauern könnte. Sein Bild des Kriegsgegners stellte eine Mischung aus korrekten und falschen Bewertungen dar, bestand aus zutreffenden Urteilen und Vorurteilen. Insgesamt gesehen verfügte er jedoch nur über ein Zerrbild, das als Ausgangspunkt der Feldzugsplanung zu einer Fehlrechnung führte, die Millionen Deutsche mit dem Leben bezahlen mußten.

Die Äußerungen Hitlers aus der zweiten Hälfte des Jahres 1941, vor allem in den Aufzeichnungen während der sogenannten Tischgespräche überliefert, bezeugen seine rassistisch geprägten Vorstellungen von Slawen und Asiaten und von der »jüdisch-bolschewistischen Herrschaft« im Kreml. Allerdings hatte er sich inzwischen auch Slawen zu Kriegsverbündeten gemacht, was so wenig in seine Gedankenwelt paßte, daß er diese Tatsache zu verdrängen suchte. So behauptete er von den Kroaten, daß sie wohl mehr Germanen als Slawen wären.[17] Ganz im Sinne des Göring zugeschriebenen Ausspruchs, daß er bestimme, wer Jude sei, entschied nun Hitler, wer zu den Slawen und wer zu den Germanen zählte.

Die slawischen Bewohner im Westen der Sowjetunion betrachtete der »Führer« als Menschenmasse, die derzeit nur durch den Druck ihrer angeblich jüdischen Machthaber zusammengehalten würde. Staatliche und höhere gesellschaftliche Existenzformen seien ihnen fremd und zuwider. Den einzigen Verband, den sie ungezwungen akzeptieren würden, sah er in der Familie. Im Grunde stellte er die Slawen nicht anders als die Juden auf eine Entwicklungsstufe, die nicht weit vom Tierreich entfernt war. Schwadronierte er über Russen und Ukrainer, so fielen ihm immer wieder Kaninchen oder Hasen ein, die zu den am wenigsten wehrhaften Tieren gehören.[18]

Zudem teilte Hitler alle gängigen Klischees, die in weiten Kreisen der deutschen Gesellschaft über die Völker im Osten des Kontinents existierten. Sie seien mehr Asiaten als Europäer, wären arbeitsfaul, geistig träge und gänzlich unschöpferisch. Hatten sie in ihrer Geschichte dennoch irgend etwas Bemerkenswertes vollbracht, das sich nicht schlankweg ableugnen ließ, dann angeblich unter der Leitung irgendwelcher Germanen. Ließen sich diese auch bei größter Phantasie nicht finden, so waren es einige auf geheimnisvolle Weise in slawische Adern geratene Tropfen »germanischen« Blutes, die das Rätsel schließlich »zufriedenstellend« lösten.

Einen gewissen Respekt hatte Hitler allerdings vor Stalin, dem »schlauen Kaukasier«.[19] Er nannte ihn mehr bewundernd als mißbilligend eine Bestie von Format und belegte ihn gelegentlich auch mit dem Prädikat »Gigant«.[20] Gemessen an den Staatsmännern Frankreichs und Großbritanniens ragte Stalin ihm weit heraus. Hitler beeindruckte dabei sowohl die Entscheidung, am Vorabend des Krieges den deutsch-sowjetischen Pakt abzuschließen, als auch die rücksichtslose Ausnutzung des Krieges der kapitalistischen Staaten, um die jeder stützenden Partnerschaft beraubten Nachbarn vor seiner Westgrenze zu erpressen oder zu bekriegen. Die baltischen Staaten waren 1940 vollständig liquidiert und ihr Territorium der UdSSR einverleibt worden. Im gleichen Jahr hatte Rumänien 1918 geraubtes Gebiet hergeben müssen. Auch Finnland waren unter dem Vorwand, größere Sicherheit für das grenznahe Leningrad zu schaffen, Gebiete entrissen worden. Zuletzt hatte der deutsche Diktator durch seine Begegnung mit Molotow eine Vorstellung von der Hartnäckigkeit gewonnen, mit der Stalin seine politischen Ziele verfolgte.

Bis zu einem gewissen Grade besaß Hitler zutreffende Einsichten in Stalins Charakter und dessen innenpolitische Rolle. Er wußte, daß sein Kontrahent nicht anders als er selbst ein absolut skrupelloses Verhältnis zu den Volksmassen besaß und mit einem einzigen Federstrich über Leben und Tod von einzelnen wie von großen Menschengruppen entschied. Hitler war auch bekannt, daß die Industrialisierung das Land erheblich verändert und ihm eine mächtige Basis für seine Rüstungen geschaffen hatte. Er sah, daß diese Entwicklung noch nicht an ihr Ende gelangt war und von Stalin entschlossen vorangetrieben wurde. Der eine Diktator bewunderte den anderen, weil er »mit eiserner Faust dieses Riesenreich zusammengefaßt« habe,[21] und charakterisierte ihn deshalb als eine »einmalige Erscheinung« und »ungeheure Persönlichkeit«. Hitler imponierten an Stalin gerade die Eigenschaften, die ihn in krassesten Widerspruch zu den ursprünglichen Ideen und Plänen für eine sozialistische Gesellschaft gebracht hatten. Hitler erwartete auch nach dem Sieg über die sowjetischen Armeen nicht, daß Stalin aufgeben würde. Möglicherweise werde er sich in diesem Falle hinter den Ural zurückziehen und dort versuchen, ein Reich aufzubauen bzw. nach China gehen.

Selbst als Hitler bereits eigene Kriegserfahrung im Osten gesammelt hatte, wollte er sich doch nicht eingestehen, daß diese Sowjetunion, so viel brutale, von keinem Gesetz begrenzte Gewalt in ihr auch regierte, nicht durch Terror allein zusammengehalten wurde. Dabei war ihm nicht etwa unbekannt, daß sich die inneren Zustände seit den Zarenzeiten erheblich geändert hatten, »der allgemeine Lebensstandard« gestiegen war und die Menschen keinen Hunger mehr litten.[22] Von diesem Wissen wäre es nur ein kurzer Schritt zu der Frage gewesen, warum sie sich einem Eindringling unterwerfen sollten, von dem sie nur Ausplünderung zu erwarten hatten. Doch wäre Hitler nicht er selbst gewesen, wenn er diese Frage gestellt hätte. Die deutsche Propaganda operierte zwar mit der Formel von der »Befreiung vom Bolschewismus«, doch diente sie nur betrügerischen Zwecken. Hitler zog nicht einmal die Kollaboration der Unterworfenen in Betracht. Selbst als der deutschen Wehrmacht die strategische Initiative im Ostfeldzug bereits entrissen war und keine Aussicht bestand, sie zurückzugewinnen, lehnte er den Vorschlag ab, den Kurs der Besatzungspolitik in den »Reichskommissariaten« zu ändern und zu versuchen, Teile der Bevölkerung durch Versprechungen und verlockende Gesten an die Eroberer zu binden.

Hitler war am zweiten Tag nach dem Feldzugsbeginn in ein vorbereitetes ortsfestes Quartier nach Ostpreußen gereist, dessen Tarnbezeichnung »Wolfsschanze« lautete. Dort hatten Bautrupps nahe der Kreisstadt Rastenburg, die schon zu Zeiten Friedrichs II. eine Garnison beherbergte, in einem Waldgebiet einen von der Außenwelt strikt abgeschirmten Komplex von Bunkern und Baracken errichtet. Er war in mehrere Sperrkreise eingeteilt worden; im innersten arbeitete und wohnte der Oberbefehlshaber mit seinen wichtigsten militärischen Beratern. Generalstäbler des OKW und des Heeres standen ihm mit ihren Gehilfen ständig zur Verfügung.

Zwischen ihnen herrschte fortan eine Arbeitsteilung: Der Generalstab des Heeres konzentrierte sich auf alle mit dem Feldzug gegen die Sowjetunion zusammenhängenden Fragen, während der Wehrmachtsführungsstab alle anderen Kriegsschauplätze »bearbeitete«. In der Nähe des Führerhauptquartiers befanden sich stationär oder in Eisenbahnzügen weitere Befehlsstellen, unter anderem die Görings und Himmlers. Den Reichsmarschall bestimmte der »Führer« in einem unveröffentlichten Erlaß vom 29. Juni 1941 erneut und nun zu seinem einzigen Nachfolger, da an die Stelle des in England inhaftierten Heß kein neuer aus dem Kreise seiner Paladine gesetzt wurde.

Zu Hitlers unmittelbarer Umgebung und ständiger Begleitung gehörten der Wehrmachtsadjutant, Oberst Rudolf Schmundt, und die abgeordneten Offiziere von Heer, Luftwaffe und Kriegsmarine, die zu den Befehlshabern Brauchitsch, Göring und Raeder täglich Verbindung hielten. Ebenso besaß Himmler einen Abgesandten in der »Wolfsschanze«. Dort hielt sich außerdem Walter Hewel als Beauftragter des Reichsaußenministers ständig auf. Der Kontakt zu den nichtmilitärischen Regierungsstellen oblag Bormann. Dieses Hauptquartier erforderte eine erhebliche Zahl von Wach- und Dienstpersonal, von Funkern und Telefonisten, Sekretärinnen und Dienern sowie von Köchen und Ärzten. Unter Hitlers Dauergästen nahm der Fotograf Hoffmann eine besondere und bevorzugte Stellung ein.

Niemand, der im Frühsommer 1941 die Bequemlichkeit des noch unzerstörten Berlin mit der Ödnis dieses Hauptquartiers vertauschte, mochte sich vorstellen, daß es – mit größeren und geringeren Unterbrechungen –

bis in den Herbst 1944 hinein sein Aufenthaltsort sein würde. Noch ferner lag allen der Gedanke, daß die Rote Armee eines Tages die Räumung der »Wolfsschanze« erzwingen könnte. Vorerst befanden sich die sowjetischen Truppen, wie Nachrichten von der Front besagten, soweit sie nicht glatt überrumpelt worden waren, auf verlustreichen Rückzügen und mancherorts auf der Flucht. Nicht anders als vor langer Zeit Napoleon lebte Hitler in den Tagen nach dem Einfall in das Riesenreich in Hochstimmung. »Das Volk (könne sich) glücklich preisen«, daß es von einem »Herrscher vom Range Friedrichs des Großen« geführt werde, sagte er über sich bei Tische.[23]

Die drei Heeresgruppen, die über die Grenzen Litauens, Weißrußlands und der Ukraine mit den Angriffszielen Leningrad, Moskau und Kiew vordrangen, erzwangen nicht nur den Vormarsch, sondern konnten berauschende Meldungen über die Anzahl an Gefangenen sowie über erbeutetes und vernichtetes Kriegsgerät an das Hauptquartier senden. Bald wurde dem Oberbefehlshaber allerdings auch mitgeteilt, daß sich dieser Gegner hartnäckiger als die bisherigen verteidigte. Hitler schrieb dies der Sturheit und Stupidität der Russen sowie dem Terror zu, dem die Soldaten der Roten Armee durch ihre Offiziere ausgesetzt seien.[24] Er und auch seine Berater wurden im Juli von der Erwartung beherrscht, daß infolge der schweren sowjetischen Verluste und Einbußen bald der Zeitpunkt kommen müßte, da sich vor der eigenen Front keine geschlossen kämpfenden Verbände mehr befänden und der Weg nach Osten frei wäre.

In Schaufenstern deutscher Städte tauchten geographische Karten auf, auf denen das Vorrücken der deutschen Verbände und ihrer Verbündeten – unter denen Finnen und Rumänen die wichtigsten Kontingente stellten – mit täglich umgesteckten Fähnchen, Nadeln und Schnüren kenntlich gemacht wurden. Oft sammelten sich Passanten vor solchen, häufig inmitten der ärmlicher werdenden Warenauslagen angebrachten Informationen und diskutierten den Fortgang der Kampfhandlungen nach Art von Biertischstrategen. Die rasch aufeinanderfolgenden Siegesmeldungen hatten die anfänglich bangen Reaktionen auf die Proklamation zurückgedrängt, mit der Hitler den Kriegsbeginn bekanntgegeben und ihn als unvermeidlichen Präventivschlag gekennzeichnet hatte. Der Überfall war als ein Akt zur »Rettung Europas« hingestellt und obendrein dazu genutzt worden, den Deutschen ein verlogenes Bild von den wahren Ursachen für die Preisgabe des entworfenen Invasionsplans zu vermitteln. Dieser Krieg, behauptete Hitler nun, wäre bereits längst siegreich beendet worden, wenn es die »bolschewistische Bedrohung« nicht gegeben hätte.[25]

Ungute Gefühle, die durch die Meldung von der erneuten Kriegsausweitung und –verlängerung ausgelöst wurden, wichen bald wieder der Siegeszuversicht. Sie wurde dadurch begünstigt, daß über das Land zwischen Ostsee und Pazifik kaum irgendwelche sachlichen Kenntnisse existierten. Das antibolschewistische Feindbild dominierte, obwohl die diesbezügliche Propaganda nach dem Abschluß des Paktes vom August 1939 gedämpft worden war. Die Vorstellungen über das Kommende reduzierten sich weithin darauf, daß den Soldaten des Ostheeres bis zum Sieg ein weiterer Weg bevorstand als der nach Paris, auf dem auch schmerzliche Verluste nicht ausbleiben würden.

Nur wenige Hitlergegner – unter ihnen vor allem Kommunisten – hofften oder hegten trotz aller Siegessondermeldungen die Überzeugung, daß der deutsche Faschismus am 22. Juni 1941 den ersten Schritt in sein Grab getan hätte. Stalin werde Hitler das Genick brechen, urteilte der seit März 1933 gefangengehaltene frühere Vorsitzende der KPD, Ernst Thälmann. Aber nicht nur Kommunisten, sondern Antifaschisten unterschiedlicher politischer und weltanschaulicher Überzeugung in vielen Ländern schöpften nach der Ausweitung des Krieges gegen die UdSSR neue Hoffnung auf eine Kriegswende. Dadurch wurden Widerstandskämpfer in Deutschland und in besetzten Gebieten mobilisiert. Auch der Partisanenkampf erhielt neuen Auftrieb.

Hitler hingegen zweifelte nicht einen Augenblick daran, sich auf dem Wege zu seinem größten militärischen Sieg zu befinden. Feldherr, so erklärte er mit nicht zu übertreffender Überheblichkeit, wäre er eigentlich wider Willen und gegen seine künstlerische Neigung geworden, sei es aber nun aus der Erkenntnis, daß kein anderer diesen Platz besser ausfüllen könne.[26] In den auf Bormanns Geheiß angefertigten und als Quelle von höchstem Wert aufbewahrten Aufzeichnungen über Hitlers Äußerungen aus jenen Wochen und Monaten der Siege im Osten tritt dem Leser ein Mann entgegen, der sich binnen kurzer Zeit als Herr der Welt wähnte und meinte, daß ihm dieser Platz aufgrund seiner Genialität zustünde. Hitler hielt sich für einen Sachverständigen auf nahezu allen Gebieten des Wissens. Er redete und urteilte über Gegenstände und Themen, mit denen er sich vor längerer oder kürzerer Zeit gerade einmal oberflächlich befaßt hatte. Allenfalls räumte er gelegentlich ein, von praktischer Landwirtschaft nichts zu verstehen. Mit besonderer Vorliebe produzierte sich der Tischherr als Historiker, Völkerkundler und Volkswirtschaftler. Er gab vor, die Geschichte Griechenlands ebenso gut zu kennen wie die der Germanen, die Eigenschaften der Esten genauso gut wie die der Kroaten. Er wußte um die Eßgewohnheiten der Spanier und das Niveau der Shakespeare-Inszenierungen in England. Er hatte bei gleicher Gelegenheit und in gleicher Weise schon in der Reichskanzlei und auf dem »Berghof« schwadroniert, seine Zuhörer fasziniert, verblüfft, abgelenkt oder gelangweilt.

Im Vorgefühl des bereits errungenen Sieges äußerte er sich vorzugsweise darüber, wie das eroberte Europa aussehen und welchen Platz die Deutschen darin einnehmen würden. Deutlich unterschied er zwischen der Herrschaft über den Westen und dem Kolonialregime im Osten des Kontinents. Die Staaten in Westeuropa, soweit sie nicht wie Luxemburg und die Niederlande dem Reich einverleibt werden sollten, würden Verbündete oder Satelliten Deutschlands sein. Dieser Gruppe rechnete der »Führer« auch Großbritannien zu, das er sich nach dessen Kapitulation zu einem besonderen, selbstredend untergeordneten Partner machen wollte. Mit ihm werde Deutschland dann eine militärische Auseinandersetzung gegen die Vereinigten Staaten beginnen und gewinnen, denn die Engländer »sind doch das Volk, mit dem wir uns verbinden können«.[27]

Zu Hitlers Lieblingsthemen zählte in diesen Monaten die Einbeziehung aller »Germanen« in die koloniale Herrschaft über slawische und nichtslawische Völker in Osteuropa. Schon in einer Beratung mit Göring, Rosenberg, Lammers, Bormann und Keitel am 16. Juli 1941 hatte er die Aufmerksamkeit darauf gelenkt, wie sie »den riesenhaften Kuchen handgerecht zu zerlegen« hätten, damit sie »ihn erstens beherrschen, zweitens verwalten und drittens ausbeuten« könnten.[28] Die Deutschen würden alle Vorrechte besitzen, doch sollten auch Dänen, Norweger, Niederländer, Flamen und Schweden dabei auf eigene Rechnung und Gewinn mittun dürfen. Wie die Deutschen würden sie im Osten siedeln und die Einheimischen unterdrücken helfen, die ausreichend ernährt, auf »Fusel« gesetzt und im Zustand des Analphabetentums gehalten werden sollten.[29] Allerdings müßten die »Kolonisatoren« die deutschen Verkehrszeichen kennen, denn Hitler sah die Angehörigen der »Herrenrasse« auf überbreiter Schienenspur in Eisenbahnwagen der Polsterklasse und mit ihren Autos durch die Ländereien fahren, um Geschäfte zu tätigen oder sich auf der Krim zu erholen. Die Halbinsel am Schwarzen Meer sollte übrigens wie der Süden der Ukraine ganz von Deutschen besiedelt werden.[30] Über die Zukunft einiger Gegenden hatte Hitler bereits ziemlich genaue Vorstellungen: Die Krim werde man am besten in »Gotenland« umtaufen und die Pripjat-Sümpfe sowohl für die Schilfernte als auch als riesigen Truppenübungsplatz nutzen.[31] Moskau, Leningrad und andere Großstädte, erklärte Hitler mehrfach, würden von der Landkarte getilgt werden, selbstverständlich erst nach ihrer Ausplünderung.[32]

Mit Bestimmtheit äußerte sich Hitler auch über das Leben im »großgermanischen Kernland« nach dem Sieg. Dabei kehrte er zu einigen Themen immer wieder zurück. Den ersten Platz nahm dabei die Disziplinierung der Massen ein. Auch wenn Hitler den Deutschen die weitaus beste Qualität unter den Völkern zusprach, sie weit über die verbündeten Italiener oder Ungarn stellte, so bedürften sie dennoch ebenfalls ständiger Bevormundung und Reglementierung. Ihre enge und dauerhafte Bindung an den Staat und seinen »Führer« schien ihm erst dann vollendet, wenn alle anderen Bande gelöst wären. Dabei war ihm ungeachtet ihrer regimetreuen Rolle im Kriege vor allem der Einfluß der beiden großen christlichen Kirchen ein Dorn im Auge. Für Hitler war ausgemacht, daß sie in Friedenszeiten – dieser Begriff bedeutete für ihn freilich nur die Unterbrechung von Kriegsphasen – vollständig beseitigt werden müßten. Indessen lag es ihm fern, den Atheismus zu begünstigen. An die Stelle der Verehrung und Anbetung des Christengottes sollte vielmehr die des »Führers« treten, der angeblich Werkzeug der Vorsehung sei.[33]

Fragen des Rechts und der Justiz nahmen den zweiten Platz unter den bevorzugten Gesprächsthemen ein, welche die künftigen Verhaltens- und Organisationsformen der »Herrenrasse« betrafen. Hitler, der fest glaubte, daß Erfolg auch den letzten Skeptiker und hartgesottensten Gegner bestechen und für ihn einnehmen werde, mochte dennoch künftig einen bewaffneten Einsatz der SS im Falle innerer Unruhen nicht gänzlich ausschließen. Weiterhin müßten Deutsche über Deutsche zu Gericht sitzen, hätten die einen die anderen abzustrafen, wenn diese gegen irgendeine »nationalsozialistische Norm« verstießen. Damit dem Staat dabei freie Hand bliebe, wandte sich Hitler gegen jedes normierte Strafrecht und meinte, daß künftig »Rahmenanweisungen«[34] den nach strengen rassistischen Prinzipien ausgewählten Richtern und zu Staatsbediensteten gemachten Rechtsanwälten hinreichend Spielraum für ihre Entscheidungen geben müßten. So könnte eine Skala von Zwangsmaßnahmen von der Prügel- bis zur Todesstrafe angewendet werden. Die Konzentrationslager galten Hitler als eine dauerhaft unentbehrliche Einrichtung. Sie sollten zu riesigen Strafarbeitslagern ausgebaut werden. Himmler, prophezeite er, würde als ihr Herr der größte Unternehmer sein.[35] Sollte es aber einmal zu inneren Unruhen kommen, so habe er dem Reichsführer SS Weisung gegeben, »alles aus der Welt zu räumen, was sich in den Konzentrationslagern findet«.[36]

Wie Hitlers Äußerungen über die Volksbildung klarmachen, war sein Bild von der Mehrheit der »Herrenrasse« auf das Funktionieren bei der Arbeit und im Kriege fixiert. Die vor 1933 lediglich auf Seminaren unterwiesenen Volksschullehrer, deren Ausbildung an Universitäten demokratische und sozialistische Pädagogen vergeblich gefordert hatten, waren nach seinem Urteil falsch qualifiziert. Deshalb habe er mit den neuerrichteten, auf militärischen, sportlichen und weltanschaulichen Drill ausgerichteten Lehrerbildungsanstalten, deren Zöglinge – durchweg männliche Jugendliche – von morgens bis abends Uniformen trugen, bereits Abhilfe geschaffen. In diesem Zusammenhang wandte sich Hitlers Interesse wiederholt der Berufsgruppe zu, die er als die wichtigste betrachtete: die langdienenden Soldaten, die zur Ausbildung von Millionen Wehrpflichtiger unentbehrlich waren. Wer sich jahrelang in Kasernen und auf Truppenübungsplätzen bei der Rekrutenausbildung bewährt hatte, sollte in preußisch-friederizianischer Tradition Lehrer werden oder als »Wehrbauer« in den Osten gehen. Tag für Tag entwickelte Hitler vor seinen Beratern und geladenen Gästen bei Tische seine Zukunftsbilder. Ob Deutsche oder Angehörige anderer Völker, wer ihm für sein imperiales Konzept brauchbar zu sein schien, den schob er auf der künftigen Landkarte Europas hin und her wie eine Figur auf dem Schachbrett.

Als hinter den Soldaten des Ostheeres ein Vierteljahr Krieg lag, mochten sich nur wenige daran erinnern, daß die französischen Korps 1812 zum gleichen Zeitpunkt Moskau schon erreicht hatten. Davon waren die Soldaten der Heeresgruppe Mitte, die Moskau einnehmen sollten, weit entfernt. Diejenigen unter ihnen, die an den »Blitzkriegen« gegen Polen und Frankreich teilgenommen hatten, spürten immer deutlicher, daß sie einem anders kämpfenden Feind auf dem Schlachtfeld gegenüberstanden. Hitler und seine militärischen Berater weigerten sich hingegen lange, sich einzugestehen, daß dieser Feldzug nicht mehr nach ihren Plänen verlief. Ribbentrop prahlte gegenüber einem Gesandten des türkischen Außenministeriums, den er am 12. Juli in Ostpreußen empfing, daß bereits Divisionen von der Ostfront nach dem Westen gebracht würden. Er erweckte so den Eindruck, der Krieg gegen die UdSSR gehöre gleichsam der Vergangenheit an.[37] Am 15. Juli erklärte Hitler dem Botschafter Japans, General Hiroshi Oshima: »Im großen sei die russische Armee bereits zerschlagen« und der »russische Krieg« gewonnen. In drei bis vier Wochen werde er Heerestruppen und Einheiten der Luftwaffe freibekommen, in sechs Wochen würden die letzten Kämpfe im Osten abgeschlossen sein.[38] Tags zuvor hatte Hitler angewiesen, daß der »Umfang des Heeres demnächst wesentlich« verringert werde. Der Geburtsjahrgang 1922 solle erst zu einem möglichst späten Termin einberufen und die Rüstung könne auf die Bedürfnisse der Luftwaffe und des U-Boot-Baus umgestellt werden. Bald mußte er diese Befehle widerrufen.[39]

Selbst wenn man berücksichtigt, daß Hitlers und Ribbentrops großsprecherische Erklärungen gegenüber den Diplomaten der Türkei und Japans die Regierungen in Ankara und Tokio zu entschlossener Parteinahme für die Achsenmächte bewegen sollten, bleibt als Kern all jener Prophezeiungen über das nahe Ende des Krieges gegen die UdSSR eine vollständige Mißdeutung des Kriegsverlaufs übrig, die in einem Zerr- und Wunschbild von der Sowjetunion wurzelte. Am 27. Juli schrieb Hitler dem rumänischen Staatschef Antonescu, der in seiner Gunst auf den zweiten Platz hinter Mussolini gerückt war, man werde wesentliche Produktionsstätten im Osten »wahrscheinlich noch vor der angenommenen Zeit erreichen«.[40]

Mehrfach brach der Oberbefehlshaber in jenen ersten Kriegswochen von Ostpreußen zu Besuchen in die Hauptquartiere der Befehlshaber der Heeresgruppen auf. Seine erste Reise führte nach Norden zu Feldmarschall Ritter von Leeb, dessen Stab er zur Forcierung der auf die Eroberung Leningrads gerichteten Anstrengungen antrieb. Am 4. August erschien Hitler im Hauptquartier des Feldmarschalls Fedor von Bock, der die Heeresgruppe Mitte befehligte. Ihr hatte er Ende Juli die Weisung geben müssen, zur Auffrischung ihrer Kräfte zeitweilig zur Verteidigung überzugehen. Die Kommandeure der beiden Panzergruppen, Guderian und Hoth, machten ihn auf den fortschreitenden Verschleiß aufmerksam, dem die Hauptwaffe des Heeres unterlag. Drei Tage später war Hitler beim Oberbefehlshaber der Heeresgruppe Süd. Deren Front hing weit zurück, so daß die Möglichkeit eines von Süden geführten Flankenstoßes entstand, der die in Richtung Moskau operierenden Verbände treffen konnte. Während dieser Reise dekorierte Hitler Antonescu, den er in Berditschew traf, mit dem Ritterkreuz. Wieder drückte er seine Überzeugung aus, daß der größte Teil der Roten Armee bereits vernichtet sei und von ihr »nur Bruchstücke« noch existierten.[41]

Seit die deutschen Truppen die Grenzen der UdSSR überschritten hatten, waren von Feldmarschällen und Generalen Befehle an Soldaten und Offiziere ergangen, die sie zu brutalem Vorgehen gegen bewaffnete und unbewaffnete Gegner anstachelten. Die Begründungen, die für die Forderung nach äußerster Rücksichtslosigkeit gegeben wurden, unterschieden sich bis in ihre Formulierungen nicht von den Texten der antibolschewistischen Hetzschriften, die nun wieder von Dienststellen der NSDAP, der SS und anderer Gliederungen der Partei herausgegeben wurden. In einer Weisung Keitels vom 23. Juli 1941 wurde gefordert, unter der Bevölkerung derartige Schrecken zu verbreiten, daß ihr »jede Lust zur Widersetzlichkeit« genommen würde.[42] Zwei Tage später kritisierte eine Weisung des Oberbefehlshabers des Heeres, die Generalleutnant z. b. V. Eugen Müller unterzeichnet hatte, daß nicht überall »mit der erforderlichen Härte durchgegriffen« würde. Auch »wo sich passive Widerstände« hinter der Front abzeichneten, Täter sich aber nicht feststellen ließen, wären »unverzüglich kollektive Gewaltmaßnahmen« zu ergreifen. Wer nach Gesinnung und Haltung verdächtig erscheine, sei an die Einsatzgruppen der Sicherheitspolizei und des SD »abzugeben«. Zur Rechtfertigung solchen Vorgehens wurde auf die »Hinterhältigkeit des bolschewistischen Gegners« und das »hetzerische Wirken der Träger des jüdisch-bolschewistischen Systems« verwiesen.[43] Der die im Süden vorstoßende 6. Armee kommandierende Feldmarschall Walter von Reichenau erließ am 10. Oktober 1941 einen Befehl, der Aufgaben der Truppe bei der »Ausrottung des asiatischen Einflusses im europäischen Kulturkreis« fixierte. Der deutsche Soldat im Ostraum sei »Träger einer unerbittlichen völkischen Idee« und müsse Verständnis für die Maßnahmen gegen das »jüdische Untermenschentum« haben.[44] Hitlers Generale hatten ihren Oberbefehlshaber und namentlich dessen Bemerkung, daß der Rotarmist »vorher«, d. h. im Kampf, und »nachher«, d. h. als Gefangener, kein Kamerad sei, offensichtlich vollständig verstanden.[45]

Als die Heeresgruppe Mitte in der zweiten Augusthälfte erneut zum Angriff übergehen konnte, lehnte Hitler den Vorschlag ab, ihre Kräfte sofort in Richtung Moskau vorstoßen zu lassen. Gegen die Meinung des Oberbefehlshabers des Heeres und des Generalstabschefs entschied er am 21. August, daß Moskaus Einnahme nicht das nächste wichtigste Ziel sei. Vielmehr sollten im Norden Leningrad eingeschlossen sowie vor allem im Süden die Krim erobert und das hochindustrialisierte Donez-Gebiet erreicht werden.[46] Hitler markierte damit die »Richtung Petroleum«.[47] Der Angriff auf die sowjetische Hauptstadt war aufgeschoben.

Deutsche Generale, die nach dem Mai 1945 ihre verlorenen Schlachten noch einmal durchspielten, machten diese Entscheidung Hitlers für das Desaster verantwortlich, das im Dezember vor Moskau über die deutschen Truppen hereinbrach, als sowjetische Armeen zum Gegenangriff übergingen. Memoirenschreiber entwarfen das Bild vom »verlorenen Sieg«, ohne glaubhaft machen zu können, daß eine denkbare Einnahme der sowjetischen Hauptstadt den Ausgang des Feldzugs insgesamt entschieden hätte. Alles spricht vielmehr dafür, daß die Einschließung oder Eroberung Moskaus nicht mehr bedeutet hätte als zu Zeiten Napoleons. Lediglich die Entscheidungsschlachten würden dann vermutlich andere Namen tragen und der Kalender des Kriegsgeschehens andere Daten aufweisen.

Hitler hielt weiterhin an seiner Grundidee fest, daß der Sieg im Osten rasch unerschöpfliche Ressourcen für die unbegrenzte Weiterführung des Krieges gegen Großbritannien sicherte und gegebenenfalls einen Kampf gegen die USA ermöglichte. Ein Kriegseintritt der Vereinigten Staaten schien ihm angesichts der immer deutlicheren Hilfsaktionen für England unmittelbar bevorzustehen. Am 7. Juli besetzten amerikanische Truppen Island, um den Seeweg zu den britischen Inseln zu sichern. Zwei Tage später wies Hitler Raeder an, die Kriegführung zur See so zu leiten, daß die Regierung Roosevelt keinen zusätzlichen Grund für einen Kriegseintritt bekäme. Der zu erwartende Kriegsverlauf im Westen veranlaßte ihn, noch rascher zu den Bodenschätzen der Ukraine, im Süden des europäischen Rußland und im Kaukasus gelangen zu wollen. Daher befahl er, einen Teil der Streitkräfte der Heeresgruppe Mitte zunächst nach Süden schwenken zu lassen. Diese Umgruppierung der Kräfte führte dazu, daß sie gemeinsam mit den Armeen Rundstedts den Truppen der Roten Armee im September 1941 auf ukrainischem Boden eine verheerende Niederlage zufügten.

Während diese Operation vorbereitet wurde und Sondermeldungen den Vorstoß an den Dnjepr meldeten, besuchte der Oberbefehlshaber gemeinsam mit Mussolini Ende August mehrere Tage deutsche und italienische Truppen an der Südfront. Nach seiner Rückkehr ließ Keitel am 1. September den Oberbefehlshabern der Wehrmachtsteile und dem Reichsaußenminister eine Denkschrift zustellen. Deren wesentliche Aussage lautete, daß der Krieg im Osten möglicherweise bis in das Jahr 1942 andauern werde.[48] Damit war erstmals – wenn auch nur im engsten Kreis – festgestellt, daß der ursprüngliche Zeitplan des Feldzuges zu den Akten gelegt werden konnte.

Die Absicht, Moskau noch im Jahre 1941 zu erobern, war damit jedoch nicht aufgegeben. Sie fand Niederschlag in der Operation »Taifun«, zu deren Erörterung Hitler am 24. September ins Hauptquartier zu Feldmarschall Bock nach Borissow reiste. Am 2. Oktober begann die Offensive mit dem Ziel Moskau. Hitler erließ einen Befehl an die Soldaten der beteiligten Armeen, der UdSSR den »letzten gewaltigen Hieb« zu versetzen.[49]

Mit Mussolini an der Südfront im Osten

Bereits einen Tag später hielt er eine Rede im Berliner Sportpalast, in der er die Lüge vom Präventivkrieg gegen die Sowjetunion wiederholte. Die gleiche Lüge tischte er auch seinen Verbündeten – so dem kroatischen Marschall Kvaternik und Marschall Antonescu – bei deren Besuchen im Führerhauptquartier auf, wobei er die UdSSR außerdem als eine einzige Waffenfabrik charakterisierte. Voller Haß bezeichnete er die Kriegsgegner als »Tiere« und »Bestien«.
In der erwähnten Rede im Sportpalast führte der »Führer« weiter aus, daß der Feldzug seit seinem Beginn »planmäßig verlaufen« sei. Den Teilnehmern der Kundgebung und den Hörern an den Radiogeräten prägte sich vor allem der Satz ein, daß »dieser Gegner bereits gebrochen und sich nie mehr erheben wird«.[50] Hitlers Ankündigung, daß »Herr Molotow morgen oder übermorgen nicht mehr in Moskau sein werde«, faßten viele Deutsche als das Versprechen auf, die Stadt binnen weniger Tage zu erobern. Damit verband sich ihnen die Vorstellung vom Ende des Krieges im Osten, die wiederum mit der Erwartung eines »neuen Friedensangebots« an und dessen Annahme durch Großbritannien verknüpft war.[51] Wer ge-

nau hingehört hatte, konnte jedoch auch andere Schlußfolgerungen aus Hitlers Rede ziehen. Der erwähnte Aufbau einer »Verwaltung« hinter der Front, deren Tätigkeit Voraussetzungen für einen längeren Krieg schaffen werde, ließ wenig Hoffnung auf ein baldiges Ende des Blutvergießens aufkommen.

Eine Woche später sprach Reichspressechef Dietrich in Berlin ganz im Stile des »Führers« davon, daß der Feldzug im Osten »mit der Zertrümmerung der Heeresgruppe Timoschenko« entschieden sei.[52] Eine Überschrift in der Presse lautete in jenen Tagen: »Der Bolschewismus militärisch erledigt«.[53] Am 15. Oktober meldete der Bericht des Oberkommandos, daß die Zahl der sowjetischen Kriegsgefangenen inzwischen weit über drei Millionen betrage.[54] Dennoch regten sich in der Bevölkerung auch Zweifel. Die bisherigen »Blitzkriege« waren mit der Eroberung und Besetzung von Staaten oder auch der Kapitulation von deren Regierungen zu Ende gegangen. Weder vom einen noch vom anderen konnte im Hinblick auf die Sowjetunion die Rede sein. Vor allem blieben die erhofften Meldungen über das Erlahmen und Versiegen des Widerstands der Roten Armee aus. Hitler behauptete weiterhin – so am 26. Oktober 1941 in einem Gespräch mit dem italienischen Außenminister Ciano –, daß »eigentlich die Entscheidung des Krieges gefallen sei«. Die Erdölquellen des Kaukasus-Gebiets befänden sich bald in deutscher Hand, und italienische Truppen würden an den Kämpfen in Indien beteiligt.[55] Zwei Wochen später sprach er am Jahrestag des Putsches von 1923 wie üblich in München. Zu diesem Zeitpunkt wurden die Wehrmachtsberichte über die Kämpfe im »Raum von Moskau« wortärmer. Hitlers Rückkehr »von der Front« war daher selbst ein Stück Propaganda und sollte den Eindruck hervorrufen, daß es für Besorgnisse über den Kriegsverlauf keine Gründe gäbe. Wieder beteuerte er, die Entscheidung sei bereits gefallen: »Noch niemals ist ein Riesenreich in kürzerer Zeit zertrümmert und niedergeschlagen worden.« Zugleich dämpfte er auch Hoffnungen auf langerwartete Siegesmeldungen, indem er die Eroberung Leningrads als belanglos und überflüssig bezeichnete. Noch konnte er – wie auch im folgenden Jahr 1942 – den meisten Deutschen einreden, daß die Rote Armee und das Land im Osten stark geschwächt und es nur noch eine Frage der Zeit sei, wann ihre Gegenwehr endgültig zusammenbräche. Noch konnte er glaubhaft machen, daß das eroberte Land fest und dauerhaft in deutscher Hand sei und seine fruchtbaren Böden und Bodenschätze nun ausgebeutet werden könnten, so daß die Deutschen im Hinterland materiell vom Krieg kaum etwas spüren müßten. Noch konnte er das Scheitern der Absicht, Moskau und

Leningrad zu erobern, mit der Lüge kaschieren, wegen irgendwelcher »Prestigeerfolge« würden keine Soldaten geopfert.[56]

Hitlers Rede vor den »alten Kämpfern«, im Rundfunk nicht übertragen, zielte darauf, die aufkommende Beunruhigung über die nicht mehr absehbare Dauer des Krieges zu ersticken. Dem gleichen Ziel diente auch die unbestimmte Ankündigung neuer Waffen: »Sie werden staunen«, sagte Hitler mit Blick auf die Kriegsgegner, »mit was wir eines Tages antreten« werden. Und er schloß die Prophezeiung an: »Der Krieg kann dauern, solange wie er will, das letzte Bataillon auf dem Felde wird ein deutsches sein.«[57] Damit war zum ersten Mal in einer »Führer-Rede« ein neuer Ton angeschlagen worden, den die riesige Propagandamaschine in den folgenden Tagen aufgriff und verstärkte: Der Sieg wurde nicht mehr als Resultat von »Blitzkriegen« verkündet, sondern als Ergebnis eines sturen, alle Verluste und Opfer mißachtenden Durchhaltens. Außerdem verhieß der »Führer« Deutschlands Unbesiegbarkeit unter allen denkbaren Konstellationen, womit er die Deutschen darauf einstimmte, daß sie es bald mit einem weiteren Kriegsgegner, den USA, zu tun bekommen würden.

Wie sowohl vertrauliche Gespräche als auch öffentliche Reden bezeugen, nahm Hitler in jenen Wochen des Spätherbstes, da im Osten der Winter hereingebrochen war, den Wunsch für die Wirklichkeit. Der Ostfeldzug war in eine Krise geraten, und der Oberbefehlshaber erwies sich als unfähig, dieser Tatsache in seinen Befehlen Rechnung zu tragen. Niemand nahm das früher wahr als die Feldmarschälle an der Spitze der Heeresgruppen Nord und Mitte, die kommandierenden Generale der Armeen und Divisionen und die Offiziere in den Stäben der Ostfront. In der Hauptstoßrichtung konnten die Truppen vierzehn Tage nach dem Beginn der »Taifun«-Offensive an mehreren Stellen die Hauptverteidigungslinie, die 100 Kilometer vor Moskau verlief, erreichen und sie eine weitere Woche später auch an einzelnen Abschnitten durchbrechen. Doch das Angriffstempo hatte sich drastisch verlangsamt. Die Entfernung zur Hauptstadt bezifferte das Oberkommando noch mit 60 Kilometern. Hitler mußte sich mit den bis dahin nicht vorgesehenen und ungeplanten Offensiven für das Jahr 1942 befassen. Am 19. November beriet er mit Halder die Wiederaufnahme der Angriffe in Richtung Kaukasus und den Vorstoß zur europäischen Südgrenze der UdSSR im März und April des kommenden Jahres.[58]

Anstatt sich im Hauptquartier in die veränderte Kriegslage zu vertiefen und Befehle für den unvermeidlichen Übergang zum Stellungskrieg zu erteilen, floh Hitler aus den verschiedensten Anlässen die »Wolfsschanze«.

Am 21. November 1941 nahm er im Berliner Reichsluftfahrtministerium am Staatsakt für den verstorbenen Generalluftzeugmeister Ernst Udet teil, einen der populärsten Kunstflieger Deutschlands, dessen Flugkünste Millionen Deutsche aus Spielfilmen kannten. Udet war nicht bei der Erprobung einer neuen Waffe umgekommen, wie seinen zahlreichen Bewunderern weisgemacht wurde. Vielmehr hatte er sich – durch Kriegsverlauf und Auseinandersetzungen über die Luftrüstung in immer stärkere Konflikte gestürzt – das Leben genommen.
Bereits eine knappe Woche später begab sich Hitler wieder nach Berlin, diesmal um an Feierlichkeiten aus Anlaß des 5. Jahrestags der Unterzeichnung des Antikomintern-Paktes teilzunehmen. Abgesandte aus allen Teilnehmerstaaten fanden sich ein: aus Japan, Italien, Bulgarien, Ungarn, Kroatien, Finnland, Rumänien, der Slowakei, dem Kaiserreich Mandschukuo, einem Staatsgebilde von Japans Gnaden, und auch aus dem besetzten Dänemark. Der »Führer« traf sich mit einigen der höhergestellten Gäste zu persönlichen Gesprächen, um ihre Erwartungen auf den Endsieg zu stärken. Rumäniens Außenminister Mihai Antonescu versprach er nicht nur die Wiedergewinnung von Gebieten, sondern die Verlegung der Grenze weit nach Osten, einschließlich der Inbesitznahme Odessas. Der Krieg, so versicherte er dem Gast, werde höchstens noch zwei Jahre dauern.[59]
Des »Führers« Gästeliste vom November und Dezember 1941, auf der auch der rumänische König Michael – den Hitler gelegentlich eine »schmutzige kleine Kröte« nannte[60] – und dessen Mutter sowie der Großmufti von Jerusalem Amin al-Husaini und der einflußarme niederländische Faschistenführer Anton Mussert standen, verdeutlichte eher die Bedeutungslosigkeit seiner ausländischen Komplicenschaft, als daß sie ein machtvolles Bündnissystem bezeugte.
In Berlin nahm der Oberbefehlshaber an einem weiteren Staatsakt teil. Werner Mölders, der erfolgreichste und populärste Jagdflieger, war bei Breslau mit einem Flugzeug verunglückt. Der Vorfall erregte noch größeres Aufsehen als der »Absturz« Udets. Mölders hatte bereits zu der in Spanien eingesetzten »Legion Condor« gehört, war in der Nachfolge der Richthofen und Immelmann zum ersten Luftkriegshelden des Zweiten Weltkriegs hochstilisiert, von Hitler selbst zum »erfolgreichsten Jagdflieger der Welt« erklärt und als erster Offizier mit dem höchsten Kriegsorden »Eichenlaub mit Schwertern und Brillanten zum Ritterkreuz des Eisernen Kreuzes« ausgezeichnet worden.[61]
Als der Oberbefehlshaber in das ostpreußische Hauptquartier zurückkehrte, war die militärische Krise offen ausgebrochen. Truppen des angeblich

schon geschlagenen Gegners eroberten Rostow am Don zurück und zwangen den Oberbefehlshaber der Heeresgruppe Süd, Rückzugsbefehle zu erteilen. Der Bericht des Oberkommandos der Wehrmacht meldete am 29. November 1941 beschönigend eine befehlsgemäße Räumung des engeren Stadtgebiets. Sie sei erfolgt, »um Vergeltungsmaßnahmen gegen die Bevölkerung nunmehr rücksichtslos in die Wege zu leiten, die sich völkerrechtswidrig im Rücken der deutschen Truppen am Kampf beteiligt« habe.[62] An den darauffolgenden Tagen hieß es dann aber, die Angriffe der gegnerischen Truppen im »Raum Rostow« dauerten an. Die Wortakrobatik der offiziellen täglichen Meldungen aus der »Wolfsschanze« nahm ihren Anfang.

Hitler reagierte auf die Hiobsbotschaft von der Südfront mit der Absetzung des Oberbefehlshaber der Heeresgruppe. Von Rundstedt war damit der erste aus der Reihe der nach dem Sieg im Westen ernannten Feldmarschälle, den Hitler seines Kommandos enthob. Doch bekam er alsbald Nachfolger. Früher oder später wurden manche wiederverwendet – und niemand so oft wie Rundstedt. Keiner der Abgesetzten weigerte sich je, auf einen der Plätze zurückzukehren, von denen aus sich über das Schicksal Zehn- und Hunderttausender deutscher Soldaten gebieten ließ. Allen galten neue Einsätze offenbar auch als die Wiederherstellung ihrer Ehre.

Hitler flog am 2. Dezember nach Mariupol in das Hauptquartier der Heeresgruppe Süd, die nun Feldmarschall Walter von Reichenau – nur für kurze Zeit, im Januar 1942 erlag er einem Schlaganfall – befehligte. Doch mußte sich der Oberbefehlshaber davon überzeugen lassen, daß die Offensivkraft der eigenen Verbände erschöpft war. Der Weg zu den Ölfeldern, auf den sich die Armeen nach Hitlers Vorstellungen in etwa vier Monaten aufmachen sollten, war bereits an den Zugängen verbarrikadiert. Auch den Osten der Halbinsel Krim konnten die dorthin vorgedrungenen Truppen nicht behaupten. Rostow geriet erst während der Sommeroffensive 1942 zum zweiten Mal in deutsche Hand.

Noch bevor Hitler sich an die Südfront begeben hatte, war ihm von Feldmarschall Bock aus dem Mittelabschnitt gemeldet worden, daß der Zeitpunkt nahe, da seine Verbände am Ende ihrer Kampfkraft sein würden. Doch geriet ihre Vorwärtsbewegung nicht einfach ins Stocken. Vielmehr begannen am 5. und 6. Dezember 1941 sowjetische Armeen vor Moskau, bis an dessen Stadtgrenze die am weitesten vorgedrungenen deutschen Divisionen bereits gelangt waren, eine Offensive. Von den Generalen Iwan Konew und Georgi Shukow befehligt, schlugen sie die Eroberer, die

Unmengen eigenen Kriegsgeräts zurücklassen mußten, in die Flucht. Da sowjetische Gegenangriffe auch die Stellungen der Heeresgruppe Nord trafen und Rückzüge erzwangen, ging binnen weniger Wochen vor Ende des Jahres 1941 jener Nimbus der Unbesiegbarkeit der deutschen Wehrmacht verloren, den sie sich in Polen, Nord- und Westeuropa und auf dem Balkan erworben hatte.

Hitler verweigerte sich zunächst allen Vorschlägen, unhaltbare Frontlinien preiszugeben. Jedoch mußte er am 8. Dezember den Übergang zur operativen Verteidigung befehlen und eingestehen, daß auch im Mittelabschnitt erst 1942 an eine Zurückgewinnung der Initiative gedacht werden könne. Bis dahin sollten die abgekämpften Verbände gegen frische aus den besetzten Gebieten Europas ausgetauscht, neue Jahrgänge einberufen sowie ausgebildet und auch als unabkömmlich in der Rüstungsindustrie belassene junge Arbeiter zur Wehrmacht eingezogen werden.[63] Mit dieser Weisung ging die kategorische und drohende Forderung einher, unbedingt dort auszuhalten, wo die Truppen eben standen – eine Entscheidung, die weder von Feldherrnkunst zeugte, noch zu verwirklichen war.

Während die deutsche Bevölkerung zögernd die veränderte Situation an der Ostfront wahrnahm, erreichte sie eine Sondermeldung aus dem Fernen Osten. Japan hatte am 6. Dezember mit einem überraschenden Angriff auf die amerikanische Pazifikflotte in Pearl Harbor den Krieg gegen die USA eröffnet. Hitler reagierte sofort und gemäß der Zusage an den japanischen Verbündeten: Er reiste nach Berlin, hob die bis dahin gültigen Einschränkungen für den Seekrieg gegen amerikanische Schiffe auf,[64] ließ den Reichstag für den 11. Dezember 1941 einberufen und gab vor ihm die Kriegserklärung Deutschlands an die Vereinigten Staaten bekannt.

Über die Gründe, die ihn veranlaßten, sich so rasch zum Kriegsverbündeten Japans zu machen, existieren verschiedene Deutungen und Spekulationen. Hitler war offenbar zu der Überzeugung gelangt, daß er der militärischen Konfrontation mit den USA ohnehin nicht mehr lange ausweichen konnte. Er hielt es auch propagandistisch für vorteilhafter, nicht auf eine Kriegserklärung aus Washington zu warten, sondern lieber den Eindruck zu erwecken, daß die Initiative auf seiner Seite läge. Es ist nicht nachweisbar und zudem unwahrscheinlich, daß er diesen weitreichenden Schritt im Kreise seiner engsten Vertrauten beraten hatte. Doch handelte es sich keineswegs um einen rätselhaften Entschluß. Er folgte vielmehr aus der extrem abenteuerlichen Haltung des Alles oder Nichts, die Hitler stets geleitet hatte, nun aber besonders deutlich zum Ausdruck kam. Vorläufig war er noch sicher, das Alles zu schaffen.

Inzwischen hatten Großbritannien und die USA ihre Stellung im Krieg noch eindeutiger fixiert, indem sie der UdSSR Kriegsmaterial lieferten. Je länger der Krieg im Osten zu dauern drohte, um so mehr mußte Hitler wünschen, daß beide Westalliierten im Fernen Osten und im Pazifik mit ihren militärischen Kräften gebunden wurden. Er erblickte daher in Japans Kriegseintritt, den er immer wieder provoziert hatte und der aus dem europäischen endgültig einen Weltkrieg machte, eine willkommene Entlastung. Diese kam ihm in dem Augenblick gerade recht, da die eigenen Ziel- und Zeitpläne hinfällig geworden waren. Schließlich schien ihm die Kriegserklärung an die USA immer noch ein Schritt ohne praktische Folgen für die eigenen Feldzugspläne zu sein. Er rechnete fest damit, daß sich die starke transatlantische Macht zuerst gegen Japan wenden würde. Zudem glaubte er, die Sowjetunion 1942 besiegt zu haben, also zu einem Zeitpunkt, bevor die Vereinigten Staaten mit ihren Streitkräften auch nur an der Peripherie des europäischen Kontinents auftauchen könnten.

Die Anfangserfolge des fernen Verbündeten wurden propagandistisch ausgeschlachtet und sollten auch von den Niederlagen und Rückschlägen an der Ostfront ablenken. Die Wehrmachtsberichte teilten den Deutschen nur in kleinen Dosierungen mit, was wirklich geschah. Doch ließ sich nicht verhindern, daß die Bevölkerung durch Feldpost und durch nach Deutschland transportierte Verwundete höchst beunruhigende Nachrichten erreichten. So erfuhr sie, daß eine wachsende Zahl deutscher Soldaten durch Erfrierungen außer Gefecht gesetzt wurden. Es sprach sich herum, daß Väter und Söhne im Russenland jämmerlich froren. Als Hitler Monate später eine Kriegsauszeichnung für die Teilnehmer der Kämpfe im Osten 1941/1942 stiftete, erhielt sie im Volksmund die Bezeichnung »Gefrierfleisch-Medaille«.

Angehörige der deutschen Soldaten mochten sich jener Bilder aus ihren Schulbüchern erinnern, auf denen das Ende der bereits stark dezimierten Großen Armee Napoleons im Schnee und Eis der russischen Ebenen dargestellt wurde und unter denen zu lesen stand: »Mit Mann und Roß und Wagen, hat sie der Herr geschlagen«. Bevor sich jedoch die Frage ausbreiten konnte, wer zu verantworten hatte, daß eine Millionenarmee ohne Winterausrüstung in Gegenden kommandiert worden war, deren klimatische Beschaffenheit kein Staatsgeheimnis des Kreml darstellte, beauftragte Hitler den Propagandaminister, in Deutschland eine Sammlung von Wintersachen für das Ostheer zu organisieren. Unter der Regie der NSDAP wurden seit dem 20. Dezember 1941 Spenden von Winterbekleidung gesammelt. Gefragt war alles, was vor der Kälte schützen konnte, von der

Leibbinde bis zum Pulswärmer, vor allem aber Pelzbekleidung. Kurz nach Weihnachten wurde die Aktion auch auf Skier und Skischuhe ausgedehnt. Hitler wies an, daß jeder, der sich bei dieser Sammlung bereicherte, sogleich aufs Schafott gebracht werden sollte. Darüber hinaus setzte Goebbels das Unternehmen, das zudem auf Täuschung und Beruhigung berechnet war, geschickt ins Bild. In zahlreichen Pressebeiträgen, Rundfunksendungen und Filmen ließ er die Zusammengehörigkeit von Front und Heimat beschwören und das Ergebnis der Sammlung wie einen Schlachtensieg feiern.

Hitler befaßte sich indessen auf seine Weise mit der Krise im Osten. Zuerst machte er weitere Sündenböcke namhaft und verantwortlich. Am 18. Dezember löste er Feldmarschall Bock ab, wofür gesundheitliche Gründe angegeben wurden. Bereits im Januar 1942 betraute ihn der Oberbefehlshaber aber mit der Führung der Heeresgruppe Süd. Am 19. Dezember verlor der Oberbefehlshaber des Heeres von Brauchitsch seinen Posten. Als Grund wurde ein Herzleiden angeführt. Der Feldmarschall wurde nie wieder verwendet, lebte während der Kriegsjahre als Privatier und überstand sie so – anders als die Masse der von ihm 1941 nach Osten geführten Soldaten. Auf eigenes Ersuchen wurde Feldmarschall von Leeb am 16. Januar 1942 als Oberbefehlshaber der Heeresgruppe Nord abgelöst. Auch er lebte bis zum Kriegsende zurückgezogen. Vier Tage später erwähnte Hitler in seiner Tischrunde, er habe dieser Tage einen Blick in die Generalsliste getan und festgestellt: »Die Männer sind alle überaltert.«[65] Auch hatten die Kommandeure der 2. und 4. Panzerarmee, Guderian und Hoth, ihre Kommandos abzugeben. Wie andere traf sie der Vorwurf, ungenehmigte Rückzugsbefehle gegeben zu haben. Mehr als Verluste fürchtete Hitler nämlich die demoralisierende Wirkung kampflosen Zurückweichens. Jedoch kam auch er nicht umhin, mit dem am 28. Dezember erneuerten Befehl zum Ausharren zugleich anzuweisen, eine rückwärtige verkürzte »Winterstellung« vorzubereiten. Am 15. Januar erteilte er sein Einverständnis, diese zu beziehen.[66]

Hitler war sowohl bei Siegen als auch bei Niederlagen unfähig, das Geschehene nüchtern zu analysieren. Wäre er zu einer ungeschönten Gesamtbilanz der Kriegssituation an der Jahreswende 1941/1942 in der Lage gewesen, hätte er zu der Einsicht gelangen müssen, daß die Kräfte des Reiches und seiner Verbündeten weit überfordert waren. Der noch in der Jahresmitte gültige Plan, nach dem Sieg über die UdSSR den kombinierten Luft-See-Krieg gegen Großbritannien zu führen und über die Türkei in den Vorderen Orient, zum Suezkanal und nach Indien vorzustoßen, war bereits erledigt. Dagegen hatte England zwei mächtige Bundesgenossen erhalten. Es konnte eigene, wenn auch nach Ausmaß und Wirkung noch begrenzte, militärische Initiativen im Luft- und Seekrieg ergreifen oder vorbereiten.

Demgegenüber war die deutsche Führung infolge der Bindung und des Schwunds ihrer Kräfte im Osten außerstande, selbst günstige Situationen für ihr Vorgehen zu nutzen. So schlug Raeder vor, die Insel Malta wegen ihrer erstrangigen strategischen Bedeutung für den Krieg im Mittelmeer und in Nordafrika zu erobern. Sein Vorschlag war von der Furcht diktiert, daß sich – bliebe die Insel in britischer Hand – das Kräfteverhältnis an der europäischen Südflanke noch mehr zuungunsten der Achsenmächte entwickeln werde. Doch Hitler ließ sich auf das Ansinnen nicht ein, weil er dem italienischen Verbündeten das Unternehmen allein nicht zutraute und der Ostfront keine deutschen Luftstreitkräfte entziehen konnte. Obendrein fürchtete er zeitweilig mehr, daß Großbritannien an der Nordspitze Europas aktiv werden und sich in Nordnorwegen festsetzen könnte. Dann wäre Deutschland von den Erzlieferungen Schwedens abgeschnitten und Finnland, dem Großbritannien Ende 1941 den Krieg erklärt hatte, gemeinsam mit der Sowjetunion in einen Zangengriff genommen.

Es kennzeichnete die seit der Planung des Unternehmens »Seelöwe« grundlegend gewandelte Situation, daß Hitler am 14. Dezember 1941 anordnete, die deutsch besetzten Küsten vom Nordkap bis zur französisch-spanischen Grenze »westwallartig« auszubauen. Drei Monate darauf, am 23. März 1942, erließ er die Weisung, Vorkehrungen zu treffen, einen britischen Landungsversuch möglichst schon vor, spätestens aber nach dem Erreichen der Küste zu vereiteln.[67]

Im Osten wie im Westen sahen sich die Wehrmachtstruppen in die Verteidigung gedrängt. Auch in Libyen befanden sich deutsche und italienische Divisionen auf dem Rückzug. Zudem begann die Lage der Besatzungskräfte in den okkupierten Gebieten unsicher zu werden. Das galt in erster Linie für Jugoslawien, dessen Territorium die Eroberer zu keinem Zeitpunkt fest in ihren Griff bekamen. Während dort der Partisanenkrieg starke deutsche Truppen band, erhöhten Frankreichs im Untergrund kämpfende Widerstandskräfte ihre Anstrengungen, wobei sie alle durch die sich im Osten anbahnende Wende des Kriegsgeschehens ermutigt wurden.

Hitlers Antwort lautete: Terror. In einem von ihm am 7. Dezember 1941 unterzeichneten Erlaß wurde gefordert, bei »Straftaten«, die sich »gegen das Reich oder die Besatzungsmacht richten«, grundsätzlich die Todesstrafe anzuwenden und sie zum Zwecke der Abschreckung vor Ort sofort zu vollstrecken. Kämen Hinrichtungen nicht in Betracht, sollten die Täter heimlich nach Deutschland verschleppt werden und dort in Konzentrationslagern verschwinden, ohne daß irgend etwas über ihren Verbleib verlautete.[68]

In das jetzt zum Großdeutschen Reich gehörende »Protektorat Böhmen und Mähren« hatte Hitler schon am 17. September 1941 Reinhard Heydrich entsandt, der den erkrankten Neurath ersetzte. Der Chef des Reichssicherheitshauptamtes schien dem Diktator am besten geeignet, die Besatzungsherrschaft in einem Gebiet zu organisieren, das vor allem wegen seiner Rüstungswerke für Deutschlands weitere Kriegführung besonders wichtig war. Augenblicklich begann Heydrich zu tun, was von ihm erwartet wurde und seinen eigenen Vorstellungen von der Herrschaft der »Herrenrasse« entsprang. Er unterdrückte mit blutiger Faust alle Regungen des Widerstands oder auch nur der Unbotmäßigkeit.

Hitler verbrachte das Jahresende 1941 in seinem ostpreußischen Hauptquartier. Zu Besuchen bei Truppen an der Ostfront konnte er sich nicht aufraffen. Auch im Januar 1942 unternahm er keine Flüge zu den Stäben, die damit beschäftigt waren, die zurückweichende Front zu stabilisieren und die Kampfkraft ihrer Truppen in der Kälte des Winters zu erhalten. Während dieses Monats war Himmler häufigster Tischgast in der »Wolfsschanze«. In seine Gesellschaft bat oder beorderte Hitler auch die Minister für Bewaffnung und Munition und für Verkehr, Todt und Dorpmüller, seinen Kanzleramtsminister Lammers, den Reichskommissar in Norwegen, NSDAP-Gauleiter Terboven, den Kommandeur der im Süden der Ostfront eingesetzten »Leibstandarte«, Sepp Dietrich, den von ihm besonders geschätzten General Dietl, der Truppen im äußersten Norden der Ostfront befehligte, den als Nachfolger Udets für die Luftrüstung zuständigen Feldmarschall Erhard Milch sowie weitere Personen, die zur Berichterstattung befohlen waren oder Audienzen erbeten hatten. Sie erlebten einen Oberbefehlshaber, der wieder und wieder sekundäre oder tertiäre Faktoren für den Fehlschlag des »Unternehmens Barbarossa« verantwortlich machte. Er ließ sich über das Versagen des Transportwesens aus, ohne zu fragen, ob er sich über die Tauglichkeit der Reichsbahn-Lokomotiven im Frost der russischen Ebenen vorher Gedanken gemacht hatte. Er klagte über das Versagen der Chemiker, weil sie keine tieffrosttauglichen Schmierstoffe hergestellt und dadurch den Ausfall von Waffen ohne Kriegseinwirkungen verursacht hätten. Er bezichtigte die Meteorologen, nicht deutlich genug vor den Unbilden des Klimas gewarnt zu haben. Das Wort »Blitzkrieg«, fand er jetzt plötzlich heraus, sei eine Übersetzung und entstamme der »italienischen Phraseologie«.[69] Noch Monate später unterhielt er die Tischgesellschaft mit Deutungen folgender Art: »Wäre im Oktober damals nicht der Schlamm gekommen, wir wären nach Moskau hereingerutscht wie nichts!«[70]

Mit Tiraden dieser Art ohne Ende verdrängte Hitler wohl vor allem die Erinnerung, daß er mit dem »Koloß auf tönernen Füßen« doch vor der ersten Schneeflocke längst »fertig« gewesen sein wollte. Er redete sich und anderen ein, daß das Kriegsziel 1941 nur infolge einiger sich summierender Versehen verfehlt worden sei. Verglichen mit der prekären Lage, in welche Friedrich II. 1759 durch die Schlacht bei Kunersdorf geraten sei, erklärte er am 28. Januar 1942, komme man sich vor »wie ein Scheißkerl«.[71] Krisensituationen, die während der Feldzüge des Preußenkönigs entstanden waren, sowie deren Überwindung bildeten von nun an in Hitlers Monologen ein wiederkehrendes Thema. Als einige Wochen später der Film »Der große König« uraufgeführt wurde, der mit einer Vision des Sieges nach den Wechselfällen des Krieges endete, ernannte Hitler den Darsteller Friedrichs II. sofort zum »Staatsschauspieler«.

In seiner Rede, in der er die Kriegserklärung an die USA bekanntgab, hatte Hitler auch Zahlen über die deutschen Verluste an der Ostfront genannt. 162 314 Angehörige der Wehrmacht waren demnach seit Feldzugsbeginn getötet, 571 767 verwundet worden, und 33 334 Personennamen umfaßten die Vermißtenlisten.[72] Hitler glaubte, alle Lücken in den Divisionen wieder schließen zu können. Er blieb dabei, daß er Gebieter über eine Übermacht sei, die es nur richtig einzusetzen gelte. Dies wollte er nun selbst bewerkstelligen. Er setzte deshalb keinen seiner Feldmarschälle, sondern sich selbst an die Spitze des Heeres. Damit war Hitler jetzt Oberbefehlshaber der Wehrmacht und der Landstreitkräfte zugleich. Doch gebot er nie mehr über eine derart durchtrainierte, kriegserfahrene und sieggewohnte Streitmacht wie zu Beginn des Ostfeldzugs am 22. Juni 1941.

Was sich auf den Schlachtfeldern zwischen Brest und Moskau zugetragen hatte, war an einem Erlaß des Oberkommandos über »die letzten Söhne« abzulesen. Demnach sollte, wenn in einer Familie von vier Söhnen bereits drei im Krieg umgekommen waren, der einzig überlebende in das Ersatzheer befohlen werden.[73]

Kapitel 17

Vorkämpfer des Judenmords

Während die Wehrmachtsberichte fünf Wochen nach dem Beginn des Krieges gegen die UdSSR meldeten, daß die Kämpfe an der Ostfront »ihren unverändert günstigen Verlauf« nähmen,[1] besuchte Heydrich am 31. Juli 1941 Göring. Er legte ihm bei dieser Gelegenheit ein vorbereitetes, in Briefform gehaltenes Ermächtigungsschreiben vor, das der Reichsmarschall unterzeichnete. In ihm war auf einen Erlaß vom 24. Januar 1939 Bezug genommen, der den Chef des Reichssicherheitshauptamtes beauftragt hatte, »die Judenfrage in Form der Auswanderung und Evakuierung einer den Zeitverhältnissen entsprechend möglichst günstigen Lösung zuzuführen«. Nun lautete die Heydrich übertragene und bestätigte Aufgabe, er habe »alle erforderlichen Vorbereitungen in organisatorischer, sachlicher und materieller Hinsicht (...) für eine Gesamtlösung der Judenfrage im deutschen Einflußgebiet in Europa (zu treffen)«. Abschließend wurde der SS-Obergruppenführer beauftragt, bald einen Gesamtentwurf vorzulegen, der die »Vorausmaßnahmen« zusammenfassen sollte, die sich auf die »Durchführung der angestrebten Endlösung der Judenfrage« richteten. Die Ministerien und anderen Obersten Reichsbehörden, deren Zuständigkeit berührt würde, sollte der Chef des Reichssicherheitshauptamtes beteiligen.[2]

Im Klartext besagten die drei Sätze dieses Papiers, daß Heydrich die Ermordung aller in Großdeutschland sowie in den verbündeten und eroberten Staaten lebenden Juden vorzubereiten und zu leiten hatte, denn »Endlösung« – ein Begriff, der mit unterschiedlichem Bedeutungsgehalt seit 1933 in der Staatsbürokratie benutzt wurde – hieß nun: Ausrottung ohne Ausnahme.

Als der Chef des Reichssicherheitshauptamtes diese Ermächtigung erhielt, hatten Judenmassaker auf dem Boden der Sowjetunion bereits begonnen. Die Mörder waren zu diesem Zweck vor dem 22. Juni 1941 in Einsatzgruppen der Sicherheitspolizei und des SD formiert worden, die unter dem Kommando Heydrichs standen und von SS-Offizieren seines Hauptamtes befehligt wurden. Die erste Massenerschießung von Juden ereignete sich

am 24. Juni jenseits der ostpreußischen Grenze auf litauischem Boden im grenznahen Ort Garsden. Der Kommandeur jener Einsatzgruppe, die der Heeresgruppe A nordwärts zu folgen hatte, SS-Brigadeführer Franz Walter Stahlecker, war seiner Einheit vorausgefahren und hatte in Tilsit Gestapo- und SD-Offiziere beauftragt, der noch im Anmarsch befindlichen Gruppe direkt hinter der Grenze das blutige Handwerk abzunehmen. Daraufhin war ein Trupp der in Memel stationierten Schutzpolizei heranbeordert worden. Gemeinsam machten Gestapo-Beamte und Polizisten dann 201 Juden nieder, die beschuldigt worden waren, aus dem Hinterhalt auf deutsche Wehrmachtsangehörige geschossen zu haben. Doch war weder dem betagten Rabbiner noch dem zwölfjährigen Knaben, die zu den Ermordeten gehörten, zuzutrauen, daß sie als Partisanen gekämpft hatten.
Heydrich benötigte die ausgesprochene Ermächtigung keineswegs zur nachträglichen Rechtfertigung des Judenmords auf sowjetischem Boden, wo dem Massaker von Garsden tagtäglich weitere folgten. Denn in Berlin gingen bereits Erfolgsmeldungen der Mörder ein, die mit Gewehren und Pistolen niedermachten, wer sich auf die ergangenen Befehle anfangs noch arglos an Sammelplätzen einfand oder zusammengetrieben werden konnte und von da zu den Erschießungsstätten gebracht wurde. Nun sollten aber die Juden westwärts der Gebiete, in denen mit der »Endlösung« begonnen worden war, einbezogen werden. Dazu war vor allem im Reichsgebiet das Zusammenwirken vieler zentraler, regionaler und lokaler Dienststellen nötig. In den okkupierten Gebieten Westeuropas sollten die Dienststellen des Reichsführers SS mit denen der Wehrmacht zusammenwirken. Es mußte ein vielverzweigter bürokratischer Mechanismus in Aktion gesetzt werden, der in die Militär- und Zivilverwaltungen der besetzten Gebiete ebenso hineinreichte wie in die Regierungsapparate der verbündeten Staaten.
Seit das erwähnte Dokument bekannt wurde und sein Zustandekommen aufgeklärt war, gab die Begegnung Heydrichs mit Göring der Geschichtswissenschaft viele Fragen auf. Die wichtigste lautete: Warum holte sich der Chef des Reichssicherheitshauptamtes diese Ermächtigung vom zweiten Mann im Staate und nicht von Hitler selbst? Eine eindeutige Antwort auf diese Frage lassen die überlieferten Dokumente und Tatsachen nicht zu. Zunächst konnte Heydrich sicher sein, daß Görings Name von allen Zivilisten und Militärs, denen er die Ermächtigung zur Kenntnis bringen mußte, um ihre Mitwirkung einzufordern, als vollständig ausreichend akzeptiert werden würde. Niemand an der Regimespitze hegte auch nur den leisesten Verdacht, daß eine Entscheidung oder Maßnahme des

Reichsmarschalls nicht vom »Führer« gedeckt sein könnte. Das vertraute Verhältnis der beiden war bekannt, und Göring galt nicht als ein Mann, der es auch nur durch eine Unbedachtsamkeit gefährden würde.
Damit ist aber die Frage noch nicht beantwortet, warum Hitler, der bei früheren Gelegenheiten öffentlich als eifriger Verfechter der Judenverfolgung hervorgetreten war und sich zudem unverlangte Ratschläge seiner engen Gefolgsleute über das Vorgehen gegen die Juden ausdrücklich verbeten hatte, nicht darauf bestand, das hochgeheime Dokument selbst zu signieren. Die Antwort könnte lauten, daß ihm in Hitlers Sicht nicht der Platz zukam, der ihm durch heutige Historiographen unter den auf die Rekonstruktion der Geschichte des deutsch-faschistischen Antisemitismus gerichteten überlieferten Dokumenten zugesprochen wird. Hitler hatte über das Grundsätzliche, die Generallinie, bereits entschieden. Die Etappe der Vertreibung war für beendet erklärt worden. Die Pläne, nach dem Endsieg ein riesiges Konzentrationslager für Juden – gedacht war an die Insel Madagaskar[3] – zu schaffen, waren aufgegeben und Himmler mit der Leitung und Koordinierung aller Maßnahmen zur Ausrottung des europäischen Judentums beauftragt worden. Als deren Verwirklichung in Angriff genommen wurde, mußte Hitler folglich nicht eingeschaltet werden, zumal seine Aufmerksamkeit ganz den Entwicklungen auf den Schlachtfeldern des Ostens galt.
Diese Vorstellung vom Hergang führt zu der Frage, wann der »Führer« die Entscheidung über den Beginn des Massenmords an den Juden getroffen hatte. Das geschah in der Phase der direkten Vorbereitungen für den Überfall auf die Sowjetunion. Die SS- und Polizei-Einheiten, die nach dem 22. Juni 1941 im eroberten Gebiet mit den systematischen Massakern begannen, waren zuvor in Pretzsch nahe der Stadt Wittenberg formiert sowie ihre Führer dort und im Berliner Reichssicherheitshauptamt über ihre Aufgaben instruiert worden. In den Strukturen des »Führerstaates« wären diese vorbereitenden Maßnahmen nicht möglich gewesen, wenn ihnen nicht ein von höchster Stelle erteilter Befehl zugrunde gelegen hätte. Weder Himmler noch Heydrich hätten in einer Art von vorauseilendem Gehorsam auf eigene Faust eine Entscheidung in einem Bereich der Politik getroffen, den ihr »Führer« wiederholt als seine Domäne abgesteckt hatte. Hitler betrachtete sich auf vielen Gebieten als hochgradiger Spezialist und herausragender Kenner. Doch das der Judenverfolgung nahm für ihn dennoch einen besonderen Platz ein: Auf ihm beanspruchte er uneingeschränkt höchste Kompetenz. Nach seiner festen Überzeugung besaß unter allen Judenfeinden des Regimes er allein die »untrügliche Witterung«

für die vorgeblichen Gefahren, die vom Judentum ausgingen, hatte er allein das sichere Gespür dafür, wann die antijüdischen Maßnahmen gesteigert werden konnten. Nun war er zu dem Schluß gelangt, daß auch die letzten Rücksichten, die er im Hinblick auf die innere und äußere Situation des Regimes hatte nehmen müssen, aufgegeben werden konnten. Er sah sich als den Triumphator des Krieges, der sich alles erlauben konnte. Wie schon im Hinblick auf das Schicksal der wirklich oder vorgeblich Geisteskranken, die er mit einer bei Kriegsbeginn getroffenen Entscheidung zum Tode verurteilt hatte, galt das auch für das der Juden: Der Sieger würde nach Recht oder Unrecht nicht befragt, für ihn würde sich kein Ankläger, geschweige denn ein Richter finden.

In den Monaten vor dem Überfall auf die Sowjetunion hatte Hitler bereits antijüdische Maßnahmen im Großdeutschen Reich blockiert, die ihm von der Staatsbürokratie vorgeschlagen worden waren. Doch arbeiteten die für »Judenfragen« zuständigen Referate noch in der bisher verbindlichen Weise weiter und produzierten immer neue Vorschläge für Verordnungen und Erlasse, die die Lebensbedingungen der Juden erschwerten und Diffamierung, Isolierung und Verarmung weiter vorantrieben. Hitler hielt einige dieser Initiativen, über die er letztlich zu entscheiden hatte, inzwischen für überflüssig und – gemessen an dem Weg, den er jetzt einschlagen wollte – auch für abwegig. So beabsichtigte das Reichsinnenministerium, die deutschen Juden im Frühjahr 1941 für staatenlos zu erklären, und legte dafür einen Verordnungsentwurf vor. Er gelangte zu Hitler, der ihn ablehnte. Lammers teilte am 7. Juni 1941 mit, der »Führer« habe vor allem deshalb nicht zugestimmt, »weil er der Meinung ist, daß es nach dem Kriege sowieso keine Juden mehr geben werde und es deshalb nicht erforderlich sei, jetzt eine Regelung zu treffen, die schwer zu handhaben sei, Arbeitskräfte binde und eine grundsätzliche Lösung doch nicht bringe«.[4]

Am 22. Juni 1941 war diese »grundsätzliche Lösung« getroffen. Göring, Himmler und Heydrich wußten, daß Hitler alle Pläne für die Schaffung von Juden-Reservaten und Konzentrationslagern in entlegenen Weltgegenden für erledigt hielt und nun mit der »Vernichtung der jüdischen Rasse« zu beginnen war. Vom Reichsführer SS führten Befehlsstränge zu seinen Untergebenen, die das Massenmorden organisierten und praktizierten. Allerdings war Himmler, so mächtig seine Stellung im Regime auch geworden war und so viel Respekt und Furcht sie einflößte, nicht der Vorgesetzte der Minister und der anderen Leiter von Zentralinstanzen des Reiches. Das erklärt aus anderer Perspektive noch einmal, warum sich

Heydrich, enger und vertrauter Mitarbeiter des Reichsführers SS, an den Reichsmarschall und designierten Hitler-Nachfolger wandte, um sich seine erweiterten Befugnisse bescheinigen zu lassen.

Zu den Abmachungen, die der »Führer« mit Göring und Himmler über die Vorgehensweise bei der Ermordung der europäischen Juden traf, gehörte offenkundig, daß das ganze Ausmaß des Plans so lange wie irgend möglich geheimgehalten und nur erkennbar werden sollte, was bei seiner Verwirklichung nicht zu verbergen war. Tarnung galt Hitler auch in diesem Falle als eine wichtige Bedingung, um ans Ziel zu gelangen. Sie erschien ihm notwendig, um die Opfer über ihr Schicksal in die Irre zu führen, anfänglich auch Helfer und Helfershelfer zu täuschen und das gegnerische und neutrale Ausland im Ungewissen zu lassen. Anders als bei den bisherigen antijüdischen Maßnahmen hielt er Tarnung nun auch für erforderlich, weil er befürchten mußte, daß selbst Angehörige des zur »Herrenrasse« erklärten deutschen Volkes trotz der langjährigen Judenhetze nicht billigen würden, daß Frauen, Kinder, hilfslose Greise, Kranke und Krüppel niedergemetzelt wurden. Bald wurde ihm auch gemeldet, daß Soldaten der Wehrmacht im Osten – »unsere Männer draußen« –, die als erste von den Massakern der Einsatzgruppen erfuhren, sich »noch gar keine Vorstellung« von der Bedeutung dieser »Tat für die Menschheit« machen könnten.[5]

Während die Einsatzgruppen Heydrichs hinter der Front wüteten, ließ sich Hitler im Führerhauptquartier bei Tische wieder und wieder über seinen Judenhaß offen aus. Er bekräftigte den Vorsatz, die Juden zu vernichten, wenn er auch niemals darüber redete, durch wen, wie und in welchem Ausmaß dies bereits geschah. Dabei sprach er an einem Abend unverblümt von Ausrottung, während er an einem anderen den Eindruck erweckte, die Juden würden vertrieben, blieben aber am Leben. Doch stets gab er zu erkennen, daß er gegenüber ihrem Schicksal keinerlei Mitleid empfand. Mehrfach reagierte Hitler auch auf Stimmungen, die Widerwillen gegen das unmenschliche antijüdische Vorgehen signalisierten. Er beklagte, daß es »uns schon das Äußerste an Brutalität zu sein« scheint, »wenn wir unser Land von den 600 000 Juden befreien«,[6] und höhnte, daß »heute einige Bürger weinten, weil Juden aus Deutschland auswandern müßten«.[7]

Zu diesem Zeitpunkt lebten die Juden, die das Reichsgebiet nicht rechtzeitig vor Kriegsbeginn hatten verlassen können bzw. nach dem 1. September keinen Weg gefunden hatten, ins Ausland zu gelangen, gedemütigt, drangsaliert, in Judenhäusern zusammengedrängt und wurden vielfach zur Zwangsarbeit befohlen. Immer noch waren viele ahnungslos. »Sage mir keiner«, erklärte Hitler am 25. Oktober 1941, als Himmler und Heydrich im Hauptquartier zu Gast waren, »wir können sie doch nicht in den Morast schicken! ... Es ist gut, wenn uns der Schrecken vorangeht, daß wir das Judentum ausrotten.«[8] Wenige Tage zuvor hatten die ersten Deportationszüge mit Juden das Reichsgebiet »nach Osten« verlassen. Nur Wochen später, Anfang Dezember, als die erste Gruppe aus Deutschland deportierter Juden in die Massenerschießungen in der Nähe von Riga einbezogen wurde, setzte Hitler seinen Zuhörern zum wiederholten Male auseinander, daß die Juden einen »destruktiven« Charakter besäßen, und fuhr dann zynisch fort: »Aber, wer Leben zerstört, setzt sich dem Tod aus, und etwas anderes geschieht auch ihnen nicht.«[9] Er ließ bei seinen Gesprächspartnern, denen gegenüber er sich bei seinen antjüdischen Suaden keinerlei Zwang auferlegte, keinen Zweifel, daß das Europa unterm Hakenkreuz ein Kontinent ohne Juden sein sollte. Auch aus der Schweiz und aus Schweden würde er sie vertreiben lassen.[10]

Manchmal benutzte er jedoch auch Formulierungen, die seine wahren Absichten verschleierten: Die Juden würden »eliminiert«, »hinausgesetzt« oder müßten »auswandern«, würden »herausgeworfen« oder müßten »verschwinden«. Gelegentlich täuschte er sogar vor, daß er die »Judenfrage« erst nach Kriegsende »lösen« wolle. Dann würde er »Stadt für Stadt« rigoros zusammenschlagen, »wenn nicht die Juden rauskämen und nach Madagaskar oder einem sonstigen jüdischen Nationalstaat abwanderten«.[11] Auch am 25. Januar 1942, als er wieder gemeinsam mit Himmler bei Tische saß, behauptete Hitler, er würde die Juden aus Europa »herausnehmen« und könne nicht helfen, wenn sie dabei »kaputtgehen« würden. Gingen sie nicht freiwillig, sähe er »nur eines: die absolute Ausrottung«.[12] Er erweckte – so mit der Bemerkung: »Am besten, sie gehen nach Rußland« – den Eindruck, als hätten die Juden noch eine Wahl, aus eigenem Entschluß und durch eigene Kraft über ihr Leben oder ihren Tod zu entscheiden. In Wahrheit hatte Hitler das schon getan. Seit anderthalb Monaten war ein SS-Kommando im Orte Kulmhof im Osten des Reichswarthegaus damit beschäftigt, die Juden aus der Umgebung und dann aus dem Ghetto in Litzmannstadt – so nannten die Eroberer das polnische Lódz – in den Aufbauten besonders präparierter Lastwagen durch Motorabgase zu ersticken.

Hitlers Äußerungen an der Mittagstafel und in abendlicher Runde im Führerhauptquartier zeigen ihn als den ideologischen Vorkämpfer der Judenvernichtung. Ohne Unterlaß lieferte er seiner Umgebung »Begründungen« für die mörderischen Maßnahmen, die am wenigsten im Zentrum der militärischen und politischen Macht ein Geheimnis darstellten. Er war genau über die elenden Bedingungen informiert, unter denen die Juden in den Ghettos leben mußten, und bekannte offen, daß die Berichte, die er darüber gehört hatte, ihn aufs äußerste befriedigten.[13]

Nicht zu entscheiden ist, inwieweit Himmler Hitler während der Gespräche unter vier Augen auch über Einzelheiten des barbarischen Vorgehens der Einsatzgruppen unterrichtete, und ob er ihn über die Maßnahmen zur Vorbereitung der Massentötungen ins Bild setzte, die noch Ende 1941 begannen und Anfang 1942 intensiviert wurden. Am 3. September 1941 hatte der Kommandant des im okkupierten Teil des NSDAP-Gaus Oberschlesien gelegenen Konzentrationslagers Auschwitz, Rudolf Höß, erstmals versuchsweise Zyklon B eingesetzt, um sowjetische Kriegsgefangene und polnische Insassen des Lagers zu ersticken. Höß war zu der Überzeugung gelangt, daß dieser chemische Stoff, der bisher zur Desinfektion von Räumen verwendet worden war, geeignet sei, binnen kurzer Zeit viele Menschen zu töten. Zyklon B wurde daraufhin in einer bunkerähnlichen Kammer des Lagers Auschwitz I – so wurde das Stammlager später zum Unterschied von Auschwitz-Birkenau (II) genannt – mehrmals mit dem gleichen Ergebnis verwendet. Im Oktober und November 1941 begannen im Osten des »Generalgouvernements« die Vorarbeiten zur Errichtung von drei stationären Vernichtungsstätten: Belzec, Sobibor und Treblinka, die Mordplätze der sogenannten Aktion Reinhard, die 1942 als »Todesfabriken« in Betrieb genommen wurden. Die Judenmörder hatten darüber nachgedacht, wie sie die Methode ihres Vernichtungswerkes umstellen könnten. Sie töteten die Opfer nicht an ihren Wohnorten, sondern ließen sie zu meist abgelegenen Stätten in streng bewachte Lager transportieren, um sie dort – ohne Aufsehen – in Gaskammern umzubringen und ihre Leichen an Ort und Stelle zu beseitigen. Dieses Vorgehen besaß für die Mörder mehrere Vorteile. SS-Offiziere und Mannschaften agierten unbeobachtet hinter elektrisch geladenen Drahtzäunen. Aber noch wichtiger war, daß den Menschen in Deutschland und in den besetzten Gebieten eingeredet werden konnte, daß die Juden »nach dem Osten« in Reservate und Arbeitslager deportiert würden. Diese Täuschung zielte auch auf die Opfer selbst, die bis in die letzte Stunde vor ihrem Tode über ihr Schicksal im unklaren gelassen wurden.

Es ist möglich, daß der »Führer« mit den Einzelheiten der Mordpraxis nicht belästigt werden wollte. Jedenfalls überließ er es ganz dem Reichsführer SS, die der »Endlösung« dienenden Befehlslinien aufzubauen und zu kontrollieren. Die erste dieser Linien führte von Himmlers Hauptquartier, im ostpreußischen Lötzen nahe der »Wolfsschanze« gelegen, zu Heydrich in das Reichssicherheitshauptamt und verzweigte sich dort. Ein Strang verlief von dort zu den Einsatzgruppen in das eroberte Gebiet der UdSSR, ein weiterer in das von Eichmann geleitete Referat B 4, das für die Heranschaffung der Juden aus Nord-, West-, Süd- und Südosteuropa direkt zu den Vernichtungsstätten oder zunächst in die Ghettos des Ostens zuständig war. Die zweite der vom Reichsführer SS ausgehenden Befehlslinien verband ihn mit dem SS- und Polizeiführer Odilo Globocnik, der im zum »Generalgouvernement« gehörenden Distrikt Lublin residierte. Globocnik – ein in der österreichischen SS aufgestiegener Faschist, kurze Zeit auch NSDAP-Gauleiter von Wien – war für die Errichtung sowie das Funktionieren der Vernichtungsstätten in Ostpolen verantwortlich gemacht worden und widmete sich dieser Aufgabe mit einem besonderen Stab ohne einen Anflug von Skrupeln. Zu seiner Unterstützung waren über die Kanzlei des Führers, die Philipp Bouhler leitete, Mitarbeiter der Aktion T 4 (T nach dem Sitz der Dienststelle in der Tiergartenstraße im gleichnamigen Berliner Bezirk) nach Lublin entsandt worden. Sie brachten die Erfahrungen mit, die sie bei der Tötung von wirklich und vorgeblich Geisteskranken in Gaskammern von »Heil- und Pflege-Anstalten« im Reichsgebiet gesammelt hatten. Ihnen waren seit Kriegsbeginn, als Hitler die Ermächtigung zum Mord an den Insassen von Heil- und Pflegeanstalten gab, etwa 70 000 Menschen zum Opfer gefallen, die sie in Gaskammern umgebracht hatten. Jetzt übertrugen sie ihre Erfahrungen auf das Programm des Judenmords. Die dritte und vierte Befehlslinie führten in das Vernichtungslager Auschwitz und zu dem Kommando in der Vernichtungsstätte Kulmhof.

Für die Erfolgsquote der Mörder wurde die Funktionstüchtigkeit des Eichmann-Apparats in der Berliner Kurfürstenstraße immer wichtiger, zu dessen Aufgaben es gehörte, in Verbindung mit dem Reichsverkehrsministerium und der Generaldirektion der Deutschen Reichsbahn die kontinuierliche Deportation der Juden zu sichern. Tatsächlich reichte der verbrecherische Arm des Referats IV B 4 von Norwegen bis auf die griechischen Inseln im Mittelmeer und von französischen Departements an der spanischen Grenze bis in den Osten der Slowakei.

Hitler dürften die Einzelfragen der Tätigkeit des Eichmann-Apparats nicht interessiert haben. Ihm waren ohnehin die Mitarbeiter am liebsten, die 95 Prozent ihrer Aufgaben ohne Rückfragen erledigten. Anders verhielt er sich, wenn es um die Resultate ging, denn nicht anders als der Chef einer unpolitischen Verbrechergruppe wollte er sicher sein, daß der erteilte Mordauftrag von seinen Leuten auch wirklich ausgeführt worden war. Am 1. August 1941 – die Einsatzgruppen der Sicherheitspolizei und des SD zogen bereits die sechste Woche ihre blutige Spur durch die westlichen Gebiete der Sowjetunion – erging an die Leiter dieser Gruppen ein verschlüsselter Funkspruch. Abgesandt hatte ihn einer der Stellvertreter Heydrichs, der Leiter des Gestapo-Amtes (Amt IV), Heinrich Müller, dessen Untergebener Eichmann war. »Dem Führer sollen«, hieß es darin, »von hier aus lfd. Berichte über die Arbeit der Einsatzgruppen im Osten vorgelegt werden.«[14] Zu diesem Zweck hatten die Kommandos der Gruppen dem Hauptamt Berichte nach Berlin zu senden, die dort zu einer Gesamtbilanz zusammengestellt wurden. Diese gelangte auf dem Dienstweg, über Himmler und durch dessen Abgesandten im Führerhauptquartier, zu Hitler. Gewiß ist, daß ihm die Mitteilung über die – so die täuschende Bezeichnung – »Bandenbekämpfung« mit der Nr. 51 vorgelegt wurde. Sie enthielt die Mordstatistik für die drei Monate von September bis November 1942. Die Zahl der umgebrachten »Bandenhelfer« und »Bandenverdächtigen«, zumeist Partisanen und Untergrundkämpfer, war darin mit 14 251, die der ermordeten Juden mit 363 211 angegeben.[15] Doch belegt nicht nur die Eintragung des SS-Adjutanten, daß Hitler über den Fortgang des Judenmords informiert wurde. Gelegentlich unterrichtete er darüber auch seine Tischgesellschaft. Sie erfuhr am 24. Juli 1942, als sich das Hauptquartier in Winniza befand, Litauen wäre bereits »judenfrei«. Hitler zeigte sich auch befriedigt, daß »wenigstens Linz heute schon ganz judenfrei sei«. Nun müßten auch aus München die »letzten anderthalbtausend« Juden »baldmöglichst verschwinden«.[16]

Hitler hielt, nachdem der Mordbefehl erteilt war, aber keineswegs dessen Ausführung nur unter Kontrolle. Aus dem Plan, alle Juden Europas umzubringen, folgte eine Vielzahl von weiteren Entscheidungen und Schritten, die seine Mitwirkung verlangten oder an denen er ausdrücklich beteiligt zu werden wünschte – nicht anders, als das seit 1933 der Fall gewesen war. Bereits in den Vorkriegsjahren hatte er von Fall zu Fall entschieden, wann er in den Vordergund trat, und wann er im Hintergrund blieb. Die erste außerhalb der Reichsgrenzen weithin Aufmerksamkeit, Abscheu und Protest erregende Aktion war am 1. April 1933 der Boykott gewesen, der sich gegen jüdische Geschäfte des Einzelhandels, gegen Warenhäuser und auch gegen Rechtsanwaltsbüros gerichtet hatte. Damals wurde der Anschein erweckt, daß die Intiative bei einem von Julius Streicher geleiteten Zentralkomitee läge, während in Wahrheit die gesamte von Hitler geführte Partei der Akteur war, SA- und SS-Leute als Boykottwachen vor den Geschäften der Juden aufzogen und das Reichskabinett die Aktion stützte. Hitler selbst blieb damals im Hintergrund.

Völlig anders war die Situation zweieinhalb Jahre später, als mit den auf dem Nürnberger Parteitag verkündeten antijüdischen Gesetzen die Judenverfolgung eine neue Stufe erreichte. Damals übernahm Hitler selbst die Aufgabe, vor dem Reichstag das Reichsbürger- und das »Blutschutz«-Gesetz zu rechtfertigen. Nach drei weiteren Jahren, als im November 1938 der Pogrom gegen die Juden inszeniert wurde, hielt er sich wieder im Hintergrund. Öffentlich ließ er weder ein Wort der Ermutigung noch der Mäßigung der Terroristen verlauten. Intern bemühte er sich – so gegenüber dem Minister der Südafrikanischen Union, Oswald Pirow –, glaubhaft zu machen, er halte, den vorgeblichen Volkszorn mäßigend, seine »schützende Hand« über die Juden.[17]

Nahezu drei Monate nach dem Pogrom erklärte Hitler in einer Rede vor dem Reichstag aus Anlaß des Jahrestages der »Machtübernahme« dann aber drohend, die »Vernichtung der jüdischen Rasse in Europa« werde folgen, falls es »dem internationalen Finanzjudentum in und außerhalb Europas gelingen sollte, die Völker noch einmal in einen Weltkrieg zu stürzen«. Zu diesem Zeitpunkt hatte er den Krieg schon fest im Visier und war darauf aus, die Schuldfrage lange vor seinem Beginn zu verschleiern. Der Kontext dieser Rede zeigte, daß sich Hitlers antijüdische Hetze in die seit 1933 befolgte Politik der Judenvertreibung einordnete. Damals wollte er die Juden aus dem Reich »abschieben«, und zwar so, daß sie alle ihre Besitztümer in Deutschland zurücklassen müßten.

Hitler hatte also in allen Jahren, da er an der Spitze des Regimes stand, sorgfältig abgewogen, wann er öffentlich als Führer der Antisemiten hervortrat und wann er auf diese Rolle verzichtete. Das tat er auch 1941. Einerseits zeigte er sich mit den Tätern dadurch verbunden, daß er ihre Aktionen in allgemeinen, aber leicht zu entschlüsselnden Wendungen rechtfertigte. Andererseits blieb er sorgfältig darauf bedacht, nicht als derjenige zu erscheinen, der die Massaker befohlen hatte. In öffentlichen Reden bezog er sich wieder und wieder auf seine »Prophezeiung« über den Untergang des Judentums vom 30. Januar 1939 – die er auf den Tag des Kriegsbeginns »verlegte« – und fügte ihr hinzu, daß sie sich nunmehr erfülle. Doch unterließ er es, ein Gesetz, eine Verordnung oder einen Erlaß – ob zur Veröffentlichung oder auch nur zum internen Gebrauch – zu unterzeichnen, wodurch erkennbar würde, was er nach einem Wort des Propagandaministers war: der »unentwegte Vorkämpfer und Wortführer einer radikalen Lösung«.[18]

Als solcher betätigte sich Hitler sowohl innerhalb der Führungsspitze des Reiches als auch gegenüber den Politikern der verbündeten Staaten. Wann und wo er den Eindruck gewann, die »Endlösung« käme nicht rasch genug voran, schaltete er sich ein. Denn seine Devise, im vertrauten Kreis geäußert, lautete: »Man muß es schnell machen.«[19] Zunächst konzentrierte sich seine Aufmerksamkeit auf das »judenfreie« Großdeutsche Reich. In dessen zentralen und regionalen Instanzen wußte er eine Vielzahl von NS-Funktionären, die auf dieses Signal seit langem gewartet hatten. Die NSDAP-Gauleiter drängten den »Führer« geradezu, ihr Territorium in der Reihenfolge der Deportations-Transporte auf einen vorderen Platz zu setzen.

Hitler geizte nicht mit diesbezüglichen Versprechungen. Auch dem »Generalgouverneur« Frank sicherte er am 19. Juni 1941 zu, die Juden würden »in absehbarer Zeit aus dem Generalgouvernement entfernt«, das dann nur noch ein Durchgangslager sein solle.[20] Als Goebbels am 18. August im Führerhauptquartier war, nahm er Hitlers Versprechen mit, daß er die Juden aus Berlin unmittelbar nach Beendigung des Ostfeldzugs in die eroberten Gebiete »abschieben« könne.[21]

Nach diesem Besuch erfolgten im Reichsgebiet Schlag auf Schlag judenfeindliche Maßnahmen. Am 23. August erging die polizeiliche Anordnung, daß »die Auswanderung von Juden mit sofortiger Wirkung zu verhindern ist«.[22] Damit war den Juden selbst der beschwerliche Fluchtweg vollkommen versperrt, den nur wenige über das besetzte Frankreich, durch Spanien nach Portugal und von dort nach Übersee hatten nutzen können. Weitere acht Tage später unterzeichnete Heydrich die Polizei-Verordnung, welche alle Juden im Reichsgebiet mit Ausnahme von Kleinkindern zwang, ab dem 19. September 1941 sich in der Öffentlichkeit mit einem »Judenstern« zu kennzeichnen.[23] Einen Tag zuvor schrieb Himmler an den NSDAP-Gauleiter Arthur Greiser in Posen, dem polnischen Poznan, daß demnächst Juden aus Deutschland in das Ghetto von Litzmannstadt transportiert würden. Ausdrücklich erwähnte der Reichsführer SS, daß diese Maßnahme auf Hitler zurückgehe, der wünsche, »daß möglichst bald das Altreich und das Protektorat vom Westen nach Osten von Juden geleert und befreit werden«.[24] Himmler kündigte Greiser noch für 1941 60 000 Deportierte an, beruhigte ihn aber sogleich durch den Zusatz, daß er die Juden »im nächsten Frühjahr noch weiter nach dem Osten« abschieben werde.

Zwischen dem 22. und dem 24. September beriet Hitler mit Himmler sowie Heydrich weitere Schritte und führte am 23. erneut ein Gespräch mit Goebbels. Das Ergebnis der Beratungen läßt sich den folgenden Maßnahmen im Reichsgebiet ablesen: Die Prioritätenliste der Judentransporte aus den deutschen Großstädten und die Zielorte der Eisenbahnzüge waren festgelegt worden. Auf dieser Liste standen nach den Notizen des Propagandaministers Berlin, Wien und Prag obenan. Das von Himmler angekündigte Vorgehen von »Westen nach Osten« war offenkundig noch einmal korrigiert worden. Am 30. September wurde dem Leiter der jüdischen Kultusgemeinde in Wien eröffnet, daß der erste Deportationszug mit 1000 Insassen am 15. Oktober abgehen werde.
Als den für die Transporte bestimmten Juden in Wien, bald darauf in Berlin und weiteren deutschen Städten, die entsetzlichen Bescheide zugestellt wurden, fanden nur wenige eine Möglichkeit, in der Illegalität unterzutauchen. Andere nahmen sich das Leben. Inzwischen legte Hitler mit Himmler und Heydrich in Anwesenheit Keitels und Jodls sowie weiterer Wehrmachtsoffiziere die Zielorte der Transporte – nach Litzmannstadt nun Riga, Reval und Minsk – fest. Wieder in Berlin, teilte Heydrich während einer Besprechung Mitarbeitern seines Hauptamtes am 10. Oktober mit, Hitler wünsche, daß das Reichsgebiet bis zum Ende des Jahres 1941 »judenfrei« gemacht sei. Die Deportationen würden nach Riga und Minsk – von Reval war nicht die Rede – und in weitere Lager gelenkt werden, welche die Einsatzgruppen B und C für Kommunisten errichtet hätten.[25]
Gemessen an den Kriegsereignissen der folgenden Wochen, könnten die Aufträge Hitlers als reine Hirngespinste erscheinen. Doch waren sie das nicht, denn der Oberbefehlshaber ging am 2. Oktober, dem Tag des Beginns der auf Moskau gerichteten »Taifun«-Offensive, als er sich mit Himmler, Heydrich und den Militärs über Umfang und Ziel der Judentransporte aus dem Reichsgebiet beriet, von der sicheren Erwartung aus, daß der Krieg im Osten kurz vor dem siegreichen Ende stehe. Die Eisenbahnzüge, die den nicht für Besatzungszwecke benötigten Teil des Ostheeres dann nach Westen bringen sollten, konnten die Juden ostwärts transportieren – zunächst in Ghettos und dann vor die Gewehre der Einsatzgruppen.
Hitlers Teilnahme an den Beratungen über die Ausweitung des Judenmords im Jahre 1941 und auch in den folgenden Jahren war auch deshalb notwendig, weil an seinem Beginn zwar Absicht und Ziel bestimmt worden waren, aber niemand einen umfassenden Plan besaß, der die Schritte der Verwirklichung des unvorstellbaren Verbrechens bestimmt hätte.

Am Anfang war Hitlers und seiner Ratgeber und Helfer Entschluß, die Juden buchstäblich über den Erdball zu verfolgen und sie umzubringen, und das Vorhandensein von organisierten Menschengruppen, die alle Befehle strikt ausführten, die ihnen zur Durchsetzung des Judenmords erteilt wurden.
Hitler machte aus diesem Gesamtplan gegenüber Gesprächspartnern, die wie er von abgrundtiefer Judenfeindschaft erfüllt waren, kein Geheimnis. Am 28. November 1941 empfing er in der Reichskanzlei den Großmufti von Jerusalem, Husaini, der aus Anlaß des 5. Jahrestages des Abschlusses des Antikomintern-Paktes in Berlin weilte. In dem außer Landes geflohenen religiösen Araberführer erblickte Hitler einen engen Verbündeten im Kampf gegen Großbritannien, den »Bolschewismus« und vor allem gegen die Juden. Er versprach dem Gast, den Arabern uneigennützig zu helfen, und versicherte ihm, das »deutsche Ziel« bestünde in der Stunde ihrer Befreiung einzig darin, das im arabischen Raum lebende Judentum zu vernichten. Deutschland sei entschlossen, »Zug um Zug eine europäische Nation nach der anderen zur Lösung des Judenproblems aufzufordern und sich im gegebenen Augenblick mit einem Appell auch an außereuropäische Völker zu wenden«.[26]
Das waren keine großspurigen Worte, sondern Absichtserklärungen, die Hitler bereits zu klaren Aufträgen verdichtet hatte. Bereits am Tage nach dem Treffen ließ Heydrich an die Staatssekretäre mehrerer deutscher Reichsministerien eine zuerst auf den 9. Dezember 1941 datierte, dann auf den 20. Januar 1942 verlegte Einladung zu einer »gemeinsamen Aussprache« ergehen, die als »Wannsee-Konferenz« in die Geschichte des Massenmords an den europäischen Juden eingegangen ist. Zu ihrer Vorbereitung stellte Eichmann dem Chef des Reichssicherheitshauptamtes Material zusammen, das dieser für seine einführenden Bemerkungen vor den Staatssekretären und den geladenen SS-Offizieren benutzte. Ganz in dem von Hitler bezeichneten Sinne bezogen Heydrich und Eichmann, als sie die Zahl der zu vernichtenden Juden ermittelten, nicht nur die Opfer in Deutschland und den besetzten und verbündeten Staaten ein, sondern führten auch die Juden in England und Irland, in der Schweiz und in Schweden, in Spanien und Portugal sowie im europäischen Teil der Türkei auf. Sie gelangten zu einer geschätzten Zahl von 11 Millionen Menschen.[27]
Heydrich brachte den Teilnehmern der »Wannsee-Konferenz« die von Göring unterzeichnete Ermächtigung schon vor der Zusammenkunft zur Kenntnis, und als er seine Gäste um sich versammelt hatte, erklärte er

ihnen nach einem Überblick über die bisherigen Maßnahmen der Judenverfolgung, daß die »Genehmigung« für eine andere Lösungsmöglichkeit durch Hitler nun erfolgt und entsprechend verfahren worden sei.[28] Niemand konnte mehr daran zweifeln, daß es sich um die Ermordung der Juden handelte und nur diejenigen von dieser »Lösung« zeitweilig ausgenommen werden sollten, die vorerst als Arbeitskräfte unersetzbar waren. Im übrigen wußte die Mehrheit der Beratungsteilnehmer bereits vor Tagungsbeginn von den systematischen Judenmassakern im eroberten Osten.

Einige der engsten Gefolgsleute Hitlers interessierten sich genau dafür, wie die Juden umgebracht wurden. Zu diesen gehörte auch Goebbels, der in einem am 16. November 1941 in vielen Zeitungen publizierten Artikel »Die Juden sind schuld!« die Deportationen gerechtfertigt und allen gedroht hatte, die die unmenschliche Behandlung der Juden auch nur verstohlen kritisierten. Wie einer Eintragung in seinem Tagebuch vom 27. März 1942 zu entnehmen ist, war der Propagandaminister bereits elf Tage nach der Inbetriebnahme der ersten zur »Aktion Reinhard« gehörenden Vernichtungsstätte in Ostpolen – das war die in Belzec – genau darüber informiert, was mit den Deportierten geschah: »Es wird hier ein ziemlich barbarisches und nicht näher zu beschreibendes Verfahren angewandt, und von den Juden selbst bleibt nicht mehr viel übrig.« Ausdrücklich attestierte Goebbels in seinen Aufzeichnungen Globocnik, er gehe mit ziemlicher Umsicht und auf eine Weise vor, die »nicht allzu auffällig wirkt«. Zunächst kämen die Juden aus Polen in die Mordstätte. Doch würden die Ghettos »jetzt mit den aus dem Reich abgeschobenen Juden gefüllt, und hier soll sich dann nach einer gewissen Zeit der Prozeß erneuern«.[29]

Auch in den folgenden Jahren, als Hitler immer mehr Zeit dem Geschehen an den Fronten widmen mußte, griff er doch regelmäßig ein, wenn seine Autorität oder seine Zustimmung notwendig waren, um einem Europa ohne Juden einen weiteren Schritt näherzukommen. Jedoch sind keineswegs alle seine Entscheidungen und Initiativen heute noch rekonstruierbar. Mit Himmler traf Hitler regelmäßig zusammen und besprach mit ihm unter anderem die Deportation weiterer Gruppen von Juden mit dem Ziel ihrer Vernichtung. Der Reichsführer SS, ein penibler Bürokrat, erschien bei seinem »Führer« stets mit einem Notizblock, auf dem er sich in Kurzform Themen und Fragen notiert hatte, die er mit ihm zu besprechen wünschte. Seinen Stichworten fügte er dann weitere mit Hitlers Entscheidungen hinzu. So kann dem Blatt vom 6. Dezember 1942 entnommen werden, daß Himmler im dritten Tagesordnungspunkt um Hitlers Entscheidung über »Juden in Frankreich 600 – 700 000« ersuchte und diese auch erhielt. Die im Gespräch hinzugefügte Notiz lautete »abschaffen«, was im Sprachgebrauch Himmlers besagte, daß ihr Transport aus Frankreich zu den Vernichtungsstätten genehmigt war.[30]

Regelmäßig bildete die Organisierung des Judenmordes auch ein wichtiges Gesprächsthema zwischen Hitler und Ribbentrop, in dessen Apparat sich Diplomaten unter der Leitung des Unterstaatssekretärs Martin Luther damit befaßten, die Regierungen der verbündeten Staaten zu veranlassen oder nötigenfalls auch zu drängen, die in ihrem Staatsgebiet lebenden Juden den deutschen Mördern und ihren Bütteln auszuliefern. Hitler war genau darüber informiert, wer solchen »Wünschen« bereitwillig entgegenkam und wer sich ihnen gegenüber widerspenstig zeigte. So belustigte er sich bei Tische darüber, daß das klerikalfaschistische Regime in der Slowakei und namentlich der Präsident dieses Satellitenstaates die deutschen Forderungen gehorsam und unbedenklich erfüllten: »Es ist interessant, wie so ein katholisches Priesterchen – Tiso – uns die Juden zuschickt!«[31] Seit dem 26. März 1942 wurden in rasch aufeinanderfolgenden Transporten, die bis in den Juli andauerten, Juden aus der Slowakei zu den Vernichtungsstätten verschleppt. Im September und Oktober folgten weitere Deportationen, nach deren Abschluß 57 000 Menschen, etwa zwei Drittel der in der Slowakei lebenden Juden, nach Auschwitz und Lublin gebracht worden waren.[32]

Sympathien und Antipathien Hitlers gegenüber ausländischen Politikern in den verbündeten Staaten und Satelliten-Regimen wurden nicht zum wenigsten dadurch bestimmt, welche Haltung sie zur Verfolgung der Juden einnahmen. Das im April 1941 etablierte Regime in Kroatien gab augenblicklich zu erkennen, daß es die antijüdischen Maßnahmen des Reiches in kürzester Frist nachvollziehen wollte, und zwang Juden massenweise zu Schwerstarbeit und in Konzentrationslager. Als Hitler am 21. Juli 1941 Slavko Kvaternik, Marschall und Minister, empfing, hatte er keine Bedenken, ihm rundheraus zu sagen, daß er darauf ausging, »keine Juden mehr in Europa« zu belassen.[33] Wenig später lobte er Kvaternik als einen »Menschen, der (mit dem) durch dick und dünn geht (...), welchem er sich verschrieben hat«.[34] Das tat das Regime des »Poglavnik« Ante Pavelic in den folgenden Jahren auch bei der Vernichtung der Juden. Zuerst gestattete es, die im Reich lebenden Juden aus Kroatien in die Deportationen einzubeziehen. Dann lieferte es die jüdischen Einwohner des Landes den deutschen Mördern aus.

Hitler griff in den weit fortgeschrittenen Prozeß der »Endlösung« wiederholt ein, als die Apparate des Auswärtigen Amtes und des Reichssicherheitshauptamtes die letzte große Gruppe von Juden, die im Macht- und Einflußbereich des Naziregimes lebte, nicht zu fassen bekamen. Ungarns Regierung war nicht bereit, die Juden des Landes und diejenigen, die aus den Nachbarländern in Ungarn Zuflucht gesucht hatten, zur Deportation und Vernichtung auszuliefern. Gemeinsam mit Ribbentrop drängte Hitler am 17. April 1943 bei einem Treffen auf Schloß Kleßheim bei Salzburg den Reichsverweser, diese Weigerung aufzugeben. Ribbentrop erklärte Horthy ohne Umschweife, daß die Juden umgebracht oder in Konzentrationslager geschafft werden müßten, und Hitler ergänzte: das »wäre nicht grausam«. Er verglich den Mord mit der Jagd auf Hasen und Rehe, die auch getötet würden, damit sie keinen Schaden anrichteten.[35]

Zunächst blieb der Druck auf Horthy folgenlos. Erst als sich Hitler und der Reichsverweser elf Monate später am 17. März 1944 in einer veränderten Situation an gleichem Ort wiedertrafen, gab der ungarische Staatschef den Forderungen nach.[36] Im Mai des Jahres begann ein deutsches Sonderkommando unter dem Befehl Eichmanns gemeinsam mit antijüdischen Kollaborateuren im ungarischen Staatsapparat, die Massendeportationen nach Auschwitz zu organisieren. Unter direkter Mitwirkung Hitlers war erreicht worden, daß noch einmal nahezu eine halbe Million Juden in die Gewalt ihrer Mörder geriet. Die Mehrheit der Deportierten wurde in Auschwitz umgebracht, eine Minderheit in das brutale, kräftezehrende Zwangsarbeitersystem eingegliedert. Wer überlebte, trug oft schwere, lebenslange gesundheitliche Schäden davon.

Als Horthy im Juli 1944 unter dem Druck, der im eigenen Lande angesichts der bevorstehenden militärischen Niederlage entstand, und auch unter dem Einfluß der alliierten Androhung von Strafe und Vergeltung die Deportationen einstellen ließ, griff Hitler wiederum ein. Er beauftragte Ribbentrop, Horthy folgendes mitzuteilen: »Der Führer erwarte, daß nunmehr ohne jede weitere Verzögerung die Maßnahmen gegen die Budapester Juden von der ungarischen Regierung durchgeführt werden ... Der Reichsverweser möge sich nicht von irgendwelchen lächerlichen jüdisch-amerikanischen Drohungen, die uns bekannt seien, einschüchtern lassen. Diese sollten auf ihn ... nicht den geringsten Eindruck machen, da am Ende des Krieges nicht Amerika, sondern Deutschland und seine Verbündeten als Sieger in Europa stehen würden.«[37]

Dieser Text wurde am 16. Juli 1944 aus der »Wolfsschanze« nach Budapest durchgegeben. Zu diesem Zeitpunkt waren die anglo-amerikanischen

Truppen bereits in Frankreich gelandet, und die sowjetische Offensive im Mittelabschnitt der Ostfront hatte den Weg nach Polen freigemacht. Hitlers Arme waren inzwischen kürzer, sein Einfluß geringer geworden. Das rettete einer Minderheit von Juden im faschistischen Machtbereich das Leben. Die übergroße Mehrheit war ermordet worden. Jahre später wurde von Forschern die Zahl der Getöteten, die sich nie mehr genau feststellen lassen wird, mit einer unteren und einer oberen Grenze markiert. Dem Massenmorden fielen danach mindestens 5,29 Millionen, wahrscheinlich aber mehr als 6 Millionen Menschen zum Opfer.[38]

Hitler trug für das Verbrechen bei weitem nicht die alleinige, aber ihn traf die hauptsächliche Verantwortung. Was im Hinblick auf den Krieg galt, trifft auch für den Judenmord zu: Niemand wollte ihn so entschieden wie er. Doch an seiner Seite agierten mit Himmler, Heydrich, dessen Nachfolger Ernst Kaltenbrunner, dem Gestapochef Heinrich Müller, mit Goebbels, Bormann, Rosenberg und Streicher Politiker seines Schlages. Deren Judenhaß konnte sich mit dem ihres »Führers« messen, der freilich von sich behauptete, daß er alle seine Mitführer auch in diesem Punkte überrage. Von Streicher, der zu den Urhebern des Massenmordens zählt, sagte Hitler, er habe »den Juden zeichnerisch idealisiert«, der in Wirklichkeit »viel gemeiner, viel blutiger, satanischer« sei.[39]

Es war Hitlers Ehrgeiz, der Judenfeind und Judenvernichter Nummer eins zu sein, obwohl er Streicher in der Öffentlichkeit diesen Anspruch für sich geltend machen ließ. Doch hätten ihn und seine Komplizen an der Staatsspitze der eigene judenmörderische Ehrgeiz nicht weit geführt, hätten sie in der deutschen Gesellschaft nicht über Menschen geboten, die sich ihnen als Ausführende für die »Endlösung« zur Verfügung stellten. Darunter waren Mörder, von deren Rolle in Geschichtsbüchern berichtet wird – Adolf Eichmann, Martin Luther, Rudolf Höß, Odilo Globocnik. Die Namen der meisten haben sich nur in zeitgenössischen Dokumenten und in den Akten von Gerichtsprozessen erhalten. Unter denen, die das ausgeklügelte System des Massenmordens entwickelten und in Gang hielten, waren Diplomaten und Beamte von der Reichsverwaltung bis in die Kommunen, Generale und Offiziere, Wissenschaftler und Publizisten, SA- und SS-Leute, die den verschiedensten Berufen nachgingen, und nicht wenige Denunzianten »aus dem Volk«. Diesen Deutschen gesellten sich Kollaborateure in vielen Ländern Europas hinzu. Sie alle sorgten dafür, daß nur eine Minderheit der Gejagten ihren Fängern entkommen konnte.

Unter den Judenmördern befanden sich blindwütige Faschisten, die nach Zweck und Ziel ihres Mordhandwerks nicht fragten. Beteiligt waren

Kreaturen, deren hervorstechendste Charaktereigenschaft Stumpfheit und Dumpfheit des Denkens und äußerste Gefühlskälte ausmachten, die sie zu willfährigen Empfängern und Ausführenden jeden Befehls werden ließ. Doch für ihren Anführer und Vorkämpfer galt nicht, daß er sich mit Judenverfolgung und Judenmord keine Rechnung aufgemacht hätte. Gewiß blieben seit seiner frühen Jugend in Hitlers Kopf all die widerwärtigen Bilder versammelt, die Judenhaß über Jahrhunderte angehäuft hatte. Aber dieser »Führer« hatte schon zum Zeitpunkt seines Eintritts in die Politik verstanden, daß die Mobilisierung von Massen gegen die Juden in der Geschichte vielen Zwecken nutzbar gemacht worden war. Er stellte sich in diese Tradition des kaltherzig rechnenden Antisemitismus. Er wußte, daß die Verteufelung der Juden als angebliche Kriegsbrandstifter und einzige Kriegsgewinnler das einfachste Verfahren war, mit dem sich alle Fragen nach der Urheberschaft des von ihm geplanten und ausgelösten Weltkriegs ersticken ließen. Er wußte, daß der Mord an den Juden zur Disziplinierung von vielen Nichtjuden beitrug, die in den eroberten Gebieten überleben wollten, und er kalkulierte die Wirkung des Schreckens ein. Das Verfahren hatte sich in Deutschland schon im Vorkrieg bewährt, als jeder »Volksgenosse« seine »arischen Vorfahren« nachweisen sollte und gewärtig sein mußte, daß irgendeine seiner Meinungen, wenn sie dem Regime nicht paßte, als »jüdisch« hingestellt wurde. Hitler wußte schließlich, daß Täterschaft und Mittäterschaft bei diesem Verbrechen ein Band schufen, das fester war als das der Ideologie und Organisationsgemeinschaft. Er meinte, daß er mit der Mehrheit dieser Deutschen, die er so wenig liebte und deren Masse er nur etwas weniger verachtete als Angehörige anderer Völker, das ihm vorschwebende Weltreich erst würde schaffen können, wenn alle »Volksgenossen« sich vollständig von humanistischen Lehren, seien es die des Christentums, der Aufklärung oder des Sozialismus, gelöst haben würden. Dann erst wären sie die brauchbaren »Herrenmenschen« und auf jener barbarischen Denk- und Daseinsstufe angelangt, die ihm vorschwebte. Hitler, der menschlicher Mitleidsregungen nur für seine engsten Mittäter fähig war, galt die Bevölkerungsmehrheit in Deutschland als verweichlicht. Das unvorstellbare Verbrechen an den Juden war ihm daher und nicht zum wenigsten eine Schule für seine »Volksgenossen«.

Hitler wurde von einer rassenideologisch umgeprägten Vision vom deutschen weltbeherrschenden Imperialismus geleitet. Die Liquidierung von Menschengruppen ordnete sich nach Ziel und Funktion dieser reaktionärsten Utopie zu, welche die Menschheit in ihrer Jahrtausende langen

Geschichte hervorgebracht hat. In diesen Zukunftsvorstellungen besetzte die Ausrottung großer Menschengruppen nicht als einmalige Aktion, sondern als dauernder Herrschaftsgrundsatz einen festen Platz. Juden sollten im Europa unter dem Hakenkreuz nicht mehr leben. Kein Lebensplatz würde auch für Sinti und Roma mehr sein, die wie die Juden verfolgt und von denen etwa 500 000 Menschen ausgerottet wurden. Eine ethnische oder moralische Grenze dieser Vernichtungsstrategie ist nicht erkennbar. Klar zeichnete sich aber ab, daß sie nach dem »Endsieg« fortgesetzt und ausgeweitet werden würde. Hitler hatte sich vorbehalten, nach Kriegsende über die »Halbjuden« ebenso zu entscheiden wie über Tschechen und andere Völker und Nationen. Während den nicht »germanisierungsfähigen« Tschechen die Deportation in den Nordosten Europas vorbestimmt war, kann nicht bezweifelt werden, wie Hitlers Entscheid über die »Halbjuden« ausgefallen wäre. Sie galten ihm, da sich in ihnen angeblich auf geheimnisvolle Weise die besten Eigenschaften der »Arier« mit denen der Juden mischen würden, als die gefährlichsten Gegner.
Die »Herrenrasse« und das hieß, ihr »Führer«, würde darüber befinden, wer von ihr als moderner Sklave, wer als Kollaborateur akzeptiert werden würde oder wer gar die Chance erhalten sollte, sich zum »Herrenmenschen« zu entwickeln. Eine Grenze würde dieser Selektion von Brauchbaren und Unbrauchbaren nur dort gesetzt sein, wo reale ökonomische und Herrschaftsinteressen sie zogen. Das kündigte sich noch in der Stunde der Agonie des Systems an. Hitler willigte 1944 ein, Juden aus Lagern jenseits der Reichsgrenzen und aus Ungarn in das angeblich »judenfreie« Deutschland zu schaffen. Sie wurden beim Bau von Rüstungsanlagen rücksichtslos ausgebeutet und vielfach »durch Arbeit vernichtet«. Daß Hitler sich im Angesicht der militärischen Niederlage jemals zu diesem Schritt würde entschließen müssen, lag im Frühjahr 1941, als er den Massenmord plante und planen ließ, ganz außerhalb seiner Vorstellungen.

Kapitel 18

Wendepunkt: Stalingrad 1942 bis 1943

Während die deutschen Truppen an der Ostfront nach Fluchten, Rückzügen und schweren Verlusten zur Verteidigung übergegangen waren, befaßte sich der Oberbefehlshaber mit der Frage, wie sich nach der Schlammperiode des Frühjahrs die strategische Initiative zurückgewinnen ließe. Hitler und seine Berater mußten sich eingestehen, daß sie außerstande gewesen waren, das Heer im Osten für einen erneuten Angriff an der gesamten Front zu stärken. Von den ersten Überlegungen und Plänen an konzentrierten sich daher die Entwürfe für den Kriegsplan 1942 darauf, nur an ausgewählten Abschnitten der Ostfront anzugreifen. Die Einnahme Moskaus wurde als im Moment unerreichbares Ziel angesehen. Im Norden sollte Leningrad erobert werden, damit die in seiner Umgebung massierten Verbände für den Einsatz in Richtung Osten frei würden. Als das Hauptziel aber wurde der Vorstoß zur Wolga im Süden der Ostfront betrachtet, dem die Inbesitznahme des Kaukasus-Gebiets, der Ölfelder am Kaspischen Meer und das Erreichen der Grenze zur Türkei folgen sollten. Mit dem auf diese Weise geöffneten Landweg nach Irak und Iran ergaben sich neue Möglichkeiten, Großbritannien zu treffen.[1] Mit diesem Konzept war stillschweigend das ursprüngliche Ziel des Jahres 1941 aufgegeben, die Sowjetunion zu zerschlagen und die eigene Grenze jenseits des Ural zu errichten.

Vom Erfolg der neuen Sommeroffensive erhoffte sich Hitler jedoch, den Kriegsgegner im Osten durch den Verlust seiner Ressourcen in Südrußland und im Kaukasus-Gebiet entscheidend zu schwächen. Gleichzeitig wurden riesige Vorteile und phantastische Gewinne für die Verbesserung der eigenen Situation erhofft. Die hohen Erwartungen gründeten sich auf die Vorstellung, daß sich aus der UdSSR ein riesiges Teilstück herausreißen, dauernd gegen Angriffe sichern und ungehemmt ökonomisch ausbeuten ließe, um damit die Basis für einen beliebig lange dauernden Krieg gegen Großbritannien und die USA zu schaffen.

Die Konturen dieses neuen Feldzugplans waren höchst verschwommen. Er warf Fragen auf, die jedoch von Hitlers Beratern im Hauptquartier kei-

ner Prüfung unterzogen und verdrängt wurden. Selbst wenn im Süden der Front alle Rechnungen aufgingen, was nach den Erfahrungen des Jahres 1941 schon nicht mehr fest geglaubt werden konnte, blieb offen, wie sich der Gegner im Norden verhalten würde. Die UdSSR verfügte selbst dann noch über ein riesiges Hinterland, über Reserven an Menschen sowie über industrielle Basen, die von keinem deutschen Flugzeug zerstört werden konnten. Was wäre also erreicht, wenn statt der im Frühjahr 1941 gestellten Aufgabe, die gegnerische Streitmacht völlig zu vernichten, ein Landgewinn erzielt würde? Dabei konnten Hitler und die Generalstäbler nicht einmal darauf rechnen, erneut Millionen Soldaten in Kesselschlachten zu verwickeln und gefangenzunehmen.
Die Frage, wie dieser Krieg gegen starke Mächte, die ihre überlegenen Kräfte erst zu mobilisieren begannen, zu einem Ende kommen könnte, hatten die Feldmarschälle und Generale der Wehrmacht zu diesem Zeitpunkt offenbar bereits vollkommen aus ihrem Gesichtsfeld verbannt. Sie konzentrierten Wissen und Erfahrung auf die nächste militärische Aufgabe, die ihnen aber nicht einfach von Hitler diktiert wurde, sondern an deren Formulierung sie selbst beteiligt waren. Als ihnen der Oberbefehlshaber 1939 offen sagte, daß ihn Recht oder Unrecht nicht interessiere, hatten sie das auch für sich akzeptiert. Jetzt prüften sie nicht einmal mehr Sinn und Unsinn militärischer Entwürfe und Aktionen. Mancher von ihnen unterlag im Frühjahr 1941 möglicherweise einem mehrfachen Irrtum, als er sich den Krieg gegen die UdSSR als Blitzfeldzug vorstellte. Das Verhalten der militärischen Führer im Frühjahr 1942 aber zeugte von äußerster Verantwortungslosigkeit gegenüber Millionen eigener Soldaten. Es zeigte den geistigen und moralischen Verfall einer Kaste an, die sich ganz in den Traditionen ihrer Vorgänger bewegte, die nach dem Scheitern des Generalkriegsplans für den Ersten Weltkrieg im Herbst 1914 ebenfalls von einer »Aushilfe« in die nächste taumelten, bis sie nicht mehr um das Eingeständnis herumkamen, am totalen Ende ihres Kriegslateins angekommen zu sein. Nur wenige Generale und Offiziere der Wehrmacht begriffen allmählich, daß sie sich bereits zu Mitschuldigen am Massenmord ihrer Untergebenen gemacht hatten und von nun an zu Wegbereitern einer geschichtlich beispiellosen Katastrophe wurden. Diese kleine Minderheit dachte darüber nach, wie sie sich aus dieser mißlichen Lage befreien und den »Führer« und Oberbefehlshaber loswerden könnte. Wie die Dinge lagen, gab es dazu nur das Mittel des Attentats. Die Masse des Volkes, die Soldaten an der Front und die Zivilisten im Hinterland hielten still und aus.

Unter dem Zwang der veränderten Kriegssituation stellte sich die Nazipropaganda um. Goebbels erklärte nun, daß »harte Zeiten« angebrochen seien. Das gelte vor allem für die Soldaten der Ostfront. Um sich ihrer »würdig« zu erweisen, müßten auch die Anstrengungen in der Heimat um ein Vielfaches erhöht werden. Das bedeutete vor allem Verlängerung der Arbeitszeit in der Kriegsproduktion. Gleichzeitig machten sich Kürzungen der Lebensmittelrationen notwendig. In den Städten stockte verschiedentlich die Kartoffelversorgung. Die Belastungen im Berufsverkehr nahmen zu. Das Leben wurde insgesamt anstrengender und düsterer.
Immer häufiger wurde gefragt, wie lange der Krieg noch dauern solle. Der Propagandaminister reagierte auf diese Stimmungen und erklärte daraufhin am 15. Januar 1942 in Hamburg in einer Rede: »Wichtiger als die Frage, wann dieser Krieg zu Ende geht, ist die Frage, wie er zu Ende geht.«[2] Die Zeit, in der man kriegsentscheidende und rasch friedenbringende Siege versprechen konnte, war vorbei. Statt dessen wurden nun die Segnungen des fernen Sieges ausgemalt. Er werde, erklärte Goebbels in der Hansestadt, »Grundlage(n) der sozialen Neugestaltung« des Deutschen Reiches schaffen und den Völkern der Achsenmächte die Möglichkeit des »völkischen Sichauslebens« eröffnen. Am gleichen Tage behauptete Reichswirtschaftsminister und Reichsbank-Präsident Funk in einer Ansprache, der Krieg »sei das entscheidende Stadium einer sozialen Revolution«.[3] Immer häufiger wurden nun die Töne der sozialimperialistischen Propaganda angeschlagen. Als die Sommeroffensive 1942 eröffnet war und Sondermeldungen von der Front neue Hoffnungen nährten, beschwor Goebbels wieder die Volk-ohne-Raum-Lüge: »Wir führen diesen Krieg nicht für eine privilegierte Schicht, sondern für die breite Masse unseres Volkes, die wir ohne Sieg nicht sattmachen können.«[4] Die Version vom »aufgezwungenen Krieg« war damit nicht aufgegeben. Sie wurde ergänzt: Nachdem Deutschland nun einmal Krieg führen müsse, wolle es auch die Gelegenheit nutzen, zu seinen Zielen zu gelangen.
Wie weit die nationalsozialistischen Machthaber das Kriegsende entrückt sahen, verriet eine Weisung Görings, die er in seiner Eigenschaft als Chef der Behörde für den Vierjahresplan erlassen hatte. Sie verbot staatlichen und privaten wirtschaftsleitenden Institutionen alle Friedens- und Nachkriegsentwicklungen, um nicht länger Kräfte von Kriegsaufgaben abzuziehen.[5] Die Führung des Regimes unternahm den ersten, allerdings noch halbherzigen Versuch, die Deutschen auf den »totalen Krieg« umzustellen. Zunehmende Sorgen verursachte ihr das infolge weiterer Einberufungen zur Wehrmacht verschärfte Arbeitskräfteproblem in der Industrie und

Landwirtschaft. Hitler hatte damit gerechnet, nach einem raschen Sieg im Osten das Heer reduzieren und damit der Kriegswirtschaft wieder deutsche Arbeitskräfte zuführen zu können. Von dieser Erwartung, mehr aber noch von der Annahme ausgehend, im eigenen Machtbereich schon mehr Menschen zu besitzen, als gebraucht wurden, also womöglich »unnütze Esser« ernähren zu müssen, hatten sich auch die Militärs gegenüber der Masse der sowjetischen Kriegsgefangenen teils gleichgültig, teils unmenschlich verhalten und alle Normen des Völkerrechts mißachtet. In vielen Lagern hinter der Front und auf deutschem Reichsgebiet waren die Eingepferchten zu Hunderttausenden infolge von Hunger und Kälte umgekommen.

In dem Maße, wie sich der Krieg in die Länge zog und sein Ende unabsehbar wurde, begannen die deutschen »Herrenmenschen«, die Arbeitskraft der »Ostvölker«, von Kriegsgefangenen und Zivilisten, neu zu bewerten. Hitler ernannte den NSDAP-Gauleiter in Thüringen, Fritz Sauckel, einen besonders brutalen Typ unter seinen Gefolgsleuten, zum Generalbevollmächtigten für den Arbeitseinsatz und Leiter der gleichnamigen neugeschaffenen Obersten Reichsbehörde. Seine Hauptaufgabe bestand darin, vor allem Russen, Weißrussen und Ukrainer zur Zwangsarbeit nach Deutschland zu locken oder zu zwingen. Gleichzeitig wurden unter besonderen Sicherheitsvorkehrungen sowjetische Kriegsgefangene in Staats- und Privatbetrieben eingesetzt. Das beanspruchte Zeit, denn viele mußten erst so weit ernährt und gekräftigt werden, daß sie überhaupt wieder arbeitsfähig wurden. Die ersten Anordnungen Sauckels richteten sich daher auf die striktere Mobilisierung des Arbeitskräftepotentials der Deutschen. So ordnete er u. a. an, daß Schüler, die das 10. Lebensjahr vollendet hatten, zeitweilig zur Arbeit in der Landwirtschaft eingesetzt werden dürften.[6]

Immer mehr hatte sich der Propagandaminister um den gefürchteten Verfall der Volksstimmung zu sorgen. Er sann über Angebote zur Ablenkung und Entspannung vom tristen Kriegsalltag nach. Dazu sollten lockere und seichte Rundfunk- und öffentliche Unterhaltungsprogramme ebenso dienen wie eine Vielzahl von Kinofilmen, die den Besuchern Glück und Leid in einer heilen Welt vorführten. Vor allem aber mußten die allmählich schwindenden Hoffnungen auf den Sieg wieder und wieder genährt werden. Geradezu magisch wurde der Frühling als die Zeit neuer Pläne, Angriffe und Siege beschworen. »Jetzt ist es geschafft«, erklärte auch Hitler erleichtert mit dem Blick auf den 1. März 1942. »Wenn der Januar und Februar hinter uns liegen, müssen die anderen die Hoffnung darauf begraben, daß wir das Schicksal Napoleons erleiden!« Und nun, als wären die Gegner an seinen Fehlkalkulationen schuld, werde er »ihnen das heimzahlen«.

Hitler gestand auch ein, daß die zurückliegenden Monate seit Anfang des Dezember an seinen Nerven gezerrt hatten. Doch täuschte er sich, wenn er glaubte, daß die Mitarbeiter und Besucher des Hauptquartiers die mit ihm vorgehenden Veränderungen nicht bemerkt hätten. Während in den Partien der Wochenschauen, die in den Filmtheatern gezeigt wurden, die Aufnahmen von Hitler noch sorgfältiger ausgewählt wurden als die von den Fronten, weil sie den Oberbefehlshaber gesund und spannkräftig vorführen sollten, notierte sich Goebbels, nachdem er den »Führer« am Ende des Winters 1941/1942 gesehen hatte, er sei »sehr grau« geworden, »stark gealtert« und habe auf ihn einen »erschütternden Eindruck« gemacht.[7] Tatsächlich vermochte Hitler seine gute körperliche Verfassung vom Beginn des Krieges nicht zu bewahren. Zunehmend beunruhigten ihn die Meldungen von der Ostfront. Auch die Atmosphäre des »Führerhauptquartiers« bei Rastenburg belastete ihn neuerdings: Er könne »in diesen Löchern ... gar nicht denken«. Nur große Räume wie die der Reichskanzlei würden seine Phantasie beflügeln. Wie fern sei auch der »Berghof«, bemerkte er ein anderes Mal. Im Frieden werde er sich drei Monate ausruhen, die Führung der Wehrmacht sofort abgeben, Speer von seiner Aufgabe als Rüstungsminister ablösen und zu sich holen. Die Soldaten würden Urlaub erhalten, »drei Monate vielleicht«.[8] Solcherlei Abschweifungen aus der Gegenwart in nächtlicher Runde mochten auch darauf berechnet sein, die Stimmung in der »Wolfsschanze« zu heben. Sie drücken zugleich aus, daß Hitler selbst Ablenkungen brauchte, wie sie der deutschen Bevölkerung von Goebbels in den Kinotheatern verabreicht wurden. Auch anderen Mitgliedern der Führungsspitze waren schwermütige Stimmungen inzwischen nicht mehr fremd. So sann der Propagandaminister darüber nach, in welch »wunderbarstem wirtschaftlichem, politischem und sozialem Glück« er mit den Deutschen leben könnte, wenn »der Krieg nicht dazwischengekommen« wäre.[9]

Dennoch wurde alles mögliche getan, um über den gescheiterten Feldzug 1941 sowie die Rückschläge und Niederlage an der Jahreswende hinwegzutäuschen. Dazu diente insbesondere die Heroisierung der »Winterschlacht«, die zu einem großen Sieg umgefälscht wurde. Niemand tat das dreister als Göring während einer Kundgebung in Berlin, die anläßlich der erstmaligen Verleihung des neugestifteten Ordens »Ritterkreuz zum Kriegsverdienstkreuz« veranstaltet wurde und der Aufpeitschung von In-

dustriearbeitern zu höchsten Leistungen diente. In eklatantem und für jeden überprüfbarem Widerspruch zu den Meldungen der offiziellen Wehrmachtsberichte behauptete er ungeniert, die deutschen Truppen im Osten stünden noch immer dort, »wo sie bei Beginn des Winters gestanden« hätten, und befänden sich vor Moskau wie im Herbst 1941.[10]
Da rationale Argumente zugunsten des versprochenen Sieges immer rarer wurden, setzten die Machthaber verstärkt auf irrationale, die sich jeder Nachprüfung entzogen. Im Zentrum der Fremd- und Selbsttäuschung stand jetzt die Forderung, an das Genie des »Führers« zu glauben. Er sei derjenige gewesen, so Göring, der den »Sieg dieser Winterschlacht« erkämpft habe, auch alle Einzelheiten entschied, ja »jeden Zugtransport« selbst dirigierte. Diese Lobeshymne stand in groteskem Widerspruch zu einem freilich nicht öffentlich geäußerten Eingeständnis Hitlers. Er habe den Truppen im verflossenen Winter Eisenbahnzüge mit Panzern versprochen und gewußt, daß sie ihr Ziel nicht erreichen könnten.[11]
Aber nicht nur grenzenlose Gefühle der Bewunderung sollten sich nach den Wünschen der Propagandisten auf Hitler richten, sondern zugleich auch Mitleid. So sprach Göring davon, daß der »Führer« während der zurückliegenden schweren Zeit »unsagbar« gelitten habe.[12] Die wohlkalkulierten Äußerungen des Führerkults erreichten ihr Ziel, denn Hitlers Ansehen war noch immer weithin unbeschädigt. Die Bevölkerungsmehrheit, die zudem das Ausmaß der Rückschläge im Osten keineswegs überblickte, sondern sie lediglich als kriegsverlängernd einstufte, machte nicht den »Führer«, sondern seine Berater und widrige Umstände für das Ausbleiben weiterer Siege verantwortlich.
Obwohl es nach dem Erstarren der Fronten im Osten keine Entwicklung gab, die täglich neue Entscheidungen verlangt hätte, hielt sich Hitler während der Winter- und Frühlingsmonate 1942 meist in der Abgeschiedenheit der »Wolfsschanze« auf. Dort konnte er sich trotz vieler Nachteile immerhin der wachsenden Zahl von Einzelentscheidungen, die das Reichsgebiet betrafen und durch die sich anbahnende Kriegswende notwendig wurden, eher entziehen als in der Berliner Reichskanzlei. Er beorderte Minister aus der Hauptstadt zu sich oder ließ ihnen über Bormann oder Lammers Entscheidungen und Ansichten mitteilen. Anderes erledigte er am Telefon.
Zweimal trat Hitler in dieser vergleichsweise ereignisarmen Kriegsphase mit Reden an die Deutschen hervor. Er reiste nach Berlin, um am 30. Januar 1942 wie üblich vor dem Reichstag zu sprechen. Lange Passagen seiner Ansprache wiederholten die Geschichte des Aufstiegs der

NSDAP in den Jahren vor 1933, die er sich und seinen Hörern bereits so oft ausgeschmückt hatte. Doch gab er der »Parteierzählung« diesmal einen aktuellen Bezug. Der Sieg des Jahres 1933 wurde zum Ergebnis eines langen Weges durch Krisen dramatisiert. So wollte er nachweisen, daß dies die einzige Art wäre, in der große Siege erreicht werden könnten. Niemand habe wegen der erlittenen Rückschläge Grund, sich zu beunruhigen und am erfolgreichen Ausgang des Krieges zu zweifeln.

Überraschender war, daß Hitler den Reichstag am 26. April 1942 wieder zusammenrufen ließ. Da es dafür keinen erkennbaren Anlaß gab, entstanden Gerüchte, als die Kundgebung angekündigt wurde. Hitler trug aber nur seine Bilanz der »Winterschlacht« vor. Er behauptete, in den zurückliegenden Monaten sei ein Weltkampf entschieden worden.[13]

In Berichten, die der Sicherheitsdienst wie üblich über das Echo der »Führerrede« anfertigte, war wie stets von ihrer großen Wirkung und ihrem langen »Nachklingen« die Rede. Doch wurde auch vermerkt, daß sich in Bevölkerungskreisen Enttäuschung geäußert habe. Hitler hatte von Vorbereitungen auf den kommenden Winter gesprochen und damit die Hoffnungen zerstört, daß 1942 das letzte Kriegsjahr werden könnte.[14]

In seiner Rede forderte er zudem eine ominöse »Ermächtigung«, jeden Deutschen mit allen Mitteln zum Kriegsdienst zwingen zu können. Doch existierte kein ersichtlicher Grund, der einen derartigen Beschluß des Reichstags erforderlich gemacht hätte. Schon vorher war keine Entscheidung, die Verhängung der Todesstrafe eingeschlossen, denkbar, die nicht strikt befolgt worden wäre, wenn Hitler sie getroffen hatte. Das Verlangen sollte offensichtlich vor allem den Ernst der Situation verdeutlichen und stellte eine Drohung gegen alle dar, die sich den immer unpopuläreren Forderungen der Staatsmacht nach weiteren Entbehrungen und Anstrengungen für den Krieg nicht bedingungs- und widerspruchslos unterwarfen. Von den Vertretern der Staatsmacht, der Beamtenschaft sowie insbesondere den Richtern und Staatsanwälten verlangte Hitler schärfstes Durchgreifen, damit die Bevölkerung fest im Griff der Machthaber bliebe.[15]

Je näher der Termin der auf den 15. Juni festgelegten Sommeroffensive rückte, um so ruheloser wurde Hitler. Am 29. Mai reiste er wieder zu einem kurzen Besuch nach Berlin. Am folgenden Tage sprach er zu Tausenden soeben zu Offizieren beförderten jungen Wehrmachtsangehörigen, von denen viele unverzüglich an die Ostfront kommandiert wurden. Kein Wort verlor der Oberbefehlshaber, der den im Sportpalast Versammelten mit der Anrede »Meine jungen Kameraden« schmeichelte, über die Lage an den Fronten und die Perspektiven des Krieges. Er trat als Philosoph, Historiker, Wirtschaftsfachmann und Staatsmann auf. Hitler erweckte den Eindruck eines weltbewanderten Denkers und entwickelte die sozialdarwinistischen und geopolitischen Doktrinen, die seine Zuhörer bereits vom Unterricht an zivilen und Kriegsschulen her kannten. Nun hörten sie aus dem Munde Hitlers wiederum, daß der Krieg ein Naturgesetz sei und die Weltherrschaftsziele naturgeschichtlich gerechtfertigt wären. Eroberung von Rohstoffquellen und Ackerland oder Hunger, Verkümmerung und Vergehen des deutschen Volkes – so zeichnete er die angebliche Alternative. Die Deutschen müßten daher »in einem gewissen Lebensraum Europas nunmehr das Deutsche Reich zur führenden Macht« erheben.[16] Chronisten berichten von der Begeisterung der jungen Leutnante und Fähnriche, von denen die meisten noch an eine ordensgeschmückte Heimkehr nach dem Endsieg glaubten.

Wenige Tage später begab sich Hitler überraschend nach Finnland, um Marschall Freiherr von Mannerheim zum 75. Geburtstag zu gratulieren. Auf ähnliche Weise war vordem keiner der Verbündeten ausgezeichnet worden. Die Reise machte vor allem deutlich, welchen Rang Hitler der Standhaftigkeit der finnischen Armee in einem Augenblick zumaß, da der Plan, Leningrad zu erobern, noch nicht aufgegeben war, die deutschen Hauptkräfte aber im fernen Süden der Sowjetunion konzentriert wurden. Zwei Tage darauf empfing Hitler in der »Wolfsschanze« Miklós Kállay, den Ministerpräsidenten Ungarns, des schwierigsten und am wenigsten verläßlichen Bündnispartners.

Am 8. Juni rollte der Sonderzug des »Führers« wieder nach Berlin. Tags darauf nahm der Oberbefehlshaber an einem von ihm anberaumten Staatstrauerakt teil. Es war bereits der zweite, der ihn binnen weniger Monate in die Reichskanzlei zurückgeführt hatte. Am 8. Februar war der Minister für Bewaffnung und Munition Todt auf dem Rückflug aus dem ostpreußischen Hauptquartier beim Absturz eines Flugzeugs ums Leben gekommen. Hitler hatte seinem treuen Gefolgsmann selbst die Gedenkrede gehalten. Nun mußte er sich Himmlers Nachruf auf Heydrich an dessen Sarg anhören. Der Chef des Reichssicherheitshauptamtes, Kommandeur der mordenden Einsatzgruppen der Sicherheitspolizei und des SD und stellvertretende »Reichsprotektor« in Böhmen und Mähren war wenige Tage nach einem Attentat in Prags Straßen seinen schweren Verwundungen erlegen. Die »arischen« Herren begannen im eroberten Land unsicherer zu leben.

Hitlers Wahl für den Nachfolger Todts war auf seinen Leibarchitekten und Generalinspekteur für die Neugestaltung der Reichshauptstadt, Speer,

Speer erhält den Fritz-Todt-Ring (1943)

gefallen, dem er die Energie und das organisatorische Talent zutraute, den wichtigsten Platz an der Spitze der Rüstungsindustrie einzunehmen. An Heydrichs Stelle in Prag wurde wieder ein Mann aus dem Repressivapparat des Reiches gesetzt, der Chef der Ordnungspolizei Kurt Daluege, der ebenfalls zu Hitlers langjährigen Weggenossen gehörte. Die Führung des Reichssicherheitshauptamtes wurde erst 1943 Ernst Kaltenbrunner übertragen, der sich bei der Liquidierung Österreichs hervorgetan und in der SS Karriere gemacht hatte.
Nach Heydrichs Beisetzung fuhr Hitler in die Bayerischen Alpen, um sich vor Beginn der Sommeroffensive ein paar Tage zu erholen. Doch verliefen die Vorbereitungen für den Generalangriff nicht planmäßig, so daß der Termin zweimal verschoben werden mußte. Auf der Rückfahrt vom »Berghof« machte Hitler am 21. Juni in München Station, um am Trauerakt für einen weiteren seiner alten Gefolgsmänner, den Führer des NS-Kraftfahrer-Korps Adolf Hühnlein, teilzunehmen sowie um den NSDAP-Gauleiter von München-Oberbayern, Adolf Wagner, an dessen Sterbelager zu besuchen. Derartige Gesten persönlicher Verbundenheit hatten durchaus auch

einen allgemeineren Zweck. Hitlers älteste Gefolgschaft fand sich an den Särgen zu heroischer Trauer zusammen und erneuerte ihre Bindungen untereinander und an den »Führer«. Zugleich drückte sich darin dessen Vorliebe für düster-theatralische Auftritte sowie sein Hang zum Selbstmitleid aus. Da Hitler nicht den Tod von Familienangehörigen im Kriege zu beklagen hatte, nutzten die Propagandisten des Regimes ihrerseits die Gelegenheit, ihn als schwergeprüft und durch den Tod von engen Mitkämpfern von Schicksalsschlägen betroffen darzustellen.
Am 22. Juni, dem ersten Jahrestag des Überfalls auf die Sowjetunion, machte Hitler in Berlin nur kurze Zeit Station. Er traf mit Himmler zusammen, wobei die Konsequenzen besprochen wurden, die sich aus dem Attentat auf Heydrich für die Niederhaltung des Widerstands in den besetzten Ländern und Gebieten ergaben. Im »Protektorat Böhmen und Mähren« hatte Himmler inzwischen einen blutigen Rachefeldzug gegen alle der Teilnahme an dem Anschlag auf Heydrich auch nur entfernt verdächtigen Personen begonnen, dem auch die völlig unschuldigen Einwohner des Dorfes Lidice – vom Greis bis zum Kind – zum Opfer gefallen waren. Ausdrücklich bekannte sich Hitler zu der im »Protektorat« angewandten Methode, die Männer zu erschießen und die Frauen in ein Konzentrationslager zu »überstellen«, wie es mit den Bewohnern des tschechischen Dorfes geschehen war.
Am 24. Juni 1942 hielt sich der Oberbefehlshaber wieder in der »Wolfsschanze« auf. Als ihn Nachrichten vom Vordringen des Korps unter Rommel nach Ägypten erreichten, schwelgte er in der Vorstellung von der Einnahme Alexandrias und deren Folgen. Doch wußte Hitler, daß die entscheidenden Schlachten im Osten bevorstanden. Am 28. Juni begann die Offensive der Heeresgruppe Süd, die Generalfeldmarschall Bock befehligte, der Mann, den er seines Postens enthoben hatte, als der Ansturm auf Moskau steckengeblieben war. Die Wehrmacht unternahm den zweiten Versuch, die Rote Armee zu besiegen und auch im Osten des Kontinents zu triumphieren. Wieder richtete sich die Aufmerksamkeit von Millionen Menschen in den Staaten der Anti-Hitler-Koalition, in den besetzten Gebieten und auch in den wenigen neutralen Ländern Europas auf die dramatischen Geschehnisse an der deutsch-sowjetischen Front. Drei Wochen nach dem Beginn des Großangriffs bezog der Oberbefehlshaber das Hauptquartier »Werwolf« in der Nähe der Stadt Winniza im Südwesten der Ukraine, wo eine Anlage aus Bunkern, Blockhäusern und Baracken gebaut worden war. Die Gegend hatte zu den traditionellen Wohnbezirken der Juden gehört, die in Winniza einmal nahezu 40 Prozent der Einwohner

ausmachten. Dann waren – wie vorgesehen – die Einsatzkommandos der Sicherheitspolizei und des SD der Wehrmacht gefolgt. Wer nicht rechtzeitig hatte ostwärts fliehen oder sich auf andere Weise retten können, war von ihnen niedergemacht worden.

Die neue Befehlsstelle lag etwa auf der Linie des 49. Breitengrades. 500 Kilometer östlich davon begann die Heeresgruppe Süd den Angriff. Schon am 3. Juli hieß es im Wehrmachtsbericht, daß die gegnerische Front auf einer Breite von 300 Kilometern »aufgerissen« worden sei.[17] Vier Tage später meldete er die Einnahme von Woronesh, der Stadt am äußersten nördlichen Flügel des deutschen Vorstoßes. An dessen Südrand drangen deutsche Truppen am 24. Juli zum zweiten Mal in Rostow ein. Zu diesem Zeitpunkt hatte Hitler bereits eine Korrektur des Feldzugsplans vorgenommen. Aktionen, die ursprünglich nacheinander erfolgen sollten, wurden gleichzeitig angesetzt. Die angreifende Heeresgruppe wurde zweigeteilt. Die eine, deren Auftrag es war, nach Süden in den Kaukasus vorzudringen, wurde Feldmarschall List unterstellt. Die nördlich davon operierende, die Stalingrad erobern und die Verbindungswege zwischen dem äußersten Süden und dem Norden des europäischen Rußland unterbrechen sollte, kommandierte von Bock, allerdings nur noch wenige Tage. Unzufrieden mit dessen Vorgehen schickte Hitler ihn am 15. Juli zum zweiten Mal auf seinen Privatsitz nach Oberbayern in die Reserve.

Im Augenblick, da das Oberkommando wieder Sondermeldungen über den Rundfunk bekanntgeben konnte, ließ Hitler die lange zurückgehaltenen Angaben über die deutschen Verluste an der Ostfront veröffentlichen. Demnach waren im ersten Jahr des Krieges gegen die Sowjetunion 271 612 Männer umgekommen. 65 730 Soldaten wurden als vermißt gemeldet, was großenteils ebenfalls bedeutete, daß sie ihr Leben verloren hatten. Alle Toten seien »Garanten unseres Sieges«, formulierte das Oberkommando, das sich über die Zahl der Verwundeten ausschwieg.[18]

Was Hitler über diese Verluste dachte, hatte er in der Rede vor jungen Offizieren im Berliner Sportpalast kurz zuvor unverblümt ausgesprochen. Das »wahre Nationalvermögen« seien die Erfinder, Denker, Dichter, die großen Staatsmänner und Feldherren. »Alles andere kann man am Ende ersetzen.« Dabei hatte er, wieder großzügig mit den Zahlen umgehend, behauptet, der Krieg habe Deutschland nicht einmal zehn Prozent der Menschen gekostet, um die sich die deutsche Bevölkerung seit der »nationalsozialistischen« Revolution infolge zunehmender Geburtenfreudigkeit zusätzlich vergrößert habe.[19]

Im Juli und August 1942 kamen beide Heeresgruppen in den vorgezeichneten Richtungen noch voran. Jedoch gelangen nirgendwo Umfassungsoperationen wie im Sommer 1941. Die Rote Armee geriet zwar von einer kritischen Lage in die nächste, doch bestand der Preis dafür in auch für die deutschen Truppen äußerst verlustreichen Kämpfen. Selbst die Erfolgsberichte des deutschen Oberkommandos vermitteln davon ein ungefähres Bild: Es würden »harte Kämpfe« geführt, »zähe Abwehr« überwunden, »stark ausgebaute Stellungssysteme« genommen, immer wieder »Gegenangriffe« abgewehrt und dies mitunter bei »tropischer Hitze«. Die Wehrmachtsverbände, die im Süden am 9./10. August die Ausläufer des westlichen Kaukasus erreichten und am 21. August auf dessen höchstem Berg, dem Elbrus, die Hakenkreuzfahne aufzogen, waren durch Verluste und allgemeine Erschöpfung ebenso geschwächt wie jene, die Ende August/Anfang September an die Verteidigungsgürtel von Stalingrad gelangten und nördlich der Stadt an die Wolga kamen.

Zweieinhalb Monate nach Beginn des Feldzugs fielen Zielsetzungen und Ergebnisse der Offensive erkennbar auseinander. Wie im Jahr zuvor zeichnete sich wieder die Gefahr ab, daß die Fronten erstarren und der Bewegungs- in einen Stellungskrieg überging. Der Vorstoß am Ostufer des Schwarzen Meeres, der auch der sowjetischen Schwarzmeerflotte die letzten Häfen nehmen sollte, geriet ebenso ins Stocken wie der versuchte Durchbruch an das Westufer des Kaspischen Meeres und zu den Erdölfeldern von Baku. Die Grenze der Türkei war fern, die Landbrücke zum mittleren Orient erwies sich als nicht herstellbar. Die Verbindungswege zwischen dem Süden und dem Zentrum des europäischen Rußland waren zwar gestört, aber nicht unterbrochen worden. Nirgendwo konnte die Frontlinie stabilisiert und das Eroberte dauerhaft in die Hand der Wehrmacht gebracht werden, denn die Rote Armee hatte sich trotz aller Verluste die Kraft zum Widerstand erhalten. Zudem griffen nordwärts des dramatischen Geschehens bis in das Vorfeld von Leningrad hinein sowjetische Verbände die deutschen Frontlinien an, um die Zuführung weiterer deutscher Divisionen in den Süden zu verhindern und den am meisten bedrängten eigenen Truppen Entlastung zu verschaffen.

Obwohl täglich noch Meldungen über eroberte Ortschaften in Hitlers Hauptquartier eingingen, herrschte dort im Bewußtsein der Tragweite der Offensive für den Gesamtverlauf des Krieges und aufgrund der Erfahrungen des Jahres 1941 zunehmend Nervosität. Die Siegestrunkenheit, die in der Erfolgsphase des Vorsommers dominiert hatte, wollte sich nicht wieder einstellen. Ende 1941 hatte Hitler höchste Befehlshaber erst dann von ihren Posten abgelöst, als der Feldzugsplan offenkundig gescheitert war.

Diesmal tat er es bereits, bevor noch die ersten Hiobsbotschaften eintrafen. Auf von Bocks Entlassung, der durch den Feldmarschall Maximilian Freiherr von Weichs ersetzt worden war, folgte am 9. September die des Feldmarschalls List, der weder an den Pässen des Kaukasus noch entlang der Schwarzmeerküste weiter vorankam. Hitler übernahm zeitweilig selbst den Oberbefehl über Lists Truppen, so daß er jetzt auf zwei Rangstufen sein eigener Vorgesetzter war. Als Oberbefehlshaber der Wehrmacht unterstand ihm der des Heeres, und als Oberbefehlshaber der Landstreitkräfte befahl er dem Befehlshaber einer Heeresgruppe. Je weniger strategische Entscheidungen zu treffen waren, um so stärker begann er über operative und selbst über taktische Fragen zu befinden, die er früher den Berufsmilitärs überlassen hatte. Mit dieser Anhäufung von Befehlsgewalt und von Einzelentscheidungen schrumpften unweigerlich seine Möglichkeiten, die Verantwortung für das Geschehen von sich auf andere abzuwälzen. Denn an der militärischen Lage im äußersten Süden der deutsch-sowjetischen Front vermochte Hitler so wenig etwas zu ändern wie sein Vorgänger, der auch nach dem Urteil von Heeres-Generalstabschef Halder unberechtigt gescholten und ungerecht behandelt worden war.
Immer mehr konzentrierte sich im folgenden die Aufmerksamkeit Hitlers auf die sich vor Stalingrad entwickelnde Schlacht. Nur wenn sie siegreich verlief, konnten die Landgewinne im Süden mit den ertragreichen Feldern am Kuban und den Erdölfeldern von Maikop behauptet werden. Andernfalls entstand die Gefahr, daß ein sowjetischer Gegenangriff zum Don und dessen Mündung die südlichste Heeresgruppe im Rücken traf, ihre Verbindungen unterbrach und ihr schließlich nur noch den Fluchtweg über das Schwarze Meer und die Krim ließ. Widerstrebend hatte Hitler schon am 30. Juli inmitten der Offensive der in Richtung Kaukasus angesetzten 4. Panzerarmee befehlen müssen, die Stalingrad angreifenden und für ihre Aufgabe erkennbar zu schwachen Wehrmachtsverbände zu verstärken. Das Widerstreben erwuchs aus der mächtigen Gier, die nahen Ölfelder Bakus endgültig in deutschen Besitz zu bringen.
Inzwischen wurde die Stimmung im Hauptquartier zunehmend kritisch. Wieder waren die Kräfte des Gegners unterschätzt, die eigenen überfordert worden. Auf Lists Entlassung folgte am 24. September 1942 die Versetzung Halders in die sogenannte Führerreserve, aus der er nie wieder in den aktiven Dienst zurückbeordert wurde. Halder stand seit 1938 an der Spitze des Heeres-Generalstabs, wurde nach dem Westfeldzug zum Generaloberst befördert und auch an seinem Platz belassen, als Hitler

Brauchitsch entließ. Nun, nach nur neun Monaten der Zusammenarbeit, trennte sich der Oberbefehlshaber von seinem wichtigsten militärischen Berater für die Führung des Krieges an der Hauptfront.
Bereits seit den Kindheitstagen war Hitler nur fähig, Ursachen für Mißerfolge anderen Personen anzulasten oder äußeren Umständen zuzuschreiben. Da er letzteres nicht konnte, hielt er sich an die ersteren. Wer ihm widersprach, auch nur mitunter den Eindruck erweckte, abweichende Ansichten zu besitzen, wurde als lästig aus dem Blickfeld des »Führers« verbannt. Die freigewordenen Plätze besetzten Nachfolger, von denen Hitler die Bekräftigung seiner Einfälle und Entscheidungen wünschte und die von vornherein wußten, was von ihnen erwartet wurde.
Dieses Verfahren hatte freilich bestimmte Grenzen. Der Oberbefehlshaber konnte nicht riskieren, seinen Mitarbeiterstab vollständig auszuwechseln. So war er während der Lagebesprechungen dennoch täglich mehrere Stunden – mit den Mißerfolgen verlängerte sich deren Dauer – mit Generalen und Offizieren zusammen, die um seine Fehlrechnungen und Fehlentscheidungen wußten. Je länger der Krieg dauerte und je weniger er nach den eigenen Plänen verlief, um so weniger konnte er ihnen als unfehlbarer Feldherr erscheinen. In der Zeit der Siege ließ sich bei Tisch und Tee mit den Militärs munter plaudern. Nun wollte Hitler sie offenbar nicht länger als nötig in seiner Nähe wissen und machte den großen Tischgesellschaften ein Ende. Damit ging ein Teil des beinahe privaten Umgangs verloren. Die sich abzeichnende Krise des Feldzugs, die sich zu einer des Krieges ausweiten sollte, warf einen spezifischen Schatten auf den Tagesablauf und das gesamte Geschehen im Führerhauptquartier. Doch setzte hier der Prozeß erst ein, in dem sich Hitlers anfängliche Unzufriedenheit mit einzelnen Generalen mehr und mehr in Mißtrauen gegen die hochgebildeten Militärspezialisten überhaupt verwandelte. Goebbels erschien es einige Monate später so ausgeprägt, daß er seinem Tagebuch anvertraute, der »Führer« beurteile die Generalität nicht gerecht und hege ihr gegenüber ein Vorurteil.[20]
Diese Kritik war berechtigt, denn Marschälle, Generale und Generalstabsoffiziere wirkten in ihrer Mehrheit weiter einträchtig mit Hitler zusammen, arbeiteten die Befehle aus, gaben sie weiter oder befolgten sie. Allerdings lag ihnen insgesamt ein Kriegsplan zugrunde, der immer weniger Bezug zum Kräfteverhältnis der Kriegsparteien besaß und folglich das Verbluten der eigenen Verbände an der Ostfront notwendig zur Folge hatte. Unter den höchsten Militärs taten sich Keitel, der Chef des Oberkommandos, und Jodl, der Chef des Wehrmachts-Generalstabs durch ihre Ergeben-

heit gegenüber dem Oberbefehlshaber besonders hervor. Keitel besaß die Fähigkeit, allen Konflikten mit Hitler auszuweichen und darüber hinaus auch diejenigen zu dämpfen, die sich mit anderen Mitarbeitern ergaben. So behielten Jodl und Keitel ihre hohen Kommandoposten bis zur Kapitulation. An ihrer Seite wirkte als Nachfolger Halders der rasch beförderte General der Infanterie Kurt Zeitzler, der fest an den »Führer« glaubte und dasselbe von seinen Mitarbeitern forderte. Hitler erwies Beratern und Heerführern seine Gunst nicht nur durch Beförderungen und Ordensverleihungen. In der Tradition, die sowohl Friedrich II. wie Napoleon verkörperten, ließ er manchem aus der Staatskasse sechsstellige Geldgeschenke zukommen.

Die Motive für den Zusammenhalt von »Führer« und hoher Militärkaste waren sicher vielfältig und mögen sich in dieser Kriegsphase gefestigt und auch neugebildet haben. Sie reichten vom »nationalsozialistischen« Fanatismus über die fortwirkende Bindekraft des Eids auf den »Führer« bis zu blankem Opportunismus. Generale und hohe Offiziere verweigerten immer häufiger das Nachdenken über Alternativen. Doch sahen sie sich durch den Kriegsverlauf zunehmend vor die Frage gestellt, einen Weg zum Kriegsende zu suchen oder am Marsch in die Katastrophe mitschuldig zu werden. Dazu erzogen, sich aus der »großen« Politik herauszuhalten, wenn es nicht gegen Volksrebellionen ging, gab sich die übergroße Mehrheit dieser Spezialisten des Kriegshandwerks ihrem Tagewerk hin. Es brachte sie nicht einmal auf, daß ihr Oberbefehlshaber immer häufiger gegen Grundsätze und Lehren verstieß, die ihnen auf Kriegsschulen und -akademien beigebracht worden waren oder die sie selbst dort gelehrt hatten.

In der deutschen Bevölkerung konnte sich kaum jemand vorstellen, wann und wie dieser Krieg zu Ende gehen könnte. Die Nachrichten, die Tag für Tag über die Kämpfe verbreitet wurden, erledigten jeden Gedanken an eine Kapitulation des Gegners im Osten. Immer weniger glaubten noch, daß der zweite Ansturm zu einem Teilfrieden führen würde. Allerdings wurde dieser Wunsch auf bemerkenswerte Weise genährt, als Hitler in zwei öffentlichen Reden im üblich gewordenen rüden Stil zwar Roosevelt und Churchill beschimpfte, Stalin aber von Herabsetzungen ausnahm. Dabei berücksichtigte Hitler nur, daß sich angesichts der Erfahrungen, welche alle Wehrmachtsangehörigen vom General bis zum Soldaten an der Ostfront unausgesetzt machten, jedes spöttische Wort über den Mann im Kreml verbot.

Das erste Mal verließ der Oberbefehlshaber Winniza, um am 30. September 1942 im Berliner Sportpalast das Kriegs-Winterhilfswerk zu eröffnen.

Vor dem Modell der Stadt Linz, des »Alterssitzes«

Zu diesem Zeitpunkt standen die angreifenden Armeen im Nordwesten des Kaukasus und kämpften im Nordteil von Stalingrad. Doch der Anlaß der »Führer-Rede« machte allein schon klar, daß der Krieg in den Winter und das Jahr 1943 hinein dauern werde. Hitler erklärte angesichts der sich ausbreitenden Besorgnisse aber wider besseren Wissens, das schwerste Kriegsgeschehen sei im Winter 1941/1942 überstanden worden. Er erweckte wiederum den Eindruck, daß die riesigen im Osten eroberten Ländereien fest in deutscher Hand seien und jetzt wirtschaftlich und verkehrstechnisch erschlossen würden. Um die immer schwerer auf der Stimmung in Deutschland lastenden Auswirkungen des Luftkriegs wissend, kündigte er erneut Vergeltung für die anglo-amerikanischen Bombardements an. Das war wenig glaubwürdig, wenn sich auch Gerüchte hielten oder neu ausbreiteten, daß bald überlegene Waffen eingesetzt werden könnten.[21]

Hitler kehrte rasch in sein Hauptquartier zurück, erschien aber einen reichlichen Monat später in München, um am Jahrestag des Putsches von 1923 zu seinen »alten Kämpfern« zu sprechen. Sein Kommen täuschte wieder Normalität vor, löste diesmal aber in der Bevölkerung auch Verwunderung aus. Durch die offiziellen Wehrmachtsberichte war bekannt, daß sich die deutschen Divisionen im Kaukasus und bei Stalingrad fortgesetzter Angriffe zu erwehren hatten. Doch trug Hitler mit seinem erneuten Auftritt in Deutschland der Tatsache Rechnung, daß er die immer dringlicher gewordene Auffrischung der Kriegsstimmung und des Durchhaltewillens selbst seinen geschicktesten Propagandisten nicht allein überlassen konnte. Denn ohne Zweifel machte es nach wie vor einen großen Unterschied, ob Goebbels oder Ley den Endsieg versprachen und seine Segnungen verhießen, oder ob der »Führer« selbst, der angebliche Meister über alle Krisen, persönlich versicherte, er werde »fünf Minuten nach zwölf« den Kampfplatz als Sieger verlassen.[22] Hitler zeigte sich bei diesem Auftritt über die Sorgen der Bevölkerung gut unterrichtet. Er hielt sich in seiner Rede diesmal nicht lange bei der Parteigeschichte auf, kam rasch auf die Lage an der Ostfront zu sprechen und suchte die Angehörigen der dort befindlichen Soldaten, namentlich diejenigen, die ihre Söhne und Männer bei Stalingrad wußten, zu beruhigen. Der Kampf dort werde nicht zu einem Verdun werden, beteuerte er.[23]

Das alljährliche Ritual in München besaß schon in den Jahren, da Hitler von Siegen berichten konnte, auch für ihn selbst Bedeutung. Nun aber stand die erwärmende und ablenkende Atmosphäre in der ihm vertrauten Bierhalle im krassen Gegensatz zu den sorgenvollen und stimmungsenkenden Lagebesprechungen im Hauptquartier oder an den Fronten. In München begegnete Hitler seinen frühesten Weggenossen wieder, an deren blinder Gefolgschaft er nicht zu zweifeln brauchte. Sie hatten ihn nie voller schwerer Bedenken, zögernd oder gar ratlos über den Tisch mit den Generalstabskarten gebeugt gesehen. Sie wollten selbst ermutigt werden und belasteten den »Führer« nicht mit Fragen und Problemen, wie sie ihm die Militärs mehrmals am Tage zur Entscheidung vorlegten. Insofern waren ihm bis dahin – 1943 sollte sich das abrupt ändern – die Flüge ins Reichsgebiet nicht nur zusätzliche Last. Sie schufen Gelegenheit, für kurze Zeit dem Hauptquartier zu entkommen, wo die geographischen Karten nicht mehr ausgewechselt werden mußten, denn inzwischen war von »örtlichen Kämpfen« die Rede.

Die Wirkung von Hitlers Rede am 8. November 1942 verpuffte in der Öffentlichkeit indessen rasch, denn am gleichen Tage wurde die Meldung verbreitet, daß anglo-amerikanische Truppen im Nordwesten Afrikas im Gebiet der französischen Kolonien gelandet waren. Es bedurfte keiner besonderen Voraussicht, um zu erkennen, daß Rommel mit seinem Afrika-

Korps und die in Libyen befindlichen italienischen Truppen in einen Zangenangriff geraten könnten. Damit hätte sich die Situation an der Südflanke des faschistischen Mächteblocks grundlegend verändert. In der deutschen Bevölkerung wurde es als ein bedrohlicher Rückschlag angesehen, daß sich die westlichen Mächte am Westrand des Mittelmeers festsetzten.

Hitler mußte sich in Berchtesgaden, wohin er sich aus München begeben hatte, mit den Konsequenzen der veränderten Situation befassen. Er entschied, das geplante Unternehmen »Attila« auszulösen. Der Süden Frankreichs wurde in die Gewalt deutscher Truppen gebracht, die gemeinsam mit denen des nun direkt bedrohten italienischen Verbündeten auch die Insel Korsika besetzten. Das geschah, um unmittelbar die Formierung von Widerstandskräften in Vichy-Frankreich zu unterdrücken und für den Fall einer vom Mittelmeer her drohenden Landung gerüstet zu sein.

Auf dem Rückweg in das Hauptquartier »Werwolf« erhielt Hitler die Meldung, daß die erwartete Gegenoffensive der Roten Armee am 19. und 20. November nördlich und südlich von Stalingrad begonnen habe. Die Frage, ob die eigenen Truppen zurückweichen sollten, um der Gefahr der Einschließung zu entgehen, war rasch entschieden. Schon am 23. November hatte sich der Ring um die 6. Armee, die Generaloberst Friedrich Paulus kommandierte, Teile der 4. Panzerarmee und rumänische Verbände – mehr als 300 000 Soldaten, Offiziere und Generale – geschlossen. Hitler entschied sich gegen einen Befehl zum Ausbruch aus dem Kessel. Er befahl das Aushalten einerseits in der Hoffnung, daß die Luftwaffe einem Versprechen Görings gemäß die Eingeschlossenen mit Munition, Verpflegung und allem anderen Notwendigen versorgen könne. Andererseits rechnete er mit der Möglichkeit, die Verbindungswege nach Stalingrad wieder aufzubrechen. Vor allem lag seiner Entscheidung aber die Befürchtung zugrunde, der Rückzug von der Front vor der Wolga werde alle Erfolge des Sommerfeldzugs zunichte machen.

Deshalb hielt Hitler auch in den folgenden Wochen und Monaten, als der Durchbruchversuch gescheitert war und die Luftbrücke zu den Eingeschlossenen barst, unbeirrt an der einmal getroffenen Entscheidung fest. Inzwischen war ihm jedoch klar, daß seine Hoffnungen getrogen hatten. Die Stalingrad-Armee betrachtete er jetzt als verlorenen Haufen. Sie wurde geopfert, nicht um eine Bresche zu schlagen, sondern um die Front westwärts zu stabilisieren und das Donez-Gebiet zu behaupten. In diesen Tagen des zu Ende gehenden Jahres 1942 veränderten sich unter dem Druck der Tatsachen offenkundig Hitlers Vorstellungen vom Fortgang des

Krieges. Als er Antonescu bei einem Besuch im Hauptquartier die Lage auseinandersetzte, war bereits nicht mehr von einem militärischen Triumph die Rede. Jetzt hieß es, daß Rußland »immer eine offene Wunde« bleiben werde.[24] An einen großen strategischen Sieg im Osten glaubte der Oberbefehlshaber also nicht mehr. Nun setzte er auf die Erschöpfung der Kräfte der feindlichen Kriegspartei. Dieselbe Denkweise verriet auch der Aufruf, den Hitler zum 1. Januar 1943 formulierte: »Einmal wird dann in diesem Kampf eine Macht als erste stürzen.« Darauf würde ein langer Friede folgen, verhieß er den Kriegsmüden erneut.[25] Den Preis einer derartigen Ermattungsstrategie, den die Deutschen zu entrichten haben würden, verschwieg der Neujahrsaufruf. Wie ein Geheimerlaß zeigt, den Hitler am 13. Januar 1943 unterzeichnete,[26] war ihm dieser Preis wohl bewußt. Der genannte Erlaß richtete sich auf die Aushebung aller kriegsfähigen Männer für den Dienst in der Wehrmacht und die rigorose Mobilisierung aller Arbeitskräfte für die Rüstungsindustrie.

Hitler, der wenige Tage nach der Einschließung der 6. Armee eine weitere Kriegsauszeichnung, die »Nahkampfspange«, stiftete, ließ der Bevölkerung lange verschweigen, in welcher Lage sich die Soldaten an diesem Abschnitt der Ostfront befanden. Er und sein Stab waren indessen auch durch mündliche Berichte von Generalen und Offizieren, die aus dem Kessel zur Berichterstattung ins Hauptquartier geflogen wurden, vollständig darüber unterrichtet, in welchem Zustand sie die Soldaten zum Aushalten verurteilten. Erst im Wehrmachtsbericht vom 16. Januar 1943 genehmigte Hitler, wenn auch noch verschlüsselt, die Bekanntgabe der Einschließung. Die Truppen hätten sich gegen einen »von allen Seiten« angreifenden Gegner zu verteidigen, hieß es.[27] Goebbels wußte, daß Hitler die ungeschminkte Information über die Lage bei Stalingrad blockierte, hielt es aber für richtig, »nun auch unsererseits mit der Wahrheit herauszurücken«.[28] Schließlich schrieb er sich das Verdienst zu, den »Führer« doch davon überzeugt zu haben, daß »durch Verschweigen« nichts mehr zu erreichen sei. Außerdem habe er ihn »zu einer offeneren und wahrheitsliebenderen Nachrichtenpolitik« gedrängt.[29]

Selbst als Ende Januar 1943 in den Trümmern Stalingrads an Verwundete und Kranke »keine Verpflegung mehr ausgegeben werden« konnte,[30] verweigerte Hitler die Genehmigung, weiße Fahnen zu hissen und die sowjetischen Kapitulationsangebote anzunehmen. Dafür ließ er das Geschehen zur größten Schlacht der Weltgeschichte aufwerten. Goebbels sprach am 30. Januar, als er in Berlin die »Proklamation des Führers« verlas, vom »Heldenkampf unserer Soldaten an der Wolga«.[31] Da lebte die

Mehrheit der Soldaten der 6. Armee schon nicht mehr oder war dermaßen entkräftet, daß sie nicht mehr imstande war, die erteilten Befehle auszuführen.
In Hitlers Proklamation wurden der 30. Januar 1933 und der 22. Juni 1941 als Daten nicht nur der deutschen, sondern der europäischen Geschichte gefeiert: Die damals getroffenen Entscheidungen seien im Interesse aller Völker des Kontinents erfolgt, die sonst allesamt Opfer des »Bolschewismus« geworden wären. Daran anschließend entwickelte Goebbels Richtlinien für eine modifizierte Propaganda, um alle Europäer, vor allem auch die »Ostvölker«, zum Kampf gegen die Sowjetunion mobilzumachen. Deshalb forderte er, die Angehörigen dieser Völker nicht länger als »Bestien, Barbaren usw.« zu bezeichnen. Darüber hinaus sei der Eindruck zu revidieren, »als ob die deutsche Führung sie in einem dauernden Unterwerfungsverhältnis zu halten beabsichtige«. Äußerungen, daß »Deutschland im Osten Kolonien errichten und Kolonialpolitik treiben werde«, charakterisierte er als völlig verfehlt. Außerdem verlangte er, über Germanisierung nicht länger zu reden und zu schreiben.[32]
Aus Sicht des Propagandaministers sollten diese Weisungen den Auftakt einer Kampagne bilden, als deren Höhepunkt er sich eine besondere Erklärung des »Führers« an die Völker im besetzten Gebiet der UdSSR vorstellte. Doch gelang es ihm nicht, Hitler dazu zu bewegen. Offenbar erwartete dieser in nüchterner Abschätzung der realen Situation von derart hohltönenden Versprechungen keinerlei Wirkung, da sie mit den Erfahrungen, welche Millionen Menschen mit der deutschen Wehrmacht, den SS- und Polizeitruppen sowie den zivilen Besatzungsorganen im Baltikum, in Weißrußland, Rußland und der Ukraine gemacht hatten, nicht zu vereinbaren waren. Außerdem widerstrebte es ihm selbst angesichts der eigenen schwierigen Lage, die »Untermenschen« anders als dem strengen Befehl unterworfene Hilfskräfte zu akzeptieren.
Am 2. Februar 1943 mußten die letzten Einheiten der Stalingrad-Armee die Waffen strecken. Demoralisiert, ausgehungert, von Krankheiten gezeichnet, von Erfrierungen geplagt, gingen ihre Angehörigen in die Gefangenschaft. Tags darauf begann der Bericht des deutschen Oberkommandos mit dem Satz: »Der Kampf um Stalingrad ist zu Ende.« In Wirklichkeit hatten die Truppen längst nicht mehr um die Stadt selbst gekämpft, sondern, wie nun zugegeben wurde, um der »Führung die Zeit und die Möglichkeit zu Gegenmaßnahmen« zu verschaffen, von denen »das Schicksal der gesamten Ostfront« abhing.[33] Im Deutschen Reich wurde eine drei Tage andauernde »stolze« Staatstrauer angeordnet.

Hitler ließ diesmal – anders als 1941 – Marschälle und Generale, auch wenn sie Niederlagen erlitten hatten, öffentlich belobigen. So wurde Paulus wenige Stunden vor der Kapitulation zum Generalfeldmarschall befördert sowie eine »vorbildliche Führung« seiner Armee bescheinigt. In dem Moment, als sich das Fiasko des Feldzugsplans im Sommer 1942 vollendete, ernannte der Oberbefehlshaber drei seiner an der Ostfront kommandierenden Generale zu Feldmarschällen: den Oberbefehlshaber der am weitesten im Süden stehenden Heeresgruppe A, Ewald von Kleist, deren Kommando Hitler ehemals selbst geführt hatte; den Befehlshaber der Heeresgruppe B, Maximilian Freiherr von Weichs, zu der die Stalingrad-Armee gehört hatte; sowie Ernst Busch, Befehlshaber der Heeresgruppe Mitte.
Intern äußerte Hitler aber seine Unzufriedenheit darüber, daß Paulus und seine Generale, statt zu sterben, sich der Roten Armee ergeben hatten.[34] Seinen und den Vorstellungen seines Propagandaministers, aber auch der Ansicht von Hitlergegnern wie Ulrich von Hassell hätte es entsprochen, wenn die Führerschaft der 6. Armee kämpfend gefallen wäre oder – nach antikem Vorbild – sich »ins eigene Schwert gestürzt« hätte. Doch Kommandeure wie der Infanterie-General Karl Strecker, der die nördliche Gruppe der Reste der Stalingrad-Armee befehligte und noch nicht kapitulierte, als Paulus sich bereits ergeben hatte, funkten aus den Trümmern der Wolgastadt »Es lebe der Führer« und begaben sich dann in die Gefangenschaft, denn sie liebten das eigene Leben mehr, als sie die »Bolschewiken« fürchteten.[35]
Zwischen dem September 1942, als er List und Halder ablöste, und dem Januarende 1943 hatte Hitler offenbar begriffen, daß er auf den Zusammenhalt der ihm verbliebenen und ergebenen Militärführer setzen mußte. Rasch aufeinanderfolgende Ablösungen von Marschällen und Generalen waren der permanenten Kriegskrise ebenso unangemessen wie dem Bedürfnis, die Tragweite der Niederlage zu verschleiern. Der Oberkommandierende der Kriegsmarine Raeder, mit dessen Namen sich vor allem der Bau von Überwasserschiffen verband, erhielt – sechsundsechzigjährig – auf eigenen Wunsch am 30. Januar 1943 seinen ehrenvollen Abschied und einen neuerfundenen Titel dazu. Der Großadmiral verschwand daraufhin im Privatleben. Seinen Platz nahm der Befehlshaber der Unterseeboote, Karl Dönitz, ein. Der Wechsel signalisierte zugleich, daß die mit viel kriegerischem Gepränge vom Stapel gelaufenenen Großkampfschiffe wegen ihrer Unterlegenheit gegenüber der britischen Flotte praktisch kaum eingesetzt werden konnten. Hitler hätte sie am liebsten abgewrackt, um an die wertvollen Rohstoffe zu gelangen, die für ihren Bau nutzlos verwendet worden waren.

Nur Wochen später, am 11. März 1943, ließ er Generalfeldmarschall Rommel, den »Afrika-Helden«, ins Hauptquartier befehlen. Dessen Truppen befanden sich nach dem Verlust Libyens im Zweifrontenkampf auf tunesischem Boden. Es war nur eine Frage der Zeit, bis ihnen ein der Paulus-Armee ähnelndes Schicksal bereitet würde. Hitler beabsichtigte jedoch, eine erneute schwere Niederlage wegen der voraussehbaren Folgen und Wirkungen auf Italien möglichst lange hinauszuzögern. Allerdings wollte er verhindern, daß der populärste seiner Marschälle in Gefangenschaft geriet. So erhielt Rommel einen der höchsten Kriegsorden und den Befehl, sich in Deutschland einer Kur zu unterziehen, während öffentlich der Eindruck aufrechterhalten wurde, daß er noch immer sein Kommando am Südrand des Mittelmeers ausübte.

Als Hitler im Juni 1942 den erneuten Angriff im Osten befahl, schwebte ihm die Führung von Kesselschlachten vor. Da er aber gerade bei einer solchen Schlacht mehr als eine ganze Armee verloren hatte, genügte es ihm nicht, die Truppen der ungarischen, italienischen und rumänischen Verbündeten als Schuldige an dem Desaster zu benennen.[36] Konsequent verdrängte er die schwere Niederlage, um sich so auch von dem Druck zu befreien, aus ihr angemessene Schlußfolgerungen ziehen zu müssen.

Die Überreste der 6. Armee waren im Oberkommando noch nicht abgebucht, da befahl Hitler die Neuaufstellung einer Armee, die deren Namen erhielt. Bereits im abschließenden Wehrmachtsbericht über die Schlacht wurde gemeldet: »Die Divisionen der 6. Armee aber sind bereits im neuen Entstehen begriffen.«[37] Diese Wendung vom »neuen Entstehen« wies Hitlers eigene Handschrift auf. In den folgenden Monaten erfolgte die Aufstellung von Divisionen mit den Nummern derjenigen, die an der Wolga vernichtet worden waren. Hitler gab ihnen zudem hochtrabende Namen. So entstand im Mai die Infanterie-Division »Hoch- und Deutschmeister« und im Juni eine weitere mit dem Namen »Feldherrnhalle«. Als er sie als Oberbefehlshaber begrüßte, erinnerte er mahnend an ihre Vorgänger. Jedoch sprach Hitler nie von den Gefallenen, ein ohnehin bereits das Sterben im Kriege schönender Ausdruck, sondern von den bei Stalingrad »gebliebenen« oder »verbliebenen« Kameraden,[38] als hätten diese sich entschlossen, eine Wanderung zu unterbrechen und zu diesem Zweck Quartiere aufzuschlagen.

Nicht anders als Napoleon nach den Menschenverlusten seines Feldzugs von 1812 verlangte Hitler die rigorose Aushebung von Soldaten. Während es den französischen Bürgern aber einhundertdreißig Jahre zuvor noch möglich gewesen war, sich den Fahndern und Jägern nach Kanonenfutter

zu entziehen, existierte im bürokratisch-hochorganisierten Deutschland kaum ein Zufluchtsort, an dem wehrfähige Männer nicht aufgefunden werden konnten, denen jetzt die Gestellungsbefehle zugingen. Noch bevor die Bilanz der Verluste vollständig war, ergingen im Dezember 1942 und Januar 1943 Erlasse, die Einberufungen zur Wehrmacht auf die Geburtsjahrgänge 1901 bis 1905 auszuweiten.[39] Im März folgte eine Verordnung, welche im begrenzten Umfang Rekrutierungen aus den Geburtsjahren zwischen 1897 und 1900 erlaubte. Damit war das Oberkommando bei den fünfundvierzigjährigen Deutschen angekommen. Vorerst sollten sie nur im »Heimatkriegsgebiet« eingesetzt werden.[40]
Der Kriegswirtschaft wurden durch die Einberufungen immer mehr Arbeitskräfte entzogen. Am 27. Januar 1943 ordnete Sauckel daher an, daß alle nicht berufstätigen Männer zwischen dem 16. und dem 60. und alle Frauen zwischen dem 17. und dem 45. Lebensjahr sich bei den Arbeitsämtern zu melden hätten, um sie zu Aufgaben der »Verteidigung« zu verpflichten.[41] Schwerwiegender noch wirkte sich die ebenfalls Ende Januar eingeleitete Aktion zur Schließung nicht kriegswichtiger Betriebe aus. Geschäfte des Einzelhandels, Werkstätten von Handwerkern und Einrichtungen des Gaststättengewerbes mußten schließen. Vor allem aber wurden in der Industrie verwaiste Arbeitsplätze mit Kriegsgefangenen und Insassen von Konzentrationslagern besetzt. Immer mehr Deutsche erhielten in Rüstungswerken die Funktion von Aufsehern über Zwangsarbeiter.
Am 7. März 1943 erörterte Hitler mit Speer weitere Konsequenzen aus dem »800 000-Mann-Programm«, mit dem die Kampffähigkeit der Wehrmacht erhalten werden sollte. Gleichzeitig wurden Maßnahmen ergriffen, um Soldaten aus rückwärtigen Kommandos und Dienststellen herauszulösen und sie zum Fronteinsatz zu befehlen. Die Kampagne dauerte faktisch bis zum Kriegsende und wurde von eigens geschaffenen Kommissionen vorangetrieben, deren Tätigkeit alsbald als »Heldenklau« bezeichnet wurde. Der »Auskämmung« des Hinterlandes nach fronttauglichen Männern diente auch die am 25. Januar 1943 erlassene Anordnung über den Einsatz von Jugendlichen in der Luftwaffe.[42] Unter der irreführenden Bezeichnung »Luftwaffenhelfer« wurden männliche Schüler ab dem 16. Lebensjahr im Reichsgebiet an Geschützen und anderem Gerät der Fliegerabwehr ausgebildet und als Flak-Soldaten zur Bekämpfung der Bomberpulks eingesetzt, die immer häufiger die Zentren deutscher Groß- und Industriestädte in Schutt und Asche legten.
Diese und weitere Maßnahmen, die das Leben der Deutschen im Reich nun einschneidend veränderten, waren eingeleitet oder vorbereitet, als

Goebbels die spektakulärste Kundgebung bestritt, die während aller Kriegsjahre in Deutschland stattfand. Für Rundfunk und Filmwochenschau bis in die kleinsten Details inszeniert, um das Bild vollkommener Geschlossenheit aller Deutschen hinter der Kriegspolitik zu vermitteln, endete sie, wie sich der Propagandaminister notierte, in »einem Tohuwabohu von rasender Stimmung«.[43] Der »totale Krieg«, als Begriff von den Militärs längst geprägt und bereits auf den Schlachtfeldern praktiziert, diente nun der Mobilisierung bisher ungenutzter Kräfte für den Krieg. Demagogisch ließ Goebbels den Übergang zum »totalen Krieg« als Ausdruck des Volkswillens erscheinen. Vergessen war, daß die Machthaber mit der Strategie der blitzartigen Überfälle und Feldzüge gerade vermeiden wollten, den Deutschen im Hinterland im Kriegsverlauf überhaupt schwere Lasten aufzubürden. Nun wurde deren Abforderung als Weg zur raschesten Beendigung des Krieges ausgegeben und der immer spürbareren Sehnsucht nach Frieden mit der Parole »Totaler Krieg – kürzester Krieg« Rechnung getragen. Den Glauben an die eigene Überlegenheit und den Endsieg sollte die Behauptung stärken, daß nur die »nationalsozialistische Volksgemeinschaft« zu derart opferwilligen Anstrengungen überhaupt fähig sei. Dieser Aussage stand freilich die gleichzeitig gegebene Erklärung entgegen, daß den Deutschen erst jetzt Lasten aufgebürdet würden, welche die Kriegsgegner längst schon trügen.

Die Maßnahmen unter dem Slogan »Totaler Krieg« waren unpopulär und dies um so mehr, als sich rasch herausstellte, daß die Aufteilung der abgeforderten Leistungen auf die Angehörigen der sozialen Klassen und Schichten höchst unterschiedlich und keineswegs »volksgemeinschaftlich« erfolgte und namentlich Frauen aus den sogenannten besseren Kreisen der Gesellschaft Wege fanden, sich dem Kriegsdienst zu entziehen. Die neuen Erschwernisse des Lebens für Frauen und Kinder wirkten sich auch auf die Stimmung der Soldaten an der Front aus.

Hitler wollte seinen Namen mit dieser Kursänderung in der Innenpolitik nicht direkt verbunden wissen. So oft er als Garant des Sieges angerufen werden durfte, irgendein mobilisierendes »Hitler-« oder »Führer-Aufgebot« nach der Art des Hindenburg-Programms im Ersten Weltkrieg wurde nicht verkündet. Tatsächlich mußte Hitler, dem die Erfahrungen des Kriegsendes 1918 scharf vor Augen standen, eher zu den das Leben der Deutschen im Reichsgebiet verdüsternden Maßnahmen gedrängt werden, als daß er sie selbst vorantrieb. Er verlangte demgegenüber vor allem, an Menschenkraft, Rohstoffen und Nahrungsmitteln aus eroberten Gebieten und verbündeten Ländern herauszuholen, was überhaupt geraubt, erpreßt oder erhandelt werden konnte.[44] Kam die Rede auf härtere Forderungen gegenüber Angehörigen der »Herrenrasse« im Hinterland, erschien Hitler dem Propagandaminister bei dessen Besuchen im Führerhauptquartier immer wieder als zu zögerlich.

Während vor allem die Minister Speer, Goebbels, Lammers, Funk und Herbert Backe, der 1942 das Landwirtschaftsressort übernahm, sowie Ley das Leben im Reichsgebiet auf die veränderte Kriegssituation einstellten, beschäftigte Hitler die Stabilisierung der Front im Süden der Sowjetunion. Am 15. Januar 1943 eroberte die Rote Armee Rostow am Don und im äußersten Norden des großen Donbogens Woroschilowgrad. Es schien nur noch eine Frage kurzer Zeit zu sein, wann das gesamte Industriegebiet, dessen Verlust nach Hitlers Aussage kriegsentscheidend wäre, wieder in sowjetische Hand geriet. Als Goebbels im Sportpalast das hysterische Geschrei ausgesuchter Berliner nach dem totalen Krieg herausforderte, beriet Hitler in Saporoshje mit Feldmarschall Manstein, dem Fliegermarschall von Richthofen und dem herbeigerufenen, nun im sogenannten Kuban-Brückenkopf befehlenden Feldmarschall von Kleist einen Gegenangriff. Er begann am 19. Februar. Hitler verkündete den eingesetzten Truppen zuvor in einem Aufruf, der Mut machen sollte: »Immer neue Divisionen sind im Anrollen begriffen. Unbekannte, einzigartig dastehende Waffen befinden sich auf dem Wege zu unseren Fronten.«[45] Dann flog er zurück in das Hauptquartier bei Winniza.

Im Verlauf der nächsten vier Wochen gingen von der Donfront Erfolgsmeldungen ein. Die Wucht des sowjetischen Angriffs hatte sich erschöpft. Deutsche Gegenangriffe führten am 14. März zur Rückeroberung Charkows. Die Stadt wechselte zum fünften Mal im Kriegsverlauf den Besitzer, nachdem die Wehrmachtstruppen bereits bei ihrem letzten Rückzug, so ihnen Zeit dazu geblieben war, alle kriegsdienlichen Anlagen ruiniert hatten. Dann gingen die Winterschlachten 1942/1943 an der Ostfront zu Ende. Das Oberkommando teilte mit, es sei überall Herr der Lage. Rückzüge aus Städten und Gegenden, die im Mittel- und Nordabschnitt 1941 unter schweren Verlusten in die eigene Hand gebracht worden waren, so unter anderem aus dem Gebiet um Demjansk, aus Rshew, Gshatsk und Wjasma, wurden als planmäßige Frontverkürzungen, Räumungen ohne feindlichen Druck, kampflose, ja den Feind überraschende Preisgaben geschönt.

Hitler war am 10. März noch einmal in die Befehlsstelle Mansteins nach Saporoshje geflogen und hatte ihm die Bedeutung der Verteidigung des Donezgebiets unter anderem wegen der dortigen Mangan-Erzvorkommen eingeschärft. Danach hielt er sich zum letzten Mal und nur für einige

Stunden noch in seinem ukrainischen Hauptquartier auf. Den Rückflug nach Ostpreußen verband er mit einem Besuch beim Oberkommando der Heeresgruppe Mitte, die Generalfeldmarschall Kluge führte. Als die Führer-Maschine dort startete, hatte einer ihrer Fluggäste, ohne es zu wissen, einen Sprengkörper in seinem Gepäck, der Hitler und seine Begleitung in den Tod schicken sollte. Der Anschlag war vom Ersten Generalstabsoffizier der Heeresgruppe, Henning von Tresckow, und dessen Adjutant Fabian von Schlabrendorff gemeinsam vorbereitet worden. Die Apparatur versagte. Doch blieb die Absicht ebenso unentdeckt wie ein weiterer Versuch, den Oberbefehlshaber zu töten, der acht Tage später in Berlin unternommen wurde.

Nach kurzem Aufenthalt in der »Wolfsschanze« begab sich Hitler in die Reichshauptstadt. Unterwegs besichtigte er auf einem Übungsplatz neuentwickelte und verbesserte Waffen. Die Fahrt mag er erleichtert angetreten haben, da er behaupten konnte, es sei gelungen, die Front im Osten »ganz wieder zu schließen«. Als er sich kurz darauf mit Goebbels traf, war er allerdings nicht in der Lage zu »sagen, wie lange sich die Sowjetunion noch halten kann«. Sicher schien ihm, daß ihr eines Tages die Menschenreserven ausgehen würden. Goebbels hoffte, daß dies noch vor der zu erwartenden englisch-amerikanischen Landung auf dem Kontinent geschähe, die – so schrieb er am 20. März 1943 in sein Tagebuch – »uns jetzt doch einigen Alpdruck verursacht«.[46]

Da der alljährlich an einem Märzsonntag begangene »Heldengedenktag« eigens um eine Woche verlegt worden war, konnte Hitler nach vier Monaten des Schweigens, von deutschen Angriffs- und Erfolgsmeldungen begleitet, vor die Öffentlichkeit treten. Seine Rede im Berliner Zeughaus war mit Rücksicht auf einen womöglich dann zu erwartenden Luftangriff nicht angekündigt worden. Auch der Rundfunk sendete sie aus Sicherheitsgründen zeitversetzt, so daß sich die hochrangige Gesellschaft von Militärs bereits auflöste, als die Übertragung erfolgte. Diese neuartigen Begleiterscheinungen eines Führer-Auftritts machten klarer als Frontberichte, bis zu welchem Grade sich das Kräfteverhältnis der Kriegsparteien geändert hatte.

Hitlers Ansprache war kurz. Die »Stätten seiner Arbeit« habe er nun erst »mit ruhigem Gewissen verlassen« können, versicherte er. Außerdem bekräftigte er das beruhigende Bild von der Situation absichtsvoll durch die Mitteilung, daß er nun auch die Urlaubssperre für die Soldaten im Osten habe aufheben können. Hitler kam jedoch nicht umhin, an diesem Tage die Zahl der Kriegstoten anzugeben. Er bezifferte sie auf 542 000 Männer. Enttäuscht wurde, wer Erklärungen für die Niederlagen der letzten Monate

erwartete. Hitler sprach nichtssagend davon, daß das Heer durch »ein unverdientes Schicksal« in die Krise gestürzt worden sei.
Der weiteren Kriegspropaganda wies die »Führer-Rede« zwei Richtungen. Zum einen malte Hitler den Deutschen und ihren Verbündeten die Schrecken der Niederlage aus und beschwor zu diesem Zweck »Hunnen- und Mongolenstürme« vergangener Zeiten. Es drohe nun die »Welt der Barbaren«, behauptete er. Die Schürung von Zukunftsangst sollte disziplinieren und mobilisieren. Das zweite Mittel bestand in der Verkündung von Verheißungen, die dem vorher gezeichneten Horrorbild gegenübergestellt wurden. So versprach Hitler langdauernden Frieden mit der »völligen Auslöschung aller Klassengegensätze« und der »Herstellung einer wahren sozialistischen Gemeinschaft«.[47] Wer sich der sozialdarwinistischen Bekenntnisse erinnerte, die er in öffentlichen und internen Reden wieder und wieder abgegeben hatte, mochte kaum seinen Ohren trauen.
Unter Umständen hätte Hitlers Ansprache am »Heldengedenktag« seine letzte werden können. Diesmal wollte sich der Abwehroffizier der Heeresgruppe Mitte, Rudolf Christoph Freiherr von Gersdorff, der zum Verschwörerkreis um Henning von Tresckow gehörte, gemeinsam mit Hitler während der Besichtigung erbeuteter Waffen im Berliner Zeughaus in die Luft sprengen. Doch der geplante Anschlag wurde nicht ausgeführt. Hitler konnte sich in die Bayerischen Alpen begeben, teils um seine körperliche Verfassung aufzubessern – er hatte auch gegenüber Goebbels über Beschwerden geklagt –, teils um sich unaufschiebbaren Fragen der Politik zuzuwenden, unter denen die sich anbahnenden inneren Krisen in den Staaten der Verbündeten seine besondere Aufmerksamkeit erregten. Auf dem »Berghof« mußte er sich aber vor allem mit seinem militärischen Stab über die verbliebenen Möglichkeiten zur Weiterführung des Krieges schlüssig werden.
Hitler blieb mehr als ein Vierteljahr fern der Ostfront auf dem Obersalzberg. Er verließ ihn nur mehrfach zu kurzen Fahrten in das nahe Schloß Kleßheim bei Salzburg, wo er sich mit Staats- und Regierungschefs der Bündnispartner traf. Eine Kurzreise führte ihn auch in das von ihm bevorzugte Linz. Dort besuchte er ein Werk zur Panzerfertigung und hörte sich im benachbarten Sankt Florian ein Konzert des Bruckner-Orchesters an. Die Zusammenstellung des Programms dieser Reise in seine Geburtsheimat war bemerkenswert und bestätigte, daß Hitler eine totale Stillegung des Kunstbetriebs als schädigend und als noch vermeidbar betrachtete. Auch die Vorbereitungen zur VII. Deutschen Kunstausstellung in München wurden trotz des verkündeten »totalen Krieges« nicht eingestellt. Goebbels durfte sie im Juni 1943 eröffnen, während Hitler seine Teilnahme offenbar als unpassend ansah.

Kapitel 19

Von Krise zu Krise
1943

Nach den Gesprächen, die Goebbels mit Hitler während dessen Aufenthalt im März 1943 in Berlin geführt hatte, notierte der Propagandaminister in sein Tagebuch: »Man kommt aus den Krisen nicht mehr heraus,« beruhigte sich aber mit dem Zusatz, man könne sich auch an »diese Luft« gewöhnen.[1] Das fiel allerdings der übergroßen Mehrheit der Deutschen schwer und gelang vor allem jenen nicht, die ihre nächsten Angehörigen an der Ostfront wußten oder in Städten lebten, die zunehmend verheerenden Bombardements der anglo-amerikanischen Luftstreitkräfte ausgesetzt waren.

Die Wirkung von Hitlers Ansprache am »Heldengedenktag« erwies sich als noch geringer als die seines Auftritts in München Anfang November 1942. Die Angaben, die er über die Kriegstoten an der Ostfront gemacht hatte, wurden angezweifelt.[2] In manchen deutschen Ortschaften überstieg die Zahl der getöteten Männer bereits jene aus den Jahren des Ersten Weltkriegs, die vielerorts an Gedenktafeln inmitten der Dörfer und Städte leicht abgelesen werden konnte. Als die Filmwochenschau Hitler im Zeughaus, an der »Ewigen Wache« und im flüchtigen Wortwechsel mit schwerverwundeten Soldaten zeigte, bestätigte sich, was beim Anhören der Rundfunkübertragung, die den Eindruck eines rasch heruntergelesenen Redetextes gemacht hatte, schon vermutet worden war. Hitler wirkte abgearbeitet, übermüdet, spannungslos, gealtert und erschien wie die leibhaftige Spiegelung der deutschen Kriegslage.[3] Die Berichte des Sicherheitsdienstes summierten die Fragen, die in der Bevölkerung nun gestellt wurden: »Wie wird die Sommeroffensive verlaufen?- Wann sind die Sowjets am Ende ihrer Kraft?- Gibt es einen dritten Kampfwinter im Osten?- Kommt in der letzten Phase des Ostfeldzugs der Gaskrieg?- Wird der ganze Krieg im Osten entschieden?- Oder tritt nach einem unter schwersten Opfern errungenen Sieg über die Sowjetunion ein ungeschwächtes Amerika auf den Plan?- Wann kommt die anglo-amerikanische Invasion auf dem Kontinent?- Kann der U-Bootkrieg uns retten?- Wie soll das mit dem Luftkrieg weitergehen?- Wann wird der Krieg ein Ende haben?«[4]

Auf keine dieser Fragen hatte Hitler eine Antwort gegeben. Sicher war nach seiner Aussage nur, daß der nächste Kriegswinter bevorstand. Hingegen war ihm das Ende des Krieges – nicht anders als dem sprichwörtlichen »Mann auf der Straße« – ganz und gar unabsehbar geworden. Bei Hitler häuften sich indessen nicht nur Nachrichten über die Kriegsmüdigkeit im deutschen Volk, sondern auch unter der Bevölkerung in den verbündeten Staaten. Anders als in Deutschland existierten dort untrügliche Anzeichen, daß politische Kreise den Absprung aus dem Kriegswagen suchten, der sie in die Katastrophe zu reißen drohte. Damit war das Generalprogramm für die Gespräche Hitlers mit seinen ausländischen Gästen fixiert, die er nach der Stalingrader Niederlage zu sehen wünschte. Er wollte ihnen Mut zum Aushalten machen und sie zu vermehrten Kriegsanstrengungen antreiben. Er gedachte, ihnen die Schrecken drohender »Bolschewistenherrschaft« vor Augen zu führen und sie auch auf diese Weise zu Initiativen gegen die friedensuchende Opposition im eigenen Lande zu drängen.

Hitler begann die Reihe seiner Treffen mit ausländischen Politikern mit dem König der Bulgaren, dessen Land sich als Folge seiner Teilnahme am Krieg auf dem Balkan mit Großbritannien, nicht aber mit der UdSSR im Kriegszustand befand. Danach konferierte er mehrere Tage mit dem Duce. Kurz darauf traf er sich mit dem Conducator Antonescu. Dann reiste der ungarische Reichsverweser in Schloß Kleßheim an. Nach diesem erschien der kroatische Poglavnik Pavelic, gefolgt vom französischen Vizepremierminister Laval. Vergleichsweise bedeutungsarm war ein Zusammentreffen mit dem Norweger Quisling, der auf den »Berghof« geladen worden war. Keine dieser Begegnungen verlief ermutigend oder gar hochstimmend. Hitler entwickelte seinen Gästen wortreich, daß die Weiterführung des Kampfes im Osten schließlich zur Ermattung des Gegners führen werde. Es käme folglich nur darauf an, nicht schwach zu werden. Pavelic erinnerte er, daß es auch im Ersten Weltkrieg drei Jahre gedauert habe, bis der Sieg über Rußland erreicht worden wäre.[5] Derlei Argument mochte angesichts der Tatsache, daß die Partisanenbewegung in Jugoslawien allen Angriffen – auch solchen unter Einsatz der deutschen Luftwaffe – widerstand, kaum Hoffnung vermitteln. Doch sah Pavelic so wenig wie die anderen politischen Geschöpfe Hitlers eine Handlungsalternative. Sie wußten, daß im Fall der Kriegsniederlage ihnen, wollten sie Anklage und Verurteilung entgehen, nur die Flucht über die Grenzen ihrer Länder blieb.

Als Horthy eintraf, war die Entscheidung Hitlers über das militärische Vorgehen im kommenden Sommer bereits gefallen. Der Reichsverweser hörte, daß der deutsche Oberbefehlshaber im Osten nicht zur Defensive übergehen werde. Ein Ostwall, so lautete die Begründung für die Planung einer neuen Angriffsoperation, könne – anders als an der Atlantikküste – nicht errichtet werden. Indessen betraf diese Eröffnung die ungarischen militärischen Verbände schon nicht mehr. Sie hätten, sagte Hitler seinem Gast, während der zurückliegenden Kämpfe am meisten versagt, trügen daher eine besondere Schuld an den Niederlagen und seien aus der Front bereits herausgezogen worden.[6] Hitler hatte schon vordem erklärt, die Niederlage bei Stalingrad wäre nicht eingetreten, wenn an der Front ausschließlich deutsche Truppen gekämpft hätten. Als fehlerhaft kennzeichnete er seine 1941 aus politischen Gründen gegebene Einwilligung, auch italienische, rumänische und ungarische Verbände am Kampf zu beteiligen.[7]

Hitler kam bei seinen Begegnungen auch nicht umhin, sich zu den Plänen im tunesischen Nordafrika zu äußern, wohin die deutschen und italienischen Truppen zurückgewichen waren. Dort wolle er einen Brückenkopf halten, der vor allem Italien gegen eine direkte Bedrohung durch eine Landung sichern solle.[8]

Mit Antonescu und vor allem mit Horthy hatte Hitler zudem über die Personen zu sprechen, die nach den Ermittlungen des deutschen Geheimdienstes und anderer Agenten eine politische Kehrtwendung vorbereiteten. Seine Vorwürfe betrafen in Bukarest den Vizepremierminister Mihai Antonescu und in Budapest den Ministerpräsidenten Kállay. Gemeinsam mit Ribbentrop überraschte Hitler seine Gäste mit Informationen und Dokumenten, welche Verratsabsichten bezeugten oder auf sie hindeuteten. Die übereinstimmenden Antworten des rumänischen Marschalls wie des ungarischen Reichsverwesers bestanden in der Versicherung ihrer Bündnistreue und dem Versprechen, den Anschuldigungen nachzugehen.

Während die Begegnung mit Antonescu, dem Hitler nach wie vor persönlich vertraute, reibungslos verlief, konnte sich der »Führer« noch Wochen später nur grollend über sein Zusammentreffen mit Horthy äußern.[9] Der Staat, der am frühesten eine Annäherung an das faschistische Deutschland gesucht und schon 1933 seinen damaligen Ministerpräsidenten nach Berlin geschickt hatte, war jedoch nicht der einzige Verbündete, der Hitlers äußerstes Mißfallen erregte. Das ganze »Kleinstaatengerümpel« müsse »so schnell wie möglich liquidiert werden«, lautete ein Fazit seiner Gespräche im Schloß bei Salzburg und auf dem »Berghof«.[10] Vorerst aber blieb ihm nichts anderes übrig, als um die ungeliebten Partner zu werben, zumal um Rumänien und dessen Erdöl, denn das im Kaukasus gewonne-

ne trieb die Motoren der sowjetischen T 34-Panzer und der Raketenwerfer vom Typ »Katjuscha« an.
Die längste Zeit nahm Hitler sich für die Beratungen mit Mussolini. Dessen politisch-militärische Bilanz stellte sich erheblich anders dar als die Hitlers. Das afrikanische Kolonialreich Italiens war verloren. Ein Großteil seiner Flotte lag auf dem Grund des Mittelmeers. Die Verluste der Armee durch gefallene und in Gefangenschaft geratenene Soldaten wuchsen. Kriegsunwilligkeit war unter der Bevölkerung überall spürbar, zumal ihr Lebensstandard weit unter dem lag, der in Deutschland auf Kosten der Ausplünderung der eroberten Gebiete noch aufrechterhalten werden konnte. Wenn der tunesische »Brückenkopf« verlorenging, stand der Sprung der Kriegsgegner nach Sizilien und auf die Halbinsel bevor. In der Führung des monarcho-faschistischen Regimes waren Zersetzungserscheinungen nicht mehr übersehbar. Es hatte ohnehin nie jene Festigkeit und Geschlossenheit aufgewiesen, die der Nazifaschismus herzustellen vermochte. Auch Auswechslungen von Ministern und Militärs zeigten die innenpolitischen Schwierigkeiten an, in die Mussolini geraten war.
Im Grunde war Hitler gegenüber dieser Entwicklung vollkommen ratlos. Er konnte den Duce nur zu Maßnahmen anstacheln, mit denen die Kräfte niedergehalten werden sollten, die auf einen Bruch der »Achse« und einen Sonderfrieden hinarbeiteten. Ob der »Freund« dazu noch die Macht besaß und mit einer derartigen Herausforderung nicht im Gegenteil sein Ende nur beschleunigte, waren Fragen, die Hitler nach dem Treffen weiter beschäftigten, ohne daß er sie sich beantworten konnte.[11]
Am 10. April trennten sich Hitler und Mussolini in Salzburg, am 13. Mai 1943 war der Traum vom »Brückenkopf Tunis« ausgeträumt. Der Wehrmachtsbericht teilte das Ende des »Afrika-Feldzugs« mit. Mehr als eine Viertel Million italienischer und deutscher Soldaten begaben sich mit ihren Generalen in Gefangenschaft. Hitler, der kurz zuvor Rommels Kuraufenthalt bekanntgeben ließ, telegraphierte an dessen Nachfolger, den Generaloberst Hans-Jürgen von Arnim, das Afrika-Korps habe ein »besonderes Ruhmesblatt« deutscher Kriegsgeschichte geschrieben. Kaum beruhigend konnte die Mitteilung gelesen werden, daß ein »Mittelmeer-Wall« errichtet worden sei[12], da er lediglich eine Fiktion darstellte. Unter dem Eindruck der Nachricht von der zweiten schweren Niederlage des Jahres 1943 begann in Deutschland, wie es Goebbels auch öffentlich nannte, der »Teufel des Zweifels« umzugehen.[13] Wieder und wieder meinte er aber, ihn mit der beschwörenden Formel vertreiben zu können: »Wir glauben an den großen Sieg, weil wir an ihn glauben.« So hörten es die Deutschen am

Hitler und Eva Braun am 20. April 1943. Zwei Jahre später verübten sie nach ihrer Trauung gemeinsam Selbstmord

54. Geburtstag Hitlers aus dem Munde des Propagandaministers, der traditionell die vom Rundfunk übertragene Festrede auf den Jubilar hielt. Weit mehr als in seinen entlegenen Hauptquartieren wurden an Hitler auf dem »Berghof« von seinen Gefolgsleuten an der Spitze der Machtzentralen praktische Fragen des »totalen Krieges« herangetragen. Einige seiner Besucher sahen klar, daß sie am Anfang einer nicht endenden Kette unpopulärer Maßnahmen standen. Andere unterbreiteten in blindem Eifer radikalste, aber wirkungsarme Vorschläge, um alle nicht direkt kriegswichtigen Aufwendungen zu unterbinden. Wieder andere schließlich verfochten Sonderinteressen, die sie gegen die Zugriffe von Liquidatoren verteidigen wollten. So wurden Hitler neben wesentlichen auch ganz

nebensächliche Fragen zur Entscheidung vorgetragen: Sollte es den Frauen erlaubt sein, sich die Haare zu färben? Sollten die Spielbanken geöffnet bleiben? Hatten Pferderennen noch eine Berechtigung?
Daß sich Hitler mit solchen Angelegenheiten beschäftigen ließ, erklärt sich zum einen aus seiner festen Überzeugung, daß sie kein anderer sachkundiger beurteilen könne als er. Zum anderen drückte sich in dieser Regierungspraxis aus, daß keine zweite, ihm untergeordnete Person vorhanden war, die eine die Ressorts übergreifende Entscheidungsbefugnis für alle nichtmilitärischen Fragen besaß. Die Institution eines Stellvertreters des Reichskanzlers gab es nicht. Göring, dem diese Rolle in seiner Eigenschaft als Vorsitzender des Ministerrats für die Reichsverteidigung zugetraut worden war, hatte sie nicht wahrgenommen. Inzwischen war dem Reichsmarschall wenig von seiner früheren Aktivität geblieben, und auch seine Popularität war als Folge der ununterbrochenen Luftbombardements in ständigem Sinken begriffen.
Hitler entschloß sich jedoch nicht, im Reichsgebiet einen mit allen Vollmachten ausgestatteten Koordinator der Maßnahmen des »totalen Krieges« einzusetzen, obwohl Goebbels gern eine solche Position eingenommen hätte. Der Propagandaminister, Speer, Sauckel, Ley sowie weitere Minister und Leiter von Obersten Reichsbehörden blieben jedoch auf eine immer aufs neue zu verabredende Verständigung angewiesen, also ohne permanente und sanktionierte Formen ihres Zusammenwirkens und Vorgehens. Diese Situation sicherte Hitler dagegen, sich mit abgewogenen und gar verfestigten Vorschlägen einer Gruppe seiner Untergebenen auseinandersetzen zu müssen. Letztlich war jeder seiner Mitarbeiter immer auf ihn verwiesen und hatte nur für seinen Zuständigkeitsbereich zu sprechen. Das schloß nicht aus, daß Hitler gleichlautende Ansinnen und Entwürfe erreichten, eröffnete ihm aber die Möglichkeit längeren Abwägens, Hinhaltens und auch des Ausweichens vor Entscheidungen, wenn er sich nicht entschließen konnte.
Als besonders träge erwies sich Hitler, wenn Personalfragen zu entscheiden waren. Über Monate entschloß er sich nicht dazu, einen Nachfolgers Heydrichs zu ernennen. Selbst den alternden Reichsinnenminister Frick, der seinen Aufgaben immer weniger gerecht wurde und dessen Arbeit weitgehend die Staatssekretäre erledigten, ersetzte er erst am 20. August 1943. Frick erhielt den Posten des »Reichsprotektors« in Prag, der seit Neuraths Entlassung stets nur kommissarisch besetzt worden war. Die Nachfolge im Innenministerium trat Himmler an, womit klargestellt war, welche Bedeutung Hitler dem perfekten Zusammenspiel und der rigoro-

sen Handhabung aller faschistischen Terror- und Repressivinstrumente in dieser Kriegsphase beimaß.
Noch zaudernder verhielt sich Hitler nur gegenüber den entschiedenen Forderungen, die deutsche Bevölkerung rücksichtslos zum Kriegseinsatz zu zwingen. Generell stimmte er ihnen zwar zu, schob aber Entscheidungen vor sich her, sobald seine Billigung für einzelne einschneidende Maßnahmen gefordert wurde. Gedanklich befaßte er sich mit der Frage, wie im Falle von Unruhen unter der Bevölkerung verfahren werden sollte, und war sich schlüssig, dann nötigenfalls die für brutales Vorgehen berüchtigten SS-Einheiten an Ort und Stelle einzusetzen. Doch er zögerte, sein Einverständnis auch nur zu einer geringfügigen Kürzung der wöchentlichen Fleischrationen zu geben, die sich im Frühjahr 1943 aber doch nicht mehr vermeiden ließ.
Obwohl es Hitler wichtig war, den fortschreitenden Verfall der Kriegstimmung aufzuhalten, erwies er sich als taub gegenüber der ihm bekannten Tatsache, daß viele seiner Paladine absolut unwillig waren, ihren Lebensstil mit den von ihnen wortreich erhobenen Forderungen an die Massen in Übereinstimmung zu bringen. Goebbels, der den Unmut der Bevölkerung über das Leben der Bonzen kannte, wollte Hitler wenigstens zu einem Ordnungsruf bewegen. Dabei schien es ihm nicht in den Sinn zu kommen, daß er selbst als Anstifter eines solchen Schritts nicht sonderlich geeignet war. Er besaß neben einer Dienstwohnung in der Nähe seines Ministeriums eine exklusive Villa auf der Insel Schwanenwerder am Stadtrande von Berlin und konnte sich mit seiner Familie nicht nur im dortigen privaten Betonbunker, sondern mehr noch auf seinem Anwesen in Lanke bei Berlin dem Luftkrieg entziehen. Hitler hätte sich über das kriegsgemäße Leben vor allem mit seinem designierten Nachfolger Göring auseinandersetzen müssen, der eben erst ungeachtet des Dramas von Stalingrad ganz unbekümmert seinen 50. Geburtstag begangen hatte. Doch widersetzte sich Hitler solchen Ansinnen bis zuletzt.
Folgenlos blieben auch Informationen, die er über das Versagen von Gauleitern erhielt, die als Reichsstatthalter in ihren Territorien gleichzeitig zu Reichsverteidigungskommissaren erhoben worden waren. Während erfolglose Militärs nach unverschuldeten Niederlagen ihre Kommandos verloren hatten, behielten die »alten Kämpfer« die ihren. Für den Kreis von Hitlers ältesten Gefolgsleuten galt, daß Treue vor Leistung rangierte und vergangene Verdienste nicht vergessen wurden. Die mitunter mehr als zwei Jahrzehnte währende Komplicenschaft mochte dieses Verhalten Hitlers ebenso bestimmen wie seine Abneigung, sich mit neuen Mitarbei-

tern zu umgeben. Die Gruppe der Reichs- und Gauleiter der NSDAP bildete seine früheste Gefolgschaft, und Hitler ahnte womöglich schon, daß sie auch seine letzte sein könnte. Die ihr zugehörten, verdankten ihm ihre Karriere. Sie besaßen keine Alternative und würden mit ihm bis ans Ende gehen. Sie wollte er, je kritischer die Lage des Regimes und damit seine eigene wurde, am wenigsten verunsichern. Der Mann, der in den Jahren seines Aufstiegs in so viele Eliten der Gesellschaft vorgedrungen und von ihnen akzeptiert worden war, hatte sich ein Gespür dafür erhalten, daß seine neugewonnenen Beziehungen trotz all seiner Machtfülle eine andere Natur besaßen, als die zu den »alten Kämpfern«, die mit ihm und an seiner Seite überhaupt erst über die Schwelle politischer Unbekanntheit und Bedeutungslosigkeit gelangt und dann aufgestiegen waren.
Diese Haltung war durch Erfahrungen erhärtet worden. Nach der Trennung von Röhm und dessen Ermordung hatte, abgesehen von dem als geistesgestört erklärten Heß, keiner seiner ältesten Gefolgsleute sich zu einem politischen Schritt entschlossen, der Hitlers Mißbilligung fand. So blieb es bis in die letzten Kriegsmonate. Sie taten samt und sonders, was von ihnen verlangt wurde – bis sie in die Lage kamen, ihr eigenes Leben über das Regimeende retten zu wollen. So war Hitler zu glauben, daß es ihm um jeden seiner Getreuen leid tat, den er verlor. Das galt auch für den bei einem Autounfall ums Leben gekommenen Stabschef der SA, Viktor Lutze, den einflußarmen Röhm-Nachfolger, dessen Organisation mit den Einberufungen der aktivsten Angehörigen zur Wehrmacht immer mehr Aktionsmöglichkeiten verlor. Ausdrücklich und mehrfach schärfte Hitler, der zum Trauerakt von Berchtesgaden nach Berlin reiste, seinen Paladinen ein, die »Autoraserei« zu unterlassen.[14]
Er nutzte das Zusammentreffen an Lutzes Sarg zugleich, um den in die Reichshauptstadt gekommenen Reichs- und Gauleitern eine mehrstündige Rede zu halten. Sie zeigte, daß er sich inzwischen neue Deutungen der veränderten Kriegslage zurechtgelegt hatte. Die Rückzüge hätten dazu geführt, daß Deutschland jetzt den Vorteil besäße, auf einer »inneren Linie« zu kämpfen, während die Gegner den Nachteil der »äußeren Linie« zu tragen hätten. Die Argumentation war mysteriös und beruhte auf einer merkwürdigen Logik. Doch mußte Hitler nicht fürchten, daß ihn einer seiner Zuhörer nach ihr befragte. Gleiches galt für seine Erklärung der Ursachen für Rückschläge und Niederlagen. Im Gegensatz zu allen früheren und auch weiterhin verbreiteten Behauptungen über die Geschlossenheit der »Volksgemeinschaft« sagte Hitler nun, der Gegner sei es, der sich nicht mit einer »Gesellschafts-« und einer »kirchlichen Opposition« aus-

einandersetzen müsse. In Deutschland gäbe es sie, wenn sie auch keine Gefahr darstelle.
In Wahrheit hatten die Kirchen und insbesondere der Episkopat den Kreuzzug gegen den atheistischen Bolschewismus mehrfach gesegnet. Auch die schwachen und unverbündeten illegalen Widerstandskräfte, so todesmutig die verschwindende Minderheit auf den Sturz des Regimes hinzuwirken suchte, stellten keine ernsthafte Behinderung der Kriegsanstrengungen im Reich dar.
Hitler kündete den Reichs- und Gauleitern neue »Offensivhandlungen« im Osten an,[15] ohne jedoch übertriebene Hoffnungen auf riesige Geländegewinne oder gar auf die Kapitulation der Sowjetunion wachzurufen. Er stellte es als einen Vorteil dar, daß die deutschen Truppen in weit vom Reichsgebiet entfernten Regionen kämpften. Hatte er früher erklärt, wo der deutsche Soldat stehe, da komme kein anderer hin,[16] so behauptete er nun in gewundenen Formulierungen, der Bewegungskrieg sei »der moderne Krieg« und gäbe bei »gewissen militärischen Krisen die Möglichkeit ... einmal fünf- oder sechs- oder auch achthundert Kilometer zurückzugehen.«[17] Hitler verwahrte sich strikt gegen jeden Gedanken an eine Niederlage und malte wieder das Bild eines von Deutschland beherrschten Europa. »Von da ab ist praktisch der Weg zu einer Weltherrschaft vorgezeichnet.«[18]
Folgt man den Aufzeichnungen des Propagandaministers, so verlor Hitler vor den Gauleitern über das Problem, das viele wegen seiner Auswirkungen auf die Volksstimmung noch stärker beunruhigte als Niederlagen und Rückzüge an den fernen Fronten, kein Wort. Der Luftkrieg über Deutschland blieb unerwähnt. Während der Monate seines Aufenthalts in Deutschland vermied es Hitler auch, eine deutsche Stadt aufzusuchen, deren Einwohner von Bombenabwürfen besonders betroffen worden waren. Göring hatte sie schon in seiner Rede am 30. Januar 1943 als unabwendbar bezeichnet, solange die Luftstreitkräfte an der Ostfront konzentriert werden müßten. Dort aber blieben sie immer stärker gebunden, und dort sollten sie eine wichtige Rolle während der deutschen Offensive im bevorstehenden Sommer spielen.
Die Konturen des Angriffsplans, der den Tarnnamen »Zitadelle« erhielt, waren bereits in einem Operationsbefehl des Oberkommandos des Heeres festgelegt worden.[19] An eine Unternehmung im Ausmaß des Jahres 1942 oder gar an einen erneuten Versuch, tief in den Süden der Sowjetunion vorzudringen, konnten die Generalstäbler angesichts des Kräfteverhältnisses nicht mehr denken. Mit dem eigenen Angriff an einem Frontab-

Fünf Tage vor dem Attentat mit Keitel und Stauffenberg

schnitt glaubte die Wehrmachtsführung aber, nicht nur dem sowjetischen zuvorkommen zu können, sondern die Initiative im gesamten Kriegsgebiet zurückzugewinnen. Die Kräfte der Roten Armee sollten durch eine mit beispielloser Wucht vorgetragene Offensive derart gefesselt und zermürbt werden, daß sie an anderen Abschnitten zu keinem großräumigen Vorstoß mehr fähig wären. Dieses strategisch hirnlose Projekt erinnert sehr an ähnliche Entschlüsse, welche die Generalität 1918 in der Endkrise des Ersten Weltkriegs an der Westfront gefaßt hatte. Denn daß dieser Plan, selbst wenn er vollständig gelänge, der eigenen Seite auch nur einen für den weiteren Kriegsverlauf bedeutenden Vorteil bringen würde, konnte niemand im Kreis von Hitlers Beratern glauben, und dieser Illusion gab sich der Oberbefehlshaber auch selbst nicht hin.

Als eine unerläßliche Bedingung für einen begrenzten Erfolg galt die Gewinnung eines überwältigenden Übergewichts an Panzern, Sturmgeschützen, Artillerie und weiteren Waffen. Hitler schaltete sich während des Frühjahrs in deren Bereitstellung mehrmals ein. Er hatte nicht nur die Panzerfertigung in Linz besucht und mit dem zum Generalinspekteur der Panzertruppen ernannten Guderian konferiert, sondern auch die führenden Industriellen der Rüstungswirtschaft zum Obersalzberg gerufen und mit ihnen gemeinsam einen Rechenschaftsbericht Speers angehört, den er bei dieser Gelegenheit wie vordem schon vor den Reichs- und Gauleitern in Berlin hoch lobte.

Der Rüstungsminister gab einen Rückblick auf die vor mehr als Jahresfrist mit seinem Amtsantritt erfolgte Umstellung der Kriegsproduktion. Durch sie war ausgewählten Personen die Vollmacht gegeben worden, weit über die Zuständigkeit in ihren eigenen Werken hinaus »in die Fertigung sämtlicher Betriebe einzugreifen, diese vollständig neu aufzugliedern, die Verlagerung von Aufträgen zur Bereinigung des Auftragsbestandes vorzunehmen oder ganze Betriebe stillzulegen«.[20] Die Maßnahmen zur Lenkung der Kriegswirtschaft hatten die Macht der Konzerne der Eisen- und Stahlindustrie, des Maschinen- und Fahrzeugbaus und weiterer Industriezweige weit auf den nichtmonopolisierten Teil der Wirtschaft ausgedehnt. Zu keinem Zeitpunkt vorher befanden sich die Eigentümer der kleinen und mittleren Betriebe so fest im Griff der Giganten wie nach dieser Neuordnung.

Speer lobte ausdrücklich die Verdienste der »führenden Köpfe der Industrie«. Herausgehoben wurden Paul Pleiger, Carl Krauch, Herrmann Röchling, Walter Rohland, Ferdinand Porsche und weitere Manager, die als Vorsitzende oder Mitglieder von Vorständen namhafter, zu den Säulen der

deutschen Waffenproduktion gehörender Unternehmen wirkten. Dazu zählten die Reichswerke »Hermann Göring«, die IG Farben AG, die Röchlingschen Eisen- und Stahlwerke GmbH, die Auto Union AG, die Henschel Flugzeugwerke AG, die Allgemeine Elektrizitätsgesellschaft (AEG), die Hanomag AG, die Deutschen Maschinenfabrik AG, die Volkswagenwerk GmbH und die Friedrich Krupp AG. In diesen Betrieben wie in vielen anderen industriellen Fertigungsstätten war der erhöhte Ausstoß an Waffen, Munition und anderem Kriegsgerät vor allem durch die vermehrte Zahl der »Fremdarbeiter«, Zivilisten und Kriegsgefangene, erreicht worden. Trotz der Rekrutierung von bis dahin aus betrieblichen Gründen als »unabkömmlich (uk)« bezeichneten Arbeitern und der Zerstörungen durch den Luftkrieg sei es, wie Speer sich ausdrückte, gelungen, »ein riesiges Aufbauwerk« zu vollenden. Waren beispielsweise 1942 4278 Panzer und 1911 Sturmgeschütze und Waffen auf Selbstfahrlafetten erzeugt worden, so lauteten die entsprechenden Zahl für 1943 5966 und 4781.
Die Besuche des Rüstungsministers auf dem »Berghof« gehörten in jenem Frühjahr 1943 und auch später noch zu den angenehmsten Begegnungen Hitlers. Speer konnte mit Erfolgsmeldungen aufwarten, als die von den Fronten längst ausblieben. So entstanden im Kopf des Oberbefehlshabers augenblicklich phantastische Bilder von der Überlegenheit der eigenen Waffen und von neuen Siegen. Verdrängt waren die enormen Verluste an Kriegsgerät, das auf den Schlachtfeldern – zuletzt in Tunesien – zurückgelassen werden mußte. Außer acht gelassen wurde, was die Industrie in den Staaten der Kriegsgegner herzustellen imstande war. Dabei häuften sich die Tatsachen, die bezeugten, daß der Vorsprung zunehmend verlorenging, den Erfinder und Ingenieure der Waffenproduktion und der rücksichtslose finanzielle Aufwand während der Vorkriegsjahre ermöglicht hatten. Deutlicher noch als im Luftkrieg kündigte sich die veränderte Lage auf dem Gebiet der Waffentechnik im Seekrieg an. Dönitz mußte Hitler am 5. Juni 1943 über die »Krise des U-Bootkrieges« berichten. Dem lag eine Studie des Chefs der Seekriegsleitung zugrunde, die eingestand, daß wegen der Verluste an Booten »die bisherige Methode des Geleitzugkampfes auf der feindlichen Hauptverkehrslinie, dem Nordatlantik, vorläufig« aufgegeben werden müsse, weil der Gegner unbekannte Waffen- und Ortungssysteme eingesetzt habe.[21] Damit hatte sich aber die Lage Großbritanniens erheblich verbessert. Es zeichnete sich die Möglichkeit ab, ohne die Gefahr großer eigener Verluste Soldaten und Kriegsmaterial aus den USA nach England zu transportieren, um eine Landung auf dem Kontinent vorzubereiten.

Die Öffentlichkeit in Deutschland nahm von diesem Wandel zunächst nur wahr, was sie durch den Luftkrieg zu spüren bekam. Die Propaganda suchte den Eindruck zu erwecken, die Wehrmacht würde bald gänzlich neue und siegbringende Waffen erhalten. Die unter vielen Deutschen anzutreffende überhebliche Vorstellung von der eigenen Leistungskraft gegenüber derjenigen anderer Nationen und Völker trug dazu bei, daß solche Meldungen und Gerüchte leicht geglaubt wurden und sich an sie neue Hoffnungen auf eine Wende im Kriegsgeschehen knüpften. Im Reich ging der Glaube an »Wunderwaffen« um.
Hitler verfiel nach seinem öffentlichen Auftritt am »Heldengedenktag« wieder in Schweigen. Er überließ es vor allem dem Propagandaminister, die Kriegslage zu beschönigen und zu versuchen, die Stimmung der Bevölkerung vor weiterem Verfall zu bewahren. In einer Rede im Berliner Sportpalast verkündete Goebbels am 5. Mai 1943: »Die Krise des Winters ist zu Ende« und behauptete, alle Faustpfänder »für einen wahrhaft entscheidenden Sieg« lägen in deutscher Hand. Während Hitler den Reichs- und Gauleitern zwei Tage später – wie erwähnt – auseinandersetzte, wie vorteilhaft es sei, sich im Feindesland Hunderte von Kilometern zurückziehen zu können, erklärte Goebbels: »Denn ein Krieg von so gewaltigen Ausmaßen kann nicht mit dem Zentimetermaß gemessen werden.« Der Satz war verräterisch. Er bezog sich auf die Tatsache, daß viele Deutsche, vor allem die überzeugten Nationalsozialisten unter ihnen, bisher die Feldzüge begeistert auf Landkarten verfolgt hatten, auf die sie nun mit immer mehr Besorgnis blickten. Goebbels, der, als schlechte Nachrichten noch eine Rarität darstellten, das Prinzip der »Wahrheitsliebe« postuliert hatte, verlegte sich nun selbst immer häufiger auf Schönreden. Die Front im Osten, behauptete er, stehe fest, und der erste Weltkrieg sei schließlich vor allem deshalb verlorengegangen, weil an der Spitze des Reiches ein Mann wie Adolf Hitler gefehlt habe.[22] Der Name des »Führers« wurde mit jeder Niederlage mehr zum Instrument, mit dem den Deutschen der »Teufel des Zweifels« ausgetrieben werden sollte.
Hitler befaßte sich inzwischen in Berchtesgaden mit den Planungen für eine Sommeroffensive. Als geeigneter Raum für einen Angriff wurde der weit nach Westen vorragende sowjetische Frontbogen im Mittelabschnitt bestimmt. Die dortigen gegnerischen Truppen sollten durch Vorstöße von Norden und Süden eingekesselt und vernichtet werden. Das würde den Frontverlauf verkürzen und die Möglichkeit eröffnen, einen Teil der eigenen Verbände an anderen Frontabschnitten einzusetzen. Es blieb von vornherein ein Geheimnis Hitlers, inwiefern der geplante »Sieg von

Kursk«, der Stadt, die der Schlacht später den Namen gab, »für die Welt wie ein Fanal wirken« könne.[23]

Am 1. Juli 1943, inzwischen in sein ostpreußisches Hauptquartier zurückgekehrt, empfing Hitler die Kommandeure der Truppen, die die als erste »der diesjährigen Angriffsschläge« bezeichnete Schlacht schlagen sollten. Doch existierte gar kein Plan für einen zweiten Schlag. Es charakterisiert die Situation, daß nicht nur die Leichtgläubigen und Ahnungslosen im Hinterland über die Lage an den Fronten belogen wurden. Hitler und das Oberkommando kamen selbst in hochgeheimen Befehlen ohne Lügen, die Mut machen sollten, nicht mehr aus. Neu war auch, daß der Oberbefehlshaber für eine Offensive dieses Ausmaßes keine überzeugende militärstrategische Begründung und Zielsetzung entwickeln konnte. Um das Vorhaben zu rechtfertigen, berief er sich vor den Befehlshabern und Kommandeuren statt dessen auf politische Notwendigkeiten. Er wolle weder bei den Verbündeten noch unter der deutschen Bevölkerung den Eindruck entstehen lassen, daß die Wehrmacht nicht mehr zu einem Großangriff fähig wäre und er und sein Stab nur noch die Aktionen der Gegner abwarten und auf sie reagieren könnten.[24]

Am 5. Juli 1943 begann die Schlacht. Schon die beabsichtigte Überraschung des Gegners mißlang. Nach geringfügigem Geländegewinn und schwersten Verlusten kamen die deutschen Verbände nicht mehr voran. Am 10. Tag der Offensive mußten weitere Angriffe überall abgebrochen werden. Hitler hatte sich den Verlauf der Kämpfe, wie Goebbels Wochen später erfuhr, »ganz anders vorgestellt« und »die Widerstandskraft der Bolschewisten nicht so hoch eingeschätzt, wie sie sich heute tatsächlich zeigt«.[25] Was verhindert werden sollte, trat unter ungleich ungünstigeren Bedingungen als den ursprünglichen ein: Die Rote Armee ging ihrerseits zu weiträumigen Operationen über. Im Verlauf der bis zum 23. August 1943 dauernden Kämpfe fügte sie den Heeresgruppen Mitte und Süd schwerwiegende Niederlagen zu. Im Süden gelangte Charkow – und diesmal endgültig – wieder in sowjetischen Besitz.

Hitler mußte sich anhand der einander jagenden Hiobsbotschaften von der Ostfront davon überzeugen, daß der Übergang zur strategischen Verteidigung unausweichlich geworden war. Am 12. August ließ er Befehl zum Aufbau eines »Ostwalls« geben, von dem er im Frühjahr noch behauptet hatte, er könne nicht errichtet werden. Nun sollten sich die Soldaten von der Ostsee bis zum Schwarzen Meer in Verteidigungsanlagen verschanzen. Das Oberkommando der Heeresgruppe Süd bestimmte den 15. November 1943 als den Tag, da entlang des Dnjepr die westwärts gelegene Stellung bezogen werden sollte. Hier wollte die deutsche Führung die Rote Armee aufhalten und deren Vordringen nach Westen stoppen.[26] Am 11. September faßte Manstein die Erfahrungen, die bis dahin auf den Rückzügen gesammelt worden waren, in einem Befehl zusammen. Er verlangte, die Bevölkerung sowie alles Großvieh nach Westen zu treiben und, falls das nicht gelänge, das Vieh für die Verpflegung der Truppen zu verwerten oder zu erschießen. Alle Wehrfähigen seien als Gefangene zu nehmen und mit den Belegschaften von wichtigen Betrieben geschlossen zum Marsch in das verbleibende deutsche Besatzungsgebiet zu zwingen. Wirtschaftsgüter, die nicht abtransportiert werden könnten, wären zu vernichten.[27]

Die Meldungen, daß das Unternehmen »Zitadelle« fehlschlagen würde, hatten das Oberkommando schon erreicht, als Hitler die Nachricht von der Landung anglo-amerikanischer Truppen auf Sizilien erhielt. Er überließ die unmittelbare Führung der Armeen seinem Stab und flog am 18. Juli nach Berchtesgaden und von dort am folgenden Tag über die Alpen ins italienische Treviso, um Mussolini zu treffen. Der Duce hatte ihm ein Telegramm gesandt, in dem es hieß, »die Stunde für eine gemeinsame Lageüberprüfung ist gekommen.«[28] Hitler sah ziemlich klar, wohin die Entwicklung im Lande des Bundesgenossen nun treiben würde. Schon vor seiner Abreise bemerkte er gegenüber Dönitz, in Italien sei »eine Armee am Zusammenbrechen, bei der nur barbarische Mittel helfen könnten«.[29]

Während ihres mehrstündigen Zusammenseins in der Villa Gaggia in der Nähe von Belluno versuchte Hitler – wie schon im April –, seinem »Freund« vor allem Mut einzuflößen und ihn zu drakonischen Maßnahmen gegen alle Kampfunwilligen anzustacheln. Ob Sizilien verteidigt werden könne, war auch Hitler zweifelhaft. Doch wollte er seinem Verbündeten Verstärkungen an die Straße von Messina schicken, um ein Übersetzen der gegnerischen Streitkräfte auf das Festland zu verhindern. Die Italiener müßten sich aber auch selbst opfern und der Duce das Heft fest in die Hand nehmen. Was Hitler erwartete, verriet seine Mitteilung, daß die Mobilisierung in Deutschland bis zu den fünfzehnjährigen Knaben durchgesetzt sei. Die überlieferte Niederschrift des Gesprächs verzeichnet darauf keine Entgegnung Mussolinis, dem während des Treffens zudem die Nachricht vom ersten Luftangriff auf Rom überbracht wurde.[30]

Hitler flog noch am gleichen Tage nach Berchtesgaden zurück, am folgenden befand er sich wieder in der »Wolfsschanze«. Fünf Tage später setzte der Faschistische Großrat Mussolini ab. König Viktor Emanuel III. ließ ihn gefangennehmen, die faschistische Partei verbieten und eine neue Regierung bilden, an deren Spitze Marschall Pietro Badoglio stand. Sie sollte Italien rasch und unter möglichst günstigen Bedingungen aus dem Krieg heraussteuern. Die Achse war damit zerbrochen. Der älteste Verbündete, den Deutschland 1936 gewonnen hatte, drohte nun als erster abzufallen. Doch gab das Regime in Rom Hitler zunächst keinen Vorwand für eine Intervention. Erst mehr als sechs Wochen später, am 3. September 1943, wurde nach Geheimverhandlungen auf Sizilien, das sich inzwischen ganz in anglo-amerikanischer Hand befand, ein Waffenstillstand geschlossen. Gleichen Tags landeten britische Truppen auf dem italienischen Festland. Mit der Bekanntgabe der Kapitulation Italiens begannen die bereits vorbereiteten deutschen Gegenmaßnahmen. Die Truppen des Verbündeten wurden entwaffnet und Italiens Besatzungsgebiete auf dem Balkan, den Inseln im Mittelmeer und in Südfrankreich nahm die Wehrmacht in Besitz. Die deutschen Truppen, die sich auf der italienischen Halbinsel befanden, wurden durch herangeführte Verbände verstärkt. Hitler sorgte sich vor allem um die Behauptung der Rüstungsindustrie im Norden des Landes. Keitel fertigte einen Befehl aus, wonach italienische Soldaten, die sich mit Aufständischen zusammenschlossen, zur Zwangsarbeit nach dem Osten zu schaffen, Offiziere aber sofort zu erschießen waren.[31] Der drakonischen Weisung lag vor allem die Befürchtung zugrunde, daß ganze Einheiten der italienischen Armee, um sich der Gefangenschaft in Deutschland zu entziehen, zu den Verbänden der jugoslawischen und griechischen Partisanen übergehen könnten. Diese banden seit 1942 immer mehr Kräfte, die Hitler an anderen Fronten benötigte. Als er Ende August den deutschen Gesandten bei der kroatischen Regierung empfing, hatte dieser die Frage zu beantworten, ob angesichts der zunehmenden Stärke der Widerstandskräfte Kroatien zerfallen werde. Dem Poglavnik sollte der Diplomat mitteilen, daß er den Partisanen durch den Einsatz eigener Truppen begegnen müsse und es keine ihn stützende deutsche Militärverwaltung geben werde.

Inzwischen betätigte sich Hitler in seinem Hauptquartier, das er noch einmal für wenige Tage in die Ukraine verlegte, als »Herr der Rückzugsbewegungen«.[32] Manstein erhielt die Erlaubnis, seinen Armeen im Donezgebiet, wo deren Lage unhaltbar geworden war, den Rückzug zu gestatten. Am 4. September, schon wieder aus der »Wolfsschanze«, befahl Hitler auch die Räumung des Kuban-Brückenkopfes und damit des letzten Gebiets, das von den Eroberungen des Sommers 1942 noch verbissen behauptet worden war. Die Truppen sollten sich über die Meerenge von

Kertsch auf die Krim zurückziehen. Doch waren die dort stationierten Einheiten an der nördlichen Landenge selbst bereits von einer Abschnürung bedroht. Ging aber die Krim verloren, so fürchtete der Oberbefehlshaber, würden die Erdölfelder Rumäniens in den Zugriff sowjetischer Luftangriffe geraten. Gelangte die Rote Armee gar über den Dnjepr, dann konnte sich in Rumänien anbahnen, was in Italien bereits geschehen war. Diese Erwägungen waren Grund genug, daß Hitler mitten im Fluß der Ereignisse Antonescu empfing. Er eröffnete ihm, daß der vorsorglich errichtete »Ostwall« in zwei Monaten im wesentlichen fertiggestellt sein und 20 Divisionen einsparen werde. Die Frage, wer den Krieg verliert, beantwortete der »Führer« dem Gast nun auch in neuer Version: Es werde sein, wer zuerst die Nerven verliert.[33]
Am 8. September 1943 flog Hitler noch einmal in das bei Saporoshje gelegene Hauptquartier Mansteins. Es wurde sein letzter Besuch in einer Befehlsstelle auf erobertem sowjetischem Gebiet. Dann gab er auch sein Hauptquartier bei Winniza auf. Während die deutschen Armeen in Richtung auf den Dnjepr zurückgeschlagen wurden, ging ihnen ihr Oberbefehlshaber nach Ostpreußen voraus und damit zurück in ein Gebiet, von dem aus der Angriff auf Polen begonnen hatte. Der Krieg dauerte inzwischen vier Jahre, und es war abzusehen, daß er länger währen würde als der Erste Weltkrieg. 1918 hatte die oberste militärische Führung am Beginn des fünften Kriegsjahres eingestanden, daß der Zusammenbruch der Westfront drohte, und die Politiker aufgefordert, einen Ausweg aus dem Krieg zu suchen. Im Kern glichen sich die Situationen. Doch lagen diesmal militärische und politische Gewalt in der Hand eines Führers, der jeden Gedanken an Kapitulation von sich wies. Hitler wollte bis zum letzten Mann und bis zur letzten Patrone kämpfen. Da ihm seine engsten Berater im Oberkommando und die Marschälle an den Fronten folgten, konnte er diesen Kurs weitersteuern, obgleich er sich auch über das Schwinden der eigenen Kräfte nicht mehr hinwegtäuschen konnte.
Sinnfällig stand ihm die eingetretene Situation vor Augen, als er am 14. September 1943 in Ostpreußen den politisch geschlagenen Duce empfing. Kurz zuvor hatte ihn ein deutsches Kommando in einem Handstreich aus seinem Arrest auf dem Gran Sasso in den Abruzzen herausgeholt und über Rom nach Wien geflogen. In Ermanglung militärischer Siege war die Aktion als Triumph gefeiert worden, und Hitler hatte den Befreiten in einer Rundfunkansprache den »größten Sohn des italienischen Bodens seit dem Zusammenbruch der antiken Welt« genannt.[34] Nun saß er einem Manne gegenüber, der keinerlei Kampfeswillen mehr besaß.

Hitler glaubte dennoch, ihn im inzwischen deutsch-besetzten mittleren und Norditalien als seine Marionette benutzen und so das Land hinter der von der Adria bis zur Küste des Tyrrhenischen Meeres durch die Halbinsel verlaufenden Front besser beherrschen zu können.
Mussolini sollte daher nach Italien zurückkehren, wo von seiner faschistischen Partei nur noch Splitter existierten, es keine Streitkräfte mehr gab, die er befehligen konnte, sich Partisanengruppen und andere Kräfte des Widerstands formiert hatten und die übergroße Mehrheit der Bevölkerung nichts anderes wünschte als baldigen Frieden und den Abzug der Deutschen. Die Schwierigkeiten begannen damit, Mussolini einen sicheren Aufenthaltsort, einen Regierungssitz und eine verläßliche Leibgarde auszusuchen. Hitler, der die dafür nötigen Weisungen erteilte, mochte dieses Zusammentreffen Stoff zum Nachdenken gegeben haben. Der Duce hatte sich in Gefahr befunden, den Siegern ausgeliefert oder vor ein italienisches Gericht gestellt zu werden. Davor konnte er seinen »Freund« bewahren. Wer würde ihm, Hitler, ein solches Rettungskommando aus der Luft schicken?
Der Besuch Mussolinis bildete eines der Hauptthemen, über das sich Hitler und Goebbels wenige Tage später im Führerhauptquartier unterhielten. Beide verständigten sich rasch darüber, daß mit dem Duce »kein Staat« mehr zu machen sei, und kritisierten, daß er sich nicht zu einem Rachefeldzug gegen alle entschloß, die sich von ihm abgekehrt hatten. Die noch in deutscher Hand befindlichen Gebiete des einstigen Bundesgenossen betrachteten der »Führer« und sein Minister nicht anders als alle in anderen Teilen Europas noch besetzten Ländereien. Nun sollten auch verstärkt italienische Arbeitskräfte ins Reich geholt werden. Goebbels erörterte ernsthaft, daß Deutschland künftig bis zur Südgrenze Venetiens reichen und alles, was einstmals in österreichischem Besitz gewesen wäre, an sich bringen müsse.[35] Noch immer waren die deutschen Imperialisten, deren Raubzüge sich so leicht und vielverheißend angelassen hatten, ganz unfähig, sich von ihren Träumereien zu trennen.
Indessen befand man sich selbst wieder in einer »sehr ernsten Krise«, denn an der Ostfront sah es – mit Goebbels Worten – »sehr wüst aus«.[36] Die Rückzüge nahmen gebietsweise fluchtartigen Charakter an. Im Süden hoffte Hitler dennoch auf die Behauptung der Dnjepr-Linie und an der gesamten Front auf einen vom Himmel gesandten Verbündeten, den »General Schlamm«, den er zwei Jahre zuvor während des Vormarsches als seinen Feind angesehen hatte. Im äußersten Norden beunruhigte ihn inzwischen auch die unsicher werdende Haltung des finnischen Verbünde-

ten. Am 28. September unterzeichnete der Oberbefehlshaber die Weisung, Vorkehrungen für den Fall des »Ausscheidens Finnlands« zu treffen.[37]
Gegen Ende 1943 und als Folge einer Kette unabwendbarer Schläge der sowjetischen Armeen existierte in Hitlers Kopf kein konturiertes Bild davon, wie der Krieg entlang der Ostfront weitergeführt werden sollte. Die strategische Initiative war ihm ein für allemal entglitten. Er rechnete sich eine Verhandlungsmöglichkeit mit Stalin aus, betrachtete als deren Vorbedingung aber ein Ende der Niederlagen, ohne zu wissen, wie es zu erreichen war. Obendrein sprach er davon, daß man ihm doch nicht abtreten werde, was er – Hitler – »im Osten verlangt«. Dann setzte er wieder Erwartungen auf die Kriegsmüdigkeit in Großbritannien, sah aber auch keine Chance einer einseitigen Verständigung im Westen.[38]
Der Propagandaminister erinnerte sich nun daran, daß vom Reich ein Zweifrontenkrieg »noch nie gewonnen worden« war, und setzte Hitler auseinander, daß »wir mit der einen oder anderen Seite ins Klare kommen müssen«. Daß Hitler dem zustimmte und, wenn auch »sehr viel reservierter« als gegenüber Goebbels, sich über dieses Thema in Anwesenheit von Generalen im Hauptquartier überhaupt äußerte,[39] erscheint indessen mehr als Finesse denn als Beweis für den Vorsatz zu politischen Schritten, mit denen der Krieg beendet werden sollte. Ohne eine Sinnstiftung für die Fortsetzung des Kampfes kam der Oberbefehlshaber jedoch auch in seiner engsten Umgebung nicht aus. So deutete er an, es könne mit den Mitteln der Politik ein Ausweg aus dem Krieg gefunden werden, wenn die Gegner oder wenigstens einer von ihnen davon überzeugt würden, daß auch sie militärisch außerstande seien zu siegen. Nicht anders als in vielen Kreisen der Bevölkerung, die sich einer nüchternen Kriegsbilanz verweigerten, breitete sich im Führerhauptquartier Wunschdenken und Wunderglaube aus. Notdürftig stützen konnte den Entschluß zur Fortsetzung des Krieges, daß die eigenen Kräfte noch bei weitem nicht erschöpft waren und sich weder im Reich noch an der Front massenhaft Unwilligkeit ausbreitete, den Befehlen zu folgen. Nirgendwo war auch an der Spitze der Gesellschaft eine Gruppierung erkennbar, die Hitler – wie es Mussolini geschehen war – in den Arm fallen wollte.
Hitler drängte im letzten Vierteljahr 1943 darauf, alle Anstrengungen zu unternehmen, um zunächst die Front im Osten zu befestigen. Dort hatten sowjetische Truppen mit der Rückeroberung Kiews und dem Vordringen über den Dnjepr die »Ostwall-« Stellung bereits durchstoßen. Die Landverbindung mit der Halbinsel Krim ging verloren. Gegenangriffe wurden befohlen, und Mansteins Heeresgruppe vermochte schließlich, den

Ansturm des Gegners im Süden der Front noch einmal zum Stehen zu bringen.

Mehr und mehr mußte sich die Aufmerksamkeit Hitlers und seiner Berater der drohenden Landung der Alliierten in Westeuropa zuwenden. Hitler erwartete sie spätestens im Frühjahr 1944, weshalb er am 3. November 1943 befahl, die bisher praktizierte Schwächung der im Westen stationierten Streitkräfte zugunsten anderer Kriegsschauplätze zu beenden.[40] Da er dem Osten keine Divisionen entziehen konnte, forderte Hitler am 27. November, das Mißverhältnis zwischen den an den Fronten eingesetzten Verbänden und den rückwärtigen Diensten zu beseitigen. Eine Million Mann sollten aus der Etappe an die Front geschickt werden.[41] In der letzten militärischen Weisung des Jahres hieß es dann, ab Mitte Februar 1944 sei mit einem Landungsversuch zu rechnen. Die Halbinsel Cotentin mit dem Hafen Cherbourg wurde als das Gebiet bezeichnet, in dem der Angriff wahrscheinlich erfolgen werde.[42] In ihrer Nähe wurde die Bereitstellung von rasch heranzuführenden Eingreifverbänden befohlen.

Die von Hitler ursprünglich gedachte Kriegsentwicklung stand gleichsam Kopf. 1941 hatte er den Angriff auf die Sowjetunion begonnen, um sich nach deren Vernichtung gegen Großbritannien als den dann letzten Kriegsgegner zu wenden. Zweieinhalb Jahre später wollte er die angloamerikanischen Truppen auf französischem Boden schlagen, um den Krieg im Osten nach eigenen Plänen wieder aufnehmen zu können. Die Verteilung der deutschen Streitkräfte widerspiegelte das veränderte Konzept. In einem Bericht, den Hitler von Jodl am 31. Dezember 1943 vorgelegt bekam, war die Stärke der im Westen befindlichen deutschen Truppen, ohne jene in Dänemark und Norwegen, mit 1,3 Millionen angegeben, während die im Osten stehenden mit 2 Millionen beziffert wurden.[43] Dazu kamen weitere Millionen Soldaten, welche die eroberten Länder besetzt hielten, an der Front in Italien kämpften, den Krieg mit den Partisanen führten, der Kriegsmarine angehörten, sich im Reichsgebiet befanden, um ausgebildet und für neue Fronteinsätze vorbereitet oder kuriert zu werden. Noch war das verfügbare Menschenpotential des deutschen Faschismus groß, aber es schrumpfte. Drastisch machte sich diese Entwicklung an episodischen Erörterungen im Führerhauptquartier bemerkbar: Man beschäftigte sich dort inzwischen mit der Aufstellung von zwei Magenkranken-Bataillonen und dem Einsatz von Ausländern in Heimatflak-Batterien.[44]

Hitler hatte sich nach den Niederlagen bei Stalingrad und auch in der Schlacht im Kursker Bogen mit keinem Wort an die deutsche Öffentlichkeit gewandt. Erst nach langem Widerstreben und – glaubt man Goebbels – auf dessen hartnäckiges Drängen raffte sich der Oberbefehlshaber am 10. September 1943 zu einer kurzen Rundfunkansprache auf. Er beruhigte die Hörer vor allem über den »Ausfall Italiens«, der militärisch nur wenig bedeute. Er kam nicht umhin, sich zu den inzwischen bei Tag und Nacht stattfindenden Luftangriffen auf deutsche Städte zu äußern. Wieder kündigte er »Vergeltung« an.[45] Wie aussichtslos indessen jeder Gedanke war, das Kräfteverhältnis zwischen den Luftarmeen noch einmal zugunsten Deutschlands verändern zu können, hatte freilich nur einem begrenzten Kreis von Eingeweihten drei Wochen zuvor der Selbstmord des Generalstabschefs der Luftwaffe klargemacht. Der Bevölkerung wurde der Tod des Generalobersten Hans Jeschonnek als Unfall ausgegeben. Viele wollten aber an die Kette von Flugzeugabstürzen hochgestellter Militärs inzwischen nicht mehr recht glauben, und immer weniger glaubten auch an eine »Vergeltung«, die ihnen wieder Nächte ohne Fliegeralarme und Sterbensängste bringen könnte.

Goebbels notierte nach Hitlers Radioansprache einen »grundlegenden Stimmungswandel«; er habe, aus dem Hauptquartier nach Berlin zurückgekehrt, »eine Bombenstimmung« vorgefunden.[46] In Wahrheit machte sich der Unmut über die immer schlechter werdende Kriegslage in jenen Tagen in wüsten antiitalienischen Äußerungen Luft. Konnte man es den mächtigeren Kriegsgegnern nicht »vergelten«, so wünschten die vom Bruch des Bündnisses enttäuschten deutschen Nationalisten die Rache an den »Verrätern« herbei. Es zeigte sich, daß unter der Oberfläche der vielberufenen deutsch-italienischen Waffenbrüderschaft die feindseligen Gefühle aus den Tagen des Jahres 1915, als sich Italien auf die Seite der Entente geschlagen hatte, nur eingekapselt gewesen waren und sich jetzt revitalisierten. Endlich konnten diese Italiener, die an allen Fronten immer nur versagt hatten, öffentlich wieder als verweichlicht und minderwertig beschimpft werden.[47] Hitler hatte sie selbst nach der Meinung seiner treuen Gefolgsleute schon seit längerem zu milde beurteilt und gar verteidigt.

Allerdings waren nicht Trotz und Trutz, sondern Ratlosigkeit und Resignation in der Volksstimmung gegen Ende 1943 vorherrschend. Das wußte gleich anderen führenden Männern des Regimes auch Goebbels aus den hochgeheimen Informationen, die ihnen der Sicherheitsdienst zukommen ließ. Die Weise, in der der Propagandaminister auf ihren immer stärker beunruhigenden Inhalt reagierte, charakterisierte die Kunst der Verdrängung, die an der Spitze des Staates in zivilen wie in militärischen

Kreisen tagtäglich geübt wurde. Goebbels meinte jetzt, man könne mit diesen Berichten gar nichts anfangen, und entschloß sich, von ihnen künftig keine Notiz mehr zu nehmen. Der erste Propagandist des Durchhaltens suchte sich den kleiner werdenden Vorrat an Optimismus zu bewahren, den er bei Hitler jetzt sogar etwas zu stark ausgeprägt antraf. Doch wollte er seinen »Führer« deshalb nicht schelten, der die Lage nicht anders sehen könne, sollten ihn die vielen schlechten Nachrichten nicht umwerfen.[48]

Als Hitler am Jahrestag des Putsches von 1923 seit dem März das erste Mal wieder vor einem größeren Publikum erschien und sprach, erwähnte der Bericht des Sicherheitsdienstes zwar, daß seine Rede hoffnungsvoll gestimmt habe, merkte dann aber doch an, wie sehr die militärischen und politischen Nachrichten die Bevölkerung bedrückten.[49] Substantiell hatte Hitler dem nichts mehr entgegenzusetzen. Wendungen konnte er nicht versprechen, ohne sich in die Gefahr zu begeben, bald durch die Tatsachen Lügen gestraft zu werden. Immerhin kündete er wieder »Vergeltung« an. Zudem plane er bereits den Wiederaufbau der in Trümmer sinkenden deutschen Städte, die in wenigen Jahren schöner als zuvor erstehen würden. Um die Zweifel am Endsieg wissend, beteuerte er schließlich, daß das »scheinbar Unmögliche« erreicht werden könne. Er, dies eine nun immer wiederkehrende Wortwendung, werde bis »fünf Minuten nach zwölf« kämpfen. Wie Hitler in der unveröffentlichten Rede im Mai schon der höchsten NS-Führerschaft erklärt hatte, so versicherte er jetzt den in der Bierhalle versammelten »alten Kämpfern«, es sei nicht schlimm, wenn »irgendwo einmal einige Hundert Kilometer« aufgegeben werden müßten. Wer noch mitdachte, mochte sich fragen, wo die alliierten Truppen stehen würden, wenn diese »Strategie« auf französischem Boden angewendet werden müßte. Goebbels empfand Passagen der Ansprache unpassend für einen Druck und strich sie mit Hitlers Genehmigung vor der Veröffentlichung des Textes.[50]

Am Tage vor seinem Auftritt in München hatte Hitler den schon zusammengerufenen Reichs- und Gauleitern der NSDAP durch seinen höchsten Generalstabsoffizier die strategische Lage Deutschlands am Beginn des fünften Kriegsjahres darstellen lassen. Jodl redete auftragsgemäß unumwunden. Er stellte fest, daß nun die »überlegene wirtschaftliche Stärke unserer Gegner und ihr größeres Menschenreservoir« zur Geltung komme. Weiter gestand er ein, daß die Initiative an den Gegner übergegangen und das Reich in die Defensive gedrängt sei. Er gab zu, daß die Führung nicht wisse, ob die Landung über das Mittelmeer oder von den britischen

Inseln aus erfolgen werde und daß »ein Brand im Westen«, wie er die Errichtung der zweiten Front umschrieb, »wenn er nicht sofort gelöscht wird, nicht mehr unter Kontrolle« gebracht werden könne. Wie dies angesichts der ebenfalls einbekannten technischen Unterlegenheit der Luftwaffe und der U-Boote geschehen sollte, blieb das Geheimnis des Chefs des Wehrmachtsführungsstabes. Nach alledem konnte es die Reichs- und Gauleiter nicht überraschen, daß Jodl weitere schwere Krisen ankündigte. Niemand wisse, »wie dieser Krieg einmal enden wird«.

Doch wollte der Generaloberst auch dieser Zuhörerschaft Mut machen. Dazu griff er auf eine Passage eines Fontane-Romans zurück: »Große Zeit ist immer nur, wenn's schief geht, wenn man jeden Augenblick fürchten muß: Jetzt ist alles vorbei. Da zeigt sich's, Courage ist gut, Ausdauer ist besser: Ausdauer, das ist die Hauptsache.« Bemerkenswert war das Ende des Vortrags, der Aufruf zum grenzenlosen Glauben an den Führer und daran, »daß wir siegen werden, weil wir siegen müssen, denn sonst hätte die Weltgeschichte ihren Sinn verloren«.[51] In dieser Ansprache spiegelten sich Hitlers Denkstil und Ansichten wider und zugleich auch die geistige Verfassung seines Beraterstabs im Hauptquartier.

Hitler trat 1943 noch einmal vor ein nach Tausenden zählendes Publikum. Er sprach – wie in den Jahren vorher – zu den eben zu Offizieren beförderten jungen Soldaten, die an die Fronten kommandiert wurden. Die Kundgebung fand diesmal im luftkriegsfernen Breslau statt. Die Rede wurde nicht veröffentlicht. Sie war ganz auf die Alternative Sieg oder Untergang abgestimmt. Im letzteren Fall käme, wie Hitler andernorts schon angedroht hatte, die »Barbarei der Steppe«. Nur Deutschland könne sie von Europa abwenden.[52] Erst am 1. Januar 1944 meldete sich Hitler mit Aufrufen an Wehrmacht und Volk wieder öffentlich zu Wort. Er prophezeite, daß sich 1944 das Kriegsgeschehen »der Krise nähern« und »die plutokratische Welt ... mit ihrem Landeversuch scheitern« werde.[53]

Kapitel 20

Macht und Ohnmacht 1944

Hitler war an der Jahreswende 1943 in seinem ostpreußischen Hauptquartier geblieben. Wie schon in den beiden Jahren zuvor vermied er Weihnachten und am Silvesterabend jedes Zusammentreffen mit Soldaten eines Truppenteils an der Front. Von der »Wolfsschanze« aus hielt er am 30. Januar 1944 – die Reichstagssitzung in Berlin fiel wie im Jahr zuvor aus – eine Rundfunkansprache. Hitler erwähnte das »Auf und Ab« der Kriegsereignisse, verhieß am Ende aber »den größten Sieg der Deutschen«. Sofern die Rede überhaupt noch ein außenpolitisches Ziel besaß, richtete es sich darauf, Furcht vor einem »neuen Hunneneinbruch« zu wecken und den Herrschenden in England zu versichern, daß sie unter keinen Umständen die Sieger des Krieges sein würden. Wenn Deutschland nicht siege, dann triumphiere die Sowjetunion.[1] Hitler zielte auf die Spaltung der gegnerischen Koalition. Mussolini vertraute er an, eines Tages »käme der Bruch«.[2]

Ende Februar verlegte der Oberbefehlshaber sein Hauptquartier auf den Obersalzberg, den er erst im Juli wieder verließ. In der Öffentlichkeit trat er immer seltener auf. Als Goebbels ihn in Berchtesgaden besuchte, notierte er, Hitler sei älter und älter geworden, und »jetzt geht er schon ganz gebeugt«.[3] Das war auch zu beobachten, als der »Führer« am 17. April in München am Staatstrauerakt für den Gauleiter Adolf Wagner teilnahm, sowie am 26. April in der Reichskanzlei in Berlin, als er am Sarg des Generalobersten Hans Hube stand, den er besonders schätzte und vor der Vernichtung der Stalingrad-Armee aus dem Kessel hatte ausfliegen lassen.

Die Meldungen, die in den folgenden Wochen beim Oberbefehlshaber eingingen, zeigten untrüglich, daß die Verteidigung des »Ostwalls« ein Hirngespinst war. Die deutschen Truppen mußten sich entlang der gesamten Ostfront immer neuer Angriffe der Roten Armee erwehren und waren außerstande, ihre Stellungen zu behaupten. Am 27. Januar 1944 brachen Verbände der sowjetischen Armee endgültig den Ring um Leningrad auf. Im Februar ging in der Ukraine mit Nikopol und Kriwoj Rog das Gebiet verloren, auf dessen Besitz Hitler wegen seiner Mangan- und Eisenerzvorkommen besonderen Wert gelegt hatte. Die Front näherte sich den Grenzen Polens und der verbündeten Staaten. Als sowjetische Truppen das Vorgelände der Karpaten erreichten, standen sie vor dem Staatsgebiet Ungarns und Rumäniens. Die Niederlagen der deutschen Divisionen auf der Krim zwangen im April und in der ersten Hälfte des Mai zur Flucht von der Halbinsel. Dafür blieb nur noch der Seeweg. Die Stadt Odessa, die Hitler einem großrumänischen Satelliten zugedacht hatte, befand sich seit dem 10. April in sowjetischer Hand. Um weitere Rückzüge zu vermeiden, mußte Hitler Truppen nach dem Osten beordern, die eigentlich für den »Empfang« der Landungsarmeen in Frankreich bestimmt waren.

Das Warten auf diese Landung zerrte an den Nerven des Oberbefehlshabers, der tatenlos zusehen mußte, wie nach Italien nun im äußersten Norden Finnland einen Weg aus dem Krieg suchte. Hielt Hitler das Ausscheiden dieses Verbündeten aus der Koalition noch für weniger folgenschwer, so mußte er den Abfall Ungarns fürchten. Ihn galt es mit allen Mitteln zu verhindern, wenn nicht für die deutschen Truppen auf dem gesamten Balkan eine kritische Lage entstehen sollte. Hitler traf sich am 18. März 1944 mit Horthy wiederum auf Schloß Kleßheim und setzte ihn diesmal ungleich schärfer unter Druck als elf Monate zuvor. Er preßte ihm die Zustimmung zu einem Wechsel der Regierung in Budapest ab; an ihre Spitze trat der langjährige ungarische Botschafter in Berlin Döme Sztójay. Um Garantien für die Bündnistreue zu erhalten, und da ihm ein bloßer Personenwechsel nicht Gewähr genug war, ließ er deutsche Truppen in das Land einmarschieren. Horthy fand sich bereit zu tun, was von ihm verlangt wurde, so daß die Besetzung komplikationslos verlief.[4]

Beim Nachdenken und Spekulieren verbiß sich Hitler in die Vorstellung von einem zweiten Sieg im Westen. Die Tage des Feldzugs gegen Frankreich im Frühjahr 1940 erschienen ihm immer häufiger als die schönsten des Krieges. Als am 22. Januar 1944 an der italienischen Front amerikanische Truppen bei Anzio und Nettuno im Rücken der deutschen Verbände an Land gingen, wandte sich Hitler sechs Tage später an den dort befehlenden Feldmarschall Kesselring mit der Forderung, den in den nächsten Tagen beginnenden »Kampf um Rom« zu einer Lektion für die Gegner zu machen. Sie sollten erfahren, daß ihre geplante Landung in Frankreich im Blute ihrer Soldaten ersticken würde.[5] Doch waren das nichts als starke Worte, die nur notdürftig Ohnmacht verdeckten. Nirgendwo war Hitler zu Gegenmaßnahmen imstande, die eine angemessene Antwort auf die militärischen Entscheidungen und Handlungen der Kriegsgegner dargestellt hätten. Obwohl er um die Bereitstellung der für die Landung in Frankreich

bestimmten gegnerischen Truppen im Süden Englands wußte, konnte er der Luftwaffe nicht befehlen, diesen Aufmarsch durch Angriffe zu stören. Vielmehr begannen die Luftstreitkräfte der Westmächte, den D-Day – den Tag der Entscheidung – vorzubereiten. Sie bombardierten Flugplätze in Belgien und Frankreich und richteten punktuelle Angriffe gegen wichtige Produktionsstätten im Reichsgebiet, vor allem gegen Hydrierwerke, um die Herstellung von synthetischem Benzin zu unterbrechen.
Wie Hitler sich allen Tatsachen zuwider den Gang der Kriegsereignisse in Europa weiter vorstellte, entwickelte er dem japanischen Botschafter in einem Gespräch, das er am 27. Mai 1944 auf dem Obersalzberg führte. Er erklärte Oshima, daß er nach dem Sieg über die anglo-amerikanischen Landungstruppen in Frankreich Divisionen freibekommen werde, die sich mit den im Osten stehenden zu neuer Angriffskraft vereinen ließen. Anders als bei früheren Treffen mit dem Diplomaten und General mußte Hitler zwar die technische Überlegenheit der Gegner erwähnen, doch sprach er von eigenen neuartigen Flugzeugen und der totalen Verlagerung ihrer Produktion in »Bunker«, die für die feindlichen Luftstreitkräfte unerreichbar sein würden, sowie vom Bau modernisierter Panzer für das Heer. Peinlichkeit mußte dieses Treffen und die dort zutage tretende unerfreuliche Kriegsbilanz bei Hitler nicht erzeugen. Auch der Botschafter hatte von Rückschlägen zu sprechen. Die Zeit militärischer Siege des Verbündeten gehörte ebenfalls der Vergangenheit an. So gedachten der »Führer« und sein Gast der Pläne, denen zufolge deutsche und japanische Truppen einander »in Mesopotamien« hätten begegnen sollen. Wie es um Hitlers Fähigkeit zur Prognose bestellt war, zeigte sich an seiner Versicherung, daß »Rom unter allen Umständen« gehalten würde.[6] Bereits am 4. Juni zogen die Alliierten jedoch in die Hauptstadt am Tiber ein. Der Oberbefehlshaber wurde immer wieder und immer mehr von Wunschdenken regiert.
Zwei Tage später, am 6. Juni 1944, landeten die Alliierten in der Normandie und eröffneten die »zweite Front«. Den deutschen Verbänden gelang es nicht, die Bildung von Brückenköpfen zu verhindern, die in den folgenden Tagen von den britischen und amerikanischen Sturmtruppen erweitert und verbunden wurden. Augenblicklich erwiesen sich die gegnerischen See- und Luftstreitkräfte den deutschen weit überlegen. Damit aber konnten die deutschen Heeresverbände, die sich zunächst in einer Überzahl befanden, den Vorteil der anfänglich kurzen Landfront nicht nutzen. Jeder Tag, den die angelandeten Truppen sich behaupteten und verstärkten, veränderte das Kräfteverhältnis zugunsten der von dem US-General Dwight Eisenhower befehligten Streitmacht und ließ das erklärte Ziel, sie

»ins Meer zurückzujagen«, in unerreichbare Ferne entschwinden. Schon am sechsten Tag nach der Landung kamen Hitler, Dönitz, Keitel und Jodl zu der Auffassung, daß die Lage »sehr ernst« sei und ganz Frankreich verlorengehen könne.[7]
Während einiger Wochen bewahrten die deutschen Truppen noch eine geschlossene Abwehrfront, wurden aber Kilometer um Kilometer zum Zurückweichen gezwungen. Es war nur eine Frage der Zeit, wann sich am Fuße der Halbinsel Cotentin der Bewegungskrieg entfalten würde. Dann mußten die Befestigungen der Maginot-Linie und des Westwalls, in denen sich die Kriegsgegner 1939/40 gegenübergelegen hatten, als die nächste Verteidigungsstellung der Wehrmacht bezogen werden.
Hitler registrierte die sich im Juni und Juli 1944 anbahnende bedrohliche Entwicklung auf dem Obersalzberg. Er gebot über kein Mittel mehr, sie abzuwenden. Die Kriegsmarine war außerstande, die Nachschubwege über den Kanal zu unterbrechen oder sie auch nur wirkungsvoll zu stören. Die Gegner besaßen über dem französischen Festland die Luftüberlegenheit in einem Ausmaß, daß die zur Front führenden Straßen und Schienenwege für das Heer nur noch nachts ungefährdet befahrbar waren. Angesichts dieser Lage und des zu erwartenden Ausbruchs der Alliierten aus ihrem sich erweiternden Brückenkopf zeigte Hitler keine Neigung, ein frontnahes Hauptquartier zu beziehen. Während die Kämpfe in der Normandie tobten, begab er sich nur einmal von Bayern nach Frankreich. Am 17. Juni flog er von Berchtesgaden nach Metz und fuhr von dort für einen knappen Tag in das vier Jahre zuvor für ihn vorbereitete, dann wegen des raschen Feldzugendes unbezogene Hauptquartier in Margival nördlich von Soissons. Nach einer Beratung mit Rundstedt und Rommel kehrte der Oberbefehlshaber zum Obersalzberg zurück. Auf einen Besuch in einem frontnahen Befehlsstand hatte er verzichtet.
Am 22. Juni erreichte ihn die Nachricht, daß die Rote Armee im Zentrum der Ostfront eine Offensive begonnen habe. Binnen weniger Tage brach die deutsche Verteidigung im Mittelabschnitt vollständig zusammen. Die Angreifer trieben die Verbände der Heeresgruppe Mitte vor sich her, kesselten sie ein und vernichteten sie. Soldaten und Offiziere gerieten massenhaft in Gefangenschaft. Mit ihnen ergaben sich nahezu zwei Dutzend Generale. Nicht alle Befehlshaber und Kommandeure kämpften jetzt bis zum letzten Mann und bis zur letzten Patrone, wie Paulus es noch getan hatte. Sie gaben aussichtslos gewordene Stellungen auf, während andere ihre Untergebenen bedenkenlos in todbringende Gefechte hetzten, die Furcht der Soldaten vor den Feldgerichten ausnutzend.

Das von Soldaten, Offizieren und einigen Generalen in sowjetischer Kriegsgefangenschaft gemeinsam mit emigrierten deutschen Kommunisten gebildete »Nationalkomitee Freies Deutschland« gewann in den Lagern an Einfluß. Von dort ergingen Appelle an die Angehörigen des Ostheeres, den aussichtslosen Kampf zu beenden und dem »Führer« und seinen Komplicen die weitere Gefolgschaft zu versagen. Ihre Wirkung blieb zumeist gering. Hitler betrieb »Sippenhaft« und ließ die Angehörigen derjenigen in Deutschland verfolgen, die sich gegen ihn gewandt hatten.

Auf dem Obersalzberg, der den Charakter eines Refugiums nun vollständig verloren hatte, folgte eine Krisensitzung der anderen. Nach einer Beratung mit Göring, Dönitz, Rundstedt, Rommel, Guderian und weiteren Militärs entschloß sich Hitler am 2. Juli, den Oberbefehlshaber West, Rundstedt, abzulösen und ihn durch Hans Günther von Kluge zu ersetzen. Der Generalfeldmarschall hatte sich bei Rückzügen und Verteidigungen an der Ostfront hervorgetan und schien ihm nun gemeinsam mit Rommel, dem Befehlshaber der zweiten Heeresgruppe, die im Westen kämpfte, geeignet, das in Frankreich drohende Unheil aufzuhalten.

Mit den Meldungen von den Fronten mußte Hitler zur Kenntnis nehmen, daß die Gegner im Westen wie im Osten über unerschöpfliche Arsenale an Kriegsgerät verfügten und ihre Waffen denen der deutschen Truppen gleichwertig, vielfach auch überlegen waren. Dennoch klammerte er sich noch an die Hoffnung, das materielle Kräfteverhältnis entscheidend verändern zu können. Schon kurz nachdem die anglo-amerikanische Landung in der Normandie geglückt war, befahl er, mit dem Einsatz der neuentwickelten Flügelbombe gegen Großbritannien zu beginnen. Der »Wunderwaffe« mit der Bezeichnung V1 – V für »Vergeltung« – folgte wenig später die Rakete V2, deren Unberechenbarkeit und Sprengkraft in der britischen Hauptstadt noch einmal schwere Opfer und Verwüstungen verursachte. Für die Entwicklung des Landkriegs auf französischem Boden blieben diese wütenden Schläge aus der Luft aber bedeutungslos. Gegen die angreifenden Truppen waren weder die Bombe noch die Rakete einsetzbar. Hitler aber fabulierte bereits über neue Waffen. Während einer Besprechung mit Militärs am 9. Juli 1944, als auch das Programm zur Entwicklung und für den Bau neuer Jagdflugzeuge beraten wurde, versicherte er seinen Zuhörern, die Gegner würden »staunen, wenn sich das Blatt in Bezug auf die Luftherrschaft in etwa vier Monaten zu wenden beginnt«.[8]

Niemand fragte ihn: In vier Monaten? Wo werden die deutschen Truppen auf ihren Rückzügen dann hingelangt sein? Wo im Westen und wo im

Osten? Daß sie auf Reichsgebiet stehen könnten, wurde schon nicht mehr ausgeschlossen. Bormann hatte die Spitzen der NSDAP in einem zur »Geheimen Reichssache« erklärten Rundschreiben am 31. Mai 1944 bereits auf diese Möglichkeit eingestellt und entsprechende Weisungen erteilt.[9] Während einer Beratung, die am 11. Juli 1944 auf dem Obersalzberg stattfand, mußte die Möglichkeit eines Durchbruchs der sowjetischen Armeen nach Ostpreußen erörtert werden.[10] Die Rote Armee näherte sich der Reichsgrenze und jener Linie, von der aus drei Jahre zuvor die Wehrmacht in die UdSSR eingefallen war. Von dieser Situation wurde später geschrieben, daß der Krieg nach Deutschland zurückgekehrt sei. Dieses Bild ist ungenau. Ein Landkrieg war auf dem Reichsgebiet seit dem 1. September 1939, sieht man von den unbedeutenden Scharmützeln an der deutsch-französischen Grenze 1939 ab, nirgendwo geführt worden. Die Militärs hatten bei ihren Vorkriegsplanungen zwar eine derartige Situation nicht ausgeschlossen und sie in ihren Planspielen berücksichtigt, konnten die entsprechenden Dokumente aber nach Kriegsbeginn bald zu den Akten in die Panzerschränke verbannen. Von da mußten sie jetzt wieder hervorgeholt werden.
Die Mißerfolge und Niederlagen im Osten und im Westen zwangen dazu, die »Heimatverteidigung« vorzubereiten, wozu die Rollen zwischen der Wehrmacht, den Dienststellen des Staates und der NSDAP verteilt wurden. Am 19. Juli erließ Keitel einen Befehl, aus dem zweifelsfrei Hitlers Entschlossenheit hervorging, das Reich zum Kriegsgebiet zu machen.[11] Nun sollten der Übergang zur »totalsten Kriegführung« vollzogen werden und die letzten Rücksichten auf Frauen, Kinder, Greise und Kranke fallen. Es begann die Planung von Verteidigungsanlagen entlang der Reichsgrenze von 1937. Wer Spaten oder Schaufel bewegen konnte, hatte an ihrem Bau teilzunehmen. Panzergräben wurden ausgehoben, Löcher und Gräben angelegt, hinter denen die Infanterie eines Tages Deckung finden sollte. Diese Einsätze machten den Deutschen in den grenznahen Gebieten sinnfällig, welchen Verlauf der Krieg nehmen und wohin er nach dem Willen des »Führers« noch getragen würde.
Währenddessen tobte nun nahezu ununterbrochen der Luftkrieg über deutschen Städten, der längst zu einem ungleichen Kampf geworden war. Schon seit 1942 standen Verteidigungskräfte in ausreichender Menge nicht zur Verfügung. Jetzt wurden Formationen der Fliegerabwehr in die Frontgebiete beordert, um an Bodenkämpfen teilzunehmen und insbesondere die sowjetischen Panzer abzuwehren. Die Zivilbevölkerung sah sich gnadenlosen Bombardements preisgegeben. Unter den Schlägen aus

der Luft begann der Zusammenbruch der deutschen Rüstungsproduktion. Die Erfolgsmeldungen, mit denen Speer Hitler auch in düsteren Tagen noch hatte aufmuntern können, wurden nun von Nachrichten über unersetzbare Zerstörungen abgelöst. Im dramatischen Rückgang der Treibstoffproduktion kündigte sich das Ende des Einsatzes wichtiger Waffen an, die allenfalls noch hergestellt, aber dann nicht mehr bewegt werden konnten. Unerfüllbar war Speers Forderung, wenigstens die Hydrierwerke durch die Stationierung wirkungsvoller Fliegerabwehr besser zu schützen. Inzwischen lagen auch die Erdölquellen in Rumänien im Visier alliierter Bomberverbände. Sie starteten in Süditalien und erreichten von dort aus auch Ziele in Österreich, Ungarn, dem »Protektorat« und in Ostdeutschland. Die Niederlage ließ sich vom wirtschaftlichen Gesichtspunkt aus vorausberechnen. Zwar wurden, wie es Hitler Oshima gesagt hatte, Teile der Rüstungsproduktion, so die von Flugzeugen und Raketen, in Gesteinsmassive unter die Erde verlegt, wobei vor allem Häftlinge aus Konzentrationslagern – so im Kohnstein-Massiv bei Nordhausen – zu todbringender Schufterei gezwungen wurden. Doch mußte, was produziert wurde, auf der Erde transportiert werden. Die Schienenwege aber lagen für die Attacken der Jagdbomber und der Partisanen offen, die in Frankreich einen »Schienenkrieg« begonnen hatten.
Um die Situation zu beraten und den Zusammenbruch der Fronten wegen Mangel an Waffen und Munition hinauszuschieben, hielt Speer eine Beratung mit den Wehrwirtschaftsführern für notwendig und bewog Hitler, vor dieser außergewöhnlichen Zuhörerschaft eine Rede zu halten. Das geschah am 4. Juli 1944 im »Platterhof«, einem Gästehaus in Sichtweite des »Berghofs«. Es kam zu Hitlers letztem Auftritt vor einem größeren Kreis, den Spitzenkräfte der deutschen Wirtschaft bildeten. Kurz zuvor, am 1. Mai, waren aus Anlaß des »Tages der nationalen Arbeit« die Verdienste einzelner aus dem Kreis der namhaften Industriellen durch die Verleihung des Titels »Pionier der Arbeit« öffentlich geehrt worden. Die Auszeichnung hatten der Saar-Industrielle Röchling, der Flugzeugkonstrukteur und Inhaber der gleichnamigen Werke Claudius Dornier und Albert Vögler, einer der führenden Männer der Vereinigten Stahlwerke AG, erhalten.
Das Zusammentreffen war nicht ohne Symbolgehalt. Hitler begegnete noch einmal einem Teil jener Elite, aus deren Reihen 1932 entschieden die Forderung erhoben worden war, ihn auf den Platz des Reichskanzlers zu setzen. Das geschah, und die Anwesenden waren mit dieser am 30. Januar 1933 eingeleiteten Entwicklung lange hochzufrieden gewesen. Sie konnten von ihr im wortwörtlichen Sinne profitieren. Hitler erwies

sich als ihr bester Griff. Den riesenhaften Aufrüstungs- waren die noch riesenhafteren Kriegsgewinne gefolgt. Und diese machten Speers Gäste noch immer. Zugleich sanken aber ihre während der Kriegsjahre erheblich erweiterten Produktionsstätten eine nach der anderen in Trümmer, und es war nur eine Frage der Kriegsdauer, wann die bisher verschonten an die Reihe kommen würden.

Unabweisbar erhob sich jetzt die Frage nach dem Ende, die sich ganz anders stellte als zu den Zeiten, da die »Neuordnung Europas« und die Aneignung von Reichtümern der eroberten Länder auf der Tagesordnung standen. Erwies sich Hitler nun nicht als ihr schlechtester Griff?[12] Waren nicht Überlegungen dringend geboten, wie sich ehemals florierende, in den Kriegszeiten zurückgegangene Beziehungen zu einstigen Geschäftspartnern auf der westlichen Feindseite wiederherstellen und zur eigenen Rettung nutzen ließen? Mußte man sich nicht auf den Tag nach dem Kriege einrichten? In geheimen Zirkeln hatten einzelne der Männer, die nun wieder vor Hitler saßen, mit der Verständigung über diese Fragen begonnen. Favorisiert wurde vielfach ein einseitiger Friedensschluß mit den USA und Großbritannien, von denen eine weit geringere Gefährdung der eigenen Interessen erwartet wurde als von der Nachkriegspolitik der Sowjetunion. Doch hatte sich unter den großen Industriellen keine tatentschlossene Fronde gegen ihren einstigen Favoriten gebildet.

Hitler sprach im »Platterhof« vom Endsieg, der erkämpft werden könne und müsse. Die Alternative zum sturen Kurshalten auf dem Kriegspfad zeichnete er so: »Wenn der Krieg verlorenginge, meine Herren, dann brauchen Sie keine Umstellung (auf die Bedingungen der Friedenswirtschaft – K. P./M. W.) vorzunehmen. Dann bleibt nur, daß jeder einzelne sich seine private Umstellung vom Diesseits zum Jenseits überlegt: ob er das persönlich machen will oder ob er sich aufhängen lassen will oder ob er verhungern will oder ob er in Sibirien arbeiten will.«[13] So viel Unbehagen die Zuhörer angesichts der drohenden Niederlage beschlich, nichts deutet darauf hin, daß sie die eigene Zukunft in der von Hitler dargestellten Weise sahen. Der eine oder andere erinnerte sich vielleicht, daß 1918 in den Tagen der Niederlage und der Revolution der Großaktionär und Generaldirektor der Hapag, Albert Ballin, sich das Leben genommen hatte. Doch das war auch damals eine Ausnahme, während die Mehrheit der Industriellen die Turbulenzen, die auf Kapitulation und Friedensschluß folgten, gut überstand. Auch diesmal könnten sich den Führern der Kriegsindustrie, die sich nicht auf Leben und Tod an Hitler gekettet sahen, andere Überlebenschancen bieten als den Führern des Staates.

Indessen war Hitler nicht vor diesen Kreis getreten, um lediglich düstere Perspektiven auszumalen. Er wollte die Verantwortlichen der deutschen Industrie zu weiteren Anstrengungen in der Kriegsproduktion motivieren. Dazu schien ihm auch Speers Vorschlag geeignet, ihnen die Wirtschaftspolitik nach dem Kriege in Umrissen zu erläutern und Befürchtungen zu zerstreuen, die aufgrund der vielfältigen Eingriffe des Staates in die Entscheidungen der Industriellen entstanden waren. »Wenn dieser Krieg mit unserem Sieg entschieden ist«, lautete ein Kernsatz von Hitlers Ansprache, »dann wird die Privatinitiative der deutschen Wirtschaft ihre größte Epoche erleben!« Damit war verbindlich angekündigt, daß das normale, in der Vorkriegszeit bewährte Zusammenwirken von faschistischem Staat und privatem Kapital wiederhergestellt werden sollte. Sie dürften nicht glauben, versicherte Hitler seinen Zuhörern, »daß ich ein paar staatliche Konstruktionsbüros oder ein paar staatliche Wirtschaftsbüros mache«.[14] Damit war versprochen, daß es eine expandierende staatliche Konkurrenz nicht geben werde. Doch dürfte das schon nicht mehr die Hauptsorge von Speers Gästen gewesen sein.

Hitler mochte angesichts der Kriegslage spüren, daß der Obersalzberg nicht mehr der angemessene Ort für das Führerhauptquartier war. Er wollte den »Berghof« verlassen und hatte zu entscheiden, wohin er sich mit seinem Stab begeben sollte. Denkbar war ein Aufenthalt in der Befehlsstelle in der Eifel oder im Taunus – gleichsam mit der Blickrichtung Westfront. Die Wahl fiel aber auf die »Wolfsschanze«. Am 15. Juli 1944 traf er nach etwa fünfmonatiger Abwesenheit wieder dort ein. Wenn sich mit dieser Entscheidung eine symbolische Absicht verband, was nicht gewiß ist, dann besagte sie, daß der Oberbefehlshaber nach dem Scheitern seines Kriegsplans im Westen die Front gegen den »Bolschewismus« als die Hauptfront betrachtete.

Es ist nicht bekannt, ob Hitler die Abreise von Berchtesgaden als Abschied für immer betrachtete. Jedenfalls kehrte er dorthin nicht wieder zurück. Während seines Wiedereinzugs in das Waldgebiet in Ostpreußen, wo erhöhte Vorkehrungen für die Sicherheit des Oberbefehlshabers getroffen wurden, erreichte ihn ein Schreiben von Generalfeldmarschall Rommel, der ihn eindringlich darauf aufmerksam machte, daß die Lage in der Normandie »von Tag zu Tag schwieriger« und der Gegner in zwei bis drei Wochen »in die Weite des französischen Raumes stoßen« werde.[15] Rommel schlug Hitler vor, »unverzüglich« Schlußfolgerungen aus der veränderten Lage zu ziehen. Dieses Ansinnen mußte der Empfänger als nicht zu duldende Einmischung in allein ihm zustehende Kompetenzen auffas-

sen. Eine Reaktion seinerseits erübrigte sich jedoch, da Rommel zwei Tage später bei einem Fliegerangriff in seinem Fahrzeug schwer verwundet wurde.
Schritte, die aus dem Krieg herausführen könnten, erwartete eine Minderheit von führenden Militärs und ehemaligen Befehlshabern der Wehrmacht sowie von Zivilisten, von denen manche an maßgeblichen Plätzen des Staatsapparates standen oder gestanden hatten, von Hitler seit langem nicht mehr. Immer klarer hatte sich bei ihnen die Überzeugung herausgebildet, daß der Weg zur Kapitulation und zum Frieden nur eingeleitet werden könne, wenn Hitler mitsamt der ihm bedingungslos ergebenen Führungsclique ausgeschaltet würde. Doch war es keineswegs nur der auch von den Erinnerungen an das Versailler Friedensdiktat geleitete Wunsch, möglichst billig aus dem Krieg herauszukommen, der die Militärs und Politiker antrieb, die Hitlers Beseitigung planten. Unter ihnen befanden sich viele, die angesichts der Untaten, die das Regime begangen hatte und in die sie selbst und Millionen Deutsche verstrickt waren, politische Verhältnisse herstellen wollten, die mit diesem Verbrechertum brechen und abrechnen würden. Die Motivstruktur dieser Hitlergegner, aus denen sich jene Gruppierung formierte, die später die »Bewegung des 20. Juli« genannt wurde, war uneinheitlich und breitgefächert. Die Mutigsten und Tatkräftigsten in ihr waren zumeist Offiziere, die zeitweilig selbst Parteigänger des »Nationalsozialismus« gewesen, nun aber dessen konsequente Gegner geworden waren. Nur in ihren Reihen – sie besaßen Zugang zum Hauptquartier und zum Oberbefehlshaber – konnte ein aussichtsreicher Plan entworfen werden, Hitler durch ein Attentat zu beseitigen. Nach dessen Gelingen sollte eine Reichsregierung gebildet werden, deren erste Aufgabe es wäre, Frieden zu suchen und zu schaffen. Mit diesem Vorsatz verband sich die Absicht, der Welt zu zeigen, daß es in Deutschland und in den Reihen der Wehrmacht noch Menschen mit Anstand und Gesittung gab, die zum Sturz des Barbarentums unter Einsatz ihres Lebens beitragen wollten. Sollte das gelingen, dann war nach der Landung in Frankreich und dem Zusammenbruch des Mittelabschnitts der Ostfront keine Zeit mehr zu verlieren. Es mußte zuerst gehandelt, vieles der zukünftigen Entwicklung überlassen bleiben.
Dazu gehörte auch die Klärung der Schritte und Maßnahmen »nach Hitler«, über die die Vorstellungen zwischen und in den Zirkeln der Verschwörer zum Teil weit und bis zur Unversöhnlichkeit auseinandergingen. Manche hatten eine Militärdiktatur im Blick, andere wünschten die Wiedererrichtung einer Monarchie. Die einen wollten Frieden nur mit

den Westmächten, die anderen mit allen Staaten der Anti-Hitler-Koalition. Manch einer konnte sich noch nicht von der Vorstellung trennen, Eroberungen aus der Vorkriegszeit in die Nachkriegszeit hinüberzuretten. Stark unterschieden sich auch die Ansichten über den Platz von Parteien, Gewerkschaften und anderen Organisationen in der künftigen deutschen Gesellschaft. Nicht alle wollten den Volksmassen so viele Rechte zubilligen, wie sie die Weimarer Verfassung formuliert hatte. Allerdings wurden alle Debatten schließlich unabweisbar durch die praktische Frage verdrängt, wie der Eröffnungszug, der Anschlag auf Hitler, zu bewerkstelligen wäre.

Die Schwierigkeit des Vorhabens ergab sich aus der Tatsache, daß nur ein sehr begrenzter Kreis von Teilnehmern der Verschwörung überhaupt Zugang zu Hitler besaß. Unter den ständig im Hauptquartier lebenden Militärs war niemand gefunden worden, der bereit gewesen wäre, den Oberbefehlshaber zu töten. Die Gefolgschaft der entscheidenden Militär- und Zivilpersonen um den »Führer« war noch immer weitgehend geschlossen. Ebenso spürte man in der deutschen Bevölkerung bei aller Kriegsmüdigkeit keinerlei hitlerfeindliche Strömung. Das Risiko, den Kreis der in die Umsturzabsicht eingeweihten Personen zu vergrößern und vor dem ersten Schritt weitere Verbündete zu gewinnen, war hoch geblieben, obwohl nicht mehr jeder, der von der Existenz der geheimen Opposition Kenntnis erhielt, sich zunächst aber nicht beteiligen wollte, zum Denunzianten wurde. Es konnte angesichts der Erfahrungen mit dem funktionstüchtigen Repressivapparat jedoch nicht einmal damit gerechnet werden, daß Hitlers Tod massenhaft zur spontanen Parteinahme für die Verschwörer führen würde.

So gründete sich der Plan für das Vorgehen auf die Kombination von Attentat und einer zunächst verdeckt erfolgenden Machtübernahme der Hitlergegner. Letztere wollten im Reichsgebiet eine Lage vortäuschen, die eigentlich für den Fall von inneren Unruhen vorgesehen war, als deren Träger unzufriedene Teile der Bevölkerung oder die Millionen nach Deutschland verschleppter Kriegsgefangener und Zwangsarbeiter in Betracht gezogen wurden. Nach den für eine solche Situation ausgegebenen Befehlen für Gegenmaßnahmen sollten Einheiten des Ersatzheeres in Aktion treten. Dieser Plan konnte nur Erfolgsaussichten haben, wenn der erste Schlag gelang, Hitler also ein toter Mann, sein Hauptquartier von allen Verbindungen mit der Außenwelt abgeschnitten sowie weitere Machtzentralen, vor allem die der SS in Berlin, lahmgelegt waren.

Nach dem Attentat: Mit Keitel, Göring und Bormann

Am 20. Juli 1944 gegen Mittag versuchte der Oberst im Generalstab Claus Graf Schenk von Stauffenberg, der als Stabsoffizier des Befehlshabers des Ersatzheeres zur Berichterstattung in das Hauptquartier befohlen war, Hitler durch einen Sprengkörper zu töten. Das Unterfangen schlug fehl. Die Explosion verletzte eine Anzahl der Teilnehmer der Lagebesprechung, einige von ihnen so schwer, daß sie später starben. Hitler aber kam mit Prellungen, Schrammen, einem lädierten Trommelfell und einer zerfetzten Hose davon. Das Hauptquartier behielt seine Verbindungen mit der Außenwelt und damit seine Befehlsgewalt.
Das Zentrum der Verschwörer in Berlin befand sich im Gebäudekomplex des früheren Reichskriegsministeriums, dem sogenannten Bendler-Block, der als Dienstsitz des Befehlshabers des Ersatzheeres genutzt wurde. Dort warteten Stauffenbergs Mitverschworene voller Spannung, aber untätig auf dessen Rückkehr und die Nachricht vom Gelingen des Attentats. Erst als der Oberst im Glauben, daß sich Hitler nicht mehr am Leben befände, wieder in Berlin angekommen war, begannen die Verschwörer mit der Einleitung der geplanten Maßnahmen. Doch brachten sie nicht einmal

die Rundfunkstation in ihren Besitz. So erfuhren die Deutschen nicht von den Widerständlern, daß sich dramatische Ereignisse zugetragen hatten, sondern aus einer erst kurz vor 19 Uhr verbreiteten Meldung, die Goebbels senden ließ. Ein Attentat auf den »Führer« sei mißglückt. Er werde sich in den nächsten Stunden selbst an das deutsche Volk wenden.

Man schrieb schon die erste Stunde des 21. Juli, als Hitlers Stimme über den »Großdeutschen Rundfunk« zu hören war. Zu diesem Zeitpunkt lebten Stauffenberg und drei seiner Mitverschwörer, sein Adjutant Werner von Haeften, General Friedrich Olbricht, Chef des Allgemeinen Heeresamtes beim Oberkommando des Heeres, und dessen Stabschef Albrecht Ritter Mertz von Quirnheim nicht mehr. General Fromm, der Befehlshaber des Ersatzheeres und Hausherr im Bendler-Block, hatte sich auf die Nachricht vom Überleben Hitlers gegen die Umstürzler gestellt. Er war daraufhin von ihnen festgesetzt, dann aber von regimetreuen Truppen wieder befreit worden. Nun ließ er die entschlossensten unter den Aufrührern standrechtlich erschießen. Auf diese Weise hoffte er – allerdings vergeblich –, aus der Schußlinie des zu erwartenden unbarmherzigen Rachefeldzugs zu geraten.

Eingestandenermaßen verfolgte Hitlers Rundfunkansprache zunächst den Zweck, seine »lieben Volksgenossen« davon zu überzeugen, daß er tatsächlich lebte, aktionsfähig sowie Herr der Lage sei. Zugleich gab er eine Darstellung des Geschehens, dessen Ausmaß ihm zu dieser Stunde jedoch selbst erst in Bruchstücken bekannt war. Mehrfach wiederholte er, daß es sich bei den Putschisten nur um eine »ganz kleine Clique« von Offizieren gehandelt habe. Namentlich genannt wurde einzig Stauffenberg. Hitler setzte die Tat zu jenem »Dolchstoß« in Beziehung, der 1918 angeblich zu Deutschlands Niederlage geführt hätte. Millionen Deutschen war die Novemberrevolution in der Schule sowie durch politische Agitation als die Ursache von Niederlage und Untergang dargestellt worden. Nun sollten die so Verdummten die Aktion der Verschwörer ebenso wie diejenige der Revolutionäre am Ende des Ersten Weltkriegs als Landesverrat begreifen und verdammen. Hitler stand schließlich nicht an, den Zufall seines Überlebens als »Fingerzeig der Vorsehung« zu deuten, die ihn als den Garanten des Sieges für Deutschland und die Deutschen habe bewahren wollen.[16]

Nach diesen Leitlinien erfolgte in den folgenden Tagen die propagandistische Ausdeutung und Ausbeutung des fehlgeschlagenen Umsturzversuchs. Dessen Gelingen – soviel läßt sich sagen, ohne in den Sumpf der Spekulationen über die ungeschehene Geschichte zu geraten – hätte mehreren Hunderttausend Menschen in den alliierten Streitkräften und in der

Wehrmacht, Insassen von Vernichtungs- und Konzentrationslagern, ebenso vielen Partisanen, Zivilpersonen in den besetzten Ländern und auch in Deutschland Leben oder Gesundheit erhalten sowie eine andere personelle, materielle und politische Ausgangssituation für den Nachkrieg geschaffen. Nun aber wurde unter Hitlers direkter Einflußnahme die Geschichte des Zweiten Weltkriegs, seit sie eine Aufeinanderfolge deutscher Niederlagen geworden war, als Resultat von Verrat und als Werk von Verrätern gedeutet. Ihrem Wirken wurde die Schuld an allen Rückschlägen und Mißerfolgen gegeben. Während die Zahl der Verschwörer als verschwindend klein dargestellt wurde, erschienen die Folgen ihrer Handlungen riesenhaft. Die Legende vom nun aufgedeckten und beendeten Verrat sollte neue Hoffnungen auf den künftigen Kriegsverlauf wecken und den Glauben erzeugen, daß er sich nun grundlegend wenden werde, weil des »Führers« Genie sich wieder ganz geltend machen könne.

Hitler glaubte zunächst, wobei ihm das Bild der Entmachtung des Duce, den er übrigens noch am Nachmittag des 20. Juli im Hauptquartier empfing und selbst durch die verwüstete »Lage-Baracke« führte, vor Augen stand, daß der Ursprung des Anschlags in monarchistischen Kreisen gesucht werden müsse. Augenblicklich faßte er den Entschluß, blutige Rache an allen zu nehmen, die zu den Verschwörern gehört oder von deren Vorhaben auch nur Kenntnis besessen hatten. Er ernannte Himmler nun auch zum Befehlshaber des Ersatzheeres und gab diese Beauftragung selbst im Rundfunk bekannt. Zugleich verriet er die Motive dieser Entscheidung durch den Kommentar, der Personenwechsel geschehe, »um endgültig Ordnung zu schaffen«.[17] Außerdem teilte Hitler mit, daß er Guderian als Generalstabschef des Heeres an seine Seite berufen habe. Für Zeitzlers Ablösung nach knapp zweijähriger Tätigkeit mußten Krankheitsgründe herhalten.

Wie sich im Generals- und Offizierskorps der Wehrmacht die Gefolgsleute Hitlers und die Verschwörer verteilten, wurde in den Tagen und Wochen nach dem 20. Juli deutlich erkennbar. Zweifellos hätten sich im Erfolgsfall viele Militärs auf die Seite der neuen Machthaber gestellt und deren Befehle befolgt. Das Scheitern des Putsches aber bewirkte Ergebenheitserklärungen und Treueschwüre für Hitler sowie vielfältige direkte und indirekte Mitwirkung an der Abrechnung mit allen, die den Kriegspfad endlich hatten verlassen wollen. Einer Sonderkommission, die Kaltenbrunner, der Chef des Reichssicherheitshauptamtes, selbst leitete, gelang es, das Ausmaß der Verschwörung Zug um Zug aufzudecken, wobei die seit 1933 an den Widerstandskämpfern aus den Arbeiterparteien erprobten

Methoden barbarischer Folter und psychischen Terrors angewendet wurden.
Ein »Ehrenhof« des Heeres unter dem Vorsitz Rundstedts erhielt Namenslisten der Militärpersonen, die an der »Bewegung des 20. Juli« beteiligt gewesen waren. Er schlug Hitler gehorsamst vor, die Benannten aus der Wehrmacht »auszustoßen«. Danach konnten sie als Zivilisten vor den von Roland Freisler geleiteten Senat des Volksgerichtshofes gestellt und abgeurteilt werden. Dann wurden die meisten von ihnen dem Henker überliefert. Justizminister Thierack, der den Verhandlungen beiwohnte, übersandte Berichte über sie an Bormanns Adresse, damit sie Hitler vorgelegt werden konnten.[18] Eigens für ihn, aber nicht für ihn allein, wurden von den farcenhaften Prozessen und den bestialischen Hinrichtungen Filmaufnahmen hergestellt und ausgesuchten Zuschauern vorgeführt, um ihnen zu zeigen, wie Hitler Untreue bestrafen ließ.
Der Öffentlichkeit dagegen wurden nur Berichte von zwei Prozessen gegen Beteiligte der Verschwörung mit den Namen der Angeklagten und den gesprochenen Urteilen bekanntgegeben. Jedes andere Verfahren hätte die Darstellung von dem »kleinen Klüngel« der Hitlergegner fragwürdig gemacht. So besaßen wenige Geheimnisträger ein reales Bild davon, daß es über den engen Kreis der Aktivisten des Putsches hinaus eine beträchtliche Bundesgenossen- und Mitwisserschaft gab und sich Personen ganz unterschiedlicher Biographien, sozialer, weltanschaulicher, religiöser und politischer Beheimatungen zu dem Versuch zusammengeschlossen hatten, Hitler zu beseitigen. Über die vielfältigen und differenzierten Pläne und Ziele wurde in der Bevölkerung nichts bekannt.
Im Zentrum der Propaganda standen die Bekundungen, mit und hinter Hitler weiter zu marschieren. Die politische Führungsgruppe des Regimes, zu der Himmler, Göring, Dönitz, Bormann, Goebbels, Speer, Lammers, Ribbentrop, Funk und Ley gehörten, hielt und wirkte noch einträchtig zusammen. Das wurde schon wenige Stunden nach dem Anschlag demonstrativ herausgekehrt. Des Reichsmarschalls Eintreffen im Hauptquartier war sogleich offiziell bekanntgegeben worden. Großadmiral Dönitz, der ebenfalls in die »Wolfsschanze« kam, richtete noch am 20. Juli an die Angehörigen der Kriegsmarine einen Aufruf, in dem »heiliger Zorn« und »erbitterte Wut« gegen »unsere verbrecherischen Feinde« herausgefordert wurden.[19] Anders als in der Krise des Ersten Weltkriegs verzeichnete die Kriegsmarine kein Vorkommnis, das nur entfernt an die Rolle der revolutionären Antikriegsbewegung in der kaiserlichen Flotte erinnert hätte. Jodl sagte in einer Rede, die er vier Tage nach dem Attentat, bei dem

auch er leicht verletzt worden war, vor Offizieren des Wehrmachtsführungsstabes im Sperrkreis II des Führerhauptquartiers hielt, Mitleid sei bei der Generalabrechnung nicht angebracht.[20]

Goebbels fand sich am 24. Juli bei Hitler ein. Er hatte in den kritischen Stunden in Berlin geholfen, führertreue Einheiten zu mobilisieren, und sah sich jetzt durch seine Erhebung zum »Reichsbevollmächtigten für den totalen Kriegseinsatz« zusätzlich belobigt und belohnt. Damit war ihm zu seinen Posten als Minister, Gauleiter von Berlin und Propagandaleiter der Partei ein weiterer übertragen worden. Doch kontrastierte der machtgebietende Titel kraß mit den Möglichkeiten, die sein Inhaber besaß. Eine neue Reichsbehörde oberhalb der existierenden wurde nicht geschaffen, am hierarchischen Gefüge des zentralen Staatsapparates nichts geändert und kaum jemandes Kompetenz ernsthaft eingeschränkt. In seiner neuen Eigenschaft war Goebbels lediglich befugt, Weisungen zur weiteren Einsparung von Arbeitskräften zu erteilen, um sie für den direkten Kriegsdienst freizumachen.

Solchen Schritten hatte Hitler während einer Zusammenkunft am 25. Juli 1944, an der Bormann, Himmler, Göring, Keitel, Goebbels, Speer, Funk und Sauckel teilnahmen, schließlich zugestimmt. Lammers referierte den Extrakt der Erörterungen, welche im Kreis der Minister bereits vor dem Anschlag auf Hitler erfolgt waren. Ihre Forderungen reichten viel weiter als jene, die nach der Niederlage bei Stalingrad ergriffen wurden. Nun konnte die Führungsspitze des Regimes davon ausgehen, daß sich in der durch die Aufhetzung gegen die »Landesverräter« geschaffenen Atmosphäre kaum jemand getrauen würde, sie auch nur zu kritisieren. In den folgenden Wochen wurden spürbare Einschränkungen in dem von Goebbels selbst geleiteten und bis dahin weitgehend verschonten Bereich des kulturellen Lebens vorgenommen. Theater, Varietés und Kabaretts mußten ihre Arbeit beenden, ebenso die Mehrheit der Zirkus-Unternehmen. Drastische Reduzierung erfuhr das Personal der Spielfilmproduktionen. Verschiedenste künstlerische Einrichtungen und Ausbildungsstätten wurden ganz geschlossen. Einschränkungen wurden Berufs-, Fach- und Hochschulen, Verlagen und Versicherungen auferlegt. Reichspost und Reichsbahn, auf deren Strecken Privatfahrten von mehr als 100 Kilometern genehmigungspflichtig wurden, verringerten ihre Dienstleistungen. Es begann die Aushebung des letzten Massenaufgebots, und der Propagandaminister sollte sie begründen, vorantreiben und überwachen. Hitler erklärte den am 4. August in sein Hauptquartier gerufenenen Reichs- und Gauleitern der NSDAP, die er wie stets in besonders kritischen Situationen um sich versammelt hatte, daß das Hervortreten der Umstürzler und deren Niederschlagung sogar »segensreich« gewesen sei.[21] Die Führungsgruppe beutete mit großer Gerissenheit, die sie ungerechtfertigt den Verschwörern nachsagte, das Attentat aus.

Zugleich befahlen Hitler und seine Mitarbeiter ein immer rücksichtsloseres Vorgehen gegen Menschen und Güter in den besetzten Gebieten, namentlich wenn deren Räumung unvermeidlich wurde und Zeit für Raub und Zerstörung blieb. In diesem Moment entfielen alle Rücksichten, die bis dahin beachtet worden waren, um die Bevölkerung nicht zusätzlich zu Verweigerung und Widerstand anzustacheln. Rigoros sollten aus den Gebieten, in die das Vordringen der gegnerischen Truppen befürchtet werden mußte, Arbeitskräfte nach Deutschland verschleppt werden. Am 3. Juli erließ Hitler eine entsprechende Weisung, nachdem ihm Sauckel mitgeteilt hatte, daß sich in Italien ebenso wie in Frankreich kaum noch Menschen dienstverpflichten ließen. Besorgnisse wegen innerer Unruhen, wies Keitel an, hätten bei der Anwendung von Zwangsmaßnahmen »zurückzutreten«.[22]

Nach der Beratung mit Hitler am 25. Juli 1944 übertrug Speer den Vorsitzenden und Inspekteuren der Rüstungskommissionen besondere Vollmachten für die Räumung, Lähmung oder Zerstörung von industriellen und anderen Anlagen auf dem Gebiet der Sowjetunion und Polens. Lähmung habe nur Sinn, wenn die verlassenen Gebiete kurzfristig wieder in eigenen Besitz gebracht werden könnten. Sonst sei zu zerstören. »Es genügt dabei nicht«, schrieb der Rüstungsminister, »daß die Gebäude gesprengt werden«, sondern es müsse »jede Fertigungseinrichtung nachhaltig« unbrauchbar gemacht werden.[23] Wo sich deutsche Truppen zurückziehen mußten, ergingen ähnliche Befehle. Hitler ordnete an, beim Rückzug vom Balkan in Serbien und auf ungarischem Gebiet alles abzutransportieren, was von Wert sei, insbesondere auch Nahrungsmittel.[24] Der 20. Gebirgsarmee, die in Nordnorwegen zurückwich, befahl er, Straßen, Eisenbahnen, Hafenanlagen, Flugplätze, Industrieanlagen und Lager zu zerstören, die Schneezäune zu verbrennen, was nicht abtransportiert werden könne, zu vernichten, und die gesamte wehrfähige Bevölkerung »mitzuführen« und sie zu Arbeitseinsätzen zu verwenden.[25]

Hitler hatte sich in der »Wolfsschanze« mit der immer prekärer werdenden Frontlage in Ost und West zu befassen. Die sowjetischen Truppen näherten sich unaufhaltsam der Weichsel. Nordwärts zeichnete sich der Durchstoß des angreifenden Gegners zur Rigaer Bucht und zur Ostsee ab und damit die Abtrennung deutscher Divisionen von ihren rückwärtigen

Verbindungen. Im Westen hatten die Alliierten in den letzten Julitagen die bis dahin geschlossene Front aufgerissen. Es drohte der Verlust des Zusammenhangs der deutschen Armeen und ihr Zurückfluten in Richtung auf die Reichsgrenze. Hitler befahl einen Gegenangriff, um die vordersten gegnerischen Verbände »abzuschneiden und zu vernichten«.[26] Das Unternehmen blieb schon nach Stunden stecken, obwohl der Oberbefehlshaber den Generalen eingeschärft hatte, daß von Erfolg oder Mißerfolg dieser Operation der ganze weitere Feldzug in Frankreich abhängen würde. Als in der Lagebesprechung am 31. Juli 1944 das Scheitern des Abriegelungsversuchs eingestanden werden mußte, forderte Hitler, auch auf dem Rückzug aus Frankreich ein Zerstörungswerk ohnegleichen zu hinterlassen und insbesondere die Eisenbahnwege völlig unbenutzbar zu machen. Auf diese Weise sollte, da direkte militärische Mittel nicht mehr verfügbar waren, das Vordringen des Gegners wenigstens verlangsamt und Zeit gewonnen werden.

Von der zunehmenden Ratlosigkeit Hitlers zeugten seine sich häufenden Entschlüsse, Feldmarschälle von der Führung ihrer Heeresgruppen abzulösen, um sie an mitunter weit entlegenen Frontabschnitten an die Spitze anderer Armeen zu stellen. Model, der die Heeresgruppe Nordukraine befehligt hatte, dann bei Beginn der sowjetischen Sommeroffensive mit der Führung der Heeresgruppe Mitte beauftragt worden war, ohne deren Zerschlagung aufhalten zu können, wurde von Hitler am 15. August empfangen und mit dem Auftrag entlassen, die Heeresgruppe West in Frankreich zu übernehmen. Dort sollte er vollbringen, was Kluge nicht hatte erreichen können und vordem Rundstedt nicht vermocht hatte. Zu Kluges letzten Handlungen als Oberbefehlshaber gehörte die Übermittlung eines von Hitler erteilten Befehls an den Wehrmachts-Befehlshaber von Groß-Paris, in dem gefordert wurde: »Paris darf nicht oder nur als ein Trümmerfeld in die Hand des Feindes fallen.«[27] Dann wurde der Feldmarschall nach Deutschland zurückgerufen. Er mußte fürchten, in Untersuchungen im Zusammenhang mit dem gescheiterten Putsch einbezogen zu werden. Er vergiftete sich auf der Rückfahrt, bevor sein Fahrzeug noch das Reichsgebiet erreicht hatte. Zuvor richtete er ein Treuebekenntnis an den »Führer«.[28]

In Hitlers Entscheidungen im Verlauf des zweiten Halbjahrs 1944 mischten sich Macht und Ohnmacht. Er zeigte sich imstande, im Reichsgebiet und in der Wehrmacht die äußerste Anspannung aller Kriegsanstrengungen zu verlangen und durchzusetzen, doch sie alle erwiesen sich gegenüber den Mitteln der Anti-Hitler-Koalition als unzureichend. Blieben dem Oberbefehlshaber in einem Falle noch Möglichkeiten des taktischen

Reagierens auf gegnerische Offensiven, so hatte er in einem anderen nicht einmal mehr die Geste eines Gegenzuges. Hitler verlor nun zudem einen Bundesgenossen nach dem anderen. Zwischen August und September 1944 schieden Rumänien, Bulgarien und Finnland aus dem Kriege aus. Die beiden Balkanstaaten, in denen sich unmittelbar vor dem Eindringen der Roten Armee Umstürze ereignet hatten, erklärten Deutschland den Krieg. Finnland, wo Mannerheim Staatspräsident wurde und den Kurs wechselte, verlangte den sofortigen Abzug aller auf seinem Territorium befindlichen deutschen Verbände.

Einzig Ungarns Ausbrechen aus der schrumpfenden Bundesgenossenschaft konnte Hitler im Oktober 1944 verhindern, aber nur durch einen erpresserischen Coup. Er ließ den Sohn Horthys als Geisel in das Konzentrationslager Mauthausen verschleppen und zwang den Vater zu einer Abdankungserklärung und zur Übergabe der Regierungsmacht an den Führer der ungarischen Faschisten, die sich Pfeilkreuzler nannten. Das gestürzte Staatsoberhaupt erhielt ein Nobelquartier auf Schloß Hirschberg in Oberbayern zugewiesen. Unweit davon hatten inzwischen auch die durch den Vormarsch der Alliierten vertriebenen Pétain und Laval mit weiteren Politikern des Vichy-Regimes auf dem Schloß in Sigmaringen Zuflucht gefunden.

Hitlers Kollaborateure waren nun an den Fingern einer Hand abzuzählen. In Kroatien, von Partisanen immer mehr bedrängt, existierte noch Poglavnik Pavelic. In der Slowakei behaupteten sich, da deutsche Truppen das Regime mit äußerster Brutalität am Leben hielten, die Klerikalfaschisten mit Tiso gegen einen Aufstand der Bevölkerung. In Norwegen, dem Land am Rande der Gebiete, in denen der Krieg entschieden wurde, regierte auf den Bajonetten der Wehrmacht Quisling. Am italienischen Garda-See lebte Mussolini, der nur noch ein Schatten jenes Duce war, dessen Bundesgenossenschaft Hitler einst als einen Triumph gefeiert hatte. Politiker dieses Formats und Einflusses waren die letzten Staatsgäste, die Hitler in der »Wolfsschanze« empfing. Nach ihren Besuchen erschienen Kommuniqués, die den Eindruck erwecken sollten, es existiere noch eine europäische Front der »Verteidiger gegen den Bolschewismus«.

Jetzt nahmen auch die Staaten Europas gegen Hitler Partei, deren Regierungen bis dahin zwischen den Kriegsgegnern laviert und Deutschland wirtschaftlich unterstützt hatten. Die Türkei brach die diplomatischen Beziehungen zu Deutschland ab. Portugal stellte die rüstungswichtigen Wolfram-Lieferungen ein. Schon im August 1943 hatte sich Schweden geweigert, Deutschland weiterhin Militärtransporte nach dem hohen Nor-

den über sein Territorium zu gestatten. Auf keinen dieser Schritte konnte Hitler noch eine disziplinierende Antwort geben. Er mußte sie reaktionslos hinnehmen.
Doch deutet nichts darauf hin, daß die Masse dieser Nachrichten, die allesamt das unaufhaltsame Schwinden der Kräfte und Möglichkeiten Deutschlands ausdrückten, Hitler dazu veranlaßt hätte, zwischen der »Mittags-« und der »Abend-Lage«, den beiden täglichen Besprechungen mit den Militärs, und den anderen Geschäften und Geschäftigkeiten im Hauptquartier eine Gesamtbilanz der Situation zu ziehen. Da ihm der Gedanke an Kapitulation ganz und gar fernlag, er gegen nichts und niemanden Rücksichten kannte, mußte es ihm als gänzlich überflüssig erscheinen, eine Alternative zur Fortsetzung des Krieges zu erwägen, zumal sie sich unweigerlich mit seinem Abtritt verbunden hätte. Doch war Hitler, der nach jahrelanger Überspannung seiner physischen und geistigen Kräfte sichtlich, wenn auch nicht in einem geradlinig verlaufenden Prozeß, verfiel und sich von seinen Ärzten tagtäglich mit den verschiedensten Medikamenten versorgen ließ, noch immer nicht ein Mann ohne jede Hoffnung auf eine politische Zukunft. Er spekulierte, wie er auch seiner Umgebung eingestand, auf das Wirken des Faktors Zeit. Das bezeugte eine merkwürdige Gedankenverkehrung in seinem Kopfe. Im Vorkrieg und nach dem Beginn des Krieges hatte er behauptet – und dies mit einem gewissen Recht –, die Zeit würde gegen seine Absichten und für seine Gegner arbeiten. Inzwischen war er auf die Idee verfallen, daß die Zeit gleichsam die Fronten gewechselt hatte.
Hitler wollte Zeit gewinnen und trieb die Befehlshaber und Kommandeure militärischer Formationen an, die Rückzüge zu verlangsamen oder sich in Kesseln und »Festungen« weit vor der eigenen Front festzusetzen und zu verteidigen. Je länger die Kämpfe dauerten und je blutiger sie verliefen, um so mehr setzte er darauf, die westlichen Mächte zu überzeugen, daß sie nicht total siegen könnten oder allenfalls mit unvertretbarem Einsatz und um einen zu hohen Preis. Ohne die rasch dahinschwindende Leistungskraft der eigenen Rüstungsindustrie in Rechnung zu stellen, versprach Hitler sich noch taktische Vorteile von der Verkürzung der Frontlinien und dem Einsatz neuer Waffen. Dabei wußte er, daß es nicht einmal eine dritte, für Propagandazwecke brauchbare »Wunderwaffe« geben werde.
Alle überlieferten Aussagen Hitlers aus den letzten zehn Kriegsmonaten bezeugen, daß sein Denken immer spekulativer wurde. Irrationale Elemente beherrschten ihn und seine Kombinationen. Auf die »Vorsehung«, die ihm nie etwas anderes war als eine geringfügige Zugabe zum eigenen

Verdienst, hatte er sich von den ersten Tagen seiner Reichskanzlerschaft an berufen. Wollte er ein Vorhaben als besonders schwierig erscheinen lassen, gleichgültig, ob es das tatsächlich war oder nicht, bat er in öffentlicher Rede den »Allmächtigen« um seinen Segen. Die Zeit der Siege hatte er dann auch als Beweis dafür ausgegeben, daß ihm und den Deutschen dieser Segen zuteil geworden sei. Zur Bekräftigung dessen läuteten in Deutschland am Ende siegreicher Feldzüge die Kirchenglocken, von denen viele inzwischen zur Kriegsrohstoffgewinnung eingeschmolzen worden waren. Dann erklärte Hitler Rückschläge, Mißerfolge, Niederlagen und Menschenverluste zu Prüfungen, welche der »Allmächtige« stets dem Volke auferlege, dem er in der Geschichte seine Gunst zuwende. Daran schloß sich die Behauptung, daß den Deutschen der Sieg nicht versagt werden könne, wenn sie nur standhaft und gläubig aushielten und sich willig den allerletzten und härtesten Prüfungen unterwürfen. In welchem Grade sich in solchen Äußerungen Glaube und Heuchelei mischten, ist nicht entscheidbar.

Hitler besaß davon Kenntnis, daß die Politik, für die sein Name stand, als verbrecherisch charakterisiert worden war und auf ihn sowie die führenden Militärs und Politiker des Regimes die Anklagebank eines internationalen Gerichtshofes wartete. Daß er sich in ein neutrales Land würde retten können, wie es dem von ihm verachteten letzten deutschen Kaiser gelungen war, konnte Hitler nicht ernsthaft annehmen. Wohin hätte er sich in Europa auch wenden oder wo untertauchen können? Nur die Schweiz und Schweden, Spanien und Portugal gehörten nicht zu den kriegführenden Staaten. Und selbst Franco war inzwischen zu ihm auf Distanz gegangen, um nicht in den Strudel des Untergangs der faschistischen Mächte gerissen zu werden.

Vor allem aber dachte Hitler, der bei Tische gelegentlich davon gesprochen hatte, sich eines Tages aus der Politik zurückzuziehen und Linz zu seinem Alterssitz zu wählen, nicht an ein Ende als Privatier, sondern an seinen Platz und an sein Weiterleben in der Weltgeschichte. Der Weg dahin beschäftigte ihn, nicht sein Überleben. Das schloß jedoch nicht ein, daß er das bevorstehende Jahr 1945 als sein letztes betrachtete. Mit dem Abtritt von der Bühne der Weltgeschichte und dem Übergang in die Weltgeschichtsbücher hatte er es nicht eilig. Und je mehr sich seine militärischen Mittel erschöpften, um so mehr sann er über die ihm verbliebenen politischen nach. Er war es gewesen, der die gemeinsame Front der »Plutokraten und Bolschewisten« durch den Einfall in die Sowjetunion zustande gebracht hatte. Er und nicht deren freigewählte Entscheidung hatte die Mächte zu einem Bündnis geführt, deren Armeen sich nun im Osten und im Westen anschickten, in das Reichsgebiet vorzudringen, und die Berlin schon im Visier ihrer Feldzugspläne hatten. Würde dieses Zweckbündnis, so fragten sich Hitler sowie Militärs und Politiker an der Spitze des Regimes, angesichts des greifbar nahen Sieges und der sich dann ergebenden Fragen nach Gewinnen und deren Verteilung andauern? Hitler wollte das nicht glauben. Er hielt sich noch für fähig, die gewünschte Aufspaltung seiner Gegner zu beschleunigen. Zeitgewinn bedeutete in seinem Verständnis nun vor allem, daß sich die Widersprüche zwischen den kapitalistischen Hauptmächten der Koalition und der Sowjetunion, die er militärisch nicht schlagen konnte, entfalteten, bis sie schließlich explodierten.

Die später vielbenutzte Charakteristik vom sinnlos weitergeführten Krieg trifft demnach Hitlers Konzept der letzten Phase nicht. Bilder vom heldischen Untergang der Deutschen in den Trümmern ihrer Städte und Dörfer mochten ihm, der eine Vorliebe für mythische Helden auf der Theaterbühne besaß, schon vor Augen stehen. Doch noch dominierten sie seine Entscheidungen nicht. Damit der erhoffte Bruch zwischen den Kriegsgegnern Deutschlands zustande kam, mußte jeder »Volksgenosse«, der überhaupt ein Gewehr tragen und einen Schuß abfeuern konnte, in ein Schützenloch oder hinter eine Barrikade.

Am 25. September 1944 erging Hitlers »Erlaß über die Bildung des deutschen Volkssturms«.[29] Alle männlichen Zivilisten zwischen dem 16. und dem 60. Lebensjahr wurden verpflichtet, sich in seinen Einheiten für den Kampf ausbilden zu lassen. Die Gauleiter der NSDAP waren für die Aufstellung der Formationen verantwortlich. Die Sturmabteilungen (SA), von denen infolge der Einberufungen zur Wehrmacht auch nur noch Reste existierten, sollten die Ausbildung übernehmen und dabei mit örtlichen Wehrmachtsdienststellen zusammenwirken. Himmler erhielt in seiner Eigenschaft als Befehlshaber des Ersatzheeres das Oberkommando über dieses letzte Aufgebot. Um ausnahmslos alle sich noch im Hinterland befindenden kampffähigen Soldaten an eine der Fronten kommandieren zu können, wurden Frauen in einem Heeres-Helferinnen-Korps rekrutiert, nachdem sie bereits zuvor zu Kriegszwecken in die Luftwaffe aufgenommen worden waren.

Goebbels stellte die Propaganda auf die neue Situation ein. Da weder die Zeiten des Mongoleneinfalls im 13. Jahrhundert noch die friederizianischen Kriege mit dem Auftauchen fremder Heere in deutschen Staaten hinreichend plastische Bilder hergaben, wurde nun auf die geschichtlichen Ereignisse des Jahres 1813 zurückgegriffen. Wie damals gegen Napoleon, so würde jetzt der Sturm gegen die Feinde losbrechen, das Volk aufstehen. Der Vergleich war demagogisch, aber nicht ganz wirkungslos. Gestalten wie die des Fürsten Blücher, genannt »Marschall Vorwärts«, des Rebellen Ferdinand von Schill, des Tiroler Bauern Andreas Hofer, des Dichters Theodor Körner und des Kolberger Bürgers Nettelbeck waren den Deutschen von Generation zu Generation während ihrer Schulzeit in nationalistischem Glanz nahegebracht worden und galten als vorbildliche Patrioten.

Als der Herbst kam, befand sich Hitler noch immer in seinem ostpreußischen Hauptquartier. Dort wurde ihm gemeldet, daß die Truppen der westlichen Gegner im September in der Nähe von Aachen die Reichsgrenze erreicht und die Stadt am 21. Oktober in ihren Besitz genommen hatten. In Rastenburg wurde der Oberbefehlshaber auch vom Verlust der lettischen Hauptstadt Riga informiert, die am 13. Oktober verlorenging. Die Rote Armee kam seiner eigenen Befehlsstelle bedrohlich nahe, und Hitler beschäftigte inzwischen die Frage, ob er samt seinem Stab und den in seiner nahen Umgebung befindlichen Kommandozentralen nicht durch ein gegnerisches Luftlande-Unternehmen ausgeschaltet werden konnte.

Noch aber schob er die Räumung seines ostpreußischen Hauptquartiers auf. Er blieb in der »Wolfsschanze« und erklärte sich auch für unabkömmlich, als der alljährlich in München zelebrierte 9. November nahte. Das übliche Gedenktreffen fand nicht statt, dafür aber am darauffolgenden Sonntag, dem 12. November, eine Kundgebung in einem am Stadtrand der Isarstadt gelegenen Zirkusgebäude. Himmler verlas dort den Angehörigen des Münchner Volkssturms eine »Proklamation des Führers«. In der Verlautbarung wurden die Niederlagen wieder als Folge einer Kette von Verrätereien erklärt. Ohne ein überzeugendes Argument sprach Hitler vom Sieg, durch den der Weg in den »nationalsozialistischen Volksstaat« behauptet werden solle.[30] Die Phrase vom Sozialismus, auf die Hitler zu keiner Zeit seines Aufstiegs und der Machtentfaltung des Regimes verzichtet hatte, die er freilich je nach Bedarf einmal mehr, dann wieder weniger benutzte, mußte nun immer öfter herhalten, um das Märchen aufzufrischen, wonach der Krieg aus der Furcht der »jüdisch-plutokratischen« und der »jüdisch-bolschewistischen« Feinde vor dem deutschen Aufbauwerk und dessen ansteckender Wirkung hervorgegangen sei. Am 26. November, dem Jahrestag der Gründung der Organisation »Kraft durch Freude« im Jahre 1933, an den sich sonst kaum jemand erinnert hätte und an dem niemand an Urlaub auch nur denken mochte – zumal die KdF-Heime längst

Lazarette waren und die KdF-Schiffe als Truppentransporter verwendet wurden –, wechselte Hitler mit Ley Telegramme zu durchsichtigem Zweck. Der »Führer« stellte wiederum in Aussicht, nach dem Sieg »den sozialistischen Aufbau des Reiches mit Konsequenz vollenden« und eine »wahrhaft sozialistische Zukunft« schaffen zu wollen.[31] Er grüßte seine lieben Parteigenossen und die gesamte Gefolgschaft indessen »aus der Ferne«.[32]
Wenige Tage nach der Kundgebung in München gab der Oberbefehlsha-

Das letzte Hauptquartier. Die Bunkeranlage unter der Reichskanzlei (Modell)

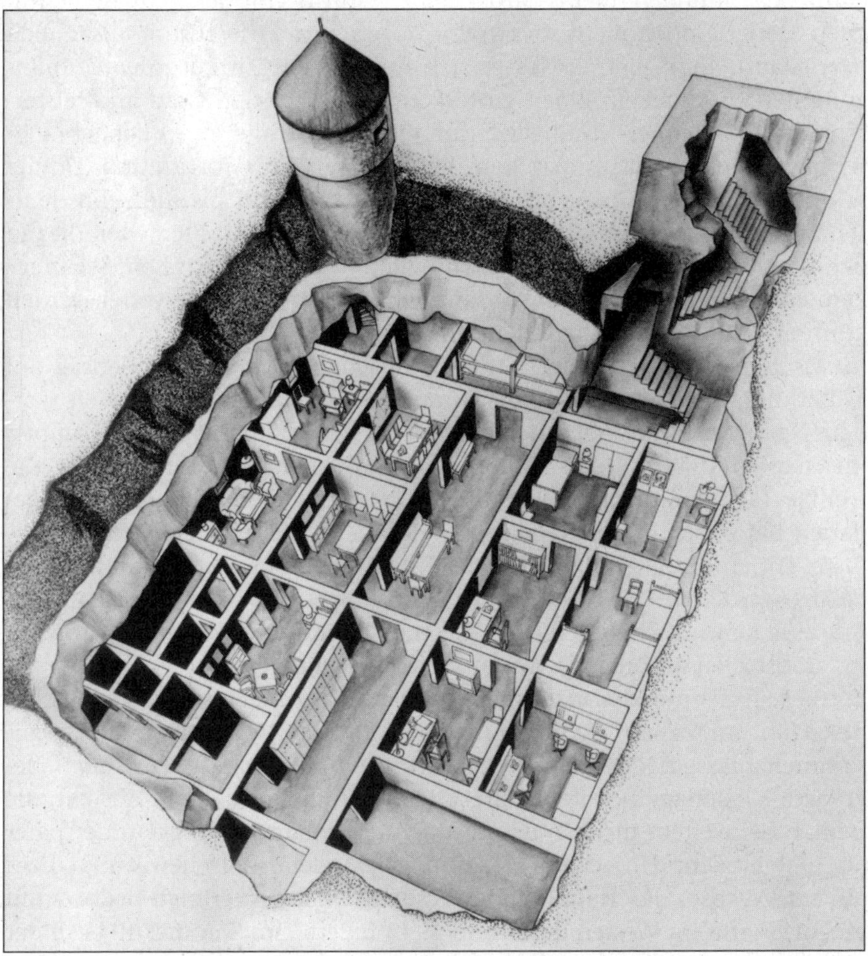

ber sein Hauptquartier in Ostpreußen auf. Die Anlage, die so vielen Deutschen im doppelten Sinne teuer zu stehen gekommen war, wurde beim Herannahen der sowjetischen Truppen ebenso gesprengt wie das nahegelegene »Reichsehrenmal«, das an den 1914 über die Armee des Zaren errungenen Sieg erinnerte und aus dem die Gebeine Hindenburgs, des »Siegers von Tannenberg«, und seiner Ehefrau westwärts transportiert wurden, wo sie schließlich nach Marburg gelangten.[33]

Am 20. November 1944 befand sich Hitler wieder in der Reichskanzlei. Er ließ bald nach seinem Eintreffen wie schon einmal Jahre zuvor einen chirurgischen Eingriff an seinen Stimmbändern vornehmen, der nur als Indiz dafür Erwähnung verdient, daß er seinen Abtritt von der weltgeschichtlichen Szenerie noch nicht so nah vor Augen hatte, wie er ihm tatsächlich bevorstand. Tagtäglich erwies er sich nun als ein Virtuose der Verdrängung der Wirklichkeit. Einen grotesken Beweis für den Grad an Meisterschaft, bis zu dem er – und wiederum nicht nur er allein – es dabei brachte, bietet ein Gespräch zwischen ihm und seinem Großadmiral. Dönitz schlug am 3. Dezember vor, eine Gruppe von zwölf bis fünfzehn deutschen Marineoffizieren nach Japan zu entsenden. Sie sollten, weil dies in der deutschen Kriegsflotte nicht möglich war, den »Großen Seekrieg« kennenlernen und Erfahrungen sammeln, die später ausgewertet werden könnten. Hitler genehmigte den Vorschlag.[34]

Inzwischen hatte auch der ferne japanische Verbündete Mißerfolg auf Mißerfolg zu verzeichnen und war auf die Verliererstraße gedrängt worden. Nach der Rückeroberung vieler Inseln waren amerikanische Truppen im Oktober 1944 auf den Philippinen gelandet, und die Seeschlacht, die wenige Tage darauf in deren Nähe entbrannt war und mehrere Tage gedauert hatte, brachte der japanischen Flotte größte und unersetzbare Verluste. Hitler, der geglaubt hatte, der Krieg im Fernen Osten und auf dem Pazifik werde die USA vom Eingreifen in Europa abhalten, mußte jedoch nun zur Kenntnis nehmen, daß die transatlantische Großmacht sowohl in Südostasien als auch in Westeuropa zu siegen vermochte.

Zu diesem Zeitpunkt konzentrierte sich der Oberbefehlshaber bereits auf den Plan, im Westen deutsche Truppen für einen offensiven Schlag zusammenzufassen, der dem Gegner eine empfindliche, wenn auch begrenzte Niederlage bereiten sollte. Die Verwirklichung dieser Absicht, die freilich bei weitem nicht in dem gedachten Umfang gelang, wurde später als eine Abkehr Hitlers vom Kampf gegen den »Bolschewismus« bzw. als ein Wechsel des Hauptfeinds mißdeutet. Hitler verfolgte jedoch mit einem Angriff im Westen das schon 1943 fixierte, im Sommer 1944 in der

Normandie fehlgeschlagene Konzept modifiziert weiter, den westlichen Kriegsgegnern eine Lektion in Waffen zu erteilen und sich derart gegenüber den »Plutokraten« politischen Handlungsraum zu verschaffen. Der erträumte Sieg in einer einzigen Schlacht galt ihm als der Hebel, mit dem sich die 1941 entstandene gegnerische Koalition aufbrechen ließ, die von der Propaganda so lange als die natürliche und blutsmäßige Verbindung der beiden Hauptkräfte des »internationalen Judentums« hingestellt worden war. Die auf ihrem Weg nach Berlin zurückgeschlagenen Anglo-Amerikaner, so die Spekulation, würden Deutschland womöglich doch als Schutzschild gegen das Vordringen der Roten Armee in das Zentrum des Kontinents akzeptieren.

Als Ort der Offensive wurden die Ardennen bestimmt, die Gegend also, aus der die deutschen Truppen im Mai 1940 zu ihrem Feldzug gegen die französisch-britischen Streitkräfte aufgebrochen waren. Hitler erinnerte sich und seine Umgebung wiederholt an jene Wochen des Triumphs, die freilich eher als Quell wehmütiger Erinnerung denn neugewonnener Kraft geeignet waren. Die Armeen des Jahres 1940 existierten nicht mehr. Die viel schwächeren, über die das Oberkommando jetzt gebot, hatten es mit Verbänden der Gegenseite zu tun, die inzwischen ebenso sieg- wie die deutschen rückzugsgewohnt waren. Hitlers Plan war mithin in dreierlei Hinsicht auf Sand gebaut. Er mißachtete erstens das militärische Kräfteverhältnis auf dem Schlachtfeld. Er ging zweitens davon aus, daß die Führung der Roten Armee zuwarten werde, wenn ihren Verbündeten ein Debakel bereitet würde. Und er unterstellte drittens, daß die Koalition der Mächte überhaupt militärisch aufbrechbar wäre.

Als das Bemerkenswerteste an der Ardennen-Offensive, der letzten deutschen im Zweiten Weltkrieg – ein am 1. Januar 1945 unternommener weiterer Angriff im Elsaß brach rasch zusammen –, erscheint die Tatsache, daß sie überhaupt stattfand. Die Aktion des 20. Juli 1944, die doch Ausdruck einer sich anbahnenden Krise des Systems gewesen war, schien im Denken der Wehrmachtsführung um die Generalstäbler Jodl und Guderian ebensowenig Spuren hinterlassen zu haben wie die nicht mehr abreißende Kette der Niederlagen. Die Befehlshaber und Kommandeure der Fronttruppen folgten im Osten wie im Westen den Befehlen, die vom Hauptquartier erteilt wurden, sofern sie überhaupt noch ausführbar waren. Kopfschütteln und Schimpfereien in den Stäben über die Ignoranz gegenüber dem tatsächlichen Kräfteverhältnis vor Ort und die wirklichkeitsfremden Weisungen und Forderungen waren an der Tagesordnung, konnten aber nicht ersetzen, was nottat: der Abbruch des Kampfes.

Nicht wenige hochgestellte Militärs hatten sich Hitler nach Stauffenbergs mißglücktem Attentat noch enger verbunden. Die einen im »Ehrenhof«, dem auch Guderian angehört hatte, andere durch ihre öffentlichen Durchhalte-Appelle, dritte durch ihre Mitwirkung als Beisitzer an Freislers Richtertisch im Senat des Volksgerichtshofes, vierte durch die Übernahme von Sonderaufträgen. Wilhelm von Burgdorf, Nachfolger des seinen Verletzungen erlegenen Schmundt als Wehrmachtsadjutant bei Hitler und Chef des Heeres-Personalamtes, und Ernst Maisel hatten im Zusammenhang mit den Verfolgungen nach dem 20. Juli einen besonderen Auftrag übernommen. Die beiden Generale, die ebenfalls dem »Ehrenhof« angehört hatten, fuhren am 14. Oktober auf Schloß Herrlingen, wo sich Rommel bei seiner Familie zur Genesung aufhielt. Sie stellten ihn in Hitlers Auftrag vor die Wahl, sich selbst umzubringen oder vor Gericht gestellt zu werden. Der Generalfeldmarschall, dem im Falle des Selbstmords die Schonung seiner Angehörigen in Aussicht gestellt wurde, entschied sich so, wie es die Rächer angesichts der Popularität des »Afrika-Helden« gewünscht hatten. Zynisch wurde bekanntgegeben, Rommel sei an den Spätfolgen einer Verwundung verstorben. In Ulm fand ein Staatstrauerakt statt, auf dem Rundstedt die Trauerrede hielt. Hitler ließ einen Kranz niederlegen und gab aus Anlaß des Begräbnisses einen anfeuernden Tagesbefehl heraus.
In der deutschen Geschichte besaß der Typ des bedenkenlosen Militärführers, von denen das Millionenheer deutscher Soldaten 1945 im Osten, Westen, Süden und Norden kommandiert wurde, nicht wenige Vorläufer. Skrupellosigkeit, mit der Untergebene in Tod und Verderben befohlen wurden, gehörte fest zu den Traditionen des preußisch-deutschen Militarismus, wenn sie auch nicht jeder Heerführer so drastisch erkennen ließ wie Friedrich II., der kriegerischste unter allen Preußenkönigen. Die langjährige Komplicenschaft an der Seite Hitlers hatte nun einen absoluten Tiefstand im Verhalten der Vorgesetzten zum Leben der Soldaten hervorgebracht. Immer stärker wurde der Druck auf Offiziere und Soldaten, den die Urteile der Feld- und Standgerichte ausübten.
Von Rundstedt ließ sich von Hitler zum dritten Mal aus Ruhestand bzw. Reserve aktivieren und erhielt wieder den Oberbefehl über die im Westen stehenden Armeen. Gerade in sein 70. Lebensjahr getreten, befehligte er die Offensive, als deren Ziele die Maas und gar der Hafen von Antwerpen festgelegt wurden. Die nordwärts in Belgien und den Niederlanden stehenden alliierten Verbände, deren Vormarsch eher durch die großen Wasserhindernisse als die Kampfstärke deutscher Truppen erschwert wurde, sollten durch diesen Vorstoß von den Hauptkräften abgeschnitten

werden. Um auf Stäbe und Kommandeure selbst direkt und rasch Druck ausüben zu können, verließ Hitler Berlin und zog in die schon 1939 gebaute Befehlsstelle auf Schloß Ziegenberg in den Ausläufern des Taunus. Er hatte die Anlage 1940 nicht benutzt, jetzt wurde sie sein vorletztes Hauptquartier.

Am 11. und 12. Dezember 1944 versammelte der Oberbefehlshaber die Generale um sich, deren Truppen die Offensive aus den Ardennen zum Erfolg führen sollten. In weitschweifiger Rede entwickelte er den von Grund auf abenteuerlichen Schlachtplan. Hitler bezeichnete es als die Hauptaufgabe, die gegnerische Front zu »zerbrechen« und den Feind zur Heranführung von Truppen aus anderen Frontabschnitten zu zwingen, um dann an diesen weitere Angriffe vortragen zu können. Er kam jedoch nicht umhin, das kritische Kräfteverhältnis zu erörtern, welches auch durch strikteste Geheimhaltung des Angriffsplans und das sich daraus ergebende Überraschungsmoment nicht abzuändern war. Er gab zu, daß der Feind über mehr Panzer verfügte, bezeichnete die deutschen aber als die besseren. Er kannte die verheerende Wirkung der gegnerischen Luftherrschaft und besaß darauf keine andere Antwort als die Hoffnung auf eine andauernde Schlechtwetterlage, die den Einsatz der Flugzeuge im Erdkampf behindern oder ganz unmöglich machen würde. Er wußte, daß die eigenen Truppen abgekämpft waren, erklärte seinen Zuhörern aber, die fremden wären es auch. So schwatzte er sich und den Befehlshabern die Siegesaussicht für die Schlacht zusammen.[35]

Die am 16. Dezember 1944 eröffnete Offensive brach, wie nicht anders erwartet werden konnte, nach kaum zehn Tagen und einem maximalen Geländegewinn von wenig mehr als 50 Kilometern zusammen. Dieses Scheitern war der Gruppe von Generalen schon bekannt, die Hitler am 28. Dezember zu sich nach Ziegenberg beorderte, um mit ihnen den zweiten Vorstoß zu erörtern, der aus den Vogesen geführt werden sollte. Unumwunden entwickelte der Oberbefehlshaber sein mörderisches Konzept. Es käme gar nicht darauf an, Raum zu gewinnen, sondern die feindlichen Kräfte zu »vernichten«, sie »auszulöschen« und »auszurotten«.[36]

Das einzige Ergebnis der Ardennen-Offensive bestand in einem geringfügigen Zeitgewinn. Der anglo-amerikanische Angriff in Richtung Rhein und über den Fluß in die norddeutsche Tiefebene, der den Weg nach Berlin öffnete, wurde lediglich um wenige Wochen hinausgeschoben. Der Krieg mit seinen Leiden verlängerte sich. Hitlers bereits gezählte Tage waren um einige vermehrt. Die Frist für alle, die sich auf den Nachkrieg einrichten wollten, hatte sich geringfügig vergrößert.

Kapitel 21

»... mit Kopf und Leben« 1945

Hitler befand sich noch in seinem westdeutschen Hauptquartier, als ihm am 12. Januar 1945 die Nachricht überbracht wurde, daß die erwartete sowjetische Offensive an der Weichsel losgebrochen war. Vier Tage später reiste er nach Berlin. Irgendeinen Plan, wie den Angreifern im Osten und Westen zu begegnen sei, besaß er nicht mehr. Doch er war entschlossen, die eigenen Armeen ohne jede Rücksicht auch auf die entsetzlichsten Menschenverluste in Verteidigungskämpfe zu treiben und das an allen Fronten. Diese dehnten sich noch weit: im Osten von Kurland, wo von allen Landverbindungen ins Reich abgeschnittene Verbände weiterkämpften, durch polnisches, slowakisches, ungarisches und jugoslawisches Gebiet, im Norden Italiens, im Westen auf links-rheinischem Reichsgebiet und in den nördlichen Provinzen der Niederlande. Auch Dänemark und nahezu ganz Norwegen befanden sich noch in deutscher Hand.
Im Verlauf des Januar warfen die Truppen der Roten Armee die deutsche Wehrmacht zwischen Ostpreußen und Oberschlesien fast überall hinter die Staatsgrenze von 1937 zurück. Die Frontlinie bei Frankfurt an der Oder ließ sich von Berlin auf der Reichsstraße 1 in einer reichlichen Stunde erreichen. Das oberschlesische Industrierevier war verloren, Wohngebiete, Betriebsanlagen und Verkehrsknotenpunkte lagen für die Bomberverbände der USA und Großbritanniens offen und wurden Tag und Nacht angegriffen. Städte, die bis dahin noch von Zerstörungen aus der Luft verschont geblieben waren – Pforzheim, Jena und wenige andere – teilten das Schicksal von Lübeck, Hamburg, München, Frankfurt. Es genügte ein einziger Anflug eines Bomberpulks, um Stadtzentren bis zur Unkenntlichkeit zu zertrümmern .
Hitler trat am 30. Januar, dem 12. Jahrestag der Machtübergabe, vor ein Rundfunkmikrophon und verbreitete Siegeshoffnung. Dabei war der Generalstabschef des Heeres wenige Tage zuvor den Schritt gegangen, den die führenden Militärs im Kaiserreich im August 1918 – da stand kein Soldat einer gegnerischen Armee auf deutschem Boden – getan hatten. Guderian riet dem Reichsaußenminister, Wege zu einem Waffenstillstand

zu suchen.[1] Ribbentrop informierte Hitler sofort, doch blieb der halbherzige Vorstoß des Generalobersten folgenlos. Hitler nannte jeden Gedanken an eine Einstellung des Kampfes »Landesverrat«. Guderian richtete am 29. Januar einen Aufruf an die »Soldaten des Ostheeres«, in dem er sie über die Situation rundheraus belog. Rückzüge sollten sie nicht beirren, denn die »Führung verfolgt einen klaren Plan«. Es sei ein Aufmarsch im Gange.[2]

Hitler suchte die kriegsmüden Truppen in seiner Ansprache zu weiterem Kämpfen und Sterben anzufeuern. Er drohte denen, die nicht weiterkämpfen wollten, mit dem »schimpflichen« Tode aus den Gewehren ihrer eigenen »Kameraden«.[3] Tatsächlich hatte der Terror gegen Kriegsunwillige inzwischen neue Ausmaße angenommen. In der niederschlesischen Hauptstadt Breslau ließ der Reichsverteidigungs-Kommissar, NSDAP-Gauleiter Hanke, den zweiten Bürgermeister vor dem Rathaus erschießen. Keitel bedrohte Soldaten, die in Gefangenschaft Angaben über ihre Truppe machen würden, mit Sippenhaftung, deren Umfang der Reichsführer SS bestimmen werde.[4] Himmler erließ in seiner Eigenschaft als Befehlshaber des Ersatzheeres einen Aufruf, in dem er sich an »die deutschen Frauen und Mädchen« wandte und sie aufforderte, »Drückeberger«, die sich aus den Kampfzonen entfernten, »mit dem Scheuerlappen zur Front zu hauen«.[5] In immer neuen Befehlen und Weisungen wurde angedroht, was diejenigen erwartete, die aus eigenem Entschluß zurückwichen oder sich von ihren Plätzen entfernten.

Hitler benutzte in seiner Ansprache anläßlich des 30. Januar, der letzten, mit der er sich an die Öffentlichkeit wandte, das Vordringen der sowjetischen Truppen nach Mitteleuropa, um innerhalb und auch außerhalb des ihm verbliebenen Gebiets den Menschen Furcht vor dem »grauenhaften Schicksal, das sich heute im Osten abspielt«, einzujagen.[6] Er bezichtigte »die Demokratien«, und meinte damit vor allem Großbritannien, die Geister »aus den Steppen Asiens« gerufen zu haben, derer sie nicht Herr werden könnten – ausgenommen und unausgesprochen, sie würden sich dabei auf ihn und die deutsche Wehrmacht stützen.[7] Diese Redepassage wie auch spätere Äußerungen bezeugen, worauf er nun seine Hoffnungen ausschließlich richtete. Doch konnte die in diesen Tagen auf der Krim stattfindende Konferenz der politischen und militärischen Führer der Anti-Hitler-Koalition niemanden mehr zweifeln lassen, daß Spekulationen auf einen Wechsel der Bündnisse und eine Neuorientierung der Führer der Westmächte auf die deutschen Machthaber und deren Helferrolle als Vorkämpfer gegen den Bolschewismus bodenlos waren. Im Kommuniqué des

Treffens war mit Bestimmtheit gesagt: »Das nazistische Deutschland ist dem Untergang geweiht. Dem deutschen Volk wird seine Niederlage nur noch teurer zu stehen kommen, wenn es versucht, seinen hoffnungslosen Widerstand fortzusetzen.«[8]

In der Rundfunkrede wie in den noch folgenden Verlautbarungen, so in der anläßlich der Parteigründungsfeier am 24. Februar erlassenen Proklamation, die Hermann Esser in München verlas, auch in der Ansprache, die gleichen Tags die in die Reichskanzlei befohlenen Reichs- und Gauleiter hörten, und schließlich in wortreichen Befehlen floh Hitler nun ganz unverhohlen in die Wundergläubigkeit. Die bisherigen Kriegsopfer der Deutschen wurden angerufen, um zu begründen, daß der Kampf nicht verloren werden könne – als hätten die Kriegsgegner nicht auch Millionen Tote zu beklagen, die in den Schlachten umgekommen waren. Wieder und wieder wurde der »Herrgott« herbeigerufen: Er könne denen den Sieg nicht versagen, die auf ihn vertrauten und ausharrten – als hätten die Verteidiger in Stalingrad nicht ausgeharrt und als wäre die »Vorsehung« auf die Parteinahme für Hitler und seine Gefolgschaft festgelegt. Was der Oberbefehlshaber an rationalen Argumenten noch ins Feld führte, bezeugte sein Wunschdenken. Die Gegner, behauptete er, wären genauso erschöpft wie die eigenen Kräfte; und es werde siegen, wer als letzter den Kampfplatz verlasse.

Dorthin kommandierte Hitler alle kriegsfähigen Männer und selbst diejenigen, die dafür nur gehalten wurden und sich irgendwo im immer kleiner werdenden Hinterland noch erfassen ließen. In Bodenkämpfen vollkommen unerfahrene Soldaten, die in Dienststellen bisher Büroarbeit geleistet hatten, Angehörige der Luftwaffe und der Kriegsmarine ohne Infanterieausbildung wurden in die Frontlinien befohlen. Hitler wies an, die Volkssturmeinheiten in die regulären Truppen zu mischen, da die Unausgebildeten und schlecht Bewaffneten sonst schon beim Herannahen des Feindes das Weite suchen würden. Er ließ am 5. März den Jahrgang 1929 einberufen, die Sechzehnjährigen. Er ordnete am 19. März an, die Praxis der »verbrannten Erde« nun in Deutschland anzuwenden und alles zu vernichten, was dem Gegner von irgendeinem – auch nichtmilitärischem – Nutzen sein könnte. Das Argument, es könnten die Werte, wäre das Gebiet zurückerobert, eigenen Zwecken wieder dienen, wies Hitler mit der Begründung ab, dann würden die Anlagen von den sich zurückziehenden Gegnern ohnehin zerstört werden.[9] Mit dieser Weisung, die – in historisch schiefer Bezugnahme auf den Brand Roms im Jahre 65 – auch als »Nero-Befehl« bezeichnet wurde, lehnte Hitler eine

Denkschrift des Rüstungsministers ab, die dieser ihm am Vortage überreicht hatte. Speer, der als Organisator der Waffenproduktion wie kein zweiter Mitarbeiter des Oberbefehlshabers dazu beigetragen hatte, weiteste Gebiete Europas zu verwüsten, erklärte es nun zur Pflicht, dem deutschen Volke »eine Lebensbasis zu erhalten«.[10] Hitlers Befehl, dem Feind nur Ruinenfelder zu überlassen, wurde weithin befolgt. Eisenbahnviadukte, Fluß-, Autobahn- und Straßenbrücken verwandelten sich unter den Händen fanatischer Sprengmeister der Pioniertruppen in Trümmerhaufen. Mitunter in letzter Minute und unter Einsatz ihres Lebens fielen ihnen beherzte Bürger in den Arm.

Die Warnung und Mahnung der Krim-Deklaration, daß die Fortsetzung des Krieges das Ende für die Deutschen nur noch verschlimmern werde, erreichten die Adressaten kaum. Die Soldaten der Wehrmacht starben befehlsgemäß weiter. Millionen befolgten die Forderung der Wehrmacht und der NSDAP, ihre Wohngebiete zu räumen und sie so als Kampfplatz und Schußfeld freizumachen. Aus den Ostprovinzen wälzte sich ein Strom von Flüchtlingen zu Fuß, auf Pferde-, Ochsen- und Kuhgespannen durch Schnee und Eis westwärts. Andere wurden auf Schiffen über die Ostsee transportiert. Vor allem alte Menschen und Kleinkinder erfroren oder ertranken jämmerlich in den Fluten. Hitler weigerte sich zu tun, was einzig den Weg zum Kriegsende freimachen konnte. Anfänglich im über der Erde gelegenen Teil, dann nur noch im Bunker der Reichskanzlei hielt der auch körperlich mehr und mehr verfallende Oberbefehlshaber Lagebesprechungen ab, zu denen die Generalstäbler des Heeres aus ihrem Quartier in Zossen und die der Luftwaffe aus Wildpark bei Potsdam in das Berliner Stadtzentrum kamen. Tag für Tag ergingen aus der Betonhöhle Befehle an große, kleine und kleinste Verbände. Sie sollten unhaltbare Stellungen behaupten, Gegenangriffe unternehmen, sich umgruppieren, damit erwartete Vorstöße abgewehrt werden könnten. Zwar wurde die Differenz zwischen erteilten Befehlen und deren Ausführung immer größer, doch hingen Leben oder Tod von Millionen deutscher Soldaten nach wie vor an den Befehlssträngen, die vom Führerhauptquartier ausgingen. Indessen wurde monatelang geheimgehalten, wo Hitler sich vergraben hatte. Es sollte der Eindruck erweckt werden, er befände sich in einem Befehlsstand hinter der Ostfront.

Dieses Bild vermittelten auch Fotografien und Filmberichte, die den »Führer« am 3. März bei einem Besuch des Stabes der 9. Armee an der Oderfront zeigten. Für diesen Auftritt war Hitler durch eine Strophantin- und eine Vitamininjektion eigens vorbereitet worden. Es blieb dies das einzige

Eine der letzten Aufnahmen zeigt Hitler am 20. März 1945 im Garten der Reichskanzlei. Er gratuliert dem zwölfjährigen Hitlerjungen Alfred Czech zur Auszeichnung mit dem Eisernen Kreuz II. Klasse

Mal, daß der Oberbefehlshaber die Reichskanzlei noch verließ. Er vermied auch einen Auftritt inmitten der Trümmer des Forum Friedericianum, wo am zweiten Märzsonntag traditionell das »Heldengedenken« vor der Neuen Wache stattfand. Göring legte Hitlers Kranz nieder, während stündlich Deutsche starben, die weder »Helden« sein noch werden wollten.
Hitler kehrte rasch nach Berlin zurück. Im Garten der Reichskanzlei entstanden am 20. März letzte, für die Wochenschau bestimmte Filmaufnahmen des »Führers«. Sie zeigten einen gekrümmt daherkommenden, sich schwer und linkisch vor einer Gruppe von zwanzig Hitlerjungen bewegenden Greis. Reichsjugendführer Arthur Axmann hatte die bartlosen Knaben, der jüngste von ihnen war zwölf Jahre alt, herbringen und antreten lassen. Alle hatten sich bewaffnet im Kampf gegen die »Bolschewiken« hervorgetan und waren schon mit Auszeichnungen dekoriert worden. Nun durften sie ihre Kriegstaten Hitler melden, ihm die Hand hinstrecken oder sich von ihm die Wange tätscheln lassen.
Im März und bis in die zweite Aprildekade befanden sich der militärische

und zivile Führungsstab, Marschälle, Generale und Reichsminister, alle noch in Hitlers Nähe. Für Rapporte und Weisungen waren Göring und Dönitz, Keitel und Jodl, Ribbentrop und Goebbels, Speer und auch Himmler sofort erreichbar, der zeitweilig zum Oberbefehlshaber einer neugebildeten Heeresgruppe »Weichsel« ernannt worden war, ohne daß er dafür irgendeine Qualifikation besaß. Mit Hitler lebten im Bunker der Reichskanzlei Bormann, Burgdorf, die abgeordneten Offiziere der Wehrmacht und der Waffen-SS sowie der zahlreiche Stab von Ärzten, Ordonnanzen, Wächtern und Bediensteten, vom Diener und der Köchin bis zu den Stenographen und Sekretärinnen. Noch war auch Hitlers Leibfotograf Hoffmann in Berlin. Er und manch anderer aus dem Hofstaat bevorzugte damit einen Aufenthaltsort, der gegen Luftangriffe Schutz bot, die Bleibenden freilich auch den unergründlichen Entschlüssen des »Führers« aussetzte.

Tagtäglich befahl Hitler weiter. Er löste Befehlshaber von Heeresgruppen und Armeen ab und setzte andere ein, tauschte auch den einen gegen den anderen aus, beförderte und degradierte, verlieh Orden und stiftete gar neue. Er erließ Durchhaltebefehle, bestimmte Städte – wie am 25. März das eingeschlossene Danzig und am 2. April Wien – zur Verteidigung bis zum letzten Mann und ließ Glückwunsch- und Beileidstelegramme absenden. Einer seiner letzten Staatsgäste war der Norweger Quisling.

Die Lagebesprechungen uferten mehr und mehr in ein Palaver über Details aus, die keinen oder wenig Bezug zu den entscheidenden Fragen besaßen, auf die Antworten nicht mehr gefunden werden konnten. Während der »Abendlage« am 23. März, von der eine stenographische Niederschrift überliefert ist, äußerte sich Hitler u. a. über den Transport von sechs Infanteriegeschützen, die in das eingeschlossene Breslau geflogen werden sollten, bezweifelte, daß die zahlreich als vermißt gemeldeten eigenen Flugzeuge tatsächlich im Kampf verlorengegangen waren, äußerte sich zum Vorschlag, die Einnebelung des Obersalzbergs, die bisher beim Anflug feindlicher Flugzeuge erfolgt war, wegen Materialmangels einzustellen, mokierte sich über die »indische« Legion, schwadronierte über den Bau schneller Flugzeuge, die gegen britische Bomber vom Moskito-Typ eingesetzt werden sollten, und kritisierte die nicht genügend festen Baulichkeiten der Militärs in Zossen bei Berlin.[11]

Inzwischen kündigte sich mit den Kämpfen um die »Festung Küstrin« und die Brückenköpfe links der Oder der sowjetische Sturm auf Berlin an. Die Amerikaner und Briten hatten den Rhein an mehreren Stellen forciert. Gekämpft wurde bei Wesel, zwischen Dillenburg und Wetzlar, zwischen

Bad Ems und Kaub, im Südwesten von Frankfurt am Main, bei Hanau und Aschaffenburg, an der Bergstraße und zwischen Weinheim und Mannheim – so hieß es im OKW-Bericht.[12] Am 2. April befahl Bormann den Politischen Leitern der NSDAP, in ihren Gauen und Kreisen zu siegen oder zu fallen.[13] Im Führerbunker mußte entschieden werden, was geschehen solle, wenn die Rote Armee direkt vor Berlin stünde. Schon war bestimmt worden, die Ost-West-Achse in der Nähe des Brandenburger Tores zu einer Landepiste für Flugzeuge herzurichten. Hitler und sein Stab konnten dann binnen Minuten ein Flugzeug erreichen und die Stadt verlassen.

Inzwischen diktierte Hitler einen Appell an die Soldaten der Ostfront, der ihnen bei Beginn der bevorstehenden sowjetischen Offensive bekanntgegeben werden sollte. In ihm fehlte weder das Greuelbild einer den Deutschen zugedachten Zukunft in »Sibirien« noch die haltlose Prophezeiung, daß der anstürmende Feind vor den Toren der Hauptstadt verbluten werde. Noch immer Siegesgewißheit vortäuschend, verkündete Hitler: »Berlin bleibt deutsch, Wien wird wieder deutsch, und Europa wird niemals russisch.«[14]

Am 16. April begannen die von den Marschällen Shukow und Konew befehligten sowjetischen Armeen die Schlacht um Berlin. Zu diesem Zeitpunkt entschied sich Hitler, in der Hauptstadt zu bleiben. Tags zuvor hatte er für den Fall, daß sich die Truppen der Gegner inmitten Deutschlands vereinen würden, befohlen, daß – wäre er dann nicht in einem der voneinander getrennten Räume – im Norden Dönitz, im Süden Kesselring, den er zu Rundstedts Nachfolger an der Westfront ernannt hatte, den Oberbefehl zu übernehmen hätten.[15]

Hitlers 56. Geburtstag nahte und mit ihm die Einschließung Berlins. Die Front im Westen war weithin zusammengebrochen. Britische Truppen standen vor Bremen und Hamburg, amerikanische in Magdeburg, Halle, Leipzig, Plauen, Zwickau und Nürnberg. Millionen Deutsche konnten im bereits besetzten Gebiet am Abend des 19. April, wenn sie dafür noch Interesse aufbrachten, die Geburtstagsansprache von Goebbels über den Rundfunk hören. Viele empfanden die Worte des Propagandaministers als Botschaft aus einer fernen Welt. Sie waren erleichtert, daß die Kriegswalze über ihre Ortschaften hinweggerollt war, ohne daß sie Opfer von Angriffen der Tiefflieger geworden oder in das Feuer der Bodenkämpfe geraten waren.

Am 20. April fanden sich die Paladine im Bunker zur letzten – wie sie wohl alle wußten – Gratulationscour bei ihrem Führer ein. Es kamen Göring, Dönitz, Keitel, Jodl, Himmler, Bormann, Goebbels, Speer, die Ge-

Mit Bormann in den Trümmern der Reichskanzlei

neralstabschefs des Heeres und der Luftwaffe, Hans Krebs, seit 28. März Nachfolger Guderians, und Karl Koller, sowie der Reichsjugendführer. Die Szene machte allein schon sinnfällig, daß ihre Stunde geschlagen hatte. Deutlicher noch sprachen die Meldungen von der nahen Front.

Mehr als Hitlers Schicksal mochte die Gratulanten beschäftigen, wie sie aus Berlin entkommen konnten. Am 21. April setzte sich Göring, den Hitler bei der Aufteilung der beiden Befehlsbereiche übergangen hatte, nach Berchtesgaden ab. Dorthin folgte ihm sogleich das Oberkommando der Luftwaffe, das sein Hauptquartier in Wildpark wegen der näherrückenden Front aufgeben mußte. Unhaltbar wurde am 21. April auch die Heeres-Befehlszentrale in Zossen, die nach Berlin-Wannsee abzog. Nach einem letzten Befehlsempfang bei Hitler verließ Dönitz Berlin in der Nacht zum 22. April. Er ging mit dem Oberkommando der Kriegsmarine nach Plön in Schleswig. In den »Nordraum« setzten sich mehrere Reichsminister mit ihren Stäben ab. Dorthin zog es auch Himmler, der nun, um seine Haut zu retten, ohne Hitlers Auftrag einen Waffenstillstand mit den Westmächten anzubahnen suchte. Der Wehrmachtsführungsstab mit Keitel und Jodl

Der zerstörte »Berghof«

begab sich etappenweise ebenfalls aus der von der Einschließung am meisten bedrohten Zone nordwärts.
Hitler hatte seinen Entschluß gefaßt und alle Ansinnen, Berlin zu verlassen, zurückgewiesen. Er sah klar, daß er den Siegern nirgendwo würde entrinnen können, wenn er auch nicht wahrhaben mochte, daß ihm nur noch Tage blieben. Vor die Wahl gestellt, sich irgendwo auf der Flucht nach Westen aus dem Leben und der Verantwortung zu stehlen oder dort Hand an sich zu legen, wo er mehr als zwölf Jahre zuvor umjubelt eingezogen war, entschied er sich für die Ruinenkulisse inmitten der Hauptstadt. Lebend wollte er, wie er nun mehrfach erwähnte, den »Bolschewiken« nicht in die Hände fallen.[16] Der Gefahr hätte er sich aber mit kraftlosen, ihren Dienst zunehmend versagenden Gliedmaßen in einem Schützenloch an der Front ausgesetzt. Er wollte kein »Volkssturm«-Mann werden. Es blieben ihm die Kugel aus eigener Waffe, ein Gift oder der Strick.
Am Tag nach Hitlers Geburtstag schlugen Granaten sowjetischer Artilleriegeschütze im Stadtzentrum ein. Hitler verlangte in hysterischen An-

rufen im Luftwaffen-Generalstab vergeblich, die bei Marzahn feuernde Batterie auszuschalten. Am 22. April standen Truppen der Roten Armee in Köpenick und Friedrichsfelde. Bei Lichtenberg durchbrachen sie den inneren Verteidigungsring der Stadt. Unter dem Eindruck dieser Meldungen erlitt Hitler einen Nervenzusammenbruch.[17] Erstmals war aus seinem Munde zu hören, auch er gäbe alles verloren. Augenzeugen berichteten, daß er außer sich geriet, jammerte und schrie, aufsprang, umherrannte, in sich zusammenbrach, verstummte, vor sich hin stierte. Seine Getreuen suchten ihm zu helfen, seine Fassung wiederzugewinnen, und ihm gar Mut zu machen.
Alsbald war Hitler jedoch wieder imstande, Befehle zu erteilen. In einer nicht abreißenden Kette von Funksprüchen an die in der näheren und ferneren Umgebung Berlins befindlichen Truppen verlangte er von deren Kommandeuren, die Einschließung zu verhindern und, nachdem das mißlungen war, einen Zugang zur Stadt von Westen her freizukämpfen. Doch die Forderungen an die Armeen und ihre Möglichkeiten klafften hoffnungslos auseinander. Obwohl die Befehlshaber ihre Truppen in Gefechte warfen, schloß sich der Ring um Berlin am 25. April und war nicht mehr aufzubrechen. Gleichen Tages begegneten sich von Westen und Osten vorstoßende Truppen der Alliierten bei Torgau an der Elbe.
Nun machten sich in den am meisten zerschlagenen und dezimierten Verbänden der zusammenhanglosen Ostfront Auflösungserscheinungen bemerkbar, denen mit keiner Drohung und keinem Feldgericht mehr beizukommen war. Von Marine-, Flak- und selbst von SS- und Polizeitruppen wurde gemeldet, daß sie nicht mehr weiterkämpfen wollten, vielfach nach dem Verlust ihrer auf der Flucht zurückgelassenen Waffen auch nicht mehr eingesetzt werden konnten.[18] Das Hauptziel von immer mehr Offizieren und Soldaten bestand während der letzten Kriegswochen darin, lebend davonzukommen und möglichst der sowjetischen Gefangenschaft zu entgehen. Die Führung aber suchte gerade alle noch verfügbaren Kräfte gegen die Rote Armee einzusetzen. Schon am 22. April hatte Hitler einem Vorschlag Jodls zugestimmt, die »gesamte Front gegen die Angelsachsen umzudrehen« und einzig noch gegen die »Russen« zu kämpfen.[19]
Am 23. April durfte Goebbels öffentlich bekanntgeben, daß Hitler sich in Berlin befinde und die Verteidigung der Hauptstadt leite.[20] Diese Nachricht und die vom Vordringen der Roten Armee in die Stadt veranlaßten Göring, aus dem vergleichsweise schlachtenfernen Süden Bayerns in der Reichskanzlei anzufragen, ob nicht er anstelle des handlungsunfähigen »Führers« dessen Geschäfte und Befugnisse übernehmen und nach eige-

nem Gutdünken führen solle. So aber hatte Hitler sich sein Abtreten von der Bühne nicht gedacht. Sein Arm reichte noch weit genug, um dem Reichsmarschall alle Ämter und Posten zu entziehen und ihn von einem SS-Kommando unter Hausarrest stellen zu lassen. Am folgenden Tag wurde Göring unter Bewachung auf sein Schloß Mauterndorf in Österreich gebracht.[21] Zur gleichen Zeit waren die Nobelbauten am Obersalzberg Ziel eines Angriffs britischer Flugzeuge geworden. Von den meisten blieben nur Trümmerhaufen, auch der »Berghof« war eine Ruine.

Verspätet wurde Görings Absetzung am 26. April bekanntgegeben und mit der Begründung kaschiert, er sei krankheitshalber als Chef der Luftwaffe durch Generaloberst Robert Ritter von Greim ersetzt worden. Gänzlich verschweigen wollte Hitler den Deutschen jedoch, daß auch Himmler versucht hatte, auf eigene Faust Politik zu machen. Nachdem der britische Rundfunk aber am 28. April gemeldet hatte, der Reichsführer SS habe vier Tage zuvor den schwedischen Grafen Folke Bernadotte in Lübeck getroffen, um einen Waffenstillstand mit den Westmächten anzubahnen, befahl Hitler, auch den »ungetreuen Heinrich« zu verhaften. Das gelang schon nicht mehr. So hielt sich Hitler, der sich von Verrätern ringsum im Stich gelassen glaubte, an den Vertreter des Reichsführers im Hauptquartier. Er befahl, den SS-Gruppenführer Hermann Fegelein zu erschießen, der unter dem Verdacht der Fluchtabsicht verhaftet worden war.

Im Angesicht des eigenen Endes ließ Hitler »Köpfe rollen«. Er befahl oder genehmigte, Personen zu ermorden, die seinem Rachegelüst entgangen waren oder über deren Schicksal er bisher noch nicht entschieden hatte. Umgebracht wurde nun der in Sonderhaft im Konzentrationslager gehaltene Georg Elser, der 1939 versucht hatte, Hitler zu töten. Dem Henker wurde der frühere Befehlshaber des Ersatzheeres, Generaloberst Friedrich Fromm, ausgeliefert, ein Mitwisser der Verschwörung des 20. Juli 1944. Ermordet wurden die Befehlshaber der militärischen Abwehr Wilhelm Canaris und Hans Oster sowie der Theologe Dietrich Bonhoeffer. Tagtäglich fielen Wehrmachtsangehörige den Feld- und Standgerichten zum Opfer. Hitler trieb sie zu gnadenlosem Vorgehen an. Am 21. April befahl er dem SS-Obergruppenführer Felix Steiner, dessen Armee-Abteilung die Einschließung Berlins verhindern sollte, Offiziere, die mit ihren Truppen nach Westen »ausweichen« wollten, »festzunehmen und augenblicklich zu erschießen«.[22] Kein drakonischer Befehl, kein hochtönender Appell, keine kalte Drohung vermochte indes, den sowjetischen Angriff zu stoppen.

Als Hitler erkennen mußte, daß keine seiner Armeen mehr zur Hauptstadt würde durchbrechen können, diktierte er testamentarische Aufzeichnungen und ließ sie beglaubigen. In einer für die Nachwelt bestimmten heroisierenden Selbstdarstellung suchte er das deutsche Volk, dessen übergroße Mehrheit erst ein Instrument des Regimes gewesen, schließlich dessen Opfer geworden war, über seinen Tod hinaus auf »nationalsozialistische« Grundsätze festzulegen.[23] Bedeutung – und auch das nur für wenige Wochen – gewannen einzig die Bestimmungen Hitlers über seinen Nachfolger, dem doch keine andere Aufgabe zufallen konnte als der Vollzug der bedingungslosen Kapitulation. Die Wahl fiel auf Dönitz. In dem Großadmiral sah Hitler das Urbild des »nationalsozialistischen« Militärführers, der ihm wieder und wieder persönlich Ergebenheit bewiesen hatte und unter dessen Oberkommando noch immer Besatzungen von U-Booten zu selbstmörderischen Fahrten befohlen wurden.

Weitere Verfügungen betrafen die Zusammensetzung einer neuen Regierung. Das Amt des Reichskanzlers wurde Goebbels zugedacht. Im Kabinett sollte es auch einen »Parteiminister« geben, der Posten war für Bormann vorgesehen. Als Außenminister benannte Hitler den Reichskommissar der Niederlande, Seyß-Inquart. Nicht weniger bezeichnend war, wer auf der Liste fehlte. Das waren selbstredend die Verstoßenen Göring und Himmler. Ribbentrop wurde ebenso übergangen wie Rosenberg. Doch besaß keiner der Benannten die Chance, seinen Platz wirklich zu besetzen. Goebbels folgte Hitler mitsamt seiner Familie in den Selbstmord, nachdem ihm klar geworden war, daß niemand ihn als Regierungschef akzeptieren würde. Bormann versuchte, sich nach Hitlers Tod nordwärts zu Dönitz durchzuschlagen, kam aber nur bis in die Nähe des Lehrter Bahnhofs. Jahre später wurden Reste seiner Leiche gefunden.

Am 30. April waren die sowjetischen Truppen dem Gelände der Reichskanzlei so nahe, daß Hitler seinen Vorsatz nicht länger aufschieben konnte. Nun drohte, wie er befürchtet hatte, daß ihn die Sieger als Kriegstrophäe herumreichen, vorzeigen und auf eine Anklagebank setzen lassen würden. Keinen Gedanken verwandte er mehr auf seine Verantwortung vor den Deutschen, denen er in der Frühzeit seines Herrscherdaseins mehrmals theatralisch beteuert hatte, er werde für seine Taten »mit Kopf und Leben« einstehen und das Volk über ihn richten lassen.[24] In Wahrheit war ihm dieses Volk nichts denn ein Werkzeug gewesen, nicht anders als die unbeseelten Instrumente seiner Politik, Geschütze und Panzer, Flugzeuge und Kriegsschiffe.

Am 29. April 1945 ließ Hitler sich im Bunker der Reichskanzlei Eva Braun antrauen. Sie war vom Obersalzberg nach Berlin gekommen und hatte

darauf bestanden, das Schicksal ihres Geliebten zu teilen. Die Zeremonie, von einem herbeigeschafften Standesbeamten vollzogen, war ein zusätzliches und das untrüglichste Eingeständnis, daß Hitler seine politische Rolle als ausgespielt ansah. Während aller Jahre seiner Verbindung mit Eva, von der nur seine engste Umgebung wußte, hatte er sich einer Ehe verweigert. Er wollte den Eindruck des einsamen großen Mannes nicht schmälern, der ohne Privatleben jeden seiner Tage ausschließlich dem Dienst am deutschen Volk hingab. »Ein Führer«, hatte er im Kreise von Militärs in den Tagen der Siege geäußert, »darf keine Familie haben.«[25] Für »hervorragende Männer«, so hörte es die Tischrunde, sei überhaupt »eine Geliebte« von Vorteil, die keine Rechtsansprüche geltend machen könne.[26]
Des »Führers« Selbstdarstellung wurde nun überflüssig und Fräulein Braun – wie sie wußte – für ein paar Stunden Eva Hitler. Am folgenden Tag ließ er zunächst die Wirkung der Giftampullen an seinem Schäferhund testen. Als die Probe zu seiner Zufriedenheit verlaufen und das Tier, das ihn auch in seine Hauptquartiere begleiten mußte, verendet war, plazierte sich das Ehepaar in Hitlers Privatraum auf einem Sofa und zerbiß die Kapseln. Man schrieb den 30. April 1945, und es war die vierte Stunde des Nachmittags.
Eine der letzten Anordnungen Hitlers besagte, daß die beiden Leichen im Garten der Reichskanzlei zu verbrennen seien. Das besorgten der Diener und der Chauffeur in einem Erdloch nur wenige Meter vom Ausgang des Bunkers entfernt. Von einschlagenden Granaten angetrieben, gelang das Vorhaben nicht gründlich. Anhand von Leichenresten waren die Toten später identifizierbar. Denkbaren Legenden, Hitler lebe noch, irgendwo versteckt, fehlte damit jede Basis. Bald zeigte sich, daß die Deutschen an derartiger Legendenbildung keinen Bedarf hatten. Zudem war die Nachricht von Hitlers Tod nicht von den Siegern, sondern aus dem Hauptquartier seines Nachfolgers mitgeteilt worden.
Die erste Meldung über Hitlers Ende, das auf Bormanns Veranlassung per Funkspruch Dönitz mitgeteilt worden war,[27] verbreitete der Rundfunk am 1. Mai 1945 gegen 22.30 Uhr. Im Bericht des Oberkommandos der Wehrmacht wurde am darauffolgenden Tage bekanntgegeben: »An der Spitze der heldenmütigen Verteidiger der Reichshauptstadt ist der Führer gefallen. Von dem Willen beseelt, sein Volk und Europa vor der Vernichtung durch den Bolschewismus zu erretten, hat er sein Leben geopfert. Dieses Vorbild 'getreu bis zum Tode' ist für alle Soldaten verpflichtend.«[28] Die Lüge vom Heldentod ging schon nicht mehr auf das Konto des Selbstmörders, der über die Art und Weise, wie sein Ende bekanntzugeben sei, keine

Weisung hinterlassen hatte. Der Text verrät vor allem, daß Dönitz, Keitel sowie die Militärs und Zivilisten an ihrer Seite noch aus Hitlers verklärtem Tod Gewinn für die Fortsetzung des Krieges gegen die Rote Armee ziehen wollten. In der »Festung Berlin« aber schwiegen die Waffen am zweiten Tag, nachdem der »Führer« nicht mehr befehligte.

Man mag sich mit dem Blick auf die gespenstisch anmutenden letzten Lebenswochen Hitlers fragen, warum die dem Untergang zusteuernde Macht nicht früher und rascher zerfiel. Zwar beklagte Hitler wieder und wieder Verrat, aber seine Marschälle und Generale zeigten sich gehorsam und reihten an die Verbrechen, die an anderen Völkern begangen worden waren, weitere am eigenen Volk. Sie ließen ganze Armeen ausbluten. Damit verband sich ihr aussichtsloser Versuch, der Gefangennahme und der Anklagebank zu entkommen. Denn Hitlers Mitführern, ob Minister oder Feldmarschall, Gauleiter oder General, war durch die öffentlichen Bekundungen der Gegner bekannt, daß nach Kriegsende auch individuell anders abgerechnet werden sollte als nach dem Ersten Weltkrieg. Zuletzt hatten die Alliierten noch auf der Krim-Konferenz ihren »unbeugsamen Willen« bekräftigt, »alle Kriegsverbrecher einer gerechten und schnellen Bestrafung zuzuführen«.[29] Ohne zu wissen, wie sie, die Komplicen Hitlers, den Fahndungen der Alliierten entkommen könnten, suchten sie die Kapitulation, koste es, was es wolle, hinauszuzögern. Es kostete zumeist das Leben von Soldaten.

So war es keineswegs Hitlers Person und Befehlsgewalt allein, die – übrigens an der Front gegenüber den Amerikanern und Briten immer weniger bewirkend – den Zusammenhalt bis in die vielberufenen »fünf Minuten nach zwölf« hervorbrachten. Gleichgerichtete Pläne, Ziele, Erwartungen, Wünsche und gegen Ende des Regimes auch Ängste erzeugten gleichgerichtete Verhaltensweisen. Sie entsprangen dem Wissen, daß selbst kleine Vergehen oder Abweichungen von den Befehlen aus dem Hauptquartier, solange Hitler lebte, tödliche Folgen haben konnten. Durch die Erschießung von fünf Wehrmachtsoffizieren, welche die Rheinbrücke bei Remagen unzerstört in die Hände der amerikanischen Truppen geraten ließen und ihnen dadurch die Bildung eines Brückenkopfes erleichterten, hatte Hitler die Alternative klargestellt. An der Ostfront brauchte es weniger Drohungen. Dort grassierte und half die Angst vor der Gefangenschaft in »Sibirien«. Wer wußte, was auf dem Boden der Sowjetunion geschehen war, konnte sich, wenn nicht von Schlimmerem, so mindestens von der Dauer seines Gefangenendaseins eine Vorstellung bilden. Der kollektive Versuch, dieser Aussicht zu entkommen, führte zum kämpfenden Rück-

zug nach Westen und verband vielfach Kommandeure und Untergebene buchstäblich bis zum letzten Geschoß und zur letzten Granate.
Die ersten, die außerhalb der Reichskanzlei die Nachricht vom Tode Hitlers erhielten, waren sowjetische Militärs in einem Befehlsstand in Berlin-Tempelhof. Dorthin war Heeresgeneralstabschef Krebs gebracht worden. Er hatte die Frontlinie in der Nacht zum 1. Mai in der Absicht passiert, einen Waffenstillstand auszuhandeln. Generaloberst Wassili Tschuikow berichtete in seinen Memoiren von der Zusammenkunft, die der deutsche Unterhändler mit der Nachricht von Hitlers Tod und Goebbels' Einsetzung als Regierungschef eröffnet hatte.
Die auf Autoritäts- und Zeitgewinn berechnete Idee, durch Waffenstillstandsverhandlungen zur Anerkennung des »Reichskanzlers Goebbels« zu gelangen, war durchsichtig und scheiterte. Die sowjetische Führung bestand auf der bedingungslosen Kapitulation. Nachdem sie am 2. Mai vollzogen war, bildete nächst dem Gebäude des Reichstags am Brandenburger Tor das Gelände der Reichskanzlei für die Sieger einen besonderen Anziehungspunkt. Dorthin kamen Soldaten und Offiziere der Roten Armee, Journalisten und bald auch eine Spezialistengruppe. Sie hatte den Auftrag, die Nachricht von Hitlers Tod zu überprüfen und nach seiner Leiche zu forschen. Der Bunkerkomplex wurde abgesperrt. Man begann, Gefangene zu vernehmen.
Am 4. Mai 1945 war ein Erdloch ausgemacht, aus dem die Überreste zweier verkohlter Leichen geborgen wurden. Für ihre Identifikation war wie üblich der Zustand der Kiefer und Zähne aufschlußreich. Am Kurfüstendamm wurde die Praxis gefunden, deren Inhaber Hitlers Zahnarzt gewesen war. Dann konnte auch der Zahntechniker befragt werden, der Hitlers und Eva Brauns Zahnersatz angefertigt hatte. Ihre Zeugnisse ließen keine Zweifel. Am 11. Mai wurde in einem Obduktionsbericht, den ein sowjetischer Mediziner im Range eines Oberstleutnants unterzeichnete, protokolliert, daß es sich bei dem Fund um die Überreste der beiden gesuchten Personen handelte. Krebs hatte Tschuikow die Wahrheit gesagt.
Unterschiedliche Angaben kursierten später einzig darüber, wie Hitler seinem Leben ein Ende gesetzt hatte. Daß der »Führer« tot war, bezweifelte niemand ernsthaft. Als am 20. November 1945 das Militärtribunal der Alliierten in Nürnberg den Prozeß gegen die Hauptkriegsverbrecher eröffnete, figurierte einzig Bormann als Angeklagter, gegen den »in Abwesenheit« verhandelt wurde. Hitler war dem Gericht entkommen – dem der Juristen, nicht dem seiner Zeit und seiner Nachwelt.

Herausforderung Hitler – ein Nachwort

Der Mann, dessen Biographie hier dargestellt wurde, war bereits zu seinen Lebzeiten eine Herausforderung für seine Parteigänger wie für seine Gegner. Er ist dies über seinen Tod hinaus und bis in unsere Tage geblieben. Noch morgen und übermorgen werden sich vor allem die Deutschen – aber nicht nur sie – fragen müssen, was sein Dasein für sie bedeutet.
Herausforderung – darin drückt sich auch das Verhältnis der Autoren dieses Buches zu Hitler und den tiefen Spuren aus, die er hinterließ. In den Jahrzehnten unserer Beschäftigung mit der Geschichte des deutschen Faschismus, der sich als Nationalsozialismus bezeichnete, sind wir ihnen wieder und wieder begegnet. Allerdings nahmen wir diese Spuren unter biographischem Aspekt nicht auf. Das war eine Unterlassung, die ihre Gründe besaß. Der wichtigste bestand in einer Erfahrung der frühen Nachkriegsjahre. Die Mehrheit derer, die Hitlers Gefolgsleute gewesen waren, wollte sich als verführte Opfer seiner Politik sehen, nicht als deren Instrumente. Sie suchten der Frage nach ihrer Verantwortung auszuweichen und alle Schuld dem »Führer« zuzuschreiben. Dessen Bild hatte sich gewandelt – aus dem kultisch verehrten Helden war der Sündenbock geworden, der sich bereits »in der Wüste« befand und nicht mehr dorthin gejagt werden mußte.
Gegen die spontane Reaktion von Millionen Deutschen und gegen die Absicht, sich gedanklich aus ihrer Geschichte davonzustehlen, haben wir mit vielen Kollegen vom Fach angeschrieben. Wir wandten uns auch gegen jene in der Geschichtswissenschaft anzutreffende Strömung, die in den Bahnen des deutschen Historismus Person und Rolle Hitlers überhöhte, mitunter regelrecht verabsolutierte. Das ergab geistige Frontstellungen, nicht selten auch Grabenmentalität und führte in Gefechte, oft auch zu Scheingefechten. Einseitigkeiten und Teilwahrheiten trafen in ihnen aufeinander. Daß der faschistische Führer keine Marionette war, die vom Monopolkapital an unsichtbaren Fäden bewegt wurde, bildete seit langem nicht den Streitpunkt zwischen Verfechtern unterschiedlicher Geschichtstheorien in Ost und West. Weder die einen noch die anderen

bestritten, daß Hitler in der deutschen Gesellschaft eine aktive, in ihren Grenzen zu bestimmende eigenständige Rolle gespielt und durch seine Taten für einige Jahre und mit jahrzehntelangen Folgen in die europäische und die Weltgeschichte eingegriffen hatte.

Die strittigen Fragen begannen und beginnen noch immer »hinter« dieser Feststellung: Warum gelang ihm das? Welche Voraussetzungen und Bedingungen waren für sein Handeln hinreichend, welche zwingend erforderlich? Welche schuf er selbst und welche stellten seine Mitführer, Gefolgsleute und Gegner her? Die Historiker, gleich welche abweichenden Vorstellungen sie von Gesetz, Regel, Zufall und Willkür für den Ablauf der Menschheitsgeschichte besitzen mögen, haben insgesamt Schwierigkeit mit der Beantwortung dieser Fragen. Es fehlt uns ein naturwissenschaftlichen Verfahren vergleichbares Maß dafür, den Anteil von Gruppen und Individuen exakt zu bestimmen, den sie durch Tun und Lassen zum Entstehen jenes Kräfteparallelogramms liefern, dessen Resultante die Geschichte ist. Damit bleibt Raum für Thesen und Gegenthesen, Behauptungen und Einsprüche, für Spekulationen und wieder und wieder für Kontroversen.

Die Zahl der Personen, von denen am Ende des 20. Jahrhunderts zu sagen sein wird, sie hätten seinen Verlauf über die Grenzen des eigenen Landes hinaus wesentlich beeinflußt, ist nicht sehr groß. In ihre Reihe gehören der Inder Jawaharlal Nehru und die Chinesen Sun Yat-sen und Mao Tsetung, der Kubaner Fidel Castro und der Jugoslawe Josip Broz Tito, der Brite Winston Churchill und der Amerikaner Franklin D. Roosevelt, der Georgier Jossif Wissarionowitsch Dschugaschwili, der sich Stalin nannte, und nicht zuletzt der Deutsche Adolf Hitler, der aus der österreich-ungarischen Monarchie stammte. Von ihnen sowie von wenigen anderen, die hier hinzuzufügen wären, mögen erst künftige Generationen sicher sagen können, wie tief die Spuren waren, die sie über ihr Leben hinaus in die Geschichte zogen und ob sie sich mit wachsender zeitlicher Entfernung erhielten oder verschwanden, verfestigten oder verflachten.

Mit dem Wirken der tatsächlich oder vermeintlich Großen in der Weltgeschichte verbindet sich eine vielgestaltige Herausforderung an die Nachgeborenen. Auch diese Großen waren – um es auf eine vielberufene Phrase zu verkürzen – Kinder ihrer Zeit. Sie wurden in die Widersprüche ihrer Gesellschaft hineingeboren, wuchsen in den ihre Epoche bestimmenden geistigen, politischen und kulturellen Strömungen auf, und diese beeinflußten auch ihr Denken und Wollen, ihre Entschlüsse und Handlungen. Doch zugleich erhoben sie sich über ihre Zeit. Sie setzten nicht einfach

fort und führten nicht allein weiter, was sie vorfanden. Als Herausragende, Wegweisende und Führer bewirkten sie gravierende Veränderungen und Wandlungen von erheblichem Ausmaß.
Das gilt auch für Hitler. Er wurde 56 Jahre alt, sein politisches Wirken umfaßte zweieinhalb Jahrzehnte. Die Zeitspanne, in der er die deutsche und die europäische Politik weitgehend prägte und auch die Weltpolitik maßgeblich beeinflußte, betrug zwölf Jahre. Sie geriet kürzer als die Wirkungszeit Napoleons, mit dem er als einem tatsächlich Großen der Weltgeschichte häufig verglichen wurde, keineswegs aber gleichzusetzen ist. Mit dem Kaiser der Franzosen hat der »Führer« der Deutschen aber gemeinsam, daß jeweils ein halbes Jahrhundert nach ihrem Tode die Welt ungleich anders beschaffen war, als sie nach ihren Plänen aussehen sollte. Für Hitler gilt dies in noch stärkerem Maße als für den Korsen.
Die beiden Staaten, gegen die Hitler in naher oder fernerer Zukunft zu alles entscheidenden letzten Rivalitätskämpfen antreten wollte – die USA und Japan -, gehören heute zu den dominierenden Mächten des Erdballs. Beide vermögen sich auf eine gewaltige ökonomische Basis zu stützen, eine von ihnen gebietet über das bei weitem stärkste Militärpotential der Gegenwart. Europäische Staaten, die Hitler aus ihrer Großmachtstellung verstoßen wollte, konnten in diesem oder jenem Grade eine führende Rolle behaupten oder zurückgewinnen. Mittlere und kleine Staaten, die er verächtlich als »Kleinstaatengerümpel« abtat, mit dem er nach dem Endsieg aufzuräumen gedachte, existieren weiter, wenn auch in ihrer wirtschaftlichen, politischen und kulturellen Eigenart gefährdet durch die Übermacht naher und ferner Nachbarn. Am Ostrand des Mittelmeeres entstand der Staat Israel in einem Gebiet, in das Hitler seine Judenmörder schicken wollte, sobald sie in Europa ihr blutiges Handwerk beendet haben würden.
Der politischen Weltkarte, wie Hitler sie sich vorstellte, scheint am nächsten der Untergang jener europäisch-asiatischen Großmacht zu kommen, deren Land die Soldaten der Wehrmacht erobern und die Deutschen im Bunde mit ihren »germanischen« Verwandten kolonisieren sollten. Der sowjetische Staat, der dem militärischen Ansturm widerstand, scheiterte vor den Schranken, die stalinistisch-diktatorische Herrschaft gegen proletarisch-humanistische Ziele auftürmte. Der auch als »Kapitel zwei der Weltgeschichte« bezeichnete Weg zu einer Menschheitszukunft ohne Hunger und Unterdrückung, ohne Gewalt und Krieg, erwies sich als eine Sackgasse.
Doch die Zerfallsprodukte der Sowjetmacht liegen weit jenseits aller Vi-

sionen Hitlers von Generalgouvernements und Reichskommissariaten, die nichts anderes als Kolonien des Großgermanischen Reiches dargestellt hätten. Auch dem sich heute zerfleischenden Land der Südslawen war eine andere Zukunft bestimmt. Ihr Lebensgebiet sollte unter Deutschen, Italienern, Ungarn und Bulgaren aufgeteilt werden und von ihm allenfalls ein abhängiges kroatisches Staatsgebilde bleiben. Keine Ähnlichkeit mit Hitlers Vorstellungen weist das zweistaatliche Dasein auf, das Tschechen und Slowaken sich vor kurzem gewählt haben, war doch jenen von ihnen, die im »Protektorat« durch die NS-Bewertungskommissionen nicht als »eindeutschungsfähig« beurteilt wurden, die Deportation nach dem Osten zugedacht.

Hitlers »Europa unterm Hakenkreuz« wäre ein Kontinent ohne Juden gewesen, ohne Sinti und Roma, ein Reich mit Vernichtungsstätten für alle, die sich nicht zur »Herrenrasse« oder zur Sklavenmasse hinsortieren ließen. Hitlers Sieg war gedacht als Ausgangspunkt für die Entstehung jenes Zustands, den er den Deutschen als die »wahre nationalsozialistische Volksgemeinschaft« verhieß, einer Ordnung von kapitalistischem Charakter mit unangetastetem Privateigentum an den Produktionsmitteln, aber von einem neuartigen Typ politischer Herrschaft. Zur Oberschicht der deutschen Gesellschaft, die sich im Ergebnis veränderter Wechselbeziehungen zwischen ökonomischer Macht und politischem Regime zweifellos selbst zu wandeln begonnen hätte, sollte eine männliche Elite von politischen und Wirtschaftsführern, von Militärs und Technikern, von Wissenschaftlern und Künstlern gehören, die privilegiert und geschützt, mit Titeln beladen und mit Orden geschmückt, vor allem aber in materiellem Reichtum leben konnte. Als Basis dieser Gesellschaft war die Volksmasse der Deutschen gedacht: diszipliniert und militarisiert, sich unausgesetzt reichlich vermehrend und bevorrechtigt gegenüber allen, die nicht zur »Herrenrasse« gehören durften. Selbst politisch rechtlos würden diese Millionen aus ihrer Stellung im System von Herrschenden, Ausbeutenden, Unterdrückenden und Versklavenden einen ihnen zugemessenen Nutzen ziehen können. Ihnen waren in den pyramidenförmigen Strukturen des deutschen Imperiums Plätze »an der Sonne« zugedacht, Möglichkeiten sozialen Aufstiegs, Zugriffe auf viele Annehmlichkeiten, die technischer Erfindergeist und wirtschaftliches Gewinnstreben hervorzubringen vermögen. Ihnen den »Volkswagen«, den »Volkspflug«, die »Volksschreibmaschine« – den Versklavten die Kopftücher, die Glasperlen und den Fusel. So konturierte sich das Zukunftsbild einer »nationalsozialistischen Moderne«. In Hitlers Hakenkreuz-Europa sollte aufgegeben und vergessen sein, was mit der Aufklärung in die Menschheitsgeschichte eingetreten war. Freiheitliche Ideale, liberale und demokratische Traditionen, sozialistische Bestrebungen würden die einen in ihrem Wohlleben nicht entbehren, den anderen müßten sie immer aufs neue gewaltsam ausgetrieben werden.

Diejenigen, die mit Hitler dieses Projekt entwarfen und mit seiner Verwirklichung begannen, sind verschiedentlich als Verfechter eines besonderen Weges zur »Modernisierung« der Gesellschaft bezeichnet worden. Das beschönigt eine neuzeitliche Barbarei, deren Entwurf von den Fundamenten bis an seine Spitze äußerste Geschlossenheit aufwies. Deshalb irrt sich oder – im schlimmeren Fall – ist ein Betrüger, wer den »Nationalsozialismus« als einen Bau mit Konstruktions- und Ausführungsmängeln betrachtet, der nach einem Teilabriß »rein« wieder ausgeführt werden könnte.

Hitlers Utopie-Welt und die Welt von heute liegen sternenweit auseinander. Weshalb verstummt aber die Frage nicht, ob inmitten Europas ein »zweiter« Hitler an die Macht gelangen könnte? Läßt diese Frage ein Gespenst umgehen, das den einen böse Erinnerung im Sinn hält, anderen bloß dazu dient, in politischer Absicht unsinnige Angst zu verbreiten? Oder drückt sich im Bild vom noch fruchtbaren »Schoß« doch eine Erkenntnis aus, die Gegenwartswert besitzt? Die Antwort ist umstritten. Wo sie bejaht wird, wird sie rasch denunziert – es solle den Deutschen nur das Verdienst abgesprochen werden, sich aus der Vergangenheit des »Dritten Reiches« weit fort- und emporgearbeitet zu haben.

Gerade mit dem Bild Bertolt Brechts verknüpfen sich erhellende Denkanstöße ebenso wie banale Mißverständnisse. Fruchtbarkeit ist nicht schon Schwangerschaft. Zwischen beiden liegt ein Akt, der Zeugung heißt. Die deutsche Gesellschaft von heute und der Staat Bundesrepublik haben ihre Faschisten, aber sie gehen nicht mit der faschistischen Diktatur schwanger. Sie zu errichten, sind Randgruppen unfähig. Diese besitzen derzeit nicht die Kraft zu einem Putschversuch, können wohl aber den verschiedensten erkennbaren und undurchsichtigen Zwecken dienlich sein. Als sie und ihr Umfeld mit dem Beifall eines Teils der Bevölkerung gegen Ausländer mobilmachten, geriet die eben vergrößerte Bundesrepublik ins Zwielicht. Die vielberufene Übereinkunft gegen den Rechtsextremismus erwies sich als brüchig. Erst unter dem Zwang des Auslandes und demokratischer Kräfte der deutschen Gesellschaft wurde Wirklichkeit, was besorgte Bürger seit langem gefordert hatten: Ein Teil der Machtmittel des Staates wurde von den Regierenden – wenngleich noch immer halbherzig – gegen neonazistische Organisationen eingesetzt.

Dennoch sind es weniger die Sieg- und Heilrufenden, Hitlers Stellvertreter Heß verehrenden, hakenkreuzähnliche Embleme und Fahnen mit sich führenden Gruppen, deren Aufmachung und Erscheinungsbild an die Hitler-Bewegung der frühen zwanziger Jahre erinnern, von denen die Bedrohung parlamentarisch-demokratischer Zustände hauptsächlich ausgeht. Sie sind der »Schoß« nicht und auch nicht die Erzeuger. Wenngleich sie sich vielfach als solche gerieren, fehlt es ihnen bisher ebenso an Masseneinfluß wie an charismatischer Führerschaft. Jedoch: Welche Gewähr existiert, daß das so bleibt? Ist wirklich undenkbar, daß sich die deutsche politische Binnenszenerie während eines Jahrfünfts so verändern könnte, wie sie sich von 1928 bis 1933 wandelte? Die das verneinen, verweisen auf die Festigkeit demokratischer Strukturen und den Tiefensitz freiheitlicher Überzeugungen der Bürger. Die Verlegenheit beginnt, wenn weiter gefragt wird: Wurden sie je auf die Probe gestellt?
Der Streit, wie groß denn die neonazistische Gefahr sei, kann heute zugunsten der einen und wider die andere Auffassung so wenig entschieden werden wie ein dreiviertel Jahrhundert zuvor. Doch läßt sich auch mit Hilfe der geschichtlichen Erfahrungen beurteilen, ob in der gegenwärtigen Gesellschaft Krisen denkbar, angelegt oder existent sind, die antidemokratischen Programmen und Bewegungen die Sympathien einflußstarker Minderheiten sowie den Zulauf hilfe- oder rettungsuchender Massen eintragen können. Denn das war der »Fall Hitler«. Wer ihn für prinzipiell wiederholbar hält, dem wird gewöhnlich entgegengehalten, es existierten Herrschaftserfahrungen und mit ihnen hinreichende Möglichkeiten, Krisen zu meistern, vor denen die Reichskanzler der Weimarer Republik versagten. Doch würde dieses Potential nicht noch einmal zu mobilisieren sein, denn es fehle für Politik und Politiker vom Schlage der NS-Führer jeder Bedarf. Im Inneren sei die Macht der Mächtigen sicher, und nach außen reiche ihr Arm ohne Kriege weit. Die eine wie die andere Entgegnung ist nicht aus der Luft gegriffen. Demnach gilt: Hitler – keine Nachfrage, keine Herausforderung?
Woher, fragen die Hartnäckigen sich und andere, rührt dann aber die Beunruhigung über künftige Entwicklungen, die sich zu verstärken scheint? Ist sie allein aus dem erneuerten Wissen geboren, wie unsicher alle Urteile über künftige Wege der Geschichte sind? Teilen sich die Menschen vor solcher Unsicherheit in Optimisten und Pessimisten, die gelegentlich darüber aneinandergeraten, wessen Grundhaltung die angemessene sei? Unruhe stiften vor allem die alltäglichen Begegnungen mit Denk- und Verhaltensweisen, die auch in den Jahren faschistischer Diktatur in Deutsch-

land angetroffen werden konnten oder doch an sie erinnern – Begegnungen, die nicht am Rande, sondern inmitten der Gesellschaft stattfinden. Rassismus und Nationalismus äußern sich in ausländerfeindlichen und antisemitischen Handlungen, gehuldigt wird in Worten und mit der Untat den Lehren vom Recht des Stärkeren und dem Unrecht der Schwachen, von der Allmacht des Willens und der Ohnmacht der Mitmenschlichkeit, dem rechtfertigenden Erfolg und der erlaubten Ausgrenzung der Erfolglosen. Nichts charakterisierte das Deutschland der Jahre 1933 bis 1945 nächst seinen imperialen Zielen mehr als die ungehemmte Anwendung von Gewalt als Mittel der Innen- und Außenpolitik. Von antihumanen Ideologen begründet, von machtbesessenen Politikern angeführt, von bedenkenlosen Militärs befohlen und von Millionen Deutschen und ihren Kollaborateuren praktiziert, richtete sich Gewalt gegen die Minderheiten der anderen im eigenen Volke, gegen Fremde und gegen alle, die als Feinde bezeichnet wurden, mochten sie es sein oder nicht. Es sind Vergleiche – nicht Gleichsetzungen – der Wirklichkeit von heute mit der Wirklichkeit von gestern, deren Ergebnisse Unruhe stiften. Die Hoffnungen von gestern halten den heutigen Realitäten nicht stand.

Denn als die Hauptmacht der faschistischen Koalition im Mai 1945 zerschlagen war, schien sich eine grundlegende Wende der Geschichte anzubahnen, die Barbarei mit dem Ersten und dem Zweiten Weltkrieg ihren Kulminationspunkt erreicht zu haben. Der Schrecken, der sich mit dem Namen der Hinrichtungs- und Vernichtungsstätten, der Konzentrationslager und Euthanasie-Anstalten, der Schlachtfelder und der zerstörten Städte verband, erzeugte weithin humane Vorsätze, die sich im Schwur der befreiten Buchenwald-Häftlinge spiegelten: »Nie wieder Krieg, nie wieder Faschismus!« Weite Teile der Gesellschaft gerieten in Bewegung, neue Organisationen traten hervor, neu- und wiedergewonnene Ideale und Utopien schienen geschichtsmächtig genug, die Schäden bisheriger Existenz- und Herrschaftsformen zu überwinden. Der Schein war auch trügerisch. Die Nachwirkungen des Entsetzens erwiesen sich als historisch kurzlebiger und folgenärmer als erwartet. Zwar erhob sich nirgendwo wieder ein Herrschaftssystem ähnlich dem unter unsäglichen Opfern beseitigten, aber viele seiner Voraussetzungen konnten zu keinem Zeitpunkt als beseitigt gelten. Alte soziale Widersprüche leben unverändert oder modifiziert fort, neue sind hinzugetreten. Niemand vermag zu sagen, wie sich die Gegensätze zwischen Armen und Reichen, Hungrigen und Satten, Unzufriedenen und Zufriedenen entwickeln werden. Das Bemühen von Herrschenden und Regierenden, innere und äußere Konflikte zu dämpfen, wirkt vielfach rat- und hilflos. Die sich ausbreitenden Wellen der Gewalt bringen den Ruf nach Gegengewalt hervor. Bedrückend ist die Gewöhnung an massenhaft anzutreffendes Unrecht, an die Bereitschaft, die Hierarchie aufgehäufter Privilegien zu zementieren und sie wahllos in den Mitteln zu verteidigen.

Die Voraussetzungen einer gesellschaftlichen Wirklichkeit sind nicht schon sie selbst. Keine Zwangsläufigkeit führt vom Kapitalismus zum Faschismus. Vieles, was vor und neben, aber auch nach Hitler als faschistisch bezeichnet worden ist, hat diese Charakteristik nicht verdient. Doch die Praxis, immer nur die Entferntheit bedrohlicher gesellschaftlicher Erscheinungen von den Warnungen abzumessen, die geschichtliche Erfahrungen bieten, mag Politikerruhm förderlich sein. Nutzbringend oder gar weise ist das Verfahren nicht. Wer Gefahren aufspüren will, sollte sich nicht schon durch seine Fragestellung Erkenntnisschranken aufrichten. Zu fragen ist nach der tatsächlichen Entfernung, nicht nach der Entferntheit der deutschen Zustände von sozialen, ökonomischen, politischen, strukturellen, geistigen, kulturellen und auch mentalen Voraussetzungen, die sich einmal als der Vorhof des Faschismus herausstellten.

Wird so vorgegangen, dann könnte Hitler – der Name steht hier für das System – im Bewußtsein der Minderheit seiner noch lebenden Zeitgenossen und der Mehrheit von Nachgeborenen ein herausforderndes Maß abgeben, an dem Politik gemessen würde und Politiker sich messen lassen müßten. Es hieße das, mit der »Erfahrung Hitler« auf eine neue Weise umzugehen und mit dem bloßen Geschwätz über Aufarbeitung und Bewältigung deutscher Vergangenheit aufzuhören. Sie wäre statt dessen als Kriterium dafür anzunehmen, ob und wie die Deutschen einer aus ihrer Geschichte herrührenden Verantwortung gerecht werden. Anders als Schuld ist Verantwortung allen auferlegt, auch jenen, die noch nicht geboren waren, als man Hitlers Asche unauffindbar verstreut hatte.

Das vorliegende Buch will neuen Schlachtenlärm nicht erzeugen. Seine Autoren suchten mit ihren Mitteln und Möglichkeiten die Wahrnehmungsfähigkeit für gesellschaftliche Vorgänge und die ihnen innewohnenden Möglichkeiten zu schärfen. Denn: Die Hoffnung, mit dem Ende des Hitlerreiches sei der Faschismus für alle Zeiten dermaßen diskreditiert, daß er nicht wieder zerstörerische Kraft erreichen könne, hat sich als Illusion erwiesen. Erst durch neue Anstrengungen können in einem weiten geschichtlichen Sinne die beiden Worte wahr werden, die von den Eroberern und Befreiern Berlins in den ersten Maitagen 1945 an die Trümmerwände faschistischer Machtzentralen geschrieben wurden: »Hitler kaput«.

Anhang

Abkürzungen

ADAP	Akten zur Deutschen Auswärtigen Politik 1918-1945
ADAG	Allgemeiner Deutscher Gewerkschaftsbund
AdG	Archiv der Gegenwart
BA	Bundesarchiv
BVP	Bayerische Volkspartei
DAF	Deutsche Arbeitsfront
DAP	Deutsche Arbeiterpartei
DF	Deutsche Front
DNB	Deutsches Nachrichtenbüro
DNVP	Deutschnationale Volkspartei
DSP	Deutschsozialistische Partei
DSTB	Deutschvölkischer Schutz- und Trutzbund
DVFP	Deutschvölkische Freiheitspartei
Gestapo	Geheime Staatspolizei
IMT	Der Prozeß gegen die Hauptkriegsverbrecher vor dem Internationalen Militärgerichtshof, Nürnberg, 14. November 1945 bis 1. Oktober 1946
KdF	Kraft durch Freude
KPD	Kommunistische Partei Deutschlands
KTB	Kriegstagebuch
NSBO	Nationalsozialistische Betriebszellen-Organisation
NSDAP	Nationalsozialistische Deutsche Arbeiterpartei
NSDStB	Nationalsozialistischer Deutscher Studentenbund
OKH	Oberkommando des Heeres
OKW	Oberkommando der Wehrmacht
Osaf	Oberster SA-Führer
RGBl.	Reichsgesetzblatt
RSHA	Reichssicherheitshauptamt
SA	Sturmabteilung
SPD	Sozialdemokratische Partei Deutschlands
SS	Schutzstaffel
USDAP	Unabhängige Sozialdemokratische Arbeiterpartei Deutschlands
Uschla	Untersuchungs- und Schlichtungsausschuß
WHW	Winterhilfswerk

Anmerkungen zu Kapitel 1

1 Die Stammtafel von Adolf Hitlers Vorfahren sowie Näheres über die Vorfahren und die sich an sie knüpfenden Spekulationen findet sich in: Heiden, Konrad: Adolf Hitler. Das Zeitalter der Verantwortungslosigkeit. Eine Biographie, Zürich 1936 (im folgenden: Heiden, Hitler), S. 14.
2 Hitler, Adolf: Mein Kampf. Zwei Bde. in einem Bd. Ungekürzte Ausg., 691.- 695. Aufl., München 1942, S. 5 (im folgenden: Hitler, Mein Kampf). Alle folgenden Zitate, sofern nicht ausdrücklich anders vermerkt, entstammen dieser Ausgabe.
3 Es stammt vom 16. September 1905 und ist abgedruckt in: Heiden, Hitler, S. 25.
4 Hitler, Mein Kampf, S. 7.
5 Ebenda, S. 8.
6 Ebenda, S. 12.
7 Ebenda, S. 14.
8 Zu Hitlers früher Lektüre gehörten eine »Volksausgabe des Deutsch-Französischen Krieges 1870/71« sowie zwei Bände einer illustrierten Zeitschrift. Sie wurden seine »Lieblingslektüre«. Von da an schwärmte er »mehr und mehr für alles, was irgendwie mit Krieg oder doch mit dem Soldatentum zusammenhing« (ebenda, S. 4, 9).
9 Ebenda, S. 10.
10 Ebenda, S. 13, 15.
11 Ebenda. Hitler versucht an dieser Stelle glaubhaft zu machen, daß nach dem Tode des Vaters Not in der Familie herrschte, wodurch er gezwungen worden sei, nach Wien zu gehen.
12 Ebenda, S. 18.
13 Ebenda.
14 Ebenda, S. 19.
15 Ebenda. Diese Wendung wurde von Hitler jedoch mit List gedanklich bereits vorbereitet. Es sei in ihm selbst eine Art Vorahnung gewesen. Schon bei der ersten Schilderung seines Entschlusses, Kunstmaler zu werden, vermerkt er: »Eigentümlich war es nur, daß mit steigenden Jahren sich immer mehr Interesse für die Baukunst einstellte.« (Ebenda, S. 15).
16 Ebenda, S. 19f.
17 Ebenda, S. 19.
18 Ebenda, s. 20ff.
19 Hitler behauptete, daß die vom Vater hinterlassenen Mittel durch die Krankheit seiner Mutter aufgebraucht gewesen wären. (Vgl. ebenda, S. 17). Wie er an anderer Stelle bemerkt, konnte er jedoch das Leben, das er anfänglich in Wien führte, nur mit seiner Waisenrente nicht finanzieren.
20 Heiden, Hitler, S. 30.
21 Hitler, Mein Kampf, S. 20.
22 Ebenda, S. 42.
23 Ebenda, S. 35.
24 Ebenda, S. 40, 43ff.
25 Ebenda, S. 47f.
26 Ebenda, S. 59.
27 Ebenda, S. 67.
28 Ebenda, S. 59f.
29 Ebenda, S. 60, 66.

30 Ebenda, S. 63f., 66, 69f.
31 Ebenda, S. 20.
32 Slapnicka, Harry: Oberösterreich, als es »Oberdonau« hieß (1938-1945), Linz 1978, Beiträge zur Zeitgeschichte Oberösterreichs, 5. Hg. v. Oberösterreichischen Landesarchiv, S. 66-79, sowie Bukey, Evan Burr: Hitler's Hometown, Linz, Austria 1908-1945, Bloomington 1986, S. 196-201.

Anmerkungen zu Kapitel 2

1 Ausführlicher zu Hitlers Münchner Jahren siehe Joachimsthaler, Anton: Hitler in München 1908-1920 (im folgenden: Joachimsthaler, Hitler in München), Frankfurt a. M. 1992. Der Autor setzt sich vor allem eingehend mit Ungenauigkeiten, Fälschungen und Legenden über diese Jahre Hitlers auseinander und bezeichnet seine Arbeit selbst als die »Korrektur einer Biographie«.
2 Hitler, Mein Kampf, S. 138.
3 Heiden, Hitler, S. 54.
4 Joachimsthaler, Hitler in München, S. 83. Dort sind auch längere Auszüge aus dem Brief angeführt.
5 Picker, Henry: Hitlers Tischgespräche im Führerhauptquartier (im folgenden: Picker, Hitlers Tischgespräche), Stuttgart 1976, S. 148 (Eintragung vom 27. März 1942).
6 Joachimsthaler, Hitler in München, S. 84-90. Die Käufer von Hitlers Bildern wurden ermittelt, als ihr Urheber schon der »Führer« war, oder sie meldeten sich selbst als Besitzer der vor dem Kriege erworbenen Zeichnungen, Aquarelle und Gemälde. Eine Anzahl wurde dann vom Hauptarchiv der NSDAP erworben, wobei die Verkäufer, da die Produkte von der Hand Hitlers nicht als Billigware deklariert werden konnten, erhebliche Gewinne erzielten.
7 Picker, Hitlers Tischgespräche, S. 239 (Eintragung vom 24. April 1942).
8 Hitler, Mein Kampf, S. 170f.
9 Ebenda, S. 171.
10 Ebenda, S. 139.
11 Adolf Hitler. Monologe im Führer-Hauptquartier 1941-1944. Die Aufzeichnungen Heinrich Heims. Hg. v. Werner Jochmann, München 1980 (im folgenden: Heim, Monologe), S. 380 (Eintragung vom 1. September 1942).
12 Hitler, Mein Kampf, S. 138.
13 Ebenda, S. 138ff.
14 Picker, Hitlers Tischgespräche, S. 342 (Eintragung vom 30. Mai 1942).
15 Hitler, Mein Kampf, S. 163, 155, 141.
16 Ebenda, S. 177.
17 Ebenda, S. 176f.
18 Ebenda, S. 179. Für Hitlers Behauptung, er sei durch eine besondere Entscheidung des zuständigen bayerischen Ministeriums als Kriegsfreiwilliger ins deutsche Heer aufgenommen worden, existiert kein Beleg. Wahrscheinlicher ist demgegenüber, daß er als Staatsangehöriger des verbündeten Habsburgerreiches bei der Meldestelle ohne irgendwelche Bedenken akzeptiert wurde (vgl. Joachimsthaler, Hitler in München, S. 107).
19 Hitler, Mein Kampf, S. 179.
20 Hitler. Sämtliche Aufzeichnungen 1905-1924. Hg. v. Eberhard Jäckel zusammen mit Axel Kuhn, Stuttgart 1980 (im folgenden: Hitler. Sämtliche Aufzeichnungen), S. 59.

21 Joachimsthaler, Hitler in München, S. 121.
22 Hitler. Sämtliche Aufzeichnungen, S. 60.
23 Ebenda, S. 60f.
24 Hitler, Mein Kampf, S. 181.
25 Hitler. Sämtliche Aufzeichnungen, S. 63.
26 Joachimsthaler, Hitler in München, S. 139f., enthält eine Zusammenstellung von insgesamt 22 Zeichnungen, die von Hitler im Weltkrieg in den Jahren 1914 bis 1917 angefertigt wurden und sich erhalten haben.
27 Ebenda, S. 140f.
28 Hitler, Mein Kampf, S. 185f.
29 Ebenda, S. 191.
30 Ebenda, S. 192.
31 Zit. in: Joachimsthaler, Hitler in München, S. 159. Die Orthographie und die Zeichensetzung folgen hier wie an anderen Stellen, an denen Briefe Hitlers aus der Kriegszeit zitiert werden, den Originalen.
32 Zit. in: ebenda, S. 141.
33 Hitler, Mein Kampf, S. 192.
34 Näheres zur Biographie Amanns bei Joachimsthaler, Hitler in München, S. 149, 283, Anm. 415.
35 Hitler, Mein Kampf, S. 210f.
36 Hitler. Sämtliche Aufzeichnungen, S. 82.
37 Hitler, Mein Kampf, S. 213f.
38 Ebenda, S. 218f.
39 Heiden, Hitler, S. 58.
40 Joachimsthaler, Hitler in München, S. 175f.
41 Hitler, Mein Kampf, S. 220f.
42 Gibbels, Ellen: Hitlers Nervenkrankheit. Eine neurologisch-psychiatrische Studie. In: Vierteljahreshefte für Zeitgeschichte, H. 2/1994 (im folgenden: Gibbels, Hitlers Nervenkrankheit), S. 159f.
43 Hitler, Mein Kampf, S. 223.

Anmerkungen zu Kapitel 3

1 Hitler, Mein Kampf, S. 222.
2 Siehe Joachimsthaler, Hitler in München, S. 186.
3 Hitler, Mein Kampf, S. 225.
4 Fest, Joachim C.: Hitler. Eine Biographie, Frankfurt a. M. u. a. 1973 (im folgenden: Fest, Hitler), S. 115.
5 Auch dazu machte Hitler später unterschiedliche Angaben. In einem Lebenslauf gab er 1921 an, daß seine Erblindung »in verhältnismäßig kurzer Zeit wieder wich«. 1924 behauptete er vor dem Münchner Volksgericht, er habe damals als »vollständiger Krüppel« für seinen Beruf gegolten (siehe Der Hitler-Prozeß vor dem Volksgericht in München. In zwei Teilen, München 1924 – Neudruck: Glashütten im Taunus 1973 – Teil I, S. 17).
6 Siehe Macht und Ohnmacht der Weimarer Republik. Hg. v. einem Autorenkollektiv unter Leitung von Manfred Weißbecker, Berlin 1990, S. 21ff.
7 Siehe Maser, Werner: Adolf Hitler. Legende, Mythos, Wirklichkeit, München/Esslingen 1971 (im folgenden: Maser, Adolf Hitler. Legende), S. 159f.

8 Als Emigrant verfaßte Mayr 1941 den Artikel »I was Hitler's Boss. By a former officer of the Reichswehr«, der in der amerikanischen Zeitschrift Current History erschien (Vol. I, No. 3, S. 193-199. Siehe Auerbach, Hellmuth: Hitlers politische Lehrjahre und die Münchener Gesellschaft 1919-1923. In: Vierteljahreshefte für Zeitgeschichte, H. 1/1977, S. 17f.).

9 Koerber, Victor von: Hitler, sein Leben und seine Reden, München 1923. Zit. nach Maser, Adolf Hitler. Legende, S. 160.

10 Siehe z. B. Winkler, Heinrich August: Von der Revolution zur Stabilisierung. Arbeiter und Arbeiterbewegung in der Weimarer Republik 1918-1924, Berlin/Bonn 1984, S. 189f.

11 Die programmatische Botschaft der Thule-Gesellschaft war unmittelbar am 9.11.1918 formuliert worden: »Wir erlebten gestern den Zusammenbruch alles dessen, was uns vertraut, was uns lieb und wert war. An Stelle unserer blutsverwandten Fürsten herrscht unser Todfeind: Juda ... Nun wollen wir reden vom Deutschen Reich, jetzt wollen wir sagen, daß der Jude unser Todfeind ist, von heute ab werden wir handeln.« (Zit. nach Steffahn, Harald: Adolf Hitler mit Selbstzeugnissen und Bilddokumenten, Reinbek bei Hamburg 6./1992, S. 54).

12 Müller, Karl Alexander von: Mars und Venus. Erinnerungen 1914-1919, Stuttgart 1954, S. 338f.

13 Maser, Werner: Die Frühgeschichte der NSDAP. Hitlers Weg bis 1924, Frankfurt a. M./Bonn 1965, S. 134.

14 Siehe Maser, Adolf Hitler. Legende, S. 165.

15 Hitler, Mein Kampf, S. 237f.

16 Ebenda, S. 243.

17 Zu diesen und allen weiterhin erwähnten Organisationen siehe Lexikon zur Parteiengeschichte. Die bürgerlichen und kleinbürgerlichen Parteien und Verbände in Deutschland (1789-1945). In vier Bänden. Hg. v. Dieter Fricke (Leiter des Herausgeberkollektivs), Werner Fritsch, Herbert Gottwald, Siegfried Schmidt und Manfred Weißbecker, Leipzig 1983-1986.

18 Drexler, Anton: Mein politisches Erwachen, München 1919, S. 25.

19 Siehe vor allem Gossweiler, Kurt: Kapital, Reichswehr und NSDAP 1919-1924, Berlin 1982 (im folgenden: Gossweiler, Kapital), S. 152ff.

20 So urteilt Schüddekopf, Otto-Ernst: Das Heer und die Republik. Quellen zur Politik der Reichswehrführung 1918 bis 1933, Hannover/ Frankfurt a. M. 1955, S. 171.

21 Detailliert dazu Tyrell, Albrecht: Vom »Trommler« zum »Führer«. Der Wandel von Hitlers Selbstverständnis zwischen 1919 und 1924 und die Entwicklung der NSDAP, München 1975 (im folgenden: Tyrell, Vom »Trommler«).

22 Der Aufstieg der NSDAP in Augenzeugenberichten. Hg. und eingel. v. Ernst Deuerlein, München 1974 (im folgenden: Deuerlein, Der Aufstieg), S. 90.

23 Ebenda, S. 91.

24 Ebenda, S. 91ff.

25 Ebenda, S. 95.

26 Hitler. Sämtliche Aufzeichnungen, S. 95.

27 Ebenda, S. 110.

28 Zit. nach Feder, Gottfried: Das Programm der N.S.D.A.P. und seine weltanschaulichen Grundlagen, 41.-50. Auflage, München 1931. Zur Interpretation des Programms siehe auch Pätzold, Kurt/Weißbecker, Manfred: Hakenkreuz und Totenkopf. Die Partei des Verbrechens, Berlin 1981, S. 33ff.

29 Hitler, Mein Kampf, S. 406.

30 Siehe Petzold, Joachim: Konservative Theoretiker des deutschen Faschismus. Jungkonservative Ideologen in der Weimarer Republik als geistige Wegbereiter der faschistischen Diktatur, Berlin 1982, S. 70ff. Neuere Darstellungen konservativer Historiker gehen auf diese geistigen Wurzeln der Hitlerschen Auffassungen kaum ein (Siehe Syring, Enrico: Hitler, Seine politische Utopie, Berlin 1994; Zitelmann, Rainer: Hitler. Selbstverständnis eines Revolutionärs, Stuttgart 1987).

31 Das Blatt kann in mancher Hinsicht als ein Vorläufer der berüchtigten, von Julius Streicher herausgegebenen Zeitung »Der Stürmer« gelten.

32 Zit. nach Schwarzwäller, Wulf: Hitlers Geld, Rastatt 2./1986, S. 85f.

33 Mommsen, Hans: Die verspielte Freiheit. Der Weg der Republik von Weimar in den Untergang 1918 bis 1933, Berlin 1989, S. 171f.

34 Hitler. Sämtliche Aufzeichnungen, S. 113.

35 Ebenda, S. 135, 122.

36 Ebenda, S. 115.

37 Ebenda, S. 119f.

38 Ebenda, S. 110.

39 Hitler, Mein Kampf, S. 237.

40 Hitler. Sämtliche Aufzeichnungen, S. 127.

41 Ebenda, S. 132.

42 Ebenda, S. 144.

43 Zit. nach Tyrell, Vom »Trommler«, S. 91.

44 Zit. nach ebenda, S. 248.

45 Hitler. Sämtliche Aufzeichnungen, S. 499, 509, 738.

46 Siehe Paul, Gerhard: Aufstand der Bilder. Die NS-Propaganda vor 1933, Bonn 1990, S. 165ff.

47 Siehe Tyrell, Vom »Trommler«, S. 175ff.

48 Hitler. Sämtliche Aufzeichnungen, S. 279f.

49 Siehe ebenda.

50 Zit. nach Tyrell, Vom »Trommler«, S. 117.

51 Zur DSP siehe ebenda, S. 72ff.

52 Bekannt ist, daß Hitler in der Berliner Villa der Bechsteins jeden Nachmittag Sprechunterricht nahm, um seine Stimme zu stärken und seinen österreichischen Dialekt zu beseitigen. Nicht zu beweisen ist, daß er das Nachtleben der Hauptstadt ausführlich genossen habe. Die von Maser vertretene These, Hitler habe seinen Konkurrenten eine Falle stellen wollen, läßt sich nicht belegen (Maser, Frühgeschichte, S. 266f.). Überzeugender klingt die Behauptung Tyrells, Hitler habe seine Bemühungen um Gelder für den »Völkischen Beobachter« geheim gehalten, weil er nicht mit den als reaktionär betrachteten alldeutschen Organisationen in Verbindung gebracht werden wollte (Tyrell, Vom »Trommler«, S. 118). Dennoch bleiben viele Fragen offen, die Hitlers Aufenthalt in Berlin betreffen.

53 Zit. nach ebenda, S. 120f.

54 Hitler. Sämtliche Aufzeichnungen, S. 480f.

55 Ebenda, S. 436ff.

56 Ebenda, S. 438.

57 In seiner Rede vom 29.7. verzichtete Hitler darauf, kompromißlos von anderen Parteien die Auflösung und den Anschluß an die NSDAP zu verlangen. (Siehe ebenda, S. 448). Am 19.12. erklärte er sogar: »Wir werden nach dem Ausscheiden und der Trennung der ewigen Störenfriede nunmehr auch unsererseits einem Zusammenschluß kein Hindernis mehr in den Weg legen.« (Ebenda, S. 533).

58 Halbach, Fritz: Genosse Levi. Ein Roman für das deutsche Volk, Leipzig 1921. Hierin wird ein von Juden irregeführter junger Deutscher durch die Münchner »Eichler« und »Haßler« auf den rechten Weg geführt. Das materialreiche Buch von Günter Scholdt: Autoren über Hitler. Deutschsprachige Schriftsteller 1919-1945 und ihr Bild vom »Führer«, Bonn 1993 (im folgenden: Scholdt, Autoren über Hitler), erwähnt diesen Roman nicht.

Anmerkungen zu Kapitel 4

1 Deuerlein, Der Aufstieg, S. 138ff., 149.
2 Ebenda, S. 144.
3 Hitler. Sämtliche Aufzeichnungen, S. 483f.
4 Ebenda, S. 508f.
5 Ebenda, S. 513f.
6 Ebenda, S. 679.
7 Siehe Gordon, Harold J. jr.: Hitlerputsch 1923. Machtkämpfe in Bayern 1923-1924, Frankfurt a. M. 1971(im folgenden: Gordon, Hitlerputsch), S. 33.
8 Deuerlein, Der Aufstieg, S. 147.
9 Rossbach, Gerhard: Mein Weg durch die Zeit. Erinnerungen, Weilburg-Lahn 1950, S. 215ff.
10 Zit. nach Gordon, Hitlerputsch, S. 33.
11 Deuerlein, Der Aufstieg, S. 154.
12 Gordon, Hitlerputsch, S. 53.
13 Auerbach, Hitlers politische Lehrjahre, S. 23f.
14 Hitler. Sämtliche Aufzeichnungen, S. 543.
15 Deuerlein, Der Aufstieg, S. 180.
16 Hanfstaengl, Ernst: 15 Jahre mit Hitler. Zwischen Weißem und Braunem Haus, München/ Zürich 2./1980, S. 48.
17 Schwarzwäller, Hitlers Geld, S. 111.
18 Pool, James/Pool, Suzanne: Hitlers Wegbereiter zur Macht. Wie mit geheimen deutschen und internationalen Geldquellen Hitlers Aufstieg möglich wurde, Gütersloh 1982, S. 57. Leider enthält dieses Buch ebenso wie das von Schwarzwäller mitunter wissenschaftlich nicht überprüfbare Belege.
19 Maurenbrecher, Max: Adolf Hitler. In: Deutsche Zeitung, 10.11.1923 (Abendausgabe). Zit. nach Plewniak, Margarete: Auf dem Wege zu Hitler. Der »völkische« Publizist Dietrich Eckart, Bremen 1970, S. 85.
20 Zit. nach Pechel, Rudolf: Deutscher Widerstand, Erlenbach-Zürich 1947, S. 280.
21 Auerbach, Hitlers politische Lehrjahre, S. 29. In der ansonsten sehr sorgfältig recherchierten Studie Tyrells (Vom »Trommler«) wird diesem Zusammenhang keine Aufmerksamkeit gewidmet, woraus eine Überschätzung der Rolle Hitlers als »Trommler« resultiert.
22 Hitler. Sämtliche Aufzeichnungen, S. 643.
23 Zit. nach Heiden, Adolf Hitler, Bd. 1, S. 76.
24 Deuerlein, Der Aufstieg, S. 132ff.
25 Zit. nach Gossweiler, Kapital, S. 212f.
26 Bry, Carl Christian: Der Hitler-Putsch. Berichte und Kommentare eines Deutschland-Korrespondenten (1922-1924) für das »Argentinische Tag- und Wochenblatt«. Hg. v. Martin Gregor-Dellin, Nördlingen 1987 (im folgenden: Bry, der Hitlerputsch), S. 59ff.

27 Hitler. Sämtliche Aufzeichnungen, S. 722, 726.
28 Führer befiehl ... Selbstzeugnisse aus der »Kampfzeit« der NSDAP. Dokumentation und Analyse. Hg. v. Albrecht Tyrell, Düsseldorf 1969 (im folgenden: Tyrell, Führer befiehl), S. 47ff.
29 Deuerlein, Der Aufstieg, S. 166.
30 Gordon, Hitlerputsch, S. 169.
31 Hitler. Sämtliche Aufzeichnungen, S. 781ff.
32 Ebenda, S. 902, 920.
33 Ebenda, S. 1028.
34 Dies bezeugt Rossbach, Mein Weg, S. 81.
35 Heuß, Theodor: Erinnerungen 1905-1933, Tübingen 1963, S. 291.
36 Hitler. Sämtliche Aufzeichnungen, S. 1054.
37 Tyrell, Vom »Trommler«, S. 159.
38 Siehe Hofmann, Hans Hubert: Der Hitlerputsch. Krisenjahre deutscher Geschichte 1920-1924, Nymphenburg 1961, S. 284ff. Kritisch dazu Gossweiler, Kapital, S. 502ff.
39 Gordon, Hitlerputsch, S. 415.
40 Bry, Der Hitler-Putsch, S. 181.
41 Nagel, Irmela: Fememorde und Fememordprozesse in der Weimarer Republik, Köln/Wien 1991, S. 139.
42 Siehe Pätzold/Weißbecker, Hakenkreuz und Totenkopf, S. 78.
43 Deuerlein, Der Aufstieg, S. 216.
44 Siehe Hitler. Sämtliche Aufzeichnungen, S. 1061-1216.
45 Bry, Der Hitler-Putsch, S. 183f.
46 Hitler. Sämtliche Aufzeichnungen, S. 1162.
47 Zit. nach Deuerlein, Der Aufstieg, S. 227f.
48 Der Hitler-Prozeß vor dem Volksgericht, Teil II, S. 3.
49 Hitler. Sämtliche Aufzeichnungen, S. 1210.

Anmerkungen zu Kapitel 5

1 Der Hitler-Prozeß vor dem Volksgerichtshof München, Teil II, S. 91.
2 Hanfstaengl, 15 Jahre mit Hitler, S. 158.
3 Deiler, Manfred: Hitlers Haft in der Festung Landsberg. In: Landsberg im 20. Jahrhundert, H. 1/1993, S. 10ff.; ders., Landsberg wird zum Wallfahrtsort des Nationalsozialismus. In: Ebenda, H. 3/1993, S. 22ff.
4 Hitler. Sämtliche Aufzeichnungen, S. 1233, 1237.
5 Inwieweit Hitler von seinen Mitgefangenen, die ihm nicht mehr zuhören wollten, dazu angeregt worden ist, läßt sich nicht ermitteln. In diesem Sinne äußerte sich Otto Straßer nach seinem Bruch mit Hitler (siehe Strasser, Otto: Hitler und ich, Konstanz 1948, S. 74f.).
6 Hitler, Mein Kampf, S. 229ff.
7 Siehe Ruge, Wolfgang: Das Ende von Weimar. Monopolkapital und Hitler, Berlin 1983, S. 108f.
8 Die Titel der wichtigsten Kapitel lauten: »Weltanschauung und Partei«, »Der Staat«, »Staatsangehöriger und Staatsbürger«, »Persönlichkeit und völkischer Staatsgedanke«, »Weltanschauung und Organisation«, »Der Starke ist am mächtigsten allein«, »Propaganda und Organisation«.
9 Hitler, Mein Kampf, S. 1.

10 Ebenda, S. 8.
11 Ebenda, S. 23.
12 Ebenda, S. 33ff.
13 Ebenda, S. 369f.
14 Ebenda, S. 87.
15 Ebenda, S. 68ff., 149.
16 Ebenda, S. 329ff.
17 Ebenda, S. 68, 316.
18 Ebenda, S. 315.
19 Ebenda, S. 158ff.
20 Ebenda, S. 295f.
21 Ebenda, S. 255.
22 Ebenda, S. 149, 151.
23 Ebenda, S. 767, 428.
24 Ebenda, S. 740ff.
25 Ebenda, S. 749.
26 Ebenda, S. 152.
27 Ebenda, S. 188f.
28 Ebenda, S. 396.
29 Ebenda, S. 161, 300.
30 Ebenda, S. 175.
31 Siehe Weinberg, Gerhard L.: Deutschlands Wille zum Krieg. Die internationalen Beziehungen 1937-1939. In: Nationalsozialistische Diktatur 1933-1945. Eine Bilanz. Hg. v. Karl Dietrich Bracher/Manfred Funke/Hans-Adolf Jacobsen, Düsseldorf 1983, S. 413.
32 Hitlers Zweites Buch. Ein Dokument aus dem Jahre 1928. Eingel. und kommentiert von Gerhard L. Weinberg, Stuttgart 1961, S. 108.
33 Ebenda, S. 110f.
34 Hitler, Mein Kampf, S. 691, 195.
35 Günther, Hans: Der Herren eigener Geist. Ausgewählte Schriften. Hg. v. Werner Röhr unter Mitarbeit von Simone Barck, Berlin/Weimar 1981, S. 78.
36 Hitler, Mein Kampf, S. 365f. (Hervorhebung durch die Vf.).
37 Ebenda, S. 44.
38 Siehe ebenda, S. 197ff.
39 Ebenda, S. 157.
40 Ebenda, S. 691.
41 Ebenda, S. 697ff, 755ff.
42 Siehe ebenda, S. 707ff.
43 Hanfstaengl, 15 Jahre mit Hitler, S. 78.
44 Mayer, Arno J.: Der Krieg als Kreuzzug. Das Deutsche Reich, Hitlers Wehrmacht und die »Endlösung«, Reinbek bei Hamburg 1989, S. 311.
45 Siehe Weißbecker, Manfred: »Wenn hier Deutsche wohnten ...« Beharrung und Veränderung im Rußlandbild Hitlers und der NSDAP. In: Das Rußlandbild im Dritten Reich. Hg. v. Hans-Erich Volkmann, Köln u. a. 1994, S. 9ff.
46 Rosenberg, Alfred: Pest über Rußland, München 1922, S. 61.
47 Hitler, Mein Kampf, S. 726.
48 Ebenda, S. 747f.
49 Ebenda, S. 742.
50 Ebenda, S. 742f.

51 Kerr, Alfred: Sätze meines Lebens, Berlin 1978, S. 389.
52 Klemperer, Victor: LTI. Notizbuch eines Philologen, Leipzig 1966, S. 34.

Anmerkungen zu Kapitel 6

1 Deiler, Hitlers Haft, S. 12; Gritschneder, Otto: Bewährungsfrist für den Terroristen Adolf H. Der Hitler-Putsch und die bayerische Justiz, München 1990, S. 130.
2 Adolf Hitler. Reden, Schriften, Anordnungen. Februar 1925 bis Januar 1933. Bd. I: Die Wiedergründung der NSDAP Februar 1925 – Juni 1926. Hg. und kommentiert v. Clemens Vollnhals, München u. a. 1992, S. 25.
3 Siehe Schwarzwäller, Hitlers Geld, S. 130ff.
4 Zit. nach Petzold, Joachim: Die Demagogie des Hitlerfaschismus. Die politische Funktion der Naziideologie auf dem Wege zur faschistischen Diktatur, Berlin 1982, S. 228. Gritschneder gibt an, dieses Dokument nicht gefunden zu haben (Gritschneder, Bewährungsfrist, S. 110).
5 Deuerlein, Der Aufstieg, S. 246.
6 Adolf Hitler. Reden, Schriften, Anordnungen, Bd. I, S. 3ff.
7 Drexler gründete 1925 den Nationalsozialen Volksbund und trat erst 1933 wieder der NSDAP bei.
8 Adolf Hitler. Reden, Schriften, Anordnungen, Bd. I, S. 16.
9 Deuerlein, Der Aufstieg, S. 246.
10 Adolf Hitler. Reden, Schriften, Anordnungen, Bd. I, S. 34.
11 Ebenda, S. 142f.
12 Ebenda, S. 160ff.
13 Ebenda, S. 173.
14 Ebenda, S. 239-262.
15 Zit. nach Kühnl, Reinhard: Die nationalsozialistische Linke 1925-1930, Meisenheim am Glan 1966 (im folgenden: Kühnl, Die nationalsozialistische Linke), S. 299.
16 Strasser, Gregor, Zu den außenpolitischen Zielen des Jungdeutschen Ordens. In: Nationalsozialistische Briefe, 15.1.1926.
17 Goebbels, Joseph, Ost- oder West-Orientierung? In: Ebenda.
18 Dies geht aus einem Brief von Rudolf Heß an Walter Hewel vom 30.3.1927 hervor (siehe Tyrell, Führer befiehl, S. 168).
19 Siehe Schildt, Axel: Die Arbeitsgemeinschaft Nord-West. Untersuchungen zur Geschichte der NSDAP 1925/26, Diss. phil., Freiburg i. Br. 1964 (im folgenden: Schildt, Die Arbeitsgemeinschaft), S. 149f.
20 Siehe ebenda, S. 149. Schildt schreibt die Äußerung der fragwürdigen Überlieferung Otto Straßer zu. Siehe auch Reuth, Ralph Georg: Goebbels, München/Zürich 1990, S. 97.
21 Schildt, Die Arbeitsgemeinschaft, S. 151.
22 Adolf Hitler. Reden, Schriften, Anordnungen, Bd. I, S. 296.
23 Die Tagebücher von Joseph Goebbels. Sämtliche Fragmente. Hg. von Elke Fröhlich im Auftrag des Instituts für Zeitgeschichte und in Verbindung mit dem Bundesarchiv, Teil I, Aufzeichnungen 1924-1941, Bd. 1, 27.6.1924-31.12.1930, München u. a. 1987 (im folgenden: Die Tagebücher von Joseph Goebbels), S. 161f.
24 Kühnl, Die nationalsozialistische Linke, S. 48ff.
25 Adolf Hitler. Reden, Schriften, Anordnungen, Bd. II/1. Juli 1926-Juli 1927. Hg. u. komm. v. Bärbel Dusik, München u. a. 1992, S. 17ff.

26 Ebenda, Bd. II/2, August 1927-Mai 1928. Hg. u. komm. v. Bärbel Dusik, München u. a. 1992, S. 483, 493.
27 Ebenda, S. 526.
28 Völkischer Beobachter, 9.11.1927.
29 Hitler. Reden, Schriften, Anordnungen, Bd. II/2, S. 673.
30 Kater, Michael: Sozialer Wandel in der NSDAP im Zuge der nationalsozialistischen Machtergreifung. In: Deutschland und Italien im Vergleich. Hg. v. Wolfgang Schieder, Hamburg 1976, S. 30.
31 Siehe Fest, Hitler, S. 352, 373. Auch Steinert, Marlies: Hitler, München 1994, widmet diesem Punkt, z. B. auf S. 247, nur wenige Zeilen.
32 Adolf Hitler. Reden, Schriften, Anordnungen, Bd. II/1, S. 297.
33 Gossweiler, Kurt: Hitler und das Kapital 1925-1928. In: ders., Aufsätze zum Faschismus, Berlin 1986, S. 468.
34 Adolf Hitler. Reden, Schriften, Anordnungen, Bd. II/1, S. 312.
35 Ebenda, S. 315f.
36 Ebenda, S. 319f.
37 Siehe den Brief von Rudolf Heß (Tyrell, Führer befiehl ..., S. 170). Heß stellte auch fest, daß Hitler »rednerisch« seit dem Jahre 1920 erheblich gewonnen habe, er sei »in breiten Teilen seines Vortrages sachlicher und zwingender als früher« geworden.
38 Adolf Hitler. Reden, Schriften, Anordnungen, Bd. II/1, S. 285f.
39 Turner, Henry Ashby jr.: Hitlers geheime Broschüre für Industrielle 1927. In: ders., Faschismus und Kapitalismus in Deutschland. Studien zum Verhältnis zwischen Nationalsozialismus und Wirtschaft, Göttingen 1972, S. 41-59.
40 Zit. wird im folgenden nach dem Text in: Hitler. Reden, Schriften, Anordnungen, Bd. II/2, S. 501-509.
41 Zit. nach Pool, Hitlers Wegbereiter, S. 149.
42 Hitler. Reden, Schriften, Anordnungen, Bd. II/2, S. 771.
43 Zit. nach Kühnl, Die nationalsozialistische Linke, S. 344f.
44 Krebs, Albert: Tendenzen und Gestalten der NSDAP. Erinnerungen an die Frühzeit der Partei, Stuttgart 1959, S. 131f.
45 Adolf Hitler. Reden, Schriften, Anordnungen, Bd. III/1. Hg. u. komm. v. Bärbel Dusik unter Mitwirkung v. Christian Hartmann, Juli 1928 – Februar 1929, München u. a. 1994, S. 51ff.
46 Ebenda, S. 35 f.
47 Ebenda, S. 37.
48 Ebenda, S. 42.
49 Ebenda, S. 49 f.
50 Ebenda, S. 55.
51 Tyrell, Führer befiehl ..., S. 211ff.

Anmerkungen zu Kapitel 7

1 Adolf Hitler: Reden, Schriften, Anordnungen, Bd. III/1, S. 121ff.
2 Siehe dazu generell die sorgfältigen und aussagestarken Analysen von Falter, Jürgen: Hitlers Wähler, München 1991.
3 Zit. nach Tyrell, Führer befiehl ..., S. 318.
4 Zit. nach Pätzold/Weißbecker, Hakenkreuz und Totenkopf, S. 109.

5 Zit. nach Zelnhefer, Siegfried: Die Reichsparteitage der NSDAP. Geschichte, Struktur und Bedeutung der größten Propagandafeste im nationalsozialistischen Feierjahr, Nürnberg 1991, S. 35.
6 Strasser, Otto: Hitler und ich, Konstanz 1948, S. 96ff.
7 Dieckmann, Fritz: Die Regierungsbildung in Thüringen als Modell der Machtergreifung. Ein Brief Hitlers aus dem Jahre 1930. In: Vierteljahreshefte für Zeitgeschichte, H. 4/1966, S. 454ff.
8 Ebenda, S. 461.
9 Aus einem Brief von Paul Reusch an Ludwig Kastl vom 26.11.1929. Zit. nach Stegmann, Dirk: Kapitalismus und Faschismus in Deutschland 1929-1934. Thesen und Materialien zur Restituierung des Primats der Großindustrie zwischen Weltwirtschaftskrise und beginnender Rüstungskonjunktur. In: Gesellschaft. Beiträge zur Marxschen Theorie, 6, Frankfurt a. M. 1976, S. 31.
10 Der Nationale Sozialist, 4.7.1930.
11 Strasser, Otto, Hitler und ich, S. 134ff.
12 Zit. nach Kühnl, Die nationalsozialistische Linke, S. 374.
13 Siehe Goebbels in: Der Angriff, 3.7.1930.
14 Der Angriff, 6.7./17.7.1930.
15 Kissenkoetter, Udo: Gregor Strasser und die NSDAP, München 1978.
16 Adolf Hitler. Reden, Schriften, Anordnungen, Bd. IV/1, Oktober 1930-Juni 1931. Hg. u. komm. v. Constantin Goschler, München u. a., S. 10f.
17 Ebenda, S. 9.
18 Brüning, Heinrich: Memoiren 1918-1934, Stuttgart 1970, S. 191ff.
19 Völkischer Beobachter, 18.9.1930.
20 Adolf Hitler. Reden, Schriften, Anordnungen, Bd. IV/1, S. 18.
21 Der Angriff, 18.9./28.9.1930.
22 Völkischer Beobachter, 19.9.1930.
23 Adolf Hitler. Reden, Schriften, Anordnungen, Bd. IV/1, S. 11f.
24 Ebenda, S. 36.
25 Deuerlein, Der Aufstieg, S. 327ff.
26 Zit. nach Vogelsang, Thilo: Neue Dokumente zur Geschichte der Reichswehr 1930-1933. In: Vierteljahreshefte für Zeitgeschichte, H. 2/1954, S. 406.
27 Adolf Hitler. Reden, Schriften, Anordnungen, Bd. IV/1, S. 142f.
28 Ebenda, S. 144.
29 Völkischer Beobachter, 30.12.1930.
30 Zit. nach Pätzold/Weißbecker, Hakenkreuz und Totenkopf, S. 130.
31 Zit. nach Neliba, Günter: Wilhelm Frick. Der Legalist des Unrechtsstaates. Eine politische Biographie, Paderborn u. a. 1992, S. 52.
32 Berliner Börsen Zeitung, 11.11.1930.
33 Petzold, Joachim: Die Wirtschaftsbesprechungen der NSDAP in den Jahren 1930 und 1931. In: Jahrbuch für Wirtschaftsgeschichte, Berlin 1982, Teil II, S. 181ff.
34 Rauschning, Hermann: Gespräche mit Hitler, New York 1940, S. 30. Trotz der erheblichen Bedenken, die gegen die Authentizität der von Rauschning überlieferten Texte bestehen, darf die Wiedergabe der negativen Meinung über Feder als richtig akzeptiert werden.
35 Zit. nach Barkai, Avraham: Das Wirtschaftssystem des Nationalsozialismus. Ideologie, Theorie, Politik, Frankfurt a. M. 1988, S. 35.
36 Hitler aus nächster Nähe. Aufzeichnungen eines Vertrauten 1929-1932. Hg. v. H. A. Turner jr., Frankfurt a. M. u. a. 1978, S. XIVff.

37 Zit. nach Barkai, Das Wirtschaftssystem des Nationalsozialismus, S. 38.
38 Petzold, Die Demagogie des Hitlerfaschismus, S. 313ff.
39 Hitler aus nächster Nähe, S. XIII.
40 Schacht, Hjalmar: 76 Jahre meines Lebens, Bad Wörishofen 1953, S. 351.
41 Tyrell, Führer befiehl ..., S. 342f.
42 Adolf Hitler. Reden, Schriften, Anordnungen, Bd. IV/1, S. 291.
43 Im April und Mai 1931 wurden etwa 500 Mitglieder aus der SA ausgeschlossen. Siehe Longerich, Peter: Die braunen Bataillone. Geschichte der SA, München 1989, S. 111.
44 Adolf Hitler. Reden, Schriften, Anordnungen, Bd.IV/1, S. 291.
45 Fest, Hitler, S. 399.
46 Siehe Hoser, Paul: Hitler und die katholische Kirche. Zwei Briefe aus dem Jahr 1927. In: Vierteljahreshefte für Zeitgeschichte, H. 3/1994, S. 473ff.
47 Krebs, Tendenzen und Gestalten, S. 138ff.

Anmerkungen zu Kapitel 8

1 Zit. nach Höhne, Heinz: Die Zeit der Illusionen. Hitler und die Anfänge des Dritten Reiches, Düsseldorf u. a. 1991, S. 29.
2 Buchheim, Hans, u. a.: Der Führer ins Nichts. Eine Diagnose Adolf Hitlers, Rastatt 1960, S. 26.
3 Siehe Macht und Ohnmacht der Weimarer Republik, S. 158f.
4 Deuerlein, Der Aufstieg, S. 352.
5 Zit. nach Fest, Hitler, S. 418f.
6 Dietrich, Otto: Mit Hitler in die Macht. Persönliche Erlebnisse mit meinem Führer, München 1934, S. 45 (Hervorhebung durch die Verfasser).
7 Nach seinem Gespräch mit Hitler teilte Stinnes diesem brieflich mit, daß er mit den erläuterten Zielen (»Freiheit und Gleichberechtigung unter den Völkern Europas und Ausweitung des deutschen Lebensraumes nach Osten«) völlig einverstanden sei. Er gehe aber nicht mit, »wenn das Ziel durch einen Krieg gegen Polen unter *heutiger* Konstellation erreicht werden soll, von dem Ihre Anhänger im ganzen Lande träumen, während Sie aber *sehr* richtig bemerkten, keinen Krieg führen zu wollen, der nicht mit hoher Wahrscheinlichkeit gewonnen werden kann.« (Weltherrschaft im Visier. Dokumente zu den Europa- und Weltherrschaftsplänen des deutschen Imperialismus von der Jahrhundertwende bis Mai 1945. Hg. und eingel. v. Wolfgang Schumann und Ludwig Nestler unter Mitarbeit von Willibald Gutsche und Wolfgang Ruge, Berlin 1975, S. 221).
8 Calic, Edouard: Ohne Maske. Hitler – Breiting Geheimgespräche 1931, Frankfurt a. M. 1968, S. 27.
9 Zit. nach. Ruge, Wolfgang: Das Ende von Weimar. Das Monopolkapital und Hitler, Berlin 1983, S. 225f.
10 Hindenburg wußte, daß Hitler in Braunau geboren war, kannte aber nur einen Ort dieses Namens in Böhmen.
11 Zit. nach Pätzold/Weißbecker, Hakenkreuz und Totenkopf, S. 149.
12 Horkenbach, Cuno: Das Deutsche Reich 1918 bis heute. Jg. 1931, Berlin 1932, S. 328f.
13 Der Angriff, 21.10.1931.
14 Loiperdinger, Martin: »Das Blutnest vom Boxheimer Hof«. Die antifaschistische

Agitation der SPD in der hessischen Hochverratsaffäre. In: Hessen unterm Hakenkreuz. Studien zur Durchsetzung der NSDAP in Hessen. Hg. v. Eike Hennig, Frankfurt a. M. 1983, S. 433ff.

15 Siehe Frank, Hans: Im Angesicht des Galgens, München 1953, S. 101.

16 Schultze-Pfaelzer, Gerhard: Anti-Hitler. Eine unabhängige Zeitbetrachtung, Berlin 1931, S. 17. Im Erscheinungsjahr dieser Publikation wandte sich der Verfasser dennoch Hitler zu. 1933 veröffentlichte er unter dem Titel »Hindenburg und Hitler zur Führung vereint« eine Doppelbiographie »unserer beiden Volksführer«. Zu diesen widersprüchlichen Auffassungen und Verhaltensweisen siehe auch Drobisch, Klaus: Nachwort. In: Schultze-Pfaelzer, Gerhard: Kampf um den Kopf, Berlin 1977, S. 332ff.

17 Klotz, Helmut: Die Außenpolitik der Nationalsozialisten, Berlin 1931, S. 32.

18 Hitler, Adolf: Vortrag vor westdeutschen Wirtschaftlern im Industrieklub in Düsseldorf am 27. Januar 1932. München 1932 (Die Angabe des Datums im Titel dieser Broschüre ist falsch, die Veranstaltung fand einen Tag vorher statt).

19 Die Tagebücher von Joseph Goebbels, Bd. 2, 1.1.1931-31.12.1936, München u. a. 1987, S. 124.

20 Zit. nach Hentschel, Volker: Weimars letzte Monate. Schicksalsjahre 1932-1933. Eine Bild/Text-Reportage, Düsseldorf 1980, S. 166.

21 Die Weimarer Republik. Hg. v. Walter Tormin, 23./1983 Bielefeld, S. 210.

22 Overesch, Manfred: Die Einbürgerung Hitlers 1930. In: Vierteljahreshefte für Zeitgeschichte, H. 3/1992, S. 543ff.

23 Hans von Hülsen: Zwillings-Seele. Denkwürdigkeiten aus einem Leben zwischen Kunst und Politik, München 1947, Bd. 2, S. 108ff.

24 Die Tagebücher von Joseph Goebbels, Teil I, Bd. 2, S. 134.

25 Domarus, Max: Hitler – Reden und Proklamationen 1932-1945. Kommentiert von einem deutschen Zeitgenossen, München 1965 (im folgenden Domarus, Reden), Bd. I/1, S. 94f.

26 Siehe Ruge, Wolfgang: Hindenburg. Porträt eines Militaristen, Berlin 1974 (im folgenden: Ruge, Hindenburg), S. 408.

27 Die Tagebücher von Joseph Goebbels, Teil I, Bd. 2, S. 140f.

28 Hanfstaengl, Zwischen Weißem und Braunem Haus, S. 271.

29 Die Tagebücher von Joseph Goebbels, Teil I, Bd. 2, S. 140f.

30 Krebs, Tendenzen, S. 136f.

31 Dietrich, Mit Hitler, S. 70.

32 Zit. nach Pool, Wegbereiter, S. 252f.

33 Siehe Linse, Ulrich: Barfüßige Propheten. Erlöser der zwanziger Jahre, Berlin 1983, S. 28 ff.

Eine treffende Wertung fand Ernst Niekisch: »Die Stunde der falschen Heilande schlug. Die wunderlichsten Sozialrezepte fanden Massen von Gläubigen. Ein Mann setzte sich zum Ziel, die Aufwertung der rotgestempelten Tausendmarkscheine zu erkämpfen: er fand seine Gemeinde. Ein anderer ging wie Johannes der Täufer umher, wusch sich nicht, ließ sich die Haare wachsen und ernährte sich vegetarisch: er sammelte Jünger um sich. Der Hochstapler Klante zog den kleinen Leuten die Ersparnisse aus den Taschen, indem er versprach, die Ersparnisse mit 25 % zu verzinsen; als der Verdacht des Betruges gegen ihn ausgesprochen wurde, trugen ihn seine Opfer jubelnd auf den Schultern. Kurpfuscher kamen zu Namen und Vermögen. Der General Ludendorff fiel auf einen Goldmacher, der den verheißungsvollen Namen Tausend trug, herein. Allerorts tauchten wirtschaftliche, lebensreformerische, philosophische, religiöse Rezeptschmiede auf. Schließlich stellten sich auch die politischen ein. Mahrauns Gedanke der Nachbarschaft war ein solches Rezept. Das Rennen machte hier freilich der verquerste und gewissenloseste all dieser Heilande: Adolf Hitler. Die Deutschen wollten von ihrer verfehlten Geschichte erlöst sein – und so machte der besessenste aller Erlöser große Karriere.« (Niekisch, Ernst: Gewagtes Leben. Begegnungen und Begebnisse, Köln/Berlin 1958, S. 174).

34 Mein Schüler Hitler. Das Tagebuch seines Lehrers Paul Devrient. Bearb. und hg. v. Werner Maser, Pfaffenhofen/Ilm 1975, S. 9, 266.

35 Völkischer Beobachter, 26.4.1932.

36 Zit. nach Ruge, Hindenburg, S. 416.

37 Ursachen und Folgen. Vom deutschen Zusammenbruch 1918 und 1945 bis zur staatlichen Neuordnung Deutschlands in der Gegenwart, Bd. VIII: Die Weimarer Republik. Das Ende des parlamentarischen Systems. Brüning – Papen – Schleicher 1930-1933. Hg. v. H. Michaelis, E. Schraepler und G. Scheel, Berlin o. J., S. 440.

38 Horkenbach, Das Deutsche Reich, Jg. 1932, S. 291.

39 Die »Hamburger Nachrichten« schrieben: »Was in Beuthen abgeurteilt worden ist, war ja kein Gewaltakt gegen einen deutschen Volksgenossen, sondern die Beseitigung eines polnischen Halunken, der zudem noch Kommunist war. Also ein zwiefacher Minusmensch, der das Recht, auf deutschem Boden zu leben, längst verwirkt hatte ... Hat man denn um Gottes willen in deutschen Richterkreisen immer noch nicht begriffen, daß es sich im Osten in dem Grenzkampf zwischen germanischen Edelmenschen und polnischen Untermenschen um den Daseinskampf des deutschen Volkes handelt?« (Zit. nach Vorwärts, 24.8.1932).

40 Die Tagebücher von Joseph Goebbels, Teil I, Bd. 2, S. 208.

41 Zit. nach Fest, Hitler, S. 461.

42 Die Tagebücher von Joseph Goebbels, Teil I, Bd. 2, S. 160.

43 Ebenda, S. 211. Es ist bezeichnend, daß Goebbels diese Notiz nicht in sein Erinnerungsbuch eintrug. Da hieß es auf S. 136 lediglich: »Die Folgerungen zu ziehen ist Sache des Führers; und dazu ist noch Zeit.« (Goebbels, Joseph: Vom Kaiserhof zur Reichskanzlei. Eine historische Darstellung in Tagebuchblättern, Berlin 1934).

44 Diese Einschätzung traf Paul Löbe, der sozialdemokratische Reichstagspräsident, nach einem Gespräch mit Schleicher (Löbe, Paul: Der Weg war lang. Lebenserinnerungen, Berlin 2./1954, S. 209f.).

45 So äußerte sich Schleicher in der Ministerratssitzung vom 10.8.1932 (Zit. nach Tormin, Die Weimarer Republik, S. 225).

46 Zit. nach Ruge, Deutschland 1917-1933, S. 373.

47 Deuerlein, Der Aufstieg, S. 398.

Anmerkungen zu Kapitel 9

1 Die Tagebücher von Joseph Goebbels, Teil I, Bd. 2, S. 225.

2 Völkischer Beobachter, 16.8.1932.

3 Hanfstaengl, Zwischen Weißem und Braunem Haus, S. 279.

4 Die Tagebücher von Joseph Goebbels, Teil I, Bd. 2, S. 237.

5 Aus einem Brief von Otto Fürst und Rheingraf zu Salm-Horstmar an Hindenburg vom 14.8.1932. Zit. nach Ruge: Hindenburg, Berlin 1974, S. 442.

6 Morsey, Rudolf: Die Deutsche Zentrumspartei. In: Erich Matthias/Rudolf Morsey: Das Ende der Parteien, Düsseldorf 1960, S. 317.

7 Der Angriff, 7.10.1932.
8 Delmer, Sefton: Die Deutschen und ich, Hamburg 1963, S. 174.
9 Zit. nach Pool, Hitlers Wegbereiter, S. 401.
10 Thyssen, Fritz: I paid Hitler, New York 1941, S. 110.
11 In einer sozialdemokratischen Zeitschrift fragte Ernst Heilmann am 9. Oktober 1932, ob nun, da der »braune« Faschismus überwunden sei, ein »blauer« Faschismus herrschen solle (Lexikon zur Parteiengeschichte, Bd. 3, S. 387).
12 Dokumente zur deutschen Geschichte 1929-1933. Hg. v. Wolfgang Ruge und Wolfgang Schumann, bearb. v. Kurt Gossweiler unter Mitwirkung v. Margarete Piesche, Berlin 1975, S. 73f.
13 Die Tagebücher von Joseph Goebbels, Teil I, Bd. 2, S. 233.
14 Ebenda, S. 244, 267.
15 Goebbels berichtet etwas entsetzt über »Hitlers Schwarm« ein Jahr nach dem Selbstmord von »Geli« Raubal. Bei der Tochter des preußischen Landtagsabgeordneten und späteren SS-Gruppenführers Hans Weinreich handele es sich um ein »mieses Mädchen«. Hitler beweise »schlechten Geschmack« und solle sich »eine würdige Freundin nehmen«. Als Quintessenz heißt es: »Wie groß muß Hitlers Sehnsucht nach der Frau sein!« (Die Tagebücher von Joseph Goebbels, Teil I, Bd. 2, S. 253ff.).
16 Turner, Henry Ashby jr.: Die Großunternehmer und der Aufstieg Hitlers, Berlin 1985 (im folgenden: Turner, Die Großunternehmer), S. 353.
17 Goebbels zeigte sich lediglich darüber empört, daß sich Straßer »in auffälliger Weise bei den Deutschnationalen anbiedert«. (Die Tagebücher von Joseph Goebbels, Teil I, Bd. 2, S. 264).
18 Siehe Turner, Die Großunternehmer, S. 348.
19 Die Tagebücher von Joseph Goebbels, Teil I, Bd. 2, S. 268f. Am 4.11.1932 notierte Goebbels: »Unser Ruf bei der Arbeiterschaft hat sich in ganz wenigen Tagen glänzend gehoben. Wenn sich das auch bei dieser Wahl noch nicht auswirken sollte, für die Zukunft ist dieser Aktivposten von gar nicht abzumessender Bedeutung.« (Ebenda, S. 270).
20 Zit. nach Ruge, Hindenburg, S. 449.
21 Zit. nach Ruge, Deutschland 1917-1933, S. 451.
22 Winkler, Heinrich August: Der Weg in die Katastrophe. Arbeiter und Arbeiterbewegung in der Weimarer Republik 1930 bis 1933, Berlin/Bonn 1987, S. 773.
23 Dokumente zur deutschen Geschichte 1929-1933, S. 89f.
24 Schreiner, Albert: Die Eingabe deutscher Finanzmagnaten, Monopolisten und Junker an Hindenburg für die Berufung Hitlers zum Reichskanzler (November 1932). In: ZfG, H. 2/1956, S. 367.
25 Turner, Henry Ashby jr., Die Großunternehmer, S. 365ff., 405ff.
26 Zit. nach Ruge, Hindenburg, S. 458.
27 Deutsche Reichsgeschichte in Dokumenten 1849-1934. Hg. v. Johannes Hohlfeld, Bd. IV, 1931-1934, Berlin 1934, S. 531.
28 Nuß, Karl: Militär und Wiederaufrüstung in der Weimarer Republik. Zur politischen Rolle und Entwicklung der Reichswehr, Berlin 1977, S. 288.
29 Dokumente zur deutschen Verfassungsgeschichte, Bd. 4: Deutsche Verfassungsdokumente 1919-1933. Hg. v. Ernst Rudolf Huber, Stuttgart u. a. 1992, S. 619ff.
30 Zit. nach Ruge: Hindenburg, S. 460.
31 Akten der Reichskanzlei. Das Kabinett von Papen. 1. Juni bis 3. Dezember 1932. Bearb v. Karl-Heinz Minuth, Bd. 2, Boppard am Rhein 1989, S. 1029ff.

32 Zit. nach Ruge, Hindenburg, S. 463.
33 Die Tagebücher von Joseph Goebbels, Teil I, Bd. 2, S. 293.
34 Ebenda, S. 275, 309, 318, 327.
35 Kissenkoetter, Gregor Strasser und die NSDAP, S. 142.
36 Die Tagebücher von Joseph Goebbels, Teil I, Bd. 2, S. 297.
37 In diesem Sinne äußerte er sich bereits am 2.9.1932 (Siehe ebenda, S. 236).
38 Deutsche Reichsgeschichte in Dokumenten, Bd. IV, S. 540f., 556f.
39 Die Tagebücher von Joseph Goebbels, Teil I, Bd. 2, S. 314.
40 Thormann, Werner: Politik der Woche. In: Deutsche Republik (1931/32), S. 420. Zit. nach Prümm, Karl: Antifaschistische Mission ohne Adressaten. Zeitkritik und Prognostik in der Wochenzeitschrift Deutsche Republik 1929-1933. In: Weimars Ende. Prognosen und Diagnosen in der deutschen Literatur und politischen Publizistik 1930-1933. Hg. v. Thomas Koebner, Frankfurt a. M. 1982, S. 138.
41 Siehe Scholdt, Autoren über Hitler, 474ff.
42 Zit. nach Deuerlein, Der Aufstieg, S. 411.
43 Frankfurter Zeitung, 1.1.1933.
44 Zit. nach Sösemann, Bernd: Periode des Übergangs oder »Ende des Systems«? Liberale Publizistik im Weimar der Präsidialkabinette. In: Koebner: Weimars Ende, S. 159f.
45 Zit. nach Hentschel, Volker: So kam Hitler. Schicksalsjahre 1932-1933. Eine Bild/Text-Reportage, Düsseldorf 1980, S. 101.
46 So äußerte er sich in einem Gespräch mit dem späteren österreichischen Bundeskanzler Kurt von Schuschnigg.
47 Zit. nach Pyta, Wolfram: Gegen Hitler und für die Republik. Die Auseinandersetzung der deutschen Sozialdemokratie mit der NSDAP in der Weimarer Republik, Düsseldorf 1989 (im folgenden: Pyta, Gegen Hitler), S. 187.
48 So z. B. Leopold Schwarzschild (Siehe Sösemann, Periode des Übergangs, S. 165).
49 Zit. nach Fest, Hitler, S. 495.
50 Pyta, Gegen Hitler, S. 188.
51 Walter, Hans-Albert: Deutsche Exilliteratur 1933-1950. Bd. I: Bedrohung und Verfolgung bis 1933, Darmstadt 1972, S. 90.
52 Die Tagebücher von Joseph Goebbels, Teil I, Bd. 2, S. 332.
53 So äußerte sich Theodor Wolff (Siehe Sösemann, Bernd: Das Ende der Weimarer Republik in der Kritik demokratischer Publizisten, Berlin 1976, S. 169).
54 Ebenda.
55 Dem vierköpfigen Präsidium des Reichslandbundes gehörte mit Werner Willikens bereits seit Dezember 1931 ein führendes NSDAP-Mitglied an.
56 Meissner, Otto: Staatssekretär unter Ebert – Hindenburg – Hitler, Hamburg 1950, S. 263.
57 Die Tagebücher von Joseph Goebbels, Teil I, Bd. 2, S. 349.
58 Siehe Hentschel, So kam Hitler, S. 92f.
59 Völkischer Beobachter, 27.1.1933.
60 Akten der Reichskanzlei. Das Kabinett von Schleicher. 3. Dezember 1932 bis 30. Januar 1933. Bearb. v. Anton Golecki, Boppard am Rhein 1986, S. 306f.
61 So urteilte Golo Mann in seinem Vorwort zu Calic, Ohne Maske, S. 6.
62 Hitlers Zweites Buch, S. 77.

Anmerkungen zu Kapitel 10

1 Vogelsang, Thilo: Neue Dokumente zur Geschichte der Reichswehr. In: Vierteljahreshefte für Zeitgeschichte, H. 4/1954, S. 434f.
2 Aktennotiz von Gustav Krupp von Bohlen und Halbach vom 22. Februar 1933. Zit. in: Der Prozeß gegen die Hauptkriegsverbrecher vor dem Internationalen Militärgerichtshof, Nürnberg, 14. November 1945 bis 1. Oktober 1946, Berlin 1947 (im folgenden: IMT), Bd. XXXV, S. 48, Dok. D-204.
3 Eidesstattliche Erklärung Georg von Schnitzlers in der Voruntersuchung zum IG-Farben-Prozeß (1945). Zit. nach: Anatomie des Krieges. Neue Dokumente über die Rolle des deutschen Monopolkapitals bei der Vorbereitung und Durchführung des zweiten Weltkrieges. Hg. und eingel. v. Dietrich Eichholtz und Wolfgang Schumann, Berlin 1969 (im folgenden: Anatomie des Krieges), S. 104ff.
4 Die Tagebücher von Joseph Goebbels, Teil I, Bd. 2, S. 380.
5 Ursachen und Folgen. Hg. und bearbeitet v. Herbert Michaelis und Ernst Schraepler unter Mitwirkung von Günter Scheel. Eine Dokumenten-Sammlung zur Zeitgeschichte. Vom deutschen Zusammenbruch 1918-1945 zur staatlichen Neuordnung Deutschlands in der Gegenwart. Berlin o. J. (im folgenden: Ursachen und Folgen), Bd. 9, S. 47f.
6 Ebenda, S. 16f.
7 Domarus, Reden, Bd. I/1, S. 267.
8 Ursachen und Folgen, Bd. 9, S. 280f.
9 Ebenda, S. 392.
10 Rede vor dem Reichstag am 30. Januar 1934. In: ebenda, S. 305.
11 Ebenda, S. 663f.
12 Ebenda, S. 641.
13 So in der erwähnten Rede vom 10. Mai 1933 (Domarus, Reden, Bd. I/1, S. 267).
14 Nach dem Ende des Nazireiches sagte Amann vor einer Spruchkammer über seine eigenen und die Vermögensverhältnisse Hitlers aus, soweit er sie überblickte. Demnach betrug das Konto Hitlers beim Eher-Verlag 1945 etwa sieben Millionen Reichsmark. Nach Amanns Schätzungen hatte Hitler seit 1925 von ihm ungefähr acht Millionen abgerufen (Joachimsthaler: Hitler in München, S. 149f.).
15 Ursachen und Folgen, Bd. 9, S. 233f.
16 Ebenda, S. 303.
17 Ebenda, Bd. 10, S. 319.
18 Ebenda, Bd. 9, S. 393ff.
19 Ebenda, S. 41-44.
20 BA Koblenz, Außenstelle Potsdam, Auswärtiges Amt, Nr. 60966.
21 Akten zur Deutschen Auswärtigen Politik 1918-1945, Baden-Baden 1951ff. (im folgenden: ADAP) Serie C, Bd. I/1, S. 255-261.
22 Ebenda, S. 35f.
23 Sitzung vom 12. Mai 1933 (ebenda, S. 406f.).
24 Domarus, Reden, Bd. I/1, S. 273.
25 Rundfunkansprache Hitlers vom 27. Mai 1933. Sie legte den Anhängern der NSDAP in der Hansestadt obendrein in einem Augenblick Zurückhaltung auf, da sie einen Wahlsieg errungen hatten und in Danzig die Stadtregierung bilden konnten (ebenda, S. 279).
26 ADAP, Serie C, Bd. I/1, S. 204f.
27 Ebenda, Bd. I/2, S. 485.

28 Gespräche des Reichsaußenministers von Neurath mit Hitler am 4. August 1933 auf dem Obersalzberg (ADAP, Serie C, Bd. I/1, S. 710f.) und in Hohenschwangau am 12. August 1933 (ebenda, S. 732f.).
29 Domarus, Reden, Bd. I/1, S. 388.
30 ADAP, Serie C, Bd. I/2, S. 872.
31 Ebenda, S. 907.
32 Domarus, Reden, Bd. I/1, S. 312.
33 ADAP, Serie C, Bd. II/1, S. 38f.
34 Ursachen und Folgen, Bd. 9, S. 317.
35 Dokumente der Deutschen Politik und Geschichte von 1848 bis zur Gegenwart. Hg. v. Johannes Hohlfeld, IV. Bd.: Die Zeit der nationalsozialistischen Diktatur 1933-1945. Aufbau und Entwicklung 1933-1938, Berlin o. J., S. 159-162.
36 Mitteilung der Reichspressestelle der NSDAP. In: Domarus, Reden, Bd. I/1, S. 400.
37 Erklärung der Reichspressestelle der NSDAP vom 30. Juni 1934. In: ebenda, S. 398f.
38 Ebenda, S. 405.
39 Ebenda.
40 Ursachen und Folgen, Bd. 10, S. 199.
41 Ebenda, S. 212-220.
42 Rede Hitlers vor dem Reichstag am 13. Juli 1934. In: Domarus, Reden, Bd. I/1, S. 422.
43 Schlußrede Görings vor dem Reichstag am 13. Juli 1934 (Ebenda, S. 425).
44 Domarus, Reden, Bd. I/1, S. 438.
45 BA Koblenz, R 22, Nr. 4277.
46 Verfügung Hitlers über den SA-Dienst vom 14. März 1935. In: Domarus, Reden, Bd. I/2, S. 490.
47 Ursachen und Folgen, Bd. 10, S. 277.

Anmerkungen zu Kapitel 11

1 So auch der Titel eines Films, den die Regisseurin Leni Riefenstahl von der Veranstaltung gedreht hatte.
2 Domarus, Reden, Bd. I/1 S. 445.
3 Ebenda, S. 447f.
4 Domarus, Reden, Bd. I/2, S. 480f.
5 Die nach einem längeren Prozeß von Beratungen zustande gekommene Verordnung Hitlers datiert vom 24. Oktober 1934 (in: Ursachen und Folgen, Bd. 9, S. 654ff.).
6 Domarus, Reden, Bd. I/2, S. 449-452.
7 Ebenda, S. 432ff.
8 ADAP, Serie C, Bd. III/2, S. 663ff.
9 Ebenda, S. 853.
10 So während des Treffens im November 1934 (zitiert in: Domarus, Reden, Bd. I/1, S. 461).
11 Ebenda, S. 445f.
12 Text des Erlasses, dessen Bestimmungen am 1. März 1935 in Kraft traten, in: ADAP, Serie C, Bd. III/2, S. 943f.
13 Ebenda, S. 1023ff.
14 Ebenda, S. 1063f.

15 Die Rede wurde auf einer Wahlkundgebung gehalten, die den Wahlen zum Danziger »Volkstag« am 7. April 1935 vorausging (Goebbels Reden 1932-1939, Düsseldorf 1971, im folgenden: Goebbels-Reden, Bd. 1, S. 211).
16 Handbuch der Verträge 1871-1964. Verträge und andere Dokumente aus der Geschichte der internationalen Beziehungen. Hg. v. Helmuth Stoecker unter Mitarbeit von Adolf Rüger, Berlin 1968 (im folgenden: Handbuch der Verträge), S. 273.
17 Ebenda, S. 276ff.
18 Ebenda, S.274ff.
19 Goebbels-Reden, Bd. 1, S. 212f.
20 Deutsches Nachrichtenbüro (im folgenden: DNB), Nr. 1201 vom 12. August 1935.
21 Domarus, Reden, Bd. I/1, S. 459.
22 RGBl., 1934, Teil I, S. 1269.
23 Ursachen und Folgen, Bd. 11, S. 155.
24 RGBl., 1935, Teil I, S. 1146.
25 Domarus, Reden, Bd. I/2, S. 538.
26 Ebenda, S. 537.
27 Ebenda, S. 539.
28 Goebbels-Reden, Bd. 1, S. 233, 236.
29 Domarus, Reden, Bd. I/2, S. 547.
30 Ebenda, S. 544, u. Archiv der Gegenwart (im folgenden: AdG), Jg. 1935, S. 2248.
31 Rede am 30. November 1935. In: AdG, Jg. 1935, S. 2323.
32 AdG, Jg. 1935, S. 2279.
33 Die Auflösung des Stahlhelm, Bund der Frontsoldaten, erfolgte am 7. November 1935 mit der Begründung, das von ihm verfolgte Ziel, die Wiederbewaffnung Deutschlands, sei nun erreicht.
34 ADAP, Serie C, Bd. IV/2, S. 759.
35 Ebenda, S. 832.
36 Ebenda, S. 763.
37 Ebenda, S. 901.
38 So auch die Argumentation Hitlers vor dem Reichskabinett in dessen Sitzung am 13. Dezember 1935 (ebenda, S. 896f.).
39 Domarus, Reden, Bd. I/2, S. 571.
40 Ebenda, S. 579f.
41 IMT, Bd. XXXIV, S. 645f.
42 Domarus, Reden, Bd. I/2, S. 595.
43 Zweig, Arnold: An der Schwelle des 4. Kriegsjahres, wiedergedruckt in: Beiträge zur Geschichte der Arbeiterbewegung, H. 4/1972, S. 589.
44 Anatomie des Krieges, S. 142ff.
45 Ebenda, S. 144-150.
46 Domarus, Reden, Bd. I/2, S. 638.
47 Ebenda, Bd. I/2, S. 642.
48 RGBl., 1936, Teil I, S. 887.
49 Domarus, Reden, Bd. I/2, S. 658.
50 ADAP, Serie C, Bd. V/2, S. 861.
51 Ebenda, S. 703-707.
52 Ebenda, S. 859.
53 ADAP, Serie D, Bd. I, S. 600, Anm.
54 Domarus, Reden, Bd. I/2, S. 668.
55 Heim, Monologe, S. 240.

56 Rede am 8. November 1938, Heinrich Himmler. Geheimreden 1933-1945 und andere Ansprachen. Hg. v. Bradley Smith/Petersen, Agnes F., Frankfurt a. M. 1974, S. 112.
57 RGBl., 1937, Teil I, S. 305.
58 Domarus, Reden, Bd. I/2, S. 652f.
59 Ebenda, S. 643.
60 Ebenda, S. 613.
61 AdG, Jg. 1937, S. 3336.
62 ADAP, Serie C, Bd. VI/2, S. 801f.

Anmerkungen zu Kapitel 12

1 ADAP, Serie D, Bd. V, S. 24.
2 Domarus, Reden, Bd. I/2, S. 748-754.
3 ADAP, Serie D, Bd. I, S. 45-56.
4 Das Gespräch fand anläßlich eines mehrtägigen Besuchs einer ungarischen Regierungsdelegation statt, die Darányi leitete (ADAP, Serie D, Bd. V, S. 170).
5 Hitler nahm während seines Aufenthalts in Augsburg auch an der 15-Jahr-Feier der NSDAP-Ortsgruppe teil. Seine Ausführungen siehe Domarus, Reden, Bd. I/2, S. 760.
6 Die Veranstaltung fand am 7. Dezember 1937 statt. Sie bezeugte zum einen, daß auch innerhalb der NSDAP-Führerschaft dem überseeischen Kolonialbesitz unterschiedliche Bedeutung beigemessen wurde. Zum anderen zeigte sie, daß Hitler durchaus damit einverstanden war, wenn seinen beruhigenden Erklärungen im geheimen diplomatischen Verkehr öffentlich Töne beigemischt wurden, die bewirken sollten, daß man sich in London mit den direkten Ansprüchen befaßte, die Deutschland noch erheben würde, und sich an Entwicklungen desinteressiert hielt, die den eigenen Staat und seine Interessen nicht zu berühren schienen (AdG, 1937, S. 3327).
7 Domarus, Reden, Bd. I/2, S. 767.
8 VB. 15. Dezember 1937.
9 Domarus, Reden, Bd. I/2, S. 773.
10 So Hitler in einem Gespräch mit dem deutschen Botschafter in Wien, von Papen (ADAP, Serie D, Bd. 1, S. 106).
11 Beck besuchte Hitler am 14. Januar 1938 (ADAP, Serie D, Bd. V, S. 34).
12 Der Ministerpräsident und Außenminister Jugoslawiens hielt sich zu einem Staatsbesuch mehrere Tage in Deutschland auf. Bei seiner Zusammenkunft mit Hitler am 17. Januar waren auch Göring und von Neurath anwesend.
13 Domarus, Reden, Bd. I/2, S. 783.
14 ADAP, Serie D, Bd. I, S. 423f.
15 Domarus, Reden, Bd. I/2, S. 801
16 ADAP, Serie D, Bd. I, S. 443f.
17 Ebenda, S. 450.
18 Weisung Hitlers vom 11. März 1938. In: Europa unterm Hakenkreuz. Die Okkupationspolitik des deutschen Faschismus (1938-1945). Achtbändige Dokumentation. Hg. v. einem Kollegium unter der Leitung von Wolfgang Schumann und Ludwig Nestler, seit 1992 hg. vom Bundesarchiv. Die faschistische Okkupationspolitik in Österreich und der Tschechoslowakei (1938-1945), im folgenden: Europa unterm Hakenkreuz und danach die Staatsangabe, Berlin 1988, S. 78.
19 Text des am 13. März 1938 verabschiedeten und am gleichen Tage in Kraft getretenen Gesetzes in: Ebenda, S. 79.

20 Domarus, Reden, Bd. I/2, S. 829-832.
21 Protokoll einer »Österreich-Besprechung« von Vorstandsmitgliedern und anderen leitenden Mitarbeitern der IG Farbenindustrie AG vom 17. März 1938. In: Europa unterm Hakenkreuz, Österreich/Tschechoslowakei, S. 79.
22 Siehe auch Brief von Hjalmar Schacht an Wilhelm Keppler vom 29. März 1938. In: Ebenda, S. 85.
23 Ebenda, S. 84f.
24 Goebbels-Reden, Bd. 1, S. 295.
25 Dessen Text und Hitlers Antwort in: Domarus, Reden, Bd. I/2, S. 821.
26 Hitlers Weisungen für Konrad Henlein referierte der Reichsaußenminister auf einer Besprechung am folgenden Tage. In: Dokumente zur deutschen Geschichte 1936-1939. Hg. v. Wolfgang Ruge und Wolfgang Schumann, Berlin 1977 (im folgenden: Dokumente zur deutschen Geschichte), S. 71.
27 Goebbels-Reden, Bd. 1, S. 302.
28 ADAP, Serie D, Bd. III, S. 190f.
29 Weisung für die einheitliche Kriegsvorbereitung der Wehrmacht vom 24. Juni 1937. In: IMT, Bd. XXXIV, S. 734f.
30 ADAP, Serie D, Bd. II, S. 190.
31 Am 30. Mai 1938 setzte Hitler den veränderten Aufmarschplan gegen die Tschechoslowakei in Kraft (IMT, Bd. XXV, S. 434).
32 ADAP, Serie D, Bd. VII Anhang, S. 540.
33 Die Weizsäcker-Papiere 1933-1950. Hg. v. Leonidas E. Hill, Frankfurt a. M. 1974 (im folgenden: Weizsäcker-Papiere), S. 126.
34 Domarus, Reden, Bd. I/2, S. 867.
35 Ebenda, S. 874.
36 Ebenda, S. 876ff.
37 Dokumente zur deutschen Geschichte 1936-1939, S. 78f.
38 IMT, Bd. XXXVIII, S. 375-401.
39 Die Tagebücher von Joseph Goebbels, Teil I, Bd. 3, S. 105.
40 Goebbels-Reden, Bd. 1, S. 305, 307.
41 ADAP, Serie D, Bd. II, S. 487.
42 Ebenda, Bd. V, S. 63.
43 Ebenda, Serie D, Bd. II, S. 493f.
44 Ebenda, Bd. II, S. 579.
45 Domarus, Reden, Bd. I/2, S. 869, 904f.
46 ADAP, Serie D, Bd. II, S. 689f.
47 Domarus, Reden, Bd. I/2, S.
48 ADAP, Serie D, Bd. II, S. 789.
49 Handbuch der Verträge, S. 292ff.
50 Ebenda, S. 294.
51 IMT, Bd. XXXIV, S. 477.

Anmerkungen zu Kapitel 13

1 Vierteljahreshefte für Zeitgeschichte, H. 2/1958, S. 182f.
2 Rede von Joseph Goebbels in der Messehalle zu Reichenberg am 19. November 1938. In: Goebbels-Reden, Bd. 1, S. 312f., 320.

3 Rede von Adolf Hitler in Reichenberg am 2. Dezember 1938. Auszug in: Dokumente zur deutschen Geschichte, S. 102.
4 Domarus, Reden, Bd. II/1, S. 1031ff.
5 ADAP, Serie D, Bd. V, S. 130f.
6 Ebenda, S. 140
7 Domarus, Reden, Bd. II/1, S. 1049, 1055, 1058, 1064.
8 ADAP, Serie D, Bd. IV, S. 183ff.
9 Ebenda, S. 212ff.
10 Ebenda, S. 235.
11 RGBl. I, 1939, S. 485.
12 ADAP, Serie D, Bd. IV, S. 246ff.
13 Runderlaß von Hermann Göring vom 16. März 1939. In: Europa unterm Hakenkreuz, Österreich/Tschechoslowakei, S.106f.
14 ADAP, Serie D, Bd. VI, S. 58ff.
15 Siehe Handbuch der Verträge, S. 308f.
16 AdG, 1939, S. 4007ff.
17 Arbeitsbericht Krauchs vor dem Generalrat des Vierjahresplans am 28. April 1939. In: Anatomie des Krieges, S. 210-214.
18 Handbuch der Verträge, S. 302ff.
19 Der Nürnberger Prozeß. Aus den Protokollen, Dokumenten und Materialien des Prozesses gegen die Hauptkriegsverbrecher vor dem Internationalen Militärgerichtshof. Ausgew. und eingel. v. Prof. Dr. P. A. Steiniger (im folgenden: Nürnberger Prozeß), Bd. II, S. 162f.
20 Zum weiteren siehe Pätzold, Kurt: Hitlers fünfzigster Geburtstag am 20. April 1939. In: Eichholtz, Dietrich/Pätzold, Kurt: Der Weg in den Krieg. Studien zur Geschichte der Vorkriegsjahre (1935/36 bis 1939), Berlin 1989, S. 309-343.
21 Völkischer Beobachter, 20. April 1939.
22 Diese und die folgenden zitierten Äußerungen finden sich sämtlich in den Ausgaben des Zentralorgans der NSDAP vom 19. und 20. April 1939.
23 Der SA-Führer, 1939, Nr. 4 (April-Ausgabe), S. 4.
24 Die Summe war von großzügig verfahrenden Statistikern gewonnen worden, die Ende April bekanntgeben ließen, daß im Großdeutschen Reich insgesamt 86,2 Millionen Menschen lebten. Die 80-Millionen-Grenze war nur dadurch überschritten worden, daß die tschechischen Bewohner des »Protektorats« mitgezählt worden waren.
25 Den Text siehe Völkischer Beobachter, 29. April 1939.
26 ADAP, Serie D, Bd. VI, S. 243.
27 Zum Text der Botschaft des Präsidenten der USA und ihrer Bewertung siehe Jakowlew, N. N.: Franklin D. Roosevelt. Eine politische Biographie, Berlin 1977, S. 353.
28 Shirer, William L.: Das Jahrzehnt des Unheils. Meine Erlebnisse und Erfahrungen in Deutschland und Europa 1930-1940, Bern 1986, S. 295.
29 Domarus, Reden, Bd. II/1, S. 1185.
30 AdG, Jg. 1939, S. 4071.
31 Ebenda, S. 4073.
32 Handbuch der Verträge, S. 305.
33 IMT, Bd. XXXVII, S. 547ff.
34 Sowjetstern und Hakenkreuz 1938 bis 1941. Dokumente zu den deutsch-sowjetischen Beziehungen. Hg. u. eingel. v. Kurt Pätzold und Günter Rosenfeld, Berlin 1990 (im folgenden: Sowjetstern und Hakenkreuz), S. 113.

35 Diese erwähnte Hitler als eine seiner Informationsquellen in einem Gespräch mit dem Außenminister Ungarns, Graf István Csáky, während eines Zusammentreffens am 8. August 1939 (ADAP, Serie D, Bd. VI, S. 923).
36 ADAP, Serie D, Bd. VI, S. 313ff.
37 Das Gespräch fand am 30. Mai 1939 statt (Sowjetstern und Hakenkreuz, S. 146-150).
38 Domarus, Reden, Bd. II/1, S. 1207.
39 Ebenda, S. 1215.
40 Europa unterm Hakenkreuz, Österreich/Tschechoslowakei, S. 118f.
41 AdG, Jg. 1939, S. 4105f.
42 Ebenda, S. 4115f.
43 Ebenda.
44 Ebenda, S. 4116.
45 Rede am 2. Juli 1939. In: ebenda, S. 4122.
46 Rede auf einer Reichstagung der Auslandsdeutschen. In: ebenda, S. 4189.
47 Rede am 10. August 1939. In: ebenda, S. 4168.
48 Ansprache vor Wehrmachtsbefehlshabern am 14. August 1939, ADAP, Serie D, Bd. VII, S. 451-466.
49 AdG, Jg. 1939, S. 4167.
50 Während des Gesprächs am 8. August 1939, ADAP, Serie D, Bd. VI, S. 919-924.
51 ADAP, Serie D, Bd. VII, S. 32, 45.
52 Ansprache Hitlers vor Wehrmachtsbefehlshabern, ebenda, S. 461-464.
53 Sowjetstern und Hakenkreuz, S. 202.
54 Ebenda, S. 209.
55 Ebenda, S. 223, 225.
56 Erste Ansprache Hitlers vor den Oberbefehlshabern am 22. August 1939, ADAP, Serie D, Bd. VII, S. 170.
57 Ebenda, S. 168f.
58 Ebenda, S. 170.
59 So nach Notizen General Halders, ADAP, Serie D, Bd. VII, S. 467ff.
60 In Halders Notizen wird die entsprechende Redepassage mit den Worten festgehalten: »Hart und rücksichtslos. Gegen alle Erwägungen des Mitleids hart machen.« (Ebenda, S. 469).
61 Zweite Ansprache Hitlers am 22. August, ADAP, Serie D, Bd. VII, S. 171f.
62 Sowjetstern und Hakenkreuz, S. 231f.
63 Während Ribbentrop noch in Moskau war, hatte der britische Botschafter im Auftrag seiner Regierung Hitler in Berchtesgaden aufgesucht und ihm in Anwesenheit von Staatssekretär von Weizsäcker erklärt, daß Großbritannien zu seiner Zusage an Polen stehen werde (ADAP, Serie D, Bd. VII, S. 200).
64 Domarus, Reden, Bd. II/1, S. 1277.
65 Handbuch der Verträge, S. 308f.
66 Benito Mussolini mit Selbstzeugnissen und Bilddokumenten, dargestellt von Giovanni de Luna, Reinbek bei Hamburg 1978 (im folgenden: Luna, Mussolini), S. 115f.
67 Erste Ansprache Hitlers am 22. August 1939, ADAP, Bd. VII, S. 170.
68 RGBl., 1939, Teil I, S. 1539f.
69 Der Nürnberger Prozeß, Bd. II, S. 169ff.
70 Zweite Ansprache Hitlers am 22. August 1939, ADAP, Serie D, Bd. VII, S. 172.
71 Aussage des SS-Sturmbannführers Alfred Naujocks vor dem Internationalen

Militärgerichtshof in Nürnberg am 20. November 1945 In: Ursachen und Folgen, Bd. 13, S. 596f.
72 In einer Rede am 1. Oktober 1939, Winston Churchill, Reden, Bd. I, S. 211.

Anmerkungen zu Kapitel 14

1 Domarus, Reden, Bd. II/1, S. 1315.
2 So schon in der zweiten Ansprache Hitlers am 22. August 1939, ADAP, Serie D, Bd. VII, S. 172.
3 Ansprache Hitlers vor den Oberbefehlshabern am 23. November 1939. In: Der Nürnberger Prozeß, Bd. II, S.96.
4 Erste Ansprache Hitlers am 22. August 1939, ADAP, Serie D, Bd. VII, S. 169.
5 Ansprache Hitlers vor den Oberbefehlshabern am 23. November 1939. In: Der Nürnberger Prozeß, Bd. II, S. 100.
6 Paul Schmidt, Statist auf diplomatischer Bühne 1923-1945. Erlebnisse des Chefdolmetschers im Auswärtigen Amt mit den Staatsmännern Europas, Frankfurt a. M. 1964 (im folgenden: Schmidt, Statist), S. 474.
7 ADAP, Serie D, Bd. VIII, S. 127f.
8 Ebenda, S. 129.
9 Rede von Goebbels auf dem Heumarkt in Danzig am 6. April 1935. In: Goebbels-Reden, Bd. I, S. 209.
10 Zit. in: Dokumente zur deutschen Geschichte 1939-1942. Hg. v. Wolfgang Ruge und Wolfgang Schumann, Berlin 1977, S. 27.
11 Anatomie des SS-Staates. Hg. v. Hans Buchheim u. a., Bd. 2, München 1979, S. 90f.
12 Franz Halder, Kriegstagebuch. Tägliche Aufzeichnungen des Chefs des Generalstabs des Heeres 1939-1943. Bearbeitet von Hans-Adolf Jacobsen, 3 Bde., Stuttgart 1962-1964 (im folgenden: Halder, KTB), Bd. I, S. 86.
13 Hitlers Weisungen über die Kriegführung 1939-1945. Dokumente des Oberkommandos der Wehrmacht. Hg. v. Walther Hubatsch, Frankfurt a. M. 1962 (im folgenden: Hitlers Weisungen), S. 32f.
14 Domarus, Reden, Bd. II/1, S. 1390.
15 Europa unterm Hakenkreuz. Polen, Berlin 1989, S. 126f.
16 Aktennotiz von der Tagung am 13. Oktober 1939, ebenda, S. 130f.
17 Niederschrift vom 20. Oktober 1939 über eine von Hitler am 17. Oktober 1939 an Keitel gegebene Instruktion, ebenda, S. 133f.
18 Hitlers Weisungen, Nr. 6, S. 32f.
19 Hoch, Anton/Gruchmann, Lothar: Georg Elser: Der Attentäter aus dem Volke. Der Anschlag auf Hitler im Münchner Bürgerbräu 1939, Frankfurt a. M. 1980, insbesondere der dort abgedruckte Text des Vernehmungsprotokolls, S. 56-154.
20 Ebenda, S. 37.
21 Nürnberger Prozeß, Bd. II, S. 96-100.
22 Ebenda, S. 96.
23 Ebenda, S. 97.
24 Ebenda, S. 97.
25 Ebenda, S. 97f.
26 Ebenda, S. 98.
27 Heim, Monologe, S. 320 (Eintragung vom 1. August 1942).
28 ADAP, Serie D, Bd. VIII, S. 660f.

29 Brief Mussolinis an Hitler vom 3. Januar 1940, ebenda, Serie D, Bd. VIII, S. 474-477.
30 Domarus, Reden, Bd. I/2, S. 860.
31 Europa unterm Hakenkreuz, Dänemark/Norwegen, Berlin 1992, S. 75.
32 Heim, Monologe, S. 147 (Eintragung vom 30. November 1941).
33 Warlimont, Walter: Im Hauptquartier der deutschen Wehrmacht 1933-1945, Frankfurt a. M. 1964, S. 95f.
34 Heim, Monologe, S. 55 (Eintragung vom 8.-11. August 1941) und S. 79f. (Eintragung vom 13. Oktober 1941).
35 Die Wehrmachtsberichte 1939-1945. Bd. 1: 1. September 1939 bis 31. Dezember 1941, München 1985 (im folgenden: OKW-Berichte), S. 143.
36 Heim, Monologe, S. 92 (Eintragung vom 17./18. Oktober 1941).
37 ADAP, Serie D, Bd. IX, S. 504.
38 Der Waffenstillstandsvertrag von Compiègne. In: OKW-Berichte, Bd. 1, S. 226-232.
39 Der Sicherheitsdienst meldete am 27. Juni 1940, daß die Meinung vorherrsche, der Krieg gegen England werde höchstens noch sechs Wochen dauern. (Boberach, Heinz: Meldungen aus dem Reich. Die geheimen Lageberichte des Sicherheitsdienstes der SS 1938-1945, Bd. 5, Herrsching 1984, im folgenden: Boberach, Meldungen, S. 1307).
40 »Völkischer Beobachter«, 25. Juni 1940, Faksimile-Wiedergabe in: Deutschland im zweiten Weltkrieg. Hg. v. einem Autorenkollektiv unter Leitung von Wolfgang Schumann und Gerhart Hass, Bd. 1: Vorbereitung, Entfesselung und Verlauf des Krieges bis zum 22. Juni 1941, Berlin 1974 , S. 333.
41 Churchill, Winston: Der Zweite Weltkrieg, Bd. 2/1, Berlin 1949, S. 147.
42 Siehe Aufzeichnung zum 21. Mai 1940. In: Lagevorträge des Oberbefehlshabers der Kriegsmarine vor Hitler 1939-1945. Im Auftrag des Arbeitskreises für Wehrforschung hg. v. Gerhard Wagner, München 1972 (im folgenden: Lagevorträge), S. 104
43 Klee, Karl: Das Unternehmen »Seelöwe«. Die geplante deutsche Landung in England 1940, Göttingen 1958, S. 189.
44 Heim, Monologe, S. 44, 75.
45 Speer, Albert: Erinnerungen, Frankfurt a. M. 1975, S. 188, 192.
46 OKW-Berichte, Bd. 1, S. 243.
47 Ebenda, S. 243f.
48 Schon am 4. Juli 1940 hieß es im Bericht des Sicherheitsdienstes über die allgemeine Stimmung: »In steigendem Maße richtet sich das Augenmerk der Bevölkerung auf die erwartete Offensive gegen England ... Alles andere Geschehen wird nur am Rande beachtet.« (Boberach, Meldungen, Bd. 5, S. 1333).
49 OKW-Berichte, Bd. 1, S. 220.

Anmerkungen zu Kapitel 15

1 Domarus, Reden, Bd. II/1, S. 1558.
2 Der zweite Weltkrieg. Dokumente. Ausgew. u. eingel. v. Gerhard Förster und Olaf Groehler, Berlin 1972 (im folgenden: Der zweite Weltkrieg. Dokumente), S. 67-70.
3 Halder, KTB, Bd. II, S. 31. Da galt Hitler die Kapitulation Großbritanniens noch als Vorbedingung dafür, daß er das »russische Problem in Angriff« nehmen könne (Domarus, Reden, Bd. II/1, S. 1561).

4 Hitlers Weisungen, S. 65ff.
5 Wie aus dem Vortrag Raeders bei Hitler am 21. Mai 1940 hervorgeht, hatte die Seekriegsleitung im November 1938 begonnen, eine Landung in England gedanklich vorzubereiten. Doch rechnete er nicht damit, daß kein Jahr vergehen werde, bis die Frage sich praktisch stellen und zu entscheiden sein würde (siehe auch Vortrag vom 11. Juli 1940. In: Lagevorträge, S. 104, 109).
6 Eichholtz, Dietrich: Geschichte der deutschen Kriegswirtschaft 1939-1945. Bd. 1: 1939-1941, Berlin 1969, S. 213f.
7 ADAP, Serie D, Bd. XI/1, S. 255f. Siehe auch Groehler, Olaf: Geschichte des Luftkriegs 1910-1970, Berlin 1975, S. 276.
8 Boberach, Meldungen, Bd. 5, S. 1362.
9 Handbuch der Verträge, S. 316f.
10 ADAP, Serie D, Bd. XI/1, S. 210-221.
11 So drückte sich Hitler während des Gesprächs mit Mussolini am 19. Januar 1941 aus, als er alle Versuche, Franco doch noch zum Kriegseintritt zu bewegen, als gescheitert ansehen mußte (Ursachen und Folgen, Bd. 16, S. 187).
12 ADAP, Serie D, Bd. XI/1, S. 315-319.
13 Ebenda, S. 326-332, bes. S. 330.
14 Hitler erteilte einen entsprechenden Auftrag am 8. Dezember 1940 (Halder, KTB, Bd. I, S. 219). Die Weisung Nr. 19 (Unternehmen Attila) wurde am 10. Dezember 1940 erlassen (ADAP, Serie D, Bd. XI/2, S. 697ff.).
15 Mussolini hatte Hitler in einem Brief am 19. Oktober 1940 geschrieben: »Was Griechenland anbetrifft, bin ich entschlossen, jedes Zögern zu vermeiden, und zwar sehr schnell zu handeln.« (ADAP, Serie D, Bd. XI/1, S. 283).
16 Ebenda, S. 237, 348-357.
17 Brief Mussolinis an Hitler vom 19. Oktober 1940. Erst für diese letzte Phase der gedachten Offensive wünschte der Duce deutsche Unterstützung (ebenda, S. 282).
18 Lagevorträge, S. 148, und Weisung Hitlers vom 10. Dezember 1940 (ADAP, Bd. XI/2, S. 697).
19 So entschied Hitler in der Lagebesprechung am 4. November 1940 (Lagevorträge, S. 148).
20 ADAP, Serie D, Bd. XI/2, S. 535ff.
21 Das Treffen fand am 18. November 1940 statt (ADAP, Serie D, Bd. XI/2, S. 546).
22 Ebenda, Serie D, Bd. XI, S. 462-472.
23 Weizsäcker-Papiere, S. 224.
24 Hitlers Weisungen, S. 67.
25 Diese Aussage findet sich in nahezu gleicher Formulierung auch bereits in der Rede, die Hitler am 8. November 1940 in München gehalten hatte: »Es gibt keine Mächtekoalition, die der unseren militärisch gewachsen sein könnte.« (Domarus, Reden, Bd. II/1, S. 1617).
26 Die Hassell-Tagebücher. Ulrich von Hassell. Aufzeichnungen vom Andern Deutschland. Hg. v. Friedrich Freiherr Hiller von Gaertringen, Berlin 1988 (im folgenden: Hassell-Tagebücher), S. 234 (Eintragung vom 8. Oktober 1940).
27 ADAP, Serie D, Bd. XI/2, S. 514-519.
28 Das geht aus der Studie Jodls vom 21. Dezember 1940 hervor (in: Griff nach Südosteuropa, Neue Dokumente über die Politik des deutschen Imperialismus und Militarismus gegenüber Südosteuropa im zweiten Weltkrieg. Hg. u. eingel. v. Wolfgang Schumann, Berlin 1973, im folgenden: Griff nach Südosteuropa, S. 105).
29 Kriegstagebuch des Oberkommandos der Wehrmacht (Wehrmachtsführungsstab)

1940-1945. Geführt von Helmuth Greiner und Percy Ernst Schramm. Im Auftrag des Arbeitskreises für Wehrforschung. Hg. v. Percy Ernst Schramm, Frankfurt a. M. 1965 (im folgenden: Schramm, KTB), Bd. I: 1. August 1940-31. Dezember 1941. Zusammengestellt und erläutert von Hans-Adolf Jacobsen, S. 203-209.

30 Schramm, KTB, S. 217ff., 222.

31 Brief vom 6. Februar 1941, Domarus, Reden, Bd. II/2, S. 1666.

32 Weisung Nr. 20, ADAP, Serie D, Bd. XI/2, S. 724f.

33 Weisung Nr. 21, ebenda, S. 750ff.

34 Der zweite Weltkrieg. Dokumente, S. 94-97.

35 In diesem Sinne hatte sich der Oberbefehlshaber der Kriegsmarine am 14. November 1940 gegenüber Hitler ausgesprochen und dann erneut am 27. Dezember 1940 (Lagevorträge, S. 154, 171).

36 Schramm, KTB, Bd. II, S. 228.

37 Fernschreiben an den Reichsaußenminister vom 28. April 1941, Weizsäcker-Papiere, S. 249f.

38 Schramm, KTB, Bd. I, S. 996.

39 Domarus, Reden, Bd. II/1, S. 1628-1633.

40 Ebenda, S. 1617f.

41 Ebenda, S. 1638.

42 Ebenda, S. 1630.

43 AdG, Jg. 1940, S. 4835.

44 Domarus, Reden, Bd. II/1, S. 1660.

45 Meldungen, Bd. 6, S. 1887.

46 Picker, Tischgespräche, S. 389 (Eintragung vom 27. Juni 1942).

47 Lagevorträge, S. 181.

48 Ursachen und Folgen, Bd. 16, S. 395ff., KTB, Bd. I, S. 270-275, u. Galeazzo Ciano: Tagebücher 1939-1943, Berlin 1947, S. 309f.

49 Schramm, KTB, Bd. I, S. 257.

50 Ebenda, S. 257f.

51 Keitel instruierte Brauchitsch über diese Entscheidung in einem Brief am folgenden Tage (Schramm, KTB, Bd. I, S. 1004-1005).

52 Ebenda, S. 291.

53 Anatomie des Krieges. Neue Dokumente über die Rolle des deutschen Monopolkapitals bei der Vorbereitung und Durchführung des zweiten Weltkrieges. Hg. u. eingel. v. Dietrich Eichholtz und Wolfgang Schumann, Berlin 1969 (im folgenden: Anatomie des Krieges), S. 329.

54 Europa unterm Hakenkreuz, Sowjetunion, Berlin 1991, S. 135-143.

55 Ebenda, S. 125ff.

56 Göring befahl noch 1941, die Dörfer und Siedlungen dieses Gebiets, insgesamt etwa 100, einzuebnen, um für sich und die ungehinderte Jagd auf Wisente Platz zu schaffen (Kube, Alfred: Pour le mérite und Hakenkreuz. Hermann Göring im Dritten Reich, München 1986, S. 338).

57 Europa unterm Hakenkreuz. Sowjetunion, S. 123ff.

58 So in der Rede »Die große Stunde des Ostens«, gehalten am 18. Dezember 1941, zit. in: Weißbecker, Manfred: »Wenn hier Deutsche wohnen ...« Beharrung und Veränderung im Rußlandbild Hitlers und der NSDAP, S. 39.

59 Europa unterm Hakenkreuz. Sowjetunion, S. 128-132.

60 Der Erlaß, der auch unter der Bezeichnung »Kriegsgerichtsbarkeitsbefehl« bekannt ist, wurde von Keitel unterzeichnet (ebenda, S. 132ff.).

61 »Besondere Anordnungen Nr. 1 zur Weisung Nr. 21 (Fall 'Barbarossa')« vom 19. Mai 1941, Anlage 3, ebenda, S. 134f.
62 Schramm, KTB, Bd. I, S. 340f.
63 Halder, KTB, Bd. II, S. 320.
64 Europa unterm Hakenkreuz, Sowjetunion, S. 145f.
65 Schramm, KTB, Bd. I, S. 400f., 412.
66 Der zweite Weltkrieg. Dokumente, S. 98-101.
67 Weizsäcker-Papiere, S. 243 (Eintragung vom 3. April 1941).
68 Der zweite Weltkrieg. Dokumente, S. 100.
69 Griff nach Südosteuropa, S. 198f.
70 Domarus, Reden, Bd. II/2, S. 1704.
71 KTB, Bd. I, S. 328.
72 Das zweite Gespräch Hitler-Matsuoka fand am 4. April 1941 statt (ADAP, Serie D, Bd. XII/1, S. 317-324 und 374-378).
73 Lagevorträge, S. 220.
74 Domarus, Reden, Bd. II/2, S. 1697.
75 Boberach, Meldungen, Bd. 7, S. 2302, 2313, 2329.
76 Ihr Text ist nicht überliefert (KTB, Bd. I, S. 415).
77 Lagevorträge, S. 263.
78 ADAP, Serie D, Bd. XII/2, S. 889-892.

Anmerkungen zu Kapitel 16

1 Zit. in: Tarlé, Eugen: Napoleon, Berlin 1961, S. 345.
2 Am 17. Februar 1941 notierten die Generalstäbler Hitlers Wunsch, den »Aufmarsch in Afghanistan gegen Indien im Anschluß an die Operation 'Barbarossa' » zu bearbeiten (Domarus, Reden, Bd. II/2, S. 1667). Eines Tages werde er »unten« beim Schah von Persien sein, sagte Hitler in der Tischrunde (Heim, Monologe, S. 56, Eintragung vom 8.-11. August 1941).
3 Tarlé, Napoleon, S. 348.
4 Hitlers Weisung Nr. 31a. In: Griff nach Südosteuropa, S. 140f.
5 KTB, Bd. 1, S. 408. Nach der dortigen Angabe wurden allein in Berlin 700, im Reichsgebiet weitere 700 verhaftet.
6 Heim, Monologe, S. 39 (Eintragung vom 5./6. Juli 1941) u. S. 48 (Eintragung vom 27. Juli 1941) u. S. 68 (Eintragung vom 25. September 1941).
7 Heim, Monologe, S. 55 (Eintragung vom 8.-11. August 1941).
8 Ebenda, S. 63 (Eintragung vom 17./18. September 1941) u. S. 70 (Eintragung vom 25. September 1941) u. S. 139 (Eintragung zum 12. November 1941) u. S. 331 (Eintragung vom 6. August 1942).
9 Hitler erklärte Göring, es sei nicht seine Absicht, »Staats- und Parteiwirtschaft in die besetzten Gebiete einzuführen, sondern möglichst der Privatwirtschaft freie Bahn zu lassen«. So nach dem streng vertraulichen Bericht an die Mitglieder des Vorstandes und des Kaufmännischen Ausschusses der IG Farbenindustrie AG vom 3. Januar 1942. (In: Anatomie des Krieges, S. 369f.).
10 »Im Falle einer Revolution brauchen wir dann nur ein paar Bomben zu werfen auf deren Städte, und die Sache ist erledigt«, sagte Hitler in einem seiner Gespräche im Hauptquartier. (Heim, Monologe, S.55, Eintragung vom 8.-11. August 1941).

11 Halder notierte sich am 8. Juli 1941, daß »Moskau und Leningrad dem Erdboden gleichzumachen« wären, und weiter, daß für die Bevölkerung der Großstädte im Winter Nahrungsmittel nicht zur Verfügung stehen würden. (Halder, KTB, S. 53).
12 Der erste Teil des Satzes war eine Anspielung darauf, daß die sowjetische Armee in Kiew, bevor sie es räumte, Sprengladungen eingebaut hatte, die explodierten, als sich deutsche Truppen in der Stadt befanden (Domarus, Reden, Bd. II/2, S. 1775).
13 Heim, Monologe, S. 55 (Eintragung vom 8.-11. August 1941).
14 Heim, Monologe, S. 59 (Eintragung vom 19./20. August 1941).
15 Das eigene Volk müsse sich vermehren, die Vermehrung der Russen sei aber einzudämmen (Heim, Monologe, S. 66, Eintragung vom 23. September 1941).
16 Heim, Monologe, S. 93 (Eintragung vom 17./18. Oktober 1941). Das gleiche Bild gebrauchte Hitler auch in seiner Rede am 3. Oktober 1941 (Domarus, Reden, Bd. II/2, S. 1762.).
17 Heim, Monologe, S. 42 (Eintragung vom 11./12. Juli 1941).
18 Ebenda, S. 38 (Eintragung vom 5. Juli 1941).
19 Ebenda, S. 42 (Eintragung vom 11./12. Juli 1941).
20 Ebenda, S. 336 (Eintragung vom 9. August 1942).
21 Ebenda, S. 366 (Eintragung vom 26. August 1942).
22 Ebenda.
23 Ebenda, S. 47 (Eintragung vom 26. Juli 1941).
24 Ebenda, S. 68 (Eintragung vom 25. September 1941).
25 Domarus, Reden, Bd. II/2, S. 1731.
26 Heim, Monologe, S. 101 (Eintragung vom 21./22. Oktober 1941).
27 Ebenda, S. 46 (Eintragung vom 22./23. Juli 1941) u. S. 56 (Eintragung vom 8.-11. August 1941).
28 Dokumente zur deutschen Geschichte 1939-1942. Hg. v. Wolfgang Ruge und Wolfgang Schumann, Berlin 1977, S. 77.
29 Heim, Monologe, S. 38 (Eintragung vom 5. Juli 1941).
30 Ebenda, S. 48 (Eintragung vom 25. Juli 1941) u. S. 65 (Eintragung vom 22./23. September 1941).
31 Ebenda, S. 63 (Eintragung vom 17./18. September 1941).
32 Ebenda, S. 39 (Eintragung vom 5./6. Juli 1941). So auch nach Halders Eintragung am 8. Juli 1941 (Halder, KTB, S. 53).
33 Hitler sah die Auseinandersetzung mit den beiden christlichen Kirchen auf die Zeit nach dem Endsieg vertagt. In seinen Äußerungen spiegelte sich auch die Enttäuschung darüber wider, daß sein ursprünglicher Gedanke, die evangelischen Kirchen zu einer Reichskirche zusammenzuführen und aus ihr eine Art »nationalsozialistische« Massenorganisation zu machen, mißlungen war. Wieder und wieder äußerte er sich abfällig über die »Pfaffen« beider großen christlichen Kirchen und entwickelte die abenteuerlichsten Vorhaben, so wenn er erklärte, an Mussolinis Stelle wäre er in den Vatikan einmarschiert. Seine »letzte Aufgabe« werde er darin sehen, nach dem Ende des Krieges »das Kirchenproblem noch zu klären« (Heim, Monologe, S. 150, Eintragung vom 13. Dezember 1941).
34 Ebenda, S. 141f. (Eintragung vom 16. November 1941).
35 Ebenda, S. 139 (Eintragung vom 12. November 1941).
36 Ebenda, S. 59 (Eintragung vom 14./15. September 1941).
37 ADAP, Serie D, Bd. XIII/2, S. 823.
38 Ebenda, S. 829, 834.
39 Weisungen Nr. 32b, 33f., Hitlers Weisungen, S. 136, 140, 145.

40 ADAP, Serie D, Bd. XIII/1, S. 190. Am 6. September 1941 sagte Hitler bei Tische: »Antonescu ist von allen unseren Verbündeten absolut der bedeutendste Kopf.« (Heim, Monologe, S. 391).
41 ADAP, Serie D, Bd. XIII/1, S. 246.
42 Europa unterm Hakenkreuz, Sowjetunion, S. 169.
43 Ebenda, S. 169ff.
44 Ebenda, S. 203.
45 Der zweite Weltkrieg, Dokumente, S. 104.
46 Domarus, Reden, Bd. II/2, S. 1748.
47 Hassell-Tagebücher, S. 311 (Eintragung vom 1. November 1941)
48 Halder, KTB, S. 226-229.
49 Domarus, Reden, Bd. II/2, S. 1757.
50 Ebenda, Bd. II/2, S. 1762f.
51 Meldungen, Bd. 8, S. 2835.
52 Domarus, Reden, Bd. II/2, S. 1767.
53 Meldungen, Bd. 8, S. 2865.
54 OKW-Berichte, Bd. 1, S. 698.
55 ADAP, Serie D, Bd. XIII/2, S. 563, 565, 569.
56 Domarus, Reden, Bd. II/2, S. 1775.
57 Zur gläubigen Aufnahme solcher großsprecherischen Erklärungen in Teilen der Bevölkerung siehe Boberach, Meldungen, Bd. 8, S. 2971f.
58 Halder, KTB, Bd. III, S. 295.
59 ADAP, Serie D, Bd. XIII/2, S. 727.
60 Heim, Monologe, S. 298 (Eintragung vom 26. Februar 1942).
61 Im Wehrmachtsbericht vom 16. Juli 1941, OKW-Berichte, Bd. 1, S. 617.
62 Ebenda, Bd. 1, S. 734.
63 Weisung Nr. 39, Hitlers Weisungen, S. 171.
64 Lagevorträge, S. 327.
65 Heim, Monologe, S. 216 (Eintragung vom 20. Januar 1942).
66 KTB, Bd. II, S. 39.
67 Gegenüber Raeder hatte Hitler schon am 12. Dezember 1941 seine Absicht ausgedrückt, die »Westküste« zu befestigen (Lagevorträge, S. 325).
68 Domarus, Reden, Bd. II/2, S. 1790.
69 Heim, Monologe, S. 173 (Eintragung vom 3./4. Januar 1942).
70 Ebenda, S. 336 (Eintragung vom 9. August 1942).
71 Ebenda, S. 241.
72 Domarus, Reden, Bd. II/2, S. 1800.
73 AdG, Jg. 1942, S. 5302.

Anmerkungen zu Kapitel 17

1 OKW-Berichte, Bd. 1, S. 629 (Bericht vom 1. August 1941).
2 Faksimile des Schreibens in: Kennzeichen J. Bilder, Dokumente, Berichte zur Geschichte der Verbrechen des Hilterfaschismus an den deutschen Juden 1933-1945. Hg. v. Helmut Eschwege, Berlin 1981, S. 170.
3 Noch vor Beendigung des Feldzugs in Frankreich erwog Hitler, wie er Raeder am 20. Juni 1940 sagte, die Juden »unter französischer Verantwortung« auf die Insel zu deportieren (Lagevorträge, S. 107).

4 Zit. im Diskussionsbeitrag von Czeslaw Madajczyk in: Der Mord an den Juden im Zweiten Weltkrieg. Hg. v. Eberhard Jaeckel und Jürgen Rohwer, Stuttgart 1985, S. 203.
5 Heim, Monologe, S. 99 (Eintragung vom 21. Oktober 1941).
6 Ebenda, S. 54 (Eintragung vom 8.-11. August 1941).
7 Ebenda, S. 143 (Eintragung vom 19. November 1941).
8 Ebenda, S. 106 (Eintragung vom 25. Oktober 1941).
9 Ebenda, S. 148 (Eintragung vom 1./2. Dezember 1941).
10 Ebenda, S. 241 (Eintragung vom 27. Januar 1942).
11 Picker, Tischgespräche, S. 456 (Eintragung vom 24. Juli 1942).
12 Heim, Monologe, S. 229 (Eintragung vom 25. Januar 1942).
13 Picker, Tischgespräche, S. 340 (Eintragung vom 29. Mai 1942).
14 Fleming, Gerald: Hitler und die Endlösung. »Es ist des Führers Wunsch ...«, Wiesbaden 1982 (im folgenden: Fleming, Endlösung), S. 58.
15 Ebenda, S. 14.
16 Picker, Tischgespräche, S. 456 (Eintragung vom 24. Juli 1942).
17 Das Gespräch fand am 24. November 1938 statt (ADAP, Serie D, Bd. IV, S. 292).
18 Zit. in: Jaeckel, Eberhard: Hitlers Herrschaft. Vollzug einer Weltanschauung, Stuttgart 1986 (im folgenden: Jaeckel, Hitlers Herrschaft), S. 121.
19 Heim, Monologe, S. 228 (Eintragung vom 25. Januar 1942).
20 Zit. in: Jaeckel, Hitlers Herrschaft, S. 111.
21 Ebenda, S. 115.
22 Verfolgung – Vertreibung – Vernichtung. Dokumente des faschistischen Antisemitismus 1933-1942. Hg. v. Kurt Pätzold (im folgenden: Verfolgung), Leipzig 1991, S 306.
23 Ebenda, S. 306f.
24 Zit. in: Jaeckel, Hitlers Herrschaft, S. 116.
25 Hilberg, Raul: Die Aktion Reinhard. In: Jaeckel, Eberhard/Rohwer, Jürgen, Der Mord an den Juden im Zweiten Weltkrieg, S. 126f.
26 ADAP, Serie D, Bd. XIII/2, S. 720.
27 »Besprechungsprotokoll«. In: Pätzold, Kurt/Schwarz, Erika: Tagesordnung Judenmord. Die Wannsee-Konferenz am 20. Januar 1942, Berlin 1992, S. 10, 105f.
28 Ebenda, S. 105.
29 Zit. in: Verfolgung, S. 347.
30 Fleming, Endlösung, S. 77, Anm. 152.
31 Heim, Monologe, S. 377 (Eintragung vom 30. August 1942).
32 Dimension des Völkermords. Die Zahl der jüdischen Opfer des Nationalsozialismus. Hg. v. Wolfgang Benz, München 1991 (im folgenden: Dimension des Völkermords), S. 372f.
33 Zit. in: Hillgruber, Andreas: Die »Endlösung« und das deutsche Ostimperium. In: Vierteljahreshefte für Zeitgeschichte (München), H. 2/1972, S. 142.
34 Heim, Monologe, S. 113 (Eintragung vom 29. Oktober 1941).
35 Ribbentrop hat seine Rolle bei diesem Zusammentreffen später als Angeklagter des Nürnberger Hauptkriegsverbrecher-Prozesses 1945/1946 bestritten und die Korrektheit des Protokolls der Unterredung angezweifelt, das – wie üblich – vom Chefdolmetscher des Auswärtigen Amtes angefertigt worden war (ADAP, Serie E, Bd. V, S. 626-627 u. 631, Anm. 15).
36 ADAP, Serie E, Bd. VII, S. 550f.
37 Zit. in: Fleming, Endlösung, S. 357.
38 Dimension des Völkermords, S. 17.
39 Heim, Monologe, S. 158 (Eintragung vom 28./29. Dezember 1941).

Anmerkungen zu Kapitel 18

1 Weisung Nr. 41 vom 5. April 1942, Der zweite Weltkrieg. Dokumente, S. 153-160.
2 AdG, Jg. 1942, S. 5358.
3 Ebenda, S. 5356.
4 Ebenda, S. 5592.
5 Ebenda.
6 Ebenda, S. 5480.
7 Zit. bei: Gibbels, Hitlers Nervenkrankheit, S. 170.
8 Heim, Monologe, S. 300 (Eintragung vom 26./27. Februar 1942).
9 Die Tagebücher von Joseph Goebbels, Teil II. Diktate 1941-1945, Bd. 7, München 1993, S. 132.
10 AdG, Jg. 1942, S. 5503.
11 Heim, Monologe, S. 300 (Eintragung vom 26./27. Februar 1942).
12 AdG, Jg. 1942, S. 5503.
13 Boberach, Meldungen, Bd. 9, S. 3233, 3262.
14 Boberach, Meldungen, Bd. 10, S. 3671, 3685, 3696.
15 Boberach, Meldungen, Bd. 10, S. 3708.
16 Rede Hitlers am 30. Mai 1942. In: Picker, Tischgespräche, S. 491-502.
17 OKW-Berichte, Bd. 2, S. 189.
18 Ebenda, Bd. 2, S. 188.
19 Rede Hitlers am 30. Mai 1942. In: Picker, Tischgespräche, S. 496.
20 Die Tagebücher von Joseph Goebbels, Bd. 7, S. 176, Bd. 8, S. 265.
21 Boberach, Meldungen, Bd. 11, S. 4259-4260.
22 Domarus, Reden, Bd. II/2, S. 1935
23 Boberach, Meldungen, Bd. 12, S. 4440.
24 Schramm, KTB, Bd. II, S. 1495.
25 Domarus, Reden, Bd. II/2, S. 1968.
26 Anatomie des Krieges, S. 417-419.
27 OKW-Berichte, Bd. 2, S. 423a.
28 Die Tagebücher von Joseph Goebbels, Bd. 7, S. 153.
29 Ebenda, Bd. 7, S. 180, 173.
30 Schramm, KTB, Bd. III/1, S. 81.
31 Domarus, Reden, Bd. II/2, S. 1979.
32 Anatomie der Aggression, S. 179-182.
33 OKW-Berichte, Bd. 2, S. 435f.
34 Heiber, Helmut: Hitlers Lagebesprechungen. Die Protokollfragmente seiner militärischen Konferenzen 1942-1945, Stuttgart 1962, S. 124.
35 Hassell-Tagebücher, S. 388.
36 Die kritische Lage, ließ sich Goebbels von Hitler schon am 22. Januar 1943 in der »Wolfsschanze« erklären, sei »durch das vollkommene Versagen unserer Bundesgenossen entstanden« (Goebbels-Tagebücher, Bd. 7, S. 162).
37 OKW-Berichte, Bd. 2, S. 436.
38 AdG, Jg. 1943, S. 5957.
39 Schramm, KTB, Bd. III/1, S. 64.
40 Ebenda, S. 201.
41 RGBl., Jg. 1943, Teil I, S. 67.
42 Görings Erlaß ging auf eine Anordnung zurück, die bereits im September 1942 getroffen worden war. Ursprünglich wurde das Vorhaben die Bildung einer »Flakmiliz

aus Jugendlichen« genannt (Schramm, KTB, Bd. II/1, S. 746, Bd. II/2, S. 844, Bd. III/1, S. 71).
43 Die Tagebücher von Joseph Goebbels, Bd. 7, S. 373f.
44 Ebenda, Bd. 7, S. 609.
45 Domarus, Reden, Bd. II/2, S. 1989.
46 Die Tagebücher von Joseph Goebbels, Bd. 7, S. 593.
47 Domarus, Reden, Bd. II/2, S. 2002.

Anmerkungen zu Kapitel 19

1 Goebbels-Tagebücher, Bd. 7, S. 631.
2 Boberach, Meldungen, Bd. 13, S, 4982.
3 Ebenda, Bd. 13, S. 5038.
4 Ebenda, Bd. 13, S. 5002.
5 ADAP, Serie E, Bd. V, S. 714.
6 ADAP, Serie E, Bd. V, S. 621.
7 Die Tagebücher von Joseph Goebbels, Bd. 7, S. 162.
8 ADAP, Serie E, Bd. V, S. 594.
9 Die Tagebücher von Joseph Goebbels, Bd. 8, S. 236.
10 In einer Aufzeichnung von Goebbels über ein Gespräch mit Hitler am 7. Mai 1943 (Ebenda).
11 ADAP, Serie E, Bd. V, S. 575.
12 AdG, Jg. 1943, S. 5935; Domarus, Reden, Bd. II/2, S. 2014.
13 AdG, Jg. 1943, S. 5909.
14 Die Tagebücher von Joseph Goebbels, Bd. 8, S. 240.
15 Ebenda, Bd. 8, S. 235.
16 Rede Hitlers am 10. Dezember 1940, Domarus, Reden, Bd. II/2, S. 1630.
17 Die Tagebücher von Joseph Goebbels, Bd. 8, S. 237.
18 Ebenda, Bd. 8, S. 238.
19 Operationsbefehl des OKH Nr. 6 vom 15. April 1943 (Schramm, KTB, Bd. III/2, S. 1425ff.).
20 So beschrieb Speer die Vollmachten der Rüstungsdiktatoren auf ihren jeweiligen Teilgebieten in seiner Rede im Berliner Sportpalast am 5. Juni 1943 (Zit. in: Anatomie des Krieges, S. 424f.).
21 Jacobsohn, S. 405-425.
22 AdG, Jg. 1943, S. 5963, 5965f.
23 Operationsbefehl des OKH Nr. 6, Schramm, KTB, Bd. III/2, S. 1425ff.
24 Zu Hitlers Rolle bei der Vorbereitung des Unternehmens »Zitadelle« siehe zusammenfassend Schramm, KTB, Bd. III/2, S. 748ff.
25 Die Tagebücher von Joseph Goebbels, Bd. 9, S. 137.
26 Befehl Nr. 1 des Oberkommandos der Heeresgruppe Süd vom 7. September 1943 (Dokumente zur deutschen Geschichte 1942-1945. Hg. v. Wolfgang Ruge und Wolfgang Schumann, Berlin 1977, S. 46f.).
27 Der zweite Weltkrieg, Dokumente, S. 223f.
28 Zit. in: Luna, Mussolini, Reinbek bei Hamburg 1987, S. 127.
29 Lagevorträge, S. 523.
30 ADAP, Serie E, Bd. VI, S. 264-275.
31 Ebenda, S. 537.

32 Die Tagebücher von Joseph Goebbels, Bd. 9, S. 566.
33 ADAP, Serie E, Bd. VI, S. 477f.
34 Domarus, Reden, Bd. II/2, S. 2036.
35 Die Tagebücher von Joseph Goebbels, Bd. 9, S. 485.
36 Ebenda, Bd. 9, S. 582.
37 Hitlers Weisungen, S. 231.
38 Die Tagebücher von Joseph Goebbels, Bd. 9, S. 582.
39 Ebenda, Bd. 9, S. 586.
40 Hitlers Weisungen, S. 233-237.
41 Schramm, KTB, Bd. III/2, S. 1315.
42 Hitler Weisungen, S. 233-240.
43 Schramm, KTB, Bd. III/2, S. 1394, 1484.
44 Schramm, KTB, Bd. III/2, S. 1365f.
45 Domarus, Reden, Bd. II/2, S. 2035-2039.
46 Die Tagebücher von Joseph Goebbels, Bd. 9, S. 489.
47 Boberach, Meldungen, Bd. 15, S. 6179.
48 Die Tagebücher von Joseph Goebbels, Bd. 9, S. 466.
49 Boberach, Meldungen, Bd. 15, S. 5994.
50 Domarus, Reden, Bd. II/2, S. 2056, 2058.
51 Rede Jodls am 7. November 1943, IMT, Bd. XXXXII, S. 639-668.
52 Domarus, Reden, Bd. II/2, S. 2061.
53 Ebenda, S. 2073, 2076.

Anmerkungen zu Kapitel 20

1 Domarus, Reden, Bd. II/2, S. 2082.
2 Das geschah bei einem Zusammentreffen am 22. April 1944 (Andreas Hillgruber: Staatsmänner bei Hitler, Frankfurt a. M. 1970, Bd. II, S. 421).
3 Tagebuch-Eintragung vom 14. März 1944. Zit. in: Gibbels, Hitlers Nervenkrankheit, S. 175.
4 Über das Treffen existiert abweichend vom üblichen Verfahren kein Protokoll. Die Informationen stützen sich auf die Memoiren des Chefdolmetschers des Auswärtigen Amtes (Schmidt, Statist, S. 587).
5 Hitlers Weisungen, Nr. 52, S. 241f.
6 ADAP, Serie E, Bd. VIII, S. 79-84.
7 Lagevorträge, S. 588.
8 Ebenda, S. 597.
9 Schramm, KTB, Bd. IV/2, S. 1565.
10 Lagevorträge, S. 598.
11 Hitlers Weisungen, S. 260-264.
12 Das Begriffspaar von Hitlers Wandlungen vom besten zum schlechtesten Mann derer, die ihn an die Macht lanciert hatten, prägte Günter Paulus in seinem Buch: Die zwölf Jahre des Tausendjährigen Reiches. Streiflichter auf die Zeit der faschistischen Diktatur über Deutschland, Berlin 1965, S. 71.
13 Domarus, Reden, Bd. II/2, S. 2115.
14 Ebenda.
15 Der Brief, der in Form eines Fernschreibens übersandt wurde, ist im Original nicht erhalten. Eine von Helmut Speidel überlieferte Version in: Der Nationalsozialismus.

Dokumente 1933-1945. Hg., eingel. und dargestellt v. Walther Hofer, Frankfurt a. M. 1957 (im folgenden: Nationalsozialismus. Dokumente), S. 348-349.
16 Domarus, Reden, Bd. II/2, S. 2129.
17 Ebenda, S. 2127ff.
18 So am 8. September 1944 mit Eindrücken und Kritik an der Verhandlungsführung Freislers gegen Carl Goerdeler und andere Angeklagte (Nationalsozialismus. Dokumente , S. 356).
19 Lagevorträge, S. 603.
20 IMT, Bd. XV, S. 556, 652ff., 1808-85.
21 Domarus, Reden, Bd. II/2, S. 2139.
22 Europa unterm Hakenkreuz, Frankreich, Berlin 1990, S. 314f. u. Anm. 1.
23 Ausdrücklich bezog sich die Anordnung des Reichsministers für Ernährung und Landwirtschaft vom 8. September 1944 auf einen Befehl des »Führers« (Der zweite Weltkrieg. Dokumente, S. 269f.).
24 Griff nach Südosteuropa, S. 249.
25 Befehl Hitlers vom 4. Oktober 1944, Europa unterm Hakenkreuz. Dänemark/Norwegen, Berlin 1992, S. 220.
26 Domarus, Bd. II/2, Reden, S. 2133.
27 Der zweite Weltkrieg. Dokumente, S. 279f.
28 Finker, Kurt: Der 20. Juli 1944. Militärputsch oder Revolution? Berlin 1994, S. 276.
29 Faksimile des Erlasses in: Mammach, Klaus: Der Volkssturm. Bestandteil des totalen Kriegseinsatzes der deutschen Bevölkerung 1944/45, Berlin 1981, S. 168ff.
30 Domarus, Reden, Bd. II/2, S. 2165f.
31 Ebenda, S. 2168.
32 Ebenda, S. 2167.
33 Die Sprengung des »Reichsehrenmals« wurde am 25. Januar 1945 bekanntgegeben und erklärt, es werde neu aufgebaut werden.
34 Lagevorträge, S. 621.
35 Domarus, Reden, Bd. II/2, S. 2172.
36 Ebenda, S. 2174.

Anmerkungen zu Kapitel 21

1 Die Episode ist nur in den Memoiren des Generals überliefert (Guderian, Heinz: Erinnerungen eines Soldaten, Heidelberg 1951, S. 367).
2 Siehe auch den Befehl des Generals zur Errichtung eines Sperrsystems zwischen der Oder und Berlin vom gleichen Tage (1945. Das Jahr der endgültigen Niederlage der faschistischen Wehrmacht. Dokumente ausgewählt und eingeleitet von Gerhard Förster und Richard Lakowski, Berlin 1985 [im folgenden: Das Jahr 1945], S. 105f.).
3 Domarus, Reden, Bd. II/2, S. 2195ff. Hitler wandte sich mit der Forderung zu letztem Einsatz selbst an jeden »Gebrechlichen«.
4 Nationalsozialismus. Dokumente, S. 255.
5 Ebenda, S. 256.
6 Domarus, Reden, Bd. II/2, S. 2195.
7 Ebenda, S. 2197.
8 Die Krim(Jalta)konferenz der höchsten Repräsentanten der drei alliierten Mächte, UdSSR, USA und Großbritannien (4.-11. Februar 1945). Dokumentensammlung. Hg.

v. Ministerium für Auswärtige Angelegenheiten der UdSSR, Moskau 1986 (im folgenden: Krimkonferenz), S. 221.

9 Dokumente der deutschen Geschichte 1942-1945. Hg. v. Wolfgang Ruge und Wolfgang Schumann, Berlin 1977, S. 109.

10 Nationalsozialismus. Dokumente, S. 258f.

11 Hitlers Lagebesprechungen. Die Protokollfragmente seiner militärischen Konferenzen 1942-1945. Hg. v. Helmut Heiber, Stuttgart 1962, S. 922ff.

12 OKW-Berichte, Bd. 3, S. 500f.

13 Text in: Domarus, Reden, Bd. II/2, S. 2224, Anm. 149.

14 Ebenda, S. 2223.

15 Hitlers Weisungen, S. 308.

16 So am 22. April 1945 in einer Lagebesprechung, in deren Verlauf er auch die Absicht seines Selbstmords ankündigte. Die Überlieferung des Ereignisses ist unsicher. Sie stützt sich auf spätere Aufzeichnungen bzw. Aussagen des anwesenden Generals der Flieger Eckhard Christian und Jodls (siehe auch Domarus, Reden, Bd. II/2, S. 2227).

17 Schramm, KTB, Bd. IV/2, S. 1696ff.

18 Siehe beispielsweise die Tagesmeldung der Heeresgruppe Weichsel vom 27. April 1945. In: Das Jahr 1945, S. 318.

19 Schramm, KTB, Bd. IV, S. 1454.

20 Text der Pressemitteilung in: Domarus, Reden, Bd. II/2, S. 2228.

21 Wortlaut der Anfrage Görings und des Funkspruchs von Hitler in : ebenda, S. 2228 und Anm. 165.

22 Das Jahr 1945, S. 298.

23 Wortlauf des »Mein politisches Testament« überschriebenen Textes in: Domarus, Reden, Bd. II/2, S. 2236ff.

24 Seit seinem Regierungsantritt hatte Hitler in sich wiederholenden theatralischen Auftritten beteuert, daß das Volk über ihn und seine Regierung eines Tages »urteilen und richten« solle und könne. Siehe beispielsweise in den beiden ersten öffentlichen Bekundungen als Reichskanzler, der Rundfunkansprache vom 1. Februar 1933 und der Wahlrede im Berliner Sportpalast am 10. Februar 1933 (Domarus, Reden, Bd. I/1, S. 194, 207). Doch hatte er, nicht weniger auf Effekte bedacht, bei Kriegsbeginn am 1. September 1939 angekündigt, er werde eine militärische Niederlage nicht überleben (ebenda, II/1, S. 1316).

25 Schramm, KTB, Bd. I, S. 372.

26 Picker, Tischgespräche, S. 89 (Eintragung vom 26./27. Januar 1942).

27 Domarus, Reden, Bd. II/2, S. 2249.

28 OKW-Berichte, Bd. III, S. 563.

29 Krimkonferenz, S. 222.

Personenregister

Bildnachweis

Arbeiter-Illustrierte-Zeitung vom 17. 7. 1932: 183
Bayerische Staatsbibliothek, München: 10, 31, 41, 94, 106, 109, 124, 137, 149, 177, 193, 212, 228, 232, 250, 276, 366, 353, 414, 433, 434, 452, 527, 532, 557, 569, 578, 581
Berliner Illustrierte vom 19. 1. 1939: 352
Bibliothek für Zeitgeschichte, Stuttgart: 95, 197, 504
Bildarchiv der Autoren: 35, 49, 194, 202, 219, 224, 249, 258, 311, 511
Bundesarchiv, Koblenz: 582
Der Wahre Jacob vom 10. 9. 1932: 162; vom 31. 12. 1932: 174
Die Brennessel vom 13. 7. 1932: 188
Illustrierter Beobachter vom 9.8.1930: 158
Verlagshaus Neues Deutschland, Archiv: 139, 165, 241, 243, 244, 369, 428, 466
Simplicissimus vom 1. 4. 1924: 105
Stiftung Archiv der Parteien und Massenorganisationen der DDR im Bundesarchiv, Berlin: Umschlag-Vorderseite, 319